CONCORDANCIA BASICA DE LA BIBLIA

REINA-VALERA ACTUALIZADA

RVA

CONCORDANCIA BASICA DE LA BIBLIA

REINA-VALERA ACTUALIZADA

RVA

Compilada por
Cecilio McConnell M.

EDITORIAL MUNDO HISPANO

EDITORIAL MUNDO HISPANO

Apartado Postal 4256, El Paso, TX 79914 EE. UU. de A.

Agencias de Distribución

ARGENTINA: Rivadavia 3474, 1203 Buenos Aires, Teléfono: (541)863-6745. **BOLIVIA:** Casilla 2516, Santa Cruz, Tel.: (591)-342-7376, Fax: (591)-342-8193. **COLOMBIA:** Apartado Aéreo 55294, Bogotá 2, D.C., Tel.: (57)1-287-8602, Fax: (57)1-287-8992. **COSTA RICA:** Apartado 285, San Pedro Montes de Oca, San José, Tel.: (506)225-4565, Fax: (506)224-3677. **CHILE:** Casilla 1253, Santiago, Tel/Fax: (562)672-2114. **ECUADOR:** Casilla 3236, Guayaquil, Tel.: (593)4-455-311, Fax: (593)4-452-610. **EL SALVADOR:** Apartado 2506, San Salvador, Fax: (503)2-218-157. **ESPAÑA:** Padre Méndez #142-B, 46900 Torrente, Valencia, Tel.: (346)156-3578, Fax: (346)156-3579. **ESTADOS UNIDOS:** 7000 Alabama, El Paso, TX 79904, Tel.: (915)566-9656, Fax: (915)565-9008; 960 Chelsea Street, El Paso TX 79903, Tel.: (915)778-9191; 3725 Montana, El Paso, TX 79903, Tel.: (915)565-6234, Fax: (915)726-8432; 312 N. Azusa Ave., Azusa, CA 91702, Tel.: 1-800-321-6633, Fax: (818)334-5842; 1360 N.W. 88th Ave., Miami, FL 33172, Tel.: (305)592-6136, Fax: (305)592-0087; 8385 N.W. 56th Street, Miami, FL 33166, Tel.: (305)592-2219, Fax: (305)592-3004. **GUATEMALA:** Apartado 1135, Guatemala 01901, Tel: (5022)530-013, Fax: (5022)25225. **HONDURAS:** Apartado 279, Tegucigalpa, Tel. (504)3-814-81, Fax: (504)3-799-09. **MEXICO:** Vizcaínas Ote. 16, Col. Centro, 06080 México, D.F., Tel/Fax: (525)510-3674, 512-4103; Apartado 113-182, 03300 México, D.F., Tels.: (525)762-7247, 532-1210, Fax: 672-4813; Madero 62, Col. Centro, 06000 México, D.F., Tel/Fax: (525)512-9390; Independencia 36-B, Col. Centro, 06050 México, D.F., Tel.: (525)512-0206, Fax: 512-9475; Matamoros 344 Pte., 27000 Torreón, Coahuila, Tel.: (521)712-3180; Hidalgo 713, 44290 Guadalajara, Jalisco, Tel.: (523)510-3674; Félix U. Gómez 302 Nte. Tel.: (528)342-2832, Monterrey, N. L. **NICARAGUA:** Apartado 2340, Managua, Tel/Fax: (505)265-1989. **PANAMA:** Apartado E Balboa, Ancon, Tel.: (507)22-64-64-69, Fax: (507)228-4601. **PARAGUAY**: Casilla 1415, Asunción, Fax: (595)2-121-2952. **PERU:** Apartado 3177, Lima, Tel.: (511)4-24-7812, Fax: (511)440-9958. **PUERTO RICO:** Calle 13 S.O. #824, Capparra Terrace, Tel.: (809)783-7056, Fax: (809)781-7986; Calle San Alejandro 1825, Urb. San Ignacio, Río Piedras, Tel.: (809)764-6175. **REPUBLICA DOMINICANA:** Apartado 880, Santo Domingo, Tel.: (809)565-2282, Fax: (809)565-6944. **URUGUAY:** Casilla 14052, Montevideo 11700, Tel.: (598)2-394-846, Fax: (598)2-350-702. **VENEZUELA:** Apartado 3653, El Trigal 2002 A, Valencia, Edo. Carabobo, Tel/Fax: (584)1-231-725, Celular (581)440-3077.

Primera edición: 1997
Clasificación Decimal Dewey: 220.563
Tema: 1. Biblia RVA—Concordancia
ISBN: 0-311-42101-6
EMH No. 42101

3 M 11 97

Printed in U.S.A.

PREFACIO

¿Qué es una concordancia? Es un índice, en forma alfabética, de las palabras de un escrito, sobre todo de la Biblia. Se indica dónde en el libro se encuentra la palabra deseada y provee algo de contexto con el fin de tener una idea de cómo se usa en el pasaje.

¿Por qué es importante eso? Puede haber tres o más razones. Tal vez lo principal es ayudar a ubicar una frase que se conoce pero sin recordar dónde está, como por ejemplo "Dios es amor", o "Jehovah es mi pastor". Están en la Biblia, pero ¿dónde? Una concordancia da el medio para solucionar el problema buscando una palabra clave. También, puede que se quiera estudiar la vida de algún personaje bíblico, digamos "David" u otro. La concordancia le dirige a donde las Escrituras hablan de él. O si desea saber lo que la Biblia enseña sobre la "salvación" u otro tema, en la concordancia encuentra muchos pasajes que hablan de ello. La idea es que ayude a conocer mejor lo que enseña la Palabra de Dios y así también poder compartir sus conocimientos con otros.

¿Qué incluye esta concordancia? Un índice básico, medianamente completo, con las palabras más importantes. Hemos dejado fuera voces y citas, muchas de las cuales nos habría gustado incluir, pero tiene que haber limitaciones. De no ser así, sería un libro muy grande y grueso. En esta **Concordancia Básica** hemos procurado incluir los pasajes más significativos en que aparecen las palabras clave de la Biblia, en orden alfabético. A fin de tomar en cuenta más casos de palabras en un espacio limitado, muchas veces hemos agregado una segunda o una tercera referencia que puede o no tener el mismo contexto, pero siempre habrá un significado parecido. En casos paralelos (como hay muchos en Mateo, Marcos y Lucas) generalmente hemos dado el primero; si el lector desea la forma del pasaje parecido que está en otro lugar, puede recurrir a la Biblia *Reina-Valera Actualizada* y encontrarlo en un subtítulo o en una nota al pie de la página correspondiente de ella. En los casos de nombres de personas o de lugares, solemos mencionar la sección de las Escrituras en que se tratan. En los títulos hemos anotado las voces en mayúsculas en su forma más sencilla. A veces junto con el nombre de la palabra tratada hemos puesto, después de una coma, una identificación de ella. Otras voces parecidas hemos señalado con dos puntos (:) seguido por "ver". Para las voces que solemos usar en un idioma bíblico (como "aleluya") hemos indicado su significado entre corchetes (< >). Pero en la parte del versículo citado se colocan los verbos tal como son; para las otras palabras hemos indicado sólo la letra inicial. Por las palabras o frases omitidas se ponen puntos suspensivos (..)

¿Cómo se utiliza esta concordancia? Se busca la palabra deseada según el orden de las letras del alfabeto, de una manera parecida a como se haría con un diccionario o una guía telefónica. En el caso de no encontrar en la lista la palabra buscada por ser ésta una Concordancia básica, y no completa, sugerimos que se intente otra voz de la frase deseada.

Reconocimientos: Si bien la preparación de esta concordancia necesitó de varios años de trabajo del compilador, la labor habría demorado muchísimo más sin una máquina computadora, utilizando la ayuda técnica del personal de la Casa Bautista de Publicaciones y la de otras partes. También hemos aprovechado en alguna medida la labor de personas que anteriormente han preparado concordancias para otras versiones y revisiones de la Biblia. El editor, los correctores, prensistas y todo el personal de la Casa Bautista de Publicaciones también merecen nuestra gratitud.

Si al final esta obra sirve para un mayor y mejor conocimiento de la Palabra eterna de Dios, de sobra habrá valido la pena todo el esfuerzo. *"La palabra de Cristo habite abundantemente en vosotros"*(Col. 3:16). Esa es nuestra oración.

Cecilio McConnell M.

Concordancia Básica de la Biblia Reina-Valera Actualizada

AARON, hermano de Moisés:
Exo. 4:14—40:41; Lev. 1:5—24:9; Núm. 1:3—33:39; Deut. 9:20; 10:6; 32:50; Jos. 21:4-19; 24:5, 33; 1 Sam. 12:6, 8; Heb. 7:11

ABADON: ver Seol, Sepulcro
Job 26:6 el A. no tiene cubierta.
Job 28:22 El A. y la Muerte dicen: "Su..
Sal. 88:11 o de tu verdad en el A.?
Prov. 15:11; 27:20 El Seol y el A. están
Apoc. 9:11 cuyo nombre en hebreo es A.

ABANDONAR: ver Desamparar
Gén. 28:15 No te abandonaré hasta que haya
Deut. 4:31; 31:6; 1 Crón. 28:20; Sal. 94:14; Isa. 41:17 Dios.. no te abandonará, ni te
Deut. 29:25 Porque abandonaron el pacto de
Deut. 31:16 me abandonará e invalidará mi
Deut. 31:17 Yo los abandonaré; esconderé de
Jos. 24:16 ¡Lejos esté.. el abandonar a
Jue. 2:12, 13; 10:6; 2 Crón. 7:22 Abandonaron
Jue. 2:14; 3:8; 4:2 Los abandonó en mano de
Jue. 10:10; 1 Sam. 12:10 hemos abandonado a
Jue. 10:13; 2 Crón. 12:5 me habéis abandonado
2 Rey. 17:16 Abandonaron.. los mandamientos
2 Crón. 15:2 si le abandonáis, él os abandonará
2 Crón. 24:18 abandonaron la casa de Jehovah
2 Crón. 24:20 por haber abandonado.. él
Neh. 9:28 los abandonabas en mano de sus
Sal. 9:10 tú, oh Jehovah, no abandonaste a
Sal. 94:14 Jehovah no abandonará a su pueblo
Prov. 1:8; 6:20 no abandones la instrucción
Prov. 2:13 abandonan las sendas derechas
Prov. 2:17 que abandona al compañero de su
Isa. 1:4, 28; Jer. 17:13 Han abandonado a
Jer. 2:13 dos males.. : Me han abandonado a
Jer. 2:17 porque abandonaste a Jehovah tu
Jer. 2:19 amargo es el haber abandonado a
Miq. 5:3 Dios los abandonará hasta el tiempo
Zac. 11:17 pastor inútil que abandona el
Mat. 26:56 los discípulos le abandonaron y
Hech. 2:31 Cristo.. no fue abandonado en el
1 Cor. 7:11 esposo no abandone a su esposa
Heb. 13:5 él.. ha dicho: Nunca te abandonaré
2 Ped. 2:15 Abandonando el camino recto, se
Jud. 6 ángeles.. abandonaron su propia

ABATIR: ver Afligir
Deut. 32:24 Serán abatidos por el hambre, y
Rut 1:21 el Todopoderoso me ha abatido?
Sal. 42:5, 11; 43:5 ¿Por qué te abates, oh
Sal. 88:15 Yo estoy pobre y abatido; desde
Prov. 12:25 La congoja abate el corazón del
Prov. 17:22 pero un espíritu abatido seca
Prov. 29:23 La soberbia del hombre lo abate
Ecl. 12:4 las hijas del canto sean abatidas
Lam. 3:20 mi alma.. será abatida dentro de
Mar. 10:22 él, abatido por esta palabra, se
2 Cor. 4:9 abatidos, pero no destruidos

ABBA <padre>
Mar. 14:36; Rom. 8:15; Gál. 4:6

ABED-NEGO, Amigo de Daniel: ver Azarías

ABEL, hijo de Adán
Gén. 4:2-25; Mat. 23:35; Heb. 11:4; 12:24

ABERTURA
2 Rey. 12:9 cofre, le hizo una abertura en
Isa. 2:19 se meterán en.. las aberturas de
Zac. 5:8 la tapa de plomo sobre la abertura
Mar. 2:4 después de hacer una abertura
Stg. 3:11 agua.. por la misma abertura?

ABIATAR, sacerdote
1 Sam. 22:20-22; 23:6-9; 1 Rey. 2:27; Mar. 2:26

ABIERTO: ver Abrir
Gén. 3:5-7 vuestros ojos serán a.
Núm. 24:4, 16 caído.. con los ojos a.
1 Rey. 8:29, 52; 2 Crón. 6:20, 40; Neh. 1:6
a. tus ojos de noche y de día
2 Crón. 7:15 mis ojos estarán a. y mis oídos
Isa. 35:5 a. los ojos de los ciegos, y los
Isa. 42:20 Los oídos están a., pero
Eze. 1:1 fueron a. los cielos, y vi
Dan. 6:10 ventanas.. a. hacia Jerusalén
Dan. 7:10 se sentó, y los libros fueron a.
Mat. 3:16; Luc. 3:21 los cielos le fueron a.
Mat. 20:33 Señor, que sean a. nuestros ojos
Juan 1:51 digo que veréis el cielo a. y a
Hech. 7:56 veo los cielos a. y al Hijo del
Apoc. 3:8; 4:1 delante de ti una puerta a.
Apoc. 20:12 libros fueron a. Y otro libro

ABIGAIL, esposa de David
1 Sam. 25:3-42; 27:3; 30:5; 2 Sam. 2:2; 3:3; 1 Crón. 3:1

ABIMELEC
rey de Gerar: Gén. 20:2—21:32
otro rey de Gerar: Gén. 26:1-26
hijo de Gedeón: Jue. 9:1-56; 2 Sam. 11:21
Jue. 8:31—9:56; 2 Sam. 11:21.

ABISAI, sobrino de David
1 Sam. 26:5-8; 2 Sam. 2:18-24; 16:9-11; 19:21; 1 Crón. 18:12

ABISMO: ver Profundidad
Job 38:16 ¿Has andado escudriñando el a.
Sal. 42:7 Un a. llama a otro por la voz
Jon. 2:5 me rodeó el a.. Las algas se
Hab. 3:10 El a. dio su voz; levantó en
Luc. 8:31 que no los mandase al a.
Luc. 16:26 gran a. existe entre nosotros
Rom. 10:7 ¿Quién descenderá al a.?
Apoc. 9:1, 2 el pozo del a.
Apoc. 9:11 rey, el ángel del a., cuyo
Apoc. 11:7; 17:8 bestia que sube del a.
Apoc. 20:1 en su mano la llave del a.
Apoc. 20:3 Lo arrojó al a. y lo cerró

ABNER, primo y general de Saúl
1 Sam. 14:50, 51; 17:55-57; 26:5-15; 2 Sam. 2:8—3:37

ABOFETEAR: ver Golpear
2 Cor. 12:7 aguijón.. que me abofetee para
1 Ped. 2:20 cuando.. sois abofeteados, lo

ABOGAR: ver Ayudar
Sal. 119:154 Aboga mi causa y redímeme
Jer. 50:34 Jehovah.. abogar por la causa de
Lam. 3:58 Tú has abogado; oh Señor, por la
1 Jn. 2:1 si alguno peca, abogado tenemos

ABOLIR
1 Cor. 13:10 lo que es en parte será abolido
Ef. 2:15 y abolió la ley de los mandamientos

ABOMINABLE
Lev. 18:30 no cometiendo las cosas a.
1 Rey. 14:24; 2 Rey. 16:3; 21:2 prácticas a.
2 Rey. 23:13 Moloc, ídolo a. de los hijos de
Sal. 14:1; 53:1 han hecho cosas a.
Prov. 28:9 no oír la ley.. su oración es a.
Jer. 7:30; 32:34 Han puesto sus ídolos a.
Tito 1:16 son a., desobedientes y reprobados
Apoc. 21:8 para los a. y homicidas.. fuego

ABOMINACION
Gén. 34:14; Lev. 18:22 eso es una a.
Deut. 7:25; 27:15 imágenes.. a. a Jehovah
Deut. 18:9 no aprenderás a hacer las a.
Deut. 25:16 que hace injusticia, es una a.
Deut. 29:17 habéis visto sus a. y sus
Neh. 9:18, 26 cometieron grandes a.
Prov. 11:1; 20:10, 23 balanza falsa es una a.
Prov. 12:22 labios mentirosos son a.
Prov. 15:8, 9, 26; 16:5 una a. a Jehovah
Prov. 24:9 el burlador es a. a los hombres
Prov. 26:25 siete a. hay en su corazón
Isa. 1:13 incienso me es una a.; también las
Jer. 4:1 Si quitas tus a. de mi presencia, y
Jer. 6:15; 8:12 avergonzado de haber hecho a.
Eze. 5:9 A causa de todas tus a. haré en
Eze. 5:11; 18:12, 13 ídolos.. todas tus a.
Eze. 8:6, 9 ¿ves.. las grandes a. que hacen
Eze. 9:4 gimen a causa de todas las a. que
Eze. 14:6 apartad.. todas vuestras a.
Eze. 16:50, 51 hicieron a. delante de mí
Eze. 16:58 Cargarás con.. tus a., dice
Eze. 22:11 hombre que comete a. con la mujer
Dan. 11:31; 12:11 y pondrán la a. desoladora
Zac. 9:7 Apartaré.. las a. de sus dientes
Mal. 2:11 en Jerusalén se ha cometido a.
Mat. 24:15; Mar. 13:14 lugar.. a. desoladora
Luc. 16:15 sublime, delante de Dios es a.
Jud. 13 la arrojan espuma de sus propias a.
Apoc. 17:4 copa.. llena de a. y de las
Apoc. 21:27 cosa impura o que hace a. y

ABOMINAR: ver Aborrecer, Odiar
Gén. 46:34 egipcios abominan a todo pastor
Lev. 26:30 ídolos, y mi alma os abominará
Deut. 23:7 No abominarás al edomita, porque
Sal. 5:6 y engañador abomina Jehovah
Sal. 119:163 La mentira aborrezco y abomino
Prov. 3:32 Jehovah abomina al perverso, pero
Prov. 6:16 y aun siete abomina su alma
Prov. 8:7 mis labios abominan la impiedad
Isa. 49:7 al abominado por las naciones
Jer. 14:19 ¿Acaso tu alma abomina a Sion?
Amós 5:10 y Abominan al que habla lo recto
Amós 6:8 dice: Abomino la soberbia de Jacob
Rom. 2:22 Tú que abominas a los ídolos

ABONO
Jer. 8:2; 9:22; 16:4; 25:33 como a. sobre la
Luc. 14:35 No es buena.. tierra ni para a.

ABORRECER: ver Abominar
Gén. 27:41 Esaú aborreció a Jacob por la
Gén. 37:4-8 le aborrecían y no podían
Exo. 18:21 hombres íntegros que aborrezcan
Lev. 19:17 No aborrecerás.. a tu hermano
Deut. 12:31 hacen.. lo que Jehovah aborrece
Deut. 19:11 si alguien aborrece a su prójimo
2 Sam. 22:18, 41; Sal. 18:17, 40 los que me aborrecían

Sal. 5:5 aborreces a los que obran iniquidad
Sal. 35:19; 38:19; 69:4 que me aborrecen sin
Sal. 45:7; Heb. 1:9 justicia y aborrecido la
Sal. 97:10 amáis a Jehovah, aborreced el mal
Sal. 107:11 aborrecieron el consejo del
Prov. 1:29 aborrecieron el conocimiento y no
Prov. 6:16 Seis cosas aborrece Jehovah, y
Prov. 13:5 El justo aborrece la.. mentira
Prov. 13:24 detiene el castigo aborrece a su
Ecl. 2:17 Entonces aborrecí la vida, porque
Ecl. 3:8 amar y tiempo de aborrecer; tiempo
Isa. 61:8 y aborrezco la rapiña y la
Amós 5:15 Aborreced el mal y amad el bien
Mat. 5:43 Amarás a tu prójimo y aborrecerás
Mat. 6:24 aborrecerá al uno y amará al otro
Mat. 10:22; Luc. 21:17 seréis aborrecidos
Luc. 14:26 alguno viene a mí y no aborrece a
Juan 15:18 Si el mundo os aborrece, sabed
Rom. 7:15 lo que aborrezco, eso hago
Rom. 12:9 aborreciendo lo malo y adhiriéndoos
1 Jn. 3:13 maravilléis.. mundo os aborrece
Apoc. 2:6 que aborreces los hechos de los

ABORRECIBLE
Tito 3:3 Eramos a., odiándonos unos a otros
Apoc. 18:2 Babilonia.. ave inmunda y a.

ABRAHAM: ver Abram
Gén. 17:5—25:19
Gén. 26:5 A. obedeció mi voz y guardó mi
Gén. 26:24 contigo.. por amor de mi siervo A.
Gén. 28:13; 31:42, 53; 32:9; Exo. 3:6, 15; 4:5; 1 Crón. 29:18; 2 Crón. 30:6; Sal. 47:9; 1 Rey. 18:36; Mat. 22:32; Mar. 12:26; Luc. 20:37; Hech. 3:13; 7:32 Dios de A.
Gén. 49:31 Allí sepultaron a A. y a Sara
Exo. 32:13; Deut. 9:27 Acuérdate de A.
Exo. 33:1; Núm. 32:11; Deut. 30:20; 34:4 juré a A., a Isaac y a Jacob
Deut. 1:8; 6:18; 9:5; 29:13 juró a.. A.
2 Crón. 20:7; Sal. 105:6; Isa. 41:8; Jer. 33:26; Juan 8:33, 37; Rom. 9:7; 11:1; 2 Cor. 11:22; Heb. 2:16 descendencia de A.
Mat. 1:1 Libro de.. Jesucristo.., hijo de A.
Mat. 3:9 a A. tenemos por padre.' Porque yo
Luc. 16:22-31 llevado.. al seno de A.
Luc. 19:9 él también es hijo de A.
Juan 8:58 antes que A. existiera, Yo Soy.
Hech. 7:2 Dios.. apareció a.. A. cuando
Rom. 4:1-18 Escritura: Y creyó A. a Dios, y
Gál. 3:6, 14, 16, 18, 29 A. creyó a Dios
Gál. 4:22 escrito está que Abraham tuvo dos
Heb. 6:13-15 A. ..alcanzó la promesa
Heb. 7:1-9 Melquisedec.. A.
Heb. 11:8-17 Por la fe A... obedeció para
Sgt. 2:21 por las obras nuestro padre A.
Sgt. 2:23 cumplió la Escritura.. A. creyó a
1 Ped. 3:6 Sara obedeció a A., llamándole

ABRAM: ver Abraham
Gén. 11:26—17:5; 1 Crón. 1:27; Neh. 9:7

ABRASAR: ver Quemar
Isa. 43:2 fuego.. ni la llama te abrasará
2 Ped. 3:12 elementos, al ser abrasados,

ABRAZAR
2 Rey. 4:16 tiempo, tú abrazarás un hijo
Prov. 5:20 Por qué.. abrazarás el seno de
Ecl. 3:5 tiempo de abrazar y tiempo de
Cant. 2:6; 8:3 y su... derecha me abraza
Lam. 4:5 carmesí han abrazado la basura
Mat. 28:9 abrazaron sus pies y le adoraron

ABREVADERO
Gén. 24:20 vació su cántaro en el a.
Exo. 2:16 hijas.. llenar los a. y

ABRIGAR, ABRIGO
Sal. 91:1 que habita al abrigo del Altísimo
Hag. 1:6 os vestís, pero no os abrigáis; y

ABRIR
Gén. 8:6 Noé abrió la ventana del arca que
Gén. 41:56 José abrió todos los depósitos de
Gén. 42:27; 44:11 al abrir uno de ellos su
Exo. 13:2, 12, 15; Núm. 3:12; 8:16; 18:15; Luc. 2:23 que abre la matriz
Deut. 15:8, 11 abrirás tu mano con
2 Rey. 4:35 el niño abrió sus ojos
2 Rey. 6:20 Jehovah, abre los ojos de éstos
2 Rey. 19:16; Isa. 37:17; Dan. 9:18 abre.. tus ojos y mira
Neh. 8:5 Esdras abrió el libro a la vista de
Sal. 39:9 Enmudecí; no abrí mi boca, porque
Sal. 51:15 Señor, abre mis labios, y
Sal. 81:10; Prov. 31:8, 9 Abre bien tu boca
Sal. 119:18 Abre mis ojos, y miraré las
Cant. 5:2-6 Abreme, hermana mía, amada mía,
Isa. 22:22 El abrirá, y nadie cerrará; él
Isa. 26:2 Abrid las puertas, y entrará la
Isa. 53:7; Hech. 8:32 pero no abrió su boca
Mal. 3:10 si no os abriré las ventanas de
Mat. 7:7; Luc. 11:9 Llamad, y se os abrirá
Luc. 24:32 camino y nos abría las Escrituras
Hech. 5:19 un ángel del Señor abrió de noche
1 Cor. 15:52 en un abrir y cerrar de ojos, a
Apoc. 3:20 si alguno oye mi voz y abre la
Apoc. 5:2-9 ¿Quién es digno de abrir el libro

ABROGAR: ver Anular
Est. 1:19; Dan. 6:8, 12 que no sea abrogado

Mat. 5:17 No he venido para abrogar, sino

ABRUMAR: ver Agobiar, Molestar, Oprimir
Prov. 29:4 rey.. que lo abruma con impuestos
Isa. 43:24 me abrumaste con tus pecados; me
2 Cor. 1:8 pues fuimos abrumados sobremanera

ABSALON, hijo de David
2 Sam. 3:3; 13:1—19:10; 1 Crón. 3:2

ABSORBER
Deut. 33:19 absorberán la abundancia de los
2 Cor. 5:4 que lo mortal sea absorbido por

ABSTENERSE
Núm. 6:3 se abstendrá de vino y de licor. No
Hech. 15:29; 21:25 os abstengáis de.. ídolos
1 Ped. 2:11 os abstengáis de las pasiones

ABUNDANCIA: ver Plenitud
Génesis 41:29, 34, 47, 53 siete años de.. a.
Deut. 15:4 Jehovah te bendecirá con a. en
2 Crón. 31:5 trajeron en a. los diezmos de
Sal. 5:7 por la a. de tu gracia, entraré en
Sal. 31:23 retribuye en a. al que actúa con
Sal. 37:11 mansos.. se deleitarán por la a.
Prov. 3:2, 16 a. de días y años de vida y
Prov. 16:8 lo poco con justicia que gran a.
Isa. 28:1 los que se glorían de la a.
Lam. 3:32 se compadecerá según la a. de su
Ose. 2:8 le di a. de plata y de oro, que
Mat. 12:34; Luc. 6:45 de la a. del corazón
Mar. 12:44; Luc. 21:4 han echado de su a.
Luc. 12:15 vida de uno no consiste en la a.
Juan 10:10 vida, y para que la tengan en a.
2 Cor. 8:2 tribulación, la a. de su gozo y
2 Cor. 8:14 En este tiempo vuestra a. supla
Fil. 4:12, 18 pobreza, y sé vivir en la a.

ABUNDANTE, ABUNDANTEMENTE
Núm. 20:11 Moisés.. Y salió agua a.
1 Rey. 10:27; 2 Crón. 1:15; 9:27 cedro.. a.
Sal. 51:1 Por tu a.compasión, borra mis
Sal. 130:7 y en él hay a. redención
Sal. 132:15 Lo bendeciré con a. provisión
Isa. 30:23 alimento.. ser sustancioso y a.
Hech. 4:33 y a. gracia había sobre.. ellos
2 Cor. 9:12 redunda en a. acciones.. gracias
Ef. 3:20 más a. de lo que pedimos o pensamos
Col. 3:16 palabra.. habite a. en vosotros
2 Jn. 8 sino que recibáis a. recompensa

ABUNDAR: ver Sobreabundar
2 Rey. 21:6; 2 Crón. 33:6 Abundó.. lo malo
Prov. 29:16 Cuando abundan.. impíos, abunda
Rom. 5:15 más abundaron.. gracia de Dios y
Rom. 6:1 pecado para que abunde la gracia?
Rom. 15:13 para que abundéis en la esperanza
1 Cor. 15:58 abundando siempre en la obra
2 Cor. 3:9 abunda en gloria el ministerio de
2 Cor. 4:15 abunde la acción de gracias para
2 Cor. 9:8 abunde en vosotros toda gracia
Fil. 1:9; 2 Tes. 1:3 vuestro amor abunde aun
1 Tes. 3:12 os haga abundar en amor unos

ABUSAR, ABUSO: ver Aprovechar
Jue. 19:25 y abusaron de ella toda la noche
Eze. 22:7 en medio de ti tratan con abuso al
Eze. 22:29 Abusan del pobre y del necesitado
1 Cor. 9:18 para no abusar de mi derecho en

ACAB
rey de Israel: 1 Rey. 16:28—22:40; 2 Rey. 3:5; 8:18, 27; 10:11; Miq. 6:16
falso profeta: Jer. 29:21, 22

ACABAR: ver Completar, Terminar
Gén. 21:15 cuando se acabó el agua del odre
Gén. 47:15, 18 cuando se acabó el dinero en
Exo. 39:32 fue acabada toda.. la morada, el
Exo. 40:33 Y así Moisés acabó la obra
Deut. 2:14 hasta que se acabó.. generación
Deut. 28:21 la peste hasta acabar contigo en
Rut 2:21 hasta que hayan acabado.. mi siega
1 Rey. 17:14, 16 harina.. no se acabará, y
2 Rey. 13:17, 19 derrotarás.. hasta acabar
1 Crón. 28:20 hasta que acabes toda la obra
2 Crón. 7:11; 8:16 Salomón acabó la casa de
2 Crón. 29:28 hasta acabarse el holocausto
2 Crón. 29:34 ayudaron, hasta que acabaron
Job 7:6 Mis días.. se acaban sin.. esperanza
Sal. 12:1 porque se han acabado los piadosos
Sal. 71:9 desampares cuando.. fuerza se acabe
Sal. 77:8 ¿Se han acabado sus promesas por
Sal. 90:9 acabamos nuestros años como un
Sal. 102:27; Heb. 1:12 años no se acabarán
Prov. 11:24 sólo para acabar en escasez
Isa. 10:12 Señor haya acabado toda su obra
Isa. 10:25 se acabará mi ira, y mi furor
Isa. 24:8 Se acabó el bullicio de los que se
Isa. 30:28 la zaranda hasta acabar con ellos
Isa. 60:20 los días de tu duelo se acabarán
Jer. 8:20 siega, se ha acabado el verano ¡y
Jer. 49:37 la espada, hasta que los acabe
Eze. 47:12 ni sus frutos se acabarán
Dan. 2:44 Este desmenuzará y acabará con
Dan. 7:14 dominio eterno, que no se acabará
Dan. 9:24 acabar con el pecado, para expiar
Hab. 1:11 su espíritu pasará y se acabará
Hab. 3:17 aunque se acaben las ovejas del
Sof. 1:2, 3 acabaré por completo con todas
Luc. 14:28, 30 si tiene.. para acabarla

Juan 4:34 haga la voluntad.. y acabe su obra
Juan 17:4 habiendo acabado la obra que me
Hech. 20:24 con tal que acabe mi carrera y
1 Cor. 13:8 Pero las profecías se acabarán
2 Tim. 4:7 batalla; he acabado la carrera
Heb. 8:5 estaba por acabar el tabernáculo
Apoc. 3:2 tus obras hayan sido acabadas

ACAMPAR
Exo. 15:27 Elim.. y acamparon allí junto a
Núm. 1:50, 53 levitas acamparán alrededor
Núm. 2:2—3:38 hijos de Israel acamparán a
Núm. 9:17-23 nube se detenía, allí acampaban
Núm. 10:5, 6 los campamentos que acampan al
Núm. 10:31 conoces.. donde debemos acampar
Deut. 1:33 explorar.. habíais de acampar
Jos. 5:10 acamparon en Gilgal y celebraron
Sal. 27:3 Aunque acampe un ejército contra
Sal. 34:7 ángel de Jehovah acampa en derredor

ACAN, israelita egoísta
Jos. 7:1-24; 22:20

ACARREAR
Neh. 4:10 fuerzas de los acarreadores se han
Prov. 9:7 al burlador se acarrea vergüenza
Jer. 4:18 transgresiones te han acarreado
Rom. 5:5 Y la esperanza no acarrea vergüenza
2 Ped. 2:1 falsos maestros.. acarreando sobre

ACAYA, provincia de Grecia
Hech. 18:12, 27; 19:21; Rom. 15:26; 16:5; 1 Cor. 16:15; 2 Cor. 1:1; 9:2; 11:10; 1 Tes. 1:7, 8

ACAZ, rey de Judá
2 Rey. 15:38—23:12; 2 Crón. 27:9—29:19; Isa. 1:1; 7:1-12; 14:28

ACCEDER
Gén. 34:15, 22 esta condición accederemos
1 Sam. 15:24 temiendo al pueblo y accediendo
Hech. 18:20 quedase.. más tiempo, no accedió

ACCESO
1 Sam. 23:14, 19, 29 lugares de difícil a.
1 Rey. 15:17; 2 Crón. 16:1 tuviera a. a Asa
Prov. 14:6 al entendido le es de fácil a.
Rom. 5:2 hemos obtenido a. por la fe a esta
Ef. 2:18 medio de él, ambos tenemos a. al
Ef. 3:12 tenemos libertad y a. a Dios con

ACCESORIOS del templo
Exo. 25:9, 39; 37:24; 39:33; Núm. 3:36; 4:14

ACCION (sin Acción de Gracias)
Rut 2:12; 3:10 ¡Que Jehovah premie tu a.
1 Sam. 2:3; Ecl. 12:14 son examinadas las a.

ACCION DE GRACIAS: ver Alabanza, Gracias
Lev. 7:12-15; 1 Crón. 29:31 es.. en a. de g.
1 Crón. 16:7 David ordenó.. salmo de a. de g.
Neh. 12:31, 38 dos grandes coros de a. de g.
Sal. 42:4 con voz de alegría y de a. de g.
Sal. 56:12; 69:30; 116:17 ofrece.. a. de g.
Sal. 95:2 ante su presencia con a. de g.
Sal. 116:17 ofreceré sacrificio de a. de g.
1 Cor. 14:16, 17 dirá "amén" a tu a. de g.
2 Cor. 4:15; 9:11; Col. 2:7 abunde.. a. de g.
Fil. 4:6 toda oración y ruego, con a. de g.
1 Tes. 3:9 ¿qué a. de g. podremos dar a Dios
Apoc. 7:12 sabiduría y la a. de g. y la honra

ACECHAR: ver Vigilar, Cazar
Deut. 19:11 prójimo y le acecha; si se
Jue. 16:9, 12 personas acechando.. un cuarto
Sal. 10:9 Acecha desde un escondite, como el
Sal. 37:32 impío acecha al justo y procura
Prov. 7:12 plazas, acechando por todas las
Mar. 6:19 Herodía le acechaba y deseaba
Luc. 6:7 fariseos le acechaban para ver si

ACEITE: ver Iluminación, Unción
Gén. 28:18; 35:14 piedra.. derramó a. sobre
Exo. 25:6; 29:7, 21; 30:24; 31:11; 37:29; 40:9; Lev. 8:2, 10, 12, 30; 10:7; 21:10; Núm. 4:16 a. de la unción
Exo. 27:20; 35:8, 28 aceite.. la iluminación
Exo. 29:2, 23; Lev. 2:4; 7:12 amasadas con a.
Exo. 29:40 ofrecerás.. con aceite puro de
Lev. 2:1, 6, 16; 7:10; 9:4; 14:10; 23:13; Núm. 15:4, 6, 9; 28:5, 12, 20, 28; 29:3, 9, 14 ofrenda vegetal.. aceite
Lev. 5:11; Núm. 5:15 No pondrá.. a. ni
Núm. 7:13; 8:8 Su ofrenda.. amasada con a.
Deut. 11:14 podrás recoger.. tu a.
1 Sam. 10:1 Samuel tomó.. un frasco de a.
1 Rey. 17:12, 14, 16 de a. en una botella
2 Rey. 4:2-4; 9:1-5 un frasco de a.
Sal. 23:5 Unges mi cabeza con a.
Sal. 45:7 ha ungido Dios.. con a. de gozo
Sal. 133:2 Es como el buen a. sobre la
Miq. 6:7 ¿Aceptará.. arroyos de a.?
Zac. 4:14 fueron ungidos con a. y que están
Mat. 25:3, 4 no tomaron consigo a.
Mar. 6:13 ungían con a. a muchos enfermos
Luc. 7:46 no ungiste mi cabeza con a.
Luc. 10:34 vendó.. echándoles aceite y vino
Luc. 16:6 dijo: 'Cien barriles de a.'
Stg. 5:14 enfermo.. ungiéndole con aceite
Apoc. 6:6 ningún daño al vino ni al a.

ACEPTAR, ACEPTABLE, ACEPTACION: ver Recibir

Gén. 32:20; 33:11 verle; quizás él me acepte
Lev. 22:19-29 para que os sea aceptado será
Deut. 10:17; 2 Crón. 19:7 ni acepta soborno
Deut. 16:19 de personas ni aceptes soborno
Deut. 27:25 Maldito el que acepte soborno
1 Sam. 8:3 deshonestas, aceptando soborno y
1 Sam. 12:3 ¿De.. quién he aceptado soborno
2 Rey. 5:15, 16 Naamán.. acepta, por favor
2 Rey. 5:23 Naamán dijo: —Dígnate aceptar
2 Rey. 5:26 ¿Es ésta la ocasión de aceptar
2 Crón. 19:7 no hay.. aceptación de soborno
2 Crón. 33:13 oró a Dios, quien aceptó su
Sal. 2:10 sed sabios; aceptad la corrección
Sal. 6:9 ¡Jehovah ha aceptado mi oración
Sal. 15:5 ni contra.. inocente acepta soborno
Sal. 51:16 si doy holocausto, no lo aceptas
Prov. 10:8 sabio.. aceptará los mandamientos
Prov. 13:1 hijo sabio acepta la disciplina
Prov. 13:18; 15:5, 32 acepta.. reprensión
Prov. 19:20; Jer. 35:13 acepta.. corrección
Eze. 3:21 por haber aceptado la advertencia
Miq. 6:7 ¿Aceptará Jehovah millares de
Mal. 2:13 ofrendas ni las acepto con gusto
Mat. 19:11, 12 No.. son capaces de aceptar
Luc. 4:24 ningún profeta es aceptado en su
Hech. 10:35 en toda nación le es acepto el
1 Cor. 2:14 el hombre natural no acepta las
1 Tim. 1:15; 4:9 digna de toda aceptación
1 Tim. 2:3 Esto es bueno y aceptable delante

ACERCARSE: ver Venir

Gén. 45:4 José dijo.. Acercaos a mí, por
Exo. 24:2 se acercará Moisés solo a Jehovah
Deut. 31:14 a Moisés.. se ha acercado el día
Jos. 3:9 Josué dijo.. Acercaos acá y escuchad
1 Rey. 18:30 Elías dijo.. Acercaos a mí!
Sal. 91:10 ni la plaga se acercará a tu
Isa. 5:8 Ay de los que.. acercan campo con
Isa. 34:1 Acercaos, oh naciones, para oír
Mat. 3:2; 4:17; 10:7; Mar. 1:15; Luc. 10:9, 11 el reino de los cielos se ha acercado
Mat. 5:1 subió al monte.. se le acercaron
Mar. 2:4 como no podían acercarlo a él
Ef. 2:13 lejos habéis sido acercados por la
Heb. 7:19 esperanza.. nos acercamos a Dios
Heb. 7:25 por medio de él se acercan a Dios
Heb. 12:18, 22 os habéis acercado al monte
Stg. 4:8 Acercaos a Dios, y él se acercará
1 Ped. 4:7 fin de.. las cosas se ha acercado

ACLAMAR, ACLAMACION: ver Exaltar

Job 38:7 aclamaban juntas las estrellas del
Sal. 47:1; 66:1; 81:1 ¡Aclamad a Dios con
Mat. 21:9, 15 aclamaban diciendo: —¡Hosanna
1 Tes. 4:16 descenderá del cielo con a.
Apoc. 7:10 Aclaman a gran voz diciendo: "¡La

ACLARAR

Neh. 8:8 explicando y aclarando el sentido
2 Ped. 1:19 hasta que aclare el día y el

ACOMPAÑAR

Mar. 5:37 no permitió que.. le acompañara
Hech. 9:30 le acompañaron hasta Cesarea y le

ACONSEJAR

Exo. 18:19 yo te aconsejaré, y Dios estará
1 Rey. 12:6, 9 ¿Cómo aconsejáis vosotros que
2 Crón. 22:3, 4 madre le aconsejaba a que
Sal. 16:7 Bendeciré a Jehovah, que.. aconseja
Rom. 15:14 manera que podéis aconsejaros los

ACONTECER

Gén. 42:38; 44:29 Si le aconteciera alguna
Gén. 49:1 declararé.. os ha de acontecer en
Exo. 2:4 para ver lo que le acontecería
Exo. 32:1, 23 no sabemos qué le.. acontecido
Jos. 2:23 le contaron.. les habían acontecido
2 Rey. 17:7 Esto aconteció porque.. pecaron
Est. 2:11 iba a Ester y de qué le acontecía
Sal. 119:56 me ha acontecido porque guardé
Prov. 12:21 Ninguna adversidad le acontecerá
Ecl. 2:14, 15 lo mismo acontecerá a todos
Jer. 48:19 Pregunta: ..'¿Qué ha acontecido?'
Dan. 2:28, 45; 10:14 al rey.. ha de acontecer
Mat. 1:22; 21:4 esto aconteció para que se
Mar. 5:14, 16 ver qué.. había acontecido
Mar. 10:32 declarar.. estaban por acontecer
Luc. 23:47 cuando.. vio lo que había acont.
Luc. 24:14, 18, 21, 35 que habían acontecido
Hech. 20:22 sin saber.. me ha de acontecer
1 Cor. 10:11 cosas les acontecieron como
1 Ped. 4:12 como si os aconteciera cosa
Apoc. 4:1 las cosas que han de acontecer

ACORDAR: ver Recordar

Gén. 8:1; 9:15 Dios se acordó de Noé y de
Gén. 19:29 se acordó Dios de Abraham y sacó
Exo. 2:24; 6:5 gemido.. y se acordó de su
Lev. 26:42, 45 me acordaré de mi pacto con
Deut. 15:15 Te acordarás de que fuiste
Jue. 8:34 hijos.. no se acordaron de Jehovah
1 Crón. 16:12, 15 Acordaos de las maravillas
Neh. 4:14; 9:17 Acordaos del Señor grande y
Sal. 8:4; Heb. 2:6 hombre, para.. te acuerdes
Sal. 22:27 se acordarán y volverán a Jehovah
Sal. 25:7 No te acuerdes de los pecados de
Sal. 78:39 Se acordó de que ellos eran carne
Sal. 103:14 se acuerda de que somos polvo
Sal. 105:8; 106:45 Se acordó.. de su pacto

Sal. 115:12 Jehovah se acuerda de nosotros
Isa. 17:10 no te acordaste de la Roca
Jer. 31:34 y no me acordaré más de
Eze. 36:31 os acordaréis de vuestros malos
Dan. 6:7 ministros.. han acordado.. que el
Jon. 2:7 mi alma desfallecía.. me acordé de
Mat. 5:23 altar y allí te acuerdas de que tu
Mat. 16:9 ni os acordáis de los cinco panes
Mat. 26:75 Pedro se acordó de las palabras
Luc. 17:32 Acordaos de la mujer de Lot
Luc. 24:6, 8 ha resucitado. Acordaos de lo
Juan 15:20 Acordaos de la palabra que yo os
Juan 16:21 niño, ya no se acuerda del dolor
Hech. 27:42 soldados acordaron matar a los
Gál. 2:10 pidieron que nos acordásemos de
2 Tim. 1:4 Me he acordado de tus lágrimas
Heb. 13:7 Acordaos de vuestros dirigentes

ACORTAR
Núm. 11:23: Isa. 59:1 se ha acortado la mano
Mat. 24:22; Mar. 13:20 días no.. acortados

ACOSAR: ver Perseguir
Mat. 9:36 estaban acosadas y desamparadas
2 Ped. 2:7 Lot, quien era acosado por la

ACOSTAR: ver Recostar
Gén. 19:32-35 padre, acostémonos con él y
Gén. 28:11, 13 como cabecera y se acostó en
Gén. 34:2, 7 se acostó con ella y la violó
Gén. 39:10, 14 José.. acostarse con ella, ni
Lev. 18:22 No te acostarás con un hombre
Lev. 20:11-20 Si un hombre se acuesta con la
Deut. 6:7; 11:19 cuando te acuestes y cuando
Deut. 27:20-23 Maldito el que se acueste con
Rut 3:4-8 Cuando él se acueste, observa el
1 Sam. 3:2-15 he llamado. Vuelve a acostarte
1 Sam. 26:5, 7 donde estaban acostados Saúl
2 Sam. 11:4; 12:24 vino a él, él se acostó
2 Sam. 12:11 prójimo, el cual se acostará
2 Sam. 13:6-14 Amnón se acostó y fingió
2 Rey. 4:21 ella subió, lo acostó sobre la
Sal. 3:5 me acosté y dormí. Desperté, porque
Sal. 4:8 En paz me acostaré y dormiré
Sal. 139:3 Mi caminar y mi acostarme has
Prov. 3:24 Cuando te acuestes, no tendrás
Prov. 6:9 Hasta cuándo has de estar acostado
Jer. 3:2 ¿En qué lugar no se han acostado
Jon. 1:5 Jonás.. se había acostado y se
Luc. 2:7, 12, 16 pañales, y le acostó en un

ACOSTUMBRAR
Núm. 22:30 asna dijo: ..¿Acaso acostumbro
Mat. 27:15 procurador acostumbraba soltar
Mar. 10:1 les enseñaba como él acostumbraba

ACREDITAR
1 Sam. 3:20 sabía que Samuel.. acreditado
Hech. 2:22 Jesús.. fue hombre acreditado por

ACTOS: ver Hechos
Exo. 6:6; 7:4; 12:12 redimiré.. a. justicieros
Núm. 33:4; Eze. 11:9 ejecutado a. justicieros
1 Sam. 12:7 a. de justicia que Jehovah ha
Sal. 17:7 tus maravillosos a. de misericordia
Sal. 66:5 ved los a. de Dios, admirable en
Prov. 19:29 A. justicieros están preparados
Ecl. 4:1 vi todos los a. de opresión que se
Hech. 9:36 llena de buenas obras y de a. de
Apoc. 19:8 lino fino es los a. justos de los

ACTUAR: ver Hacer
1 Sam. 2:35 sacerdote fiel que actúe conforme
1 Rey. 8:32, 39 escucha tú.. y actúa. Juzga
1 Crón. 22:16; 28:10 ¡Levántate y actúa! Y
1 Crón. 28:20; Esd. 10:4 Esfuérzate.. actúa
Prov. 13:16 Todo hombre sagaz actúa con
Jer. 14:7 oh Jehovah, actúa por amor de tu
Dan. 9:19 Atiende y actúa, oh Señor. Por
2 Cor. 4:12 en nosotros actúa la muerte
Gál. 5:6 sino la fe que actúa por medio del

ACUDIR
Jue. 4:5 hijos.. acudían a ella para juicio
Sal. 141:1 Jehovah, a ti clamo; acude pronto
Prov. 15:12 burlador.. ni acude a los sabios
Ose. 3:5 Temblando acudirá a Jehovah y a su
Hag. 1:14 acudieron y emprendieron la obra
Mar. 2:2; 10:1 Muchos acudieron a él

ACUMULAR: ver Juntar
Gén. 12:5 los bienes que habían acumulado y
Gén. 41:35, 49 José acumuló trigo como la
Deut. 17:16, 17 no ha de acumular caballos
1 Rey. 10:26 Salomón también acumuló carros
2 Crón. 31:6 diezmos.. acumularon en
Job 36:13 impíos de corazón acumulan ira
Sal. 39:6 en vano se inquieta por acumular
Prov. 21:6 Acumular tesoros mediante.. lengua
Prov. 28:8 sus riquezas con usura.. acumula
Ecl. 2:8, 26 Acumulé.. plata y oro para mí
Jer. 17:11 Como la perdiz.. es el que acumula
Mat. 6:19 No acumuléis para vosotros tesoros
Rom. 2:5 acumulas sobre ti mismo ira para el

ACUSACION
Mat. 27:37 sobre su cabeza su a. escrita
Juan 18:29 ¿Qué acusación traéis contra este
Hech. 25:7 haciendo muchas y graves a.
1 Tim. 5:19 No admitas a. contra un anciano

ACUSADOR
Hech. 25:16 acusado tenga presentes a sus a.
Apoc. 12:10 sido arrojado el a. de nuestros

ACUSAR: ver Condenar, Denunciar
Deut. 22:14, 17 la acusa de conducta
Dan. 6:24 hombres.. habían acusado a Daniel
Ose. 5:5 soberbia de Israel le acusará en su
Mar. 3:2 al acecho a ver.. a fin de acusarle
Mar. 15:3, 4 sacerdotes le acusaban de muchas
Luc. 16:1 mayordomo.. fue acusado delante de
Luc. 23:2, 10, 14 comenzaron a acusarle
Juan 8:6 probarle, para tener de qué acusarle
Hech. 19:40 peligro de que seamos acusados
Hech. 23:28 delito por el cual le acusaban
Hech. 24:2 Tértulo comenzó a acusarle
Hech. 24:13; 26:2 de las que ahora me acusan
Rom. 3:9 hemos acusado tanto a judíos como a
Rom. 8:33 ¿Quién acusará a los escogidos de

ADAN, el primer hombre
Gén. 2:20—5:5; 1 Crón. 1:1; Luc. 3:38;
1 Cor. 15:22, 45

ADELANTAR, ADELANTE, ADELANTO
1 Sam. 9:27 al criado que se nos adelante
2 Rey. 5:17 de aquí en adelante tu siervo no
Sal. 119:148 Mis ojos se adelantaron a las
Jer. 7:24 Caminaron hacia atrás y no hacia a.
Eze. 1:9, 12; 10:22 se desplazaba.. hacia a.
Mat. 26:64 aquí en adelante veréis al Hijo
Luc. 24:28 hizo como que iba más adelante
Juan 18:4 Jesús.. se adelantó y les dijo
Fil. 1:12 han redundado.. para el adelanto
Heb. 6:1 sigamos adelante hasta la madurez

ADHERIRSE
Esd. 6:21; Neh. 10:28 habían adherido a la
Isa. 14:1; 56:6 extranjeros.. se adherirán
Jer. 13:11 hice que se adhirieran a mí toda
Apoc. 2:14 algunos.. adhieren a la doctrina

ADIESTRAR: ver Preparar
2 Sam. 22:35; Sal. 18:34; 144:1 Adiestra mis manos para la batalla
Isa. 2:4; Miq. 4:3 ni se adiestrarán más
Isa. 50:4 me ha dado una lengua adiestrada
Miq. 7:3 adiestrado sus manos para.. el mal

ADIVINACION: ver Encantamiento
Lev. 19:26 No practicaréis la a. ni la
1 Sam. 15:23 rebeldía.. como el pecado de a.
2 Rey. 17:17; 21:6 practicaron.. las a. y se
Eze. 13:23 vanas, ni volveréis a proferir a.
Hech. 16:16 esclava que tenía espíritu de a

ADIVINANZA
Jue. 14:12-19 que os proponga una adivinanza
Eze. 13:9 profetas que.. adivinan mentira
Eze. 21:29; Zac. 10:2 cuando adivinan, es

ADIVINO: ver Hechicero, Mago
Lev. 19:31; 20:6 ni busquéis a los adivinos
Lev. 20:27 hombre o.. que sea a. morirá
Jos. 13:22 mataron.. al a. Balaam hijo de
1 Sam. 28:3, 9 Saúl había quitado.. adivinos
Miq. 3:7 Serán.. confundidos los.. a.

ADMINISTRACION: ver Ministerio
2 Crón. 19:8 estableció.. para la a. de la
Ef. 3:2 la a. de la gracia de Dios que me ha
Ef. 3:9 cuál es la a. del misterio que desde

ADMINISTRADOR: ver Mayordomo
Isa. 60:17 Pondré la paz como tus a. y la
Luc. 8:3 la mujer de Cuza, a. de Herodes
1 Ped. 4:10 como buenos a. de la multiforme

ADMINISTRAR
Exo. 18:13; 1 Rey. 3:11, 28; Sal. 112:5 se sentó para administrar justicia
Esd. 7:25 jueces que administren justicia a
Prov. 8:15 Por mí.. magistrados administran
1 Cor. 12:28 puso Dios.. los que administran

ADMIRAR, ADMIRABLE
Jue. 13:18 por mi nombre? Es Admirable.
Sal. 66:3, 5 ¡Cuán admirables son tus obras!
Isa. 9:6 nombre: Admirable Consejero, Dios
2 Tes. 1:10 aquel día para.. ser admirado
1 Ped. 2:9 las tinieblas a su luz admirable

ADONIAS, hijo de David
2 Sam. 3:4; 1 Rey. 1:5—2:28

ADOPCION
Rom. 8:15, 23; Gál. 4:5; Ef. 1:5 adopción como hijos

ADORAR, ADORADOR: ver Venerar
1 Sam. 1:3 hombre subía.. para adorar
2 Sam. 15:32 David.. solía adorar a Dios
1 Rey. 9:9; 12:30 iba para adorar
2 Rey. 5:18 mi señor entre.. para adorar
2 Crón. 7:22 aferraron a adorar.. dioses
Jer. 7:2; 26:2 entrar para adorar a Jehovah
Zac. 14:16, 17 para adorar al Rey, Jehovah de
Juan 4:20-24 Nuestros padres adoraron en
Juan 12:20 griegos.. habían subido a adorar
Hech. 8:27 eunuco.. venido.. para adorar
Hech. 24:11 doce días que subí.. para adorar

Apoc. 9:20 dejar de adorar a los demonios y
Apoc. 22:8 me postré para a. ante.. el ángel

ADORNAR: ver Hermosear
Sal. 93:5 La santidad adorna tu casa, oh
Sal. 149:4 humildes adornará con salvación
Mat. 23:29 y adornáis los monumentos de los
Tito 2:10 todo adornen la doctrina de Dios
1 Ped. 3:5 se adornaban.. santas mujeres que
Apoc. 17:4; 18:16 adornada con oro y piedras
Apoc. 21:2 una novia adornada para su esposo
Apoc. 21:19 cimientos.. adornados con toda

ADORNOS
Pro. 25:11 Manzana de oro con a. de plata es
Isa. 3:16, 18, 20 hacen resonar los a. de
Jer. 4:30; Eze. 23:40 te adornes con a. de
1 Ped. 3:3 Vuestro a. no sea el exterior

ADQUIRIR: ver Comprar
Gén. 4:1 ella dijo: "¡He adquirido un varón
Gén. 23:20; 49:32 Abraham adquirió.. campo y
Gén. 31:1, 18 de nuestro padre ha adquirido
Deut. 2:6 adquiriréis de ellos con dinero el
Rut 4:4-10 deberás también adquirir a Rut la
Sal. 119:104 De tus ordenanzas adquiero
Prov. 1:3 adquirir disciplina y enseñanza
Prov. 1:5 el entendido adquirirá habilidades
Prov. 4:1, 5, 7; 15:32; 17:16; 18:15; 19:8; 21:11; 23:23 para adquirir entendimiento
Prov. 16:16 Es mejor adquirir sabiduría que
Prov. 20:17 Sabroso es.. pan mal adquirido
Prov. 20:21 bienes adquiridos apresuradamente
Eze. 18:31 y adquirid un corazón nuevo y un
Hech. 1:18 Este, pues, adquirió un campo con
Hech. 20:28 iglesia.. la cual adquirió para
Ef. 1:14 para la redención de lo adquirido
1 Ped. 2:9 santa, pueblo adquirido, para que

ADULAR
2 Sam. 22:45; Sal. 18:44 me adulaban; apenas
Job 32:21, 22 a ningún hombre adularé
Jud. 1:16 Su boca habla.. adulando a las

ADULTERAR
Isa. 1:22 tu vino está adulterado con agua
Ose. 4:2 robar y el adulterar han irrumpido
Mat. 5:28 mira a una mujer.. ya adulteró con
2 Cor. 4:2 ni adulterando la palabra de Dios
1 Ped. 2:2 la leche espiritual no adulterada

ADULTERIO: ver Fornicación
Gén. 38:24 Tu nuera Tamar ha cometido a. y
Exo. 20:14; Deut. 5:18 No cometerás a.
Lev. 20:10; Prov. 6:32 Si.. comete adulterio
Jer. 7:9 Después de robar.., de cometer a.
Jer. 23:14 los profetas.. Cometen adulterio
Eze. 23:43 la que está desgastada por sus a.
Ose. 2:2; 3:1; 4:13, 14 Que quite sus.. a.
Mat. 5:27, 32; 19:18 dicho: No cometerás a.
Mat. 15:19 del corazón salen.. los a.
Mat. 19:9 se divorcia de su mujer.. comete a.
Juan 8:3 una mujer sorprendida en a.
Rom. 2:22 que hablas contra el a., ¿cometes
Rom. 13:9 los mandamientos —no cometerás a.
Stg. 2:11 que dijo: No cometas a., también

ADULTERO, ADULTERA: ver Fornicario
Prov. 30:20 mujer a. dice: "No he
Eze. 16:32, 38 ¡Mujer a.! ¡En lugar de
Mat. 12:39; 16:4 Una generación malvada y a.
Rom. 7:3 si ella se une.. será llamada a.
1 Cor. 6:9 no heredarán.. ni los a. ni los
Heb. 13:4 pero Dios juzgará.. y a los a.

ADVERSARIO: ver Enemigo, Satanás
Exo. 23:22 seré enemigo.. y a. de tus a.
Núm. 22:22, 32 ángel.. camino como un a.
1 Sam. 2:10 Jehovah quebrantará a sus a.
Sal. 18:48 me has enaltecido sobre mis a.
Sal. 23:5 mesa.. en presencia de mis a.
Mat. 5:25 Reconcíliate pronto con tu a.
Luc. 13:17 todos sus a. se avergonzaban
Luc. 18:3 Hazme justicia contra mi a.
1 Cor. 16:9 y eficaz, y hay muchos a.
Heb. 10:27 que ha de devorar a los a.
1 Ped. 5:8 velad. Vuestro a., el diablo

ADVERTENCIA
Neh. 9:34 No atendieron.. ni a tus a. con
Eze. 3:21 vivirá por haber aceptado la a.
Mal. 2:1, 4 para vosotros es esta a.
Luc. 17:20 El reino de Dios no vendrá con a.

ADVERTIR: ver Avisar
Exo. 19:21 Moisés: —Desciende y advierte al
Exo. 21:29; Lev. 5:1 le había advertido, pero
Deut. 32:46 palabras con que yo os advierto
2 Rey. 17:13 Jehovah advertía a Israel y a
Jer. 11:7; 42:19 bien advertí a vuestros
Eze. 3:17-21 les advertirás de mi parte
Eze. 33:3-9 toca la corneta para advertir al
Mat. 2:12, 22 advertidos por revelación en
Luc. 16:28 que les advierta a ellos, para
Apoc. 22:18 advierto a todo el que oye las

AFANAR, AFAN: ver Ansiedad
Job 15:35; Sal. 7:14 conciben afanes y dan a
Prov. 23:4 no te afanes por hacerte rico
Ecl. 1:3; 2:11, 18-22; 5:16, 18; 9:9 ¿Qué prove cho.. con que se afana debajo del sol
Mat. 6:25-34 No os afanéis por vuestra vida

Luc. 10:41 Marta, te afanas y te preocupas
Fil. 4:6 Por nada estéis afanosos; más bien

AFECTO: ver Amor
Fil. 2:1 si hay algún a. profundo
2 Tim. 3:3 sin a. natural, implacables
2 Ped. 1:7 a la devoción, a. fraternal

AFERRARSE
Mar. 7:3, 8 se aferran a la tradición de los
Fil. 2:6 a Dios como algo a qué aferrarse
Apoc. 2:25 Solamente aferraos a lo que tenéis

AFILAR
Exo. 4:25 Séfora tomó un pedernal afilado
Apoc. 14:14-19 en su mano una hoz afilada

AFIRMAR: ver Asegurar
1 Crón. 16:30 ha afirmado el mundo, y no será
Job 38:6 ¿Sobre qué están afirmados sus
Sal. 24:2 mares y la afirmó sobre los ríos
Sal. 37:23 Jehovah son afirmados los pasos
Sal. 40:2 sobre una roca y afirmó mis pasos
Sal. 65:6; 93:1; 96:10 eres el que afirmas
Sal. 119:133 Afirma mis pasos con tu palabra
Prov. 3:19 Jehovah.. afirmó los cielos con
Isa. 35:3 afirmad las rodillas vacilantes
Luc. 9:51 él afirmó su rostro para ir a
Heb. 13:9 que el corazón haya sido afirmado
Stg. 5:8 afirmad vuestros corazones, porque

AFLICCION: ver Angustia, Dolor
Gén. 16:11; 29:32; 31:42 ha escuchado tu a.
Exo. 3:7, 17; Neh. 9:9 he visto la a. de mi
Deut. 16:3 comerás.. el pan de a., para que
1 Sam.. 1:11, 16 mirar la a. de tu sierva
Job 30:16, 27 días de la a. se han apoderado
Sal. 9:13; 25:16, 18; 119:153; Lam. 1:9 Oh, Jehovah. Mira la a. que me han causado
Sal. 31:7 Me gozaré.. porque has visto mi a.
Ecl. 1:14; 2:11, 17, 26; 4:4; 6:9 todo ello es vanidad y a. de espíritu
Ecl. 4:6 puños llenos.. de a. de espíritu
Isa. 48:10 he probado en el horno de la a.
Juan 16:33 En el mundo tendréis a., pero
2 Tes. 1:6 es justo.. retribuir con a. a los
Stg. 1:27 visitar.. y a las viudas en su a.

AFLIGIR: ver Oprimir
Exo. 22:22, 23 No afligiréis a ninguna viuda
Deut. 28:27-35 Jehovah te afligirá con
Rut 1:21 Noemí.. Jehovah me ha afligido y
1 Rey. 8:35 de su pecado cuando los aflijas
Sal. 25:16; 69:29; 119:107; 142:6 estoy afli.
Prov. 22:22 pobre, ni oprimas al afligido
Isa. 49:13 sus afligidos tendrá misericordia
Isa. 53:4, 7 El fue oprimido y afligido
Jer. 22:16 El juzgó la causa del afligido
Lam. 3:32 si él aflige,..se compadecerá
Heb. 13:3 Acordaos de los.. de los afligidos
Stg. 5:13 ¿Está afligido alguno entre
1 Ped. 1:6 a pesar de que.. estéis afligidos

AFRENTAR, AFRENTA: ver Avergonzar, Injuriar
2 Rey. 19:4, 16-23 Asiria, para afrentar al
Neh. 5:9 para no ser motivo de afrenta ante
Sal. 69:9, 10, 19, 20 las afrentas de los
Prov. 3:35 necios cargarán con la afrenta
Prov. 14:31; 17:5 al necesitado afrenta a su
Prov. 14:34 el pecado es afrenta para los
Isa. 37:23, 24 ¿A quién has afrentado e
Eze. 36:15, 30 Nunca.. haré oír la afrenta
Ose. 4:7 yo cambiaré su gloria en afrenta
Mat. 22:6 siervos, los afrentaron y los
Hech. 5:41 dignos de padecer afrenta por
Heb. 13:13 Salgamos.. llevando su afrenta

AGABO, profeta
Hech. 11:28; 21:10

AGACHAR
Gén. 49:9; Núm. 24:9 león.. Se agacha y se
Mar. 1:7 no soy digno de desatar, agachado

AGAG, rey pagano
1 Sam. 15:8-33

AGAR, madre de Ismael
Gén. 16:1-5; 21:9-17; Gál. 4:24, 25

AGATA, joya
Exo. 28:19; 39:12; Apoc. 21:19

AGITAR: ver Alborotar
Prov. 29:8 burladores agitan la ciudad, pero
Isa. 51;15; Jer. 31:35 Dios, quien agita el
Luc. 23:2 a éste que agita a nuestra ciudad
Hech. 21:30 toda la ciudad se agitó, y se

AGOBIAR: ver Oprimir
Miq. 4:7 y de la agobiada haré una nación
2 Cor. 5:4 en esta tienda gemimos agobiados

AGONIA, AGONIZAR
2 Sam. 1:9 mátame; porque la agonía se ha
Mar. 5:23 Mi hijita está agonizando. ¡Ven!

AGOTAR: ver Acabar
Lev. 26:20 Vuestra fuerza se agotará en vano
Sal. 77:8 ¿Se ha agotado.. su misericordia?

AGRADAR, AGRADO, AGRADABLE
Gén. 4:4, 5 Jehovah miró con agrado a Abel
Núm. 14:8; Deut. 10:15 Si Jehovah se agrada
1 Crón. 29:17 Dios.. te agrada la rectitud
Est. 2:9; 8:5 la joven agradó a sus ojos
Sal. 22:8 lo libre, ya que de él se agradó
Sal. 40:6, 8 y la ofrenda no te agradan
Sal. 133:1; 147:1 bueno y cuán agradable es
Prov. 3:17 caminos son caminos agradables, y
Prov. 11:1 pero la pesa exacta le agrada
Prov. 11:20; 12:22; 15:8 íntegros.. agradables
Ecl. 10:12 palabras.. del sabio son agradables
Isa. 58:5 llamáis.. día agradable para Jehovah
Mat. 11:26; Luc. 10:21 porque así te agradó
Mat. 14:6 hija.. en medio y agradó a Herodes
Luc. 4:19 proclamar.. año agradable del Señor
Juan 8:29 hago siempre lo que le agrada a él
Rom. 8:8 según la carne no pueden agradar a
Rom. 12:1, 2; 1 Ped. 2:5 y agradable a Dios
Rom. 15:1-3 Cada uno.. agrade a su prójimo
Ef. 5:10; Fil. 4:18 es agradable al Señor
Col. 1:10; 1 Jn. 3:22 fin de agradarle en
Col. 1:19; 3:20 por cuanto agradó al Padre
Heb. 10:6, 8 sacrificios.. no te agradaron

AGRADECER
Sal. 109:30 Agradeceré a Jehovah en gran
Col. 3:15 solo cuerpo; y sed agradecidos

AGRAVIAR, AGRAVIO: ver Ofender
Sal. 15:3 ni hace agravio a su vecino
Eze. 18:18 padre, porque hizo agravio y
Hech. 18:14 Si se tratara de algún agravio
2 Cor. 7:2 A nadie hemos agraviado; a nadie
Gál. 4:12 No me habéis hecho ningún agravio

AGREGAR: ver Añadir
Eze. 16:43 ¿Acaso no habéis agregado la
Hech. 11:24 mucha gente fue agregada al

AGRIO
Jer. 31:29; Eze. 18:2 comieron.. uvas a.

AGRIPA II, rey
Hech. 25:13-26; 26:1-32

AGUA
Gén. 1:2-10 movía sobre la faz de las a.
Gén. 1:20 Produzcan las a. innumerables
Gén. 6:17; 7:6—8:13 diluvio de a. sobre
Exo. 4:9 tomarás a. del Nilo y.. derramarás
Exo. 14:21-29 quedando las a. divididas
Núm. 20:24; 27:14; Deut. 32:51 a. de Meriba
Jos. 9:23 leña, ni portadores de a. para la
Jos. 15:19; Jue. 1:15 dame.. fuentes de a.
Sal. 1:3; Jer. 17:8 plantado junto a.. a.
Sal. 23:2 Junto a a. tranquilas me conduce
Sal. 42:1 Como ansía el venado.. de las a.
Sal. 65:9 El río de Dios está lleno de a.
Prov. 5:15 Bebe el a. de tu propia cisterna
Prov. 9:17 Las a. hurtadas son dulces, y el
Prov. 25:21 Si tu enemigo.. tiene sed.. a.
Prov. 25:25 Como el a. fría al alma sedienta
Ecl. 11:1 Echa tu pan sobre las a., porque
Isa. 11:9 Jehovah, como las a. cubren la mar
Isa. 30:20 Señor os dé pan de congoja y a.
Isa. 32:2 Será como corrientes de a. en
Isa. 40:12, 15 ¿Quién midió las a. en el
Isa. 43:2 Cuando pases por las a., yo estaré
Isa. 49:10 los conduciré a manantiales de a.
Isa. 55:1 sedientos, ¡Venid a las a.! Y los
Eze. 47:1-12 umbral del templo salían a.
Dan. 1:12 que nos den.. de beber sólo a.
Amós 5:24 Más bien, corra el derecho como a.
Amós 8:11 pan, ni sed de a, sino de oír las
Hab. 2:14 Jehovah, como las a. cubren el mar
Mat. 3:11 a la verdad, os bautizo en a. para
Mat. 10:42 de estos pequeñitos un vaso de a.
Mat. 14:28 Pedro.. yo vaya a ti sobre las a.
Mat. 27:24 Pilato.. tomó a. y se lavó las
Juan 4:7-15 Vino una mujer.. sacar a.
Juan 7:38 ríos de a. viva correrán de su
1 Tim. 5:23 De aquí en adelante no tomes a.
2 Ped. 2:17 Son fuentes sin a. y nubes
1 Jn. 5:6-8 el que vino por a. y sangre; no
Apoc. 12:15 serpiente echó de su boca a.
Apoc. 21:6; 22:17 de la fuente de a. de vida
Apoc. 22:1 me mostró un río de a. de vida

AGUARDAR: ver Esperar
Rom. 8:19, 23, 25 la creación aguarda con
Gál. 5;5; Tito 2:13 Espíritu aguardamos por
Stg. 5:7 venida del Señor.. aguardándolo con
2 Ped. 3:12; Jud. 21 aguardando.. la venida

AGUDO, AGUDIZAR
Sal. 140:3 Agudizan sus lenguas como una
Prov. 5:4 su fin es.. agudo como una espada
Apoc. 1:16; 2:12; 19:15 salía.. espada aguda

AGUIJON: ver Espina
Núm. 33:55 serán como a. en vuestros ojos y
Ose. 13:14; 1 Cor. 15:55, 56 oh Seol, tu a.
Hech. 26:14 te es dar coces contra el a.
2 Cor. 12:17 ha sido dado un a. en la carne

AGUILA
Exo. 19:4 a vosotros sobre alas de á. y os
Sal. 103:5 que te rejuvenezcas como el á.
Prov. 30:19 el rastro del á. en el aire
Isa. 40:31; Jer. 48:40 las alas como á.
Eze. 1:10; 10:14; Apoc. 4:7 una cara de á.

Abd. 4 Aunque remontes vuelo como á. y entre

AGUJA
Mat. 19:24 pasar por el ojo de una a.

AHOGAR
Mat. 13:7, 22 crecieron y la ahogaron
Mar. 5:13 cerdos, y se ahogaron en el mar

AHORCAR: ver Colgar
Deut. 21:23 ahorcado.. maldición de Dios
Mat. 27:5 se apartó, se fue y se ahorcó

AIRARSE: ver Enojar
Deut. 4:21 Jehovah se airó contra mí por
Deut. 9:8 Jehovah se airó tanto contra
Sal. 18:7; 60:1 porque él se airó
Sal. 78:58 Lo airaron con lugares altos
Sal. 79:5; 85:5 ¿Has de estar airado para
Prov. 14:29; 15:18; 16:32 tarda en airarse
Isa. 57:16 ni.. he de estar airado

AIRE
1 Cor. 9:26 no como quien golpea al a.
1 Tes. 4:17 encuentro con el Señor en el a.

AJENJO
Prov. 5:4 su fin es amargo como el a.
Mat. 27:34 beber vino mezclado con a.
Apoc. 8:11 El nombre de la estrella es A.

AJENO
Deut. 32:16 provocaron a celos con dioses a.
Prov. 2:16; 5:20; 6:26 librará de la mujer a.
Jer. 5:19; Hech. 7:6 extranjeros en tierra a.
Luc. 16:12 si en lo a. no fuisteis fieles
Rom. 15:20; 2 Cor. 10:15 sobre fundamento a.
2 Tes. 3:11; 1 Ped. 4:15 anda.. en lo a.

ALA
Gén. 1:21 creó Dios.. toda ave alada según
Exo. 19:4 cómo os he levantado.. sobre a. de
Exo. 25:20; 37:9 querubines.. las a. por
Rut 2:12; 3:9 venido a refugiarte bajo sus a.
Sal. 36:7; 91:4 se refugian bajo.. tus a.
Sal. 55:6 Quién me diese a. como de paloma
Sal. 57:1; 61:4; 63:7 En la sombra de tus a.
Isa. 6:2 serafines.. tenía seis a.; con dos
Isa. 40:31 levantarán las a. como águilas
Eze. 1:6-23 tenía cuatro caras y cuatro a.
Eze. 10:5-25 ruido de las a. de.. querubines
Mal. 4:2 justicia, y en sus a. traerá sanidad
Mat. 23:37 junta sus pollitos debajo.. sus a.
Apoc. 4:8 seres vivientes tiene seis a., y
Apoc. 12:14 fueron dadas a la mujer dos a.

ALABANZA: ver Honra
1 Crón. 16:25; Sal. 96:4 digno de suprema a.
Sal. 22:3, 25 habitas entre las a. de Israel
Sal. 34:1 su a. estará siempre en mi boca
Sal. 40:3 cántico.. una a. a nuestro Dios
Sal. 66:2, 8 dadle la gloria en la a.
Sal. 78:4; 79:13 contaremos las a. de Jehovah
Sal. 100:4 Entrad.. por sus atrios con a.
Sal. 109:1 Oh Dios de mi a., no guardes
Sal. 145:3, 21 Jehovah y digno de suprema a.
Sal. 147:1 es agradable y bella la a.
Sal. 149:1 sea su a. en la congregación de
Isa. 60:18 llamarás.. a tus puertas A.
Isa. 61:3 y manto de a. en lugar de espíritu
Mat. 21:16 de los que maman preparaste la a.
1 Cor. 4:5 cada uno la a. de parte de Dios
Ef. 1:6, 12, 14 para la a. de la gloria de
Heb. 13:15 siempre a Dios sacrificio de a.

ALABAR: ver Exaltar, Honrar
Gén. 29:35 alabaré a Jehovah.. nombre Judá
1 Crón. 16:4, 34, 41; 23:30; 29:13; 2 Crón. 5:13; 7:6; 20:21 dieran gracias y alabasen
Sal. 7:17 alabaré a Jehovah por su justicia
Sal. 9:1 Te alabaré, oh Jehovah, con todo mi
Sal. 18:3 Jehovah.. es digno de ser alabado
Sal. 21:13 Cantaremos y alabaremos tu poderío
Sal. 22:22, 23 de la congregación te alabaré
Sal. 42:5, 11; 43:5 porque.. le he de alabar
Sal. 44:8 alabaremos su nombre para siempre
Sal. 57:9 Te alabaré entre los pueblos, oh
Sal. 67:3, 5 Los pueblos te alaben, oh Dios
Sal. 92:1 Bueno es alabar a Jehovah, cantar
Sal. 106:1; 107:1 Alabad a Jehovah, porque
Sal. 108:3 Te alabaré entre los pueblos, oh
Sal. 113:3 Desde.. y hasta.. sea alabado el
Sal. 117:1 ¡Alabad a Jehovah, naciones todas
Sal. 119:164 Siete veces al día te alabo por
Sal. 136:1-26 Alabad a Jehovah, porque es
Sal. 145:2 y alabaré tu nombre eternamente y
Sal. 148:1-13 ¡Alabad a Jehovah desde los
Sal. 150:1-6 ¡Alabad a Dios en su santuario!
Prov. 12:8 El hombre es alabado según su
Prov. 31:28 Y su marido también la alaba
Prov. 31:30 teme a Jehovah.. será alabada
Isa. 25:1 Te exaltaré; alabaré tu nombre
Jer. 9:23, 24 No se alabe el sabio en su
Dan. 2:23 y te alabo, porque me has dado
Mat. 11:25 Jesús.. dijo: "Te alabo, oh Padre
Luc. 2:13 huestes celestiales, que alababan
Luc. 2:20 pastores.. alabando a Dios por todo
Hech. 2:47 alabando a Dios y teniendo.. favor
Ef. 5:19 con salmos.. y alabando al Señor en

ALABASTRO
Mat. 26:7 una mujer trayendo un frasco de a.

Luc. 7:37 en la ciudad llevó un frasco de a.

ALARGAR: ver Prolongar
Job 6:11 Qué meta tengo para alargar mi vida
Isa. 54:2 alarga tus cuerdas y afirma tus
Hech. 20:7 y alargó el discurso hasta la

ALARMAR
Exo. 1:12 los egipcios se alarmaron a causa
2 Tes. 2:2 seáis alarmados, ni por espíritu

ALBA
Gén. 32:24, 26 luchó.. hasta que rayaba el a.
Neh. 8:3 leyó el libro desde el a. hasta el
Job 38:7 aclamaban juntas.. estrellas del a.
Sal. 139:9 Si tomo las alas del a. y habito

ALBOROTAR, ALBOROTO: ver Agitar
Prov. 7:11; 9:13 mujer necia es alborotadora
Prov. 20:1 vino hace burla; el licor alborota
Mat. 27:24 Pilato.. sólo se hacía más a. tomó
Hech. 12:18; 19:23; 21:34 un a. no pequeño

ALCANZAR: ver Lograr
Gén. 3:6 árbol.. alcanzar sabiduría. Tomó
Gén. 28:12 escalera.. alcanzaba el cielo
Núm. 32:23 que vuestro pecado os alcanzará
2 Rey. 7:9 Si esperamos.., nos alcanzará la
Est. 8:6 yo soportar.. mal que alcanzaría a
Sal. 36:5 los cielos alcanza tu misericordia
Prov. 12:2 bueno alcanzar.. favor de Jehovah
Prov. 12:27; 13:4 negligente no alcanza presa
Prov. 28:13 confiesa.. alcanzará misericordia
Isa. 35:10; 51:11 alcanzarán gozo y alegría
Amós 9:13 el que ara alcanzará al que siega
Rom. 3:23 pecaron y no alcanzan la gloria de
Rom. 9:30 gentiles.. alcanzaron la justicia
Ef. 4:13 hasta que todos alcancemos la unidad
Fil. 3:12, 15 decir que ya lo haya alcanzado
Heb. 4:16 para que alcancemos misericordia y
1 Ped. 2:10 habéis alcanzado misericordia

ALDEA: ver Ciudad, Pueblo
Hab. 2:12 ¡Ay del que.. establece la a. con
Mat. 21:2 Id a la a. que está frente a

ALEGORIA: ver Proverbio
Eze. 24:3 Presenta a la casa rebelde una a.
Gál. 4:24 En estas cosas hay una a., pues

ALEGRAR: ver Deleitar, Gozar
1 Sam. 2:1 Ana oró.. me he alegrado en tu
2 Crón. 15:15; 29:36 de Judá se alegraron
Sal. 2:11 con temor y alegraos con temblor
Sal. 9:2 Me alegraré y me regocijaré en ti
Sal. 19:8 preceptos.. alegran el corazón. El
Sal. 31:7 Me.. alegraré en tu misericordia
Sal. 32:11; 33:1 justos, alegraos en Jehovah
Sal. 34:2 lo oirán los mansos y se alegrarán
Sal. 46:4 río cuyas corrientes alegran la
Sal. 69:32 Lo ven los humildes y se alegran
Sal. 97:8 Sion escuchó y se alegró; las hijas
Sal. 104:34 y que yo me alegre en Jehovah
Sal. 118:24 nos gozaremos y nos alegraremos
Sal. 122:1 me alegré con los que me decían
Prov. 10:1; 15:20 hijo sabio alegra a su
Prov. 23:24 se alegrará el padre del justo
Prov. 29:2 justos aumentan.. pueblo se alegra
Isa. 61:10 mi alma se alegrará en mi Dios
Jon. 4:6 Jonás se alegró.. por el ricino
Hab. 3:18 me alegraré en Jehovah y me gozaré
Mat. 5:12 alegraos, porque vuestra recompensa
Luc. 15:32 era necesario alegrarnos.. porque
Rom. 15:10 otra vez dice: Alegraos, naciones
1 Cor. 7:30 los que se alegran, como si no
Fil. 1:18 Cristo es anunciado.. me alegro
Apoc. 12:12 Por esto, alegraos, oh cielos, y
Apoc. 19:7 Gocémonos, alegrémonos y

ALEGRE: ver Gozoso
Est. 5:9 Amán salió a. y contento de
Sal. 98:4; 100:1 ¡Cantad a. a Jehovah
Sal. 126:3 ¡Grandes cosas.. Estamos a.
Prov. 15:13; 17:22 corazón a. hermosea
2 Cor. 9:7 porque Dios ama al dador a.
Stg. 5:13 ¿Está alguno a.? ¡Que cante

ALEGRIA: ver Gozo, Regocijo
1 Crón. 15:16 cantores.. la voz con a.
Esd. 3:12, 13 distinguir.. los gritos de a.
Neh. 8:12 gran a., porque habían entendido
Sal. 21:6 has colmado con la a. de tu rostro
Sal. 30:5 pero al amanecer vendrá la a.
Sal. 51:8 Hazme oír gozo y a., y se
Sal. 66:1 ¡Aclamad a Dios con a., toda la
Sal. 100:2 Servid a Jehovah con a.; venid
Prov. 10:28 expectativa de los justos es a.
Prov. 15:21 insensatez le es a. al falto de
Prov. 21:15 Le es a. al justo practicar el
Isa. 55:12 con a. saldréis y en paz os iréis
Jer. 15:16 Tus palabras.. gozo y la a. de mi
Jer. 33:11 escuchar.. la voz de la a., la voz
Mat. 2:10 estrella.. regocijaron con gran a.
Luc. 1:44 criatura saltó de a. en mi vientre
Hech. 2:46 participaban de la comida con a.
Rom. 12:8 y el que hace misericordia, con a.

ALEJAR: ver Apartar, Separar
Rut 2:8 Boaz dijo.. ni te alejes de aquí
2 Rey. 5:19 Cuando Naamán se alejó de él y
Sal. 22:11, 19 No te alejes de mí, porque la
Sal. 103:12 así hizo alejar de nosotros

Prov. 4:24 y aleja de ti la falsedad de los
Ef. 4:18 alejados de la vida de Dios por la

ALELUYA <alabad a Jehovah>
Sal. 106:1 ¡A.! ¡Alabad a Jehovah, porque es
Sal. 115:18 desde ahora y para siempre. ¡A.!
Sal. 117:2 de Jehovah es para siempre. ¡A.!
Sal. 149:1 ¡A.! Cantad a Jehovah un cántico
Sal. 150:6 que respira alabe a Jehovah! ¡A.!
Apoc. 19:1, 3, 6 gran voz.. "¡A. La

ALENTAR, ALIENTO: ver Animar
Gén. 2:7 Sopló en su nariz a. de vida, y el
2 Crón. 35:2 y los alentó al servicio de la
Job 33:4 el a. del Todopoderoso me da vida
Sal. 23:4 vara y tu cayado me infundirán a.
Sal. 104:29; Isa. 11:4 les quitas el a., y
Hech. 15:31 regocijaron.. palabra alentadora
Hech. 17:25 él es quien da a todos vida y a.
Fil. 2:1 si hay algún a. en Cristo; si hay

ALFA
Apoc. 1:8; 21:6; 22:13 Yo soy el A. y la

ALFARERO
Isa. 64:8 barro, y tú eres nuestro a.; todos
Jer. 18:2-6 desciende a la casa del a.
Dan. 2:41 pies.. eran de barro cocido de a.
Mat. 27:7, 10 compraron.. el campo del A.
Rom. 9:21 autoridad el a. sobre el barro

ALFEO, padre de un apóstol
Mat. 10:3 Jacobo hijo de Alfeo

ALFORJA
Luc. 10:4; 22:35, 36 llevéis bolsa, ni a.

ALIMENTAR, ALIMENTO: ver Comer
Gén. 1:29, 30 toda planta.. os servirán de a.
Gén. 6:21 Toma.. toda clase de a. para comer
Gén. 9:3 lo que se desplaza.. servirá de a.
Gén. 41:35, 48, 55 acumulen todos los a. de
Gén. 42:7 tierra de Canaán, para comprar a.
Lev. 3:11, 16 arder sobre el altar como a.
Lev. 25:6 lo que la tierra dé.. será a. para
Sal. 42:3 mis lágrimas han sido mi a. día y
Sal. 136:25 El da a. a toda criatura: Porque
Sal. 147:9; Isa. 30:23 Da al ganado su a.
Isa. 65:25 serpiente se alimentará de polvo
Ose. 11:4 inclinaba hacia.. para alimentarlos
Hab. 3:17 Aunque.. los campos no produzcan a.
Mal. 3:10 diezmo.. y haya a. en mi casa
Mat. 6:25, 26 ¿No es la vida más que el a.
Mat. 10:10 porque el obrero es digno de su a.
1 Tim. 4:3 mandarán abstenerse de los a. que
Heb. 5:12 necesidad de leche y no.. a. sólido

ALISTAR
Mat. 25:7 vírgenes.. alistaron sus lámparas
2 Tim. 2:4 agradar a aquel que lo alistó

ALIVIAR, ALIVIO
Gén. 5:29 nombre Noé..: "Este nos aliviará
Exo. 18:22 aliviarás la carga que hay sobre
1 Rey. 12:4, 9 ahora, alivia tú el duro
2 Cor. 8:13 no digo esto.. para otros a.

ALMA: ver Corazón, Espíritu
Deut. 4:29 si lo buscas.. con toda tu a.
Deut. 6:5; 10:12; 11:13 amarás.. toda tu a.
1 Sam. 1:15 he derramado mi a. delante de
1 Rey. 17:21 que al a. de este niño vuelva a
1 Crón. 22:19 Dedicad.. vuestra a. a buscar
Sal. 16:10; Hech. 2:27 no dejarás mi a. en
Sal. 19:7 ley de Jehovah.. restaura el a.
Sal. 23:3 Confortará mi a. y me guiará por
Sal. 24:4 no ha elevado su a. a la vanidad
Sal. 34:2 En Jehovah se gloriará mi a.; lo
Sal. 35:9 mi a. se gozará en Jehovah, y se
Sal. 84:2 Mi a. anhela.. atrios de Jehovah
Prov. 11:25 El a. generosa será prosperada
Prov. 11:30 vida, y el que gana a. es sabio
Prov. 21:10 El a. del impío desea el mal; su
Prov. 25:25 Como el agua fría al a. sedienta
Isa. 55:2, 3 y vuestra a. se deleitará con
Jer. 6:16 hallaréis descanso para vuestras a.
Eze. 18:4 todas las a. son mías; tanto el a.
Eze. 18:20 El a. que peca, ésa morirá. El
Mat. 10:28 que puede destruir.. el a. como
Mat. 16:26 el mundo entero y pierde su a.
Mat. 22:37 Amarás al Señor.. con toda tu a.
Mat. 26:38; Juan 12:27 Mi a. está muy triste
Luc. 1:46 dijo: —Engrandece mi a. al Señor
Luc. 21:19 perseverancia ganaréis vuestras a.
Hech. 4:32 multitud.. era de.. una sola a.
1 Cor. 15:45 Adán llegó a ser un a. viviente
Heb. 4:12 Palabra.. hasta partir el a. y el
Heb. 6:19 esperanza como ancla del a.
1 Ped. 1:9 fe, la salvación de vuestras a.

ALMACEN
Exo. 1:11 edificaron.. las ciudades a. de
Neh. 13:12 Judá trajo a los a. el diezmo del
Luc. 12:24 cuervos.. ni tienen a. ni graneros

ALMACENAR: ver Guardar
Gén. 41:48 y almacenó los alimentos en las
Luc. 12:19 muchos bienes tienes almacenados

ALOES, plantas
Núm. 24:6; Juan 19:39

ALOJAR, ALOJAMIENTO
Mat. 21:17 ciudad a Betania, y se alojó allí
Luc. 19:7 murmuraban.. entrado a alojarse en
Hech. 1:13 aposento alto donde se alojaban
Film. 22 prepárame también alojamiento, pues

ALQUILAR
Exo. 22:15 Si el animal era alquilado.. daños
Hech. 28:30 años.. en una casa que alquilaba

ALTAR: ver Sacrificio, Santuario
Gén. 8:20 edificó Noé un a. a Jehovah, y
Gén. 12:7; 13:18; 22:9 edificó allí un a. a
Gén. 35:3, 7 Betel; allí haré un a. a Dios
Exo. 17:15 Moisés edificó un a. y llamó su
Núm. 23:29 Balaam.. Edifícame aquí siete a.
Deut. 7:5; 12:3 ellos: Derribaréis sus a.
Deut. 27:5 Allí edificaréis un a. a Jehovah
Jos. 8:30, 31 Josué edificó.. un a. a Jehovah
Jos. 22:10 Rubén.. edificaron allí un a.
2 Sam. 24:21-25 comprarte.. y edificar un a.
1 Rey. 13:1-5, 32 A., a., así ha dicho
1 Rey. 18:26 nombre de Baal.. junto al a.
1 Rey. 18:30-35 Elías.. reparó el a. de
2 Crón. 7:9 celebrado la dedicación del a.
Isa. 6:6 un carbón encendido tomado del a.
Isa. 19:19 habrá un a. de Jehovah en.. Egipto
Mat. 5:23, 24 si has traído tu ofrenda al a.
Mat. 23:18 Decís: 'Si uno jura por el a., no
Hech. 17:23 a. en el cual estaba..: AL DIOS
Stg. 2:21 Abraham.. su hijo Isaac sobre el a.
Apoc. 6:9 vi debajo del a. las almas de los
Apoc. 8:3 otro ángel.. de pie delante del a.
Apoc. 16:7 oí al a. decir..: tus juicios son

ALTERCAR
Exo. 17:2, 7 El pueblo altercó con

ALTISIMO
Gén. 14:18-22; Heb. 7:1 sacerdote del Dios A.
Sal. 7:17; 57:2; 92:1 cantaré.. Jehovah el A.
Sal. 9:2 cantaré a tu nombre, oh A.
Sal. 78:56 pusieron a prueba al Dios A. y lo
Sal. 91:1 que habita al abrigo del A. morará
Dan. 7:18 los santos del A. tomarán el reino
Mar. 5:7 conmigo, Jesús, Hijo del Dios A.
Luc. 1:32 grande, y será llamado Hijo del A.
Luc. 1:35 el poder del A. te cubrirá con su
Luc. 1:76 niño, serás llamado profeta del A.
Hech. 7:48 el A. no habita en casas hechas

ALTIVEZ: ver Arrogancia, Soberbia
Prov. 16:18 y antes de la caída, la a. de
Prov. 21:4 Pecado son la a. de ojos y el
1 Cor. 10:5 Destruimos.. toda a. que se

ALTIVO: ver Soberbio
2 Sam. 22:28; Sal. 18:27 ojos humillan a.. a.
Prov. 16:5 Abominación.. todo a. de corazón
Ecl. 7:8 Mejor es.. que el de espíritu a.
Isa. 2:11; 5:15 ojos a... serán humillados
Rom. 12:16; 1 Tim. 6:17 no siendo a., sino

ALTO: ver Altura
Gén. 28:13 Jehovah estaba en lo a. de ella
2 Rey. 21:3 Volvió a edificar los lugares a.
Sal. 68:18; Ef. 4:8 Subiste a lo a.
Isa. 6:1 Señor.. sentado sobre un trono a.
Isa. 55:9 así mis caminos son más a. que
Isa. 57:15 así ha dicho el A. y Sublime
Mat. 4:8 diablo le llevó a un monte muy a.
Mar. 14:15; Hech. 1:13 un gran aposento a.

ALTURA: ver Alto
Sal. 48:2 ¡Qué hermosa a.! El gozo de toda
Sal. 93:4 Jehovah en las a. es más poderoso
Sal. 103:11 como la a. de los cielos sobre
Sal. 148:1 los cielos! ¡Alabadle en las a.!
Isa. 33:5 sea Jehovah, porque mora en las a.
Isa. 57:15 Yo habito en las a. y en santidad
Hab. 3:19 Señor.. me hará andar sobre las a.
Mat. 21:9 del Señor! ¡Hosanna en las a.!
Luc. 2:14 ¡Gloria a Dios en las a., y en la
Luc. 4:5 Al llevarle a una a., le mostró
Heb. 1:3 la diestra de la Majestad en las a.

ALUMBRAMIENTO: ver Nacimiento
Luc. 1:57; 2:6 Se cumplió.. tiempo de su a.

ALUMBRAR: ver Iluminar
Gén. 1:15-17 sirvan.. para que alumbren la
Exo. 13:21 columna de fuego para alumbrarles
Sal. 13:3 Dios mío! Alumbra mis ojos para
Sal. 119:130 exposición de palabra alumbra
Isa. 60:19 ni te alumbrará el resplandor de la
Mat. 5:15 lámpara.. alumbra a todos los que
Juan 1:9 la luz verdadera que alumbra a todo
Ef. 5:14 levántate.., y te alumbrará Cristo
2 Ped. 1:19 como a una antorcha que alumbra
Apoc. 22:5 Señor Dios alumbrará sobre ellos

ALZAR: ver Levantar
Exo. 14:16; 17:11 alza tu vara y extiende tu
Exo. 30:13-15 Al entregar la ofrenda alzada
Sal. 116:13 Alzaré la copa de la salvación e
Sal. 121:1 Alzaré mis ojos a los montes: ¿De
Sal. 134:2 Alzad vuestras manos hacia el
Isa. 2:4; Miq. 4:3 No alzará espada nación
Isa. 42:2 No gritará ni alzará su voz, ni la
Isa. 62:10; Jer. 4:6 Alzad bandera sobre los
Eze. 10:19 Los querubines alzaron sus alas y
Juan 4:35 ¡Alzad vuestros ojos y mirad los

Hech. 4:24 ánimo alzaron sus voces a Dios y
2 Tes. 2:4 se opondrá y se alzará contra

ALLANAR
Isa. 26:7 que eres recto, allana la senda
Isa. 45:2, 13 de ti y allanaré las montañas
Isa. 57;14; 62:10 allanad la calzada!
Luc. 3:5 y los caminos ásperos, allanados

AMABILIDAD
Hech. 27:3; 28:2 tratando a Pablo con a., le
Fil. 4:5 Vuestra a. sea conocida por todos

AMABLE: ver Bondadoso
Sal. 84:1 Cuán a. son tus moradas, oh Jehovah
Fil. 4:8 todo lo puro, todo lo a., todo lo que

AMALEC, enemigo de Israel
Gén. 36:12; Exo. 17:8-16; 1 Sam. 15:5-20

AMALEQUITAS: ver Amalec
Jue. 6:3; 7:12; 1 Sam. 30:1-18

AMAN, perseguidor de los judíos
Est. 3:1—9:24

AMANECER
Exo. 16:7 al a. veréis la gloria de Jehovah
Exo. 16:12, 13 al a. os saciaréis de pan, y
Sal. 30:5 llanto, pero al a. vendrá la alegría
Sal. 55:17 al a. y al mediodía oraré y clamaré
Mat. 4:16 de muerte, la luz les amaneció
Mat. 28:1 al a. del primer día de la semana

AMANTE
Jer. 3:1 Tú te has prostituido con muchos a.
Jer. 30:14 Todos tus a. se han olvidado de ti
Ose.2:5-13 Ella irá tras sus a., pero no los
Ose. 3:1 Vé, ama a una mujer que ama a un a.
1 Tim. 3:3, 8 no contencioso ni a. del dinero
2 Tim. 3:2-4 habrá hombres a. de sí mismos y
Tito 1:8 debe ser hospitalario, a. de lo bueno

AMAR, AMADO: ver Querer
Gén. 22:2 Toma.. a Isaac a quien amas
Exo. 20:6; Deut. 5:10 que me aman
Lev. 19:18, 34; Mat. 19:19; Rom. 13:9; Gál. 5:14; Stg. 2:8 amarás a tu prójimo como a ti
Deut. 6:5 amarás a Jehovah tu Dios con todo tu
Deut. 10:12 ¿qué pide.. de ti?.. que ames y
Deut. 10:18, 19 amaréis al extranjero, porque
Deut. 33:3 él ama a los pueblos; Todos sus
Deut. 33:12 amado de.. habitará confiado
Rut 4:15 tu nuera, que te ama y te es mejor
2 Crón. 2:11 Hiram.. Jehovah ama a su pueblo
Sal. 5:11 que aman tu nombre se regocijarán
Sal. 11:7; 33:5 Jehovah es justo y ama la
Sal. 33:5; 37:28 ama la justicia y el derecho
Sal. 127:2 porque a su amado dará.. el sueño
Prov. 3:12 Jehovah disciplina al que ama, como
Prov. 13:24 hijo, pero el que lo ama se esmera
Prov. 17:17 En todo tiempo ama el amigo, y el
Ecl. 3:8 tiempo de amar y tiempo de aborrecer
Cant. 2:16; 6:3 amado es mío, y yo soy suya
Isa. 5:1 Cantaré.. la canción de mi amado
Jer. 31:3 Con amor eterno te he amado
Amós 5:15 Aborreced el mal y amad el bien
Miq. 6:8 justicia, amar misericordia y caminar
Mat. 3:17; 17:5 voz.. Este es mi Hijo amado
Mat. 5:43-46 fue dicho: Amarás a tu prójimo y
Mat. 6:24 aborrecerá al uno y amará al otro, o
Mat. 10:37 El que ama a padre o a madre más
Mat. 22:37-39 Amarás al Señor tu Dios con
Juan 3:19 hombres amaron más las tinieblas
Juan 3:35 Padre ama al Hijo y ha puesto todas
Juan 12:25 El que ama su vida, la pierde
Juan 12:43 amaron la gloria de los hombres
Juan 13:34; 15:12 os améis los unos a los otros
Juan 15:9 el Padre me amó.. yo os he amado
Juan 21:15-17 Simón.. ¿me amas tú más que
Rom. 8:28 ayuden para bien a los que le aman
Rom. 9:25 llamaré.. a la no amada, amada
Rom. 13:8, 9 nada, salvo el amaros unos a otros
1 Cor. 16:22 Si alguno no ama al Señor, sea
2 Cor. 9:7 porque Dios ama al dador alegre
Ef. 1:6 que nos dio gratuitamente en el Amado
Ef. 5:25, 28, 33 amad a vuestras esposas, así
2 Tim. 4:8 corona.. los.. han amado su venida
2 Tim. 4:10 Demas.. amado el mundo presente,
Tito 2:4 mujeres jóvenes.. amen a sus maridos
Film. 16 esclavo, como a un hermano amado
Heb. 12:6 el Señor disciplina al que ama y
1 Ped. 2:17 Honrad.. amad a los hermanos;
1 Ped. 3:10 El que quiere amar la vida y ver
1 Jn. 2:10 El que ama a su hermano permanece
1 Jn. 2:15 No améis al mundo ni las cosas que
1 Jn. 3:10-16 el que no ama a.. hermano
1 Jn. 3:23; 4:7-12; 2 Jn. 5 nos amemos unos a
Apoc. 1:5 Al que nos ama y.. libró de nuestros
Apoc. 22:15 el que ama y practica la mentira

AMARGAR: ver Entristecer
Exo. 1:14 amargaron sus vidas con el pesado
Sal. 78:56 pusieron a prueba.. y lo amargaron
Col. 3:19 a vuestras esposas y no os amarguéis
Apoc. 10:9 librito.. hará amargar tu estómago

AMARGO, AMARGAMENTE
Exo.12:8; Núm. 9:11 comerán.. con hierbas a.
Exo. 15:23 aguas de Mara, porque eran a.
Núm. 5:18-27 mujer.. agua a. que acarrea
Rut 1:20 Todopoderoso ha hecho muy a.

Prov. 27:7 para la hambrienta.. lo a. es dulce
Jer. 31:15 Voz fue oída.. lamento y llanto a.
Luc. 22:62 Y saliendo fuera, Pedro lloró a.
Stg. 3:11, 14 manantial brote agua dulce y a.

AMARGURA
Rut 1:13, 20 No, hijas mías, mi a. es mayor
1 Sam. 1:10 ella oró a Jehovah con a. de alma
Job 9:18; 10:1 No me.. sino que me colma de a.
Prov. 17:25 hijo necio causa.. a. a la que le
Ef. 4:31 Quítense de vosotros toda a., enojo
Heb. 12:15 ninguna raíz de a. brote y cause

AMASA, pariente y general de David
2 Sam. 17:25; 19:13; 20:4-12; 1 Crón. 2:17

AMASIAS
rey de Judá: 2 Rey. 12:21; 13:12; 14:1-17; 2 Crón. 25:1-25
sacerdote en Betel: Amós 7:10-14

AMBICION, AMBICIONAR
Prov. 19:22 La a. del hombre es su desgracia
3 Jn. 9 Diótrefes.. ambiciona ser el primero

AMEDRENTAR: ver Temer
1 Sam. 17:11 Saúl y todo.. se amedrentaron y
Miq. 4:4; Sof. 3:13 no habrá.. los amedrente

AMEN <así es o así sea>
Deut. 27:15-26 Maldito.. y todo.. dirá: '¡A.!'
1 Crón. 16:36; Neh. 5:13 pueblo dijo: "¡A.!" Y
Sal. 72:19; 89:52 llena de su gloria. A. y a.
Mat. 6:13; Rom. 11:36 por todos los siglos. A.
1 Cor. 14:16 ¿cómo dirá "a." a tu acción de
2 Cor. 1:20 medio de él, decimos "a." a Dios
Apoc. 3:14 El A., el testigo fiel y verdadero
Apoc. 22:20 "Sí, vengo pronto!" ¡A.! ¡Ven,

AMENAZA, AMENAZAR
Hech. 4:17, 21, 29 amenacémosles para que
Hech. 9:1 Saulo, respirando aún a. y homicidio

AMIGO: ver Compañero
Exo. 33:11 como habla un hombre con su a.
Job 2:11; 42:10 tres a. de Job.. se enteraron
Prov. 16:28, 29 chismoso aparta los mejores a.
Prov. 17:17 En todo tiempo ama el a., y el
Prov. 18:24 a. que es más fiel que un hermano
Luc. 7:34 Hijo del Hombre.. a. de publicanos y
Juan 11:11 Nuestro a. Lázaro duerme, pero voy
Juan 15:13-15 que uno ponga su vida por sus a.
Stg. 2:23 Abraham.. fue llamado a. de Dios
Stg. 4:4 quiere ser a. del mundo.. enemigo de

AMISTAD: ver Compañerismo
Prov. 22:24 No hagas a. con el iracundo, ni
Stg. 4:4 la a. con el mundo es enemistad con

AMNON, hijo de David
2 Sam. 3:2; 13:1-33

AMO: ver Dueño
Deut. 23:15 No entregarás a su a. el esclavo
Sal. 123:2 miran la mano de sus a.
Isa. 1:3 el asno el pesebre de su a.
Hech. 16:16, 19 producía.. ganancia a sus a.
Ef. 6:5, 9; Col. 3:22; 4:1 obedeced a.. a.
1 Tim. 6:1, 2; Tito 2:9; 1 Ped. 2:18 tengan a sus propios a.
Tito 2:5 que sean buenas a. de casa

AMON
pueblo descendiente de Lot: Deut. 2:19, 37; Jue. 3:13;11:4-33; 2 Sam. 10:1-19; 1 Rey. 11:7, 33; Jer. 49:1-6; Eze. 25:2-10
rey de Judá: 2 Rey. 21:18-23; 2 Crón. 33:20-25

AMONESTACION: ver Reprensión
Tito 3:10 Después de una y otra a.

AMONESTAR: ver Reprender
2 Crón. 24:19; Neh. 9:29, 30 amonestaron, pero
Sal. 19:11 con ellos es amonestado tu siervo
Prov. 19:25 amonesta al entendido, y captará
1 Cor. 4:14 os escribo.. para amonestaros como
Col. 1:28 amonestando a todo hombre y
Col. 3:16 palabra de Cristo.. amonestándoos los
2 Tes. 3:15 enemigo, sino amonestadle como a

AMONITAS: ver Amón
Gén. 19:38; 1 Sam. 11:1-11; 1 Rey. 14:21

AMONTONAR
Prov. 25:22; Rom. 12:20 carbones.. amontonarás
2 Tim. 4:3 amontonarán.. maestros conforme a
Apoc. 18:5 sus pecados se han amontonado

AMOR: ver Afecto
1 Sam. 20:17 Jonatán.. a causa de su a. por él
Prov. 10:12; 1 Ped. 4:8 el a. cubre todas las
Prov. 15:17 comida de verduras donde hay a.
Cant. 1:2 boca! Mejor que el vino es tu a.
Cant. 2:4, 5 y su bandera sobre mí es el a.
Cant. 2:7; 3:5; 8:4 ni provocaréis el a., hasta
Cant. 8:6, 7 fuerte como la muerte es el a.
Jer. 31:3 Con a. eterno te he amado; por tanto
Mat. 24:12 maldad, se enfriará el a. de muchos
Luc. 11:42 pasáis por alto.. el a. de Dios
Juan 13:35 si tenéis a. los unos por los otros

Juan 15:9 os he amado; permaneced en mi a.
Juan 15:13 Nadie tiene mayor a. que éste, que
Rom. 5:5 el a. de Dios ha sido derramado en
Rom. 5:8 Dios demuestra su a. para con
Rom. 8:35, 39 ¿Quién nos separará del a. de
Rom. 12:9 El a. sea sin fingimiento
Rom. 13:10 a. no hace mal al prójimo; así que
1 Cor. 8:1 envanece, pero el a. edifica
1 Cor. 13:1—14:1 ángeles, pero no tengo a.
2 Cor. 5:14 el a. de Cristo nos impulsa
2 Cor. 13:14 el a. de Dios y la comunión del
Gál. 5:6 sino la fe que actúa por medio del a.
Gál. 5:22 fruto del Espíritu es: a., gozo, paz
Ef. 3:17 arraigados y fundamentados en a.
Ef. 3:19 conocer el a. de Cristo que sobrepasa
Ef. 4:15 siguiendo la verdad con a., crezcamos
Ef. 5:2 andad en a., como Cristo.. nos amó y se
Col. 3:14 vestíos de a., que es el vínculo
1 Tes. 4:9 con respecto al a. fraternal, no
1 Tim. 6:10, 11 a. al dinero es raíz de todos
Heb. 10:24 estimularnos al a. y a las buenas
Heb. 13:1 Permanezca el a. fraternal
Heb. 13:5 vuestras costumbres sin a. al dinero
1 Ped. 4:8 tened entre vosotros un ferviente a.
1 Jn. 2:5 en éste.. el a. de Dios ha sido
1 Jn. 2:15 Si alguno ama al mundo, el a. del
1 Jn. 3:1 Mirad cuán grande a. nos ha dado el
1 Jn. 3:16 hemos conocido el a.: en que él puso
1 Jn. 4:7-18 otros, porque el a. es de Dios
Apoc. 2:4 contra ti que has dejado tu primer a.

AMORREO, pueblo enemigo de Israel
Gén. 15:16; Núm. 21:21-31; Deut. 1:4-44; 20:17; Jos. 5:1;10:5-12; 24:15

AMOS, profeta
Amós 1:1, 2; 7:10-14; 8:2

AMOTINAR
Sal. 2:1; Hech. 4:25 ¿Por qué se amotinan las
Ose. 7:14 Por el trigo y el vino se amotinan

AMPARAR, AMPARO: ver Refugio
Lev. 25:35 se empobrece.. lo ampararás
1 Rey. 8:59 él ampare la causa de su siervo y
Sal. 46:1; 59:16 Dios es nuestro a. y fortaleza
Sal. 61:4 me refugie al a. de tus alas
Isa. 1:17 al huérfano, amparad a la viuda

AMPLIO
Deut. 15:11 Abrirás tu mano a. a tu hermano
Isa. 19:23 aquel día habrá un a. camino desde
Isa. 40:4 convertido.. lo escabroso en a. valle
Isa. 55:7 nuestro Dios.. será a. en perdonar
2 Ped. 1:11 os será otorgada a. entrada en el

AMPLITUD
1 Rey. 4:29 Dios dio a Salomón.. a. de corazón
Job 38:18 ¿Has reflexionado acerca de la a. de
Sal. 119:32 correré, porque das a. a mi corazón

AMRAM, padre de Moisés
Exo. 6:18-20; Núm. 26:58, 59; 1 Crón. 6:2, 3

ANA
madre de Samuel: 1 Sam. 1:2—2:21
profetiza: Luc. 2:36

ANANIAS, diversas personas, entre ellas
profeta falso: Jer. 28:1-17
amigo de Daniel (ver Sadrac): Dan.1:6—2:18
creyente engañador: Hech. 5:1-5
creyente fiel: Hech. 9:10-17; 22:12
sumo sacerdote: Hech. 23:2; 24:1

ANAS, sumo sacerdote
Luc. 3:2; Juan 18:13, 24; Hech. 4:6

ANATEMA: ver Maldición
Exo. 22:20 sacrificio a un dios que.. será a.
Deut. 13:17 No se pegue a tu mano nada del a.
Jos. 6:17, 18 la ciudad será a. a Jehovah
Jos. 7:1-15 Acán.. tomó del anatema; y la ira
1 Sam. 15:21 pueblo tomó.. lo mejor del a.
1 Cor. 12:3 nadie.. dice: "A. sea Jesús."
1 Cor. 16:22 Si.. no ama al Señor, sea a.
Gál. 1:8, 9 si.. os anunciara un.. sea a.

ANCHO: ver Anchura
Gén. 13:17 anda a lo largo y a lo a. de la
Mat. 7:13 porque a. es la puerta y espacioso
Apoc. 20:9 subieron sobre lo a. de la tierra
Apoc. 21:16 el largo, el a. y el alto son

ANCHURA: ver Ancho
Ef. 3:18 capaces de comprender.. la a.

ANCIANO: ver Viejo
Gén. 18:11 Abraham y Sara eran a., de edad
Exo. 3:16 Vé, reúne a los a. de Israel y
Lev. 19:32 Darás honor al a. y tendrás temor
Rut 4:2-11 Boaz tomó.. de los a. de la ciudad
1 Sam. 2:22; 4:18 Elí ya era muy a. y oía
1 Rey. 1:1 Cuando el rey David era a., de
1 Rey. 11:4 cuando Salomón era ya a., sus
1 Rey. 12:8, 13 dejó.. consejo.. dado los a.
1 Rey. 13:11-29 Vivía en Betel un profeta a.
Job 32:6 Elihú.. y vosotros sois a.; por eso
Job 42:17 Y murió Job a. y lleno de años
Prov. 17:6 Corona de los a. son los hijos de
Dan. 7:9, 13, 22 y se sentó un A. de Días
Joel 2:28; Hech. 2:17 Vuestros a. tendrán

Mat. 15:2 discípulos la tradición de los a.?
Mat. 21:23; 26:3 se acercaron.. los a. del
Mat. 26:47, 57-59; 27:3 vino.. de los a. del
Mat. 27:1, 12 a. del pueblo tomaron consejo
Mat. 27:20, 41; 28:12 a. persuadieron a las
Mar. 8:31 que el Hijo.. desechado por los a.
Luc. 22:52, 66 a. que habían venido contra él
Hech. 14:23 después de haber constituido a.
Hech. 15:6, 22; 16:4 se reunieron.. y los a.
Hech. 20:17 Pablo.. hizo llamar a los a. de
1 Tim. 4:14 don.. manos del concilio de a.
1 Tim. 5:1 No reprendas con dureza al a.
1 Tim. 5:17, 19 Los a. que dirigen bien sean
Tito 1:5 y establecieras a. en cada ciudad
Stg. 5:14 enfermo.. Que llame a los a. de la
1 Ped. 5:1 A los a. entre vosotros.. exhorto
1 Ped. 5:5 jóvenes, estad sujetos a los a.
Apoc. 4:4, 10; 5:8, 14; 7:11; 11:16; 19:4 vi a veinticuatro a. sentados, vestidos de

ANCLA
Hech. 27:29; 40 echaron las cuatro a. de la
Heb. 6:19 esperanza como a. del alma, segura

ANDAR: ver Caminar, Ir
Gén. 13:17 Levántate, anda a lo largo y a lo
Lev. 11:27 inmundos.. andan sobre sus garras
Lev. 26:12 Andaré entre vosotros y.. vuestro
Núm. 14:33; 32:13 hijos andarán errantes en
Deut. 5:33 Andad en.. el camino que Jehovah
Deut. 10:12; 11:19, 22 que andes en todos sus
1 Rey. 11:38 si.. andas en mis caminos y
2 Crón. 6:27, 31 enséñales.. camino.. andar
Neh. 10:29 A andar en la ley de Dios, la cual
Job 1:7; 2:2 Satanás.. y de andar por ella
Sal. 1:1 Bienaventurado.. que no anda según
Sal. 15:2 El que anda en integridad y hace
Sal. 23:4 Aunque ande en valle de sombra de
Sal. 32:8 enseñaré el camino en.. debes andar
Sal. 82:5 ni entienden; andan en tinieblas
Sal. 116:9 Andaré delante de Jehovah en la
Sal. 119:45 Andaré en libertad, porque he
Prov. 2:13 para andar en caminos tenebrosos
Prov. 5:20 ¿Por qué.. andarás apasionado por
Prov. 11:13; 20:19 El que anda con chismes
Prov. 13:20 El que anda con los sabios se
Isa. 9:2 pueblo que andaba en tinieblas vio
Isa. 30:21 ¡Este es el camino; andad por él
Isa. 43:2 Cuando andes por el fuego, no te
Isa. 57:2 El que anda en rectitud entrará en
Jer. 6:16 sea el buen camino, y andad en él
Eze. 20:19 Andad según mis estatutos, guardad
Ose. 9:17 Andarán errantes entre las naciones
Amós 3:3 ¿Andarán dos juntos, a menos que se
Miq. 4:5 Aunque.. los pueblos anden cada uno
Mat. 11:5; 15:31 ciegos ven, los cojos andan
Luc. 8:1 él andaba de ciudad en ciudad y de
Juan 5:8, 11 Levántate, toma tu cama y anda
Juan 6:66 atrás, y ya no andaban con él
Juan 7:1; 11:54 No quería andar por Judea
Rom. 6:4 nosotros andemos en novedad de vida
Rom. 8:4 que no andamos conforme a la carne
2 Cor. 5:7 andamos por fe, no por vista
Gál. 5:16, 25 Andad en el Espíritu, y así
Ef. 5:2 andad en amor, como Cristo también
Ef. 5:8 el Señor. ¡Andad como hijos de luz!
Col. 4:5 Andad sabiamente para con los de
2 Tes. 3:11 algunos andan desordenadamente
Heb. 11:38 Andaban errantes por los desiertos
1 Ped. 5:8 diablo.. anda alrededor buscando
1 Jn. 1:6, 7 si andamos en luz, como él está
2 Jn. 4 entre tus hijos.. andan en la verdad
2 Jn. 1:6 que andemos según sus mandamientos
Apoc. 21:24 naciones andarán a la luz de ella

ANDRES, apóstol
Mat. 4:18; 10:2; Mar. 1:29; 13:3; Juan 1:40-44; 6:8; 12:22: Hech. 1:13

ANEGAR: ver Ahogar, Hundir
Cant. 8:7 amor, ni lo pueden anegar los ríos
Mar. 4:37 de modo que la barca ya se anegaba
Heb. 11:29 los egipcios, fueron anegados

ANGEL <mensajero>: ver Mensajero
Gén. 16:7-11; 21:17 á. de Jehovah la encontró
Gén. 19:1, 15 Los dos á. llegaron a Sodoma al
Gén. 22:11, 15 á. de Jehovah llamó.. Abraham
Gén. 28:12 á. de Dios subían y descendían por
Gén. 32:1 Jacob.. encuentro unos á. de Dios
Exo. 3:2 se le apareció el á. de Jehovah en
Exo. 14:19; 23:20, 23 á. de.. iba delante
Núm. 22:22-35 á. de Jehovah se presentó en el
Jue. 6:11-22 á. de Jehovah fue y.. Gedeón
Jue. 13:3-21 á. de.. se apareció a la mujer
2 Sam. 24:16, 17 Cuando el á. extendía su
1 Rey. 19:5, 7 á. le tocó y le dijo.. come
2 Rey. 1:3, 15 á... dijo a Elías el tisbita
Sal. 8:5; Heb. 2:7 un poco menor que los á.
Sal. 34:7 á. de Jehovah acampa en derredor
Sal. 91:11 a sus á. dará órdenes acerca de
Dan. 6:22 Mi Dios envió a su á., el cual
Zac. 1:11—2:3 dirigieron al á. de Jehovah
Zac. 3:3-6 Josué estaba delante del á.
Zac. 4:1-5 á. que hablaba conmigo volvió y
Mal. 3:1 vendrá.. el á. del pacto a quien
Mat. 1:20, 24 á. del Señor se le apareció en
Mat. 2:13, 19 á. del Señor apareció.. a José
Mat. 4:6 escrito está: A sus á. mandará
Mat. 4:11 diablo le dejó.., los á. vinieron
Mat. 13:39, 41, 49 los segadores son los á.
Mat. 16:27 el Hijo.. ha de venir.. con sus á.

Mat. 22:30 casamiento.. son como los á. que
Mat. 24:31 enviará a sus á. con un gran sonar
Mat. 24:36 nadie sabe; ni siquiera los á. de
Mat. 25:31 Hijo del Hombre venga.. los á. con
Mat. 26:53 no me daría.. doce legiones de á.?
Mat. 28:2, 5 terremoto; porque el á.. cielo
Luc. 1:11, 13, 18 á... se le apareció, puesto
Luc. 1:26-38 á. Gabriel fue enviado.. Nazaret
Luc. 2:9-15 á... se presentó ante ellos, y la
Luc. 12:8 Hijo.. confesará delante de los á.
Luc. 15:10 hay gozo delante de los á. de
Luc. 16:22 murió el pobre.. llevado por los á.
Luc. 20:36 no pueden morir.. son como.. los á.
Luc. 22:43 le apareció un á. del cielo para
Juan 1:51 veréis el cielo abierto y a los á.
Juan 12:29 decían: —¡Un á. le ha hablado!
Hech. 5:19 un á. del Señor abrió de noche las
Hech. 6:15 vieron su cara como.. de un á.
Hech. 7:53 la ley por disposición de los á.
Hech. 8:26 Un á. del Señor habló a Felipe
Hech. 10:3-7; 11:13 vio.. en visión a un á.
Hech. 12:7-15 se presentó un á. del Señor
Hech. 12:23 le hirió un á. del Señor, por
Hech. 23:8 saduceos dicen que no hay.. á.
Hech. 27:23 esta noche estuvo conmigo un á.
1 Cor. 6:3 hemos de juzgar a los á.? ¡Cuánto
2 Cor. 11:14 Satanás.. disfraza como á. de
Gál. 3:19 esta ley fue promulgada.. de á.
1 Tim. 3:16 visto por los á., proclamado
Heb. 1:4—2:16 hecho tanto superior a los á.
Heb. 13:2 algunos hospedaron á. sin saberlo
1 Ped. 1:12 cosas que hasta los á. anhelan
1 Ped. 3:22 los á. están sujetos a él
2 Ped. 2:4 Dios no dejó.. a los á. que pecaron
Jud. 6 a los á. que no guardaron su primer
Apoc. 1:1 revelación.. enviándola por.. su á.
Apoc. 1:20 siete estrellas son los á. de las
Apoc. 2:1, etc. Escribe al á. de la iglesia
Apoc. 5:11 oí la voz de muchos á. alrededor
Apoc. 9:11 rey, el á. del abismo, cuyo nombre
Apoc. 12:7 Miguel y sus á. pelearon contra
Apoc. 22:8 adorar ante los pies del á.
Apoc. 22:16 Yo, Jesús, he enviado a mi á.

ANGOSTO: ver Estrecho
Mat. 7:14; Luc. 13:24 qué a. el camino

ANGULAR
Job 38:6 ¿O quién puso su piedra a.
Isa. 28:16 Una preciosa piedra a. es puesta
Zac. 10:4 De él saldrá la piedra a., de él
Ef. 2:20 Jesucristo mismo la piedra a.

ANGULO
Sal. 118:22; Mat. 21:42 piedra.. del á.
Hech. 4:11 El es la piedra.. cabeza del á.
1 Ped. 2:6, 7 pongo en Sion la Piedra del á.

ANGUSTIA
Gén. 35:3 Dios.. respondió en el día de mi a.
2 Rey. 19:3; Isa. 37:3 Ezequías.. día de a.
2 Crón. 33:12 en a., imploró el favor de
Sal. 9:9 un refugio en los tiempos de a.
Sal. 18:6 En mi a. invoqué a Jehovah y clamé
Sal. 31:9 Ten misericordia.. estoy en a. Mis
Sal. 34:6, 17 Jehovah.. libró de todas sus a.
Sal. 50:15 Invócame en el día de la a.; yo
Sal. 59:16 y un amparo en el día de mi a.
Sal. 86:7 En el día de mi a. te llamaré
Sal. 107:6, 13, 19, 28 cuando en su a.
Sal. 119:143 Aflicción y a. me han alcanzado
Prov. 17:17 hermano nace para el tiempo de a.
Isa. 53:11 A causa de la a. de su alma, ver
Jer. 30:7 Será tiempo de a. para Jacob, pero
Dan. 12:1 Miguel.. Será tiempo de a., como
Jon. 2:2 Desde mi a. invoqué a Jehovah, y él
Nah. 1:7 Es una fortaleza en el día de la a.
Luc. 2:48 tu padre y yo te buscábamos con a.
Luc. 21:25 la tierra habrá a. de las naciones
Juan 16:20-22 tendréis a., pero vuestra a. se
Rom. 8:35 Quién nos separará del amor.. ¿a.?
2 Cor. 12:10 me complazco en.. a. por la

ANGUSTIAR: ver Afligir, Oprimir
1 Sam. 30:6 David estaba muy angustiado,
Sal. 69:17 estoy angustiado; apresúrate a
Isa. 63:9 angustia.. ellos, él fue angustiado
Lam. 1:12 el dolor.. Jehovah me ha angustiado
Mat. 26:37 a entristecerse y a angustiarse
Luc. 12:50 bautismo.. cómo me angustio hasta
Luc. 22:44 angustiado, oraba.. que su sudor
2 Cor. 4:8 atribulados.., pero no angustiados
Heb. 11:37 pobres, angustiados, maltratados

ANHELAR: ver Desear, Codiciar
Sal. 84:2 Mi alma anhela.. los atrios de
Sal. 143:6 mi alma te anhela como la tierra
Amós 5:18 ¡Ay de los que anhelan el día de
Mat. 20:26 cualquiera que anhele ser grande
1 Cor. 12:31; 14:1, 12 anhelad los mejores
1 Cor. 14:39 anhelad profetizar; y no
Fil. 3:10 Anhelo conocerle a él y el poder
1 Tim. 3:1 Si alguien anhela el obispado
Heb. 11:16 anhelaban una patria mejor, es
1 Ped. 1:12 los ángeles anhelan contemplar
Apoc. 9:6; 18:14 Anhelarán morir, y la muerte

ANHELO: ver Deseo
1 Rey. 8:17, 18 David el a. de edificar una
Sal. 103:5 el que sacia con bien tus a.
Rom. 8:19 creación aguarda con ardiente a.
2 Cor. 5:9 nuestro a. es serle agradables

ANILLO
Exo. 35:22 generoso vino trayendo.. a.
Luc. 15:22 su padre.. poned un a. en su mano
Stg. 2:2 entra un hombre con a. de oro y ropa

ANIMAL: ver Bestia
Gén. 1:21-30; 2:19, 20 creó.. los grandes a.
Gén. 7:2-21 De los a. limpios y de los a. no
Gén. 8:1, 17, 19 Dios se acordó de.. los a.
Exo. 13:2, 12 Conságrame.. matriz.. de los a.
Lev. 11:2 éstos son los a. que podréis comer
Lev. 22:20-24 No ofreceréis.. a. con defecto
Núm. 3:13; 8:17 primogénito.. de a. Míos serán
Sal. 50:10 míos son todos los a. del bosque
Prov. 12:10 justo se preocupa por.. sus a.
Stg. 3:15 sabiduría.. terrenal, a. y diabólica

ANIMAR: ver Alentar
Isa. 41:7 escultor anima al platero, y el
Hech. 18:27 los hermanos le animaron y
2 Cor. 2:7 debierais perdonarle y animarle
1 Tes. 3:2 afirmaros y animaros en vuestra
1 Tes. 5:11 animaos los unos a los otros y

ANIMO: ver Corazón, Voluntad
1 Crón. 28:9 sírvele.. con á. voluntario
Prov. 28:25 de á. altivo suscita contiendas
Mat. 9:2, 22; 14:27 Ten á., hijo; tus
Hech. 4:24; 5:12 de un solo á. alzaron sus
Hech. 27:22, 25, 36 os insto a tener buen á.
Hech. 28:15 Pablo, al verlos.. y cobró á.
Col. 3:23 lo que hagáis, hacedlo de buen á.
Stg. 1:8; 4:8 hombre de doble á. es inestable

ANOCHECER
Exo. 27:21; Núm. 9:15 desde el a. hasta el
Sal. 55:17 Al a., al amanecer y.. oraré y
Luc. 21:37 saliendo al a. permanecía en el
Juan 20:19 Al a. de aquel día.. discípulos

ANSIEDAD, ANSIOSO: ver Afanar
Luc. 12:29 no busquéis qué.. ni estéis a.
1 Cor. 7:32 Quisiera.. libres de a.
1 Ped. 5:7 Echad sobre él toda vuestra a.

ANTECEDER
Col. 1:17 El antecede.. las cosas

ANTEPASADOS
2 Tim. 1:3 lo hicieron mis a.

ANTERIOR
Rom. 15:4 lo que fue escrito a.mente fue
Heb. 7:18 mandamiento a. fue abrogado por

ANTICRISTO
1 Jn. 2:18, 22 oísteis que el a. había de
1 Jn. 4:3; 2 Jn. 7 espíritu del a., del cual

ANTIGUO: ver Viejo
Deut. 4:32; 32:7 pregunta.. a los días a.
2 Rey. 17:40 hicieron según su a. costumbre
Sal. 74:12 Dios es mi Rey.. los tiempos a.
Prov. 22:28; 23:10 No cambies.. lindero a.
Jer. 6:16 Preguntad por las sendas a., cuál
Zac. 7:7, 12; Hech. 3:21 de los a. profetas
Mat. 5:21, 33, 38 oído que fue dicho a los a.
Luc. 9:8 que alguno de los a. profetas había
Ef. 4:22 respecto a vuestra a. manera de vivir
1 Jn. 2:7 os escribo.. el mandamiento a. que
Apoc. 12:9; 20:2 serpiente a. que se llama

ANTIOQUIA
ciudad de Siria: Hech. 11:19-25; 13:1; 14:26; 15:22, 23, 30-35; 18:22; Gál. 2:11
ciudad de Pisidia: Hech. 13:14-21; 2 Tim. 3:11

ANTOJO
Miq. 7:3 poderoso habla según el a. de su
Stg. 3:4 barcos.. según el a. del que los

ANTORCHA: ver Candelero, Luz
Prov. 6:23 el mandamiento es a., y la
Isa. 62:1 luz, y su salvación arda como a.
Juan 5:35 El era a. que ardía y alumbraba
Juan 18:3 Judas.. fue allí con a., lámparas
2 Ped. 1:19 palabra.. una a. que alumbra en
Apoc. 8:10 estrella, ardiendo como una a.; y
Apoc. 18:23 luz de la a. nunca más alumbrará

ANULAR: ver Invalidar
Col. 2:14 El anuló el acta que había contra
2 Tim. 1:10 anuló la muerte y sacó a la luz

ANUNCIAR: ver Declarar, Proclamar
1 Crón. 16:23; Sal. 96:2 Anunciad de día en
Sal. 19:1 firmamento anuncia la obra de sus
Sal. 22:22, 31; 40:9 Anunciaré tu nombre a
Isa. 40:9 Sion, tú que anuncias buenas nuevas
Isa. 52:7; Nah. 1:15 pies.. del que anuncia
Isa. 53:1 ¿Quién ha creído nuestro anuncio?
Isa. 61:1; Luc. 4:18 enviado para anunciar
Jon. 3:7 hizo proclamar y anunciar en Nínive
Mat. 11:5 pobres se les anuncia el evangelio
Mar. 16:10 Ella fue y lo anunció a los que
Luc. 4:43 necesario anunciar el evangelio del
Luc. 9:60 tú, ¡vé y anuncia el reino de Dios
Luc. 16:16 son anunciadas las buenas nuevas
Hech. 5:42 no cesaban de.. anunciar la buena
Hech. 8:4 anduvieron anunciando la palabra
Hech. 8:12, 35, 40 Felipe.. anunciaba el

Hech. 13:38 os anuncia el perdón de pecados
Hech. 14:7, 15, 21, 35, 36; 16:10 anunciaban
Hech. 17:3, 13, 18, 23 a quien yo os anuncio
Hech. 20:27 anunciaros todo el consejo de Dios
Rom. 1:15 estoy para anunciaros el evangelio
1 Cor. 2:1 para anunciaros el misterio de Dios
1 Cor. 11:26 copa, anunciáis la muerte del
Gál. 3:8 Escritura.. anunció de antemano el
Ef. 2:17 vino y anunció las buenas nuevas
1 Ped. 1:25 evangelio que os ha sido anunciada
1 Ped. 2:9 para que anunciéis las virtudes
1 Jn. 1:5 os anunciamos: Dios es luz, y en él

ANZUELO
Job 41:1 ¿Sacarás tú al Leviatán con a.?
Amós 4:2 se os llevará.. con a. de pescar
Mat. 17:27 al mar, echa el a., y el primer

AÑADIR: ver Agregar
Gén. 30:24 nombre José.. me añada otro hijo
Deut. 4:2; 12:32 No añadáis a las palabras
Rut 1:17; 1 Sam. 14:44 y aun me añada, que
Prov. 10:22 y no añade tristeza con ella
Mat. 6:27 podrá.. añadir a su estatura un
Mat. 6:33 todas estas cosas.. serán añadidas
Hech. 2:41, 47 fueron añadidas.. tres mil
2 Ped. 1:5 añadid a vuestra fe, virtud; a la
Apoc. 8:3 incienso para que lo añadiese a las
Apoc. 22:18 Si alguno añade a estas cosas

AÑEJO
Lev. 25:22; 26:10 comeréis de la cosecha a.
Luc. 5:39 ninguno que bebe lo a. quiere el

AÑO: ver Día, Tiempo
Gén. 1:14 lumbreras.. para los días y los a.
Lev. 25:3-13 el séptimo a. será.. descanso
Núm. 14:29-34 caerán.. de 20 a. para arriba
Sal. 90:4, 9, 10 mil a. delante de tus ojos
Isa. 6:1 En el a. que murió el rey Uzías, vi
Isa. 61:2 para proclamar el a. de la buena
Jer. 25:11, 12; 29:10 servirán.. setenta a.
Dan. 9:2; Zac. 1:12 desolación.. setenta a.
Luc. 3:23 Jesús tenía como treinta a.
2 Ped. 3:8 día es como mil a. y mil a. como
Apoc. 20:2-7 y Satanás, y le ató por mil a.

APACENTAR: ver Cuidar
Gén. 37:2, 12, 16 José.. apacentaba las
Exo. 3:1 Apacentando Moisés las ovejas de su
1 Sam. 16:11; 17:15 menor.. está apacentando
Prov. 15:14 boca de los necios se apacienta
Cant. 2:16; 6:3 Mi amado.. apacienta entre
Isa. 40:11 un pastor, apacentará su rebaño
Jer. 23:2, 4 pondré pastores.. apacienten
Eze. 34:2-23 Ay de los.. que se apacientan a
Eze. 34:15 apacentaré mis ovejas y las haré
Eze. 34:23 solo pastor.. las apacentará
Ose. 12:1 Efraín se apacienta de viento; todo
Miq. 5:4 apacentará con el poder de Jehovah
Juan 21:15, 17 Jesús.. Apacienta mis corderos
1 Ped. 5:2 Apacentad el rebaño de Dios que
Jud. 12 Estos.. apacentándose a sí mismos sin

APACIBLE: ver Quieto
1 Rey. 19:12 Después.. un sonido a. y
Prov. 14:30; 15:4 corazón a. vivifica
Heb. 12:11 disciplina.. da fruto a. de

APACIGUAR: ver Aplacar
Prov. 29:11 ira.. pero el sabio.. la apacigua
Hech. 19:35 magistrado había apaciguado la

APAGAR
Lev. 6:12 fuego.. el altar no será apagado
Prov. 13:9; 20:20; 24:20 impíos se apagará
Prov. 26:20 Sin leña se apaga el fuego; y
Cant. 8:7 aguas no pueden apagar el amor
Isa. 42:3; Mat. 12:20 ni apagará la mecha
Isa. 66:24; Mar. 9:48 ni su fuego se apagará
Jer. 7:20; 21:12; Eze. 20:47 y no se apagará
Mat. 3:12 en el fuego que nunca se apagará
Mat. 25:8 porque nuestras lámparas se apagan
Ef. 6:16 fe con que podréis apagar todos los
1 Tes. 5:19 No apaguéis el Espíritu

APARECER: ver Manifestar
Gén. 1:9 aparezca la parte seca." Y fue así
Gén. 9:14-16 el arco aparezca en las nubes
Gén. 17:1 Jehovah se le apareció y le dijo
Exo. 3:2, 16 le apareció el ángel de Jehovah
Exo. 16:10; Lev. 9:23; Núm. 16:19; 20:6 la gloria de Jehovah se apareció en la nube
1 Rey. 3:5; 9:2 Jehovah se apareció a Salomón
Dan. 5:5 aparecieron los dedos de una mano de
Mat. 1:20; 2:13, 19 ángel.. se le apareció
Mat. 17:3 les aparecieron Moisés y Elías
Mar. 16:9, 12, 14 Jesús.. apareció.. a María
Luc. 1:11 el ángel del Señor se le apareció
Luc. 22:43 le apareció un ángel del cielo
1 Cor. 15:5-8 apareció a Pedro y después a
Heb. 9:28 Cristo.. aparecerá para salvación
Stg. 4:14 Porque sois un vapor que aparece
1 Ped. 5:4 al aparecer el Príncipe de los
Apoc. 12:1, 3 Apareció en el cielo una gran

APARIENCIA: ver Aspecto
Exo. 24:17 la a. de la gloria de Jehovah en
Núm. 9:16 de día, y la a. de fuego de noche
1 Sam. 16:7 No mires su a. ni lo alto de su
Est. 2:7 Ester.. era de bella.. de hermosa a.
Isa. 52:14 así fue desfigurada su a., más que

Luc. 9:29 la a. de su rostro se hizo otra, y
Juan 7:24 No juzguéis según las a., sino
1 Tes. 5:22 Apartaos.. toda apariencia de mal

APARTAR: ver Alejar, Separar
Gén. 28:22 sin falta apartaré el diezmo para
Gén. 31:49 Mizpa.. nos apartemos el uno del
Exo. 13:12 apartarás.. todo primogénito que
Exo. 32:8 Se han apartado.. del camino que yo
Núm. 25:11 mi furor se aparte de los hijos de
Deut. 15:16 dice: 'No quiero apartarme de ti'
Deut. 17:20 no se aparte del mandamiento ni a
Deut. 29:18 no sea que.. corazón se aparte
Deut. 30:17 si tu corazón se aparta y no
Deut. 31:29 os corromperéis y os apartaréis
Jos. 1:7; 23:6 ley.. No te apartes de ella ni
Jue. 2:17 Se apartaron pronto del camino por
Jue. 2:19 No se apartaban de sus obras ni de
Jue. 16:17, 19, 20 navaja.. se apartará de mí
Rut 1:16 que te deje y que me aparte de ti
1 Sam. 4:21 Icabod.. gloria se ha apartado de
2 Rey. 2:8, 14 aguas, las cuales se apartaron
Job 1:1, 8; 2:3 Job.. Dios y apartado del mal
Sal. 6:8 Apartaos de mí.. obráis iniquidad
Sal. 27:9 no apartes con ira a tu siervo. Tú
Sal. 80:18 no nos apartaremos de ti; nos
Sal. 119:29 Aparta de mí el camino de engaño
Prov. 3:3, 21 No se aparten de ti la.. verdad
Prov. 4:24 Aparta de ti la perversidad de la
Prov. 4:27 No te apartes ni a la izquierda ni
Prov. 14:16 El sabio teme y se aparta del mal
Prov. 16:17 vía de los rectos es apartarse
Prov. 17:9 divulga el asunto aparta al amigo
Prov. 20:3 honroso apartarse de la contienda
Prov. 22:6 sea viejo, no se apartará de él
Isa. 52:11 ¡Apartaos! ¡Salid de allí! ¡No
Isa. 59:21 mis palabras.. no se apartarán de
Jer. 3:19 llamarás Padre.., y no te apartarás
Jer. 30:24 No se apartará el ardor de la ira
Jer. 35:15 Apartaos, cada uno de su.. camino
Eze. 3:19, 20 adviertes.. no se aparta de su
Eze. 18:21-28 si el impío se aparta de todos
Eze. 33:18 Si el justo se aparta de su justicia
Ose. 9:12 cuando yo me aparte de ellos
Mal. 3:7 padres os habéis apartado de mis
Mat. 7:23 Apartaos de mí, obradores de maldad
Mat. 13:49 Saldrán los ángeles y apartarán a
Mat. 25:41 Apartaos de mí, malditos, al fuego
Mar. 14:36 ¡Aparta de mí esta copa! Pero no lo
Luc. 8:37 le rogó que se apartara de ellos
Hech. 13:2 Apartadme a Bernabé y a Saulo
Hech. 15:20 les escriba que se aparten de las
Rom. 1:1 apartado para el evangelio de Dios
Gál. 1:6 tan pronto os estéis apartando del
Ef. 2:12 sin Cristo, apartados.. y ajenos a
Col. 1:21 en otro tiempo estabais apartados
1 Tes. 5:22 Apartaos de toda apariencia de
1 Tim. 4:1 algunos se apartarán de la fe

APARTE
Deut. 4:35; 1 Crón. 17:20 no.. otro a. de él
Sal. 73:25 A. de ti nada deseo en la tierra
Isa. 45:5, 21 a. de mí no hay Dios
Dan. 3:28 homenaje a cualquier dios, a. de su

APEDREAR
Exo. 17:4 Poco falta para que me apedreen
Lev. 20:2, 27; 24:16 morirá.. apedrearán
Jos. 7:25 los israelitas los apedrearon, y
Mat. 23:37 Jerusalén, que.. apedreas a los
Juan 10:31-33 judíos.. para apedrearle
Hech. 7:58, 59 la ciudad y le apedrearon
Hech. 14:19; 2 Cor. 11:25 apedrearon a Pablo

APELAR, APELACION
Hech. 25:11, 12, 21, 25; 26:32; 28:19 Yo apelo al César
1 Ped. 3:21 carne, sino como apelación de una

APETITO
Prov. 16:26 El a. del.. le obliga a

APIA, esposa de Filemón
Film. 2

APIÑAR
Luc. 11:29 apiñándose las multitudes

APIO, camino en Italia
Hech. 28:15

APLACAR: ver Apaciguar, Calmar
Prov. 10:18 El que aplaca.. odio es de labios
Prov. 29:8 pero los sabios aplacan la ira

APLASTAR
Rom. 16:20 Dios de paz aplastará en

APODERAR
Job 30:16 los días.. se han apoderado de mí
Isa. 33:14 estremecimiento se ha apoderado
Jer. 8:21 el horror se ha apoderado de mí
Dan. 6:24 los leones se apoderaron de ellos
Zac. 9:4; 14:13 Señor se apoderará de ella y
Mat. 11:12 reino.. violentos se apoderan de él
Luc. 1:12; 5:9 el temor se apoderó de él
Luc. 8:29 espíritu.. se había apoderado de él

APOLOS, evangelista
Hech. 18:24; 19:1; 1 Cor. 1:12; 3:4-6, 22; 4:6; 16:12; Tito 3:13

APOSENTO: ver Cámara, Habitación
Mar. 14:15 él os mostrará un gran a. alto ya
Hech. 1:13 subieron al a. alto donde se

APOSTASIA
Jer. 2:19; 5:6 maldad.. y tu a. te condenará
Jer. 8:5 ¿Por qué apostata.. con perenne a.?
2 Tes. 2:3 sin que venga primero la a. y se

APOSTOL: ver Discípulo
Mat. 10:2 nombres de los doce a. son éstos
Luc. 22:14 se sentó a la.. y con él los a.
Juan 13:16 tampoco el a. es mayor que el que
Hech. 1:26 Matías.. contado con los once a.
Hech. 2:42 en la doctrina de los a., en la
Hech. 14:14 los a. Bernabé y Pablo oyeron
Hech. 15:6 se reunieron los a. y los ancianos
Rom. 1:1; 1 Cor. 1:1 Pablo.. llamado a ser a.
1 Cor. 12:28 A unos puso Dios.. primero a.
Ef. 2:20 sobre el fundamento de los a. y de
Ef. 3:5 misterio.. revelado.. a sus santos a.
Ef. 4:11 él mismo constituyó a unos a., a
1 Tim. 2:7; 2 Tim. 1:11 fui constituido.. a.
Heb. 3:1 considerad a Jesús, el a. y sumo
Apoc. 21:14 fundamentos.. nombres de los a.

APOSTOLADO: ver Ministerio
Rom. 1:5 recibimos la gracia y el a. para la
1 Cor. 9:2 sois el sello de mi a. en el Señor

APOYAR, APOYO
2 Sam. 22:19; Sal. 18:18 Jehovah fue mi apoyo
Prov. 3:5 no te apoyes en tu.. inteligencia
Jer. 17:5 Maldito el.. se apoya en lo humano
Amós 5:19 entra en casa y apoya su mano en
Hech. 20:35: 1 Tes. 5:14 apoyar a los débiles
Fil. 1:19 apoyo del Espíritu de Jesucristo

APRECIAR
Prov. 22:1 Más vale.. ser apreciado, más que
Zac. 11:13; Mat. 27:9 que me han apreciado!
Mal. 3:18 podréis apreciar.. diferencia entre

APRENDER
Deut. 4:10; 5:1; 14:23; 17:19 pueblo para..
aprenderán para temerme todos los días que
Deut. 31:12, 13 hijos.. aprenderán a temer a
Sal. 119:71, 73 entender, para que yo aprenda
Isa. 1:17 Aprended a hacer el bien, buscad el
Jer. 10:2 No aprendáis.. camino de.. naciones
Mat. 9:13 aprended qué significa: Misericordia
Mat. 11:29 Llevad mi yugo.. y aprended de mí
Mat. 24:32 De la higuera aprended la analogía
Juan 6:45 aquel que.. aprende del Padre viene
1 Cor. 14:31 profetizar.. que todos aprendan
Ef. 4:20 no habéis aprendido así a Cristo
Fil. 4:9; 1 Tes. 4:1 Lo que aprendisteis
Fil. 4:11, 12 he aprendido a contentarme con
1 Tim. 2:11 mujer aprenda en silencio, con
2 Tim. 3:7 siempre están aprendiendo y nunca
Heb. 5:8 era Hijo, aprendió la obediencia
Apoc. 14:3 Nadie podía aprender el himno

APRESAR
Prov. 5:22 Sus propias maldades apresarán al
Jer. 20:9 un fuego.. apresado en mis huesos
Jer. 26:8 Jeremías.. apresaron los sacerdotes

APRESURADAMENTE
Exo. 12:11 Lo comeréis a.; es la Pascua de
Prov. 20:21 bienes adquiridos a. al comienzo

APRESURAR
Gén. 45:13 Apresuraos y traed a mi padre acá
Prov. 1:16; 6:18 sus pies.. se apresuran a
Prov. 14:29 el de espíritu apresurado hace
Sof. 1:14 día de Jehovah.. se apresura con
2 Ped. 3:12 apresurándoos para la venida del

APRETAR
Luc. 8:45 Maestro, las multitudes te aprietan
Luc. 19:43 y por todos lados te apretarán

APRETUJAR
Mar. 3:9; 5:24, 31 no.. apretujaran

APROBAR
Hech. 22:20 Esteban, yo.. aprobaba su muerte
Ef. 5:10 Aprobad lo que es agradable al Señor
Fil. 1:10 para que aprobéis lo mejor, a fin
2 Tim. 2:15 presentarte a Dios aprobado, como

APROPIAR
1 Cor. 11:13 ¿Es apropiado que la mujer ore
Ef. 5:4 groseras.. que no son apropiadas

APROVECHAR
Prov. 11:4 riquezas no aprovecharán en el día
Prov. 17:10 Más aprovecha una reprensión al
Ecl. 5:16 de qué le aprovecha afanarse para
Mar. 5:26 gastado.. nada le había aprovechado
Juan 6:63 la carne no aprovecha para nada
1 Tim. 4:8 ejercicio físico.. poco aprovecha
2 Tim. 2:14; Tito 3:9 nada aprovecha, sino
Heb. 4:2 de nada les aprovechó oír la palabra

APTO: ver Capaz
Luc. 9:62 atrás, es a. para el reino de Dios
Col. 1:12 Padre.. os hizo a. para participar
2 Tim. 2:24 del Señor.. a. para enseñar y

AQUILAS: ver Priscila
Hech. 18:2-26; Rom. 16:3; 1 Cor. 16:19; 2 Tim. 4:19

ARABA, valle seco, cerca del Mar Muerto
Deut. 1:1, 7 Moisés habló.. en el A. frente
Deut. 3:17 les di el A. y el Jordán como
Jos. 3:16 aguas.. descendían al mar del A.

ARABE, antiguo pueblo nómada
2 Crón. 22:1 banda armada.. con los á. al
Neh. 2:19; 6:1 y Gesem el á., se burlaron de
Isa. 13:20 El á. no pondrá allí su tienda
Hech. 2:11 cretenses y á., les oímos hablar

ARABIA
Isa. 21:13 Profecía acerca de A.: En el
Gál. 1:17 sino que partí para A. y volví de
Gál. 4:25 Agar.. Sinaí.. que está en A. y

ARAM, después llamado Siria
Ose. 12:12 Jacob huyó a la tierra de A.

ARAMEO
Gén. 25:20; 28:5 de Padan-aram.. Labán el a.
Deut. 26:5 Un a. errante fue mi padre. El
2 Rey. 18:26 habla a tus siervos en a.
Esd. 4:7 documento.. en escritura a., y

ARAR, ARADO
Deut. 22:10 No ararás con buey y con asno
Jue. 14:18 Si no hubierais arado con mi
1 Sam. 13:20 afilar cada uno su reja de arado
1 Rey. 19:19 Eliseo.. estaba arando con doce
Prov. 13:23; 20:4 campo arado de los pobres
Isa. 2:4; Joel 3:10; Miq. 4:3 convertirán sus espadas en rejas de arado, y sus lanzas
Jer. 26:18; Miq. 3:12 Sion será arada como
Os. 10:13 Habéis arado impiedad, habéis
Amós 9:13 cuando el que ara alcanzará al que
Luc. 9:62 que ha puesto su mano en el arado
1 Cor. 9:10 Porque el que ara ha de arar con

ARARAT, cerro
Gén. 8:4 se asentó el arca sobre.. A.

ARAUNA (u Ornán), vecino de David
2 Sam. 24:16-24; 1 Crón. 21:15-28

ARBOL: ver Planta
Gén. 1:11, 12, 29 Produzca.. á. frutales que
Gén. 2:9, 16; 3:1-24 el á. de la vida y el á.
Gén. 6:14 un arca de madera de á. conífero
Exo. 15:25 Jehovah le mostró un á. Cuando él
Exo. 34:13; Deut. 16:21 á. rituales de Asera
Lev. 27:30 los diezmos.. del fruto de los á.
Deut. 20:19, 20 no destruyas su arboleda
Deut. 21:22, 23 no quedará su cuerpo en el á.
Jue. 9:8-15 Los á. iban a elegir un rey sobre
1 Crón. 16:33; Sal. 96:12 cantarán.. los á.
Neh. 10:35, 37 primicias del fruto de todo á.
Sal. 1:3; Jer. 17:8 Será como un á. plantado
Prov. 11:30 El fruto del justo es á. de vida
Prov. 15:4 La lengua apacible es á. de vida
Isa. 55:12 todos los á. del campo aplaudirán
Jer. 2:27 dicen a un á.: `Tú eres mi padre'
Eze. 47:7, 12 en la ribera.. muchísimos á.
Mat. 3:10 El hacha.. a la raíz de los á.
Mat. 7:17-19 todo á. sano da buenos frutos
Mat. 12:33 el á. es conocido por su fruto
Luc. 19:4 corrió.. y subió a un á. sicómoro
Luc. 23:31 si con el á. verde hacen estas
Apoc. 2:7 le daré de comer del á. de la vida
Apoc. 22:2, 14, 19 está el á. de la vida, que

ARCA
arca de Noé: Gén. 6:14—9:18; Mat. 24:38; Heb. 11:7; 1 Ped. 3:20
arquilla del bebé Moisés: Exo. 2:3, 5
arca del pacto (testimonio):
Exo. 25:10-22 Harás un a. de madera de
Exo. 26:33, 34 propiciatorio sobre el a.
Núm. 4:5 se traslade.. cubrirán.. el a. del
Deut. 10:5 puse las tablas en el a. que había
Deut. 10:8 tribu de Leví para llevar el a.
Deut. 31:25, 26 libro de la Ley.. junto al a.
Jos. 3:3-17 a. del pacto.. cruzará el Jordán
Jos. 4:5-18 aguas del.. cortadas ante el a.
Jos. 6:4-13 siete cornetas.. delante del a.
1 Sam. 5:1—7:2 capturado el a. de Dios, los
2 Sam. 6:2-17 para subir desde allí el a. de
2 Sam. 15:24-29 Haz volver el a. de Dios a
1 Rey. 6:19 templo, para poner allí el a.
1 Rey. 8:1-21 el a. del pacto de Jehovah en
1 Crón. 13:3 traigamos el a. de nuestro Dios
1 Crón. 22:19 edificad.. para traer el a.
2 Crón. 8:11 donde ha entrado el a... son
Heb. 9:4 estaba el incensario de oro y el a.
Apoc. 11:19 visible el a. de su pacto en su
arca del tesoro: Mar. 12:41-43

ARCANGEL
1 Tes. 4:16 descenderá.. con voz de a. y con
Jud. 9 ni aun el a. Miguel, cuando contendía

ARCO
Gén. 9:13, 16 pongo mi a. en las nubes como
Jos. 24:12 Esto no fue.. ni con vuestro a.
1 Rey. 22:34 hombre tiró con su a... e hirió
Neh. 4:16 otra mitad empuñaba.. los a. y las
Sal. 37:14, 15 impíos.. y su a. será roto
Jer. 9:3 Dispusieron su lengua como a.; se

Eze. 1:28 aspecto del a. iris que está en
Ose. 2:18 En aquel día.. Quebraré el a. y la
Ose. 7:16 Son como a. que falla.. caerán a
Zac. 10:4 saldrá.. de él el a. de guerra y de
Apoc. 4:3 alrededor del trono había un a. iris
Apoc. 10:1 el a. iris estaba sobre su cabeza

ARDER: ver Quemar
Exo. 27:20 fin de hacer arder continuamente
Exo. 29:13, 18; Lev. 4:19, 31 lo harás arder
Lev. 1:9, 17 hará arder todas sobre el altar
Lev. 2:2, 9 porción memorial.. la hará arder
Lev. 6:12, 13 fuego ha de arder.. en el altar
Lev. 24:2 aceite de olivas.. de hacer arder
1 Sam. 20:34 Jonatán se levantó.. ardiendo en
Sal. 79:5; 89:46 Jehovah.. ¿Arderá como fuego
Isa. 9:18 La maldad arde como fuego y devora
Isa. 62:1 y su salvación arda como antorcha
Dan. 3:6-26 echado.. horno de fuego ardiendo
1 Ped. 4:12 sorprendáis por el fuego que arde
2 Ped. 3:10 los elementos, ardiendo, serán
Apoc. 4:5 trono arden siete antorchas de
Apoc. 19:20; 21:8 fuego ardiendo con azufre

ARDIENTE
Núm. 21:6, 8 Jehovah envió.. serpientes a.
Sal. 84:2 Mi alma anhela y aun desea a.
Isa. 13:9, 13 día de Jehovah.. de a. ira
Jer. 20:9 en mi corazón como un fuego a.
Lam. 1:12 me ha angustiado en.. su a. ira
Mal. 4:1 viene el día a. como un horno, y
Rom. 8:19 creación aguarda con a. anhelo la
Rom. 12:11 siendo a. en espíritu, sirviendo
Heb. 10:27 horrenda expectativa.. de fuego a.
Apoc. 1:15 pies.. a. como en un horno

ARDOR: ver Calor, Enojo, Furor
Núm. 32:14 añadir.. al a. de la ira de Jehovah
Sal. 85:3 has desistido del a. de tu ira
Cant. 7:10 mi amado.. me desea con a.!
Isa. 66:15; Jer. 4:8 descargar su ira con a.
Jer. 30:24; 51:45 No se apartará el a. de la

ARDUO
1 Cor. 15:58 vuestro a. trabajo en el Señor
2 Cor. 11:23, 27; 1 Tes. 2:9 en trabajo a. y
Apoc. 2:2; 14:13 Yo conozco.. tu a. trabajo

ARENA
Gén. 22:17; 32:12 descendencia.. como la a.
Gén. 41:49 José acumuló trigo como la a. del
Exo. 2:12 mató al.. y lo escondió en la a.
Isa. 10:22; Rom. 9:27 tu pueblo.. como la a.
Mat. 7:26 hombre.. edificó su casa sobre la a.

AREOPAGO, colina y corte en Atenas
Hech. 17:19, 22, 34 y le llevaron al A.

ARETES
Exo. 32:2, 3 Quitad los a. de oro que están
Exo. 35:22; Núm. 31:50 a... presentaron a
Cant. 1:10 ¡Qué bellas son.. entre tus a., y

ARGUMENTO
Isa. 41:21 dice Jehovah; exponed vuestros a.
Col. 2:4 que nadie os engañe con falsos a.
1 Tim. 6:20 evitando.. los a. de la falsamente

ARIEL, nombre simbólico de Jerusalén
Isa. 29:1-7

ARIMATEA, aldea cerca de Jerusalén
Mat. 27:57; Juan 19:38 de A. llamado José

ARISTARCO, compañero de Pablo
Hech. 19:29; 20:4; 27:2; Col. 4:10; Film. 24

ARMADURA: ver Coraza
1 Sam. 17:38 Saúl vistió a David con su a.
1 Rey. 22:34 hirió.. junturas de la a. y la
Ef. 6:11, 13 Vestíos de toda la a. de Dios

ARMAGEDON <monte de Meguido>
Apoc. 16:16

ARMAR
Exo. 13:18 salieron.. de Egipto armados
Núm. 1:51 tabernáculo.. levitas lo armarán
Núm. 32:17-32 nos armaremos, listos para ir
2 Rey. 6:23 bandas armadas de Siria no
Neh. 4:17 los que llevaban.. estaban armados
Prov. 6:11 tu escasez como un hombre armado
Ef. 6:16 armaos con el escudo de la fe con
1 Ped. 4:1 armaos.. con la misma actitud

ARMAS
1 Sam. 17:54 del filisteo.. puso sus a. en
1 Sam. 21:8 David.. no tomé.. mis otras a.
2 Rey. 11:8 círculo.. con sus a. en su mano
Ecl. 9:18 Mejor es.. que las a. de guerra
Jer. 50:25 Jehovah.. ha sacado las a. de su
Luc. 11:22 uno más fuerte.. toma todas sus a.
Juan 18:3 Judas.. fue allí con.. lámparas y a.
Rom.13:12 y vistámonos con las a. de la luz
2 Cor. 6:7 Dios, por medio de a. de justicia
2 Cor. 10:4 las a. de nuestra milicia no son

ARMERIA
2 Rey. 20:13 Ezequías.. les mostró.. su a.
Cant. 4:4 Tu cuello es como.. para a.

ARMONIA
Sal. 133:1 cuán bueno.. habiten juntos en a.
2 Cor. 6:15 ¿Qué a. hay entre Cristo y Belial?

ARMONIZAR
Luc. 5:36 parche.. no armoniza con

ARNON, tributario del río Jordán
Núm. 21:13 acamparon al otro lado del A.
Deut. 3:12-16 tierra.. río A... se la di a

AROMATICO
Exo. 30:7; 40:27 Aarón quemará incienso a.
Exo. 30:23, 34, 35 Toma especias a.: de mirra
1 Rey. 10:2, 10 Vino.. cargados de especias a.
Luc. 23:56; 24:1 prepararon especias a. y

ARPA: ver Lira
Gén. 4:21 Jubal.. padre.. tocan el a. y la
1 Sam. 16:23; 18:10 Saúl, David tomaba el a.
2 Sam. 6:5; 1 Rey. 10:12 instrumentos.. a.
1 Crón. 15:16 David.. que designaran.. a.
1 Crón. 25:1-6 hijos.. profetizaban con a.
Neh. 12:27 dedicación.. con.. liras y a.
Sal. 33:2; 92:3; 144:9 cantadle con a. de
Sal. 71:22 Tu verdad cantaré con el a., oh
Sal. 147:7 gracias; cantad con a. a nuestro
1 Cor. 14:7 flauta o el a., cuando producen
Apoc. 5:8 Cada uno tenía un a. y copas de oro
Apoc. 15:2 Estaban de pie.. teniendo las a.

ARPISTA
Apoc. 14:2 voz que escuché era como de a.
Apoc. 18:22 Nunca más será.. tañido de a.

ARQUELAO, gobernante de Judea
Mat. 2:22

ARQUIPO, amigo de Pablo
Col. 4:17; Film. 2

ARQUITECTO
1 Cor. 3:10 como perito a. he puesto el
Heb. 11:10 ciudad.. cuyo a. y constructor es

ARRAIGAR
Ef. 3:17 arraigados y fundamentados en amor
Col. 2:7 arraigados y sobreedificados en él

ARRANCAR
Deut. 28:63 Seréis arrancados de la tierra
Jue. 16:3, 14 Sansón.. puertas.. las arrancó
Esd. 6:11 altere.. le sea arrancada una viga
Ecl. 3:2 de plantar y tiempo de arrancar lo
Isa. 50:6 mejillas a los que me arrancaban
Jer. 1:10 te he constituido.. para arrancar
Jer. 12:17; 18:7 si no escuchan, yo arrancaré
Jer. 24:6; 31:28; 42:10 y no los arrancaré
Amós 9:15 nunca más serán arrancados de la
Mat. 12:1 discípulos.. arrancar espigas y a

ARRASAR: ver Destruir
Gén. 6:7; 7:4, 23 Arrasaré.. de la tierra los
Prov. 13:23 comida, pero es arrasada cuando
Isa. 24:1 Jehovah devastará y arrasará la

ARRASTRAR
Gén. 3:14 serpiente.. Te arrastrarás sobre
Deut. 30:17 si te dejas arrastrar.. dioses y
Sal. 28:3 No me arrastres.. con los impíos
Isa. 5:18 ¡Ay de los que arrastran la
Juan 21:8 llegaron con la barca, arrastrando
Hech. 8:3 Saulo.. arrastraba tanto a hombres
Hech. 17:6 arrastraron a Jasón y a algunos
Gál. 2:13 aun Bernabé fue arrastrado por la
Stg. 1:14 tentado cuando es arrastrado y

ARREBATAR: ver Quitar
2 Rey. 2:1-10 Jehovah iba a arrebatar a Elías
Job 9:12 Si él arrebata, ¿quién lo hará
Sal. 1:4 como el tamo que arrebata el viento
Sal. 50:22 no sea que yo os arrebate sin que
Ose. 4:11 el mosto arrebatan el entendimiento
Ose. 6:1 arrebató, pero nos sanará; él hirió
Zac. 3:2 ¿No es éste un tizón arrebatado del
Mat. 13:19 viene el maligno y arrebata lo que
Juan 10:12, 28, 29 nadie las arrebatará de mi
Hech. 8:39 el Espíritu.. arrebató a Felipe
2 Cor. 12:2, 4 hombre.. fue arrebatado hasta
1 Tes. 4:17 seremos arrebatados.. con ellos
Jud. 23 a otros haced salvos, arrebatándolos

ARREGLAR
Mat. 4:21 dos hermanos.. arreglando sus redes
Mat. 25:19 vino el señor.. y arregló cuentas

ARREGLOS
Isa. 3:24; 1 Ped. 3:3 a. del cabello

ARREMETER
1 Rey. 2:29-34 Joab.. Vé y arremete contra él
Jer. 8:6 Cada cual.. caballo que arremete en

ARRENDAR
Mat. 21:33 viña.. la arrendó a unos

ARREPENTIMIENTO
Mat. 3:8 Producid.. frutos dignos de a.
Mat. 3:11 os bautizo en agua para a.
Luc. 5:32 llamar.. a pecadores al a.
Luc. 24:47 en su nombre se predicase el a.
Hech. 5:31 para dar.. a. y perdón de pecados
Hech. 20:21 testificando.. acerca del a.
Rom. 2:4 la bondad de Dios te guía al a.
Heb. 6:6 sean otra vez renovados para a.
Heb. 12:17 no halló más ocasión de a.
2 Ped. 3:9 sino que todos procedan al a.

ARREPENTIR: ver Cambiar, Volver
Núm. 23:19; 1 Sam. 15:29 Dios.. se arrepienta
Job 42:6 y me arrepiento en polvo y ceniza
Jer. 8:6 No hay hombre que se arrepienta de
Eze. 14:6; 18:30, 32 Arrepentíos y volved de
Mat. 3:2; 4:17 Arrepentíos, porque el reino
Luc. 13:3, 5 si no os arrepentís, todos
Luc. 15:10 gozo.. por un pecador.. arrepiente
Luc. 17:3, 4 y si se arrepiente, perdónale
Hech. 2:38; 3:19 Arrepentíos y sea bautizado
Hech. 17:30 manda a.. que se arrepientan
2 Tim. 2:25 Dios.. conceda que se arrepientan
Apoc. 2:5 ¡Arrepiéntete! Y haz las primeras
Apoc. 2:21, 22 tiempo para que se arrepienta

ARRIBA
Jos. 2:11; 1 Rey. 8:23 Dios a. en.. y abajo
Luc. 24:51; Hech. 1:2 era llevado a. al cielo
Juan 19:11 mí, si no te fuera dado de a.
Col. 3:1, 2 buscad las cosas de a., donde
1 Tim. 3:16 mundo, y recibido a. en gloria

ARRIESGAR
Hech. 15:26 que han arriesgado sus vidas por
Fil. 2:30 arriesgando su vida para completar

ARRODILLAR: ver Inclinar, Postrar
2 Crón. 29:29 rey y todos.. se arrodillaron
Sal. 95:6 Arrodillémonos delante de Jehovah
Mat. 17:14 vino.. un hombre y se arrodilló

ARROGANCIA: ver Soberbia
Prov. 8:13 Aborrezco.. la a., el mal camino
Isa. 37:29 tu a. ha subido a mis oídos
Jud. 16 Su boca habla a., adulando a las

ARROGANTE: ver Soberbio
Sal. 5:5 a. no se presentarán ante tus ojos
Sal. 73:3 tuve envidia de los a., al ver la
Prov. 21:24 Escarnecedor es el nombre del a.
Isa. 2:12 día de Jehovah.. vendrá contra.. a.
Hab. 2:5 no prosperará el hombre a.
Mal. 4:1 todos los a. y todos los que hacen
1 Cor. 13:4 El amor no es.. ni se hace a.
Tito 1:7 obispo.. que no sea a., ni de mal

ARROJAR: ver Echar
Gén. 3:23 Dios lo arrojó del jardín de Edén
Exo. 15:25 arrojó.. árbol dentro de las aguas
Exo. 32:19 Moisés.. arrojó las tablas de sus
Núm. 35:20 Si por odio lo empuja o arroja
Jos. 10:11 Jehovah arrojó.. grandes piedras
1 Sam. 17:49 David.. piedra y la arrojó con
2 Sam. 11:21 mujer.. arrojó sobre él.. piedra
Ecl. 3:6 de guardar y tiempo de arrojar
Jon. 2:3 Me arrojaste a lo profundo.. mares
Zac. 5:8 la Maldad.. la arrojó dentro de la
Mat. 27:5 él, arrojando las piezas de plata
Juan 8:7 sin pecado sea el primero en arrojar
2 Ped. 2:4 ángeles.. habiéndolos arrojado al
Apoc. 8:5 incensario.. y lo arrojó sobre la
Apoc. 12:9, 13 fue arrojado el gran dragón
Apoc. 20:3 Lo arrojó al abismo y lo cerró, y

ARROYO: ver Río
Gén. 15:18; Núm. 34:5; Jos. 15:4 desde el a. de Egipto hasta.. el río Eufrates
Deut. 8:7 introduce en una.. tierra de a.
1 Rey. 17:3-7 escóndete junto al a. de Querit
Prov. 18:4 a. que rebosa es la fuente de la
Isa. 66:12 extiendo.. gloria.. como un a. que
Jer. 31:9 los conduciré junto a los a. de
Joel 3:18 correrán aguas por todos los a. de
Amós 5:24 corra.. justicia como a. permanente
Miq. 6:7 ¿Aceptará Jehovah.. a. de aceite?
Juan 18:1 Jesús salió.. lado del a. de Quedrón

ARRUGA
Ef. 5:27 iglesia.. que no tenga.. a.

ARRUINAR
Gén. 41:36 país no.. arruinado por.. hambre
Exo. 9:25 granizo.. arruinó toda la hierba
Deut. 28:63 Jehovah.. se gozará.. arruinaros
1 Rey. 18:30 reparó el altar.. arruinado
Prov. 10:8; 13:13 labios insensatos.. arruinado
Prov. 11:3; 22:12 perversidad arruinará a los
Prov. 13:6; 21:12 impiedad arruina al pecador
Jer. 1:10; 18:7; 31:28 constituido.. arruinar
Jer. 12:10 pastores han arruinado mi viña y
Ose. 4:14 pueblo sin entendimiento se arruina
Mat. 12:25 reino dividido.. está arruinado
Rom. 14:15 No arruines por tu comida a aquel

ARTAJERJES, rey persa
Esd. 4:7-11, 23; 6:14; 7:1, 7, 11, 21; 8:1; Neh. 2:1; 5:14; 13:6

ARTE
Hech. 8:11 con sus a. mágicas les había
Hech. 17:29 semejantes.. sus esculturas de a.

ARTESA
Exo. 12:34 gente llevaba.. sus a. envueltas
Deut. 28:5, 17 Benditas.. y tu a. de amasar

ARTESANIA
Exo. 26:1; 28:6; 36:8 obra de fina a.
1 Crón. 28:21 voluntarios y expertos en.. a.

ARTESANO
Exo. 31:3; 35:31, 35 y toda habilidad de a.

2 Rey. 24:16 llevó cautivos.. a los a.
Hech. 19:24, 38 no poca ganancia a los a.

ARTIFICE: ver Artesano, Obrero
1 Crón. 29:5 toda la obra de mano de los a.
Eze. 21:31 hombres.., a. de destrucción

ARTIFICIOSO
2 Ped. 1:16 no.. fábulas a., sino

ARTIMAÑA: ver Astucia
Prov. 12:5 las a. de los impíos son engaño
Ef. 4:14 emplean con astucia las a. del error

ASA, rey de Judá
1 Rey 15:8—22:43; 2 Crón. 14:1-17:1; 20:32; Jer. 41:9; Mat. 1:7. 8

ASAEL, sobrino y soldado de David
2 Sam. 2:18-32; 1 Crón. 2:16; 11:26

ASAF, músico levita con David
1 Crón. 6:39; 15:19—16:37; 25:1-9; Sal. 50:1; 73:1

ASALARIADO
Job 7:1, 2 ¿No son sus días como.. de un a.?
Juan 10:12 el a... abandona las ovejas y huye

ASALTANTE
Esd. 8:31 Dios estaba.. y nos libró.. de los a.
Mat. 26:55 ¿Como contra un a. habéis salido
Juan 10:1, 8 sube por otra.. es ladrón y a.
Juan 18:40 Y Barrabás era un a.
2 Cor. 11:26 he estado.. en peligros de a.

ASAMBLEA: ver Congregación, Reunión
Exo. 12:16; Lev. 23:35 día habrá a. sagrada
Lev. 23:2-4 mis fiestas solemnes.. a. sagradas
Núm. 15:15 Un mismo estatuto.. los de la a. y
Neh. 8:18 al octavo día hubo una a. festiva
Isa. 1:13 una abominación.. el convocar a.
Joel 1:14; 2:15 Pregonad ayuno, convocad.. a.
Amós 5:21 no me huelen bien vuestras a.
Hech. 15:12 toda la a. guardó silencio
Hech. 19:39 será deliberado en legítima a.
Heb. 12:23 a la a. de los primogénitos que

ASAR
Exo. 12:8 noche comerán la carne, asada al
Isa. 44:16 fuego y.. prepara carne asada
Luc. 24:42 dieron un pedazo de pescado asado

ASCALON, ciudad filistea
Jos. 13:3; 1 Sam. 6:17; Amós 1:8; Sof. 2:4; Zac. 9:5

ASCENDER: ver Subir
Eze. 11:23 la gloria de Jehovah ascendió de
Ef. 4:10 ascendió por encima de todos los
1 Ped. 3:22 él, habiendo ascendido al cielo

ASDOD, ciudad filistea
Jos. 13:3; 1 Sam. 5:1-5; 6:17; 2 Crón. 26:6; Jer. 25:20

ASECHANZA, ASECHO
1 Sam. 23:15 Saúl.. en asecho de su vida
Hech. 9:24 sus a. fueron conocidas por Saulo
Hech. 20:19 vinieron por las a. de los judíos

ASEDIAR
Deut. 28:52 te asediará en todas tus ciudades
Jos. 6:3 Asediaréis la ciudad.. alrededor
Eze. 4:3 Tú la asediarás; es una señal para

ASEDIO
Deut. 28:52-57; Jer. 19:9 En el a. y en la
2 Rey. 25:1; Jer. 52:4 Babilonia.. muros de a.
Isa. 29:3, 7 te sitiaré con muros de a. y
Eze. 5:2 fuego.. se cumplan los días del a.

ASEGURAR: ver Afirmar
Jue. 16:13, 14 Dalila.. aseguró la clavija y
Mat. 27:64 que se asegure el sepulcro hasta
Gál. 2:2 en privado.. para asegurarme de que

ASEMEJAR
Heb. 7:3 se asemeja al Hijo de Dios

ASENAT, esposa egipcia de José
Gén. 41:45, 50; 46:20

ASENTAR
Gén. 8:4, 9 se asentó el arca.. los montes de
Exo. 40:18 el tabernáculo y asentó sus bases
1 Sam. 2:8 columnas.. sobre ellas asentó el
2 Sam. 15:24 Ellos asentaron el arca de Dios
1 Rey. 7:25 Estaba asentada sobre doce bueyes
Prov. 8:25 antes.. montes fuesen asentados
Eze. 5:13; 16:42; 21:17; 24:13 se asiente mi
Zac. 14:4 En aquel día sus pies se asentarán
Mat. 5:14 Una ciudad asentada sobre un monte
Hech. 2:3 lenguas.. se asentaron sobre cada
2 Ped. 3:5 tierra.. fue asentada en medio del

ASER
hijo de Jacob: Gén.30:13; 35:26; 49:20
tribu de Israel: Núm. 1:40; 26:44-46; Jos. 19:24-31; Jue. 1:31; Luc. 2:36; Apoc. 7:6

ASERA: ver Astarte (diosa pagana)
Exo. 34:13; Deut. 7:5; Jue. 6:25-30; 1 Rey.

15:13; 16:33; 18:19; 2 Rey. 17:16; 23:4-15

ASERRADO
Heb. 11:37 Fueron apedreados, a.

ASESINAR
Isa. 26:21 no encubrirá más a sus asesinados
Ose. 4:2 El perjurar, el engañar, el asesinar
Hech. 23:21; 25:3 no comerán.. asesinado

ASESINO
Núm. 35:16-31 Si lo hiere.. muere, es un a.
Jer. 9:8 Flecha a. es la lengua de ellos
Hech. 3:14; 7:52 pedisteis que.. hombre a.

ASFALTO
Exo. 2:3 arquilla.. recubrió con a.

ASIA, provincia
Hech. 16:6 prohibido.. hablar la palabra en A.
Hech. 19:10 todos.. en A., oyeron la palabra
Hech. 19:22 se detuvo por algún tiempo en A.
Hech. 21:27; 24:18 judíos de A... comenzaron
1 Ped. 1:1 Pedro.. a los expatriados.. en A.
Apoc. 1:4 las siete iglesias que están en A.

ASIENTO
Isa. 52:2 levántate y toma a., oh Jerusalén
Mat. 23:6; Luc. 20:46 Aman los primeros a.
Luc. 14:7 invitados.. escogían los primeros a.

ASIGNAR
Núm. 4:19 Aarón y.. asignarán a cada uno su
Deut. 4:19; 29:26 él no les había asignado
1 Crón. 6:48 levitas, fueron asignados a
Dan. 1:5, 10 rey les asignó para cada día
Mat. 24:51 y le asignará lugar con los
Mat. 26:15 le asignaron treinta piezas de
1 Cor. 7:17 cada uno como el Señor le asignó

ASIR
Gén. 25:26 mano asida al talón de Esaú

ASIRIA, nación
Gén. 10:11 De aquella tierra salió para A.
2 Rey. 15:29; 16:7-10 vino.. rey de A., y
2 Rey. 17:3-27 Salmanazar, rey de A., subió
2 Rey. 18:7—20:6 Se rebeló contra.. A. y
2 Crón. 32:1-22 vino Senaquerib, rey de A.
Isa. 10:24 Pueblo mío.. no temas a A. Con
Isa. 11:16 el remanente.. quedó en A., como
Isa. 19:23-25 amplio camino desde.. hasta A.
Isa. 31:8 A. caerá a espada, pero no de hombre
Ose. 14:3 No nos librará A.; no montaremos

ASIRIO
2 Rey. 19:35 ángel de .. hirió a.. los a.
Isa. 19:23 y los a. servirán a Jehovah

ASISTIR
Exo. 1:16 Cuando asistáis.. hebreas

ASNO: ver Bestia
Gén. 22:3, 5 Abraham.. Enalbardó su a., tomó
Exo. 13:13 Rescatarás.. todo primerizo de a.
Exo. 20:17 No codiciarás.. ni su a., ni
Exo. 23:4 Si encuentras extraviado.. el a. de
Exo. 23:12 séptimo día.. que descansen.. tu a.
Núm. 22:21-33 Balaam.. aparejó su a. y se fue
Deut. 22:3, 4 No podrás ver caído.. el a. o
Deut. 22:10 No ararás con buey y con a.
Jue. 15:15, 16 Con una quijada de a. los
1 Sam. 9:3-5, 20 se le perdieron sus a.
1 Sam. 25:18-42 Abigaíl.. bajó del a.; y
Isa. 1:3 y el a. el pesebre de su amo; pero
Zac. 9:9; Mat. 21:5; Juan 12:15 tu rey viene
a ti.. humilde y montado sobre un a., sobre
Mat. 21:2, 7 hallaréis una a. atada, y un
Luc. 13:15 ¿No desata.. en sábado.. su a. del

ASOCIAR
2 Crón. 20:35, 37 Porque te has asociado con
Prov. 24:21 no te asocies con los inestables
1 Cor. 5:9, 11 no os asociéis con.. fornicarios

ASOLAR: ver Destruir
Lev. 26:31-35 ruinas, dejaré asolados vuestros
Hech. 8:3; 9:21; Gál. 1:13, 23 Saulo asolaba
Apoc. 18:17, 19 sola hora.. sido asolada tanta

ASOMBRAR: ver Admirar
1 Rey. 9:8 el que pase por ella se asombrará
Ecl. 5:8 Si observas.. no te asombres por
Isa. 52:14, 15 asombrará a muchas naciones
Isa. 59:16; 63:5 se asombró de que no hubiese
Hab. 1:5 Observad.. Quedaos asombrados y
Mat. 19:25; Mar. 10:24, 32 se asombraron en
Mar. 1:22 se asombraban de su enseñanza
Mar. 2:12 todos se asombraron y glorificaron
Mar. 6:6 Estaba asombrado a causa de la
Luc. 2:47 se asombraban de su entendimiento
Luc. 4:36 Todos quedaron asombrados
Luc. 24:12 Pedro.. asombrado de lo que había
Luc. 24:22 mujeres.. nos han asombrado
Luc. 24:37, 41 asombrados, pensaban que veían
Juan 4:27 se asombraban de que hablara con
Juan 7:15, 21; Hech. 4:13 judíos se asombraban
Hech. 2:7 Estaban atónitos y asombrados, y
Hech. 10:45 creyentes.. quedaron asombrados
Hech. 12:16 Pedro.. le vieron y se asombraron

ASOMBRO: ver Espanto
Luc. 5:26 El a. se apoderó de todos, y
Hech. 3:10 pedir limosna.. se llenaron de a.

ASOMBROSO: ver Maravilloso
Deut. 34:12 mano poderosa y los hechos a.
Sal. 45:4 mano derecha te mostrará cosas a.

ASPECTO: ver Apariencia
Gén. 41:2-4, 18, 19 siete vacas de hermoso a.
Jos. 22:10 edificaron.. altar de a. imponente
Jue. 13:6 como el aspecto de un ángel de Dios
Isa. 52:14 su a., más que el de los.. humanos
Eze. 1:28 Este era el aspecto de la gloria de
Eze. 40:3 hombre cuyo a. era como el a. del
Dan. 1:15 los diez días el a. de ellos se
Mat. 16:3 Sabéis discernir el a. del cielo
Mat. 28:3 Su a. era como un relámpago, y su

ASPERO: ver Duro
Prov. 15:1 la palabra á. aumenta el furor
Luc. 3:5 y los caminos á., allanados

ASPIRACION
1 Tes. 4:11 Tened por a. vivir en

ASTARTE: ver Asera (diosa pagana)
1 Rey. 11:5, 33; 2 Rey. 23:13

ASTUCIA: ver Artimaña
2 Rey. 10:19 Jehú hacía esto con a., para
Luc. 20:23 él, entendiendo la a. de ellos
2 Cor. 11:3 la serpiente con su a. engañó a
Ef. 4:14 hombres.. emplean con a. las

ASTUTO: ver Sabio
Gén. 3:1 serpiente.. era el más a. de todos
Mat. 10:16 Sed, pues, a. como serpientes y

ASUERO (Jerjes I), rey persa
Esd. 4:6; Est. 1:1—10:1

ASUMIR
Núm. 30:2-14 hombre haga.. voto.. asumiendo
Deut. 10:6 asumió el sacerdocio su hijo
Apoc. 11:17 Dios.. has asumido tu gran poder

ASUNTO
Exodo 18:16, 26 cualquier a., vienen a mí
Deut. 19:15; Mat. 18:16; 2 Cor. 13:1 Por el testimonio de dos o tres.. se decidirá un a.
Prov. 11:13; 17:9 espíritu fiel cubre el a.
Ecl. 7:8 Mejor.. fin del a. que el comienzo
Luc. 2:49 ¿No sabíais que en los a. de mi
Hech. 8:21 no tienes parte.. en este a.
1 Tes. 4:11 ocuparos en vuestros propios a.
1 Ped. 4:15 ninguno.. padezca.. en a. ajenos

ASUSTAR
Mar. 16:5, 6 No os asustéis. Buscáis a

ATACAR
Jue. 8:11 Gedeón.. atacó el campamento
Jue. 9:52 Abimelec.. atacó y se acercó a la
1 Sam. 13:3, 4 Jonatán atacó.. los filisteos
1 Sam. 23:2 David consultó.. ¿Iré a atacar a
1 Sam. 24:7 David.. no.. permitió que atacasen
2 Sam. 5:8 el que ataque a los jebuseos, use
Jon. 4:7 gusano que atacó la planta de ricino

ATADURA
Sal. 116:3 Me rodearon las a. de la muerte
Isa. 58:6 en soltar las a. del yugo, en dejar
Luc. 8:29; 13:16 hombre.. rompiendo las a.

ATALIA, madre del rey Ocozías de Judá
2 Rey. 8:26; 11:1-20; 2 Crón. 22:2—23:21; 24:7

ATAR
Exo. 28:28; 39:21 atarán el pectoral por sus
Deut. 6:8; 11:18 Las atarás a tu mano como
Jos. 2:18 ates este cordón rojo a la ventana
Jue. 16:5-13, 21 con qué podrías ser atado
2 Rey. 7:10 sirios.. caballos y asnos atados
Isa. 8:16 Ata el testimonio y sella la ley
Jer. 51:63 libro, le atarás una piedra y lo
Eze. 3:25 ti pondrán cuerdas y te atarán con
Dan. 3:20-24 hombres fueron atados.. echados
Mat. 12:29 a menos que primero ate al hombre
Mat. 14:3 Herodes.. a Juan, le había atado
Mat. 16:19; 18:18 lo que ates en la tierra
Mat. 18:6 mejor le fuera que se le atase al
Mat. 22:13 Atadle los pies y las manos y
Mat. 23:4 Atan cargas pesadas y difíciles de
Mat. 27:2 después de atarlo.. le entregaron
Mar. 5:3, 4 nadie podía atarle ni siquiera
Mar. 11:4 el borriquillo atado a la puerta
Juan 11:44 muerto salió, atados los pies y
Juan 18:12, 24 prendieron a Jesús y le ataron
Hech. 12:6, 8 Pedro.. atado con dos cadenas
Hech. 21:11, 13 cinto de Pablo, se ató los
Hech. 21:33; 22:29 mandó que le atasen con
Apoc. 9:14 ángeles que han estado atados

ATARDECER: ver Tarde
Gén. 8:11 paloma volvió a él al a. y he aquí
Exo. 16:6, 12, 13 Al a. sabréis que Jehovah
Exo. 29:39, 41; Núm. 28:4 lo ofrecerás al a.
Mat. 8:16 Al a., trajeron a él.. endemoniados
Mat. 14:15 Al a., sus discípulos se acercaron
Mat. 27:57 Al a., vino un hombre rico.. José

ATAVIAR
Isa. 61:10 Como a novio me ha ataviado

ATEMORIZAR: ver Aterrar
Deut. 31:8; Jos. 10:25; Jer. 23:4; Eze.2:6;
3:9 ¡No temas ni te atemorices!
1 Sam. 28:5 Saúl.. se atemorizó, y su corazón
2 Sam. 22:5; Sal. 18:4 olas.. me atemorizaron
2 Crón. 32:18 gritaron.. para atemorizarlos e
Sal. 27:1 ¿de quién me he de atemorizar?
Isa. 51:7 ni os atemoricéis ante sus ultrajes
Jer. 17:18 Atemorícense ellos, y no me a. yo
Jer. 30:10; 46:27 no habrá quien lo atemorice
Dan. 8:17 me atemoricé y me postré sobre mi
Luc. 8:25 fe? Atemorizados, se maravillaron
Luc. 21:9 guerras.. no os atemoricéis. Porque
1 Ped. 3:14 no seáis atemorizados por temor

ATENAS, ciudad principal de Grecia
Hech. 17:15, 16, 22; 18:1; 1 Tes. 3:1

ATENCION
Exo. 7:23 faraón.. no quiso prestar más a.
Exo. 15:26 si prestas a. a sus mandamientos
Deut. 1:45 pero Jehovah no.. os prestó a.
1 Sam. 15:22 prestar a. es mejor que el sebo
Sal. 101:2 Daré a. al camino de la integridad
Prov. 4:20; 5:1; 7:24 pon a. a mis palabras
Isa. 8:9; 28:23 Prestad a., todos los confines
Jer. 13:15; Eze. 40:4 Oíd y prestad a.; no
Jer. 31:21 Pon a. al camino principal, el
Joel 1:2 prestad a., todos los habitantes de
Mal. 3:16 Jehovah prestó a. y escuchó. Y fue
Hech. 2:14 Pedro.. prestad a. a mis palabras
1 Tim. 1:4; 4:1 ni presten a. a fábulas e

ATENDER
2 Sam. 21:14; 24:25 Dios atendió las súplicas
1 Rey. 1:2, 4 joven.. le atienda y duerma en
Neh. 9:34 reyes.. No atendieron a tus
Job 30:20 me presento, y tú no me atiendes
Job 42:8, 9 .. a él atenderé para no
Sal. 5:2; 17:1; 54:2; 55:1; 61:1; 86:6; 143:1
Atiende a la voz de mi clamor, Rey mío y
Sal. 66:19 El atendió a la voz de mi oración
Prov. 15:31 oído que atiende a la reprensión
Prov. 29:12 Si el gobernante atiende a
Isa. 19:22 Jehovah.. atenderá a sus súplicas
Isa. 49:1 Oídme, oh costas, y atended, oh
Jer. 6:19 Porque no atendieron a mis palabras
Dan. 9:19 Perdona, oh Señor. Atiende y actúa
Miq. 1:2 ¡Oíd, pueblos todos! ¡Atiende, oh
Zac. 1:4 no me escucharon ni me atendieron
Luc. 1:13; Hech. 10:31 oración.. sido atendida
1 Cor. 7:35 viváis honestamente, atendiendo
Heb. 6:10 porque habéis atendido a los santos

ATENTAR
Lev. 19:16 No atentarás contra la

ATENTO
2 Crón. 6:40; 7:15; Neh. 1:6, 11; Sal. 130:2
estén.. a. tus oídos a la oración hecha
Neh. 8:3 oídos.. a. al libro de la Ley
Sal. 10:17; 34:15 oh Jehovah.. tienes a. tu
Sal. 119:95 yo estoy a. a tus testimonios
Prov. 4:1; 16:20 estad a. para adquirir
Isa. 28:23; 51:4; Ose. 5:1 Estad a. y escuchad
Isa. 48:18 ¡Oh, si hubieras estado a. a mis
Jer. 23:18 ¿Quién ha estado a. a su palabra
1 Ped. 3:12 oídos están a. a sus oraciones
2 Ped. 1:19 Hacéis bien en estar a. a ella

ATERRAR: ver Aterrorizar
Gén. 45:3 sus hermanos.. estaban aterrados
Heb. 12:21 Moisés dijo: "¡Estoy aterrado y

ATERRORIZAR: ver Aterrar
Deut. 1:29; 31:6; Isa. 8:12 No os aterroricéis
Luc. 24:37 aterrorizados.. pensaban que veían
Apoc. 11:13 estaban aterrorizados y dieron

ATESORAR: ver Guardar
Prov. 2:1; 7:1 si.. atesoras mis mandamientos
Prov. 10:14 sabios atesoran el conocimiento
Amós 3:10 No saben.. que atesoran violencia
2 Cor. 12:14 atesorar.. padres para los hijos
1 Tim. 6:19 atesorando para sí buen.. porvenir

ATESTIGUAR
Juan 3:33 que recibe su testimonio atestigua
Rom. 3:21 Dios atestiguada por la Ley y los

ATLETA
2 Tim. 2:5: si algún a. compite, no

ATONITO: ver Sorprender
Eze. 3:15 permanecí allí entre ellos, a.
Dan. 4:19 Daniel.. quedó a. por un momento
Hab. 1:5 Quedaos asombrados y a., porque yo
Mat. 12:23; 13:54; 22:33 gente estaba a. y
Mar. 5:42 niña se levantó.. Y quedaron a.
Hech. 2:7, 12; 8:13; 9:21 Estaban a. y

ATORMENTAR: ver Afligir
Jue. 16:5, 19 ella comenzó a atormentarlo
Prov. 26:28 lengua mentirosa atormenta a su
Mat. 8:29; Luc. 6:18 venido.. atormentarnos
Mat. 15:22 Mi hija es gravemente atormentada
Luc. 16:24, 25 estoy atormentado en esta llama
Hech. 5:16 trayendo enfermos y atormentados
Apoc. 9:5; 14:10 sino que fuesen atormentados
Apoc. 20:10 diablo.. serán atormentados día y

ATRACTIVO
Gén. 2:9; 3:6 Dios hizo brotar.. árboles a.
Isa. 53:2 lo vimos, pero no tenía a. como

ATRAER
Prov. 19:4 Las riquezas atraen muchos amigos
Ose. 11:4 Con cuerdas humanas los atraje
Juan 12:32 tierra, atraeré a todos a mí mismo

ATRAPAR: ver Enredar
Sal. 9:15, 16; 10:2; Prov. 5:22 los impíos fueron atrapados en la obra de sus propias
Prov. 11:6 traicioneros quedarán atrapados
Ecle. 7:26 pecador quedará atrapado por ella

ATRAS
Gén. 9:23 yendo hacia a., cubrieron la
Gén. 19:17, 26 No mires a., ni te detengas
Jue. 2:19 cuando moría el juez.. volvían a.
Isa. 50:5 y no fui rebelde ni me volví a.
Jer. 7:24 Caminaron hacia a. y no hacia
Mat. 24:18 esté en el campo no vuelva a. a
Luc. 9:62 en el arado y sigue mirando a., es
Juan 6:66 de sus discípulos volvieron a., y
Fil. 3:13 hago: olvidando lo que queda a. y
2 Ped. 2:21 volver a. del santo mandamiento

ATRAVESAR
Núm. 25:8 Y atravesó a ambos con su lanza, al
Jue. 5:26 Golpeó a Sísara.. atravesó su sien
2 Rey. 9:24 Jehú.. le atravesó el corazón, y

ATREVER
Deut. 18:20 profeta que se atreva a hablar
Mat. 22:46 nadie se atrevió.. a preguntarle
Hech. 5:13 ninguno.. se atrevía a juntarse
Hech. 7:32 Moisés.. no se atrevía a mirar
Rom. 15:18 no me atrevería a hablar de nada
1 Cor. 6:1 ¿Cómo se atreve alguno.. a ir a
Fil. 1:14 se atreven mucho más a hablar la
2 Ped. 2:10 atrevidos.. no temen maldecir a

ATRIBUIR
Job 1:22 Job no.. atribuyó a Dios despropósito
Sal. 32:2 quien Jehovah no atribuye iniquidad

ATRIBULADO
1 Sam. 1:15 soy una mujer a. de espíritu
Job 17:1 Mi espíritu está a.; mis días se
2 Cor. 1:6; 4:8; 7:5 si somos a., lo es para

ATRIO
Exo. 27:9-19 Harás el a. del tabernáculo
Exo. 38:9-31 Hizo también el a. En el lado
Lev. 6:16, 26 en el a. del tabernáculo de
1 Crón. 28:6, 12 Salomón.. edificará.. mis a.
Sal. 84:2 Mi alma anhela.. los a. de Jehovah
Sal. 84:10 mejor es un día en tus a., que mil
Sal. 96:8 traed ofrendas y venid a sus a.
Sal. 100:4 Entrad.. por sus a. con alabanza
Isa. 1:12 ¿quién pide.. que pisoteéis mis a.?
Jer. 26:2 Ponte de pie en el a... y habla
Eze. 10:3-5 el a. se llenó del resplandor de
Mar. 15:16 soldados le llevaron dentro del a.

ATROPELLAR
2 Rey. 7:17, 20 pueblo lo atropelló junto a
2 Rey. 9:33 los caballos.. la atropellaron
1 Tes. 4:6 nadie atropelle ni engañe a su

AUGUSTO: ver César
Luc. 2:1; Hech. 25:21, 25

AULLAR
Stg. 5:1 oh ricos! Llorad y aullad por

AUMENTAR: ver Añadir
Gén. 3:16 Aumentaré mucho tu sufrimiento en
Lev. 25:16 aumentarás su precio de compra
Deut. 28:59 aumentará Jehovah.. tus plagas y
2 Sam. 15:12 parte de Absalón.. aumentando
Job 42:10 aumentó Jehovah al doble.. a Job
Sal. 71:21 Aumentarás mi grandeza y me
Sal. 115:14 Jehovah aumentará bendición sobre
Prov. 1:5 El sabio oirá y aumentará su saber
Prov. 3:2; 9:11; 10:27 bienestar te aumentarán
Prov. 4:18 luz de la aurora que va en aumento
Prov. 9:9 enseña al justo.. aumentará su saber
Prov. 15:1 la palabra áspera aumenta el furor
Prov. 16:21, 23 dulzura.. aumenta el saber
Prov. 29:2 justos aumentan.. pueblo se alegra
Isa. 40:29 aumenta el poder al que no tiene
Ose. 12:1 Continuamente aumentan la mentira
Hech. 5:14; 16:5 Los que creían.. aumentaban
2 Cor. 9:10 aumentará los frutos de vuestra

AURORA
Neh. 4:21 empuñaban.. lanzas, desde la a.
Prov. 4:18; Luc. 1:78 luz de la a. que va

AUSENCIA
Fil. 2:12 obedecido.. más en mi a.

AUSENTE
1 Cor. 5:3 Aunque.. estoy a. en el cuerpo
2 Cor. 5:6, 8 peregrinamos a. del Señor
Fil. 1:27; Col. 2:5 a veros o que esté a.

AUTOR
Hech. 3:15 matasteis al A. de la vida, al
Heb. 2:10; 5:9 A. de la salvación de ellos

Heb. 12:2 ojos en Jesús.. a. y consumador

AUTORIDAD: ver Poder, Señor
Mat. 7:29 enseñaba como quien tiene a., y no
Mat. 8:9 soy un hombre bajo a. y tengo
Mat. 9:6, 8 el Hijo del Hombre tiene a. para
Mat. 10:1 discípulos y les dio a. sobre los
Mat. 20:25 los que son grandes ejercen a.
Mat. 21:23-27 ¿Con qué a. haces estas cosas?
Mat. 28:18 Toda a. me ha sido dada en el
Mar. 1:27 esto? ¡Una nueva doctrina con a.!
Luc. 4:6 diablo.. A ti te daré toda a., y la
Luc. 4:32 porque su palabra era con a.
Luc. 19:17 tendrás a. sobre diez ciudades
Juan 5:27 también le dio a. para hacer juicio
Juan 19:10, 11 Jesús: —No tendrías ninguna a.
Hech. 1:7 tiempos.. Padre dispuso por su.. a.
Rom. 9:21 ¿O no tiene a. el alfarero sobre el
Rom. 13:1-3 Sométase toda persona a las a.
1 Cor. 7:4 esposa no tiene a. sobre su propio
Col. 1:13 nos ha librado de la a. de las
Col. 2:10 la cabeza de todo principado y a.
Tito 2:15 exhorta y reprende con toda a.
Tito 3:1 se sujeten.. a las a., que obedezcan
2 Ped. 2:10; Jud. 8 desprecian toda a.! Estos
Apoc. 2:26 yo le daré a. sobre las naciones
Apoc. 17:12 toman a. por una hora como reyes
Apoc. 18:1 ángel.. tenía gran a., y la tierra

AUTORIZACION
Gén. 41:44 faraón, y sin tu a. ninguno alzará
Hech. 26:10, 12 cuando iba a Damasco con a. y

AUXILIO: ver Ayuda, Socorro
Sal. 46:1 pronto a. en las tribulaciones
Isa. 10:3 ¿A quién huiréis a pedir a., y
Hech. 26:22 habiendo obtenido a. de Dios, me

AVANZAR
Gén. 18:11; 24:1 Abraham.. de edad avanzada
Jos. 13:1; 23:1, 2 Josué.. de edad avanzada
1 Rey. 1:1 David era.. de edad avanzada, lo
2 Rey. 20:9-11 ¿Puede avanzar la sombra diez
Luc. 1:7, 18 Elisabet.. eran de edad avanzada
Luc. 19:36 mientras él avanzaba, tendían sus
Rom. 13:12 noche está muy avanzada, y el día

AVARICIA: ver Codicia
Rom. 1:29; Ef. 5:3 Se han llenado de.. a.
Col. 3:5 haced morir.. la a., que es idolatría
2 Ped. 2:14 Tienen el corazón.. para la a.

AVARO: ver Codicioso
1 Cor. 5:10, 11 no os asociéis.. hermano.. a.
1 Cor. 6:10; Ef. 5:5 ni los a. heredarán

AVE: ver Pájaro
Gén. 1:20-22 dijo Dios.. haya a. que vuelen
Gén. 1:26-30; 9:2 hombre.. dominio sobre.. a.
Gén. 2:19, 20 hombre puso nombres.. a las a.
Gén. 6:7; 7:21, 23 Arrasaré.. las a. del cielo
Gén. 6:20; 7:3, 8 las a... vendrán a ti para
Gén. 7:14 Entraron ellos y.. todas las a.
Gén. 8:17-20 Saca.. las a., el ganado y los
Lev. 1:14 si su ofrenda.. un holocausto de a.
Sal. 50:11 Conozco todas las a. de las
Prov. 6:5 Escapa.. como a. de mano del que
Mat. 6:26 Mirad las a. del cielo, que no
Mat. 8:20 las a. del cielo tienen nidos, pero
Luc. 12:24 más valéis vosotros que las a.!
Hech. 10:12 En el lienzo había.. a. del cielo
Rom. 1:23 cambiaron.. por una imagen.. de a.

AVENIDA
Apoc. 22:2 a. de la ciudad.. árbol de

AVENTADOR
Mat. 3:12 Su a. está en su mano, y

AVERGONZAR
Gén. 2:25 desnudos.. y no se avergonzaban
Rut 2:15 Boaz mandó.. y no la avergoncéis
Sal. 25:2, 3, 20; 31:1, 17; 71:1 ¡Dios mío, en ti confío! No sea yo avergonzado.
Sal. 119:78 Sean avergonzados los arrogantes
Isa. 49:23 esperan en mí no.. avergonzados
Isa. 54:4 No temas.. no serás avergonzada
Eze. 43:10 que se avergüencen de sus pecados
Mar. 8:38 el que se avergüence de mí y de mis
Rom. 1:16 no me avergüenzo del evangelio
Rom. 9:33; 10:11; 1 Ped. 2:6 aquel que cree en él no será avergonzado
1 Cor. 1:27 elegido lo necio.. avergonzar a
2 Tim. 1:8 no te avergüences.. dar testimonio
2 Tim. 1:12 padezco.. pero no me avergüenzo
2 Tim. 2:15 que no tiene de qué avergonzarse
Heb. 2:11 él no se avergüenza de llamarlos
1 Ped. 4:16 como cristiano, no se avergüence

AVERIGUAR
Deut. 13:14; 17:4 averiguarás bien. Y.. si
Sal. 44:21 ¿no averiguaría esto Dios, quien
Mat. 2:8, 16 Id y averiguad.. acerca del niño
Mat. 10:11 donde entréis, averiguad quién en

AVESTRUZ
Isa. 34:13; Jer. 50:39 palacios.. campo de a.
Isa. 43:20 me honrarán.. y las avestruces

AVIDO
Tito 1:7 obispo sea.. ni ávido de ganancias
1 Ped. 3:13 si sois ávidos por el bien?

AVISAR, AVISO
1 Sam. 19:2, 11, 19 Jonatán dio a. a David
Luc. 8:20 se le avisó: —Tu madre y.. hermanos

AVISPA
Exo. 23:28; Deut. 7:20; Jos. 24:12

AVIVAR
2 Tim. 1:6 que avives el don de Dios

AY
2 Rey. 6:5 ¡Ay, señor mío! ¡Era prestada!
Prov. 23:29 ¿Para quién será el ay? ¿Para
Ecl. 4:10 ¡ay del que cae cuando no hay otro
Isa. 3:11 ¡Ay de los impíos! Les irá mal
Isa. 45:9, 10 ¡Ay del que contiende con su
Jer. 23:1; Eze. 34:2 ¡Ay de los pastores, que
Zac. 11:17 ¡Ay del pastor inútil que abandona
Mat. 11:21 ¡Ay de ti, Corazín! ¡Ay de ti
Mat. 23:13-29 ¡Ay de vosotros, escribas y
Mat. 26:24 ¡ay de aquel hombre por quien es
Luc. 6:24-26 ¡ay de vosotros los ricos! Porque
1 Cor. 9:16 ¡ay.. si no anuncio el evangelio!
Apoc. 8:13;12:12 ¡Ay, ay, ay de los que
Apoc. 9:12 El primer ay ha pasado. He aquí
Apoc. 18:10, 16, 19 ¡Ay! ¡Ay de ti, oh gran

AYER
Job 8:9 somos tan sólo de a. y nada sabemos
Sal. 90:4 mil años.. son como el día de a.
Heb. 13:8 ¡Jesucristo es el mismo ayer, hoy

AYUDA: ver Auxilio, Socorro
Gén. 2:18, 20 solo; le haré una a. idónea
Sal. 27:9; 40:17 Tú has sido mi a.; no me
Sal. 33:20 El es nuestra a. y nuestro escudo
Sal. 115:9-11 confía en Jehovah! El es su a.
Isa. 31:1-3 ¡Ay de los que.. Egipto por a.!
2 Cor. 8:4; 9:1, 13 participar en la a. para

AYUDADOR
Sal. 30:10 Jehovah, sé tú mi a.

AYUDANTE
Núm. 11:28; Jos. 1:1 Josué.. era a. de Moisés
Hech. 13:5 También tenían a Juan como a.

AYUDAR: ver Socorro
Exo. 18:4 llamaba Eliezer.. Dios.. me ayudó
1 Sam. 7:12 Eben-ezer.. Hasta aquí nos ayudó
2 Crón. 14:11 no hay otro como tú para ayudar
Sal. 37:40; 46:5 Jehovah les ayudará y los
Sal. 54:4 Dios es quien me ayuda; el Señor
Sal. 94:17 Si Jehovah no me ayudara, pronto
Sal. 147:6 Jehovah ayuda a los humildes, pero
Ecl. 7:19 sabiduría ayudará al sabio más que
Isa. 41:6 Cada cual ayuda a su compañero y
Isa. 41:10, 13 Te fortaleceré, y.. te ayudaré
Dan. 10:13 Miguel.. vino para ayudarme; y
Amós 2:14 al fuerte no le ayudará su fuerza
Mar. 9:24 ¡Creo! ¡Ayuda mi incredulidad!
Luc. 10:40 sola? Dile, pues, que me ayude
Rom. 8:26 el Espíritu nos ayuda en nuestras
Rom. 8:28 todas las cosas ayuden para bien a
1 Cor. 12:28 A unos puso Dios.. que ayudan

AYUNAR
1 Sam. 7:6 Aquel día ayunaron allí y dijeron
2 Sam. 12:16, 21-23 por el niño. David ayunó
Esd. 8:23; Neh. 1:4 Ayunamos.. y pedimos a
Est. 4:16 reúne a todos.. y ayunad por mí
Jer. 14:12 Aunque ayunen, yo no escucharé su
Mat. 4:2 después de haber ayunado cuarenta
Mat. 6:16-18 Cuando ayunéis, no os hagáis
Mat. 9:14, 15 pero tus discípulos no ayunan
Luc. 18:12 Ayuno dos veces a la semana, doy
Hech. 13:2 ministraban al Señor y ayunaban

AYUNO
2 Crón. 20:3 Josafat.. hizo pregonar a. en
Isa. 58:3-6 a. son ocasión de contiendas y
Jer. 36:6 entra tú.. en un día de a., y lee
Joel 2:12, 15 volveos a mí.. con a., llanto
Hech. 14:23 después de.. haber orado con a.
Hech. 27:9 también el A. ya había pasado

AZARIAS, entre varios se destacan
o Uzías, rey de Judá: 2 Rey. 14:21—15:7
o Abed-nego, amigo de Daniel: Dan. 1:6—19; 2:17; 3:12-30

AZAZEL
Lev. 16:8, 10, 26

AZOTAR: ver Golpear, Herir
Exo. 5:14, 16 azotaron a los vigilantes de
Núm. 22:23-32 Balaam azotó al asna para
Deut. 25:2, 3 si el.. merece ser azotado, el
Prov. 23:35 me azotaron, pero no lo sentí
Isa. 53:4 le tuvimos por azotado, como herido
Jer. 2:30 En vano he azotado a vuestros hijos
Jer. 37:15 contra Jeremías y le azotaron
Mat. 10:17; 23:34 sus sinagogas os azotarán
Mat. 20:19 entregarán.. para que.. le azoten
Mat. 27:26 después de haber azotado a Jesús
Hech. 5:40 de azotarles les prohibieron hablar
Hech. 16:22, 37 de azotarnos públicamente sin
Hech. 22:25 ¿Os es lícito azotar.. ciudadano

AZOTE: ver Castigo
Sal. 89:32 castigaré.. con a. sus iniquidades
Prov. 17:10; 19:29 Más aprovecha.. que cien a.

Luc. 12:47, 48 aquel siervo.. recibirá.. a.
Hech. 16:23, 33 golpearles con muchos a.
Hech. 22:24 Pablo.. interrogatorio mediante a.
Heb. 11:36 recibieron pruebas.. de azotes

AZOTEA: ver Tejado
Deut. 22:8 casa.. haz un parapeto a tu a.
Jos. 2:6-8 ella los.. hecho subir a la a.
2 Sam. 11:2 David.. se paseaba por la a.
Prov. 21:9; 25:24 Mejor es vivir.. la a. que
Mat. 10:27 al oído, proclamadlo desde las a.
Mat. 24:17 El que esté en la a. no descienda
Hech. 10:9 Pedro subió a la a. para orar

AZUFRE
Gén. 19:24; Luc. 17:29 hizo llover.. a. y
Apoc. 14:10; 19:20; 20:10 atormentado con.. a.
Apoc. 21:8 herencia será el lago.. con.. a.

AZUL
Exo. 26:1 Harás.. tabernáculo.. de material a.
Est. 8:15 Mardoqueo salió.. vestidura real a.

BAAL, dios pagano
Núm. 25:3, 5 Israel se adhirió al B. de Peor
Jue. 2:13 Abandonaron.. y sirvieron a B. y a
Jue. 6:25-32 derriba el altar de B. que tiene
1 Rey. 18:19-40 reúnan.. 450 profetas de B.
1 Rey. 19:18; Rom. 11:4 rodillas.. ante B. y
2 Rey. 10:18-28 Jehú.. destruir.. culto a B.
2 Rey. 11:18 pueblo.. entró en el templo de B.
Jer. 11:13, 17; 32:35 altares.. incienso a B.

BAAL-ZEBUB, dios filisteo: ver Beelzebul
2 Rey. 1:2-6. 16

BAASA, rey de Israel
1 Rey. 15:16—16:13; 2 Crón. 16:1-5; Jer. 41:9

BABEL
Gén. 11:9 ciudad fue B... confundió allí

BABILONIA: ver Caldea
2 Rey. 17:24 Asiria trajo.. de B... Samaria
2 Rey. 17:30 hombres de B. hicieron.. imagen
2 Rey. 20:17, 18 todo.. será llevado a B. No
2 Rey. 24:15-20 llevó cautivos a B. a Joaquín
2 Rey. 25:1-28 B., vino.. contra Jerusalén
2 Crón. 36:18 la casa de Dios.. lo llevó a B.
Esd. 2:1 hombres de la.. regresaron.. de B.
Esd. 7:6-16 Esdras.. subió de B. El rey le
Sal. 137:1 Junto a los ríos de B. nos
Isa. 13:1, 19: 14:4 Profecía acerca de B.
Isa. 21:9; Apoc. 14:8; 18:2 ha caído B.
Isa. 48:20 ¡Salid de Babilonia! ¡Huid de
Jer. 20:4-6; 21:10 Judá entregaré.. rey de B.
Jer. 25:11, 12 servirán al.. B... durante
Jer. 29:28 nos ha enviado a decir en B.
Jer. 50:13-46 Toda.. pase por B. se asombrará
Jer. 51:37-64 B. será.. montones de escombros
Dan. 4:29, 30 ¿No es ésta la gran B. que yo
1 Ped. 5:13 Os saluda la iglesia.. en B.
Apoc. 17:5 un misterio: "B. la grande, madre
Apoc. 18:10, 21 ¡Ay de ti.. oh B., ciudad

BAHIA
Hech. 27:39 una b. que.. varar la nave

BAILAR: ver Danza, Danzar
Jue. 21:21 jóvenes de Silo salgan a bailar
1 Crón. 15:29 Mical.. ver.. David bailando y
Ecl. 3:4 estar de duelo y tiempo de bailar
Mat. 11:17 tocamos la flauta, y no bailasteis

BAJAR: ver Descender
Gén. 24:14, 18 baja tu cántaro para que yo
Exo. 17:11 cuando bajaba su mano, prevalecía
Núm. 4:5 Aarón.. bajarán.. velo de protección
Rut 3:6 Rut bajó a la era e hizo todo lo que
1 Sam. 23:25 David.. bajó de la peña y
1 Sam. 25:23 Abigaíl.. bajó del asno; y
2 Rey. 5:21 Naamán.. se bajó del carro para
Job 17:16 juntos bajaremos hasta el polvo
Sal. 133:2 aceite.. baja hasta el borde
Jer. 38:6, 11 bajaron a Jeremías con sogas
Eze. 1:24, 25 se detenían, bajaban sus alas
Amós 9:2 Si suben.. de allá los haré bajar
Jon. 1:5 Jonás había bajado al fondo del
Mar. 2:4 una abertura bajaron la camilla en
Mar. 15:36 veamos si viene Elías a bajarle
Mar. 15:46 y bajándole de la cruz, José lo
Luc. 9:37 cuando habían bajado del monte
Hech. 9:25 a Saulo.. le bajaron por el muro
Hech. 10:11; 11:5 lienzo, bajado por.. cuatro
Hech. 10:20, 21 Pedro bajó para recibir a los
Hech. 13:29 lo bajaron del madero y lo

BAJEZA
Luc. 1:48 mirado la b. de su sierva

BAJO: ver Profundo
Eze. 26:20; 31:14, 16, 18; 32:18, 24; Ef. 4:9 partes más b. de la tierra
Col. 3:5; 1 Tes. 4:5; Stg. 1:15; 1 Ped. 4:3; 2 Ped. 1:4; 3:3 b. pasiones, malos deseos

BAJORRELIEVES
1 Rey. 6:18, 29, 32; 7:29 templo.. con b.

BALAAM, adivino sirio
Núm. 22:5—24:25; 31:8, 16; 2 Ped. 2:15; Jud. 11; Apoc. 2:14

BALAC, rey de Moab
Núm. 22:2—24:25; Jos. 24:9; Jue. 11:25; Miq. 6:5; Apoc. 2:14

BALANZA: ver Pesa
Lev. 19:36; Prov. 16:11; Eze. 45:10 Tendréis b. justas, pesas justas, un efa justo y un
Prov. 11:1; 20:23 b. falsa es una abominación
Isa. 40:12, 15 ¿Quién.. pesó.. colinas en b.?
Dan. 5:27 TEQUEL: Pesado has sido en b. y
Ose. 12:7; Amós 8:5 tiene en su mano b. falsa
Miq. 6:11 justificar las b. de impiedad y la
Apoc. 6:5 caballo negro.. tenía una b. en su

BALDE
Isa. 40:15 de agua que cae de un b.

BALSAMO
2 Sam. 5:23 alcánzalos frente a los.. b.
Jer. 8:22; 46:11 ¿Acaso no hay b. en Galaad?

BALUARTE: ver Columna
2 Sam. 22:3; Sal. 18:2 Dios es.. mi b., mi
Luc. 19:43 tus enemigos te rodearán con b.

BANDERA
Cant. 2:4 y su b. sobre mí es el amor
Isa. 11:10 aquel.. una b. para los pueblos
Isa. 30:17 o como una b. sobre una colina
Isa. 49:22; 62:10; Jer. 4:6 levantaré mi b.
Jer. 50:2 Levantad b.; anunciadlo y no lo
Jer. 51:27 Alzad la b. en la tierra y tocad

BANQUERO
Mat. 25:27 entregado mi dinero a.. b.

BANQUETE: ver Cena, Fiesta
Gén. 21:8 El.. y Abraham hizo un gran b. el día
Jue. 14:12, 17 Sansón.. los siete días del b.
Est. 1:5 rey hizo un b. durante siete días
Est. 2:18; 5:4-12 b. (el b. de Ester) a todos
Job 1:4, 5 Sus hijos.. celebraban un b. en la
Prov. 17:1 Mejor es un bocado.. llena de b.
Isa. 5:12 En sus b. hay arpas.. pero no
Dan. 5:1 rey Belsasar hizo un gran b. para
Mat. 22:2-10 rey que celebró el b. de bodas
Mat. 23:6 Aman.. primeros asientos en los b.
Luc. 5:29 Leví le hizo un gran b. en su casa
Luc. 14:13 cuando hagas b., llama a los pobres
Apoc. 19:17 aves.. ¡Congregaos para el gran b.

BARAC, libertador de Israel
Jue. 4:6—5:15; 1 Sam. 12:11; Heb. 11:32

BARBA: ver Rapar
2 Sam. 10:4, 5 les rapó la mitad de su b.
Sal. 133:2 aceite.. desciende sobre la b.
Isa. 50:6 mis mejillas.. me arrancaban la b.

BARBARO: ver Extranjero
Rom. 1:14 Tanto a griegos como a b... deudor
Col. 3:11 Aquí no hay.. b. ni escita, esclavo

BARCA: ver Barco
Mat. 4:21 dos hermanos.. en la b. con su
Mat. 14:22-33 Jesús obligó.. entrar en la b.
Mar. 3:9; 4:1 Jesús dijo.. tuviesen.. una b.
Mar. 4:36 le recibieron en la b., tal como
Luc. 5:11 sacar las b. a tierra, lo dejaron
Juan 6:19-24 Jesús.. acercándose a la b., y
Juan 21:3-8 Voy a pescar.. entraron en la b.

BARCO: ver Barca
2 Crón. 9:21 cada tres años venían los b. de
Prov. 30:19 el rastro del b. en el.. mar y
Prov. 31:14 Es como un b. mercante que trae
Jon. 1:3-13 Jonás.. halló un b. que iba a
Hech. 20:38 su cara. Y le acompañaron al b.
Stg. 3:4 Considerad también los b.: Aunque

BARJESUS, mago judío
Hech. 13:6

BARRABAS, guerrillero y asaltante judío
Mat. 27:16-26; Mar. 15:7-15; Juan 18:40

BARRER
1 Rey. 14:10; 16:3; 21:21 Barreré.. casa de
Jer. 9:21 muerte.. para barrer a los niños
Luc. 15:8 qué mujer.. barre la casa y busca

BARRERA
Ef. 2:14 El derribó.. b. de división

BARRIL
Luc. 16:6 'Cien b. de aceite.' Y le

BARRO: ver Lodo
Exo. 1:14 pesado trabajo de hacer b. y adobes
Isa. 29:16; 45:9 alfarero ser.. como el b.?
Isa. 64:8 somos el b., y tú eres nuestro
Jer. 18:4-6 vaso de b... se dañó en la mano
Dan. 2:33-35, 41-45 sus pies.. en parte de b.
Rom. 9:21; 2 Tim. 2:20 alfarero sobre el b.
2 Cor. 4:7 tenemos este tesoro en vasos de b.

BARSABAS, seguidor de Jesús
Hech. 1:23; 15:22

BARTIMEO, ciego sanado
Mar. 10:46

Hech. 19:3-5 ¿En qué.. fuisteis bautizados?
Rom. 6:3 Jesús fuimos bautizados en su muerte
1 Cor. 1:13-17 que no bauticé a ninguno de
1 Cor. 10:2 Todos en Moisés fueron bautizados
1 Cor. 12:13 Espíritu fuimos bautizados todos
Gál. 3:27 todos los que fuisteis bautizados

BEBE: ver Niño
2 Crón. 31:18 estaban inscritos.. todos sus b.
Isa. 49:15 se olvidará la mujer de su b., y
Isa. 65:20 No habrá allí más b. que vivan
Ose. 11:4 Fui.. como los que ponen un b.
Hech. 7:19 rey.. exponer a la muerte a sus b.
1 Cor. 14:20 más bien, sed b. en la malicia

BEBEDOR: ver Borracho, Ebrio
Prov. 23:20, 21 No estés con los b. de vino
Mat. 11:19 hombre comilón y b. de vino, amigo

BEBER
Gén. 9:21 bebiendo el vino, se embriagó y
Gén. 19:32-35 demos de beber vino a nuestro
Gén. 24:14-32, 43-46 cántaro.. que yo beba
Gén. 29:2-10 Jacob.. dio de beber al rebaño
Exo. 2:16-19 siete hijas.. dar de beber a las
Exo. 7:21, 24 egipcios no podían beber de él
Exo. 15:23 no pudieron beber.. aguas de Mara
Exo. 17:1-6 ¡Danos agua para beber! Moisés
Exo. 32:6, 20 el pueblo se sentó.. y a beber
Exo. 34:28; Deut. 9:9, 18 pan ni bebió agua
Lev. 10:9; Núm. 6:3 Ni tú ni.. beberéis vino
Núm. 20:8, 11 agua de la roca.. darás de beber
Jue. 13:4, 7, 14 y no bebas vino ni licor
Rut 2:9 y bebe del agua que sacan los criados
2 Sam. 23:15-17 ¡Quién me diera de beber agua
1 Rey. 17:4, 6 beberás del arroyo, y yo he
1 Rey. 19:6-8 comió, bebió y se volvió a
Prov. 5:15 Bebe el agua de tu propia cisterna
Prov. 25:21 enemigo.. tiene sed, dale de beber
Prov. 31:4-7 no es cosa de reyes beber vino
Ecl. 2:24; 3:13; 8:15 comer y beber, y hacer
Isa. 5:22 ¡Ay de los.. valientes para beber
Isa. 22:13 "¡Comamos y bebamos, que mañana
Jer. 35:2-8, 14 No beberemos vino, porque
Eze. 4:11, 16; 12:18 y beberán el agua por
Dan. 1:8, 12, 16 ni con el vino que.. bebía
Dan. 5:1-4 rey.. estaba bebiendo vino en
Mat. 6:25, 31 afanéis.. qué habéis de beber
Mat. 20:22, 23 ¿Podéis beber la copa que yo
Mat. 25:35-42 tuve sed, y me disteis de beber
Mat. 26:27-29 la copa.. Bebed de ella todos
Mat. 26:42 de mí esta copa sin que yo la beba
Mat. 27:34, 48 dieron a beber vino mezclado
Luc. 1:15 Nunca beberá vino ni licor, y será
Luc. 5:39 ninguno que bebe lo añejo quiere el
Luc. 12:19 Alma.. Descansa.. bebe, alégrate
Juan 4:7-14 y Jesús le dijo: —Dame de beber
Juan 6:54-56 El que.. bebe mi sangre tiene
Juan 7:37 Si.. tiene sed, venga a mí y beba
Juan 18:11 ¿No he de beber la copa que el
Hech. 23:12, 21 no comerían ni beberían hasta
Rom. 12:20 enemigo.. tiene sed, dale de beber
1 Cor. 10:21, 31 No podéis beber la copa del
1 Cor. 11:25-29 todas las veces que la bebáis
Apoc. 14:8-10; 18:3 naciones habían bebido del

BEBIDA: ver Licor, Vino
Isa. 5:11 ¡Ay de los que.. ir tras la b.
Dan. 1:10 rey.. ha asignado.. vuestra b.
Juan 6:55 y mi sangre es verdadera b.
Rom. 14:17 reino.. no es comida ni b., sino
1 Cor. 10:4 bebieron la misma b. espiritual
Col. 2:16 nadie os juzgue en asuntos.. de b.

BECERRO: ver Ternero
Exo. 32:4—35; Sal. 106:19 hizo un b. de
Lev. 9:2-8, 16 sacrificio por el pecado un b.
1 Rey. 12:28, 32 rey hizo dos b... tus dioses
Ose. 13:2 Y los hombres besan a los b.
Heb. 9:12, 19 ya no mediante sangre.. de b.
Apoc. 4:7 ser viviente es semejante a un b.

BEELZEBUL: ver Baal-zebub
Mat. 10:25 le llamaron B., ¡cuánto más lo
Mat. 12:24, 27 no echa fuera.. sino por B.

BEERSEBA, ciudad del sur de Israel
Gén. 21:14 Agar.. caminó errante por el.. de B.
Gén. 22:19 Y Abraham habitó en B.
Jue. 20:1; 1 Sam. 3:20; 2 Sam. 3:10 Dan.. B.

BEHEMOT, quizás el hipopótamo
Job 40:15

BELEN, aldea judía
Gén. 35:19 Raquel.. fue sepultada en.. B.
Rut 1:1, 19 hombre de B... fue a.. Moab
1 Sam. 17:12 David era hijo.. de B. de Judá
2 Sam. 23:14-16 de beber agua del pozo de B.
Miq. 5:2; Mat. 2:5, 6 tú, oh B. Efrata, aunque
Mat. 2:1 Jesús nació en B. de Judea, en días
Mat. 2:16 matar a.. los niños varones en B.
Luc. 2:4, 15 José.. a la ciudad.. se llama B.
Juan 7:42 Cristo vendrá.. de la aldea de

BELIAL, un malvado o Satanás
Nah. 1:11 De ti salió un consejero de B. que
2 Cor. 6:15 Qué armonía hay entre Cristo y B.

BELSASAR, rey babilónico
Dan. 5:1, 9, 22, 29; 5:30

BELTESASAR (Daniel)
Dan. 1:7; 2:26; 4:8, 9; 10:1

BELLO: ver Hermoso
Gén. 6:2 que las hijas de los hombres eran b.
Gén. 12:11, 14 Sarai.. tú eres una mujer b.
Gén. 29:17 pero Raquel tenía una b. figura y
1 Sam. 25:3 Abigaíl.. muy inteligente y b.
2 Sam. 11:2 mujer.. bañando.. era muy b.
Est. 2:7 Ester.. era de b. figura y de hermosa
Sal. 147:1 es agradable y b. la alabanza
Cant. 1:5-16; 4:1-7; 6:4 Soy morena y b.
Stg. 1:11 flor se cae, y su b. apariencia se

BEN-HADAD, tres reyes de Siria
Ben-hadad I: 1 Rey. 15:18-20
Ben-hadad II: 1 Rey. 20:1-34
Ben-hadad III: 2 Rey. 13:3, 24; Amós 1:4

BENAIAS, entre varios se destacan
hijo de Joyada, comandante militar de David: 2 Sam. 8:18; 23:20-22; 1 Rey. 1:8-44; 2:25-46; 4:4
de Piratón, otro militar de David: 2 Sam. 23:30; 1 Crón. 27:14
sacerdote y músico de David: 1 Crón. 15:24; 16:6

BENDECIR
Gén. 12:2; 22:17 una gran nación. Te bendeciré
Gén. 17:16 yo la bendeciré; ella será madre
Gén. 26:3, 24 Yo estaré contigo y te bendeciré
Gén. 27:4-41 potaje.. coma, y yo te bendiga
Gén. 48:20 bendijo aquel día.. a Efraín y
Gén. 49:28 las doce tribus.. bendijo con su
Exo. 23:25 Dios.. bendecirá tu pan y tu agua
Deut. 7:13, 14 El te amará, te bendecirá y te
Deut. 15:14 Jehovah tu Dios te haya bendecido
Deut. 16:10, 17 según.. Dios te haya bendecido
Deut. 27:12 sobre.. Gerizim para bendecir al
Sal. 34:1 Bendeciré a Jehovah en todo tiempo
Sal. 67:1, 6 de nosotros y nos bendiga. Haga
Sal. 96:2 Cantad a..; bendecid su nombre
Sal. 103:1 Bendiga todo mi ser su santo nombre
Sal. 103:20-22 Bendecid a Jehovah, vosotros
Sal. 115:18 bendeciremos a Jehovah
Sal. 134:1-3 bendecid a Jehovah.. todos los
Sal. 145:1 bendeciré tu nombre eternamente y
Isa. 65:16 Cualquiera que sea bendecido en
Mar. 8:7 después de bendecirlos, él mandó que
Luc. 6:28 bendecid a los que os maldicen y
Luc. 24:51 al bendecirlos, se fue de ellos, y
Rom. 12:14 Bendecid.. bendecid y no maldigáis
1 Ped. 3:9 bendecid.. que heredéis bendición

BENDICION
Gén. 12:2 haré de ti.. gran nación.. serás b.
Gén. 27:35-41 Tu hermano.. se llevó tu b.
Gén. 49:28 doce tribus.. con su respectiva b.
Núm. 23:11; 24:10 enemigos.. colmado de b.
Deut. 11:26-29; 30:1, 19 delante.. la b. y la
Deut. 33:1 b. con la cual Moisés.. bendijo a
Jos. 8:34 leyó.. ley, las b. y las maldiciones
2 Sam. 7:29 con tu b. la casa.. será bendita
Sal. 3:8 ¡Sobre tu pueblo sea tu b.! (Selah)
Sal. 21:3, 6 al encuentro con las mejores b.
Sal. 24:5 El recibirá la b. de Jehovah, y la
Sal. 84:6 la lluvia temprana lo cubre de b.
Sal. 116:12 ¿Qué daré.. por todas sus b. para
Prov. 10:6, 22 B. vendrán sobre.. justo, pero
Prov. 11:11 Por la b. de los rectos será
Prov. 28:20 El hombre fiel tendrá muchas b.
Mal. 3:10 vaciaré sobre vosotros b. hasta que
1 Cor. 10:16 La copa de b. que bendecimos
Gál. 3:14 para que la b. de Abraham llegara
Ef. 1:3 Padre.. en Cristo.. toda b. espiritual
Stg. 3:10 De la misma boca sale b. y maldición
Apoc. 5:13; 7:12 en el trono y al.. sean la b.

BENDITO: ver Bienaventurado
Gén. 9:26 B. sea Jehovah, el Dios de Sem, y
Gén. 12:3; 18:18; 22:18; 26:4; 28:14; Hech. 3:25; Gál. 3:8, 9 en ti serán b. todas las
Deut. 28:3-6 B. serás al entrar, y b. al salir
Rut 2:19, 20 B. sea el que se haya fijado en
1 Sam. 25:32, 33, 39 B. sea tu buen juicio
2 Sam. 22:47; Sal. 18:46 ¡B. sea mi Roca! Sea
Job 1:21; Sal. 113:2 ¡Sea b. el nombre de
Sal. 72:17-19 En él serán b. todas.. naciones
Sal. 118:26; Mat. 21:9; 23:39 ¡B. el que viene
Sal. 144:1 B. sea Jehovah, mi roca, quien
Prov. 10:7 La memoria del justo será b., pero
Prov. 22:9 El de ojos bondadosos será b.
Isa. 19:25 ¡B. sean Egipto mi pueblo, Asiria
Jer. 17:7 B. el hombre que confía en Jehovah
Mat. 25:34 ¡Venid, b. de mi Padre! Heredad el
Mar. 14:61 ¿Eres tú el Cristo, el Hijo del B.?
Luc. 1:42 ¡B. tú entre las mujeres, y b.
Luc. 13:35 cuando digáis: "¡B. el que viene

BENEFICIO
Sal. 103:2 y no olvides ninguno de sus b.
Ecl. 5:10 el que ama.. riquezas no tendrá b.
Ef. 3:2 gracia.. conferida en vuestro b.

BENEPLACITO
Ef. 1:5, 9 según el b. de su

BENEVOLENCIA: ver Bondad
1 Rey. 2:7 mostrarás b. a los hijos de
Sal. 106:4 Acuérdate de mí.. según tu b. para

BENIGNIDAD: ver Compasión
Gál. 5:22 fruto del Espíritu es.. b., bondad
Col. 3:12 vestíos.. de b., de humildad, de

BENIGNO: ver Compasivo
2 Sam. 18:5 Tratad b. al joven Absalón, por
Luc. 6:35 Altísimo.. es b. para con los

BENJAMIN
hijo menor de Jacob: Gén. 35:18, 24; 42:4, 36; 43:14-16, 29, 34; 44:12; 45:12-22
tribu de Israel: Gén. 46:21; Núm. 1:36; Jos. 18:11-28: Jue. 1:21; 3:15; 20:3—21:23; 1 Sam. 9:1—10:20; 2 Sam. 21:14; Esd. 1:5; Rom. 11:1; Apoc. 7:8

BEREA, ciudad de Macedonia
Hech. 17:10-13; 20:4

BERENICE, hermana de Agripa II
Hech. 25:13, 23; 26:30

BERILO, piedra preciosa
Exo. 28:17; Apoc. 21:20

BERNABE, compañero de Pablo
Hech. 4:36; 9:27; 11:22-30; 12:25; 13:1—15:39; Gál. 2:1-13

BESAR
Gén. 29:11-13 Jacob besó a Raquel, y alzando
Gén. 45:15 Besó a todos sus hermanos y lloró
Rut 1:9, 14 las besó, y ellas alzaron su voz
1 Rey. 19:18-20 Baal.. bocas.. no lo han besado
Sal. 2:12 Besad al hijo, no sea que se enoje
Sal. 85:10 la justicia y la paz se besaron
Cant. 8:1 yo te besaría sin que nadie me
Ose. 13:2 Y los hombres besan a los becerros
Mat. 26:48, 49 "Al que yo bese, ése es
Luc. 7:38 le besaba los pies y los ungía con
Luc. 15:20 su padre.. Corrió.. y le besó
Hech. 20:37 el cuello de Pablo y le besaban

BESO
Prov. 27:6 engañosos son los b... que aborrece
Cant. 1:2 él me besara con los b. de su boca
Luc. 7:45 Tú no me diste un b., pero desde que
Luc. 22:48 Judas, ¿con un b. entregas al
Rom. 16:16; 1 Cor. 16:20; 1 Ped. 5:14 b. santo

BESTIA: ver Animal
Dan. 7:3-23 cuatro grandes b... subían del mar
Mat. 21:5 tu Rey viene.. sentado.. b. de carga
Apoc. 13:1-18 subía del mar una b. que tenía
Apoc. 14:9-11; 16:2 los que adoran a la b. y
Apoc. 17:3-17 una mujer sentada sobre una b.
Apoc. 19:19—20:10 la b. y.. hacer la guerra

BET-JORON, lugar cerca de Jerusalén
Jos. 10:10, 11; 16:3-5; 18:13, 14; 21:22

BET-PEOR, lugar del entierro de Moisés
Deut. 3:29; 4:46; 34:6; Jos. 13:20

BET-SEMES, ciudad
Jos. 15:10; 1 Sam. 6:9-20

BETANIA, dos aldeas
cerca de Jerusalén: Mat. 21:17; 26:6; Mar. 11:1, 11; Luc. 24:50; Juan 11:1, 18; 12:1
cerca del Jordán: Juan 1:28

BETEL <casa de Dios>, ciudad
Gén. 12:8; 13:3; 28:19; 35:1-16; Jue. 4:5; 20:18—21:19; 1 Rey. 12:29—13:11; 2 Rey. 10:29; 23:15-19; Amós 4:4; 5:5; 7:10-13

BETESDA, estanque de Jerusalén
Juan 5:2

BETFAGE, aldea cerca de Jerusalén
Mat. 21:1; Mar. 11:1

BETSABE, madre de Salomón
2 Sam. 11:3; 12:24; 1 Rey. 1:11—2:19; 1 Crón. 3:5; Sal. 51:1

BETSAIDA, aldea cerca de Capernaúm
Mar. 6:45, 8:22; Luc. 9:10; 10:13; Juan 1:44; 12:21

BEZALEEL, constructor jefe del tabernáculo
Exo. 31:2; 35:30—36:3; 37:1; 38:22

BIEN: ver Bienes, Bienestar
Gén. 2:9, 17; 3:5, 22 conocimiento del b. y
Exo. 18:17; Neh. 5:9 No está b. lo que haces
Núm. 10:29, 32 Ven con nosotros.. haremos b.
Deut. 4:40; 5:16, 29, 33; 6:3, 18, 24; 12:25, 28; 22:7: Jer. 7:23; 32:39 para que te vaya b.
Deut. 10:13 guardes los... para tu b.
1 Rey. 3:10 Pareció b. al Señor que Salomón
2 Rey. 7:9 No estamos haciendo b. Hoy es día
Job 2:10 Recibimos el b. de parte de Jehovah
Sal. 14:3; 53:1, 3 No había.. hiciera el b.
Sal. 16:2 Para mí no hay b. aparte de ti
Sal. 23:6 el b. y la misericordia me seguirán
Sal. 37:3, 27 Confía en Jehovah y haz el b.
Sal. 142:7 rodearán, porque me colmarás de b.
Prov. 11:17, 23 hombre misericordioso hace b.
Prov. 17:13, 20 Al que da mal por b., el mal
Prov. 18:22 El que halla esposa halla el b.

Prov. 31:29 Muchas mujeres han hecho el b.
Ecl. 8:12, 13; 9:18 que teme a Dios saldrá b.
Isa. 1:17 Aprended a hacer el b.
Isa. 55:2 Oídme atentamente y comed del b.
Jer. 18:10 desistiré del b. que había
Jer. 42:6 para que nos vaya b... ciertamente
Amós 5:14, 15 Buscad el b. y no el mal
Mat. 12:12 es lícito hacer b. en sábado
Mat. 25:21, 23 B., siervo bueno y fiel
Mar. 7:37 ¡Todo lo ha hecho b.! Aun a los
Luc. 6:27, 33 haced b. a los que os aborrecen
Hech. 10:38 El anduvo haciendo el b.
Rom. 7:18-21 querer el b. está en mí, pero no
Rom. 8:28 todas las cosas ayudan a b. a los
1 Cor. 10:24 nadie busque su propio b., sino
Gál. 5:7 Corríais b. ¿Quién os estorbó?
Gál. 6:9, 10; 2 Tes. 3:13; Heb. 13:16 No nos cansemos.. de hacer el b.
Heb. 5:14 para discernir entre el b. y el mal
1 Ped. 3:11 Apártese del mal y haga el b.
1 Ped. 3:17 padezcáis haciendo b... que

BIENAVENTURADO: ver Bendito
Sal. 1:1 B. el.. que no anda según el consejo
Sal. 32:1 B. aquel cuya transgresión ha sido
Sal. 34:8 B. el hombre que se refugia en él
Sal. 40:4; 84:12; Prov. 16:20 B... confía en
Sal. 41:1; Prov. 14:21 B. el que se preocupa
Sal. 94:12 B. el hombre a quien.. disciplinas
Sal. 112:1; 128:1 B. el.. que teme a Jehovah
Sal. 144:15 B. el pueblo cuyo Dios es Jehovah
Prov. 29:18 pero el que guarda la ley es b.
Mat. 5:3-11 B. los pobres en espíritu
Mat. 16:17 B. eres, Simón.. porque no te lo
Luc. 7:23 B. es el que no toma ofensa en mí
Hech. 20:35 Más b. es dar que recibir
1 Tim. 6:15 la mostrará el B. y solo Poderoso
Stg. 1:12 B. el.. que persevera bajo la prueba
Apoc. 1:3 B. el que lee y los que oyen las
Apoc. 16:15 B. el que vela y guarda sus
Apoc. 20:6 B... en la primera resurrección
Apoc. 22:7, 14 B. el que guarda las palabras

BIENAVENTURANZA
Gál. 4:15 ¿Dónde está.. b.

BIENES: ver Bien, Riqueza
Gén. 14:11 tomaron.. los b. de Sodoma
1 Rey. 10:7 En sabiduría y en b. tú superas la
Sal. 112:3 B. y riquezas hay en su casa; su
Ecl. 5:11 Cuando los b. aumentan, también a.
Mat. 12:29 ¿cómo puede.. saquear sus b.
Mat. 19:21 Si quieres.. perfecto.. vende tus b.
Mat. 25:14 a sus siervos y les entregó sus b.
Luc. 8:3 muchas otras.. les servían con sus b.
Luc. 12:15 la vida.. no consiste.. de los b.
Luc. 12:18, 19 Allí juntaré todo.. y mis b.
Luc. 15:12, 13, 30 menor.. desperdició sus b.
Luc. 16:25 durante tu vida recibiste tus b.
Luc. 19:8 Señor, la mitad de mis b. doy a los
1 Cor. 13:3 Si reparto todos mis b... pero no

BIENESTAR: ver Bien
Gén. 41:16 Dios.. para el b. del faraón
Est. 10:3 Mardoqueo.. Procuraba el b. de su
Sal. 25:13 Su alma reposará en b., y sus
Sal. 35:27 Jehovah.. se complace en el b. de
Jer. 29:7, 11 Procurad el b. de la ciudad a

BIENHECHOR
Luc. 22:25 autoridad.. llamados b.

BILDAD, amigo de Job
Job 2:11; 8:1; 18:1; 25:1; 42:9

BILHA, concubina de Jacob
Gén. 29:29; 30:3-7; 35:22, 25

BITINIA, región antigua de Turquía
Hech. 16:7; 1 Ped. 1:1

BLANCO: ver Resplandor
Exo. 4:6; Lev. 13:3-43 mano estaba leprosa, b.
Núm. 12:10 María quedó leprosa, b. como la
Sal. 51:7 lávame, y seré más b. que la nieve
Isa. 1:18 carmesí, vendrán a ser como b. lana.
Dan. 7:9 Anciano de Días. Su vestidura era b.
Mat. 5:36 no puedes hacer que.. sea ni b. ni
Mat. 17:2; 28:3 sus vestiduras se hicieron b.
Mar. 12:42 una viuda pobre vino y echó dos b.
Luc. 12:59 hasta que hayas pagado la última b.
Juan 4:35 mirad los campos, que ya están b.
Hech. 1:10 dos hombres vestidos de b. se
Apoc. 1:14 Su cabeza y sus cabellos eran b.
Apoc. 2:17 y le daré una piedrecita b. y en
Apoc. 7:9, 13 multitud.. con vestiduras b. y
Apoc. 20:11 Vi un gran trono b. y al que

BLANQUEAR
Mat. 23:27 hipócritas.. sepulcros b.

BLASFEMAR: ver Maldecir
Lev. 24:11-16 blasfeme el nombre de Jehovah
Mat. 9:3; 26:65 dijeron.. ¡Este blasfema!
Rom. 2:24 El nombre de Dios es blasfemado

BLASFEMIA
Mat. 12:31 la b. contra el Espíritu no será
Luc. 5:21 ¿Quién es éste, que habla b.?
Juan 10:33 te apedreamos.. por b. y porque tú
Col. 3:8 dejad.. ira, enojo, malicia, b. y
Apoc. 13:1-6; 17:3 bestia.. un nombre de b.

BLASFEMO
1 Tim. 1:13 que antes fui b., perseguidor e
2 Tim. 3:2 habrá hombres.. soberbios, b.

BOANERGES
Mar. 3:17 les puso.. nombre Boanerges

BOAZ, marido de Rut
Rut 2:1—4:21; Mat. 1:5

BOCA
Gén. 4:11 tierra que abrió su b. para recibir
Exo. 4:10-16 ¿Quién ha dado la b. al hombre?
Exo. 13:9 la ley de Jehovah esté en tu b.
Deut. 8:3; Mat. 4:4 palabra que sale de la b.
Jos. 1:8 Nunca se aparte de tu b. este libro
1 Sam. 1:12 Elí observaba la boca de ella
1 Rey. 19:18 Baal y todas las b. que no lo
2 Crón. 36:22; Esd. 1:1 por b. de Jeremías
Sal. 8:2; Mat. 21:16 De la b. de los pequeños
Sal. 19:14 Sean gratos los dichos de mi b. y
Sal. 34:1 su alabanza estará siempre en mi b.
Sal. 40:3 puso en mi b. un cántico nuevo, una
Sal. 115:5; 135:16, 17 tienen b., pero no
Sal. 119:108 agradables.. ofrendas de mi b.
Sal. 141:3 Pon, oh Jehovah, guardia a mi b.
Prov. 8:7 Porque mi b. hablará la verdad
Prov. 10:31, 32 La b. del justo producirá
Prov. 18:7 La b. del necio es su propia ruina
Isa. 40:5; 58:14 la b. de Jehovah ha hablado
Isa. 53:7, 9; Hech. 8:32 pero no abrió su b.
Isa. 59:21 mis palabras.. he puesto en tu b.
Jer. 1:9; 5:14 pongo mis palabras en tu b.
Eze. 3:2, 3, 17, 27; Apoc. 10:9, 10 rollo.. fue en mi b. dulce
Mat. 12:34 abundancia del corazón habla la b.
Rom. 3:19 para que toda b. se cierre, y todo
Rom. 10:8-10 si confiesas con tu b. que Jesús
Ef. 4:29; Col. 3:8 obscena salga de vuestra b.
Stg. 3:10 De la misma b. sale bendición y
Apoc. 1:16 de su b. salía una espada aguda
Apoc. 3:16 estoy por vomitarte de mi b.

BOCADO
Prov. 17:1 Mejor es un b. seco.. que una casa
Juan 13:26-30 aquel para quien yo mojo el b.

BODA: ver Casamiento
Mat. 9:15 ¿Pueden tener luto los.. de b.
Mat. 22:2-12 rey que celebró el banquete de b.
Mat. 25:10 las preparadas entraron.. a la b.
Luc. 14:8 Cuando seas invitado.. fiesta de b.
Juan 2:1 tercer día se celebró una b. en Caná
Apoc. 19:7, 9 han llegado las b. del Cordero

BOFETADA
Mat. 26:67; Juan 18:22; 19:3 otros le dieron b.

BOGAR
Luc. 5:4 Boga mar adentro, y echad

BOLSA: ver Alforja, Costal
Gén. 42:35 en el costal.. estaba su b. de
1 Sam. 17:40, 49 piedras.. las puso en la b.
2 Rey. 5:23 Naamán.. ató en dos b. dos
Sal. 126:6 llorando, llevando la b. de semilla
Miq. 6:11 ¿He de justificar.. la b. de pesas
Hag. 1:6 jornalero recibe su jornal en b. rota
Mat. 10:10 Tampoco llevéis b. para el camino
Luc. 22:35, 36 Cuando os envié sin b., sin
Juan 13:29 Judas tenía la b., que Jesús le

BONANZA
Mar. 4:39 cesó y se hizo grande b.

BONDAD: ver Benevolencia, Virtud
2 Sam. 9:1-7 muestre b. por amor a Jonatán?
Sal. 31:19; 36:7, 10 Cuán grande es la b. que
Prov. 21:21 El que sigue.. la b. hallará vida
Lam. 3:22 Por la b. de Jehovah es que no
Zac. 7:9 practicad la b. y la misericordia
Rom. 2:4 menosprecias las riquezas de su b.
Rom. 11:22 Considera.. la b. y la severidad
Gál. 5:22 fruto del Espíritu es.. b., fe
Ef. 2:7 para mostrar.. su b. hacia nosotros en
Ef. 5:9 el fruto de la luz consiste en toda b.
Tito 3:4 cuando se manifestó la b. de Dios

BONDADOSO
1 Cor. 13:4 El amor tiene paciencia y es b.
Ef. 4:32 sed b. y misericordiosos los unos
1 Ped. 2:3 habéis probado que el Señor es b.

BORDE
1 Sam. 24:4, 11 David.. cortó el b. del manto
Sal. 133:2 aceite.. baja hasta el b. de sus
Isa. 6:1 Señor sentado.. b. de sus vestiduras
Mat. 9:20; 14:36 mujer.. tocó el b. de su manto

BORRACHERA: ver Embriaguez
Rom. 13:13; Gál. 5:21; 1 Ped. 4:3 Andemos.. no con glotonerías y b., ni en

BORRACHO: ver Bebedor, Ebrio
Isa. 28:1, 3 ¡Ay de.. los b. de Efraín y de
Joel 1:5 ¡Despertad, b., y llorad! ¡Gemid
1 Cor. 5:11 no os asociéis con.. b. o estafador
1 Cor. 6:10 ni los b... heredarán el reino de

BORRAR
Sal. 51:1, 9 compasión, borra mis rebeliones

Hech. 3:19 convertíos para que sean borrados
Apoc. 3:5 nunca borraré su nombre del libro

BORRIQUILLO
Zac. 9:9 tu rey viene a ti.. sobre un b.
Mat. 21:2-7 la aldea.. hallaréis.. un b.

BOSQUE
Jos. 17:15, 18 id al b. y deforestad para
1 Rey. 7:2; 10:17, 21 Edificó la Casa del B.
1 Crón. 16:33; Sal. 96:12 cantarán.. del b.
Sal. 29:9 La voz de Jehovah.. desnuda los b.
Sal. 50:10 míos son todos los animales del b.
Stg. 3:5 ¡Mirad cómo un fuego.. incendia un b.

BOTIN: ver Despojo
Jos. 7:21 Vi entre el b. un manto babilónico
Prov. 16:19 Mejor es humillar.. que repartir b.

BOZAL
Deut. 25:4; 1 Cor. 9:9; 1 Tim. 5:18 No pondrás b. al buey cuando trilla

BRASAS
Prov. 6:28 ¿Andará el hombre sobre las b. sin
Juan 18:18 los guardias.. encendido unas b.
Juan 21:9 vieron b. puestas, con pescado

BRAZO: ver Poder
Exo. 6:6; Deut. 5:15; 1 Rey. 8:42; 2 Crón. 6:32; Sal. 136:12 redimiré con b. extendido
Deut. 33:27 tu refugio, y abajo están los b.
2 Rey. 5:18 mi señor.. se apoye en mi b. y yo
2 Crón. 32:8 Con él está un b. de carne; pero
Job 40:9 ¿Tienes tú un b. como el de Dios? ¿Y
Sal. 37:17 los b. de los impíos serán quebrados
Sal. 77:15; 89:13 Con tu b. has redimido a tu
Ecl. 4:5 El necio se cruza de b. y come su
Isa. 33:2 Sé tú nuestro b. cada mañana; sé
Isa. 40:10, 11 Jehovah vendrá.. y su b.
Isa. 50:2 ¿Acaso es demasiado corto mi b. que
Isa. 51:5 y en mis b. pondrán su esperanza
Isa. 52:10 Jehovah ha descubierto el b. de su
Isa. 53:1; Juan 12:38 ha manifestado el b. de
Jer. 38:12 Pon estos trapos.. bajo tus b.
Dan. 2:32 de esta estatua.. b. eran de plata
Mar. 9:36 un niño.. tomándole en sus b., les
Luc. 1:51 Hizo proezas con su b.; esparció a
Luc. 2:28 Simeón le tomó en sus b. y bendijo

BREVE
Job 20:5 el júbilo de los malvados es b., y
Sal. 39:5 has hecho que mis días sean b.; mi
Isa. 54:7; Eze. 11:16 un b. momento te dejé

BRILLANTE
Mat. 17:5 nube b. les hizo sombra

BRILLAR
Prov. 13:9 luz de los justos brilla

BRIZNA
Mat. 7:3-5 ¿Por qué miras la b. de paja

BROMA
Ef. 5:4 ni tonterías ni b. groseras

BRONCE
Gén. 4:22 Tubal-caín, maestro de.. el b.
Exo. 25:3; 35:5, 24, 32 ofrenda.. plata, b.
Núm. 21:9 Moisés hizo una serpiente de b. y la
1 Sam. 17:38 Saúl vistió a David.. casco de b.
1 Rey. 7:14-47 artesano en b. El estaba lleno
2 Rey. 18:4 hizo pedazos la serpiente de b. que
Dan. 2:32-45 estatua.. y sus muslos eran de b.
Dan. 10:6 brazos y sus piernas como b. bruñido
1 Cor. 13:1 vengo a ser como b. que resuena o
Apoc. 1:15; 2:18 Sus pies eran.. al b. bruñido

BROTAR: ver Nacer
Gén. 2:9 Dios hizo brotar de la tierra toda
Gén. 41:6, 23 detrás de ellas brotaron otras
Lev. 13:12-42 si la lepra brota intensamente
Lev. 25:11 ni segaréis lo que de por sí brote
Núm. 17:8 vara de Aarón.. había brotado
2 Crón. 26:19 Uzías.. brotó lepra en su frente
Sal. 85:11 La verdad brotará de la tierra, y
Isa. 11:1 Un retoño brotará del tronco de Isaí
Jer. 33:15; Zac. 6:12 haré brotar.. un Retoño
Mat. 13:26 Cuando brotó la hierba y produjo
Mat. 21:19 higuera.. jamás brote fruto de ti
Mar. 4:27 la semilla brota y crece sin que él
Luc. 21:30 Cuando veis.. ya brotan.. entendéis
Heb. 12:15 ninguna raíz de amargura brote y
Stg. 3:11 que de un manantial brote agua dulce

BRUJERIA
Lev. 19:26 No practicaréis.. la b.

BRUJA
Exo. 22:18; Isa. 57:3 No dejarás.. las b.

BRUÑIDO
1 Rey. 7:45 estos utensilios.. de bronce b.
Apoc. 1:15; 2:10 Sus pies eran.. al bronce b.

BUENO: ver Util
Gén. 1:4-31 Dios vio que.. era b.
Gén. 2:9 árboles.. la vista y b. para comer
Gén. 2:18 No es b. que el hombre esté solo
Deut. 6:18; 12:28 Harás lo recto y b. ante

1 Sam. 12:23 os instruiré en el camino b. y
1 Rey. 3:9 Da.. para discernir entre lo b.
1 Crón. 16:34; 2 Crón. 7:3; Esd. 3:11; Sal. 100:5; 106:1; 107:1; 118:1, 29; 136:1; Jer. 33:11 Jehovah, porque es b.; porque
2 Crón. 14:2; 31:20 Asa hizo lo b. y lo recto
Sal. 25:8 B. y recto es Jehovah; por eso él
Sal. 34:8 Probad y ved que Jehovah es b.
Sal. 69:16 Escúchame.. porque b. es tu
Sal. 92:2 B. es anunciar por la mañana tu
Sal. 119:66 Enséñame b. sentido y sabiduría
Sal. 133:1 cuán b. y cuán agradable es que
Sal. 145:9 B. es Jehovah para con todos, y su
Sal. 147:1 Ciertamente es b. cantar salmos a
Prov. 12:2 El b. alcanzará el favor de Jehovah
Prov. 13:15 El b. entendimiento da gracia
Prov. 22:1 Más vale el b. nombre que las
Isa. 5:20 ¡Ay de los que a lo malo llaman b.
Isa. 52:7; Nah. 1:15 pies.. que trae b. nuevas
Isa. 61:1, 2; Luc. 4:18 Espíritu.. b. nuevas
Jer. 6:16 Preguntad.. cuál sea el b. camino
Lam. 3:25-27 B. es Jehovah para los que en él
Miq. 6:8 él te ha declarado lo que es b.
Mat. 3:10; 7:17-19 árbol que no da b. fruto es
Mat. 5:16 vean vuestras b. obras y glorifiquen
Mat. 12:35 hombre b. del b. tesoro.. cosas b.
Mat. 13:8, 23-27, 37, 38 parte cayó en b. tierra
Mat. 19:16, 17 ¿qué cosa b. haré para tener la
Mat. 25:21-23 Bien, siervo b. y fiel. Sobre
Luc. 14:34, 35 B. es la sal; pero si la sal
Juan 1:46 ¿De Nazaret puede haber algo de b.?
Juan 10:11, 14 Yo soy el b. pastor; el b.
Juan 10:32 Muchas b. obras os he mostrado
Hech. 11:24 Bernabé era hombre b. y estaba
Rom. 12:2 voluntad de Dios, b., agradable y
Rom. 12:17 Procurad lo b. delante de todos los
Ef. 6:7 Servid de b. voluntad, como al Señor
1 Tes. 5:21 examinadlo todo, retened lo b.
1 Tim. 6:12 Pelea la b. batalla de la fe
2 Tim. 1:14 Guarda el b. depósito por medio
2 Tim. 2:3 sé partícipe.. como b. soldado de
2 Tim. 4:7 He peleado la b. batalla; he
Stg. 1:17 Toda b. dádiva y todo don perfecto
Stg. 4:17 al que debe hacer lo b. y no lo
1 Ped. 3:16 Tened b. conciencia, para que en
1 Ped. 5:2 Apacentad el rebaño.. de b. voluntad

BUEY: ver Becerro, Vaca
Exo. 20:17; Deut. 5:21 No codiciarás.. ni su b.
Exo. 21:28-36 Cuando un b. acornee a un
Exo. 22:1—23:12 Cuando alguien robe un b. o
Deut. 5:14 séptimo.. No harás.. obra.. ni tu b.
Deut. 25:4; 1 Cor. 9:9; 1 Tim. 5:18 No pondrás bozal al b. cuando trilla
1 Rey. 7:25, 29, 44 asentada sobre doce b.
1 Rey. 19:19-21 Eliseo.. estaba arando con.. b.
Prov. 14:4 por la fuerza del b. hay producción
Isa. 1:3 El b. conoce a su dueño, y el asno el
Isa. 11:7; 65:25 El león comerá paja como el b.
Luc. 13:15 ¿No desata.. en sábado su b. o su
Luc. 14:19 He comprado cinco yuntas de b. y

BUITRE
Gén. 15:11 descendieron unos b. sobre los
Mat. 24:28 esté el cadáver.. se juntarán los b.

BULLICIO
1 Rey. 1:41, 45 ¿Por qué se alborota.. con b.?
Isa. 32:14; Eze. 26:13 ha cesado el b. de la
Amós 5:23 Quita.. el b. de tus canciones

BURLA: ver Escarnio
Prov. 20:1 El vino hace b.; el licor alborota
Heb. 11:36 Otros recibieron pruebas de b. y

BURLADOR
Sal. 1:1 Bienaventurado.. ni se sienta.. los b.
Prov. 1:22 ¿Hasta cuándo los b. desearán el
Prov. 13:1 el b. no escucha la corrección
Prov. 14:6 El b. busca la sabiduría y no la
Prov. 15:12 El b. no ama al que lo corrige
Hech. 13:41 Mirad, b., asombraos y pereced
2 Ped. 3:3; Jud. 18 vendrán b. con sus burlas

BURLAR: ver Reír
Gén. 21:9 hijo de Agar.. que se burlaba
Núm. 22:29 al asno.. porque te burlas de mí
Jue. 16:10-15 a Sansón.. te has burlado de mí
1 Rey. 18:27 Elías se burlaba.. Gritad a gran
2 Rey. 2:23 unos muchachos.. se burlaban de él
Sal. 2:4 reirá; el Señor se burlará de ellos
Prov. 3:34 él se burlará de los que se burlan
Prov. 19:28 perverso se burla del juicio
Mat. 2:16 Herodes, al verse burlado por los
Mat. 9:24 muchacha no ha muerto.. se burlaban
Mat. 20:19 Le entregarán.. para que se burlen
Mat. 27:29, 31, 41 arrodillaron.. y se burlaron
Hech. 2:13 otros, burlándose, decían: —Están
Gál. 6:7 Dios no puede ser burlado. Todo lo
1 Ped. 3:16 avergonzados los que se burlan

BUSCAR: ver Escudriñar
Deut. 4:29 cuando.. busques a.. Dios, lo
Deut. 12:5 buscaréis el lugar que.. Dios haya
Rut 3:1 ¿no habré de buscar para ti un hogar
1 Sam. 13:14 ha buscado un hombre según su
1 Sam. 23:25 Saúl partió.. para buscar a David
1 Rey. 1:2, 3 Que busquen para.. rey una joven
1 Crón. 16:10, 11; Sal. 105:4 Buscad a Jehovah
1 Crón. 22:19 Dedicad.. vuestra alma a buscar
1 Crón. 28:9 Si tú le buscas, él se dejará
2 Crón. 7:14 si oran y buscan mi rostro y se

2 Crón. 15:4-15 Dios.. le buscaron, él se dejó
Sal. 9:10 no abandonaste a los que te buscaron
Sal. 22:26 Alabarán a Jehovah.. que le buscan
Sal. 27:8 Buscad su rostro." ¡Tu rostro buscaré
Sal. 34:10 los que buscan a Jehovah no tendrán
Sal. 34:14 haz el bien; busca la paz y síguela
Sal. 69:32 Buscad a Dios, y vivirá vuestro
Sal. 78:34 Cuando los hacía morir.. buscaban a
Sal. 119:10, 45, 94 mi corazón te he buscado
Prov. 11:27 al que busca el mal, éste le vendrá
Prov. 15:14 El corazón entendido busca el
Ecl. 3:6 tiempo de buscar y tiempo de perder
Isa. 1:17 buscad el derecho, reprended al
Isa. 11:10 naciones buscarán a aquel que es
Isa. 34:16 Buscad en el libro de Jehovah y
Isa. 55:6 Buscad a Jehovah mientras puede ser
Isa. 62:12 a ti te llamarán Buscada, Ciudad No
Isa. 65:1 Yo me dejé buscar por los que no
Jer. 29:13 Me buscaréis y me hallaréis, porque
Jer. 50:4 Irán andando y llorando, y buscarán
Lam. 3:25 Bueno es.. para el alma que le busca
Eze. 34:6, 11, 16 no ha.. quien las busque
Amós 5:4-14 dicho Jehovah.. Buscadme y
Sof. 2:3 Buscad a Jehovah, todos los mansos de
Zac. 8:21, 22 Vayamos.. a buscar a Jehovah de
Mat. 2:13 Herodes va a buscar al niño para
Mat. 6:32 gentiles buscan todas estas cosas
Mat. 6:33 buscad.. reino de Dios y su justicia
Mat. 7:7, 8 Buscad y hallaréis. Llamad, y se
Mat. 12:46, 47 y sus hermanos.. buscando
Mat. 18:12 ovejas.. irá a buscar la descarriada
Mar. 1:36, 37 Simón.. dijeron.. Todos te buscan
Luc. 2:49 les dijo: —¿Por qué me buscabais?
Luc. 15:8 mujer.. busca.. hasta hallarla?
Luc. 19:10 Hijo del Hombre ha venido a buscar
Juan 4:23 Padre busca a tales que le adoren
Juan 7:11-36 ¿No es éste a quien buscan para
Juan 8:21 Yo me voy, y me buscaréis; pero en
Juan 20:15 Mujer.. ¿A quién buscas? Ella
Hech. 11:25 partió Bernabé a Tarso para buscar
Rom. 3:11 no hay quien busque a Dios
1 Cor. 1:22 y los griegos buscan sabiduría
1 Cor. 10:24 Nadie busque su propio bien, sino
1 Cor. 13:5 ni busca lo suyo propio. No se
Col. 3:1 buscad las cosas de arriba, donde
Heb. 11:14; 13:14 que buscan otra patria
1 Ped. 3:11 el bien. Busque la paz y sígala
1 Ped. 5:8 diablo.. buscando a quién devorar

CABAL
Gén. 6:9 Noé era un hombre justo y c. en su
Mar. 5:15 vieron al endemoniado.. juicio c.
Stg. 3:2 Si.. no ofende en palabra.. hombre c.

CABALGAR
Deut. 33:26 Dios.. cabalga sobre los cielos en
Sal. 68:33 Cantad al que cabalga en los cielos

CABALLO: ver Asno, Carro
Exo. 15:1, 21 Ha arrojado al mar c. y jinetes
2 Rey. 2:11 un carro de fuego con c. de fuego
2 Rey. 5:9 Naamán llegó con sus c. y su carro
Sal. 20:7 confían.. aquéllos en c.; pero
Sal. 32:9 No seáis.. como el c., o como el mulo
Zac. 1:8 visión de noche.. sobre un c. rojo que
Stg. 3:3 ponemos freno en la boca de los c.
Apoc. 19:11, 14 he aquí un c. blanco, y el que

CABAÑA: ver Enramada
Lev. 23:42; Neh. 8:14-17 Siete días.. en c.
Isa. 1:8 hija de Sion.. como una c. en una

CABECEAR
Mat. 25:5 como tardaba.. cabecearon y

CABECERA
Gén. 28:11, 18 piedras.. la puso como c. y se
1 Rey. 19:6 a su c. había una torta cocida
Juan 20:12 dos ángeles.. uno a la c. y el otro

CABECILLA
Hech. 24:5 c... de los nazarenos

CABELLO: ver Pelo
1 Sam. 14:45 Jonatán.. no caerá.. ni un c. de
2 Sam. 14:26 c. de su cabeza pesaba 200 siclos
Dan. 3:27 fuego.. ni se había quemado el c. de
Dan. 7:9; Apoc. 1:14 Anciano de Días.. el c. de
Mat. 5:36; 10:30 no puedes hacer que un c. sea
Luc. 7:38, 44 secaba con los c. de su cabeza
Luc. 21:18 ni un solo c. de vuestra cabeza
Juan 11:2; 12:3 María.. secó sus pies con sus c.
1 Cor. 11:6, 14 es vergonzoso cortarse el c.
1 Ped. 3:3 arreglos ostentosos del c. y adornos

CABEZA: ver Jefe, Príncipe
Gén. 3:15 ésta te herirá en la c., y tú le
Gén. 48:14-17 Israel.. puso sobre la c. de
Exo. 29:10, 15 Aarón.. manos sobre la c. del
Lev. 8:12 aceite.. sobre la c. de Aarón, y lo
Jue. 9:53 piedra.. sobre la c. de Abimelec y
Jue. 16:17-22 Nunca pasó.. navaja sobre mi c.
1 Sam. 10:1 aceite.. sobre la cabeza de Saúl
2 Sam. 18:9 A Absalón se le enredó la c. en
1 Crón. 29:11 te enalteces como c. sobre todo
Job 1:20 Job se levantó.. y se rapó la c.
Sal. 23:5 Unges mi c. con aceite; mi copa está
Sal. 24:7, 9 ¡Levantad, oh puertas, vuestras c.
Sal. 133:2 Es como el buen aceite sobre la c.
Prov. 25:22 carbones.. amontonas sobre su c.
Isa. 1:5, 6 planta del pie hasta la c. no hay
Isa. 2:2; Miq. 4:1 casa de Jehovah.. c. de los

Isa. 59:17 puso.. casco de salvación sobre su c.
Dan. 7:6 Esta bestia también tenía cuatro c.
Dan. 7:9 Anciano de Días.. cabello de su c. era
Jon. 2:5 Las algas se enredaron en mi c.
Jon. 4:6-8 planta de ricino.. sombra sobre la c.
Mat. 5:36 No jurarás ni por tu c., porque no
Mat. 8:20 Hijo.. no tiene dónde recostar la c.
Mat. 14:8-11 Dame.. la c. de Juan el Bautista
Mat. 21:42; Hech. 4:11; 1 Ped. 2:7 piedra que desecharon.. fue hecha c. del ángulo
Mat. 26:7 perfume.. sobre la c. de Jesús
Mat. 27:29, 30 corona de espinas.. sobre su c.
Mat. 27:37 Pusieron sobre su c. su acusación
Luc. 7:46 Tú no ungiste mi c. con aceite, pero
Luc. 12:7; 21:18 cabellos de vuestra c. están
Juan 13:9 Pedro.. sino.. las manos y la c.
Hech. 1:18 cayendo de c., se reventó por en
Hech. 18:18; 21:24 Pablo.. se rapó la c... voto
Rom. 12:20 carbones.. amontonarás sobre su c.
1 Cor. 11:3, 4 Cristo es la c. de todo hombre
1 Cor. 11:5-13 toda mujer.. c. no cubierta
1 Cor. 12:21 ni tampoco la c. a los pies: "No
Ef. 1:10, 22; 4:15 en Cristo.. bajo una c. todas
Ef. 5:23 esposo es c. de la esposa, así como
Col. 1:18; 2:10 él es la c. del cuerpo, que es
Apoc. 1:14 Su c... blancos como la lana blanca
Apoc. 4:4 ancianos.. coronas de oro.. sus c.
Apoc. 10:1 ángel.. arco iris estaba sobre su c.
Apoc. 14:14 Hijo de Hombre. Tenía en su c.
Apoc. 19:12 En su c. tiene muchas diademas, y

CABEZAL
Mar. 4:38 popa, durmiendo sobre el c.

CABO
Isa. 7:4 estos dos c. de tizón que humean

CABRA: ver Carnero
Exo. 26:7 tapices de pelo de c. para la tienda
Deut. 14:4, 5 animales que podéis comer.. la c.
Heb. 11:37 cubiertos de pieles.. y de c.

CABRIO, MACHO
Lev. 4:23, 24; 9:3, 15 presentar.. un m. c.
Lev. 16:5-27 tomará los dos m. c. y los
Isa. 1:11 No deseo la sangre.. de m. c.
Dan. 8:5-21 un m. c. venía.. del oeste sobre
Heb. 9:12, 13, 19 no mediante sangre de m. c.
Heb. 10:4 sangre.. de los m. c. no puede quitar

CABRITO: Cabra
Isa. 11:6 leopardo se recostará con el c.
Mat. 25:32, 33 separa las ovejas de los c.
Luc. 15:29 y nunca me has dado un c. para

CADAVER: ver Cuerpo, Muerto
Núm. 14:29, 32 desierto caerán vuestros c.,
Deut. 28:26; Jer. 7:33 Tu c...comida a.. aves
Jue. 14:8, 9 en el c. del león había.. miel
Isa. 26:19 los c. se levantarán. ¡Despertad y
Isa. 66:24 verán los c. de los.. se rebelaron
Mat. 24:28 donde esté el c., allí se juntarán
Mat. 27:64 asegure.. no sea que.. roben el c.

CADENA: ver Cárcel, Prisión
Jue. 16:21 filisteos.. lo ataron con c. de
2 Rey. 25:7; 2 Crón. 33:11 le aprisionó con c.
Job 38:31 ¿Podrás unir con c. a las Pléyades
Isa. 51:14 está en c. será puesto en libertad
Mat. 14:3 a Juan, le había atado con c. y
Mar. 5:3, 4 Y nadie podía atarle.. con c.
Hech. 12:6, 7 Pedro estaba.. atado con dos c.
Hech. 26:29 hechos como yo, salvo estas c.!
Ef. 6:20 soy embajador en c.; a fin de que por

CADUCO
Heb. 8:13 decir "nuevo", ha declarado c.

CAER: ver Tropezar
Exo. 9:18-22 mañana.. haré caer granizo tan
Lev. 16:9, 10 cabrío sobre el.. haya caído la
Núm. 14:3, 29-32, 43 ¿Por qué.. caer a espada?
Jue. 9:53 mujer dejó caer una piedra de molino
1 Sam. 5:3, 4 Asdod.. Dagón estaba caído en
1 Sam. 31:4-8 Saúl.. la espada y se dejó caer
2 Sam. 1:19, 25-27 han caído los valientes
2 Rey. 2:13, 14 manto de Elías.. le había caído
Sal. 36:12 caerán los que obran iniquidad
Sal. 37:24, 33 Si cae, no quedará postrado
Sal. 55:22 Jehovah.. Jamás dejará caído al justo
Sal. 91:7 Caerán a tu lado mil y diez mil a tu
Prov. 3:26 él guardará tu pie de caer en la
Prov. 11:5; 13:17 impío caerá por su impiedad
Prov. 11:14 falta dirección, el pueblo caerá
Prov. 11:28 que confía en sus riquezas caerá
Prov. 16:18 antes de la caída, la altivez de
Prov. 17:20 el de doble lengua caerá en el mal
Prov. 26:27; 28:10; 29:6; Ecl. 10:8 El que cava fosa caerá en ella; y al que hace rodar
Ecl. 4:10 si caen, el uno levantará a su
Isa. 14:12 ¡Cómo has caído del cielo.. lucero
Isa. 21:9; Apoc. 14:8; 18:2 ha caído Babilonia
Isa. 40:30 los jóvenes tropiezan y caen
Jer. 50:32 El soberbio tropezará y caerá, y no
Ose. 10:8; Luc. 23:30; Apoc. 6:16 ¡Caed sobre
Ose. 14:1 ¡Vuelve.. por tu pecado has caído!
Mat. 5:29, 30 si tu ojo.. es ocasión de caer
Mat. 12:11 oveja.. cae en un pozo en sábado
Mat. 15:14 al ciego, ambos caerán en el hoyo
Mat. 24:29 estrellas caerán del cielo y los
Luc. 10:18 Yo veía a Satanás caer del cielo

Juan 12:24 que el grano de trigo caiga en la
Hech. 1:18 y cayendo de cabeza, se reventó
1 Cor. 8:13 si la comida es.. ocasión de caer
1 Cor. 10:12 estar firme, mire que no caiga
Gál. 5:4 Cristo y de la gracia habéis caído!
Heb. 10:31 ¡Horrenda cosa es caer en las
1 Ped. 1:24 hierba se seca, y la flor se cae
Jud. 24 es poderoso para guardaros sin caída
Apoc. 2:5 Recuerda.. de dónde has caído

CAIFAS, sumo sacerdote
Mat. 26:3, 57; Luc. 3:2; Juan 11:49; 18:13, 24, 28; Hech. 4:6

CAIN, hijo de Adán
Gén. 4:1-25; Heb. 11:4; 1 Jn. 3:12; Jud. 11

CAJA
Zac. 5:6 c. de efa.. es la iniquidad de

CAJON
Mat. 5:15 lámpara.. debajo de un cajón

CALABAZA
2 Rey. 4:39 Tomó.. c. silvestres

CALABOZO: ver Cárcel
Jer. 37:16 Entró.. Jeremías en el c., en las
Hech. 16:24 los metió en el c. de más adentro

CALAMIDAD
Deut. 32:35; Prov. 6:15 cercano.. día de su c.
Sal. 81:7 Clamaste en la c., y yo te libré
Luc. 21:23 habrá grande c. sobre la tierra e

CALAVERA
Mat. 27:33 Gólgota.. lugar de la C.

CALCULAR
Isa. 40:12 ¿Quién.. calculó la extensión de los
Luc. 14:28 edificar una torre, no.. calcula los

CALDEA: ver Babilonia
Jer. 51:24 retribuiré a.. C., por todo el mal
Eze. 11:24 Espíritu.. me volvió.. a C., a los que

CALDEO: ver Babilónico
2 Rey. 24:2; 25:4-26 Jehovah envió.. los c.
Job 1:17 Los c... contra los camellos y se los
Isa. 47:1, 5; 48:20 Siéntate.. hija de los c.
Jer. 21:9 el que.. se pase a los c... vivirá
Jer. 32:24-29 ciudad.. entregada en mano.. c.
Jer. 37:13, 14 Jeremías.. No voy.. a los c.
Jer. 50:1 Jehovah habló.. acerca.. de los c.
Eze. 1:3 Ezequiel.. en la tierra de los c.
Dan. 2:2-5 rey mandó llamar.. a los c. para
Hab. 1:6 levanto a los c... para tomar posesión

CALEB, ayudante de Moisés
Núm. 13:6, 30; 14:6, 24-38; Deut. 1:36; Jos. 14:6-14; 15:13-19

CALENTAR
1 Rey. 1:1 David era anciano.. no se calentaba
Eze. 24:11 pon.. olla vacía.. que se caliente
Dan. 3:19, 22 el horno fuese calentado siete
Mar. 14:54, 67 Pedro.. se calentaba ante el
Stg. 2:16 dice: "Id en paz, calentaos y saciaos

CALIENTE
Apoc. 3:15 que ni eres frío ni c.

CALIZ: ver Copa, Vaso
Hab. 2:15 Ay del que da de beber.. del c.

CALMA
Sal. 107:29 El trae c. a la tempestad

CALMAR: ver Aplacar
Jon. 1:11 ¿Qué haremos.. mar se nos calme?
Mat. 14:32 a la barca, se calmó el viento
Hech. 11:18 Al oír estas cosas, se calmaron

CALOR: ver Ardor, Ira
Gén. 8:22 no cesarán.. el frío y el c., el
Isa. 49:10; Jer. 17:8 ni el c. ni el sol los
Luc. 12:55 sur, decís: "Hará c." Y lo hace
Apoc. 7:16 sobre ellos el sol ni ningún otro c.
Apoc. 16:9 quemados con el intenso c.

CALUMNIA
Prov. 10:18 el que suscita la c. es necio
2 Cor. 12:20 Temo que haya entre vosotros.. c.
Ef. 4:31 Quítense de vosotros toda.. c.

CALUMNIADOR
1 Cor. 5:11 no os asocieis con.. c.
1 Cor. 6:10 ni los c... heredarán el reino
1 Tim. 3:11; Tito 2:3 mujeres.. respeto, no c.

CALUMNIAR: ver Difamar
Lev. 19:16 No andarás calumniando en medio
Sal. 15:3 el que no calumnia con su lengua
1 Ped. 2:12 que en lo que ellos os calumnian

CALVO
2 Rey. 2:23 se burlaban.. ¡Sube, c.!

CALZADA: ver Camino, Senda
Isa. 35:8 allí una c... Camino de Santidad
Isa. 40:3; 57:14; 62:10 enderezad c. en la

CALZADO: ver Zapato
Mat. 3:11 cuyo c. no soy digno de llevar, es
Luc. 10:4; 22:35 No llevéis.. ni c.; ni
Luc. 15:22 poned un anillo.. y c. en sus pies

CALZAR
Mar. 6:9 que calzasen sandalias y que no
Ef. 6:15 calzados vuestros pies con la

CALLAR: ver Enmudecer
Núm. 13:30 Caleb hizo callar al pueblo
2 Rey. 2:3, 5 Eliseo.. Sí, yo lo sé. Callad
2 Rey. 7:9 buenas nuevas, y.. estamos callados
Est. 4:14 Si te quedas callada.. alivio y la
Sal. 8:2 alabanza.. hacer callar al enemigo y
Sal. 35:22; 39:12; 83:1 No calles, oh Señor
Sal. 37:7 Calla delante de Jehovah, y espera
Prov. 11:12 pero el hombre prudente calla
Ecl. 3:7 tiempo de callar y tiempo de hablar
Amós 5:13 el prudente calla, porque el tiempo
Hab. 1:13 ¿Por qué.. callas cuando el impío
Hab. 2:20; Zac. 2:13 ¡Calle delante de él toda
Sof. 1:7 ¡Callad ante la presencia del Señor
Mat. 20:31 reprendía para que se callasen, pero
Mat. 26:63 Jesús callaba. Y el sumo sacerdote
Mar. 3:4 ¿Es lícito.. matar? Pero ellos callaban
Mar. 4:39 dijo al mar: —¡Calla! ¡Enmudece! Y
Luc. 19:40 si éstos callan, las piedras gritarán
Hech. 18:9 No temas, sino habla y no calles
1 Cor. 14:30 está sentado, que calle el primero
1 Ped. 2:15 haciendo el bien hagáis callar la

CALLE: ver Plaza
Prov. 1:20 sabiduría llama en las c.; da su voz
Prov. 22:13; 26:13 león! ¡En medio de la c.
Ecl. 12:4 cuando se cierren.. puertas de la c.
Isa. 42:2 su voz, ni la hará oír en la c.
Jer. 5:1 Recorred las c. de Jerusalén; mirad
Jer. 7:34 Haré cesar.. en las c... la voz de
Jer. 11:6 Proclama.. en las c... Oíd las palabras
Mat. 6:2, 5 no hagas tocar trompeta.. en las c.
Luc. 14:21 Vé pronto.. a las c. de la ciudad y
Hech. 5:15 sacaban los enfermos a las c. y los
Hech. 9:11 vé a la c... La Derecha y busca en

CALLEJONES
Luc. 14:23 Vé por.. los c., y

CAM, hijo de Noé
Gén. 5:32; 6:10; 7:13; 10:1-20

CAMA
1 Sam. 19:13 Mical tomó un ídolo.. sobre la c.
Sal. 4:4; 63:6 Reflexionad.. sobre vuestra c.
Sal. 139:8 si en el Seol hago mi c., allí tú
Sal. 149:5 Los fieles.. cantarán desde sus c.
Amos 6:4 Dormís en c. de marfil, os extendéis
Miq. 2:1 ¡Ay de los que en sus c... traman el
Mar. 1:30 suegra de Simón estaba en c. con
Luc. 8:16 Ninguno.. la pone debajo de la c.
Juan 5:8-12 Levántate, toma tu c. y anda

CAMARA: ver Aposento
1 Crón. 28:11 David entregó.. diseño.. de sus c.
Dan. 6:10 con las ventanas de su c. abiertas

CAMBIAR: ver Arrepentir
Gén. 31:41 has cambiado mi salario diez veces
Exo. 32:14; 2 Sam. 24:16 Jehovah cambió de
Deut. 19:14; 27:17; Prov. 22:28 No cambiarás de lugar los linderos de tu prójimo
Jer. 2:11 ¿Acaso alguna nación ha cambiado
Jer. 13:23 ¿Podrá el negro cambiar de piel y
Dan. 6:15, 17 ningún edicto.. ser cambiado
Ose. 4:7 yo cambiaré su gloria en afrenta
Jon. 3:9 si Dios desiste y cambia de parecer
Mal. 3:6 yo, Jehovah, no cambio; por eso
Rom. 1:23-26 cambiaron la gloria del Dios

CAMBIO
Gén. 47:14-19 José recaudó.. a c. de los
Gál. 2:14 En c., dije a Pedro delante de todos
Heb. 3:6 En c., Cristo es fiel como Hijo sobre
Stg. 1:17 Padre.. en quien no hay c. ni sombra

CAMBISTA
Mat. 21:12 Volcó las mesas de los c.

CAMELLO
Gén. 24:10-64 también daré de beber a tus c.
2 Crón. 9:1 reina de Saba.. con c. cargados
Mat. 3:4 Juan.. vestido de pelo de c. y con un
Mat. 19:24 es más fácil a un c. pasar por el
Mat. 23:24 ¡Guías ciegos.. tragáis el c.!

CAMILLA: ver Cama
Mat. 9:2, 6 paralítico tendido sobre una c.
Mar. 6:55; Hech. 5:15 traer en c. a los que

CAMINAR: ver Andar, Ir
Gén. 5:22-24 Enoc caminó con Dios 300 años
Gén. 6:9 Noé caminaba con Dios
Gén. 17:1 camina delante de mí y sé perfecto
Exo. 14:29 Israel caminaron en seco por en
Jos. 5:6 Israel caminaron por el desierto
Rut 1:19 Caminaron ellas dos hasta.. Belén
1 Rey. 6:12 si caminas en mis estatutos, y
1 Rey. 19:8 comida, caminó cuarenta días y
Sal. 81:12 caminaron según sus.. consejos
Prov. 19:1; 20:7 Mejor.. pobre que camina en
Isa. 2:5 venid y caminemos a la luz de Jehovah!
Isa. 33:15 El que camina en justicia y habla

Isa. 35:9 Pero caminarán por allí los redimidos
Eze. 18:9 camina según mis estatutos y guarda
Miq. 6:8 es bueno.. caminar.. con tu Dios
Mat. 14:25 Jesús fue.. caminando sobre el mar
Mat. 14:29 Pedro.. caminó sobre las aguas, y

CAMINO: ver Calzada, Senda
Gén. 3:24 espada.. para guardar el c. al árbol
Gén. 6:12 habían corrompido su c. sobre la
Gén. 18:19 mandará.. que guarden el c. de
Exo. 13:21 de nube para guiarles por el c.
Deut. 30:16 fin de que.. anden en sus c.
Deut. 32:4 todos sus c. son rectitud
Jos. 23:14; 1 Rey. 2:2, 3 ir por el c. de todo
1 Sam. 6:12 las vacas.. Iban por el c. mugiendo
1 Sam. 12:23 os instruiré en el c. bueno y recto
2 Sam. 22:31, 33; Sal. 18:30, 32 Perfecto es el c. de Dios; probada es la palabra
2 Rey. 17:13 Volveos de vuestros malos c. y
2 Crón. 7:14 si se vuelven de sus malos c.
Sal. 1:6 Jehovah conoce el c. de los justos
Sal. 25:4, 8, 9, 12; 27:11; 86:11; 119:33 muéstrame.. tus c.; enséñame tus sendas
Sal. 37:5 Encomienda a Jehovah tu c.; confía
Sal. 67:2 que sea reconocido en la tierra tu c.
Sal. 119:9 ¿Con qué limpiará el joven su c.?
Sal. 119:105 tu palabra.. lumbrera a mi c.
Sal. 139:24 ve si hay en mí c. de perversidad
Prov. 2:13, 15 abandonan.. para andar en c.
Prov. 12:28 En el c. de la justicia está la
Prov. 14:12 Hay un c. que al hombre le parece
Prov. 22:6 Instruye al niño en su c.; y aun
Isa. 30:21 Este es el c.; andad por él
Isa. 35:8 una calzada.. llamará C. de Santidad
Isa. 40:3 En el desierto preparad el c. de
Isa. 53:6 cada cual se apartó por su c.
Isa. 55:7-9 Deje el impío su c., y el hombre
Isa. 57:14; 62:10 ¡Preparad el c.! ¡Quitad
Jer. 21:8 pongo delante de vosotros el c. de
Eze. 3:18, 19; 33:8-11 al impío de su mal c.
Eze. 18:25, 29, 30 ¿no son vuestros c. los
Hag. 1:5, 7 Reflexionad acerca de vuestros c.
Mat. 3:3 Preparad el c. del Señor; enderezad
Mat. 7:14 qué angosto el c. que lleva a la vida
Mat. 10:5 no vayáis por los c. de los gentiles
Juan 14:6 Yo soy el c., la verdad y la vida
Hech. 9:2; 18:25, 26; 19:9; 22:4; 24:22 del C.
1 Cor. 12:31 os mostraré un c. todavía más
Apoc. 15:3 Justos y verdaderos son tus c.

CAMPAMENTO
Gén. 32:7 Jacob.. dividió en dos c. la gente
Exo. 16:13 codornices.. cubrieron el c. Y al
Exo. 33:11 regresaba Moisés al c.; pero.. Josué
Núm. 4:5 Cuando el c. se traslade, Aarón y sus
Núm. 11:9, 30 rocío descendía.. sobre el c., el
Deut. 23:14 Dios se pasea en medio de tu c.
2 Rey. 7:4-16 Fuimos al c. de los sirios
Heb. 13:13 Salgamos pues a él, fuera del c.

CAMPAÑA
Deut. 23:9 Cuando salgas en c... cuídate de
2 Tim. 2:4 Ninguno en c. militar se enreda en

CAMPO: ver Prado
Gén. 2:5, 19 no había.. ningún arbusto del c.
Gén. 3:1, 14, 18 serpiente.. más astuto.. del c.
Gén. 4:8 Abel.. juntos en el c., Caín se
Gén. 24:63 Isaac había salido al c. para meditar
Lev. 26:4 lluvia.. el árbol del c. dará su fruto
Lev. 27:24 El año del jubileo ese c. volverá a
Deut. 5:21 No codiciarás.. de tu prójimo.. su c.
Deut. 28:3, 16 Bendito serás.. en el campo
Rut 1:1 hombre.. fue a vivir en los c. de Moab
Rut 2:2 Rut.. a Noemí.. Permíteme ir al c. para
1 Crón. 16:32; Sal. 96:12 ¡Regocíjese el c., y
Sal. 50:11 y las criaturas del c. son mías
Sal. 103:15 hombre.. Florece como la flor del c.
Prov. 31:16 Evalúa un c. y lo compra, y con
Cant. 7:11 Ven, oh amado mío, vayamos al c.
Isa. 5:8 ¡Ay de los que.. acercan c. con c.
Isa. 40:6 mortal.. gloria es como la flor del c.
Jer. 32:7-15 Compra mi c. que está en Anatot
Eze. 34:27; 36:30 árboles del c. darán su fruto
Miq. 2:2; 3:12 Codician los c. y los roban
Hab. 3:17 Aunque.. c. no produzcan alimento
Mat. 6:28, 30 Mirad los lirios del c., cómo
Mat. 13:24, 31 sembró buena.. en su c.
Mat. 13:38 El c. es el mundo. La buena semilla
Mat. 13:44 reino.. un tesoro escondido en el c.
Mat. 24:18, 40 esté en el c. no vuelva atrás
Mat. 27:7-10 compraron.. el c. del Alfarero
Mar. 10:29, 30 nadie que haya dejado.. c.
Luc. 14:18 primero dijo: "He comprado un c. y
Luc. 23:26 Simón de Cirene, que venía del c. y
Juan 4:35 ¡Alzad vuestros ojos y mirad los c.

CANA, aldea galilea
Juan 2:1, 11; 4:46; 21:2

CANAAN
nieto de Noé Gén. 9:18, 25; 10:6
nación: Gén. 11:31; 12:5; 17:8; 28:8; 37:1; 50:5, 13; Exo. 16:35; Lev. 18:3; Jos. 14:1

CANAL: ver Río
Eze. 29:3-5 Míos son los c. del Nilo

CANANEO: ver Canaán
Gén. 12:6; 34:30; Exo. 13:11; Núm. 13:29; 21:1, 3; Jos. 16:10; 17:12 Jue. 1:1-33; Eze. 16:3; Abd. 20

CANANITA
Mat. 10:4; Mar.3:18 Simón el c.

CANAS
Gén. 42:38; 44:29-31 descender mis c. con
Lev. 19:32; Prov. 16:31; 20:29 Ante las c. te
Sal. 71:18 Aun en.. las c., no me desampares

CANASTA: ver Cesta
Deut. 28:5; 17 Benditas serán tu c. y tu artesa
Jer. 24:1, 2 visión.. dos c. de higos estaban
Mat. 14:20; 16:9 recogieron doce c. llenas de
Hech. 9:25; 2 Cor. 11:33 Saulo.. bajaron.. una c.

CANCELAR
Gál. 3:15 un pacto.. nadie lo cancela

CANCION: ver Cantar
Exo. 15:2; Sal. 118:14 Jehovah es.. mi c.
Job 35:10 Dios.. que da c. en la noche
Sal. 42:8 y de noche, su c. estará conmigo
Isa. 24:9 No beben el vino con c.; el licor
Isa. 30:29 tendréis una c., como la noche en
Lam. 5:14 los jóvenes han dejado sus c.
Eze. 26:13; Amós 5:23 Haré cesar.. tus c.
Mat. 11:17 entonamos c. de duelo y no
Ef. 5:19; Col. 3:16 hablando.. c. espirituales

CANDELERO: ver Antorcha, Luz
Mat. 5:15; Luc. 11:33 lámpara.. sobre el c.
Apoc. 1:12, 13, 20; 2:1, 5 vi siete c. de oro
Apoc. 11:4 son.. los dos c. que están delante

CANSANCIO
Jer. 9:5 han pervertido hasta el c.

CANSAR: ver Fatigar
Gén. 25:29, 30 Esaú volvía del campo, cansado
Exo. 17:12 manos de Moisés estaban cansadas
Isa. 1:14 lunas nuevas.. estoy cansado de
Isa. 28:12 reposo; dad reposo al cansado
Isa. 40:28 31 Dios.. No se cansa ni se fatiga
Mal. 2:17 decís: "¿En qué le cansamos?"
Luc. 18:5 esta viuda.. no venga.. a cansarme
Juan 4:6 Jesús, cansado del camino.. junto al
Gál. 6:9; 2 Tes. 3:13 No nos cansemos.. hace

CANTAR: ver Cántico, Canto, Cantor
Exo. 15:1, 21; Núm. 21:17 cantaron este cántico a
Jue. 5:1, 3, 11 Aquel día cantó Débora con
1 Sam. 18:6, 7; 21:11; 29:5 mujeres cantaban..
2 Sam. 22:50; Sal. 18:49; 61:8; 68:4; 92:1; 135:3 Jehovah, y cantaré salmos a tu nombre
1 Crón. 16:7-33; Sal. 147:7 cantar.. acción de
1 Crón. 16:9; Sal. 105:2 cantadle salmos;
1 Crón. 16:33; Sal. 32:11; 96:12; Isa. 35:2 cantarán con júbilo.. delante de Jehovah
2 Crón. 5:13; 20:21 los que cantaban hicieron
2 Crón. 30:21; Esd. 3:11 cantando.. instrumentos
Neh. 12:46 había directores de.. para cantar
Sal. 7:17; 9:2; 66:4; 89:12; Rom. 15:9 cantaré al nombre de Jehovah el Altísimo
Sal. 13:6; Isa. 12:5 Cantaré a Jehovah, porque
Sal. 33:2, 3; 96:1; 98:1; 144:9; 149:1; Isa. 42:10 Cantadle un cántico nuevo; hacedlo
Sal. 47:6, 7; 106:12 cantad con entendimiento
Sal. 57:9; 108:3 cantaré salmos.. las naciones
Sal. 59:16, 17 Fortaleza mía.. cantaré salmos
Sal. 63:7 bajo la sombra de tus alas cantaré
Sal. 66:2 Cantad a la gloria de su nombre
Sal. 81:1; 84:2; 95:1 ¡Cantad con gozo a Dios
Sal. 89:1 cantaré las misericordias de Jehovah
Sal. 90:14 cantaremos y nos alegraremos todos
Sal. 98:4, 5; 100:1 ¡Cantad alegres a Jehovah
Sal. 101:1 misericordia y el derecho cantaré
Sal. 104:33; 146:2 Cantaré a Jehovah en mi
Sal. 137:4 ¿Cómo cantaremos las.. en tierra de
Isa. 5:1 Cantaré a mi amigo la canción de mi
Mat. 26:30 después de cantar un himno
Mat. 26:34, 74 antes que el gallo cante, tú me
Hech. 16:25 Pablo y Silas.. cantando himnos a
1 Cor. 14:15 Cantaré con el espíritu, pero
Ef. 5:19; Col. 3:16 cantando y alabando al
Stg. 5:13 ¿Está alguno alegre? ¡Que cante
Apoc. 14:3; 15:3 cantan un himno nuevo

CANTARES
Exo. 32:18 Yo escucho estruendo de c.
Sal. 137:3 llevado cautivos nos pedían c.
Cant. 1:1 El cantar de los c., el cual es de

CANTARO: ver Tinaja
Gén. 24:14-46 baja tu c. para que yo beba
Jue. 7:16-20 Gedeón.. cornetas y c. vacíos con
Ecl. 12:6 Acuérdate.. antes que el c. se quiebre
Mar. 14:13 un hombre llevando un c. de
Juan 4:28 la mujer dejó su c., se fue a la

CANTERA
1 Rey. 6:7 templo.. piedras.. labradas en las c.
Isa. 51:1 Mirad.. la c. de donde fuisteis

CANTICO: ver Canto, Cantar, Himno
Exo. 15:1; Núm. 21:17 Moisés.. cantaron este c.
Deut. 31:19-30; 32:44 escribid.. este c. y
2 Sam. 22:1 David dirigió.. palabras de este c.
Sal. 32:7 con c. de liberación me rodearás
Sal. 33:3; 40:3; 96:1; 98:1; 144:9; 149:1;

Isa. 42:10; Apoc. 5:9 Cantadle un c. nuevo
Sal. 69:30 Alabaré con c. el nombre de Dios
Sal. 119:54 Tus leyes han sido c. para mí en
Sal. 137:3 "Cantadnos algunos de los c. de
Isa. 26:1 día se cantará este c. en.. Judá
Isa. 35:10; 51:11 rescatados.. entrarán.. con c.
Apoc. 15:3 cantan el c. de Moisés.. y el c. del

CANTIMPLORA
1 Sam. 26:11-16 David tomó la lanza y la c. de
1 Rey. 19:6 a su cabecera había.. una c. de agua

CANTO: ver Cántico
1 Crón. 6:31-33 David estableció.. c. en la casa
1 Crón. 15:22, 27 daba instrucciones en el c.
1 Crón. 16:42 con.. instrumentos para el c. de
2 Crón. 20:22 comenzaron el c. y.. Jehovah
2 Crón. 29:27, 28 holocausto.. comenzó el c. a
Sal. 77:6 Recuerdo mi c. en la noche. Medito
Sal. 126:2 se llenó.. nuestra lengua, de c. de
Ecl. 12:4 todas las hijas del c. sean abatidas
Amós 8:10 canciones en c. fúnebres
Mar. 13:35 vendrá el Señor.. al c. del gallo o

CANTOR
1 Crón. 9:33; 2 Crón. 35:15 c... exentos de
1 Crón. 15:16, 27; Neh. 12:45-47 designaran..c.
2 Crón. 23:13 c. dirigían la.. con instrumentos

CAÑA: ver Medida
2 Rey. 18:21 Egipto.. ese bastón de c. cascada
Isa. 42:3; Mat. 12:20 No quebrará la c. cascada
Eze. 40:3-7 Tenía en su mano.. una c. de medir
Mat. 11:7 ¿Una c. sacudida por el viento?
Mat. 27:29, 30, 48 en su mano.. pusieron una c.
Apoc. 11:1; 21:15 me fue dada una c... mide el

CAPACIDAD
Exo. 35:34 puesto en su.. la c. para enseñar
Eze. 45:11 efa y el bato tendrán la misma c.
Mat. 25:15 A cada uno dio conforme a su c.

CAPACITAR
2 Cor. 3:6 mismo nos capacitó como ministros
Ef. 4:12 a fin de capacitar a los santos para
2 Tim. 3:17 a fin de que.. sea.. capacitado

CAPADOCIA, región de Asia
Hech. 2:9; 1 Ped. 1:1

CAPAZ: ver Apto
Exo. 18:21, 25 selecciona.. a hombres c... y
2 Crón. 2:6 ¿quién ha de ser c. de construirle
Jer. 10:23 ni el hombre.. es c. de afirmar sus
Dan. 1:4 jóvenes.. c. para servir en el palacio
Mat. 19:11 No todos son c. de aceptar esta
Gál. 3:21 si hubiera sido dada una ley c. de
Ef. 3:18 seáis.. c. de comprender.. cuál es la

CAPERNAUM, ciudad galilea
Mat. 4:13; 8:5; 11:23; Luc. 4:31; Juan 2:12; 6:17, 24, 59

CAPITAN: ver Jefe
Gén. 37:36; 39:1; 40:3, 4 Potifar.. c. de la
Jon. 1:6 El c. del barco se acercó a Jonás y
Hech. 5:24, 26 el c. de la guardia del templo

CARA: ver Rostro
Gén. 32:30 llamó.. Peniel.. vi a Dios c. a c.
Gén. 43:3, 5, 31; 44:23-26 No veréis mi c. a no
Gén. 46:30; 48:11 puedo morir.. he visto tu c.
Exo. 3:6 Moisés cubrió su c., porque tuvo
Exo. 33:11; Núm. 12:8; Deut. 5:4; 34:10 Jehovah hablaba a Moisés c. a c., como habla
Exo. 34:29-35; 2 Cor. 3:13 su c. resplandecía
Prov. 15:13; 17:24 alegre hermosea la c.
Jer. 32:33 me dieron la espalda y no la c.
Eze. 1:6-11; 10:14, 21, 22 tenía cuatro c. y
Mat. 6:17 cuando ayunes.. y lávate la cara
Mat. 17:2 transfigurado.. Su c. resplandeció
Mat. 26:67 le escupieron en la c. y le dieron
Hech. 6:15 Sanedrín.. vieron su c. como si
Hech. 20:25, 38 ninguno.. volverá a ver mi c.
1 Cor. 13:12 espejo.. entonces veremos c. a c.
2 Cor. 3:18 nosotros, mirando a c. descubierta
2 Jn. 12; 3 Jn. 14 espero.. hablar c. a c.
Apoc. 4:7 tercer ser viviente tiene c. como de

CARACTER
1 Sam. 25:17, 25 es un hombre de tan mal c.
Zac. 3:8 que son hombres de c. simbólico
Rom. 5:4 perseverancia produce c. probado

CARBON
Prov. 25:22; Rom. 12:20 así c. encendidos tú
Isa. 6:6 serafines trayendo.. un c. encendido

CARCEL: ver Cadena, Calabozo
Gén. 39:20-23 José se quedó allí en la c.
Gén. 41:14 a José.. le hicieron salir.. de la c.
Jue. 16:21, 25 Llamaron a Sansón de la c. y
Isa. 42:7; 61:1 a fin de que.. saques de la c.
Jer. 37:15, 18 Jeremías.. lo pusieron.. en c.
Mat. 5:25 no sea que.. seas echado en la c.
Mat. 11:2; 14:3, 10 oyó Juan en la c. de los
Mat. 25:36-44 estuve en la c., y vinisteis a
Luc. 21:12 os meterán en las c., y seréis
Luc. 22:33 estoy listo para ir.. a la c. y a
Luc. 23:25 Les soltó a.. en la c. por sedición
Hech. 4:3; 5:18-25 los pusieron en la c. hasta
Hech. 8:3; 22:4; 26:10 Saulo.. los.. a la c.

Hech. 12:4-6, 17 Pedro estaba.. en la c., pero
2 Cor. 6:5; 11:23 en azotes, en c., en tumultos
Apoc. 2:10 diablo va a echar.. en la c. para

CARCELERO
Hech. 16:23-36 ordenaron al c. que

CARCOMA
Prov. 12:4 mujer.. mala es como c. en sus
Prov. 14:30 la envidia es c. en los huesos

CARDINAL
Apoc. 7:1; 20:8 cuatro puntos c.

CARDO: ver Espino
Gén. 3:18 espinos y c. te producirá, y comerás
2 Rey. 14:9 El c. que está en el Líbano mandó

CARECER
Prov. 11:12 ; Ose. 4:6 que carece.. desprecia a
Prov. 11:22 hermosa que carece de discreción
Mat. 15:16 carecéis de entendimiento
1 Cor. 14:10 idiomas.. y ninguno carece de

CARGA: ver Yugo
Exo. 18:22; Núm. 11:17 aliviarás la c. que hay
Exo. 23:5 Si ves caído debajo de su c. el asno
2 Rey. 5:17 Naamán dijo.. sea dada.. una c. de
Sal. 55:22; 68:19 Echa tu c. sobre Jehovah, y
Isa. 1:14 lunas nuevas.. Me son una c.; estoy
Jer. 17:21-27 no trayendo c. en el.. sábado
Mat. 5:41 te obligue a llevar c. por una milla
Mat. 11:30 mi yugo es fácil, y ligera mi c.
Mat. 23:4 Atan c. pesadas y difíciles de llevar
Hech. 15:28; Apoc. 2:24 no imponeros ninguna c.
2 Cor. 11:9 a ninguno fui c. porque lo que me
Gál. 6:2, 5 Sobrellevad los unos las c. de los

CARGAR
Lev. 24:15 persona maldiga.. cargará con su
1 Rey. 12:11 mi padre cargó sobre vosotros un
2 Crón. 9:1 reina de Saba.. camellos cargados
Prov. 3:35 los necios cargarán con la afrenta
Isa. 1:4 ¡Ay.. pueblo cargado de iniquidad
Isa. 53:6, 11; Mat. 8:17 Jehovah cargó en él
Lam. 5:7 nosotros cargamos con su castigo
Eze. 14:10 Ellos cargarán con su iniquidad
Eze. 16:52; 23:35 tú.. carga con tu infamia y
Eze. 18:19, 20 hijo no cargará con el pecado
Eze. 23:49 cargaréis con.. vuestra idolatría
Mat. 11:28 Venid a mí, todos los.. cargados
Mat. 26:43 durmiendo.. cargados de sueño
Mat. 27:32 Simón.. cargar la cruz de Jesús
Mar. 2:3 trayendo a un paralítico cargado por
Luc. 21:34 no estén cargados de glotonería

CARIÑO
1 Tes. 2:8 Tanto es nuestro c. para

CARMELO, monte
1 Rey. 18:19-42; 2 Rey. 2:25; 4:25; Isa. 35:2; Jer. 46:18; Amós 9:3

CARNAL: ver Natural
Rom. 7:14 ley es espiritual; pero yo soy c.
1 Cor. 3:1-4 todavía sois c... hay celos y
2 Cor. 10:4 armas de.. milicia no son c.
1 Ped. 2:11 os abstengáis de las pasiones c.

CARNALIDAD
Gál. 5:13 no.. libertad.. para la c.

CARNE
Gén. 2:21-24 ésta es.. c. de mi c. Esta será
Gén. 6:3 el hombre.. es c., y su vida será de
Gén. 6:12-17 toda c. había corrompido su
Gén. 6:19; 9:11-17 de toda c., meterás.. arca
Exo. 16:8; Núm. 11:18 Jehovah os dará.. c.
1 Sam. 17:44 a David.. daré tu c. a las aves
1 Rey. 17:6 cuervos le traían pan y c. por la
2 Rey. 5:10-14 en el Jordán, y tu c. te será
Sal. 78:39 Se acordó de que ellos eran c., un
Sal. 84:2 Mi corazón y mi c. cantan con gozo
Prov. 23:20 No estés.. con los comilones de c.
Eze. 11:19; 36:26 y les daré un corazón de c.
Mat. 16:17 Simón.. no te lo reveló c. ni sangre
Mat. 19:5, 6; Ef. 5:31 serán los dos una sola c.
Mat. 26:41 espíritu.. dispuesto; pero la c. es
Luc. 24:39 ved, pues un espíritu no tiene c.
Juan 1:13, 14 Verbo se hizo c. y habitó entre
Juan 3:6 Lo que ha nacido de la c., c. es
Juan 6:51-56, 63 El que come mi c. y bebe mi
Hech. 2:17 derramaré.. Espíritu sobre toda c.
Rom. 7:5, 18, 25 mientras vivíamos en la c.
Rom. 8:3-13 la ley.. era débil por la c.
Rom. 13:14; Gál. 5:16, 17 no.. deseos de la c.
Rom. 14:21; 1 Cor. 8:13 Bueno es no comer c.
1 Cor. 15:39 No toda c. es la misma c.; sino
1 Cor. 15:50 c. y la sangre no pueden heredar
2 Cor. 5:16 a nadie conocemos según la c.; y
2 Cor. 12:7 me ha.. dado un aguijón en la c.
Gál. 3:3 Espíritu, ¿ahora terminaréis en la c.?
Gál. 5:19 obras de la c. son evidentes. Estas
Ef. 2:3 En otro tiempo.. pasiones de nuestra c.
Ef. 6:12 nuestra lucha no.. contra sangre ni c.
1 Tim. 3:16 manifestado en la c., justificado
Heb. 9:10 Estas son ordenanzas de la c., que
1 Ped. 1:24 Toda c. es como la hierba, y toda
1 Ped. 3:18; 4:1 Cristo.. muerto en la c., pero
2 Ped. 2:10, 18 andan tras.. pasiones de la c.
1 Jn. 2:16 deseos de la c... no proviene del
1 Jn. 4:2; 2 Jn. 7 Jesucristo ha venido en c.

CARNERO: ver Cabra
Gén. 22:13 Abraham.. tomó el c. y lo ofreció
Exo. 26:14; 36:19 tabernáculo.. pieles de c.
Exo. 29:15-32 Harás arder todo el c. sobre el
Lev. 5:15-18 como sacrificio por.. culpa, un c.
Lev. 8:2 sacrificio por el pecado, los dos c.
Lev. 9:4, 18 y un c. para el sacrificio de paz
1 Sam. 15:22 prestar atención es mejor que.. c.
Isa. 1:11 Hastiado estoy de holocaustos de c.
Miq. 6:7 ¿Aceptará Jehovah millares de c. o

CARNICERIA
1 Cor. 10:25 Comed.. vende en la c.

CARPINTERO
2 Sam. 5:11 Hiram.. envió.. c. y canteros para
Isa. 44:13 El c. tiende la regla, hace el trazo
Mat. 13:55; Mar. 6:3 ¿No es éste el hijo del c.?

CARRERA
Ecl. 9:11 no es de los veloces la c., ni de
Hech. 20:24 acabe mi c. y el ministerio que
2 Tim. 4:7 he acabado la c.; he guardado la
Heb. 12:1 corramos.. la c. que tenemos por

CARRO: ver Caballo
Exo. 14:6-28 egipcios los persiguieron con.. c.
2 Rey. 2:11 un c. de fuego.. y Elías subió al
2 Rey. 6:17 c. de fuego, alrededor de Eliseo
Sal. 20:7 Estos confían en c... pero nosotros
Isa. 31:1 ¡Ay de los que.. confían en los c.
Zac. 6:1-6 cuatro c... salían de entre dos
Hech. 8:28-38 Acércate y júntate a ese c.

CARTA
Deut. 24:1, 3; Mat. 5:31; 19:7 c. de divorcio
2 Rey. 19:14 Ezequías tomó la c... la extendió
2 Cor. 3:1-3 sois nuestra c., escrita en
Col. 4:16 Cuando esta c. haya sido leída.. se lea
2 Tes. 3:17 Así es mi firma en todas mis c., tal
2 Ped. 3:1 ésta es la segunda c. que os escribo

CASA: ver Edificio, Familia, Morada
Gén. 19:2-11 de Sodoma.. rodearon la c.
Gén. 28:17-22 No es otra cosa que c. de Dios
Gén. 39:4 Potifar le puso a cargo de su c. y
Gén. 43:16-19 temor.. llevados a la c. de José
Exo. 8:3 ranas.. entrarán en tu c. y en tu
Exo. 12:7, 13 sangre.. puertas de las c.
Exo. 20:17; Deut. 5:21 No codiciarás la c. de
Exo. 23:19 Traerás.. primicias.. a la c. de
Núm. 1:18 registraron según.. sus c. paternas
Núm. 12:7 siervo Moisés.. es fiel en toda mi c.
Deut. 6:7, 9; 11:19 hablarás de ellas.. en c.
1 Sam. 1:24 destetado.. lo trajo a la c. de
1 Sam. 2:35 sacerdote fiel.. Le edificaré una c.
1 Sam. 25:1 Samuel.. lo sepultaron en su c.
2 Sam. 2:4, 7 David.. rey sobre la c. de Judá
2 Sam. 7:6-16 no he habitado en una c. desde
1 Rey. 6:1 Salomón comenzó a edificar la c. de
1 Rey. 7:51 terminó.. obra.. para la c. de
1 Rey. 8:10, 11 la nube llenó la c. de Jehovah
1 Rey. 8:63 dedicaron la c. de Jehovah
2 Rey. 19:1 Ezequías.. entró en la c. de Jehovah
2 Rey. 22:8; 23:2 hallado el libro.. Ley en la c.
1 Crón. 6:48 levitas.. servicio.. la c. de Dios
1 Crón. 17:12. 14 El me edificará una c., y yo
1 Crón. 25:6; 2 Crón. 31:21 música.. c. de Dios
2 Crón. 2:6 ¿Quién.. soy.. le construya una c.
2 Crón. 7:2 no pudieron entrar en la c... gloria
2 Crón. 7:16, 20 he santificado esta c. para
2 Crón. 29:5, 15-20 limpiar la c. de Jehovah
Esd. 5:2, 13-17 reedificar la c. de Dios en
Esd. 6:16 dedicación de.. c. de Dios
Neh. 10:35 traer.. a la c. de.. las primicias
Sal. 23:6 en la c. de Jehovah moraré por días
Sal. 27:4 que more yo en la c. de Jehovah todos
Sal. 42:4 pasaba con la.. hasta la c. de Dios
Sal. 69:9; Juan 2:17 celo por tu c. me ha
Sal. 84:4; 112:3 Bienaventurados los.. en tu c.
Sal. 122:1 me alegré con.. Vayamos a la c. de
Sal. 134:1; 135:2 siervos.. estáis en la c. de
Prov. 9:1 La sabiduría edifica su c., labra
Prov. 12:7; 15:6 c. de los justos permanecerá
Prov. 14:1; 24:3 La mujer sabia edifica su c.
Ecl. 5:1 Cuando vayas a la c. de Dios, guarda
Isa. 2:2; Miq. 4:2 monte de la c. de Jehovah
Isa. 5:8 Ay de los que juntan c. con c. y
Isa. 56:7 llenaré de alegría en mi c. de oración
Isa. 58:7 llevar a tu c. a los pobres sin hogar
Jer. 18:2, 3 y desciende a la c. del alfarero
Jer. 22:13 Ay del que edifica su c. sin justicia
Jer. 26:7 pueblo oyeron a Jeremías.. en la c.
Jer. 29:5, 28 Edificad c. y habitadlas. Plantad
Jer. 36:8, 10 Baruc.. leyó del libro.. en la c.
Eze. 2:5-8; 3:9, 26; 12:2, 9 son una c. rebelde
Eze. 18:31 ¿Por qué habréis de morir, oh c. de
Eze. 20:13 la c. de Israel se rebeló contra mí
Joel 1:14 convocad una asamblea.. en la c. de
Miq. 6:4 De la c. de esclavitud te redimí y
Sof. 1:13 saqueado, y sus c. quedarán desoladas
Zac. 11:13 treinta.. de plata.. eché.. en la c.
Mat. 7:24-27 que edificó su c. sobre la peña
Mat. 10:12-14 Al entrar en la c., saludadla
Mat. 10:36 enemigos.. serán los de su propia c.
Mat. 13:57 hay profeta sin honra.. en su c.
Mat. 19:29 aquel que deja c... por causa de mi
Mat. 21:13 Mi c. será llamada c. de oración
Mat. 23:38 vuestra c. os es dejada desierta
Mar. 3:25 Si una c. se divide contra sí, esa c.
Mar. 5:19 Vete a tu c... cuéntales cuán grandes
Luc. 19:5, 7, 9 Zaqueo.. que me quede en tu c.

Luc. 19:46 Mi c. es c. de oración, pero vosotros
Juan 14:2 En la c. de mi Padre muchas moradas
Rom. 16:5; Col. 4:15 Saludad.. iglesia de su c.
1 Tim. 3:4, 12 Que gobierne bien su c. y tenga
1 Tim. 3:15 sepas cómo.. conducirte en la c. de
Heb. 3:2-5 fiel.. fue Moisés en.. la c. de Dios
Heb. 3:6 Cristo es fiel como Hijo sobre su c.
1 Ped. 4:17 juicio comience por la c. de Dios

CASAMIENTO: ver Matrimonio
Mat. 22:30 en la resurrección no.. se dan en c.
Mat. 24:38 antes del diluvio.. dándose en c.

CASAR
Lev. 20:10 Si.. adulterio con una mujer casada
Deut. 25:5 mujer del difunto no se casará fuera
Mat. 5:32; 19:9 que se casa con la.. divorciada
Mat. 22:24, 30 hijos, su hermano se casará
Mar. 6:17 Herodes.. se había casado con ella
Mar. 10:12 se divorcia.. y se casa con otra
Luc. 14:20 El otro dijo: "Acabo de casarme y
Luc. 17:27 casaban y se daban en casamiento
Luc. 20:34, 35 hijos de este mundo se casan y
Rom. 7:2 mujer casada está ligada por la ley a
1 Cor. 7:8-39 a los no casados y a las viudas
Ef. 5:22 Las casadas estén sujetas a sus
1 Tim. 4:3 Prohibirán casarse y mandarán

CASCADA
2 Rey. 18:21 confías en Egipto, en.. caña c.
Isa. 42:3; Mat. 12:20 No quebrará la caña c.

CASCO
1 Sam. 17:38 Saúl vistió a David.. puso un c.
Isa. 59:17; Ef. 6:17; 1 Tes. 5:8 puso el c.
de salvación sobre su cabeza

CASO
Jos. 20:4 El que se refugie.. expondrá su c. a
1 Rey. 12:15 El rey no hizo c. del pueblo
2 Crón. 35:22 Josías no hizo c. a.. Necao
Est. 3:4 no les hizo c... Mardoqueo
Dan. 3:12; 6:13 judíos.. no te han hecho c.
Mat. 18:17 si él no les hace c. a ellos, dilo
Hech. 24:22 Félix.. Cuando.. examinaré tu c.
Hech. 25:14 Festo presentó al.. el c. de Pablo

CASTIGAR: ver Corregir
Gén. 4:15; Lev. 26:18, 28 será castigado siete
Exo. 20:5; Deut. 5:9 Dios celoso que castiga
Jos. 24:20 Jehovah.. se volverá y os castigará
1 Rey. 12:11, 14 Mi padre os castigó.. látigos
Esd. 9:13 nos has castigado menos de lo que
Prov. 21:11 Cuando el burlador es castigado
Isa. 13:11 Castigaré al mundo por su maldad
Jer. 2:19 Tu maldad te castigará, y tu
Jer. 31:18 fui castigado como novillo indómito
Jer. 46:28 sino que te castigaré con justicia
Ose. 4:9 pueblo.. sacerdote. Le castigaré por
Ose. 9:9; Amós 3:2 Dios.. castigará su pecado
Mat. 24:51; Luc. 12:46 le castigará duramente
Luc. 23:16 le soltaré después de castigarle
2 Cor. 6:9 como castigados, pero no muertos
2 Tes. 1:9 castigados con eterna perdición
Heb. 12:6 el Señor.. castiga a todo.. hijo
2 Ped. 2:9 Señor sabe.. guardar.. castigados

CASTIGO: ver Azote
Gén. 4:13 Caín.. ¡Grande es mi c. para ser
Exo. 32:34; Lev. 26:43 en el día del c. yo les
Job 31:23 he temido el c. de Dios, contra cuya
Sal. 39:11 Con c. por el pecado corriges al
Prov. 13:24 El que detiene el c. aborrece a su
Isa. 53:5 El c. que nos trajo paz fue sobre él
Jer. 11:23; 23:12; 48:44 mal.. en.. año de su c.
Ose. 9:7 ¡Han llegado los días del c.; han
Amós 1:3—2:6 tres pecados.. no revocaré su c.
Mat. 11:22, 24 en el día del juicio el c. para
Rom. 3:5 ¿Acaso es injusto Dios que da el c.?
Rom. 13:4; 1 Ped. 2:14 servidor de Dios..
para c.
Heb. 10:29 ¿Cuánto mayor c... merecerá el que
2 Ped. 2:4 Dios no dejó sin c. a los ángeles
1 Jn. 4:18 temor conlleva c., y el que teme no

CASTILLO: ver Fortaleza, Torre
Sal. 91:2; 144:2 ¡Refugio mío y c. mío

CATEDRA
Mat. 23:2 fariseos.. en la c. de Moisés

CAUSA
Gén. 3:17 sea maldita la tierra por tu c.
Exo. 23:2 No testificarás.. pervertir la c.
Núm. 27:5 Moisés llevó la c. de ellas a la
Deut. 1:16, 17 Oíd la c. de vuestros hermanos
2 Sam. 15:3 Absalón.. tu c. es buena y justa
1 Rey. 8:45, 49, 59 escucha.. y ampara su c.
Sal. 9:4 has defendido mi juicio y mi c.
Sal. 119:154 Aboga mi c. y redímeme
Sal. 140:12 Jehovah amparará la c. del pobre
Prov. 24:28; 25:9 No testifiques sin c. contra
Prov. 29:7 justo se preocupa por la c. de los
Isa. 40:27; 41:21 ¿Por qué.. dices.. mi c. pasa
Isa. 45:21 Hablad, presentad vuestra c. Sí
Isa. 49:4 mi c. está con Jehovah, y mi
Jer. 11:20; 20:12 ante ti he expuesto mi c.
Lam. 3:58 Tú has abogado.. por la c. de mi
Eze. 18:30 iniquidad no os sea c. de tropiezo
Mat. 10:39; 16:25 pierde su vida por mi c. la
Luc. 21:12, 17 cárceles.. por c. de mi nombre
Hech. 5:41 de padecer.. por c. del Nombre

Hech. 23:35 Oiré tu c. cuando vengan
1 Cor. 9:23 todo lo hago por c. del evangelio
2 Cor. 12:10 me complazco en.. la c. de Cristo
Apoc. 18:20 Dios ha juzgado vuestra c. contra

CAUSAR
Prov. 17:25 El hijo necio causa enojo a su
Prov. 26:28 la boca lisonjera causa la ruina
Prov. 27:6 Fieles.. heridas que causa el que ama
Prov. 30:33 provoca la ira causar contienda
Ecl. 10:12 labios del necio causan su.. ruina
Mat. 13:41 recogerán.. los que causan tropiezos
Rom. 16:17; Jud. 19 los que causan divisiones
Tito 3:10 rechaza al.. que causa divisiones

CAUTELA
Jud. 23 tenedles misericordia.. con c.

CAUTERIZAR
1 Tim. 4:2 teniendo cauterizada

CAUTIVERIO
2 Rey. 24:14 llevó en c. a toda Jerusalén
Esd. 6:16-21 regresado del c. celebraron la
Jer. 29:28 decir.. Largo va a ser el c.

CAUTIVIDAD: ver Cautiverio
Deut. 30:3 Dios.. te restaurará de tu c. El
2 Crón. 6:37, 38 si en la tierra de su c.
Jer. 30:3, 18; 31:23; 32:44; 33:7, 11, 26; Eze. 16:53; 39:25 restauraré de la c. a mi pueblo
Ose. 6:11; Joel 3:1; Amós 9:14; Sof. 3:20 Cuando yo restaure de la c. a mi pueblo
Ef. 4:8 llevó cautiva la c. y dio dones a los
Apoc. 13:10 Si alguien lleva en c., es llevado

CAUTIVO: ver Preso, Prisionero
1 Rey. 8:46-50 enemigo.. los llevan como c.
2 Rey. 5:2 sirios.. llevado c... una muchacha
2 Rey. 15:29; 17:6 gente.. la llevó c. a Asiria
2 Rey. 24:14-16 rey.. llevó c. a Babilonia a
2 Crón. 28:11-17 No traigáis acá a los c.
Sal. 137:3 habían llevado c. nos pedían cantares
Isa. 5:13 mi pueblo es llevado c., por falta de
Isa. 61:1; Luc. 4:18 proclamar libertad a los c.
Jer. 52:11 a Sedequías.. lo hizo llevar c. a
Eze. 39:23, 28 Israel.. llevada c. por.. su pecado
Luc. 21:24 serán llevados c. a.. las naciones
Ef. 4:8 llevó c. la cautividad y dio dones a
Col. 2:8 Mirad que nadie os lleve c. por medio
2 Tim. 2:26 diablo.. los tiene c. a su voluntad

CAVAR
Exo. 21:33 alguien.. cave.. y no la cubra
Prov. 26:27; Ecl. 10:8 El que cava fosa caerá
Jer. 2:13 han cavado para sí.. cisternas, c. rotas

CAVERNA: ver Cueva, Hendidura
Isa. 2:19 se meterán en las c. de las peñas y
Heb. 11:38 Andaban errantes.. por las c. de la

CAYADO: ver Bastón, Vara
Lev. 27:32 lo que pase bajo el c., el décimo
Sal. 23:4 vara y tu c. me infundirán aliento
Zac. 11:7-14 tomé mi c. Gracia y lo quebré

CAZADOR
Gén. 10:9 Nimrod, el vigoroso c. delante de
Sal. 91:3; 124:7 te librará.. del c. y de la

CAZAR
Gén. 27:3-7 Caza para mí y hazme un potaje
Luc. 11:54 acechándole.. cazar algo de su boca

CEBADA: ver Grano, Trigo
Ose. 3:2 compré por.. homer y medio de c.
Juan 6:9, 13 muchacho.. cinco panes de c.

CEDER
Job 27:6 he aferrado.. rectitud y no la cederé
Gál. 2:5 Ni por un momento cedimos en

CEDRO
2 Sam. 5:11 envió.. a David.. madera de c.
2 Rey. 14:9 cardo.. mandó a decir al c... Da tu
Sal. 92:12 El justo.. crecerá alto como el c.

CEFAS: ver Pedro
Juan 1:42 serás llamado C.

CEGAR: ver Cerrar
Gén. 26:15, 18 filisteos cegaron.. los pozos
Exo. 23:8; Deut. 16:19 soborno ciega a los que
2 Rey. 3:19, 25 cegaréis todos los manantiales
2 Crón. 32:30 Ezequías cegó.. las aguas de
Isa. 6:10 ciega sus ojos, no sea que vea con
Juan 12:40; 2 Cor. 4:4 ha cegado los ojos de
1 Jn. 2:11 tinieblas le han cegado los ojos

CEGUERA
Gén. 19:11 a los hombres.. los hirieron con c.
2 Rey. 6:18 Eliseo oró.. Y los hirió con c.

CELEBRAR
Exo. 12:14, 47, 48; 13:5 celebrará.. la Pascua
Exo. 23:14 Tres veces al año.. celebrarás fiesta
Exo. 34:22; Deut. 16:10 Celebrarás.. Pentecostés
Lev. 23:34, 39, 41 Tabernáculos celebrada a
Núm. 9:2-14; Deut. 16:1 celebrarán la Pascua a
Est. 9:21-28 Purim no dejarán de celebrarse
Job 1:4 Sus hijos.. celebraban un banquete en
Sal. 30:4; 97:12 celebrad.. memoria.. santidad

Sal. 145:4 Una generación celebrará tus obras
Mat. 14:6 se celebró el cumpleaños de Herodes
Mat. 22:2 semejante a un rey que celebró
Mat. 26:18 dice.. en tu casa voy a celebrar la
Juan 2:1 Al tercer día se celebró una boda en

CELESTIAL: ver Cielo
Mat. 6:14 si perdonáis.. vuestro Padre c... os
Mat. 6:26 aves.. vuestro Padre c. las alimenta
Luc. 2:13 apareció.. multitud de las huestes c.
Juan 3:12 ¿cómo creeréis si os hablo de las c.?
Hech. 26:19 no fui desobediente a la visión c.
1 Cor. 15:40-49 cuerpos c. y cuerpos terrenales
Ef. 1:3, 20; 2:6; 3:10; 6:12 en los lugares c.
Heb. 3:1 participantes del llamamiento c.

CELO
Núm. 25:11-13 Fineas.. tuvo c. por su Dios e
Deut. 29:20; 2 Rey. 19:31; Isa. 9:7; 37:32;
Eze. 5:13; 23:25 el c. de Jehovah contra ese
1 Rey. 19:10, 14 He sentido un vivo c. por
Juan 2:17 escrito.. c. por tu casa me consumirá
Rom. 10:2 tienen c. por Dios, pero no de
2 Cor. 9:2 vuestro c. ha servido de estímulo
2 Cor. 11:2 os celo con celo de Dios, pues os

CELOS: ver Envidia
Núm. 5:14-30 si él.. tiene c. de su mujer
Deut. 32:16, 21; 1 Rey. 14:22 provocaron a c.
Prov. 6:34; 27:4 c. del hombre son su furor
Hech. 13:45 los judíos.. se llenaron de c.
1 Cor. 3:3; Stg. 3:16 c. y contiendas entre
2 Cor. 12:20; Gál. 5:20 Temo que haya.. c.

CELOSO
Exo. 20:5; Deut. 4:24; 5:9 yo soy.. un Dios c.
Exo. 34:14 Jehovah, cuyo nombre es C., es un
Jos. 24:19 un Dios c. El no soportará vuestras
Nah. 1:2 ¡Dios c. y vengador es Jehovah!
Hech. 17:5 los judíos se pusieron c. y tomaron
Hech. 22:3; Gál. 1:14 Soy.. c. de Dios como lo
1 Cor. 13:4 El amor no es c. El amor no es
Tito 2:14 pueblo propio, c. de buenas obras

CENA: ver Banquete, Fiesta
Mar. 6:21 Herodes.. dio una c. para sus altos
Juan 13:2-4 se levantó de la c.; se quitó el
1 Cor. 11:20, 21 no es para comer la c. del
Apoc. 19:9 llamados a la c. de las bodas del

CENAR: ver Comer
Luc. 22:20; 1 Cor. 11:25 después de.. cenado
Apoc. 3:20 entraré a él y cenaré con él, y

CENCREA, puerto griego
Hech. 18:18; Rom. 16:1

CENIZA: ver Polvo
Job 2:8 estaba sentado en medio de las c.
Job 42:6 y me arrepiento en polvo y c.
Mat. 11:21 se habrían arrepentido en saco y c.

CENSO
Núm. 1:2 Haced un c. de.. Israel, según sus
2 Sam. 24:1; 1 Crón. 21:1 David.. y haz el c.
Luc. 2:1-3 César.. levantar un c. de todo el

CENSURAR
Juan 3:20 sus obras no sean censuradas

CENTINELA: ver Guardar
2 Sam. 18:24-27 David.. El c. fue a la azotea
2 Rey. 9:17-20 el c... vio al grupo.. de Jehú
Sal. 130:6 Mi alma espera.. más que los c. a la
Isa. 21:6, 8 Anda, pon un c. que anuncie lo
Isa. 56:10; Jer. 6:17 Sus c. son ciegos; no
Jer. 6:27; Eze. 3:17; Ose. 9:8 Te he puesto..
como un c. en medio de mi pueblo. Conoce
Eze. 33:6, 7 si el c. ve venir la espada y no

CENTURION: ver Capitán
Mat. 8:5-13 Capernaúm, vino a él un c. y le
Mat. 27:54 el c. y.. vieron el terremoto y
Hech. 10:1, 22 Cornelio, que era c. de la
Hech. 27:1, 6, 11, 31, 43 presos a un c.

CEÑIR
Sal. 18:32; 30:11 Dios.. me ciñe de vigor, y
Juan 13:4 tomando una toalla, se ciñó con ella
Ef. 6:14 ceñidos con el cinturón de la verdad
Apoc. 1:13 Hijo del.. tenía el pecho ceñido con

CEPO
Job 13:27; 33:11 Pones mis pies en el c. y
Jer. 20:2, 3 Jeremías y le puso en el c. de
Hech. 16:24 los metió.. sujetó sus pies en el c.

CERCA: ver Cercano
Deut. 30:14; Rom.10:8 c. de ti está la palabra
1 Rey. 8:59 palabras mías.. estén c. de Jehovah
Prov. 27:10 mejor el vecino c. que el hermano
Jer. 23:23 ¿Acaso soy yo Dios de c., y no Dios
Sof. 1:14 gran día de Jehovah; está c. y se
Mat. 24:32, 33 sabéis que el verano está c.
Mat. 26:18, 45, 46 Mi tiempo está c.; en tu
Luc. 21:8, 28 vuestra redención está c.
Rom. 13:12 La noche está.. y el día está c.
Ef. 2:17 lejos, y paz para los que estaban c.
Fil. 4:5; Stg. 5:8 ¡El Señor está c.!
Apoc. 1:3; 22:10 porque el tiempo está c.

CERCANO
Deut. 32:35 está c. el día de su calamidad

Rut 3:12 hay otro pariente redentor más c.
Sal. 34:18: 75:1; 145:18 C. está Jehovah a
Sal. 85:9 c. está su salvación para los que le
Sal. 119:151 C. estás tú, oh Jehovah; todos tus
Isa. 13:6; Eze. 30:3; Joel 1:15; 3:14; Abd. 15; Sof. 1:7, 14 c. está el día de Jehovah; vendrá
Isa. 50:8 C. está a mí el que me justifica
Isa. 55:6 ¡Llamadle en tanto que está c.!
Rom. 13:11 salvación está más c. de nosotros

CERCAR: ver Rodear, Sitiar
Job 19:8 El ha cercado mi camino, para que yo
Sal. 22:12, 16 toros de Basán me han cercado
Sal. 32:10 misericordia cercará al que espera
Ose. 7:2 los tienen cercados sus propias
Hab. 1:4 porque el impío cerca al justo

CERCIORAR
Hech. 24:11 puedes cerciorarte de

CERCO
Prov. 15:19 camino del perezoso es como c. de
Isa. 5:5 a mi viña: Quitaré su c., y será

CERDO: ver Puerco
Deut. 14:8 También os será inmundo el c.
Prov. 11:22 Zarcillo.. en el hocico de un c.
Mat. 7:6 ni echéis.. perlas delante de los c.
Mat. 8:30-33 paciendo un gran hato de c.
Luc. 15:15 le envió.. para apacentar los c.

CERRAR
Gén. 7:16 Vinieron.. Jehovah le cerró la puerta
Deut. 15:7 ni le cerrarás tu mano a.. necesitado
1 Rey. 8:35 Cuando los cielos estén cerrados
Isa. 22:22 abrirá, y nadie cerrará; él cerrará
Dan. 6:22 su ángel.. cerró la boca de los leones
Mat. 13:15; Hech. 28:27 Han cerrado sus ojos
Mat. 23:13 fariseos,.. cerráis el reino de los
Mat. 25:10 llegó el novio.. y se cerró la puerta
Luc. 4:25 cielo fue cerrado por tres años y
Juan 20:19, 26 estando las puertas cerradas en
1 Cor. 15:52 en un abrir y cerrar de ojos, a
Apoc. 3:8 puerta.. la cual nadie puede cerrar
Apoc. 20:3 Lo arrojó al abismo y lo cerró, y
Apoc. 21:25 Sus puertas nunca serán cerradas

CERTIDUMBRE
Col. 2:2; Heb. 6:11; 10:22 plena c. de entendimiento, para conocer

CERVIZ: ver cuello
Exo. 32:9; 33:3, 5; 34:9; Deut. 9:6, 13; 31:27; 2 Rey. 17:14 es un pueblo de dura c.
Deut. 10:16; 2 Crón. 30:8 no endurezcáis.. c.
Neh. 9:16, 17, 29; Jer. 7:26; 17:23; 19:15 endurecieron su c. y no escucharon
Hech. 7:51 ¡Duros de c. e incircuncisos de

CESAR, emperador romano
Mat. 22:17, 21 ¿Es lícito dar tributo al C.
Luc. 2:1 salió un edicto.. de C. Augusto
Luc. 3:1 En el año quince.. de Tiberio C.
Luc. 23:2 éste.. prohíbe dar tributo al C.
Juan 19:12, 15 ¡No tenemos más rey que el C.!
Hech. 25:8-12; 28:19 Al C. has apelado. ¡Al C.

CESAR: ver Acabar
Gén. 8:22 no cesarán la siembra y la siega, el
Exo. 23:12; 31:17 en el séptimo día cesarás
Jos. 5:12 el maná cesó al día siguiente
Sal. 46:9 hace cesar las guerras; quiebra el
Jer. 7:34; 16:9 Haré cesar.. la voz de gozo y
Eze. 7:24; 23:48; Ose. 2:11 haré cesar el
Jon. 1:15; Mar. 4:39 el mar cesó de su furia
Hech. 12:5 iglesia sin cesar hacía oración a
1 Cor. 13:8 cesarán las lenguas, y se acabará
1 Tes. 5:17 Orad sin cesar

CESAREA, puerto y centro administrativo
Hech. 8:40; 9:30; 10:1, 24 Felipe.. llegó a C.
Hech. 18:22; 21:8, 16; 23:33 arribado a C.
Hech. 25:1, 4, 6, 13 Festo subió de C. a

CESAREA DE FILIPO, ciudad
Mat. 16:13 Jesús a.. C. de F.

CESTA: ver Canasta
Amós 8:1, 2 mostró.. c. con frutas de verano
Mat. 15:37 recogieron siete c. llenas de lo

CETRO
Gén. 49:10; Núm. 24:17 c. no será quitado de
Est. 4:11; 5:2; 8:4 rey le extienda el c. de
Heb. 1:8 c. de rectitud es el c. de tu reino
Apoc. 2:27; 12:5; 19:15 guiará con c. de hierro

CIEGO: ver Cojo
Lev. 19:14; Deut. 27:18 tropiezo delante del c.
2 Sam. 5:6, 8 los c. y los cojos te rechazarán
Sal. 146:8; Isa. 29:18 abre los ojos a los c.
Isa. 42:7 que abras los ojos que están c. y
Isa. 42:16 Conduciré a los c. por un camino
Isa. 42:18, 19 ¡Sordos, oíd; y c., mirad para
Mat. 9:27, 28 le siguieron dos c. clamando a
Mat. 11:5 Los c. ven, los cojos andan, los
Mat. 15:14 Dejadlos. Son c. guías de c. Pero
Mat. 20:30; 21:14 dos c. estaban sentados
Mat. 23:16, 17 ¡Ay de vosotros, guías c.!
Mat. 23:19, 24, 26 ¡C.! ¿Cuál es más
Mar. 10:46-51 el c. Bartimeo.. estaba sentado
Luc. 4:18 proclamar.. vista a los c., para

CIENO
2 Ped. 2:22 puerca.. revolcarse en el c.

CIENTO
Gén. 26:12 Isaac.. aquel año obtuvo c. por uno
Mat. 13:8, 23 dio fruto, una a c., otra a
Mat. 18:12 hombre tiene c. ovejas y se extravía
Mat. 19:29 que deja.. recibir c. veces más y

CILICIA, región antigua de Turquía
Hech. 6:9; 15:23, 41; 21:39; 22:3; 23:34; 27:5; Gál. 1:21

CILICIO
Isa. 58:5 ¿Acaso.. acostarse sobre c.

CIMBALO
1 Crón. 25:1; 2 Crón. 5:12 profetizaban con.. c.
Neh. 12:27 celebrar la dedicación.. con c.
1 Cor. 13:1 vengo a ser.. un c. que retiñe

CIMIENTO: ver Base, Fundamento
2 Sam. 22:8, 16; Sal. 18:7 conmovieron los c.
2 Crón. 8:16 puestos los c. de la casa de
Esd. 3:6-12 del templo.. colocaban los c., se
Sal. 104:5 El fundó la tierra sobre sus c.
Isa. 28:16 pongo como c... una piedra probada
Luc. 6:48 una casa.. puso los c. sobre la roca
Heb. 11:10 esperaba la ciudad que tiene c.
Apoc. 21:19 Los c. del muro.. estaban

CINCO
Gén. 18:28 quizás falten c. para ser cincuenta
Exo. 22:1 por aquel buey pagar c. bueyes, y
Mat. 14:17, 19 No tenemos aquí sino c. panes y

CINCUENTA
Gén. 18:24-28 Quizás haya c. justos dentro de
Lev. 23:16 Contaréis c. días.. séptimo sábado
Lev. 25:10 Santificaréis el año c... libertad
Luc. 7:41; 16:6 deudores.. Uno le debía.. c.
Juan 8:57 Aún no tienes ni c. años. ¿y has

CINTO
2 Rey. 1:8 tenía ceñido un c. de cuero.. Elías
Neh. 4:18 edificaban.. su espada ceñida al c.
Jer. 13:1-11 Vé, compra un c. de lino, cíñete
Eze. 9:2, 3, 11 hombre.. que llevaba al c. los
Mat. 3:4 Juan.. con un c. de cuero a la cintura
Mat. 10:9 No os proveáis.. de cobre en.. c.
Hech. 21:11 tomó el c. de Pablo, se ató los
Apoc. 1:13; 15:6 Hijo.. ceñido con un c. de oro

CINTURA
2 Rey. 1:8 cinto de cuero a la c... es Elías
Isa. 11:5 la fidelidad lo será de su c.
Mat. 3:4 Juan.. cinto de cuero a la c.

CIPRES: ver Arbol
2 Sam. 6:5 instrumentos de madera de c.
1 Rey. 6:15, 34 cubrió.. templo con tablas de c.
Isa. 55:13 En lugar del espino crecerá el c.

CIRCULO
Isa. 40:22 sobre el c. de la tierra

CIRCUNCIDAR
Gén. 17:10-14, 23-27 varón.. circuncidado
Exo. 12:48 extranjero.. que sea circuncidado
Lev. 12:3 Al octavo día será circuncidado el
Jos. 5:2-8 Josué.. vuelve a circuncidar a los
Luc. 1:59 vinieron para circuncidar al niño
Luc. 2:21 circuncidar al niño.. nombre Jesús
Juan 7:22 y en sábado circuncidáis al hombre
Hech. 15:1, 5 Si no os circuncidáis de acuerdo
1 Cor. 7:18 incircunciso? No se circuncide
Gál. 2:3 Tito.. a circuncidarse
Gál. 5:2; 6:12 si os dejáis circuncidar, de

CIRCUNCISION
Juan 7:22, 23 Moisés os dio la c... y en sábado
Hech. 11:2 Pedro.. contendían.. los.. de la c.
Rom. 2:25-29 la c. aprovecha.. si guardas la
Rom. 3:30; 4:9-12 justificará por la fe.. la c.
1 Cor. 7:18, 19 No disimule su c... no es nada
Gál. 2:7-12 igual que a Pedro para la c.
Gál. 5:6; 6:15 en Cristo Jesús ni la c. ni la
Col. 2:11 con una c. no hecha con manos, al
Col. 3:11 Aquí no hay.. c. ni incircuncisión

CIRCUNSTANCIA
Fil. 4:12 en todas las c., he

CIRENE, provincia de Africa
Mat. 27:32; Mar. 15:21; Luc. 23:26; Hech. 2:10; 11:20; 13:1

CIRO, rey persa
2 Crón. 36:22, 23; Esd. 1:1, 2, 7; 3:7; 5:13; 6:3, 14; Isa. 44:28; 45:1; Dan. 1:21

CISTERNA: ver Estanque, Pozo
Gén. 37:20-28 venid.. echémoslo en una c.
Exo. 21:33 Cuando.. deje abierta.. una c.
1 Crón. 11:17 David.. agua de la c. de Belén
Prov. 5:15 Bebe el agua de tu propia c. y de
Jer. 2:13 han cavado.. c., c. rotas que no
Jer. 38:6-13 a Jeremías.. echar en la c. de

CIUDAD: ver Aldea
Gén. 4:17 Caín edificó una c. a la cual llamó
Gén. 11:4-9 edifiquémonos una c. y una torre

Gén. 18:24-28 quizás haya.. justos.. de la c.
Exo. 1:11 edificaron .. las c. almacenes
Núm. 35:11-32 daréis, seis serán c. de refugio
Deut. 12:17, 21 en tus c. no podrás comer el
Deut. 28:3, 16 Bendito serás en la c., y
Jos. 6:3-24 daréis siete vueltas a la c.
2 Sam. 6:10-16 el arca de Jehovah, a la c. de
Sal. 127:1 Si Jehovah no edifica la c., en
Prov. 16:32 mejor.. que el que conquista una c.
Prov. 31:23 Es conocido su marido en.. la c.
Isa. 1:26 después será llamada C. de Justicia
Isa. 40:9 Di a las c. de Judá: "¡He aquí
Lam. 1:1 ¡Cómo está sentada solitaria la c.
Jon. 1:2; 3:2 ve a Nínive, la gran c., y
Nah. 3:1; Sof. 3:1 ¡Ay de la c. sanguinaria!
Zac. 8:3 Jerusalén será llamada C. de Verdad
Mat. 5:14 Una c. asentada sobre un monte no
Hech. 17:16 Atenas.. la c. estaba entregada a
Heb. 11:10 esperaba la c. que tiene cimientos
Heb. 13:14 aquí no tenemos una c. permanente
Apoc. 18:10-21 ¡Ay de ti, oh gran c., oh
Apoc. 21:2, 10-23 yo vi la santa c., la nueva
Apoc. 22:19 Dios le quitará.. de la santa c.

CIUDADANIA
Hech. 22:28 logré esta c. con una gran suma
Ef. 2:12 sin Cristo, apartados de la c. de
Fil. 3:20 nuestra c. está en los cielos, de

CIUDADANO
Hech. 16:37; 22:25-29 siendo.. c. romanos
Hech. 21:39 Pablo.. soy.. c. de Tarso de Cilicia
Fil. 1:27 vuestra conducta como c. sea digna

CIZAÑA
Mat. 13:25-30, 36-40 enemigo.. sembró c.

CLAMAR: ver Gritar, Llamar
Exo. 14:10, 15; Jos. 24:7; Jue. 3:9, 15; 4:3; 6:6; 10:10; 1 Sam. 12:10; 2 Sam. 22:42; 2 Crón. 13:14; Sal. 18:41; Jon. 1:14 clamaron a Jehovah
Exo. 15:25; 17:4; Núm. 12:13 Moisés clamó a
Jue. 10:14 ¡Id y clamad a los dioses que os
Neh. 9:27 clamaron a ti en.. su tribulación
Job 30:20; Sal. 22:2 Clamo a ti, y tú no me
Sal. 3:4; 30:2 Con mi voz clamé a Jehovah, y
Sal. 28:1; 57:2 A ti clamaré, oh Jehovah; Roca
Sal. 34:6, 17 Este pobre clamó, y Jehovah le
Sal. 107:6, 13, 19, 28 cuando.. clamaron.. él
Sal. 130:1, 3; 142:5 De lo profundo.. clamo a ti
Isa. 57:13 Cuando clames, ¡que te libre.. ídolos!
Isa. 58:9 Clamarás, y él dirá: '¡Aquí estoy!'
Jer. 11:11; Miq. 3:4 Clamarán a mí, pero no los
Jer. 33:3 Clama a mí, y te responderé; y te
Hab. 1:2 ¿Hasta cuándo.. clamaré, y no oirás?
Mat. 27:50 Jesús clamó.. y entregó el espíritu
Rom. 8:15; Gál. 4:6 adopción.. clamamos:

CLAMOR
Gén. 18:20; 19:13 el c. de Sodoma y de Gomorra
Exo. 3:7, 9 aflicción.. y he oído su c. a causa
Sal. 40:1 y él se inclinó a mí y oyó mi c.
Sal. 61:1; 88:2; 119:169; 142:6 Escucha.. mi c.
Isa. 5:7 esperaba la justicia, y he aquí el c.
Apoc. 21:4 No habrá más muerte.. ni c., ni

CLARAMENTE
Juan 16:29 ahora hablas c. y no

CLASE
Luc. 1:5, 8 sacerdote.. Zacarías, de la c. de
Luc. 1:29 se preguntaba qué c. de salutación
2 Ped. 3:11 ¡qué clase de personas debéis ser

CLAUDIO, emperador romano
Hech. 11:28; 18:2

CLAVAR
1 Sam. 17:49 David.. piedra quedó clavada en
Hech. 2:23 matasteis clavándole en una cruz
Col. 2:14 anuló el acta.. al clavarla en su cruz

CLAVO
Ecl. 12:11 como c. hincados son.. palabras..
Juan 20:25 en sus manos las marcas de los c.

CLEMENCIA
1 Tim. 1:16 Jesús mostrase.. su c.

CLEMENTE: ver Misericordioso
Exo. 34:6; Sal. 86:15; 103:8; 111:4; 145:8; Joel 2:13; Jon. 4:2 Dios compasivo y c.
2 Crón. 30:9 Dios es c. y misericordioso, y
Neh. 9:17, 31 eres un Dios perdonador, c. y
Sal. 77:9 ¿Se ha olvidado de ser c.? ¿En su
Sal. 116:5 C. y justo es Jehovah; sí

CLEOFAS, creyente
Luc. 24:18; Juan 19:25

CLOE
1 Cor. 1:11

COBARDE
Apoc. 21:8 para los c... será.. fuego y

COBARDIA: ver Temor
2 Tim. 1:7 no.. dado.. espíritu de c.

COBRA: ver Serpiente
Sal. 91:13 Sobre el león y la c. pisarás
Isa. 11:8 niño de pecho jugará sobre.. c.

COBRAR
Deut. 23:19, 20; Eze. 18:8, 13, 17; 22:12 No cobrarás a tu hermano interés por el dinero
Eze. 37:10 Profeticé.. y cobraron vida. Y se
Mat. 17:24, 25 fueron a Pedro los que cobraban
Luc. 3:13 No cobréis más de lo que os está
Luc. 19:23 al venir yo lo cobrara junto con
Hech. 28:15 Pablo.. dio gracias.. y cobró ánimo

COCES
Hech. 26:14 Dura cosa te es dar c. contra

CODICIA: ver Avaricia
Prov. 1:19 la c... quita la vida a los que la
Prov. 11:6 traicioneros.. atrapados por su c.
Mar. 4:19 y la c... ahogan la palabra, y queda
Luc. 12:15 Mirad, guardaos de toda c., porque
Rom. 7:7 no estaría consciente de la c., si la

CODICIABLE
Gén. 3:6 mujer.. era árbol c. para

CODICIAR: ver Anhelar, Desear
Exo. 20:17; Deut. 5:21 No codiciarás
Jos. 7:21 Vi entre el botín.. codicié y tomé
Prov. 6:25; 23:3, 6 En tu corazón no codicies
Prov. 12:12 El impío codicia la fortaleza de
Prov. 21:26 Hay quien.. codicia y codicia, pero
Miq. 2:2 Codician.. campos.. codician.. casas y
Hab. 2:9 ¡Ay del que codicia injusta ganancia
Mat. 5:28 mira a una mujer para codiciarla ya
Rom. 13:9 mandamientos.. no codiciarás
1 Tim. 6:10 dinero.. el cual codiciando algunos
Stg. 4:2 Codiciáis y no tenéis; matáis y ardéis

CODICIOSO: ver Avaro
Sal. 10:3 el c. maldice y desprecia a Jehovah
1 Cor. 10:6 no seamos c. de cosas malas, como

CODO
Mat. 6:27 ¿Quién.. podrá.. añadir.. un c.?

CODORNIZ
Exo. 16:13; Núm. 11:31 vinieron las c.

COHEREDERO: ver Heredero
Rom. 8:17; Heb. 11:9 c. con Cristo, si es que
Ef. 3:6 en Cristo Jesús los gentiles son c.

COJO: ver Ciego, Sordo
2 Sam. 4:4; 9:13 se cayó y quedó c... Mefiboset
2 Sam. 5:6, 8 a David.. los c. te rechazarán
Isa. 35:6 el c. saltará como un venado, y
Mal. 1:8, 13 malo.. ofrecéis un animal c. o
Mat. 11:5; 15:31 Los ciegos ven, los c. andan
Mat. 18:8 Mejor te es entrar en la vida c. o
Mat. 21:14 ciegos y c. vinieron a él en el
Luc. 14:13, 21 banquete, llama.. a los c. y a
Juan 5:3 yacía una multitud de.. ciegos, c. y
Hech. 3:2; 14:8 hombre que era c. desde el
Heb. 12:13 enderezad.. para que el c. no sea

COLA
Deut. 28:13, 44 te pondrá como.. y no como c.
Isa. 9:14, 15 profeta.. enseña mentira es la c.

COLABORADOR: ver Consiervo
Rom. 16:3, 9, 21; Fil. 2:25; 4:3; Col. 4:11; 1 Tes. 3:2; Film. 1, 24 mis c. en Cristo Jesús
1 Cor. 3:9 somos c. de Dios, y.. sois huerto de
2 Cor. 1:24 somos c. para vuestro gozo, porque
3 Jn. 8 para que seamos c. en la verdad

COLABORAR
1 Cor. 16:16 a los que colaboran y

COLGAR: ver Ahorcar
Deut. 21:22, 23 pecado.. colgado de un árbol
2 Sam. 18:9 Absalón.. quedó colgado entre el
Est. 6:4; 7:9 Amán.. pedir.. colgar a Mardoqueo
Sal. 137:2 sauces.. colgábamos nuestras liras
Hech. 5:30; 10:39 Jesús.. matasteis colgándole
Gál. 3:13 Maldito.. que es colgado en un

COLINA: ver Monte
Exo. 17:9, 10 Moisés.. a la cumbre de la c.
1 Rey. 14:23; 2 Rey. 16:4; 17:10 Asera, en toda c. alta y debajo de todo árbol frondoso
Isa. 2:2; Miq. 4:1 monte de.. más que las c.
Isa. 30:17 quedéis como.. bandera sobre una c.
Isa. 40:4; Luc. 3:5 todo monte y c. rebajados!
Isa. 40:12 ¿Quién.. pesó.. las c. en balanza?
Isa. 55:12 y las c. irrumpirán en cánticos
Ose. 10:8; Luc. 23:30 Dirán.. a las c.: "¡Caed

COLIRIO
Apoc. 3:18 y c. para ungir tus ojos

COLMAR, COLMO: ver Llenar
Gén. 15:16 no ha llegado al c. la maldad de
Núm. 23:11; 24:10 Balac.. los has colmado de
Sal. 13:6 Cantaré a Jehovah.. me ha colmado de
Sal. 21:6 le has colmado con la alegría de tu
Jer. 51:13 ha venido.. el colmo de tu codicia
Dan. 8:23 transgresores hayan.. a su colmo

COLONIA
Hech. 16:12 Filipos.. ciudad.. y una c.

COLOR
Gén. 37:3, 23, 32 José.. túnica de diversos c.
Prov. 23:31 No mires el vino cuando.. su c. en
Eze. 17:3 águila.. un plumaje de diversos c.

COLOSAS
Col. 1:2 a los hermanos.. en C.

COLUMNA: ver Baluarte
Gén. 19:26 la mujer de Lot.. en una c. de sal
Exo. 13:21; 14:19; Núm. 14:14 día en una c. de
Jue. 16:25-29 a Sansón.. pusieron entre las c.
Gál. 2:9 quienes tenían reputación de ser c.
1 Tim. 3:15 la iglesia del Dios vivo, c. y
Apoc. 3:12 Al que venza, yo le haré c. en el

COMBATIR
Exo. 14:14; Deut. 1:30; 20:4; Jos. 10:14, 25 Jehovah combatirá
Exo. 17:8-10 Josué.. combatió contra Amalec
Deut. 3:22; Jos. 23:10 vuestro Dios.. combate
1 Rey. 20:23 si combatimos.. llanura.. seremos
Rom. 7:23 ley diferente.. combate contra la ley
Fil. 1:27 combatiendo juntos.. por la fe del
Heb. 12:4 sangre combatiendo contra el pecado
Stg. 4:1 pasiones.. combaten en.. miembros
1 Ped. 2:11 pasiones carnales.. combaten contra

COMENZAR
Gén. 4:26 Set.. se comenzó a invocar el nombre
Jos. 5:12 comenzaron a comer del fruto de la
2 Crón. 20:22; 29:17 comenzaron el canto
2 Crón. 31:10 comenzaron a traer la ofrenda a
2 Crón. 34:3 muchacho, comenzó a buscar al
Mat. 4:17 Jesús comenzó a predicar y a decir
Luc. 23:54 y estaba por comenzar el sábado
Luc. 24:47 naciones, comenzando desde
Hech. 1:1 las cosas que Jesús comenzó a hacer
2 Cor. 8:6 había comenzado.. llevase a cabo
Gál. 3:3 Habiendo comenzado en el Espíritu
Fil. 1:6 el que.. comenzó la buena obra, la

COMER: ver Cenar
Gén. 2:9 Dios hizo brotar.. árboles.. para comer
Gén. 2:16, 17; 3:2 Puedes comer.. pero del
Gén. 3:6-22 vio que el árbol.. bueno para comer
Gén. 9:4 no comeréis carne con.. su sangre
Gén. 25:30 a Jacob.. a comer de ese guiso rojo
Gén. 27:4-33 hazme un potaje para que coma y
Gén. 47:15 vino a José.. Danos de comer
Exo. 12:8 comerán con panes sin levadura
Exo. 12:15-20; 23:15 Siete días comeréis panes
Exo. 16:8 Jehovah os dará.. carne para comer
Exo. 32:6; 1 Cor. 10:7 pueblo.. comer y a beber
Lev. 3:17 no comeréis nada de sebo ni.. sangre
Lev. 7:15 sacrificio de paz.. se comerá el día
Lev. 11:2-47; Deut. 14:3-29 animales.. comer
Lev. 17:14 No comeréis la sangre de.. carne
Núm. 11:4, 13, 18-21 ¡Quién.. diera de comer
Deut. 31:20 cuando hayan comido.. se volverán
1 Sam. 1:8 Ana.. ¿Por qué no comes? ¿Por qué
1 Sam. 14:24-34 Saúl.. ¡Maldito sea.. que coma
1 Rey. 19:5, 7 ángel.. dijo: —Levántate, come
Prov. 23:6 No comas pan con el de malas
Prov. 25:21; Rom. 12:20 enemigo.. dale.. comer
Ecl. 2:24 No hay.. mejor que comer y beber, y
Isa. 1:19 Si queréis y obedecéis, comeréis de
Isa. 11:7; 65:25 león comerá paja como el buey
Isa. 22:13; 1 Cor. 15:32 comamos y bebamos,
Isa. 55:1 ¡venid, comprad y comed! Venid
Jer. 29:5, 28 Plantad huertos y comed.. fruto
Jer. 31:30 que coma las uvas agrias sufrirán
Eze. 3:1 come este rollo y vé, habla a la casa
Eze. 12:18 come tu pan con temblor y bebe tu
Dan. 1:12 nos den de comer sólo legumbres
Ose. 4:10; Miq. 6:14 comerán pero no
Ose. 10:13 y habéis comido fruto de mentira
Joel 2:26 Comeréis hasta saciaros y alabaréis
Mat. 6:25, 31 No os afanéis.. qué.. de comer
Mat. 9:11 ¿Por qué come vuestro maestro con
Mat. 11:19 Hijo del Hombre, que come y bebe
Mat. 14:15, 16; 15:32 Dadles.. de comer
Mat. 15:20 el comer sin lavarse las manos no
Mat. 25:35, 42 hambre, y me disteis de comer
Mat. 26:26 Tomad; comed. Esto es mi cuerpo
Mar. 3:20; 6:31 no podían ni.. comer pan
Mar. 14:18 come conmigo, me va a entregar
Luc. 7:33 Juan el Bautista.. no come pan ni
Luc. 12:19 Alma.. Descansa, come, bebe,
Luc. 22:15 Cuánto he deseado comer con
Luc. 24:41 dijo: —¿Tenéis aquí algo de comer?
Juan 6:50-58 Yo soy el pan.. si alguno come de
Juan 13:18 El que come pan conmigo levantó
Juan 21:12, 15 Jesús les dijo: —Venid, comed
Hech. 10:13; 11:7 Pedro; mata y come
Rom. 14:6, 20-23 come, para el Señor come
1 Cor. 9:4 no tenemos derecho a comer y
1 Cor. 11:20-34 para comer la cena del Señor
2 Cor. 9:10 El que da.. pan para comer, proveerá
2 Tes. 3:10-12 si.. no quiere.. tampoco coma
Apoc. 2:7, 17 venza le daré de comer del árbol

COMERCIANTE
Mat. 13:45 un c... buscaba perlas finas
Apoc. 18:11, 15 c... lloran.. porque ya nadie

COMETER
Exo. 20:13; Deut. 5:17 No cometerás homicidio
Exo. 20:14; Deut. 5:18 No cometerás adulterio
Lev. 5:18 pecado cometido por inadvertencia

Prov. 29:22 furioso comete.. transgresiones
Ecl. 4:1 actos de opresión que se cometen
Rom. 1:27 cometiendo actos vergonzosos,
1 Cor. 5:2 el que ha cometido semejante acción
Heb. 9:7 al año, entraba.. pueblo cometía por
Stg. 2:9 hacéis distinción de.. cometéis pecado

COMEZON
2 Tim. 4:3 tiempo.. teniendo c. de oír

COMIDA: ver Banquete, Cena
Gén. 6:21 Toma contigo.. que te sirvan de c.
Núm. 21:5 alma.. hastiada de esta c. miserable
Deut. 8:3, 16 maná, c. que tú no conocías, ni
Jue. 14:14 Del que come salió c., y del fuerte
Sal. 104:27; 145:15 para que les des su c. a su
Prov. 15:17 Mejor es una c. de verduras donde
Prov. 30:25 hormigas.. el verano preparan su c.
Eze. 47:12 árboles.. frutos servirán para c.
Dan. 1:8, 10 Daniel.. no contaminarse con.. c.
Mat. 3:4 Juan.. su c. era langostas y miel
Luc. 9:12, 13 gente para que.. hallen c., porque
Juan 4:32, 34 Yo tengo una c. para comer que
Juan 6:27 Trabajad, no por la c. que perece
Juan 6:55 mi carne es verdadera c., y mi sangre
Hech. 2:46 participaban de la c. con alegría y
Rom. 14:15, 17, 20 si por causa de la c. tu
1 Cor. 6:13 La c. es para el estómago, y el
1 Cor. 8:13 si la c. es para mi hermano ocasión
Heb. 12:16 Esaú.. por una sola c. vendió su

COMIENZO
Prov. 9:10 El c. de la sabiduría es el temor
Prov. 20:4 perezoso no ara al c. de la estación
Ecl. 7:8 Mejor es el fin del asunto que el c.
2 Tim. 1:9; Tito 1:2 gracia.. antes del c. del

COMILON: ver Glotonería
Prov. 23:21 el bebedor y el c. empobrecerán
Mat. 11:19 He aquí un hombre c. y bebedor de

COMINO
Mat. 23:23 entregáis el diezmo.. del c.

COMISIONAR
Núm. 27:23; Deut. 3:28; 31:14, 23 le comisionó
2 Crón. 36:23; Esd. 1:2 Dios.. me ha comisionado

COMPADECER
Exo. 33:19; Rom. 9:15 me compadeceré del
Job 19:21 ¡Compadeceos de mí, oh amigos
Sal. 103:13; 106:45 padre se compadece de los
Isa. 27:11 el que lo formó no se compadecerá
Isa. 54:8 con misericordia.. me compadeceré
Lam. 3:32 si él aflige, también se compadecerá
Ose. 1:6 Lo-rujama.. no me compadeceré
Luc. 7:13 Señor la vio, se compadeció de ella
Heb. 4:15 tenemos.. sacerdote.. compadecerse

COMPAÑERISMO: ver Amistad
2 Cor. 6:14 ¿qué c. tiene la rectitud con el
Gál. 2:9 dieron.. la mano derecha en señal de c.

COMPAÑERO: ver Amigo
Gén. 3:12 mujer que me diste por c... me dio
Sal. 45:7; Heb. 1:9 ha ungido.. más que a tus c.
Sal. 119:63 C. soy.. de.. todos los que te temen
Prov. 28:24 roba a su padre.. es c. del
Ecl. 4:10 si caen, el uno levantará a su c. Pero
Isa. 41:6 Cada cual ayuda a su c. y dice a su
Jer. 23:35 diréis cada cual a su c. y cada uno
Mal. 3:16 hablaron cada uno con su c., y
Mat. 11:16 muchachos.. dan voces a sus c.
Rom. 16:7; Film. 23 parientes y c. de prisiones
2 Cor. 1:7; 8:19, 23 sois c. en las aflicciones
Fil. 2:25; Heb. 10:33 colaborador y c. de
Film. 17 si me tienes por c., recíbele como a

COMPAÑIA
Juan 18:3. 12 Judas, .. una c. de soldados
1 Cor. 15:33 Las malas c. corrompen las

COMPARABLE
Sal. 40:5 No hay nadie c. a ti

COMPARACION
2 Cor. 3:10 no es glorioso en c. con.. gloria
Fil. 3:8 pérdida.. en c. con lo incomparable

COMPARAR
Sal. 89:6 ¿quién.. se comparará con Jehovah?
Isa. 46:5 ¿A quién me compararéis para que
Mat. 11:16 ¿a qué compararé esta generación?
Rom. 8:18 padecimientos.. no.. comparar con la

COMPARECER: ver Presentar
Núm. 35:12; Jos. 20:9 no.. antes de comparecer
Est. 1:12 la reina Vasti rehusó comparecer, a
Hech. 24:1 Ananías.. y un.. comparecieron
Hech. 27:24 Es necesario que comparezcas ante
Rom. 14:10; 2 Cor. 5:10 compareceremos ante

COMPARTIR
Exo. 18:22 carga.. otros la compartan contigo
Prov. 21:9; 25:24 Mejor.. rincón.. que compartir
Isa. 58:7 ¿No consiste en compartir tu pan con
Rom. 1:11 deseo veros para compartir.. algún
Rom. 12:8, 13 el que comparte, con liberalidad
Gál. 6:6 El que recibe.. comparta.. con quien

Ef. 4:28 haciendo.. para tener qué compartir
1 Tim. 6:18; Heb. 13:16 generosos.. compartir

COMPASION: ver Misericordia
Sal. 9:13; 123:3 Ten c. de mí, oh Jehovah. Mira
Sal. 37:21 impío.. pero el justo tiene c. y da
Sal. 51:1; 69:16 Por tu abundante c., borra
Sal. 112:5 El hombre de bien tiene c. y presta
Isa. 54:7 pero con gran c. te recogeré
Isa. 63:7 recompensado según.. su gran c.
Jer. 13:14; 15:5; Eze. 5:11; 7:4, 9; 8:18; 9:5, 10 No tendré c., no tendré lástima ni tendré
Ose. 2:23 y tendré c. de Lo-rujama. Diré a
Mat. 9:36; 14:14 vio las multitudes, tuvo c.
Mat. 15:32 Tengo c. de la multitud, porque ya
Col. 3:12 vestíos de profunda c., de benignidad

COMPASIVO: ver Benigno
Exo. 34:6; Neh. 9:17; Sal. 86:15; 103:8; 145:8; Joel 2:13; Jon. 4:2 Dios c. y clemente, lento
Mal. 3:17 Seré c. con ellos, como es c. el
Stg. 5:11 el Señor es muy c. y misericordioso
1 Ped. 3:8 sed todos de un mismo sentir: c.

COMPATRIOTA
1 Tes. 2:14 habéis padecido.. de.. c.

COMPLACENCIA
Mat. 3:17; 17:5 mi Hijo.. tengo c.

COMPLACER: ver Agradar
1 Sam. 15:22 ¿Se complace.. en los holocaustos
Sal. 35:27 Jehovah.. se complace.. bienestar
Sal. 147:10, 11 se complace en los que le
Ecl. 5:4 Dios.. no se complace en los necios
Isa. 42:1; Mat. 12:18 escogido en.. se complace
Miq. 7:18 Dios.. se complace en la misericordia
2 Cor. 12:10 me complazco en las debilidades

COMPLACIENTE
Tito 2:9 siervos.. sean c. y no respondones
Stg. 3:17 la sabiduría.. es.. tolerante, c.

COMPLETAR: ver Acabar
Fil. 2:2, 30 completad mi gozo a fin de que
Stg. 2:22 la fe fue completada por las obras

COMPLETO
Isa. 26:3 Tú guardarás en c. paz a aquel cuyo
Juan 15:11; 16:24; 17:13 vuestro gozo sea c.
Col. 2:10 estáis c. en él, quien es la cabeza
Stg. 1:4 paciencia.. su obra c... que seáis c.
1 Jn. 1:4; 2 Jn. 12 que nuestro gozo sea c.

COMPLOT
Hech. 20:3; 23:12, 30 tramaron un c.

COMPONER
1 Rey. 4:32; Ecl. 12:9 compuso.. proverbios
2 Crón. 35:25 Jeremías compuso un lamento

COMPORTAMIENTO
1 Cor. 7:36 que su c... hacia su

COMPORTAR
Ef. 5:15 Mirad.. cómo os comportáis

COMPRAR: ver Adquirir
Gén. 41:57; 42:2 venían a Egipto para comprar
Gén. 47:20-23 compró José toda la tierra de
2 Sam. 24:24 David compró la era y los bueyes
Prov. 31:16 Evalúa un campo y lo compra, y
Isa. 55:1 Venid, comprad sin dinero y sin
Jer. 13:1; 19:1; 32:7-16 Vé, compra un cinto de
Jer. 32:15, 43, 44 Dios.. Todavía se comprarán
Ose. 3:2 la compré por quince piezas de plata
Amós 8:6 para comprar a los pobres por dinero
Mat. 13:44 tesoro.. vende todo.. y compra aquel
Mat. 13:46 perla.. vendió todo.. y la compró
Mat. 14:15 gente.. vayan.. y compren.. de comer
Mat. 21:12 Jesús.. echó fuera a.. compraban en
Luc. 14:18 disculparse.. comprado un campo
1 Cor. 6:20; 7:23 sido comprados por precio
Apoc. 3:18 que de mí compres oro refinado por

COMPRENDER: ver Entender
Sal. 73:17 venido.. comprendí el destino final
Prov. 30:18 tampoco comprendo la cuarta
Ecl. 3:11; 8:17 no alcanza a comprender
Ecl. 11:5 así no comprenderás la obra de Dios
Isa. 6:9 y mirad bien, pero no comprendáis
Mar. 4:13; 8:21; Juan 8:43 ¿No comprendéis
Luc. 24:45 que comprendiesen las Escrituras
Ef. 3:18 seáis.. capaces de comprender.. cuál es
Ef. 5:17 comprended cuál.. voluntad del Señor

COMPRENSION
1 Ped. 3:7 vivid con ellas con c.

COMPROBACION
Heb. 11:1 La fe es.. la c. de los

COMPROBAR
Prov. 31:18 Comprueba que le va bien en el
Rom. 12:2 comprobéis cuál sea la voluntad de

COMPROMETER
Esd. 10:19 se comprometieron a despedir a sus
Neh. 10:29 se comprometieron.. A andar en la

COMUN
Prov. 22:2; 29:13 y el pobre tienen esto en c.
Hech. 2:44; 4:32 reunían y tenían.. cosas en c.

Hech. 10:14, 15; 11:8, 9 ninguna cosa c. o
Rom. 9:21; 2 Tim. 2:20 alfarero.. vaso.. uso c.?

COMUNICAR
Sal. 19:2 Un día comunica su mensaje al otro
Luc. 1:22 se comunicaba con ellos por señas y
Col. 4:3 palabra, para comunicar el misterio

COMUNION: ver Compañerismo
Prov. 3:32 Jehovah.. íntima c. es con los rectos
Hech. 2:42 perseveraban en.. doctrina.. en la c.
1 Cor. 10:16 ¿no es la c. de la sangre de Cristo?
2 Cor. 6:14 ¿Qué c... la luz con las tinieblas
2 Cor. 13:14; Fil. 2:1 la c. del Espíritu Santo
1 Jn. 1:3, 6 nuestra c. es con el Padre y con

CONCEBIR
Gén. 4:1 Eva.. concibió y dio a luz a Caín
Rut 4:13 Rut.. concibiera y diera a luz un hijo
1 Sam. 1:20 Ana.. concibió y dio a luz un hijo
Est. 7:5; 8:3 ¿Quién es.. el que ha concebido
Job 15:35; Sal. 7:14; Isa. 59:4 Conciben afanes
Sal. 51:5 y en pecado me concibió mi madre
Cant. 3:4 lo traje.. casa de.. la que me concibió
Isa. 7:14; Mat. 1:23 virgen concebirá y dará a
Isa. 32:8 generoso concebirá acciones generosas
Mat. 1:18; Luc. 1:31 ella había concebido del
Stg. 1:15 baja pasión, después de.. concebido

CONCEDER: ver Dar, Otorgar
Rut 1:9; 4:13 Jehovah os conceda hallar
Esd. 7:6, 21 Esdras.. El rey le concedió todo
Est. 7:3 ¡Oh rey.. que me sea concedida mi vida
Sal. 37:4; 140:8 y él te concederá los anhelos
Prov. 3:34 a los humildes concederá gracia
Mat. 13:11 se os ha concedido conocer los
Mat. 20:23 el sentarse.. no es mío concederlo,
Mar. 10:35 Maestro.. que nos concedas lo que
Hech. 4:29; 14:3 Señor.. concede a tus siervos
Rom. 12:6; 1 Cor. 1:4; 2 Cor. 8:1; Ef. 3:16 la gracia.. nos ha sido concedida
Fil. 1:29 os ha concedido.. creer en él.. sufrir
2 Ped. 1:3 Su divino poder nos ha concedido
Apoc. 20:4 se les concedió hacer juicio

CONCEPTO
Rom. 12:3 nadie tenga más alto c. de

CONCESION
1 Cor. 7:6 digo a modo de c., no

CONCIENCIA
Sal. 7:9 el Dios justo pone a prueba.. las c.
Sal. 16:7; Jer. 11:20; 20:12 me corrige mi c.
Sal. 26:2 Purifica mi c. y mi corazón
Jer. 17:10 Yo.. examino la c., para dar a cada
Hech. 23:1; 24:16 Pablo.. he vivido.. con.. c.
Rom. 13:5 estéis sujetos.. por motivos de c.
1 Tim. 4:2 mentira, teniendo cauterizada la c.
Heb. 9:14 sangre.. limpiará nuestras c. de las
Heb. 10:22 purificados los corazones de mala c.
1 Ped. 3:16 Tened buena conciencia, para que
1 Ped. 3:21 como apelación de una buena c.

CONCILIO: ver Sanedrín
Mar. 13:9 os entregarán en los c., y seréis
Mar. 15:43 José de.., miembro ilustre del c.
1 Tim. 4:14 don.. manos del c. de ancianos

CONCIUDADANO
Ef. 2:19 sino c. de los santos y

CONCLUSION
Ecl. 12:13 La c. de todo.. es ésta

CONCORDAR
Mar. 14:56 falso.. testimonios no concordaban
Rom. 7:16 concuerdo con que la ley es buena

CONCUBINA
Jue. 19:1—20:6 como c. a una mujer de Belén
2 Sam. 5:13; 15:16 David tomó más c. y
2 Sam. 16:21 Absalón: —Unete a las c. de tu
1 Rey. 11:3 Tuvo 700 mujeres reinas y 300 c.

CONCURRENCIA
Hech. 19:32, 41 la c. estaba confusa

CONDENACION: ver Castigo, Juicio
Mat. 23:33 ¿Cómo os escaparéis de la c. del
Mar. 12:40 Estos.. recibirán mayor c.
Juan 3:19 ésta es la c... que la luz ha venido
Juan 5:29 el mal para la resurrección de c.
Rom. 8:1 ninguna c. hay para los que están en
2 Cor. 3:9 si el ministerio de c. era con gloria
1 Tim. 3:6; Stg. 5:12 no se.. caiga en la c. del

CONDENAR: ver Acusar
Exo. 23:7 no condenarás a morir al inocente y
Núm. 23:7, 8 Balac.. Ven; condena a Israel
Deut. 25:1; Prov. 12:2 condenarán al culpable
Mat. 12:37, 41, 42 tus palabras serás condenado
Mat. 20:18 el Hijo.. y le condenarán a muerte
Mat. 27:3 Judas.. al ver que era condenado
Mar. 16:16 pero el que no cree será condenado
Juan 3:17, 18 Dios no envió.. para condenar al
Juan 8:10, 11 ¿Ninguno te ha condenado?
Hech. 16:37; 22:25 azotarnos.. sin.. condenados
Rom. 2:1 te condenas a ti mismo, pues tú que
Rom. 8:3, 34 Dios.. condenó al pecado
Heb. 11:7 Por la fe Noé.. condenó al mundo y

CONDICION
Sal. 103:14 él conoce nuestra c.; se acuerda
Luc. 14:32 envía una embajada y pide c. de paz
Fil. 2:7 despojó.. y hallándose en c. de hombre
Stg. 1:9 hermano de humilde c., gloríese en su

CONDOLENCIA
Job 2:11 tres amigos de Job.. su c.

CONDOLER
1 Cor. 12:26 los miembros se conduelen

CONDUCIR: ver Guiar
Exo. 32:34 conduce a este pueblo al lugar que
Deut. 29:5 os he conducido cuarenta años por
2 Rey. 9:20 Jehú.. porque conduce como un
Sal. 23:2; 77:20 a aguas tranquilas me conduce
Sal. 43:3 tu luz y tu verdad.. me conducirán a
Sal. 78:14 De día los condujo con una nube
Isa. 11:6 y un niño pequeño los conducirá
Isa. 40:11; 42:16 Como.. pastor.. conducirá con
Isa. 48:17 Jehovah.. te conduce por el camino
Isa. 49:10 los conducirá a manantiales de aguas
Luc. 19:42 si conocieses.. lo que conduce a
1 Tes. 4:12 que os conduzcáis honestamente
1 Tim. 3:15 sepas.. conducirte en.. casa de Dios
Heb. 6:9 de cosas.. que conducen a la salvación
Heb. 13:18 deseamos conducirnos bien en todo
1 Ped. 1:17 conducíos en temor todo el tiempo

CONDUCTA: ver Comportamiento
Exo. 23:21 Guarda tu c... y escucha su voz
1 Rey. 8:32; Eze. 9:10 haciendo recaer su c.
Prov. 12:26 la c. de los impíos los hace errar
Prov. 20:11; 21:8 muchacho.. si su c. es pura y
Ef. 5:4; Fil. 1:27 ni tampoco la c. indecente
1 Ped. 2:12 Tened una c. ejemplar entre los

CONFERIR
Rom. 4:6, 11 Dios confiere justicia sin obras
Ef. 3:2, 7; 4:7 gracia.. me ha sido conferida

CONFESAR: ver Reconocer
Lev. 5:5; Núm. 5:7 cuando.. peque.. confesará
Lev. 16:21 Aarón.. confesará.. las iniquidades
2 Sam. 22:50; Sal. 18:49; Rom. 15:9 Por eso te confesaré entre las naciones, oh Jehovah
2 Crón. 6:24 Si.. vuelven y confiesan tu nombre
Sal. 32:5; 38:18 Confesaré mis rebeliones a
Sal. 35:18 Te confesaré en la gran
Prov. 28:13 el que los confiesa y.. los abandona
Mat. 3:6 confesando sus pecados bautizados
Mat. 10:32 a todo el que me confiese delante de
Rom. 10:9 si confiesas con tu boca que Jesús es
Rom. 14:11; Fil. 2:11 toda lengua confesará a
Stg. 5:16 confesaos unos a otros vuestros
1 Jn. 1:9 Si confesamos nuestros pecados, él es
1 Jn. 4:2, 3, 15 Todo espíritu que confiesa que
Apoc. 3:5 y confesaré su nombre delante de mi

CONFESION
Rom. 10:10 con.. boca se hace c. para salvación
Heb. 4:14; 10:23 sumo.. retengamos nuestra c.

CONFIANZA: ver Fe, Seguridad
2 Crón. 32:8 el pueblo tuvo c. en.. Ezequías
Sal. 40:4; 78:7 Bienaventurado.. pone su c. en
Sal. 94:22; Prov. 3:26; 22:19 Dios.. roca de.. c.
Isa. 30:15 quietud y en la c. estará.. fortaleza
Ef. 3:12 En él tenemos.. y acceso a Dios con c.
2 Tes. 3:4 Tenemos c. en el Señor en cuanto a
Heb. 4:16; 10:19 Acerquémonos.. con c. al
1 Jn. 5:14 ésta es la c. que tenemos delante

CONFIAR: ver Creer
Deut. 33:28 Israel habitará confiado
Sal. 9:10; 20:7 En ti confiarán los que conocen
Sal. 22:5; Isa. 33:2 confiaron en ti y no
Sal. 31:6, 14; 33:21; 56:11 en Jehovah he confiado
Sal. 40:3 verán.. y confiarán en Jehovah
Sal. 115:11 teméis a Jehovah, confiad en
Sal. 118:8, 9 Mejor.. Jehovah que confiar en el
Sal. 119:42 porque en tu palabra he confiado
Prov. 10:9 camina en integridad anda confiado
Isa. 2:22 Dejad de confiar en el hombre, cuyo
Isa. 12:2; 26:3 Dios es mi salvación! Confiaré
Jer. 7:4, 8 No confiéis en palabras de mentira
2 Cor. 1:9 sentencia de muerte.. no confiáramos
Fil. 3:3, 4 y que no confiamos en la carne
Tito 1:3 su palabra.. que se me ha confiado por

CONFINES: ver Fin
1 Sam. 2:10 Jehovah juzgará los c. de la tierra
Sal. 2:8 te daré por heredad.. c. de la tierra
Sal. 22:27 volverán a Jehovah.. c. de la tierra
Sal. 65:5; Isa. 52:10 Dios.. esperanza de.. c.
Sal. 67:7; Isa. 41:5 témanlo todos los c. de la
Isa. 40:28 Dios.. que creó los c. de la tierra?
Isa. 45:22 sed salvos, todos los c. de la tierra
Dan. 4:22; Zac. 9:10 tu dominio hasta los c. de

CONFIRMAR: ver Afirmar
Gén. 17:19; Lev. 26:9 confirmaré mi pacto
2 Sam. 7:25; 1 Rey. 8:26 Dios, confirma
Sal. 89:28 le confirmaré mi misericordia
Sal. 90:17 la obra de nuestras manos confirma
Luc. 22:32 tú, cuando.. vuelto, confirma a tus
Rom. 3:31 le ley por la fe.. confirmamos la ley
1 Cor. 1:8; 2 Cor. 1:21 os confirmará hasta.. fin
1 Tes. 3:13 de confirmar vuestros corazones

CONFLICTO: ver Batalla, Lucha
Ecl. 2:22; 4:16 ¿qué logra.. del c. de corazón
Heb. 10:32 soportasteis gran c. y aflicciones

CONFORMAR: ver Animar
Rom. 12:2; 1 Ped. 1:14 No os conforméis

CONFORTAR: ver Animar
Sal. 23:3 Confortará mi alma y me guiará por
2 Cor. 13:11; Film. 7 sed confortados; sed de

CONFUNDIR
Gén. 11:7, 9 confundamos.. su lenguaje, para
Isa. 28:7 han sido confundidos a causa del vino
Isa. 50:7 Señor.. ayuda, no he sido confundido

CONFUSO
Hech. 19:32 la concurrencia estaba c.

CONGRACIAR
Hech. 24:27; 25:9 queriéndose congraciar

CONGREGACION: ver Asamblea
Exo. 12:3, 47 Hablad a toda la c. de Israel
Lev. 16:17; Núm. 15:25 expiación.. c. de Israel
Lev. 24:14, 16 blasfemo.. apedréelo toda la c.
Núm. 20:8-12 reunid a la c. y hablad a la roca
Núm. 27:17 que la c... no sea como ovejas que
Jos. 22:20 Acán.. ¿no cayó la ira sobre.. la c.
1 Rey. 8:22 Salomón se puso.. frente a.. la c.
2 Crón. 29:28 Toda la c. adoraba mientras..
Neh. 8:2, 17 Esdras trajo la Ley ante la c. de
Sal. 1:5 no se levantarán.. pecadores en la c.
Sal. 22:22, 25; 26:12; 35:18; Heb. 2:12 en medio de la c. te alabaré
Sal. 74:19; 89:5; 111:1; 149:1 c. de tus pobres
1 Cor. 14:34 mujeres guarden silencio en las c.

CONGREGAR: ver Juntar
Deut. 31:12, 28 Harás congregar al pueblo..
1 Crón. 15:3 David congregó a todo Israel para
Jer. 3:17 Todas las naciones se congregarán en
Mat. 18:20 donde dos o tres están congregados
Hech. 12:12 de María.. muchos.. congregados
Heb. 10:25 No dejemos de congregarnos, como
Apoc. 16:16 los congregó en.. Armagedón
Apoc. 19:17 aves.. ¡Venid! ¡Congregaos para el

CONJURACION: ver Juramento
Hech. 23:13 cuarenta.. hecho esta c.

CONJURAR: ver Jurar
Mat. 26:63; Mar. 5:7 ¡Te conjuro por

CONLLEVAR
1 Jn. 4:18 temor conlleva castigo

CONMOVER: ver Agitar, Mover
Gén. 43:30 José.. se conmovió.. a causa de su
Jue. 2:18 Jehovah se conmovía.. sus gemidos
Mat. 20:34; Juan 11:33, 38; 13:21 Jesús, conmovido

CONOCEDOR
Ecl. 9:11 no es.. de los c. la gracia

CONOCER: ver Comprender, Saber
Gén. 3:5, 22 seréis como Dios, conociendo el
Gén. 4:1, 25 El hombre conoció a Eva su mujer
Gén. 45:1 José.. se dio a conocer a.. hermanos
Exo. 1:8 nuevo rey.. no había conocido a José
Exo. 29:46 conocerán que yo soy Jehovah
Núm. 14:31 vuestros pequeños.. conocerán
Deut. 34:6 Nadie conoce su sepulcro, hasta el
Deut. 34:10 Moisés, a quien Jehovah conociera
Jue. 2:10 generación.. no conocía a Jehovah
1 Sam. 3:7 Samuel.. no conocía a Jehovah
1 Rey. 8:39 sólo tú conoces el corazón de todo
1 Crón. 16:8; Sal. 105:1; Isa. 12:4 Dad a conocer
Job 38:33 ¿Conoces las leyes de los cielos?
Sal. 1:6 Jehovah conoce el camino de los justos
Sal. 44:21 Dios.. conoce los secretos del c
Sal. 69:5, 19 Oh Dios, tú conoces mi insensatez
Sal. 94:11 Jehovah conoce los pensamientos de
Sal. 103:14 Porque él conoce nuestra condición
Sal. 143:8 Hazme conocer el camino en que
Prov. 1:2 para conocer sabiduría y disciplina
Prov. 20:11 muchacho es conocido por sus
Prov. 31:23 Es conocido su marido en las
Ecl. 8:1, 5, 16, 17 Quién conoce.. interpretación
Ecl. 9:12 el hombre tampoco conoce su tiempo
Isa. 1:3 El buey conoce a su dueño, y el asno
Isa. 19:21 día los egipcios conocerán a Jehovah
Isa. 38:19 El padre da a conocer a los hijos tu
Jer. 1:5 Antes que yo te formase.. te conocí
Jer. 8:7 pueblo no conoce el juicio de Jehovah
Jer. 31:34; Heb. 8:11 'Conoce a Jehovah.' Pues
Eze. 16:2 hijo.. haz conocer sus abominaciones
Eze. 38:23; 39:7 daré a conocer ante.. naciones
Hab. 3:2 medio de los tiempos hazla conocer!
Zac. 14:7 un día único, conocido por Jehovah
Mat. 1:25 no la conoció hasta que.. dio a luz un
Mat. 7:16, 20 Por sus frutos los conoceréis
Mat. 7:23 Nunca os he conocido. ¡Apartaos de
Mat. 11:27 Nadie conoce bien al Hijo, sino el
Mat. 12:33 el árbol es conocido por su fruto
Mat. 13:11 ha concedido conocer los misterios
Mat. 22:29 Erráis.. no conocéis las Escrituras
Mar. 10:19 conoces los mandamientos: No
Luc. 19:44 no conociste.. tiempo de.. visitación
Juan 1:10, 18 él, pero el mundo no le conoció
Juan 2:24, 25 Jesús.. los conocía a todos

Juan 4:10 Si conocieras el don de Dios, y quién
Juan 6:69 hemos creído y conocido que tú eres
Juan 8:32 conoceréis la verdad, y la verdad os
Juan 10:4, 5, 14, 15 ovejas.. conocen su voz
Juan 13:35 conocerán todos que sois mis
Juan 14:7-20 habéis conocido.. conoceréis
Juan 21:17 Pedro.. Señor, tú conoces todas las
Hech. 17:23 inscripción: AL DIOS NO CONOCIDO
Rom. 1:21 conocido a Dios, no le glorificaron
Rom. 9:22, 23 Dios, queriendo.. dar a conocer
1 Cor. 2:11, 16; 3:20 ¿quién.. conoce las cosas
1 Cor. 13:9, 12 conocemos sólo en parte y en
2 Cor. 5:11, 16 Conociendo.. el temor del
2 Cor. 8:9 conocéis la gracia de nuestro Señor
Ef. 1:9; Col. 2:2 ha dado a conocer el misterio
Ef. 3:3-10 me fue dado a conocer este misterio
Fil. 3:8-10 incomparable.. es conocer a Cristo
Fil. 4:5 Vuestra amabilidad sea conocida por
2 Tim. 3:15 niñez has conocido las.. Escrituras
1 Jn. 2:13-20 porque habéis conocido al que es
1 Jn. 3:16, 20 En esto hemos conocido el amor
1 Jn. 4:2-8, 16 conoced el Espíritu de Dios

CONOCIMIENTO: ver Ciencia
Gén. 2:9 el árbol del c. del bien y del mal
2 Crón. 1:10-12 dame sabiduría y c., para que
Prov. 1:7; 9:10 temor.. es el principio del c.
Prov. 10:14; 15:14 Los sabios atesoran el c.
Isa. 11:2 Sobre él reposará.. espíritu de c. y
Isa. 11:9 tierra estará llena del c. de Jehovah
Ose. 4:6 Mi pueblo.. carece de c.. Porque tú
Ose. 6:6 c. de Dios, más que holocaustos
Hab. 2:14 tierra estará llena del c. de.. gloria
Rom. 11:33 profundidad.. del c. de Dios!
1 Cor. 8:1, 7-11 c. envanece.. el amor edifica
1 Cor. 12:8 a uno se le da.. palabra de c. según
1 Cor. 13:8 cesarán.. lenguas, y se acabará.. c.
2 Cor. 4:6 c. de la gloria de Dios en el rostro
Ef. 4:13 alcancemos la unidad.. del c. del Hijo
Col. 1:9, 10 seáis llenos del c. de su voluntad
1 Tim. 2:4 quien quiere.. que lleguen al c. de
2 Ped. 3:18 creced.. en el c. de nuestro Señor

CONQUISTAR
Jos. 13:1 muchísima tierra por conquistar
Prov. 16:32 mejor.. que conquista.. ciudad
Heb. 11:33 Por la fe éstos conquistaron reinos

CONSAGRACION
Núm. 6:5-7 de su c. como nazareo

CONSAGRAR: ver Dedicar
Exo. 16:23; 31:15; 35:2 sábado consagrado a
Exo. 28:36; 39:30; Zac. 14:20 Consagrado a Jehovah
Exo. 34:19 consagrarás el primerizo.. macho
Lev. 27:26 Nadie consagrará el primerizo de
Lev. 27:32 décimo será consagrado a Jehovah
1 Crón. 29:5 ¿quién.. se consagrará.. a Jehovah
2 Crón. 31:6, 12 diezmos de.. consagradas
Jer. 1:5 en el vientre.. te consagré y te di por
Mal. 2:15 descendencia consagrada a Dios!
2 Tim. 2:21 será un vaso.. consagrado y útil

CONSEGUIR: ver Obtener
2 Rey. 5:20 Guejazi.. conseguiré de él.. cosa!
Eze. 22:27 de conseguir ganancias deshonestas
Mat. 15:33 ¿De dónde conseguiremos.. panes

CONSEJERO
Prov. 11:14; 15:22; 24:6 muchos c... victoria
Isa. 9:6 llamará su nombre: Admirable C., Dios
Rom. 11:34 Señor? ¿O quién llegó a ser su c.?

CONSEJO
Exo. 18:24 Moisés escuchó el c. de su suegro
1 Rey. 12:8-28 dejó de lado el c. que le habían
1 Crón. 10:13, 14 Saúl.. evoca a.. pidiendo c.
Sal. 1:1 no anda según el c. de los impíos, ni
Sal. 33:10, 11 El c. de Jehovah permanecerá
Sal. 73:24 Me has guiado según tu c., y después
Sal. 81:12 y caminaron según sus propios c.
Isa. 11:2 Sobre él.. espíritu de c. y de
Jer. 38:15 Y si te doy c., no me escucharás
Hab. 2:10 Has tomado c. vergonzoso
Mat. 12:14; 27:1 fariseos, tomaron c. contra él
Hech. 20:27 no he rehuido.. todo el c. de Dios
2 Cor. 8:10 en esto doy mi c.; porque esto os

CONSENTIR
Sal. 66:18 Si.. yo hubiese consentido
Hech. 8:1 Y Saulo consentía en su muerte

CONSERVAR: ver Guardar, Preservar
Exo. 34:7 conserva su misericordia por mil
Jos. 14:10 Jehovah me ha conservado la vida
Luc. 17:33 que la pierda, la conservará
Jud. 21 conservaos en el amor de Dios

CONSIDERACION
Tito 3:2 no hablen mal.. c. por

CONSIDERAR: ver Pensar
Lev. 19:34 Como a un natural.. consideraréis al
Deut. 32:7 considera los años de.. generaciones
Sal. 119:15, 59; 139:3 consideraré tus caminos
Prov. 4:26; 5:6, 21; 31:27 Considera la senda
Ecl. 7:27 Mira.. habiendo considerado las cosas
Isa. 5:20; 26:10 Consideran las tinieblas como
Isa. 40:17; Dan. 4:35 consideradas.. como.. vana

Jer. 2:31 considerad la palabra de Jehovah!
Hab. 3:2 he considerado tu obra, oh Jehovah
Luc. 12:24, 27 Considerad los cuervos, que ni
Rom. 11:22 Considera.. bondad y.. severidad de
1 Cor. 1:26 considerad.. vuestro llamamiento
2 Tim. 2:7 Considera bien lo que digo, pues el
Heb. 10:24 Considerémonos los unos a los

CONSIERVO: ver Colaborador
Mat. 18:28-33 siervo halló a uno de sus c. que
Apoc. 19:10; 22:9 no lo hagas! Yo soy c.

CONSISTIR
Ecl. 2:3 hasta ver en qué consiste el bien para
1 Jn. 4:10 En esto consiste el amor: no en que

CONSOLACION: ver Consuelo
Luc. 2:25 Simeón.. esperaba la c. de Israel, y
Hech. 4:36 Bernabé (que significa hijo de c.
1 Cor. 14:3 el que profetiza habla.. para.. c.
2 Cor. 1:3-7 misericordias y Dios de toda c.

CONSOLADOR
Job 16:2 c. gravosos sois todos vosotros
Isa. 51:12 Yo soy, yo soy vuestro C.. ¿Quién
Juan 14:16, 26; 15:26; 16:7 os dará otro C.

CONSOLAR: ver Animar, Confortar
Job 2:11 amigos de Job.. vinieron.. consolarle
Isa. 40:1 consolad a mi pueblo!", dice vuestro
Isa. 49:13; 52:9; Zac. 1:17 Jehovah ha consolado
Isa. 61:2 para consolar a todos los que están
Jer. 31:15; Mat. 2:18 Raquel.. no quería ser c.
Mat. 5:4 lloran, porque ellos serán consolados

CONSPIRACION
2 Rey. 11:14 Atalía.. gritó: "¡C.!

CONSTANCIA: ver Certidumbre
Heb. 11:1 fe es la c. de las cosas

CONSTANTE
Sal. 141:2; Rom. 12:12 Sea c. mi oración
1 Cor. 15:58 estad firmes y c., abundando

CONSTITUIR: ver Poner
Jer. 1:10 te he constituido sobre naciones y
Mar. 3:14, 16 Constituyó a doce, a quienes
Ef. 4:11 constituyó a unos apóstoles, a otros
Heb. 11:3 el universo fue constituido por la
Apoc. 1:6; 5:10 nos constituyó en un reino

CONSTRUCTOR: ver Hacedor
Heb. 3:4; 11:10 c. de.. cosas es Dios

CONSTRUIR: ver Edificar
1 Rey. 5:5; 6:7-9 construir.. casa al nombre de
2 Rey. 20:20 Ezequías.. construyó el estanque y
2 Crón. 2:4-6 ¿Quién.. yo para que le construya
Ecl. 3:3 tiempo.. destruir y tiempo.. construir
Luc. 6:48 casa.. había sido bien construida
Heb. 3:3 aquel que ha construido una casa tiene

CONSUELO: ver Consolación
Sal. 119:50, 52 Esto es mi c. en mi aflicción
Isa. 57:18 Lo guiaré y le daré c., a él y a
Jer. 31:9 con c. los guiaré.. por un camino
2 Cor. 1:6 atribulados, lo es para vuestro c. y
2 Tes. 2:16 por gracia nos dio eterno c. y
Heb. 6:18 tengamos un fortísimo c. los que

CONSULTAR: ver Preguntar
Núm. 27:21 Eleazar.. consultará.. del Urim
Jos. 9:14 hombres.. no consultaron a Jehovah
1 Sam. 23:2-4 David consultó a Jehovah
1 Rey. 12:6-8 Roboam consultó a los ancianos
2 Rey. 1:2-6, 16 rey.. consultad a Baal-zebub
2 Rey. 22:13, 18 Id y consultad a Jehovah por
Sal. 2:2 gobernantes consultan unidos contra
Prov. 15:22 Donde no hay consulta los planes
Isa. 8:19 ¿Acaso no consultará un pueblo a su
Mat. 22:15; 26:4 fariseos.. consultaron cómo

CONSUMACION: ver Cumplimiento
Heb. 9:26 se ha presentado.. la c.

CONSUMADOR
Heb. 12:2 Jesús, el autor y c. de la

CONSUMAR: ver Cumplir
Gén. 18:21 ver si han consumado su maldad
Deut. 25:5 Su cuñado.. consumará con ella el
Eze. 5:13 Así se consumará mi furor; haré que
Juan 19:28 ya todo se había consumado
Juan 19:30 Jesús.. dijo: —¡Consumado es! Y
Apoc. 10:7 será consumado el misterio de Dios
Apoc. 15:1 plagas.. la ira de Dios es consumada

CONSUMIDOR
Exo. 24:17; Deut. 9:3 gloria.. como un fuego c.
Deut. 4:24; Heb. 12:29 tu Dios es fuego c.

CONSUMIR: ver Comer
Exo. 3:2, 3 pero la zarza no se consumía
Núm. 14:33 cadáveres sean consumidos
1 Rey. 18:38 fuego.. consumió el holocausto
Neh. 9:31 misericordia no los consumiste ni
Job 1:16 ¡Fuego.. consumió a los criados!
Sal. 69:9; 119:139; Juan 2:17 celo.. consumido
Isa. 1:28 abandonan a Jehovah.. consumidos
Jer. 36:23 todo el rollo se consumió en.. fuego

Lam. 3:22 bondad.. no somos consumidos
Eze. 22:31 con el fuego de mi ira los consumiré
Amós 5:6 Jehovah.. No sea que.. consuma a
Sof. 3:8; Mal. 3:6 tierra será consumida por el
Luc. 9:54 que descienda fuego.. y los consuma?
2 Ped. 3:10 la tierra y las obras.. consumidas

CONTAMINACION
Hech. 15:20; 2 Ped. 2:20 se aparten de las c.
1 Ped. 1:19 Cristo, como.. cordero.. sin c.

CONTAMINAR: ver Corromper
Lev. 19:31 adivinos para contaminaros con
Eze. 20:7, 18 no os contaminéis con los ídolos
Eze. 22:11 hombre que.. contamina.. a su nuera
Eze. 23:38 día contaminaron mi santuario y
Eze. 43:8 contaminaron mi santo nombre
Dan. 1:8 Daniel se propuso.. no contaminarse
Mat. 15:11-20 que sale de la boca.. contamina
Stg. 3:6 la lengua.. contamina el cuerpo entero

CONTAR: ver Declarar
Gén. 15:5, 6; Rom. 4:3-24; Gál. 3:6; Stg. 2:23 creyó.. y le fue contado por justicia
Exo. 10:2; 13:8 para que cuentes a tus hijos y
Núm. 1:20—4:49; 14:29; 26:4-64 fueron contados
1 Rey. 10:7 no se me había contado ni la mitad
1 Crón. 16:24; Sal. 96:3 Contad.. naciones su
Sal. 9:1; 66:16 contaré todas tus maravillas
Sal. 19:1 Los cielos cuentan la gloria de Dios
Sal. 78:3, 4; 79:13 contaremos las alabanzas de
Sal. 90:12 Enséñanos a contar nuestros días, de
Ecl. 2:3; 5:18; 6:12 contados días de su vida
Isa. 53:12; Luc. 22:37 fue contado entre los
Jer. 23:27-32 un sueño, que cuente el sueño
Jer. 51:10 Venid y contemos en Sion de la obra
Dan. 5:26 MENE: Dios ha contado tu reino y le
Hab. 1:5 aun si se os contase, no lo creeríais
Mat. 10:30 vuestros cabellos están.. contados
Mat. 26:13 será contado lo que.. mujer ha
Luc. 8:39 cuenta cuán grandes cosas ha hecho
Hech. 1:26 Matías.. fue contado con los once
Hech. 14:27; 15:3, 12 contarles cuántas cosas

CONTEMPLAR
Sal. 8:3 Cuando contemplo tus cielos, obra de
Sal. 27:4; Isa. 17:7 contemplar la hermosura
Juan 1:14; 1 Jn. 1:1 y contemplamos su gloria
1 Ped. 1:12 hasta.. ángeles anhelan contemplar

CONTEMPORANEO
Gál. 1:14 destacaba.. sobre.. mis c.

CONTENCION
Fil. 1:17 anuncian a Cristo por c.

CONTENCIOSO
1 Tim. 3:3; 2 Tim. 2:24; Tito 3:2 sino amable; no c. ni amante del dinero

CONTENDER: ver Combatir
Gén. 6:3; Sal. 103:9; Isa. 57:16 No contenderá
Jue. 6:31 ¿Contenderéis.. por Baal.. que contienda
Isa. 45:9 ¡Ay del que contiende con su Hacedor
Hech. 11:2 Pedro.. contendían contra él los que
2 Tim. 2:14, 23; Tito 3:9 no contiendan sobre
Jud. 3, 9 que contendáis eficazmente por la fe

CONTENER
1 Rey. 8:27 los cielos no te pueden contener
Jer. 36:27 quemó el rollo que contenía las

CONTENTAMIENTO: ver Placer
Ecl. 12:1 años.. digas: ¡No tengo en ellos c.
1 Tim. 6:6 grande ganancia es la piedad con c.

CONTENTAR
Luc. 3:14 soldados.. contentaos con.. salarios
Fil. 4:11 he aprendido a contentarme con lo que

CONTENTO: ver Satisfecho
Prov. 15:15 corazón c. tiene fiesta continua
1 Tim. 6:8; Heb. 13:5 estaremos c. con esto

CONTIENDA: ver Batalla, Lucha
Gén. 13:7 c. entre.. pastores de Abram y.. de
Prov. 10:12; 13:10; 28:25 odio despierta c.
Prov. 15:18; 16:28; 29:22 iracundo suscita c.
Prov. 26:20 donde no hay chismoso, cesa la c.
Hab. 1:3 surgen pleitos y c.; la destrucción
Rom. 1:29; Gál. 5:20 Están repletos de.. c.
1 Cor. 1:11; 3:3 que entre vosotros hay c.
Fil. 2:14 Hacedlo todo sin murmuraciones y c.
Stg. 3:16 donde hay celos y c... hay desorden

CONTINENCIA
1 Cor. 7:9 si no tienen don de c.

CONTINUAMENTE
Sal. 84:4 habitan en tu casa! C. te alabarán
Sal. 105:4 su poder; buscad c. su rostro

CONTRADECIR
Rom. 9:20 que contradigas a Dios?

CONTRARIAR
1 Rey. 1:6 padre no le.. contrariado

CONTRIBUIR
1 Crón. 29:9 pueblo se regocijó.. contribuido
Rom. 14:19 sigamos lo que contribuye a la paz

CONTRISTAR: ver Entristecer
Rom. 14:15 tu hermano es contristado

CONTRITO: ver Triste
Sal. 34:18; 51:17 Jehovah.. salvará a los c.
Isa. 57:15; 66:2 estoy con el de espíritu c.

CONTROLAR
1 Tes. 4:4 cada uno.. sepa controlar

CONTROVERSIA
Tito 3:9 evita.. las c. y.. debates

CONTUMAZ: ver Rebelde
Deut. 21:18, 20 Si.. tiene un hijo c.

CONVENCER: ver Persuadir
Juan 16:8 venga, convencerá al mundo de
2 Tim. 1:12 estoy convencido.. él es poderoso
2 Tim. 4:2 convence, reprende y exhorta con

CONVENIO
Eze. 17:13-19 menospreció.. el c.

CONVENIR: ver Necesario
Juan 18:14 Caifás.. que convenía que un
Heb. 2:10 convenía a Dios.. perfeccionar al
Heb. 7:26 tal sumo sacerdote nos convenía

CONVERSION
Hech. 15:3 contando de la c. de los

CONVERTIR: ver Volver
Lev. 26:31, 33 Convertiré.. ciudades en ruinas
Isa. 2:4; Miq. 4:3 convertirán sus espadas en
Isa. 40:4; 41:18 ¡Lo torcido será convertido en
Jer. 44:6, 22 ciudades.. fueron convertidas en
Eze. 14:8; 15:8; 22:18 lo convertiré en señal y
Amós 5:7, 8 convertís el derecho en ajenjo y
Mat. 4:3 di que estas piedras se conviertan en
Juan 16:20 angustia se convertirá en gozo
Hech. 3:19, 26 arrepentíos y convertíos para
Hech. 26:18 que se conviertan de las tinieblas
Hech. 26:20 he proclamado que.. se conviertan
Jud. 4 impíos.. convierten la gracia de nuestro

CONVICCION
1 Tes. 1:5 evangelio.. llegó.. c.

CONVICTA
Jud. 15 declarar c. a toda persona

CONVIDAR
Mat. 22:10, 11 banquete.. de convidados

CONVINCENTE
Hech. 1:3; Heb. 6:17 pruebas c.

CONVOCAR
Exo. 12:21; Jos. 23:2 convocó a.. los ancianos
Lev. 23:4, 21, 37 fiestas solemnes.. convocaréis
1 Sam. 10:17 Samuel convocó al pueblo
Sal. 50:1 Dios.. ha convocado a la tierra desde
Joel 1:14; 2:15 convocad a una asamblea
Luc. 23:13 Pilato convocó a los.. sacerdotes
Hech. 5:21 convocaron al Sanedrín
Hech. 6:2 los doce convocaron a la multitud de
Hech. 28:17 Pablo convocó a.. los judíos, y una

CONYUGAL
1 Cor. 7:3; Heb. 13:4 cumpla.. deber c.

COOPERAR
2 Cor. 1:11 estáis cooperando.. ruegos

COPA: ver Cáliz, Vaso
Gén. 44:2-17 la c. del plata.. de.. José
Sal. 23:5 con aceite; mi c. está rebosando
Isa. 51:17, 22 bebiste la c. de su furor y
Mat. 20:22, 23 ¿Podéis beber la c. que yo he
Mat. 26:27 Tomando la c... les dio diciendo
Mat. 26:39, 42; Juan 18:11 pase de mí esta c.
Luc. 11:39 limpiáis el exterior de la c. o del
1 Cor. 10:16, 21 c. de bendición que
1 Cor. 11:25-28 tomó también la c. después de
Apoc. 5:8 tenía.. c. de oro llenas de incienso
Apoc. 14:10; 16:1-19 furor de Dios.. c. su ira
Apoc. 17:4 tenía.. c. de oro.. de abominaciones

COPARTICIPE: ver Participante
Ef. 3:6 c. de la promesa por.. del evangelio
Apoc. 1:9 Juan.. c. en la tribulación y en el

COPERO
Gén. 40:1—41:9 c. y el panadero.. de Egipto
Neh. 1:11 Entonces yo servía de c. al rey

COPIA
Jos. 8:32 una c. de la ley de Moisés

CORAZA: ver Armadura
Isa. 59:17; Ef. 6:14 vistió.. c. de justicia
1 Tes. 5:8 vestidos de.. c. de la fe y del amor

CORAZIN, ciudad
Mat. 11:21 ¡Ay de ti, C.! ¡Ay de ti

CORAZON: ver Animo
Gén. 6:5 pensamientos de su c. era.. al mal
Exo. 4:21; 7:3; 10:1, 20, 27 endureceré su c.
Exo. 7:13, 22; 8:15, 19, 32; 9:7, 12, 34, 35

el c. del faraón se endureció, y no los
Exo. 35:5, 21-29 hombre de c. generoso traiga
Deut. 6:5; 11:13; Mar. 12:30-33 amarás a.. c.
1 Rey. 3:9, 12 Da.. a tu siervo un c. que sepa
1 Rey. 11:2-4, 9 hicieron que se desviara su c.
2 Crón. 6:30 sólo tú conoces el c. del hombre
2 Crón. 17:6 Elevó su c... caminos de Jehovah
Esd. 7:10 Esdras.. su c. para escudriñar la ley
Sal. 14:1 Dijo el necio en su c.: "No hay Dios
Sal. 17:3 has examinado mi c.; me has visitado
Sal. 19:8 preceptos de Jehovah.. alegran el c.
Sal. 19:14 Sean gratos.. la meditación de mi c.
Sal. 24:4 El limpio de manos y puro de c., que
Sal. 26:2 Examíname.. Purifica.. mi c.
Sal. 40:8, 10, 12 tu ley está en medio de mi c.
Sal. 51:10, 17 Crea en mí, oh Dios, un c. puro
Sal. 69:32 Buscad a Dios, y vivirá vuestro c.
Sal. 84:2 Mi c... cantan con gozo al Dios vivo
Sal. 95:8; Heb. 3:8, 15; 4:7 no endurezcáis.. c.
Sal. 119:10, 11, 80 todo mi c. te he buscado
Prov. 4:23 Sobre.. cosa guardada, guarda tu c.
Prov. 12:20 Engaño.. en el c. de los que traman
Prov. 14:30 El c. apacible vivifica el cuerpo
Prov. 14:33 En el c. del.. entendido reposa la
Prov. 15:13-15; 17:22 El c. alegre hermosea la
Prov. 21:2 Jehovah es el que examina los c.
Prov. 22:17, 18 dispón tu c. a mi conocimiento
Prov. 23:12-19 Aplica tu c. a la enseñanza y
Ecl. 3:11 ha puesto eternidad en el c. de ellos
Isa. 29:13; Mat. 15:8, 18, 19 su c. está lejos
Jer. 17:9, 10 Engañoso es el c., más que todas
Jer. 24:7 Les daré un c. para que me conozcan
Jer. 29:13 me buscaréis con todo vuestro c.
Jer. 31:33; Heb. 8:10; 10:16 ley.. en su c.
Jer. 32:39-41 Les daré un solo c. y un.. camino
Eze. 3:10 toma en tu c. todas mis palabras que
Eze. 11:19 Les daré otro c. y pondré.. de carne
Eze. 36:26 Os daré un c. nuevo y pondré un
Joel 2:12, 13 volveos a mí con todo vuestro c.
Mat. 5:8 Bienaventurados los de limpio c.
Mat. 6:21 donde esté tu tesoro.. estará tu c.
Mat. 12:34 de la abundancia del c. habla.. boca
Mar. 7:21 del c... salen los malos pensamientos
Luc. 16:15 Dios conoce vuestros c.; porque lo
Luc. 24:32 ¿No ardía nuestro c... cuando nos
Juan 14:1, 27 No se turbe vuestro c. Creéis en
Hech. 8:21, 22 tu c. no es recto delante de Dios
Rom. 2:5 por tu c. no arrepentido, acumulas
Rom. 10:1 deseo de mi c. y mi oración a Dios
2 Cor. 3:2, 3 sois nuestra carta.. en nuestros c.
2 Cor. 9:7 Cada uno dé como propuso en su c.
Ef. 3:17 que Cristo habite en vuestros c. por
Fil. 4:7; Col. 3:15, 16 paz de.. guardará.. c.
1 Tim. 1:5 amor que procede de un c. puro, de
Heb. 4:12 Palabra.. discierne.. intenciones.. c.
Stg. 4:8; 5:8 purificad vuestros c., vosotros
2 Ped. 1:19 lucero.. se levante en vuestros c.

CORBAN <dedicado>
Mar. 7:11 si alguien dice.. es Corbán

CORDERITO: ver Cordero
2 Sam. 12:3 el pobre.. tenía.. una sola c. que
Isa. 40:11 pastor.. A los c. llevará en su seno

CORDERO: ver Oveja
Gén. 22:7, 8 Isaac dijo.. ¿dónde está el c.
Exo. 12:3-5, 9, 21 tome.. un c. por familia
Exo. 29:38-41 ofrecerás.. dos c. de un año
Lev. 14:10-25 El octavo día tomará dos c., sin
Deut. 17:1 No sacrificarás.. un c... defecto o
Isa. 1:11 Jehovah.. No deseo la sangre.. de c.
Isa. 11:6; 65:25 el lobo habitará con el c.
Isa. 53:7; Hech. 8:32 Como un c., fue llevado
Luc. 10:3 os envío como c. en medio de lobos
Juan 1:29, 36 Juan.. He aquí el C. de Dios que
Juan 21:15 Jesús le dijo.. Apacienta mis c.
1 Cor. 5:7; 1 Ped. 1:19 Cristo.. C. pascual
Apoc. 5:6-13; 14:1-10 vi un C. de pie, como
Apoc. 6:1, 16; 7:9-17 C. abrió el primero de
Apoc. 12:11 lo han vencido por.. sangre del C.
Apoc. 15:3 cantan.. el cántico del C., diciendo
Apoc. 19:7-9; 21:9 han llegado las bodas del C.
Apoc. 21:27; 22:1, 3 el libro de la vida del C.

CORDON
Gén. 38:18, 25 prenda.. Tu anillo, tu c. y el
Exo. 39:21, 31 pectoral.. efod con un c. azul
Jos. 2:18, 21 ates este c. rojo a la ventana
Ecl. 12:6 antes que se rompa el c. de plata y

CORE, diversas personas
hijo de Esaú: Gén. 36:5, 14-18
descendiente de Leví: Exo. 6:21, 24; Núm. 16:1-49; Jud. 11
levita músico: 2 Crón. 20:19; 31:14; Sal. 42:1

CORINTIOS
Hech. 18:8; 2 Cor. 6:11

CORINTO, ciudad de Grecia
Hech. 18:1; 19:1; 1 Cor. 1:2; 2 Cor. 1:1, 23; 2 Tim. 4:20

CORNALINA, piedra semipreciosa
Apoc. 4:3; 21:20

CORNELIO, oficial romano
Hech. 10:1-31 C... era centurión de

CORNETA: ver Cuerno, Trompeta
Exo. 19:13-19; 20:18; Lev. 25:9; Eze. 33:3-6;

Dan. 3:5-15 sonida de la c.
Jos. 6:4-20 llevarán siete c.
Jue. 6:34; 7:8, 16-22 Gedeón.. tocó la c.

CORO
Neh. 12:31, 38-40; Hab. 3:19 c. de.. gracias
Eze. 45:14 un bato de aceite por cada c.

CORONA: ver Diadema
Prov. 12:4 mujer virtuosa es c. de su marido
Prov. 14:24 c. de los sabios es su discreción
Prov. 16:31 C. de honra son las canas
Prov. 17:6 C. de los ancianos son los hijos de
Isa. 28:1-5 ¡Ay de la c. de soberbia de los
Isa. 62:3 Serás c. de esplendor en la mano de
Juan 19:2, 5 entretejieron una c. de espinas
1 Cor. 9:25 aquel que lucha.. c. corruptible
2 Tim. 4:8 me está reservada la c. de justicia
Stg. 1:12; 1 Ped. 5:4 recibirá la c. de vida
Apoc. 2:10; 3:11 yo te daré la c. de la vida
Apoc. 4:4, 10 ancianos sentados.. con c. de oro
Apoc. 6:2 arco, y le fue dada una c.; y salió
Apoc. 12:1 mujer.. cabeza una c. de.. estrellas
Apoc. 14:14 Hijo de Hombre.. cabeza una c. de

CORONAR
Sal. 8:5; Heb. 2:7-9 le has coronado de gloria
Sal. 103:4 el que te corona de favores y de
Prov. 14:18 sagaces se coronarán de
2 Tim. 2:5 atleta.. no es coronado a menos que

CORPORAL
Luc. 3:22 Espíritu.. sobre él en forma c., como
Col. 2:9 en él habita corporalmente.. plenitud

CORREA
Mar. 1:7 digno de desatar.. la c. de su

CORRECCION: ver Disciplina
Sal. 2:10; Prov. 8:10, 33; 19:20 aceptad la c.
Prov. 12:1 El que ama la c. ama.. conocimiento
Prov. 29:15 La vara y la c. dan sabiduría
Jer. 7:28; 17:23; 32:33; Sof. 3:2 ni aceptó.. c.
2 Tim. 3:16 Escritura.. es útil.. para la c.

CORRECTO
Job 34:4; Prov. 4:26 Escojamos lo que es c.
Eze. 18:25, 29; 33:17, 20 No es c. el camino

CORREDOR
Job 9:25; Sof. 1:14 veloces que un c.

CORREGIR: ver Castigar
Prov. 13:24; 23:13 el que lo ama.. corregirlo
Jer. 7:3, 5; 26:13 Corregid vuestros caminos y

CORRER
Prov. 1:16; 6:18; Isa. 59:7 pies corren al mal
Isa. 2:2 correrán a él todas las naciones
Isa. 40:31 Correrán y no se cansarán
Isa. 55:5; Miq. 4:1 naciones.. correrán hacia ti
Amós 5:24 corra el derecho como agua, y la
Juan 7:38 ríos de agua viva correrán de su
Rom. 9:16 no depende.. del que corre, sino de
1 Cor. 9:24 los que corren en el estadio, todos
Heb. 12:1 corramos con perseverancia

CORRESPONDER
2 Crón. 26:18 No te corresponde.. quemar
Ose.12:2 castigo que corresponde a sus
Luc. 15:12 dame la parte.. que me corresponde

CORRIENTE
Sal. 1:3; Jer. 17:8 árbol.. junto a c. de aguas
Sal. 42:1 ansía el venado las c. de las aguas
Ef. 2:2 anduvisteis.. a la c. de este mundo y al

CORROMPER: ver Contaminar
Gén. 6:11 tierra estaba corrompida delante de
Exo. 32:7 Jehovah.. pueblo.. se ha corrompido
Deut. 31:29 después.. muerte.. os corromperéis
Jue. 2:19 se corrompían más que sus padres
Sal. 14:1, 3; 53:1, 3 Se han corrompido; han
Ecl. 7:7 y el soborno corrompe el corazón
Mat. 6:19, 20 la polilla y el óxido corrompen
1 Cor. 15:33 malas compañías corrompen las

CORRUPCION: ver Contaminación
Sal. 16:10; Hech. 2:27, 31; 13:34-37 santo vea c.
Ose. 9:9 Profundizaron su c., como en los días
Rom. 8:21 creación.. será librada.. de la c.
1 Cor. 15:42, 50, 52 siembra en c.; se resucita
Gál. 6:8 de la carne cosechará c.; pero el que
2 Ped. 1:4; 2:19 después de haber huido de la c.

CORRUPTIBLE
Rom. 1:23 cambiaron la gloria.. hombre c., de
1 Cor. 9:25 hacen para recibir una corona c.
1 Cor. 15:53, 54 esto corruptible sea vestido
1 Ped. 1:18, 23 rescatados.. no con cosas c.

CORTADOR
Jos. 9:21-27 llegaron a ser c. de leña

CORTAPLUMAS
Jer. 36:23 rey lo rasgó con un c.

CORTAR: ver Quitar
Isa. 51:1 Mirad.. roca.. donde fuisteis cortados
Isa. 53:8 cortado de la tierra de los vivientes
Juan 18:10, 26 Pedro.. le cortó la oreja derecha

CORTINA: ver Velo
Exo. 26:36, 37; 36:37 entrada.. una c. de.. azul
Sal. 105:39 Extendió una nube por c., y fuego

CORTO
Isa. 50:2 ¿Acaso es demasiado c. mi brazo

COSA
Prov. 4:23 Sobre toda c. guardada, guarda tu
Prov. 6:16 Seis c. aborrece Jehovah, y aun siete
Ecl. 3:12, 22 no hay c. mejor para el hombre
Ecl. 11:9 Por todas estas c. Dios te traerá a
Isa. 12:5 Jehovah.. ha hecho c. magníficas!
Isa. 44:24; 45:7; 66:2 Yo.. hago todas las c.
Jer. 17:9 Engañoso es el corazón, más que.. las c.
Mat. 6:32 los gentiles buscan todas estas c.
Mat. 6:33 todas estas c. os serán añadidas
Mat. 11:27 Todas las c. me han sido entregadas
Mat. 19:16 ¿qué c. buena haré para tener la
Luc. 24:48 Y vosotros sois testigos de estas c.
Juan 9:25 una c. sé; que habiendo sido ciego
Juan 17:11, 21, 22 para que sean una c., así
Hech. 17:24, 25; Ef. 3:9 Dios.. hizo.. las c.
1 Cor. 2:9-14 C. que ojo no vio ni oído oyó
2 Cor. 5:17 las c. viejas pasaron .. todas son
Fil. 2:2 unánimes, pensando en una misma c.
Col. 1:16-22 en él fueron creadas todas las c.
Col. 3:1, 2 buscad las c. de arriba, donde
Heb. 3:4 constructor de todas las c. es Dios
1 Jn. 2:15 No améis.. las c. que están en el
Apoc. 21:4-7 las primeras c. ya pasaron

COSECHA: ver Mies, Siega
Exo. 22:29 presentar las primicias de tu c.
Exo. 23:16; 34:22 guardarás la fiesta de la c.
Lev. 25:15-22; 26:10 jubileo.. al número de c.

COSECHAR: ver Segar
Lev. 19:23 sus primeros frutas sin cosechar
Ose. 8:7 sembrado viento, cosecharán
Miq. 6:15 Tú sembrarás, pero no cosecharás
Mat. 25:24-26 cosechas donde no sembraste
2 Cor. 9:6; Gál. 6:7-9 cosechará escasamente

COSTA
Sal. 72:10 las c. del mar le traerán presentes
Sal. 97:1 reina!.. ¡Alégrense las muchas c.!
Isa. 41:1 ¡Guardad silencio ante mí, oh c.
Isa. 41:5; 42:4 Las c. han visto y temen. Los
Isa. 42:10, 12 Cantad a Jehovah.. las c. y sus
Isa. 51:5; 60:9 En mí esperarán las c., y en
Isa. 59:18 Dará su retribución a las c.
Isa. 66:19 enviaré algunos.. a las c. más
Jer. 31:10 palabra.. hacedlo saber en las c.

COSTADO
Eze. 4:4-6 acuéstate sobre tu c. izquierdo y
Juan 19:34 uno.. soldados le abrió el c. con
Juan 20:20-27 les mostró las manos y el c.

COSTAL: ver Alforja, Bolsa
Gén. 42:25—44:12 José.. llenaran sus c.

COSTILLA
Gén. 2:21, 22 Dios.. tomó una de sus c. y

COSTOSO
1 Tim. 2:9 se atavíen.. ni vestidos c.

COSTUMBRE: ver Camino
Lev. 18:3 tierra.. Canaán.. No seguiréis sus c.
2 Rey. 17:40 Pero.. hicieron según su antigua c.
Jer. 10:3 las c. de los pueblos son vanidad
Luc. 2:27, 42 subieron.. conforme a la c. de la
Luc. 4:16 conforme a su c... entró.. sinagoga
Hech. 6:14; 16:21 Jesús.. cambiará las c. que
1 Cor. 15:33 compañías corrompen las.. c.
Heb. 10:25 congregarnos.. algunos tienen por c.
Heb. 13:5 Sean vuestras c. sin amor al dinero

COSTURA
Juan 19:23 túnica no tenía c.; era

COYUNDA: ver Cuerda
Lev. 26:13; Jer. 30:8 rompí las c. de.. yugo
Jer. 27:2 Haz c. y yugos, y ponlos.. tu cuello
Eze. 34:27; Nah. 1:13 yo rompa.. c. de su yugo

COYUNTURA
Heb. 4:12 Palabra.. partir.. las c.

CREACION: ver Principio
Rom. 1:20 lo invisible.. deja ver desde la c.
Rom. 1:25 veneraron.. la c. antes que.. Creador
Rom. 8:19-23 la c. aguarda con ardiente anhelo
Col. 1:15, 23 el primogénito de toda la c.

CREADOR: ver Hacedor
Gén. 14:19 Dios.. c. de los cielos y.. tierra
Ecl. 12:1 Acuérdate de tu C. en los días de
Rom. 1:25 culto a la creación antes que al C.

CREAR: ver Formar, Hacer
Gén. 1:1, 21 En el principio creó Dios los
Gén. 1:27; 5:1, 2; Mat. 19:4 Creó.. al hombre
Sal. 51:10 Crea en mí.. corazón puro y renueva
Sal. 104:30 Envías tu hálito, y son creados
Prov. 8:22 Jehovah me creó como su obra
Isa. 40:26-28 mirad quién ha creado estas cosas
Isa. 45:7, 8, 12, 18 soy quien.. crea las
Isa. 54:16 he creado al herrero que sopla los

Mal. 2:10 ¿No nos ha creado el único Dios?
Rom. 8:39 ninguna otra cosa creada nos podrá
Ef. 2:10, 15; 4:24 hechura de Dios, creados en
Col. 1:16 en él fueron creadas todas las cosas
Apoc. 4:11 10:6 tú has creado todas las cosas

CRECER: ver Aumentar
Sal. 90:5, 6 hierba.. en.. mañana brota y crece
Isa. 11:6 ternero y.. cachorro del león crecerán
Isa. 55:13 En lugar del espino crecerá.. ciprés
Eze. 47:12 Junto al río.. crecerá toda clase de
Mat. 6:28 lirios del campo, cómo crecen
Mat. 13:30 Dejad crecer a ambos hasta la siega
Mar. 4:27 semilla brota y crece sin que él sepa
Juan 3:30 le es preciso crecer.. a mí menguar
Ef. 4:15 verdad con amor, crezcamos
Col. 2:19 el cuerpo.. crece con el crecimiento
2 Ped. 3:18 creced en.. gracia y.. conocimiento

CRECIMIENTO: ver Desarrollo
1 Cor. 3:6, 7; Col. 2:19 Dios dio.. c.

CREER: ver Confiar
Gén. 15:6; Rom. 4:3; Gál. 3:7; Stg. 2:23 El creyó a Jehovah, y le fue contado por justicia
Exo. 4:1, 5, 8, 9, 31 Moisés.. si.. no me creen
Núm. 14:11; Deut. 1:32 cuándo no me.. creerá
Sal. 27:13 ¡Oh, si yo no creyese que he de ver
Sal. 119:66 mandamientos he creído
Isa. 28:16 El que crea no se apresure
Isa. 53:1; Rom. 10:16 ¿Quién ha creído nuestro
Jon. 3:5 hombres de Nínive creyeron a Dios
Hab. 1:5; Hech. 13:41 si.. contase, no.. creeríais
Mat. 8:13 Vé, y como creíste te sea hecho
Mat. 21:22 lo que pidáis en oración, creyendo
Mar. 1:15 ¡Arrepentíos y creed en el evangelio!
Mar. 5:36 sinagoga: —No temas; sólo cree
Mar. 9:23 ¡Al que cree todo le es posible!
Mar. 15:32 descienda.. que veamos y creamos!
Mar. 16:11-13 visto por ella, no lo creyeron
Mar. 16:16 El que cree y es bautizado será
Luc. 24:25, 41 tardos de corazón para creer
Juan 2:22 creyeron la Escritura y.. palabras
Juan 3:15-18, 36 que cree en él tenga vida
Juan 5:24 el que oye mi palabra y cree al que
Juan 6:35, 40, 47 el que en mí cree no tendrá
Juan 7:5 ni aun sus hermanos creían en él
Juan 7:38, 39 El que cree en mí.. la Escritura
Juan 8:30; 10:42 cosas, muchos creyeron en él
Juan 9:35, 36 ¿Crees tú en el Hijo del Hombre?
Juan 10:38 no me creáis, creed a las obras
Juan 11:25-27 El que cree en mí, aunque muera
Juan 11:40-48 si crees verás la gloria de Dios
Juan 12:36-46 tenéis la luz, creed en la luz
Juan 14:1, 10-12 Creéis en Dios; creed.. en mí
Juan 16:9 a pecado, porque no creen en mí
Juan 17:20, 21 el mundo crea que.. me enviaste
Juan 20:31 escritas para que creáis que Jesús
Hech. 16:31, 34 Cree en el Señor Jesús y serás
Hech. 18:8 corintios.. creían y eran bautizados
Rom. 1:16; 3:22 poder.. a todo aquel que cree
Rom. 10:9-11 si crees en tu corazón que Dios
Rom. 10:14 cómo creerán a aquel de quien no
1 Cor. 13:7 Todo lo sufre, todo lo cree, todo
2 Tim. 1:12 yo sé a quién he creído, y estoy
Heb. 11:6 se acerca a Dios crea que él existe
1 Ped. 1:8 En él creéis.. creyendo en él os
1 Jn. 3:23 mandamiento: que creamos en.. Hijo
1 Jn. 5:1, 5, 10 aquel que cree que Jesús es el

CRETA, isla
Hech. 27:7, 12, 21; Tito 1:5

CRETENSE
Hech. 2:11; Tito 1:12

CREYENTE: ver Fiel
Juan 20:27 Tomás.. y no seas incrédulo sino c.
1 Cor. 14:22-24 lenguas.. señal.. para los no c.
2 Cor. 6:14, 15 No os unáis.. con los no c.
1 Tim. 4:12 sé ejemplo para los c. en palabra

CRIA: ver Niño
Exo. 13:12 apartarás.. todo primerizo de las c.
Deut. 7:13; 28:4, 18 bendecirá... la c. de tus
Sal. 29:6 hizo saltar como c. de toros salvajes
Isa. 11:7 vaca y la osa.. sus c. se recostarán
Juan 12:15 Rey.. sentado sobre una c. de asna

CRIADO: ver Esclavo, Siervo
Gén. 15:3 Abram.. me heredará un c. nacido en
2 Rey. 5:20; 8:4 Guejazi, c. de Eliseo.. pensó
2 Rey. 6:15, 17 Jehovah abrió los ojos del c.
Job 1:15-17 a los c. mataron a filo de espada
Mat. 8:6, 8, 13 Señor, mi c. está postrado en
Mat. 26:69, 71 Pedro.. y se le acercó una c.

CRIAR
Exo. 2:9 faraón.. Llévate a este niño y críamelo
1 Sam. 6:7, 10 dos vacas que estén criando
2 Sam. 12:3 sola corderita que él había.. criado
1 Rey. 12:8, 10 consultó a los.. se habían criado
Isa. 40:11 pastor.. conducirá a las.. criando
Lam. 4:5 que fueron criados con carmesí..
Luc. 23:29 estériles.. pechos que no criaron
Hech. 7:20, 21 Moisés.. fue criado tres meses
Hech. 22:3 Soy un hombre judío.. criado en
Ef. 6:4 sino criadlos en la disciplina y la
1 Tes. 2:7 como la nodriza que cría y cuida a
1 Tim. 5:10 de buenas obras, si ha criado hijos

CRIATURA: ver Viviente
Sal. 50:11; 104:24 las c. del campo son mías
Mar. 16:15 predicad el evangelio a toda c.
Luc. 1:41, 44 Elisabet.. la c. saltó en.. vientre
2 Cor. 5:17; Gál. 6:15 en Cristo, nueva c. es
Apoc. 5:13 oí a toda c... diciendo: "Al que

CRISOL
Prov. 17:3; 27:21 El c. prueba la plata

CRISOLITO, piedra preciosa
Exo. 28:20; Eze. 1:16; 10:9; 28:13; Dan. 10:6; Apoc. 21:20

CRISPO
Hech. 18:8; 1 Cor. 1:14

CRISTAL
Apoc. 21:11; 22:1 resplandor.. como c.

CRISTIANO: ver Creyente
Hech. 11:26 discípulos fueron llamados c. por
Hech. 26:28 ¡Por poco me persuades a ser c.!
1 Ped. 4:16 si alguno padece como c., no se

CRISTO: ver Cristo Jesús, Mesías
Mat. 2:4 preguntó dónde había de nacer el C.
Mat. 16:16, 20 Tú eres el C., el Hijo del Dios
Mat. 22:42 ¿Qué pensáis acerca del C.? ¿De
Mat. 23:10 vuestro Guía es uno solo, el C.
Mat. 24:5, 23; Mar. 13:21 muchos.. soy el C.
Mar. 14:61 ¿Eres tú el C., el Hijo del Bendito?
Mar. 15:32 ¡Que el C... descienda.. de la cruz
Luc. 2:11 os ha nacido.. Salvador.. C. el Señor
Luc. 3:15; Juan 1:20; 3:28 acaso Juan sería.. C.
Luc. 24:26, 46 necesario que el C. padeciese
Juan 1:41 encontrado al Mesías.. significa C.
Juan 4:25, 29 mujer.. viene el Mesías.. el C.
Juan 7:26-31, 41, 42 reconocido.. es el C.?
Juan 11:27 he creído que tú eres el C., el Hijo
Juan 12:34 según la ley, el C. permanece para
Hech. 3:18; 26:23 Dios.. su C. había de padecer
Hech. 8:5 Felipe.. Samaria y les predicaba a C.
Rom. 5:6-8; 8:34-39 C. murió por los impíos
Rom. 6:4, 8, 9 Si hemos muerto con C.,
Rom. 8:17 somos.. coherederos con C., si es
Rom. 10:4-7 fin de la ley es C., para justicia
Rom. 10:17 oír, y el oír por la palabra de C.
Rom. 12:5 muchos, somos un solo cuerpo en C.
Rom. 14:9 C... murió y vivió, para ser el Señor
Rom. 15:3 C. no se agradó a sí mismo
1 Cor. 1:12, 13 está diciendo.. "yo de C."
1 Cor. 1:23, 24 predicamos a C. crucificado
1 Cor. 4:1, 15 considere como servidores de C.
1 Cor. 5:7 C., nuestro Cordero.. sacrificado
1 Cor. 6:15 vuestros cuerpos.. miembros de C.?
1 Cor. 10:4, 9, 16 bebían de.. la roca era C.
1 Cor. 11:1 imitadores de mí.. yo lo soy de C.
1 Cor. 11:3 C. es la cabeza de todo hombre
1 Cor. 12:12, 27 sois el cuerpo de C., y
1 Cor. 15:3-23 C... ha resucitado de entre los
2 Cor. 1:5, 21 abundan.. aflicciones de C., así
2 Cor. 2:14-17 siempre triunfemos en C. y que
2 Cor. 4:4 de C., quien es la imagen de Dios
2 Cor. 5:10 comparezcamos.. tribunal de C.
2 Cor. 5:14-20 amor de C. nos impulsa.. murió
2 Cor. 6:15 ¿Qué armonía hay entre C. y
2 Cor. 10:5 pensamiento a la obediencia de C.
2 Cor. 12:9, 10 que habite en mí el poder de C.
Gál. 2:20, 21 Con C. he sido.. crucificado; y
Gál. 3:24-29 ley.. tutor para llevarnos a C.
Gál. 5:1-6 libertad con que C. nos hizo libres
Ef. 2:5-10 muertos.. nos dio vida.. con C. ¡Por
Ef. 3:8, 11 de las inescrutables riquezas de C.
Ef. 3:17, 19 que C. habite en.. corazones
Ef. 4:12 para la edificación del cuerpo de C.
Ef. 5:2 C... nos amó y se entregó a sí mismo
Ef. 5:21-32 como C. es cabeza de la iglesia
Fil. 1:17—2:1 para mí el vivir es C., y el
Fil. 3:7-9 ganancia.. pérdida a causa de C.
Fil. 4:13, 19 lo puedo en C. que me fortalece!
Col. 1:24 completo.. las tribulaciones de C.
Col. 1:27, 28 C. en vosotros, la esperanza de
Col. 2:17 sombra.. la realidad pertenece a C.
Col. 3:1-4 habéis resucitado con C., buscad
Col. 3:15 paz de C. gobierne en.. corazones
Col. 4:3 para comunicar el misterio de C.
1 Tes. 4:16 muertos en C. resucitarán primero
Heb. 3:6, 14 C. es fiel como Hijo sobre su casa
Heb. 5:7 C... fue oído por su temor reverente
Heb. 9:14 ¡cuánto más la sangre de C., quien
Heb. 9:24, 28 C. no entró en.. lugar.. de manos
1 Ped. 1:19 sino con la sangre preciosa de C.
1 Ped. 3:18; 4:1 Cristo.. padeció.. por.. pecados
Apoc. 11:15; 12:10 reino.. ha venido.. de su C.

CRISTO JESUS: ver Cristo, Jesucristo
Rom. 3:24 mediante la redención que es en C.J.
Rom. 6:23 don de Dios es vida eterna en C.J.
Rom. 8:1, 2 ninguna condenación hay.. en C.J.
Gál. 2:16, 17 hemos creído.. en C.J., para que
Ef. 3:6 en C.J. los gentiles son coherederos
Fil. 2:5 Haya.. pensar que hubo.. en C.J.
Fil. 3:14 prosigo.. hacia el premio.. en C.J.
1 Tim. 1:14-16 C.J. vino al mundo para salvar
2 Tim. 1:9-13 aparición de.. Salvador C.J.

CRITICAR
Jud. 16 se quejan.. y todo lo critican

CRUCIFICAR
Mat. 20:19; 26:2 entregarán.. que.. crucifiquen
Mat. 27:22-44 dijeron: —¡Sea crucificado!
Juan 19:10, 15-23 autoridad.. crucificarte?
Hech. 2:36; 4:10 Jesús a quien.. crucificasteis
Rom. 6:6 nuestro viejo hombre fue crucificado
1 Cor. 1:23; 2:2 predicamos a.. crucificado
Gál. 2:20 Con Cristo he sido.. crucificado; y
Gál. 5:24 los.. de Cristo Jesús han crucificado
Gál. 6:14 el mundo me ha sido crucificado a mí

CRUEL: ver Sanguinario
Prov. 11:17; 12:10 c. se perjudica a sí mismo
Rom. 1:31; 2 Tim. 3:3 desleales, c. y sin

CRUJIR
Mat. 8:12; 13:42, 50; 22:13; 24:51; 25:30 afuera.. Allí habrá llanto y crujir de dientes
Mar. 9:18 Echa espumarajos y cruje los dientes

CRUZ
Mat. 10:38; 16:24; Luc. 14:27 no toma su c.
Mat. 27:32 Simón.. le obligaron a cargar la c.
Mat. 27:40, 42 ¡sálvate.. y desciende de la c.!
Mar. 15:46 bajándole de la c., José lo envolvió
Juan 19:17 salió llevando su c. hacia el lugar
Juan 19:19 puso sobre la c. un letrero en el
Juan 19:25 Junto a la c. de Jesús estaban su
1 Cor. 1:17, 18 el mensaje de la c. es locura
Gál. 6:14 lejos esté.. gloriarme sino en la c.
Ef. 2:16 reconcilió con.. por medio de la c.
Fil. 2:8 obediente hasta la.. muerte de cruz!
Col. 1:20; 2:14 paz mediante la sangre de su c.
Heb. 12:2 Jesús.. por el gozo.. sufrió la c.

CRUZAR
Deut. 3:25, 27 que yo.. cruce y vea.. tierra que
Deut. 9:1, 3; Jos. 1:11 Tú vas a cruzar hoy el
Jos. 3:17 el pueblo terminó de cruzar el Jordán
Prov. 6:10; 24:33 un poco de cruzar las manos
Luc. 16:26 ni de allá puedan cruzar para acá

CUARENTA
Gén. 7:4-17; 8:6 llover.. durante c. días y c.
Exo. 16:35 comieron el maná durante c. años
Exo. 24:18; 34:28 Moisés en el monte c. días y
1 Rey. 19:8 caminó c. días.. hasta Horeb, el
Jon. 3:4 aquí a c. días Nínive será destruida!
Mar. 1:13 en el desierto c. días.. tentado por
Hech. 1:3 Durante c. días se hacía visible a

CUATRO
Amós 1:3, 6, 9, 11, 13; 2:1, 4, 6 Por tres pecados.. y por c.
Mat. 15:38 que comían eran c. mil hombres
Mar. 2:3 un paralítico cargado por c.
Apoc. 4:6, 8; 5:14 hay c. seres vivientes
Apoc. 7:1 vi a c. ángeles que estaban.. sobre

CUBRIR: ver Esconder, Ocultar
Gén. 8:9 aguas.. cubrían.. toda la tierra
Gén. 9:23 Sem y Jafet... cubrieron la desnudez
Exo. 3:6 Moisés cubrió su cara.. tuvo miedo de
Exo. 16:13 codornices.. cubrieron el
Exo. 25:20; 37:9; Heb. 9:5 querubines.. cubriendo
Exo. 33:22; Isa. 49:2; 51:16 te cubriré con mi
Núm. 9:15, 16 nube cubrió el tabernáculo, la
1 Rey. 19:13 Elías, cubrió su cara con su manto
Sal. 32:1 perdonada, y.. cubierto su pecado
Sal. 91:4 Con sus plumas te cubrirá, y debajo
Sal. 104:2 Tú eres el que se cubre de luz como
Sal. 147:8 El es el que cubre.. cielos de nubes
Prov. 10:12; Stg. 5:20; 1 Ped. 4:8 amor cubre
Isa. 6:2 serafines.. alas; con dos cubrían sus
Isa. 11:9; Hab. 2:14 como las aguas cubren..
Isa. 61:10 me ha cubierto con manto de justicia
Ose. 10:8; Luc. 23:30 Dirán.. "¡Cubridnos!", y
Mat. 6:31 o '¿Con qué nos cubriremos?'
1 Cor. 11:6 si la mujer no se cubre, que se
Heb. 9:5 querubines.. cubrían el propiciatorio

CUCHILLO: ver Espada
Gén. 22:6, 10 Abraham tomó.. Isaac.. y el c.
Prov. 23:2 Pon c. a tu garganta, si.. apetito

CUELLO: ver Cerviz
Prov. 3:3 misericordia.. verdad; átalas a tu c.
Cant. 1:10; 4:4; 7:4 ¡Qué bellas.. y tu c. entre
Jer. 27:2 Haz coyundas.. y ponlos sobre tu c.
Jer. 28:10-14; 30:8 puesto un yugo.. sobre el c.
Ose. 10:11 Yo puse yugo de bondad sobre su c.
Mat. 18:6 mejor le fuera que se le atase al c.
Rom. 16:4 expusieron sus c. por mi vida, y a

CUENTA
Gén. 3:7 se dieron c. de que estaban desnudos
Gén. 9:5 pediré c. a cada uno por la vida del
Lev. 5:2 aunque no se haya dado c. de ello
Deut. 18:19 al hombre que no.. yo le pediré c.
Job 31:14, 37 responderé cuando.. pida c.?
Sal. 10:13 impío.. piensa.. no lo llamarás a c.
Sal. 54:3; 86:14 violentos.. No toman en c. a
Prov. 5:6 son inestables, y ella no se da c.
Prov. 29:15 muchacho dejado por su c.
Mat. 12:36 día del juicio los hombres darán c.
Mat. 25:19 vino el señor.. arregló c. con ellos
Luc. 16:2 Da c. de tu mayordomía, porque ya
Juan 21:4 discípulos no se daban c. de que era
Hech. 7:60 no les tomes en c. este pecado
Rom. 1:28 no aprobaron tener en c. a Dios, los
Rom. 14:12 cada uno.. rendirá c. a Dios de sí

Film. 1:18 Si.. o te debe, ponlo a mi c.
Heb. 4:13 aquel a quien tenemos que dar c.
1 Ped. 4:5 darán c. a quien ha de juzgar a los

CUERDA: ver Coyunda
Jos. 2:15 descender con una c. por la ventana
Jue. 15:13, 14; 16:7-9 lo ataron con dos c.
Sal. 33:2; 92:3; 144:9 cantadle con arpa de.. c.
Sal. 150:4 ¡Alabadle con instrumentos de c. y
Prov. 5:22 será atrapado en.. c. de su.. pecado
Isa. 54:2 alarga tus c. y afirma tus estacas
Ose. 11:4 Con c. humanas los atraje, con.. amor

CUERNO: ver Corneta, Trompeta
Jos. 6:4-13 llevarán siete cornetas de c. de
1 Sam. 16:13; 1 Rey. 1:39 tomó el c. de aceite
Dan. 7:7-24; Apoc. 13:1; 17:3-16 bestia.. c.
Apoc. 5:6 Cordero.. Tenía siete c. y siete ojos

CUERO
2 Rey. 1:8 hombre.. un cinto de c... Elías
Mat. 3:4 Juan.. vestido.. con un cinto de c.

CUERPO: ver Cadáver
Deut. 14:1 No sajaréis vuestros c. ni raparéis
Mat. 5:29, 30 no que todo tu c. sea echado al
Mat. 6:25 No os afanéis.. por vuestro c., qué
Mat. 10:28 No temáis a los que matan el c.
Mat. 26:26; 1 Cor. 11:24 comed. Esto es mi c.
Luc. 11:34-36 La lámpara de tu c. es tu ojo
Hech. 2:31 de Cristo.. ni su c. vio corrupción
Rom. 6:12 No reine.. el pecado en.. c. mortal
Rom. 12:1-5 que presentéis vuestros c. como
1 Cor. 6:13-20 vuestros c. son miembros de
1 Cor. 9:27 pongo mi c. bajo disciplina y lo
1 Cor. 12:12-18 c. es uno solo.. muchos
1 Cor. 15:35-44 ¿Con qué clase de c. vienen?
Gál. 6:17 llevo en mi c. las marcas de Cristo
Ef. 4:4 Hay un solo c. y un solo Espíritu
Ef. 4:12, 16 la edificación del c. de Cristo
Col. 1:18-24 él es la cabeza del c., que es la
1 Tes. 4:4 sepa controlar su propio c. en
1 Ped. 2:24 llevó nuestros pecados en su c.

CUERVO
Gén. 8:7 envió un c. que iba y venía hasta que
1 Rey. 17:4, 6 Los c. le traían pan y carne por
Job 38:41 ¿Quién prepara al c. su comida
Luc. 12:24 Considerad los c... Dios los

CUEVA: ver Caverna
Gén. 19:30 Lot.. habitaba en una c. con.. hijas
Gén. 23:9-20; 25:9 que me dé la c. de Macpela
1 Rey. 19:9, 13 se metió en la c... Elías
Jer. 7:11; Mat. 21:13 templo.. c. de ladrones?
Mat. 8:20 Jesús.. Las zorras tienen c., y las
Heb. 11:38 Andaban errantes.. por las c. y por
Apoc. 6:15 reyes.. se escondieron en las c. y

CUIDADO
Deut. 4:15; 5:1; Hech. 20:28; 1 Tim. 4:16 tened mucho c. de vosotros mismos
1 Ped. 5:7 Echad.. porque.. tiene c. de vosotros

CUIDAR: ver Apacentar, Velar
Deut. 4:23 Cuidaos.. no sea que olvidéis.. pacto
Deut. 8:1 Cuidaréis de poner por obra todo
Sal. 39:1 Cuidaré mis caminos para no pecar
Eze. 34:11, 12 pastor cuida de su rebaño
Luc. 10:34 le llevó a un mesón y cuidó de él
Col. 4:17 Cuida el ministerio que has recibido
1 Tim. 3:5; 1 Ped. 5:2 ¿cómo cuidará.. iglesia

CULMINACION
2 Cor. 8:11 llevad el hecho a su c.

CULPA: ver Delito, Falta
Lev. 5:6-19; 7:1-7 su sacrificio por la c.
Deut. 24:16; 2 Rey. 14:6 no.. por c. de.. hijos
Isa. 6:7 tu c. ha sido quitada, y tu pecado ha
Isa. 53:10 su vida como sacrificio por la c.
Miq. 3:12 por c. de vosotros Sion será arada

CULPABILIDAD
Prov. 14:9 se mofan de la c.

CULPABLE
Gén. 18:23-25 ¿Destruirás.. al justo con el c.?
Lev. 6:4 siendo c., deberá restituir aquello
Deut. 25:1 absolverán.. justo y condenarán al c.
Mat. 5:21, 22 el que se enoja con su.. será c.
Mar. 3:29 que blasfeme.. el Espíritu.. es c.

CULTIVAR
Gén. 2:5, 15 Dios al hombre.. puso.. cultivase
Prov. 28:19 El que cultiva.. se saciará de pan
Amós 7:14 soy ganadero y cultivador de higos

CULTO
Exo. 20:5; 23:24; Deut. 5:9 ni les rendirás c.
Deut. 7:16; 8:19; 28:14 ni rendirás c. a sus
2 Rey. 10:19 Jehú.. destruir.. rendían c. a Baal
2 Rey. 17:41 temían a Jehovah, y.. rendían c. a
1 Crón. 9:28 encargados.. utensilios para el c.
Jer. 8:2 sol.. a quienes amaron y rindieron c.
Dan. 3:12-28 Sadrac.. no rinden c. a tus dioses
Mat. 15:9 en vano me rinden c., enseñando
Hech. 7:7 dijo Dios.. me rendirán c. en este
Rom. 1:25 rindieron c. a la creación antes que
Rom. 12:1 sacrificio vivo.. vuestro c. racional
2 Tim. 1:3 Doy gracias a Dios, a quien rindo c.
Heb. 9:6; 10:11 sacerdotes.. servicios del c.

Apoc. 7:15; 22:3 trono de Dios y le rinden c.

CUMBRE: ver Altura
Núm. 20:28 Aarón murió allí, en la c. del
Deut. 3:27; 34:1 Sube a la c. del Pisga y alza
1 Rey. 18:42 Elías subió a la c. del Carmelo

CUMPLEAÑOS
Mat. 14:6 celebró el c. de Herodes

CUMPLIMIENTO: ver Consumación
Luc. 22:37 lo que está escrito de mí tiene c.
Luc. 24:49; Hech. 1:4 enviaré.. c. de la promesa
Rom. 13:10 el amor es el c. de la ley
Ef. 1:10 plan para el c. de los tiempos: que
Col. 1:25 dar pleno c. a la palabra de Dios
Heb. 11:13, 39 murieron.. sin.. c... promesas

CUMPLIR: ver Acabar, Completar
Gén. 17:2 Yo cumpliré mi pacto entre yo y tú
Lev. 25:18 Cumplid.. mis estatutos; guardad
Núm. 23:19 Dios.. Habló, ¿y no lo cumplirá?
Núm. 28:2 Cumpliréis con mis sacrificios
Deut. 23:21, 23 voto.. no tardes en cumplirlo
Deut. 26:16; 27:10 manda hoy que cumplas
Deut. 27:26 ¡Maldito el que no cumpla.. ley
Deut. 30:12-14 está la palabra.. que la cumplas
Jos. 1:7, 8 esfuérzate.. de cumplir toda la ley
Jos. 23:14, 15 promesas.. se han cumplido
2 Rey. 23:24 Josías.. para cumplir.. la ley
Sal. 116:14, 18 Cumpliré mis votos a Jehovah
Sal. 138:8 Jehovah cumplirá su propósito en mí
Prov. 19:21 propósito de Jehovah se cumplirá
Ecl. 5:4, 5 voto a Dios, no tardes en cumplirlo
Jer. 25:12; 29:10 hayan cumplido.. setenta años
Eze. 12:25, 28 palabra que hablaré se cumplirá
Hab. 2:3 Aunque.. la visión tarde en cumplirse
Mat. 1:22; 2:15, 17, 23; 4:14; 8:17; 12:17; 13:14, 35; 21:4; 26:56; 27:9; Juan 12:38; 13:18; 15:25; 19:24, 28, 36; Hech. 1:16; 1 Cor. 15:54; Gál. 3:10; Stg. 2:23 aconteció para que se cumpliese
Mat. 3:15 nos conviene cumplir toda justicia
Mat. 5:17-19 No.. abrogar, sino para cumplir
Mar. 1:15 El tiempo se ha cumplido, y el reino
Mar. 13:4 qué señal.. cosas están por cumplirse
Luc. 4:21 Hoy se ha cumplido esta Escritura en
Luc. 9:31, 51 su partida, que él iba a cumplir
Luc. 18:31; 21:22 cumplirán.. cosas.. escritas
Luc. 21:24 hasta que se cumplan los tiempos
Luc. 24:44 necesario que se cumpliesen todas
Juan 7:8 mi tiempo aún no se ha cumplido
Hech. 3:18 Dios cumplió.. lo.. anunciado
Rom. 13:8 que ama al prójimo ha cumplido
1 Cor. 7:3 esposo cumpla con su esposa
2 Cor. 8:11 pronto.. para cumplir conforme a lo
Gál. 6:2 cargas de otros.. cumpliréis la ley de
Fil. 2:13 querer.. hacer, para cumplir su buena
2 Tim. 4:5 haz obra de evangelista; cumple tu
Stg. 2:8 cumplís la ley real.. las Escrituras
Apoc. 20:3-7 que se cumpliesen.. mil años

CURAR: ver Sanar
Jer. 6:14; 8:11 curan con superficialidad el
Jer. 30:17 te traeré sanidad y curaré.. heridas

CURTIDOR
Hech. 9:43 Pedro.. en casa.. de un.. c.

CUSTODIAR
Prov. 22:12 Jehovah custodian el conocimiento
Jer. 37:21 custodiaran a Jeremías en el patio
Hech. 24:23; 25:21 que Pablo fuese custodiado
Hech. 28:16 Pablo.. soldado que le custodiaba
Gál. 3:23 estábamos custodiados bajo la ley

CHIPRE, isla
Hech. 4:36; 11:19, 20; 13:4; 15:39

CHISME
Prov. 11:13; 20:19 el que anda con ch.

CHISMOSO
Prov. 16:28; 18:8; 26:20, 22 ch. aparta.. amigos
1 Tim. 5:13 aprenden a ser.. ch. y entremetidas

DADIVA: ver Don, Presente
Rom. 5:15-17 reciben.. la d. de la justicia
Ef. 3:7; 4:7 la d. de la gracia de Dios que me
Stg. 1:17 Toda buena d. y todo don perfecto

DADOR
2 Cor. 9:7 dé.. porque Dios ama al d. alegre
Stg. 4:12 Hay un solo D. de la ley y Juez

DAGON, dios filisteo
Jue. 16:23; 1 Sam. 5:2-7; 1 Crón. 10:10

DAMASCO, ciudad siria
Gén. 14:15; 2 Sam. 8:5, 6; 1 Rey. 15:18; 19:15; 2 Rey. 16:9-12; Hech. 9:2-19

DAN
hijo de Jacob: Gén. 30:6; 35:25; 49:16, 17; Exo. 1:4
tribu de Israel: Exo. 31:6; 35:34; Núm. 2:25, 31; 26:42; 34:22; Deut. 27:13; 33:22; Jos. 19:40, 47, 48; Jue. 1:34; 13:25; 18:1-30

DANIEL
hijo de David: 1 Crón. 3:1
sacerdote: Esd. 8:2; Neh. 10:6

profeta: Eze. 14:14, 20; Dan. 1:6—12:9;
Mat. 24:15

DANZA
Exo. 15:20; Jue. 11:34 salieron.. con.. d.
Exo. 32:19 becerro y las d., la ira de Moisés se
Sal. 150:4 Alabadle con panderos y d.!

DANZAR: ver Bailar
2 Sam. 6:14-16 David danzaba con toda

DAÑAR
Jer. 18:4 vaso de barro.. se dañó en.. mano
Apoc. 11:5 Si alguien les quiere dañar, fuego

DAÑO
Exo. 21:22, 23 si ocurre un d. mayor.. pagará
Núm. 5:7, 8 hará restitución.. por el d. que
Prov. 13:20 se junta con los necios sufrirá d.
Isa. 11:9; 65:25 No harán d. ni destruirán en
Dan. 3:25 del fuego, y no sufren ningún d.
Film. 18 Si en algo te hizo d... ponlo.. cuenta
1 Ped. 3:13 ¿Quién.. os podrá hacer d., si sois

DAR: ver Conceder, Entregar
Gén. 1:29 os he dado.. planta que da semilla
Gén. 3:6, 7, 12 mujer vio.. dio a su marido
Gén. 3:16 con dolor darás a luz a los hijos
Gén. 12:7; 13:15; 15:18; 17:8; 26:3, 4; 28:13;
35:12; Exo. 33:1 descendencia daré esta tierra
Exo. 11:3; 12:36 Jehovah dio gracia al pueblo
Exo. 16:8, 15 Jehovah os dará.. carne.. y.. pan
Exo. 24:12; 31:18; Deut. 9:10-15 te daré.. ley
Lev. 19:32 Darás honor al anciano y tendrás
Lev. 20:24; Deut. 26:9 daré.. tierra que fluye
Lev. 25:6, 19; 26:4 La tierra dará su fruto, y
Lev. 26:6 Daré paz en la tierra; dormiréis, y
Lev. 26:20, 26 tierra no dará su producto, ni
Núm. 13:26 dieron informes a.. la congregación
Núm. 20:8 roca.. dará agua.. y darás de beber
Deut. 8:18 te da poder para hacer riquezas
Deut. 10:4, 5 las tablas.. Jehovah me las dio
Deut. 14:21, 22 darás el diezmo de.. producto
Jos. 13:6 Tú.. sólo da la tierra por sorteo a
1 Sam. 18:27 Saúl le dio por mujer a su hija
1 Sam. 21:6 sacerdote le dio el pan sagrado
1 Rey. 3:5, 9 a Salomón.. Pide.. que yo te dé
1 Rey. 3:12-19; 4:29 te daré un corazón sabio
1 Rey. 5:9-12 Hiram daba a Salomón.. la
2 Rey 14:9 cardo.. Da tu hija a mi hijo.. mujer
1 Crón. 21:23-25 Ornán respondió.. lo doy
1 Crón. 29:13, 14 te damos gracias y alabamos
1 Crón. 29:19 da a mi hijo Salomón un corazón
2 Crón. 5:13; 7:3, 6; Esd. 3:11 dando gracias a
Neh. 9:20 Diste tu buen Espíritu para
Job 1:21 Jehovah dio, y.. quitó. ¡Sea bendito el
Job 2:4 Satanás.. tiene lo dará por su vida
Job 15:35; Isa. 59:4 y dan a luz iniquidad
Job 35:10 Dios.. da canciones en la noche
Sal. 1:3 árbol.. que da su fruto a su tiempo
Sal. 2:8 Pídeme, y te daré.. las naciones, y
Sal. 18:13 el Altísimo dio su voz: granizo y
Sal. 52:9; 54:6 te daré gracias por lo que has
Sal. 67:6 tierra dará su fruto; nos bendecirá
Sal. 68:11 Señor da la palabra, y.. mujeres
Sal. 91:11 a sus ángeles dará órdenes acerca
Sal. 116:12 ¿Qué daré a Jehovah por todas sus
Sal. 127:2 a su amado dará Dios el sueño
Prov. 17:13 Al que da mal por bien, el mal no
Prov. 19:17 El que da al pobre presta a Jehovah
Prov. 27:1 no sabes qué dará de sí el día
Prov. 29:15 vara y la corrección dan sabiduría
Isa. 7:14 mismo Señor os dará la señal.. virgen
Isa. 40:29 Da fuerzas al cansado y le aumenta
Isa. 42:8 No daré mi gloria a otros, ni mi
Isa. 45:9, 10 Ay del que dice.. ¿Qué das a luz?
Isa. 53:12 le daré parte con los grandes, y con
Isa. 63:14 Espíritu de Jehovah les dio reposo
Jer. 1:5 y te di por profeta a las naciones
Jer. 3:15 Os daré pastores según mi corazón
Jer. 24:7 Les daré un corazón.. que me
Jer. 25:15, 17, 26 di de beber a.. las naciones
Jer. 32:19 para dar a cada uno según.. caminos
Jer. 32:39 Les daré un solo corazón y un solo
Eze. 3:2, 3 alimenta.. con.. rollo que.. te doy
Eze. 11:19; 36:26 Les daré otro corazón, y
Eze. 36:5 se dieron a sí mismos mi tierra como
Eze. 47:12; Apoc. 22:2 árboles.. cada mes
darán sus.. frutos
Dan. 1:16, 17 jóvenes Dios.. dio conocimiento
Dan. 2:8, 9 Si no me dais a conocer el sueño
Dan. 3:18 tampoco hemos de dar homenaje a la
Dan. 6:10 Daniel.. oraba y daba gracias a.. Dios
Ose. 6:2 El nos dará vida después de dos días
Miq. 5:3 tiempo en que dé a luz la que.. dar
Miq. 6:7 ¿Daré mi primogénito por mi rebelión
Nah. 1:3 De ninguna manera dará por inocente
Hab. 2:15 ¡Ay del que da de beber a..
Zac. 9:9 ¡Da voces de júbilo!, oh hija de
Mat. 1:21-25; Luc. 2:7 Ella dará a luz un hijo
Mat. 4:9; Luc. 4:6 esto te daré, si.. me adoras
Mat. 7:6 No deis lo santo a los perros, ni
Mat. 7:7-11 Pedid, y se os dará. Buscad y
Mat. 7:17, 18 todo árbol sano da buenos frutos
Mat. 10:1 discípulos.. les dio autoridad sobre
Mat. 12:36 hombres darán cuenta de toda
Mat. 16:19 te daré las llaves del reino de los
Mat. 16:26 qué dará el hombre en rescate por
Mat. 20:28 vino.. para dar su vida en rescate
Mat. 22:17 ¿Es lícito dar tributo al César, o
Mat. 22:30 resurrección.. ni se dan.. casamiento
Mat. 25:15 A uno dio cinco talentos, a otro dos

Mat. 25:35-42 tuve hambre, y me disteis de
Mar. 6:37 dijo: —Dadles vosotros de comer
Mar. 9:41 Cualquiera que os dé un vaso de
Mar. 11:28 quién te dio la autoridad para hacer
Mar. 12:25 casarán ni se darán en casamiento
Luc. 2:10 os doy buenas nuevas de gran gozo
Luc. 3:9; 6:43 árbol que no da.. es cortado
Luc. 6:34 pecadores dan prestado a.. pecadores
Luc. 6:38 Dad, y se os dará; medida buena
Luc. 7:44, 45 a Simón.. no me diste agua para
Luc. 16:2 Da cuenta de tu mayordomía, porque
Luc. 19:8 mitad de mis bienes doy a los pobres
Luc. 22:19 mi cuerpo que por vosotros es dado
Juan 3:34 Dios no da el Espíritu por medida
Juan 5:22-31 Padre.. dio al Hijo el tener vida
Juan 5:39 Escrituras.. dan testimonio de mí
Juan 6:27-37 comida.. que el Hijo.. os dará
Juan 6:63 El Espíritu.. da vida; la carne no
Juan 10:25, 43 obras.. dan testimonio de mí
Juan 10:28 les doy vida eterna, y no perecerán
Juan 13:26 bocado, lo tomó y se lo dio a Judas
Juan 13:34 Un mandamiento nuevo os doy
Juan 14:16; 15:26 Padre.. dará otro Consolador
Juan 14:27 La paz os dejo, mi paz os doy. No
Juan 16:23 pidáis.. en mi nombre, él os lo dará
Hech. 3:6 oro, pero lo que tengo te doy. En el
Hech. 11:17 si Dios les dio el mismo don
Hech. 17:25 él.. da a todos vida y aliento y
Hech. 20:35 bienaventurado es dar que recibir
Hech. 26:14 ¡Dura cosa te es dar coces contra
Rom. 8:11, 32 dará vida a vuestros cuerpos
Rom. 8:16; 1 Jn. 5:6 Espíritu.. da testimonio
Rom. 9:22, 23 dar a conocer su poder.. riquezas
1 Cor. 3:6, 7 pero Dios dio el crecimiento
1 Cor. 12:8 a uno se le da palabra de sabiduría
1 Cor. 15:57 Dios.. da la victoria por medio de
2 Cor. 8:5 se dieron primeramente ellos mismos
2 Cor. 9:7-10 Cada uno dé como propuso en su
Gál. 1:4 quien se dio a sí mismo por.. pecados
Gál. 2:9 nos dieron.. la mano derecha en señal
Ef. 1:6 su gracia.. nos dio gratuitamente en el
Ef. 1:16, 17 Dios.. os dé espíritu de sabiduría
Ef. 2:5; Col. 2:13 nos dio vida.. con Cristo
Ef. 4:27 ni deis lugar al diablo
1 Tes. 5:14 exhortamos.. a que deis apoyo a los
2 Tes. 3:9 para daros.. un ejemplo a imitar
2 Tes. 3:16 el.. Señor de paz os dé siempre paz
1 Tim. 6:13 Jesús.. dio testimonio de la buena
2 Tim. 4:8, 17 corona de justicia.. me dará el
Heb. 4:13 aquel a quien tenemos que dar cuenta
Heb. 7:2, 4, 9 le dio Abraham los diezmos
Heb. 13:17 dirigentes.. han de dar cuenta; para
Stg. 1:5 Dios.. da a todos con liberalidad y sin
1 Ped. 4:5 darán cuenta a quien ha de juzgar
Apoc. 2:7 que venza le daré de comer del árbol
Apoc. 2:10 y yo te daré la corona de la vida
Apoc. 2:17 que venza le daré de comer del
Apoc. 2:26 que venza.. le daré autoridad sobre
Apoc. 2:28 yo le daré la estrella de la mañana
Apoc. 3:21 que venza, yo le daré que se siente
Apoc. 21:6 que tenga sed, yo le daré.. agua de

DARDO: ver Flecha, Lanza
Ef. 6:16 escudo de la fe.. apagar.. d. de

DARIO, reyes de Persia
Esd. 4:5; 5:5-7; 6:1-15; Neh. 12:22; Dan. 5:31—6:28; 9:1; 11:1; Hag. 1:1, 15; 2:10; Zac. 1:1, 7; 7:1

DAVID
Rut 4:17, 22; 1 Sam. 16:1—1 Rey. 2:11; 3:14; 1 Crón. 2:15; 3:1-9; 6:31; 10:14—29:30; 2 Crón. 3:1; 7:6; 29:30; Neh. 12:46; Sal. 3:1; Mat. 1:1-20

DEBER
Jue. 13:8 debemos hacer con el niño
1 Crón. 16:29; Sal. 29:2; 96:8 gloria debida a
2 Crón. 6:27 camino por el que deben andar
Sal. 32:8; Jer. 42:3 camino en que debes andar
Jer. 10:7 oh Rey.. Porque a ti se te debe temer
Eze. 34:2 ¿Acaso.. pastores no deben apacentar
Mat. 18:28-34 ahogaba.. "Paga lo que debes."
Mar. 9:35 quiere.. primero, deberá ser.. último
Luc. 11:4 perdonamos a.. los que nos deben.
Luc. 16:5-7 ¿Cuánto debes a mi señor?
Luc. 17:10 sólo hicimos lo que debíamos hacer
Rom. 1:28 no.. Dios.. hacer lo que no es debido
Rom. 12:3 alto concepto.. que el que deba tener
1 Cor. 7:3 esposo cumpla.. el deber conyugal
1 Tim. 3:11 mujeres.. deben ser dignas.. respeto
Film. 18, 19 Si.. te debe, ponlo a mi cuenta
1 Jn. 2:6 en él debe andar como él anduvo
1 Jn. 4:11 debemos amarnos unos a otros

DEBIL: ver Frágil
Prov. 28:3 hombre.. que oprime a los más d. es
Isa. 35:3 Fortaleced las manos débiles; afirmad
Mat. 26:41 espíritu.. dispuesto.. carne es d.
Hech. 20:35; 1 Tes. 5:14 apoyar a los d., y
Rom. 5:6 aún siendo nosotros d... Cristo murió
Rom. 14:1; 15:1 Recibid al d. en la fe, pero
1 Cor. 1:25-27 lo d. de Dios es más fuerte que
1 Cor. 9:22 Me hice d. para los d... ganar a.. d.
2 Cor. 12:10 cuando soy d., entonces soy fuerte

DEBILIDAD: ver Flaqueza
Rom. 8:26 el Espíritu nos ayuda en nuestras d.
1 Cor. 15:43 Se siembra en d.; se resucita con
2 Cor. 12:9, 10 mi poder se perfecciona en tu d.

DEBILITAR
Heb. 12:12 fortaleced.. debilitadas

DEBORA, profetiza
Jue. 4:4—5:15

DECAER
Lam. 3:22 nunca decaen sus misericordias
Heb. 12:3 no decaiga vuestro ánimo

DECAPITAR
Luc. 9:9 Herodes.. Juan.. lo decapité

DECAPOLIS <diez ciudades>
Mat. 4:25; Mar. 5:20; 7:31

DECENTEMENTE
Rom. 13:13; 1 Cor. 14:40 Andemos d.

DECIDIR
Deut. 17:8 Cuando te sea difícil decidir en un
Deut. 19:15; 2 Cor. 13:1 testigos se decidirá
2 Crón. 11:16 habían decidido.. buscar a.. Dios
Isa. 10:22; 14:24-27 destrucción está decidida

DECIMO
Lev. 27:32 d. será consagrado a Jehovah

DECIR: ver Hablar
Exo. 3:14, 15; 20:22 Así dirás a los hijos de
Exo. 6:6, 29; 7:19; 8:5, 16; 14:2; 16:9 di a
Exo. 7:2 dirás todas las cosas que yo te mando
Exo. 14:15 di a los.. de Israel que se marchen
Exo. 23:13; 24:3, 7 Guardaréis.. os he dicho
Deut. 5:27 escucha todo lo que dice Jehovah
Sal. 2:7 Jehovah me ha dicho: "Tú eres mi
Sal. 8:4 digo: ¿Qué es el hombre, para que de
Sal. 10:6, 11 Dice en su corazón: "No seré
Sal. 33:9 él dijo, y fue hecho; él mandó, y
Sal. 42:9 Diré a Dios: "Roca mía, ¿por qué
Sal. 96:10 Decid entre las naciones: "Jehovah
Sal. 122:1 me alegré con los que me decían
Prov. 8:6 abriré mis labios para decir cosas
Prov. 30:1 El hombre dice: "No hay Dios, no
Isa. 40:9 Di a las ciudades.. ¡He aquí.. Dios!
Isa. 40:21 ¿Acaso no se os ha dicho desde el
Isa. 41:6 Cada.. dice a.. hermano: "¡Esfuérzate
Isa. 45:9 ¿Dirá el barro al que le da forma
Eze. 34:2 di a los pastores que así ha dicho
Dan. 5:25 La escritura que grabó dice: MENE
Mat. 4:3 tentador.. di que estas piedras.. pan
Mat. 5:11, 18, 20, 26, 28, 32, 34 os digo que
Mat. 8:8 Solamente di la palabra, y mi criado
Mat. 10:27 digo en privado, decidlo en público
Mat. 16:20 mandó.. que no dijesen a nadie que
Mat. 24:25 ¡Mirad! Os lo he dicho de antemano
Mat. 26:25, 64 ¿Acaso seré.. Tú lo has dicho
Mat. 26:70 negó.. no sé lo que dices
Mat. 28:7 id.. y decid a sus discípulos que ha
Mar. 8:27, 29 ¿Quién dice la gente que soy yo?
Mar. 13:37 que a vosotros digo, a todos digo
Luc. 4:12 Jesús.. Dicho está: No.. a prueba al
Luc. 7:40 Simón, tengo algo que.. Di, Maestro
Luc. 10:9 y decidles: 'El reino de Dios se ha
Juan 2:5 Haced todo lo que él os diga
Hech. 11:12 el Espíritu me dijo que fuese con
1 Cor. 14:16 ¿cómo dirá "Amén" a tu acción de
Stg. 4:15 deberíais decir: "Si el Señor quiere
Apoc. 2:7, 11, 17, 29; 3:6, 13, 22 lo que el Espíritu dice a las iglesias

DECISION
Joel 3:14 Multitudes.. valle de la d.

DECLARAR: ver Anunciar, Contar
Sal. 19:2 noche a la otra declara sabiduría
Jer. 42:20 que.. Dios declare, háznoslo saber
Miq. 6:8 él te ha declarado lo que es bueno!
Juan 4:25 Cristo.. nos declarará todas.. cosas
1 Cor. 15:1 declaro el evangelio que os
Heb. 2:3 salvación.. fue declarada por el Señor

DECOROSO
1 Cor. 12:23 miembros menos d... aun más
1 Tim. 2:9 mujeres se atavíen con vestido d.

DECRETO: ver Estatuto, Precepto
Exo. 21:1 Estos son los d. que expondrás ante
Lev. 18:4; Núm. 36:13; Deut. 5:1 por obra mis d.
Lev. 26:43 porque menospreciaron mis d. y
Sal. 2:7 Yo declararé el d... Tú eres mi hijo
Eze. 5:6, 7; 20:13; Amós 2:4 desecharon mis d.
Eze. 36:27 haré que.. guardéis mis d. y que los

DEDICACION: ver Consagración
Sal. 30:1 Cántico para la d. del templo. De
Juan 10:22 Se celebraba.. la fiesta de la D.

DEDICAR: ver Consagrar
1 Sam. 1:11, 28 hijo varón.. lo dedicaré.. por
1 Rey. 8:63 rey.. dedicaron la casa de Jehovah
1 Crón. 22:19 Dedicad.. vuestro corazón.. Dios
1 Crón. 25:6, 7 estaban dedicados a la música
2 Crón. 31:4 mantuviesen dedicados a la ley de
Mat. 6:24 se dedicará al uno y menospreciará al
1 Tim. 5:10 si se ha dedicado a toda buena obra

DEDO: ver Mano
Exo. 31:18 tablas.. escritas con el d. de Dios
Sal. 8:3 tus cielos, obra de tus d., la luna y
Dan. 5:5 los d... escribían.. sobre.. la pared

¿Por qué me has desamparado?
Sal. 27:9; 38:21; 71:9, 18; Jer. 14:9 no me dejes ni me desampares, oh Dios
Sal. 37:25 no he visto a un justo desamparado
Sal. 37:28 Jehovah.. no desampara a sus fieles
Isa. 62:4 Nunca más te llamarán Desamparada
Mat. 9:36 tuvo compasión.. desamparadas
2 Cor. 4:9 perseguidos, pero no desamparados

DESAPARECER
Gén. 5:24 Enoc con Dios y desapareció
Isa. 2:18; Jer. 10:11 ídolos desaparecerán
Miq. 7:2 piadoso ha desaparecido de la tierra

DESARROLLO
Fil. 1:25 vuestro d. y gozo en la fe

DESATAR: ver Soltar
Mat. 16:19; 18:18 habrá sido desatado.. cielos
Mar. 11:2-5 borriquillo.. Desatadlo y traedlo

DESATENDER
Hech. 6:1 viudas eran desatendidas

DESAVENENCIA
1 Cor. 12:25 que no haya d. en el

DESCANSAR: ver Reposar
Exo. 23:12; Deut. 5:14 séptimo.. descansen..
Exo. 34:21 trabajarás.. séptimo día descansarás
Sal. 23:2 tiernos pastos me hace descansar
Isa. 14:30 necesitados descansarán
Mat. 11:28, 29 Venid.. y yo os haré descansar
Luc. 12:19 Descansa, come, bebe, alégrate
Apoc. 14:13 muertos.. descansen de su..

DESCANSO: ver Reposo
Lev. 25:4 séptimo año.. tierra un completo d.
Jer. 6:16 andad en él; y hallaréis d.

DESCARRIADO, DESCARRIAR
Sal. 53:3; 58:3 cada uno se había d.; a una
Isa. 53:6; Jer. 50:17 nos descarriamos como
Eze. 34:4, 6, 16 ni.. hecho volver a la d.
Sof. 3:19 aquel tiempo.. recogeré a la d.
Mat. 18:12 cien ovejas.. irá a buscar la d.
1 Ped. 2:25 erais como ovejas d., pero ahora

DESCENDENCIA: ver Linaje
Gén. 12:7; 13:15; 15:5 A tu d. daré esta tierra
Gén. 26:24 multiplicaré tu d. por amor de mi
Gén. 28:13, 14 tierra.. la daré a ti y a tu d.
Isa. 53:10 su vida como sacrificio.. verá d.
Juan 7:42 ¿No dice.. Cristo vendrá de la d. de
Gál. 3:16, 19, 29 uno.. a tu d., que es Cristo
2 Tim. 2:8 Jesucristo.. de la d. de David

DESCENDER: ver Bajar
Jue. 14:19; 1 Sam. 10:10; 11:6; 16:13; Eze. 11:5 Espíritu de Jehovah descendió con
Abd. 4 remontes vuelo.. te haré descender
Mat. 3:16 Espíritu.. descendía como paloma y
Mat. 24:17 que esté en la azotea no descienda
Luc. 19:5 Zaqueo, date prisa, desciende; porque
Juan 6:41, 50, 51 pan que desciende del cielo
Hech. 8:38 Felipe y el eunuco descendieron
1 Tes. 4:16 el Señor.. descenderá del cielo con
Stg. 1:17 buena dádiva.. desciende del Padre de
Apoc. 3:12; 21:2, 10 Jerusalén que desciende

DESCENDIENTE
Gén. 5:1 libro de los d. de Adán
Gén. 9:9; 16:10 mi pacto.. con vuestros d.
Gén. 15:18; 26:3; 28:14 Abram.. A tus d. daré
Isa. 44:3; 54:3; 59:21 mi espíritu sobre tus d.
Juan 8:33 Somos d. de Abraham y jamás hemos

DESCOLGADO
Jos. 2:18; 2 Cor. 11:33 nos has d.

DESCUBRIR: ver Destapar
Lev. 18:6-19; 20:11, 17-21 descubrir su
Sal. 18:15 soplo.. se descubrieron los cimientos
Prov. 10:9 el que pervierte.. será descubierto
Luc. 2:35 sean descubiertos los pensamientos
2 Cor. 3:18 mirando a cara descubierta.. gloria

DESCUIDAR
Hech. 6:2 No conviene que.. descuidemos
1 Tim. 4:14 No descuides el don que está en ti
Heb. 2:3 ¿cómo escaparemos.. si descuidamos

DESDEÑAR
Deut. 31:20; 32:15 me desdeñarán e

DESEAR: ver Anhelar, Codiciar
Deut. 5:21 ni desearás la casa de tu prójimo
Sal. 34:12 ¿Quién es el hombre que desea vida?
Sal. 84:2 Mi alma.. desea.. atrios de Jehovah
Prov. 13:4; 21:10 perezoso desea y nada
Luc. 8:20 madre y tus hermanos.. deseando
Luc. 22:15 Cuánto he deseado comer.. esta
Gál. 5:17 carne desea lo.. contrario al Espíritu
1 Ped. 2:2 desead como niños.. leche espiritual

DESECHAR: ver Despreciar
Lam. 3:31 el Señor no desechará para siempre
Stg. 1:21 desechando toda suciedad y la maldad

DESENFRENAR
Prov. 29:18 visión.. se desenfrena

DESENFRENO
Rom. 13:13; Gál. 5:19; Ef. 5:18 no.. d.

DESEO: ver Anhelo
Gén. 3:16 Tu d. te llevará a tu marido, y él
Sal. 145:19 Cumplirá el d. de los que le temen
Prov. 21:25; Ecl. 8:6 d. del perezoso lo mata
Rom. 13:14; Gál. 5:16 no.. satisfacer.. malos d.
Gál. 5:24 han crucificado.. sus pasiones y d.
1 Jn. 2:16 hay en el mundo —los d. de la carne

DESESPERACION
Sal. 40:2 me hizo subir.. de la d.

DESESPERADO
2 Cor. 4:8 perplejos, pero no d.

DESGAJAR
Rom. 11:17-19 ramas fueron desgajadas

DESGASTAR
2 Cor. 4:16; 12:15 se va desgastando

DESGRACIA
Prov. 19:22 ambición.. hombre.. su d.

DESGRACIADO
Apoc. 3:17 no sabes que tú eres d.

DESHACER: ver Destruir
Isa. 43:13 Lo que hago, ¿quién lo deshará?
1 Cor. 1:28 lo que no es, para deshacer lo que
2 Cor. 5:1 si.. tienda temporal, se deshace
2 Ped. 3:10-12 elementos.. serán deshechos
1 Jn. 3:8 Dios.. deshacer las obras del diablo

DESHONESTO
Exo. 18:21; Sal. 119:36; Prov. 28:16 ganancias d.
1 Tim. 3:8 ni amantes de ganancias d.
Tito 1:7, 11; 1 Ped. 5:2 ávido de.. ganancia d.

DESHONRA
2 Sam. 13:13 ¿A dónde iría yo con mi d.?
Prov. 11:2; 18:3 soberbia, viene.. la d.

DESIERTA
Mat. 23:38 casa os es dejada d.

DESIERTO
Exo. 19:1, 2; Núm. 1:1 llegaron al d. de Sinaí
Lev. 16:10, 21, 22 cabrío.. a Azazel, al d.
Núm. 14:29-35; 26:64, 65 este d.. cadáveres
Isa. 40:3; Mat. 3:1-3 En el d. preparad.. camino
Mat. 4:1 Jesús fue llevado por el Espíritu al d.
Juan 3:14 Moisés levantó la serpiente en el d.
Heb. 11:38 Andaban errantes por los d.

DESIGUAL
2 Cor. 6:14 No os unáis en yugo d.

DESISTIR
Jer. 26:13; Joel 2:13, 14 corregid.. desistir
Amós 7:3-6 Jehovah desistió de ello. —No será
Jon. 3:9; 4:2 Dios.. desistió del mal que había

DESLEAL
Jer. 3:7-11 lo vio su hermana, la d. Judá
Rom. 1:31 insensatos, d., crueles y sin

DESLIZAR
Sal. 73:2 por poco se deslizaron mis pies
Heb. 2:1 no sea que nos deslicemos

DESMAYAR
Deut. 1:21; 7:21; Jos. 1:9; 8:1 ¡No.. desmayes
Prov. 24:10 Si desmayas en.. dificultad.. fuerza
Mat. 15:32 Jesús.. No quiero.. que se desmayen
2 Cor. 4:1, 16 este ministerio.. no desmayamos
Gál. 6:9 cosecharemos, si no desmayamos

DESMENUZAR
Jer. 1:10 constituido.. para.. desmenuzar

DESNUDEZ
Gén. 9:22, 23 Cam.. vio la d. de su padre y lo
Lev. 18:6-19; 20:11, 17-21 descubrir su d.
Rom. 8:35 ¿Quién nos separará.. ¿hambre? ¿d.?

DESNUDO
Gén. 2:25; 3:7, 10 d... y no se avergonzaban
Gén. 9:21 se embriagó y quedó d. en.. su tienda
Job 1:21; Ecl. 5:15 D. salí del vientre de mi
Eze. 18:7, 16 y cubre con ropa al d.
Mat. 25:36-44 estuve d. y me vestisteis
Mar. 14:51 joven.. cubierto su cuerpo d. con
Heb. 4:13 todas están d. y expuestas ante los
Stg. 2:15 Si un hermano o una hermana están d.

DESOBEDECER
Juan 3:36 el que desobedece al Hijo

DESOBEDIENCIA: ver Rebeldía
Ef. 2:2; 5:6 espíritu.. en los hijos de d.
Heb. 4:11 caiga en el mismo ejemplo de d.

DESOCUPAR
Mat. 20:3, 6 ¿Por qué.. desocupados?

DESOLACION: ver Destrucción
Isa. 13:9 día de Jehovah.. convertir.. en d.
Jer. 6:8; 9:11; 51:43 no sea.. convierta en d.

Nah. 2:10 ¡D., devastación y destrucción! Los

DESOLADA
Isa. 54:1; 62:4; Gál. 4:27 más.. hijos de la d.
Eze. 36:34-36 tierra d. será cultivada, en

DESOLADOR
Dan. 9:27 Sobre.. abominaciones vendrá el d.
Dan. 11:31; 12:11; Mat. 24:15 abominación d.

DESORDEN
1 Cor. 14:33 Dios no es Dios de d. sino de paz
Stg. 3:16 donde hay celos.. allí hay d. y toda

DESORDENADO
Rom. 1:27 sus pasiones d. unos con otros
1 Tes. 5:14 que amonestéis a los d.

DESPEDAZADO
Gén. 37:33; 44:28 José ha sido d.

DESPEDIR: ver Enviar
Deut. 22:19, 29 propagó mala.. no la podrá d.
Deut. 24:1 cosa vergonzosa.. la despedirá de
Mat. 5:31; 19:7 despide a su mujer, déle carta
Luc. 2:29 Señor, despide a tu siervo en paz
Luc. 9:61 permite que me despida de los que

DESPEÑADERO
Mat. 8:32 cerdos.. mar por un d.

DESPERDICIAR
Luc. 15:13 hijo menor.. desperdició

DESPERTAR
Gén. 28:16 Jacob despertó de su sueño y dijo
Sal. 3:5 me acosté y dormí. Desperté, porque
Sal. 108:2 ¡Despertad, oh.. Despertaré al alba
Prov. 10:12 odio despierta contiendas, pero
Cant. 2:7; 3:5; 8:4 no despertaréis.. el amor
Isa. 51:9, 17; 52:1 Despierta.. vístete de poder
Dan. 12:2 que duermen.. serán despertados,
Zac. 2:13 Jehovah.. ha despertado en su santa
Mat. 1:24 Cuando José despertó del sueño, hizo
Hech. 12:7 ángel.. Despertó a Pedro dándole un
Hech. 16:27 carcelero despertó y vio abiertas
Rom. 13:11 ya es hora de despertaros del sueño

DESPOJAR
Jer. 22:3 librad a quien es despojado de mano
Luc. 10:30 ladrones.. le despojaron de su ropa
Rom. 13:12; Ef. 4:22; Col. 3:9 Despojémonos
Fil. 2:7 se despojó a sí mismo, tomando forma
Heb. 12:1 despojémonos de todo peso y

DESPOJO: ver Botín
Isa. 53:12 con los fuertes repartirá d.

DESPOSAR
Isa. 54:1 más.. de.. desolada que.. desposada
Isa. 62:4, 5 Serás llamada.. Desposada; porque
Ose. 2:19, 20 Te desposaré conmigo para
Mat. 1:18; Luc. 1:27 María estaba desposada

DESPRECIAR: ver Desechar
Sal. 10:13 ¿Por qué desprecia el impío a Dios?
Sal. 51:17 Al corazón contrito.. no desprecias
Prov. 1:7 insensatos desprecian la sabiduría y
Isa. 1:4: 5:24 han despreciado al Santo de
Isa. 53:3 Fue despreciado y desechado por los
Amós 2:4 despreciaron la ley de Jehovah y no

DESTAPAR
Mar. 2:4 destaparon el techo donde

DESTINAR
1 Ped. 1:10 gracia que fue destinada

DESTINO
Sal. 73:17 santuario.. comprendí el d.

DESTROZAR: ver Destruir
1 Rey. 19:11 viento destrozaba las montañas
Ecl. 12:6 Acuérdate.. antes que.. se destroce
Jer. 51:20-23 medio de ti destrozo naciones

DESTRUCCION
Isa. 13:6; Joel 1:15 día de Jehovah.. como d.
Isa. 28:22; Ose. 7:13 ha sido decretada la d.
Eze. 45:9 Apartad la violencia y la d.; actuad
1 Tes. 5:3 vendrá la d. de repente sobre ellos
2 Ped, 3:7 hasta el día del juicio y de la d.

DESTRUCTOR
Exo. 12:23 Jehovah.. no dejará entrar.. al d.
Sal. 91:3 él te librará.. de la peste d.
Prov. 18:9; 28:24 negligente.. hermano del d.
Jer. 6:26; 48:8 súbitamente vendrá.. el d.

DESTRUIR: ver Derrumbar
Gén. 6:13, 17 Dios dijo.. los destruiré junto
Gén. 8:21; 9:11, 15 No.. volveré a destruir
Exo. 23:23 sus dioses.. destruirás del todo
Deut. 20:19 no destruyas su arboleda alzando
2 Rey. 8:19; 13:23 Jehovah no quiso destruir
Sal. 11:3 Si son destruidos los fundamentos
Sal. 37:9, 34, 38; 73:27; 92:7; 94:23; 145:20 malhechores serán destruidos, pero los que
Sal. 91:6 ni de plaga que en.. día destruya
Ecl. 3:3 tiempo de destruir y.. de construir
Isa. 11:9; 65:25 No.. destruirán en todo mi

Isa. 13:9 día de Jehovah.. para destruir en
Isa. 61:4 Restaurarán las ciudades destruidas
Ose. 4:6 Mi pueblo es destruido porque carece
Jon. 3:4 cuarenta días Nínive será destruida!
Mat. 10:28 temed a aquel que puede destruir
Mar. 1:24 ¿Has venido para destruirnos? Sé
Juan 2:19 Destruid este templo, y en tres días
Juan 10:10 ladrón no viene sino para.. destruir
Rom. 6:6 el cuerpo del pecado sea destruido
1 Cor. 3:17 Si.. destruye el templo de Dios
2 Ped. 3:6 el mundo de entonces fue destruido

DESVANECER
2 Cor. 3:7-13 Moisés.. gloria.. desvanecer

DESVELOS
2 Cor. 6:5; 11:27 duras labores, en d.

DESVIAR: ver Apartar
1 Sam. 8:3 sus hijos.. se desviaron tras las
1 Rey. 11:2-4, 9 Salomón.. mujeres.. desviara
Sal. 14:3 todos se habían desviado; a una se
Jer. 31:19 después de desviarme, me arrepentí

DETENER
Gén. 19:16, 17 No mires atrás, ni te detengas
Núm. 9:17-22 donde la nube se detenía
Jos. 10:12 ¡Sol, detente sobre Gabaón; y tú
2 Crón. 20:17 Deteneos, estaos quietos y ved

DETESTAR
Eze. 20:43; 36:31 y os detestaréis

DEUDA
2 Rey. 4:7 vende el aceite y paga tu d.
Mat. 6:12 Perdónanos nuestras d., como
Mat. 18:27, 32 y le perdonó la d.

DEUDOR
Deut. 15:2 la remisión.. perdonará a su d.
Luc. 7:41 acreedor tenía dos d.
Luc. 16:5 llamó a.. los d. de su señor, y dijo
Rom. 1:14; 8:12 Tanto a griegos como.. soy d.

DEVOLVER: ver Restaurar
Gén. 42:25, 28, 34; 43:12, 18 le devolviesen
Deut. 22:1, 2 buey.. devolverlos a tu hermano
Prov. 20:22 No digas: "Devolveré el mal."
Mat. 27:3 Judas.. devolvió las treinta piezas
Luc. 19:8 Zaqueo.. lo devuelvo cuadruplicado
1 Tes. 5:15; 1 Ped. 3:9 nadie devuelva mal por

DEVORAR: ver Comer
Gén. 37:20, 33 diremos.. mala fiera lo devoró
Mat. 13:4 semilla cayó.. aves.. la devoraron
Heb. 10:27; Stg. 5:3 fuego.. ha de devorar a
1 Ped. 5:8 diablo.. buscando a quién devorar

DIA: ver Año
Gén. 1:5 Dios llamó a la luz D. y a las
Gén. 8:22 no cesarán.. el d. y la noche
Deut. 33:25 tu fuerza sea como tus d.
Job 3:1 Job abrió su boca y maldijo su d.
Sal. 19:2 Un d. comunica su mensaje al otro d.
Sal. 74:16 Tuyo es el d., tuya es.. la noche
Sal. 84:10 mejor es un d. en tus atrios, que
Sal. 102:11 mis d. son como la sombra que se
Sal. 118:24 Este es el d. que hizo Jehovah
Sal. 145:2 Cada d. te bendeciré, y alabaré tu
Prov. 3:16 Abundancia de d. hay en su mano
Ecl. 12:1 Acuérdate.. en los d. de tu juventud
Isa. 2:12; 13:6-9; Eze. 30:3; Joel 1:15; Abd. 15; Sof. 1:7, 14; Mal. 4:5 d. de Jehovah.. vendrá
Mat 6:11 pan nuestro de cada d., dánoslo hoy
Mat. 24:36 acerca de aquel d. y hora, nadie
Mat. 28:20 yo estoy con vosotros todos los d.
Luc. 17:30; 1 Tes. 5:2 d. en que se manifieste
Hech. 2:20 antes que venga el día del Señor
Rom. 13:13 Andemos decentemente.. de d.
2 Cor. 6:2 en el d. de la salvación te socorrí
Fil. 1:6 la perfeccionará hasta el d. de Cristo
Heb. 10:25 cuando veis que el d. se acerca
2 Ped. 3:8-10 del Señor un d. es como mil años
Apoc. 6:17 ha llegado el gran d. de su ira. y

DIABLO: ver Satanás
Mat. 4:1-11 Jesús.. para ser tentado por el d.
Mat. 13:39 el enemigo que la sembró es el d.
Mat. 25:41 fuego.. preparado para el d. y sus
Juan 8:44; 13:2 sois de vuestro padre el d.
Ef. 4:27; 6:11; 1 Tim. 3:6, 7; 2 Tim. 2:26; Stg. 4:7; Apoc. 2:10 ni deis lugar al d.
Heb. 2:14 sobre la muerte (éste es el d.)
1 Ped. 5:8 el d... buscando a quién devorar
1 Jn. 3:8, 10 que practica el pecado es del d.
Apoc. 12:9, 12; 20:2, 10 el d... arrojado a la

DIABOLICA
Stg. 3:15 sabiduría.. animal y d.

DIACONISA
Rom. 16:1 nuestra hermana Febe, d. de

DIACONO
Fil. 1:1; 1 Tim. 3:8-13

DIADEMA: ver Corona
Prov. 1:9; 4:9 d. de gracia serán a tu cabeza
Isa. 28:5 Jehovah.. será.. d. de gloria para
Isa. 61:3 para darles d. en lugar de ceniza
Isa. 62:3 Serás.. d. real en.. palma de tu Dios

Apoc. 19:12 En su cabeza tiene muchas d.

DIANA, diosa pagana
Hech. 19:24—34

DICHO: ver Mandamiento, Palabra
1 Rey. 13:21 desobediente al d. de Jehovah
Sal. 19:14 Sean gratos los d. de mi boca y la
Sal. 119:11, 170 mi corazón he guardado tus d.
Prov. 4:10, 20; 7:24 Escucha.. y recibe mis d.
Ose. 6:5 los mataré con los d. de mi boca, y

DIDIMO, Tomás
Juan 11:16; 20:24; 21:2

DIENTE
Exo. 21:24, 27; Lev. 24:20; Deut. 19:21; Mat. 5:38 ojo por ojo, d. por d., mano por mano
Jer. 31:29, 30; Eze. 18:2 los d. de los hijos

DIESTRA: ver Derecho
Sal. 110:1; Mat. 22:44; Hech. 2:33, 34; Heb. 1:13 Siéntate a mi d., hasta que ponga a tus
Luc. 22:69; Ef. 1:20; Col. 3:1; Heb. 1:3; 8:1; 10:12; 12:2; 1 Ped. 3:22 Hijo.. sentado a la d.

DIEZ
Gén. 18:32 Quizás se encuentren allí d.
Exo. 34:28; Deut. 4:13; 10:4 d. mandamientos
1 Sam. 18:7, 8 miles! ¡Y David a sus d. miles!

DIEZMO: ver Ofrenda
Gén. 14:20; Heb. 7:2-9 Abram le dio.. d. de
Gén. 28:22 casa de Dios.. apartaré el d. para ti
Lev. 27:30-32; Deut. 14:22-28 Todos los d. de
Núm. 18:21-30; Neh. 10:37, 38 todos los d.
Mal. 3:8-10 hemos robado?' ¡En los d. y en las
Mat. 23:23 fariseos.. Porque entregáis el d. de

DIFAMAR: ver Calumniar
Mat. 1:19 José, su marido.. no quería difamarla
1 Cor. 4:13 cuando somos difamados

DIFERENCIA
Mal. 3:18 d. entre el justo y el

DIFERENTE
Rom. 7:23 ley d. que combate contra

DIFERIR
Gál. 4:1 niño.. nada difiere del esclavo

DIFICIL: ver Duro
Gén. 18:14 ¿Acaso.. Jehovah alguna cosa d.?
Exo. 18:22, 26; Deut. 1:17 asunto d. lo traerán
Jer. 32:17, 27 Señor.. Nada hay.. d. para ti
Mar. 10:23, 24 d. es entrar en el reino de Dios
2 Tim. 3:1 en los últimos días.. tiempos d.

DIFICULTAD
Prov. 24:10 Si desmayas en el día de la d.
1 Ped. 4:18 si el justo con d. se salva, ¿en

DIFUNDIR
Luc. 4:14; 7:17 su fama se difundió

DIGNO
1 Crón. 16:25: Sal. 18:3; 48:1; 96:4; 145:3 grande es Jehovah, y d. de suprema alabanza
Mat. 3:8; Hech. 26:20 frutos d. de
Mat. 3:11 calzado no soy d. de llevar, es más
Mat. 10:10-13 Si la casa es d., venga vuestra
Mat. 10:37 ama a padre.. más.. no es d. de mí
Luc. 10:7 obrero es d. de su salario. No andéis
Fil. 1:27 conducta.. sea d. del evangelio de
Ef. 4:1; Col. 1:10; 1 Tes. 2:12; 2 Tes. 1:11 que andéis como es d. del llamamiento con que
Apoc. 5:2, 4 ¿Quién es d. de abrir el libro y
Apoc. 5:9, 12 ¡D. eres de tomar el libro y de

DILIGENTE
Prov. 10:4; 12:24, 27; 13:4; 21:5, 29; Rom. 12:11 la mano de los d. enriquece

DILUVIO
Gén. 6:17; 7:6-17; 2 Ped. 2:5 voy a traer un d.
Gén. 9:11, 15 aguas no serán más un d. para
Mat. 24:38 antes del d. estaban comiendo y

DINA, hija de Jacob
Gén. 30:21; 34:1-26; 46:15

DINERO: ver Moneda, Riqueza
Gén. 42:25-35; 43:12—44:8 devolviesen su d.
Lev. 25:37; Deut. 23:19; Sal. 15:5 No.. d. con
Ecl. 5:10 que ama el d. no.. satisfecho con d.
Isa. 55:1 los que no tienen d. ¡venid, comprad
Mat. 25:18, 27 y escondió el d. de su señor
Juan 2:15 Desparramó el d. de los cambistas
Hech. 8:18-20 Pedro.. ¡Tu d. perezca contigo
1 Tim. 3:3; 6:10; Heb. 13:5 ni amante del d.

DIOS: ver Señor, Jehovah
Gén. 1:1; 2:7 principio creó D. lo: los cielos y
Gén. 28:21 vuelvo en paz.. Jehovah ser mi Dios
Exo. 3:6; Luc. 20:37 el D. de.. Abraham, el D.
Exo. 20:3; Deut. 5:7 No tendrás otros d. delante
Exo. 20:23 No os hagáis d. de plata junto a mí
Núm. 23:19 D. no es hombre para que mienta,
Deut. 3:24 ¿qué d. hay en los cielos o en la
Deut. 10:17 Es D. grande, poderoso y temible
Rut 1:16 será mi pueblo, y tu D. será mi D.

2 Sam. 7:22; 22:32; Sal. 18:31 no hay D. aparte
1 Crón. 16:26; 2 Crón. 6:14 los d. .. son ídolos
Neh. 9:17 tú eres un D. perdonador, clemente y
Sal. 14:1; 53:1 Dijo el necio.. "No hay D.."
Sal. 22:1; Mat. 27:46 ¡D. mío! ¿Por qué me has
Sal. 48:14 D. es nuestro D. eternamente y para
Sal. 73:28 cercanía de D. constituye el bien
Isa. 44:8 ¿Hay D. aparte de mí? No, no hay
Isa. 45:22 Porque yo soy D., y no hay otro
Jer. 31:33; 2 Cor. 6:16; Heb. 8:10 Yo seré su D., y ellos serán mi pueblo
Dan. 3:17, 18 nuestro D... puede librarnos del
Ose. 11:9 yo soy D., y no hombre. Yo soy el
Mat. 1:23 su nombre Emanuel.. D. con nosotros
Mat. 6:24 No podéis servir a D. y a.. riquezas
Mat. 22:21 Dad al César.. a D. lo que es de D.
Mar. 10:18, 27 Ninguno es bueno, sino.. D.
Mar. 12:30 amarás al Señor tu D. con todo tu
Juan 1:1 el Verbo era con D., y el Verbo era D.
Juan 3:16 de tal manera amó D. al mundo
Juan 4:24 D. es espíritu; y es necesario que
Juan. 14:1 Creéis en Dios; creed también en mí
Hech. 5:29 Es necesario obedecer a D. antes
Hech. 17:23 inscripción: AL D. NO CONOCIDO
Rom. 5:8 Pero Dios demuestra su amor
Rom 8:31 Si D. es por nosotros, ¿quién contra
1 Cor. 1:9 Fiel es D., por medio de quien
2 Cor. 4:4 d. de esta edad presente ha cegado
2 Cor. 5:19 D. estaba en Cristo reconciliando
Ef. 2:12 sin esperanza y sin D. en el mundo
Fil. 4:7 la paz de D., que sobrepasa todo
1 Tim. 2:5 hay un solo D. y un solo mediador
Heb. 12:29 nuestro D. es fuego consumidor
1 Jn. 4:8 no.. conocido a D., porque D. es amor
Apoc. 21:3 estará con ellos como su D.

DIOSA
1 Rey. 11:5, 33 Astarte, d. de los sidonios
Hech. 19:27, 37 templo de la gran d. Diana sea

DIOTREFES, cristiano ambicioso
3 Jn. 9

DIRECTOR
Neh. 12:46 había d. de los cantores para cantar
Hab. 3:19 Al d. del coro, con mis instrumentos

DIRIGENTE: ver Guía
Lev. 21:4 No se contaminará.. pues es d... de
Luc. 22:26 y el que es d., como el que sirve
Heb. 13:7, 17 Acordaos de vuestros d. que os

DIRIGIR: ver Encaminar, Guiar
1 Crón. 15:21; 2 Crón. 23:13 arpas.. dirigir
1 Tim. 5:17 ancianos que dirigen bien sean

DISCERNIMIENTO: ver Entendimiento
1 Rey. 3:11 has pedido.. d. para administrar
1 Cor. 12:10; Fil. 1:9 a otro, d. de espíritus

DISCERNIR: ver Comprender
1 Rey. 3:9 a tu siervo un corazón.. discernir
Prov. 14:8 sabiduría.. discierne su camino
Eze. 44:23 Enseñarán a mi pueblo a discernir
1 Cor. 2:14 cosas.. del Espíritu.. discernir

DISCIPLINA: ver Castigo, Corrección
Prov. 1:7, 8 insensatos desprecian.. la d.
Prov. 3:11, 12; Heb. 12:5-11; Apoc. 3:19 Jehovah d. al que ama, como el padre al hijo
Prov. 4:13 Aférrate a la d. y no la sueltes
Prov. 5:23; 15:10, 32 morirá por falta de d.
Prov. 13:1; 15:5 hijo sabio acepta la d. de su
1 Cor. 9:25-27 aquel que lucha se d. en todo

DISCIPULO: ver Apóstol
Mat. 28:19 id y haced d. a todas las naciones
Luc. 14:26-33 viene.. y no.. no puede ser mi d.
Juan 1:37 dos d. le oyeron hablar y siguieron
Juan 8:31 Si.. permanecéis.. seréis.. mis d.
Juan 9:27, 28 ¿Acaso queréis.. haceros sus d.?
Juan 13:23; 19:26; 20:2-4; 21:7, 20 d. a quien
Juan 13:35 sois mis d., si tenéis amor los unos
Juan 19:26, 29; 20:2-4; 21:7, 20 d. a quien
Hech. 6:7 número de los d. se multiplicaba en

DISCULPARSE
Luc. 14:18, 19 comenzaron a d.

DISCURSO
Ecl. 12:13 conclusión de todo el d.

DISCUTIR
Mar. 8:16, 17 Jesús.. qué discutís?

DISENSION
Mat. 10:35 venido para poner en d. al hombre
1 Cor. 11:18 oigo que hay entre vosotros d., y

DISFRAZAR
2 Cor. 11:13-15 Satanás.. se disfraza

DISFRUTAR
1 Cor. 7:31; 1 Tim. 6:17 los que disfrutan de este mundo, como si no disfrutaran

DISIPAR
Sal. 102:3 días se han disipado como

DISOLUTO
Stg. 5:5; 1 Ped. 4:4 habéis sido d.

DISPERSAR, DISPERSION: ver Esparcir
Gén. 11:8, 9 los dispersó Jehovah de.. Babel
1 Rey. 22:17; Eze. 34:5 Israel dispersado por
Jer. 23:1, 2 Ay de los pastores, que.. dispersan
Zac. 13:7; Mat. 26:31 pastor, y se dispersarán
Stg. 1:1; 1 Ped. 1:1 las doce tribus de la d.

DISPUESTO
Mat. 26:41 espíritu.. está d., pero

DISTANCIA
Exo. 20:18, 21 pueblo.. a distancia

DISTINCION: ver Diferencia
Deut. 1:17; 16:19; Prov. 24:23; 28:21; Stg. 2:1-9 No hagáis d. de personas en el juicio
Deut. 10:17; 2 Crón. 19:7; Hech. 10:34; Rom. 2:11; Gál. 2:6; Ef. 6:9; 1 Ped. 1:17 Dios.. no hace d.
Rom. 3:22; 10:12 no hay d. entre judío y griego

DISTRIBUCION
Hech. 6:1 viudas.. en la d. diaria

DIVERSIDAD
1 Cor. 12:4-6, 28; 14:10 hay d. de

DIVERTIR
Exo. 32:6; 1 Cor. 10:7 para divertirse

DIVIDIR: ver Partir
Luc. 11:17, 18; 12:52, 53 Todo reino dividido
1 Cor. 1:13 ¿Está dividido Cristo? ¿Acaso fue

DIVISION
Luc. 12:51 he venido.. sino a causar d.
Ef. 2:14 derribó en su carne la barrera de d.
Tito 3:10; Jud. 19 rechaza al.. que causa d.

DIVORCIAR, DIVORCIO
Deut. 24:1-3 escribirá.. carta de d.
Mal. 2:16 aborrezco el d.." ha dicho Jehovah
Mateo 5:31, 32; 19:3-9 se divorcia de su mujer

DOBLAR
1 Rey. 19:18; Rom. 11:4 no.. doblado ante Baal
Isa. 45:23; Rom. 14:11 delante de mí se doblará
Fil. 2:10 en el nombre de Jesús se doble toda

DOBLE
Exo. 22:4-9 hallado el ladrón.. pagar el d.
2 Rey. 2:8, 9 Eliseo.. pase a mí una d. porción
Job 42:10 aumentó Jehovah al d. todo.. a Job
Prov. 17:20 y el de d. lengua caerá en el mal
1 Tim. 5:17 ancianos.. por dignos de d. honor
Stg. 1:8 hombre de d. ánimo es inestable en

DOBLEZ
1 Tim. 3:8 diáconos.. sin d. de lengua

DOCE
Gén. 49:28 llegaron a ser las d. tribus de
Mat. 10:1-5 nombres de los d. apóstoles son
Stg. 1:1 Santiago.. a las d. tribus de la

DOCTRINA: ver Enseñanza
Juan 7:16, 17 Jesús.. dijo: —Mi d. no es mía
Hech. 2:42 perseveraban en la d. de.. apóstoles
2 Tes. 2:15; 3:6 firmes y retened las d. en que
1 Tim. 4:1, 6, 16; 2 Tim. 4:3 apartarán.. a d.

DOLENCIA: ver Enfermedad
Sal. 103:3 el que sana todas tus d.
Mat. 4:23; 9:35 sanando.. toda d. en el pueblo

DOLER
Gén. 6:6 Jehovah lamentó.. y le dolió

DOLOR: ver Aflicción, Angustia
Gén. 3:16, 17 con d. darás a luz a los hijos
Sal. 18:4 Me rodearon los d. de la muerte, y
Isa. 53:3, 4 Fue despreciado.. varón de d. y
Lam. 1:12, 13, 18 ved si hay d. como el d. que
Mat. 24:8 todas estas cosas son principio de d.
Apoc. 21:4 No habrá más muerte.. ni d.; porque

DOMINAR: ver Someter, Sujetar
Sal. 72:8; 103:19 Dominará de mar a mar, y
Prov. 16:32 mejor.. el que domina su espíritu

DOMINIO: ver Autoridad, Potestad
Gén. 1:26-28 hombre.. tenga d. sobre los peces
Sal. 145:13 Tu reino.. y tu d. es de generación
Isa. 9:6, 7 nacido.. d. estará sobre su hombro
Hech. 24:25; Gál. 5:23; 2 Tim. 1:7 d. propio
1 Tim. 6:16 1 Ped. 5:11; Jud. 25; Apoc. 1:6 A él sea la honra y el d. eterno. Amén
2 Ped. 1:6 conocimiento, d. propio; al d. propio

DON: ver Dádiva, Regalo
Ecl. 3:13; 5:19 es un d. de Dios que.. coma y
Juan 4:10 Si conocieras el d. de Dios, y quién
Hech. 2:38; 10:45; 11:17 recibiréis el d. del
Hech. 8:20 has pensado.. dinero el d. de Dios
Rom. 1:11 para compartir.. algún d. espiritual
Rom. 6:23 d. de Dios es vida eterna en Cristo
Rom. 12:6; 1 Cor. 1:7; 12:1-9, 28-31 tenemos d. que varían
1 Cor. 14:1, 12 anhelad los d. espirituales
2 Cor. 9:15 Gracias a Dios por su d. inefable!
Ef. 2:8 por gracia sois salvos.. es d. de Dios
1 Tim. 4:14; 2 Tim. 1:6 No descuides el d. que
Stg. 1:17 Toda buena dádiva y todo d. perfecto

1 Ped. 4:10 ponga al servicio.. el d. que ha

DONATIVO
Hech. 24:17; 1 Cor. 16:3; 2 Cor. 8:20 d. y ofrendas
Fil. 4:17 No es que busque d., sino que busco

DONDE
Gén. 3:9; 4:9 Dios.. preguntó.. ¿D. estás tú?
Sal. 42:3, 10; 79:10; 115:2; Joel 2:17 ¿D. está tu Dios?
Sal. 121:1 montes: ¿De d. vendrá mi socorro?
Ose. 13:14; 1 Cor. 15:55 ¿D. está.. tu aguijón?
Mat. 2:2. 4 ¿D. está el rey de los judíos, que

DORCAS, creyente
Hech. 9:36-39

DORMIR: ver Sueño
Jue. 16:13, 19 a Sansón.. Dalila lo hizo dormir
Sal. 4:8 En paz me acostaré y dormiré; porque
Jer. 51:39, 57 Dormirán el sueño eterno y no se
Amós 6:4 Dormís en camas de marfil, os
Jon. 1:5, 6 Jonás.. había quedado.. dormido
Mat. 26:40-45 Volvió.. y los halló durmiendo
1 Cor. 15:51; 1 Tes. 4:14, 15 No todos dormiremos
1 Tes. 5:6 no durmamos como los demás, sino

DORMITAR
Prov. 6:10; 23:21 un poco de dormitar

DRACMA: ver Dinero
Luc. 15:8, 9 mujer que tiene diez d.

DRAGON
Apoc. 12:3-16; 20:2 arrojado el gran d.

DUDAR
Mat. 14:31; 21:21 poca fe! ¿Por qué dudaste?
Stg. 1:6 Pero pida con fe, no dudando nada

DUELO: ver Luto, Llanto
Amós 8:10 Convertiré vuestras fiestas en d.
Zac. 12:10, 11 harán d. por él con d. como

DUEÑO
Isa. 1:3 buey conoce a su d., y el asno

DULCE
2 Sam. 23:1 David.. el d. salmista de Israel
Sal. 119:103; Prov. 3:24 Cuán d. son.. palabras
Apoc. 10:9, 10 librito.. en tu boca será d. como

DULZURA: ver Miel
Jue. 14:14 comida, y del fuerte salió d.

Prov. 27:9 d. de un amigo, más que el consejo

DURAR
Sal. 30:5 su ira dura sólo un momento

DUREZA
Jer. 3:17; 7:24 no andarán.. según la d.

DURO: ver Aspero, Difícil
Juan 6:60 D. es esta palabra; ¿quién la puede
Hech. 26:14 D. cosa te es dar coces contra el

EBAL, cerro
Deut. 11:29; 27:4, 13; Jos. 8:30, 33

EBEN-EZER <piedra de la ayuda>
1 Sam. 7:12 piedra.. la llamó E.

EBRIO: ver Borracho
1 Sam. 1:13 Elí creyó que.. estaba e.

ECHAR: ver Arrojar, Expulsar
Sal. 55:22; 1 Ped. 5:7 echa tu carga sobre
Eze. 18:31 Echad.. vuestras transgresiones
Jon. 1:12, 15 a Jonás y lo echaron al mar
Mat. 4:6 Si eres Hijo.. échate abajo, porque
Juan 6:37 que a mí viene, jamás lo echaré fuera
Juan 12:31 será echado fuera el príncipe de

EDAD
Jos. 13:1; 23:1 Josué.. de e. avanzada, le
1 Cor. 2:8; 2 Cor. 4:4 príncipes de esta e.
Ef. 2:7; 3:21 mostrar en las e. venideras las

EDEN, jardín de
Gén. 2:8-15; 3:23, 24 plantó.. un jardín en E.
Isa. 51:3 Jehovah.. Convertirá su desierto en E.

EDIFICACION
Rom. 14:19; 15:2; 2 Cor. 10:8 sigamos.. mutua e.
1 Cor. 14:3, 5, 12, 26; Ef. 4:12, 29 reciba e.

EDIFICADOR
Sal. 118:22; Mat. 21:42; Hech. 4:11; 1 Ped. 2:7 piedra que desecharon los e. ha

EDIFICAR: ver Construir
Gén. 11:4-8 Venid, edifiquémonos una ciudad
Jos. 22:10-29 Rubén.. edificaron allí un altar
2 Sam. 24:21 comprarte la era y edificar.. altar
1 Rey. 5:5; 6:1—14 Tu hijo.. edificará una casa
1 Crón. 17:10, 12 Jehovah te edificará casa a ti
1 Crón. 22:5-10 Salomón.. ha de edificar
Sal. 127:1 Si Jehovah no edifica la casa, en
Prov. 14:1; 24:3 mujer sabia edifica su casa

Jer. 1:10; 24:6 te he constituido.. edificar y
Jer. 22:13 Ay del que edifica.. sin justicia
Eze. 28:26 edificarán casas y plantarán viñas
Sof. 1:13 Edificarán casas.. no las habitarán
Zac. 6:12-15 Retoño.. edificará el templo de
Mat. 7:24-26 prudente.. edificó su casa sobre
Mat. 16:18 sobre esta roca edificaré mi iglesia
1 Cor. 3:12 Si alguien edifica.. con oro, plata
1 Cor. 8:1; Ef. 4:16 pero el amor edifica
1 Cor. 14:4 que profetiza edifica a la iglesia
1 Tes. 5:11; Jud. 20 edificaos los unos a los

EDIFICIO: ver Casa
Mar. 13:1 Maestro, ¡mira qué piedras y qué e.!
1 Cor. 3:9; 2 Cor. 5:1 sois.. e. de Dios
Ef. 2:21 todo el e... va creciendo hasta ser

EDOM, o Esaú
Gén. 25:30; 36:8; Núm. 20:14-23; Jue. 11:17, 18; Amós 1:11

EDOMITA, de Esaú
Gén. 36:9; Deut. 23:7

EFA, una medida
Exo. 16:36 gomer es la décima parte de un e.
Lev. 19:36; Eze. 45:10 Tendréis.. un e. justo

EFECTO
Isa. 32:17 e. de la justicia será paz

EFESIO
Hech. 19:28 ¡Grande es Diana de los e.!

EFESO, ciudad
Hech. 18:19-24; 19:35; 20:16, 17; 1 Cor. 15:32; 16:8; Ef. 1:1; 1 Tim. 1:3; 2 Tim. 1:18; 4:12; Apoc. 1:11; 2:1

EFICAZ
1 Cor. 16:9 ha abierto una puerta grande y e.
Heb. 4:12 la Palabra de Dios es viva y e.

EFOD: ver Vestidura
Exo. 28:4-31 vestiduras.. pectoral, el e.

EFRAIN
nieto de Jacob: Gén. 41:52; 46:20; 48:1-20
tribu de Israel: Núm. 1:32; Jos. 14:4; Jue. 1:29; 12:4-6; Ose. 6:4; 11:3-12

EGIPCIO
Gén. 39:1, 2 Potifar.. e ... compró.. José
Exo. 1:12 e. se alarmaron a causa de.. Israel
Exo. 2:11, 12 Moisés.. mató al e. y lo escondió
Exo. 3:8 librarlos de la mano de los e. y para
Exo. 12:23-27 Jehovah pasará matando a los e.
Exo. 14:4-31 los e. sabrán que yo soy Jehovah
Exo. 19:4 visto lo que he hecho a los e. y
Deut. 23:7 No abominarás al e., porque fuiste
Isa. 19:21, 23 en aquel día los e. conocerán a

EGIPTO, Nación
Gén. 12:10 Abram descendió a E. para residir
Gén. 37:28 ismaelitas.. se llevaron a José a E.
Exo. 1:1 hijos de Israel que entraron en E.
Exo. 7:4 pondré mi mano sobre E. y sacaré a
Exo. 13:16 Jehovah nos sacó de E. con mano
Isa. 19:25 Benditos sean E. mi pueblo, Asiria
Ose. 11:1; Mat. 2:15 y de E. llamé a mi hijo
Heb. 11:27 por la fe abandonó E., sin temer la

EGLON
ciudad filistea: Jos. 10:3-5, 34-36
rey de Moab: Jue. 3:12-17

EJECUTAR: ver Cumplir
Eze. 5:8, 10, 15; 11:9; 16:41; 23:10; 28:26 Señor.. ejecutaré actos justicieros en medio
Luc. 23:32 malhechores.. ser ejecutados con él

EJEMPLAR
1 Ped. 2:12 Tened una conducta e.

EJEMPLO
Juan 13:15; 1 Ped. 2:21 e. os he dado, para
1 Cor. 10:6, 11 Estas cosas.. como e. para
1 Tes. 1:7; 3:9 habéis sido e. a.. creyentes
1 Tim. 4:12; Tito 2:7; 1 Ped. 5:3 sé e. para

EJERCER
1 Crón. 23:30 Ejercen su servicio cada
Mar. 10:42 sus grandes ejercen autoridad sobre
Rom. 15:16 ejerciendo.. servicio.. del evangelio

EJERCICIO
1 Tim. 4:8 e. físico.. poco aprovecha

EJERCITO: ver Soldado
Jos. 5:14 soy el Jefe del e. de Jehovah, que
1 Sam. 1:3 sacrificios a Jehovah de los E.
2 Rey. 21:3; Hech. 7:42 el e. de los cielos
1 Crón. 12:22 David.. e., como un e. de Dios
Sal. 148:2 ¡Alabadle, vosotros todos sus e.!
Isa. 40:26 él saca y cuenta el e. de ellas
Zac. 4:6 No con e., ni con fuerza, sino con
Luc. 21:20 veáis a Jerusalén sitiada por e.
Apoc. 19:14, 19 Los e. en el cielo le seguían

ELEAZAR
hijo de Aarón: Exo. 6:23, 25; 28:1; Núm. 3:4, 32; 20:25-28; Jos. 24:33

Prov. 10:4; 20:13; 21:17; 23:21 empobrece
Prov. 30:9 No sea que me empobrezca y robe

EMPRENDER
Deut. 12:7, 18; 15:10 hayan emprendido

EMPUJAR
Jue. 16:30 Sansón.. empujó con fuerza

ENALTECER: ver Elevar
Deut. 8:14; 17:20 enaltecer tu corazón y te
Deut. 28:1 Dios te enaltecerá sobre.. naciones
1 Sam. 2:1 mi poder se enaltece en Jehovah
1 Sam. 2:7-10 Jehovah.. humilla y enaltece
1 Crón. 29:11 Jehovah.. tú te enalteces como
2 Crón. 26:16; 32:25, 26 Uzías.. se enalteció
Sal. 97:9; Isa. 2:11, 17 eres muy enaltecido
Prov. 17:19; 18:12; 30:32 enaltece busca.. ruina
Mat. 23:12 el que se enaltece será humillado

ENCADENADO
Mar. 6:17 Herodes.. a Juan.. había e.

ENCAMINAR: ver Dirigir
Gén. 50:20 Dios lo encaminó para bien, para
Sal. 25:9; 31:3 Encaminará a los humildes en
3 Jn. 6 Si los encaminas como es.., harás bien

ENCANTADOR
Deut. 18:11 ni e... ni espiritista, ni quien
Jer. 29:8 No os engañen.. ni vuestros e. No

ENCANTAMIENTO: ver Hechicería
Exo. 7:11, 22; 8:7, 18 magos de Egipto.. sus e.
2 Rey. 17:17 practicaron.. e. y.. adivinaciones

ENCARCELADO: ver Cárcel
Mat. 4:12 Jesús oyó que Juan había sido e.
1 Ped. 3:19 fue y predicó a los espíritus e.

ENCARGAR
2 Tim. 2:2 esto encarga a.. fieles

ENCENDER: ver Arder
Isa. 5:11 bebida.. que el vino los enciende
Mat. 5:15 Tampoco se enciende una lámpara
Luc. 15:8 mujer.. enciende una lámpara, barre
Rom. 1:27 se encendieron en sus pasiones

ENCENDIDO
Jue. 7:16 Gedeón..teas e. dentro.. cántaros
Prov. 25:22; Rom. 12:20 carbones e... cabeza
Isa. 6:6; Eze. 1:13 serafines.. carbón e.

ENCERRAR
Rom. 11:32; Gál. 3:22 Dios encerró a

ENCINTA
Gén. 38:24, 25; 2 Sam. 11:5 Tamar.. está e.
Ecl. 11:5 no comprendes cómo.. la mujer e.
Luc. 2:5 María, su esposa, quien estaba e.

ENCOMENDAR: ver Confiar
1 Sam. 15:18; 1 Rey. 2:3 te ha encomendado
Sal. 31:5; Luc. 23:46 tus manos encomiendo mi
Sal. 37:5; Prov. 16:3 Encomienda a Jehovah tu
2 Cor. 5:19 Dios.. en Cristo.. encomendándonos

ENCONTRAR: ver Hallar
Gén. 18:28-32 Quizás se encuentren.. cuarenta
Sal. 85:10 misericordia.. verdad.. encontraron
Amós 8:12 buscando.. no la encontrarán
Juan 1:41-45 encontró primero a su hermano.. y

ENCRUCIJADA
Mat. 22:9 Id.. a las e. de.. caminos

ENCUBRIR: ver Esconder
Sal. 32:5 no encubrí mi iniquidad. Dije
Sal. 139:11, 12 tinieblas no encubren de ti
Prov. 28:13 encubre sus pecados no prosperará
Mat. 10:26 no hay nada encubierto que no será

ENCUENTRO
Exo. 19:17, 25 salir al pueblo.. al e. de Dios
2 Crón. 20:17 ¡Salid mañana a su e., y Jehovah
Sal. 59:10 Mi Dios.. me saldrá al e... me hará
Amós 4:12 prepárate para venir al e. de.. Dios
Mat. 8:34 la ciudad salió al e. de Jesús
Mat. 28:9 Jesús les salió al e... ¡Os saludo!
1 Tes. 4:17 para el e. con el Señor en el aire

ENDEMONIADO
Mat. 8:16, 28; 12:22 trajeron.. e.

ENDEREZAR
Prov. 3:6 caminos, y él enderezará tus sendas
Isa. 40:3; Mat. 3:3; Juan 1:23 enderezad calzada
Heb. 12:13 enderezad para.. pies los caminos

ENDURECER
Exo. 4:21; 7:3 faraón.. endureceré su corazón
Deut. 10:16; 2 Crón. 30:8 no endurezcáis más
Sal. 95:8; Heb. 3:8, 13, 15; 4:7 no endurezcáis vuestros corazones como en Meriba
Prov. 29:1 ser reprendido endurece la cerviz
2 Cor. 3:14 sus mentes fueron endurecidas

ENELDO: ver Semilla
Mat. 23:23 entregáis el diezmo.. del e.

ENEMIGO: ver Adversario
Exo. 15:6 tu diestra, oh.. ha quebrantado al e.
Deut. 28:48 servirás a tus e. que Jehovah
Jue. 5:31 Perezcan.. todos tus e., oh Jehovah
1 Sam. 12:11 os libró de mano de vuestros e.
Sal. 72:9; 92:9 sus e. lamerán el polvo
Sal. 110:1; Mat. 22:44; Hech. 2:35; Heb. 1:13 hasta que ponga a tus e. como estrado
Prov. 16:7 aun a sus e. reconciliará con él
Prov. 24:17 No te alegres cuando caiga tu e.
Prov. 25:21; Rom. 12:20 Si tu e. tiene hambre
Miq. 7:6; Mat. 10:36 los e... son los de.. casa
Mat. 5:44 Amad a vuestros e. y orad por los
Rom. 5:10 éramos e., fuimos reconciliados con
1 Cor. 15:25, 26 reine hasta poner a.. sus e.
Fil. 3:18 son e. de la cruz de Cristo
2 Tes. 3:15 no lo tengáis por e., sino.. como
Stg. 4:4 ser amigo del mundo se constituye e.

ENEMISTAD
Gén. 3:15 pondré e. entre ti y la mujer, y
Rom. 8:7 intención de la carne es e. contra
Ef. 2:16 cruz, dando muerte en ella a la e.
Stg. 4:4 amistad con el mundo es e. con Dios?

ENFERMO
Cant. 2:5; 5:8 porque estoy e. de amor
Isa. 1:5 dolorida, y todo corazón está e.
Eze. 34:4, 16 No.. curáis a las e.. No habéis
Mal. 1:13 provocado.. al traer.. lo e. y al
Mat. 8:16; Mar. 6:55, 56 sanó a todos los e.
Mat. 10:8; Luc. 9:2 Sanad e., resucitad muertos
Mat. 25:36-44 estuve.. e., y me visitasteis
Juan 11:1-6 Estaba.. e... Lázaro, de Betania
Stg. 5:14, 15 ¿Está e. alguno de vosotros? Que

ENFERMEDAD: ver Dolencia
Exo. 23:25 servirás a Jehovah.. apartaré las e.
2 Crón. 16:12 en su e. no consultó a Jehovah
Prov. 18:14 ánimo del hombre soportará su e.
Isa. 53:4; Mat. 8:17 él llevó nuestras e. y
Mat. 4:23; 9:35 Jesús recorría.. sanando.. e.
Mat. 10:1 llamó.. discípulos.. para sanar.. e.
Juan 11:4 Esta e. no es para muerte, sino para

ENFRIAR
Mat. 24:12 maldad, se enfriará el amor

ENGAÑADOR: ver Mentiroso
Sal. 5:6; 55:23 al hombre.. e. abomina Jehovah
Prov. 19:22 es mejor ser indigente que e.
2 Tim. 3:13; 2 Jn. 7 e. irán de mal en peor

ENGAÑAR: ver Defraudar
Gén. 3:13 dijo: —La serpiente me engañó
Lev. 19:11 ni os engañaréis el uno al otro
Jer. 9:5 Cada uno engaña a su prójimo, y no
Mat. 24:4, 5, 11, 24; Ef. 5:6; 1 Jn. 3:7 Mirad que nadie os engañe.. engañarán a muchos
Rom. 3:13; 16:18 con su lengua engañan. Hay
1 Cor. 3:18; 6:9; 2 Tes. 2:3 Nadie se engañe
2 Cor. 2:11; 11:3 no.. engañados por Satanás
Gál. 6:7; Col. 2:4; Stg. 1:16 No os engañéis
1 Jn. 1:8 Si decimos que no.. nos engañamos
Apoc. 12:9; 20:10 diablo.. engaña a.. el mundo

ENGAÑO: ver Fraude, Mentira
Sal. 24:4; 32:2 limpio de.. ni ha jurado con e.
Prov. 12:20 E. hay en.. los que traman el mal
Isa. 53:9; 1 Ped. 2:22; Apoc. 14:5 ni hubo e.
Jer. 14:14 profetizan.. e. de sus.. corazones
Mat. 13:22 e. de las riquezas ahogan la palabra
Juan 1:47 Natanael.. en quien no hay e.
Hech. 13:10 tú, lleno de todo e. y de.. malicia
1 Ped. 2:1; 2 Ped. 3:17 dejado.. todo e.

ENGAÑOSO: ver Fraudulento
Jer. 17:9 E. es el corazón, más que todas las
Ef. 4:22 viejo hombre.. por los deseos e.

ENGENDRAR
Sal. 2:7; Hech. 13:33; Heb. 1:5; 5:5 Tú eres mi hijo; yo te engendré hoy
Prov. 17:21 Quien engendra al necio lo hace
1 Cor. 4:15 os engendré por.. evangelio
Film. 10 hijo.. a quien he engendrado en mis
1 Jn. 5:1, 18 ama al que engendró ama también

ENGORDAR
Deut. 31:20 cuando hayan.. engordado

ENGRANDECER: ver Exaltar
Gén. 12:2 engrandeceré tu nombre, y serás
Núm. 14:17 sea engrandecido el poder del
Deut. 32:3 ¡Engrandeced a nuestro Dios!
Jos. 3:7; 4:14 Josué.. engrandecerte ante
Sal. 34:3 Engrandeced a Jehovah conmigo
Sal. 40:16; 70:4 ¡Jehovah sea engrandecido!
Prov. 14:34 justicia engrandece a la nación
Ecl. 1:16; 2:4, 9 que yo me he engrandecido
Isa. 26:15 has engrandecido la nación, oh
Luc. 1:46 María.. Engrandece mi alma al Señor

ENJUGAR
Isa. 25:8; Apoc. 7:17; 21:4 Señor.. enjugará

ENMUDECER
Isa. 53:7 como una oveja que enmudece

ENOC, profeta antiguo
Gén. 5:18—24; Heb. 11:5; Jud. 14

ENOJAR: ver Airarse
Exo. 16:20; Núm. 16:15 Moisés se enojó contra
2 Rey. 5:12 ríos de Damasco.. se iba enojado
2 Rey. 17:18; Nah. 1:2 Jehovah se enojó contra
Sal. 2:12 Besad al hijo, no sea que se enoje
Isa. 12:1; 64:9 Jehovah! Aunque te enojaste
Jon. 4:1, 4 desagradó.. a Jonás y lo enojó
Mat. 5:22 el que se enoja con su hermano será

ENOJO: ver Ardor, Furor, Ira
Sal. 103:9; Miq. 7:18 ni para siempre.. el e.
Prov. 17:25 hijo necio causa e. a su padre y
Jer. 3:5 ¿Guardará e. para siempre?
Zac. 1:15; 8:2 con gran e. estoy airado contra
Mar. 3:5 mirándolos en derredor con e... por la
2 Cor. 12:20 Temo que haya.. celos, iras, e.
Ef. 4:26, 31; Col. 3:8 Enojaos, pero no pequéis

ENRAMADA: ver Cabaña
Jon. 4:5 Jonás.. se hizo una e. y se sentó a
Mat. 17:4 Pedro.. levantaré aquí tres e.: una

ENREDAR: ver Atrapar
2 Sam. 18:9 A Absalón se le enredó la cabeza
Gál. 6:1 alguien se encuentre enredado en

ENRIQUECER
Prov. 10:4, 22 mano de.. diligentes enriquece
2 Cor. 8:9 con su pobreza fueseis enriquecidos

ENSALZAR
2 Sam. 22:47; Sal. 18:46; 35:27 sea ensalzado

ENSANCHAR
Isa. 54:2 Ensancha.. sitio de.. tienda

ENSEÑANZA: ver Doctrina
Prov. 4:1, 2 Oíd.. la e. de un padre; estad
Prov. 7:2; 23:12 guarda mi e. como a la niña
Prov. 15:33 El temor de Jehovah es la e. de
Mar. 1:22 se asombraban de su e., porque les
Rom. 12:7 el que enseña, úselo en la e.
Rom. 15:4 fue escrito para nuestra e., a fin
1 Cor. 14:26 cuando os reunís.. tiene.. una e.
2 Tim. 3:16 Escritura.. inspirada.. para la e.

ENSEÑAR: ver Instruir
Exo. 4:12, 15 te enseñaré lo que has de decir
Deut. 4:1-14 leyes y decretos que yo os enseño
Deut. 11:19 Las enseñaréis a vuestros hijos
Deut. 31:19, 22 cántico.. enseñadlo a los hijos
Sal. 25:8-12 Jehovah.. enseñará.. el camino
Sal. 51:13 enseñaré.. tus caminos.. pecadores
Sal. 71:17 me has enseñado.. mi juventud
Prov. 9:9 enseña al justo.. aumentará su saber
Isa. 2:3 Dios.. que él nos enseñe sus caminos
Isa. 54:13; Juan 6:45 hijos.. enseñados por
Jer. 31:34; Heb. 8:11 nadie enseñará.. prójimo
Eze. 44:23 Enseñarán a mi pueblo a discernir
Dan. 12:3 que enseñan justicia a la multitud
Miq. 4:2 Dios.. que él nos enseñe sus caminos
Mat. 3:7 ¿Quién os enseñó a huir de la ira
Mat. 4:23 Jesús.. enseñando en las sinagogas
Mat. 7:29 enseñaba como quien tiene autoridad
Mat. 28:20 enseñándoles que guarden
Luc. 11:1 Señor, enséñanos a orar
Luc. 12:12; Juan 14:26 Espíritu.. os enseñará
Hech. 1:1 Jesús comenzó a hacer y a enseñar
Hech. 28:31 predicando.. y enseñando acerca
1 Cor. 14:19 cinco palabras.. para que enseñe
1 Cor. 15:3 he enseñado lo que también recibí
Col. 3:16 palabra.. habite en.. enseñándoos y
1 Tim. 3:2 el obispo sea.. apto para enseñar

ENSEÑOREAR: ver Dominar
Lev. 25:46 no os enseñoreareís unos de otros
Ecl. 8:9 hombre se enseñorea del hombre, para
Mat. 20:25 gentiles se enseñorean sobre ellos
Rom. 6:9, 14 muerte no se enseñorea más de él

ENSOBERBECER: ver Envanecer
Ose. 13:6 corazón se ensoberbeció.. olvidaron
Rom. 11:20 No te ensoberbezcas, sino teme

ENTENDER: ver Comprender
1 Crón. 28:9 Dios.. entiende.. los pensamientos
Neh. 8:8, 12 leían.. aclarando.. que entendiesen
Job 10:2; 13:23; Sal. 119:27, 73 hazme entender
Sal. 32:8; 50:22 Te haré entender y te enseñaré
Prov. 1:5; 14:33; 15:14; 18:15 entendido adquirirá
Isa. 1:3; 44:18 mi pueblo no entiende
Isa. 6:9, 10; Mat. 13:13; Juan 12:40; Hech. 28:26 di a este pueblo: "Oíd.. no entendáis
Isa. 43:10 a fin de que entendáis que Yo Soy
Jer. 9:24 alábese.. en entenderme y conocerme
Dan. 12:3 Los entendidos resplandecerán con el
Ose. 14:9 ¿Quién es sabio para entender estas
Mat. 16:11, 12; 24:15 ¿Cómo.. no entendéis
Mar. 7:14 les decía: —Oídme todos y entended
Juan 13:7 Lo que.. hago.. no lo entiendes ahora
Juan 20:9 aún no entendían la Escritura, que
Hech. 8:30 Felipe.. entiendes lo que lees?
Rom. 3:11 no hay quien entienda, no hay quien
Rom. 11:34 ¿Quién entendió la mente del
Heb. 9:8 Espíritu Santo daba a entender que
Stg. 3:13 ¿Quién es.. entendido entre vosotros?

ENTENDIMIENTO: ver Conocimiento
Sal. 47:7; 1 Cor. 14:14, 15 cantad con e.
Sal. 119:34, 144, 169 Dame e., y guardaré tu

Prov. 3:13 Bienaventurado.. el que obtiene e.
Prov. 13:15 buen e. da gracia, pero el camino
Isa. 40:28 Dios eterno.. su e. es insondable
Mar. 12:33 amarle con.. corazón, con todo el e.
Luc. 24:45 Entonces les abrió el e. para que
1 Cor. 14:20 no seáis niños en el e.
Ef. 4:18 teniendo el e. entenebrecido, alejados
Fil. 4:7 la paz de Dios, que sobrepasa todo e.

ENTENEBRECIDO
Rom. 1:21; Ef. 4:18 corazón fue e.

ENTERRAR
Mat. 8:21 vaya y entierre a mi padre

ENTONAR: ver Cantar
Jue. 5:12; Neh. 12:42 ¡Entona un cántico!
Sal. 27:6; 57:7; 81:2; 108:1 entonaré salmos
Apoc. 5:9 Ellos entonaban un cántico nuevo

ENTRADA: ver Acceso
Sal. 121:8 Jehovah guardará tu salida y tu e.
Mat. 27:60 rodar.. piedra a la e. del sepulcro
2 Ped. 1:11 será otorgada amplia e. en el reino

ENTRAR: ver Meter
Gén. 7:1, 9, 13 Entra en el arca tú, y toda
Exo. 14:22 Israel entraron en.. mar en seco
Exo. 40:35 Moisés no.. entrar en el tabernáculo
Núm. 20:24 Aarón.. no entrará en la tierra
Deut. 12:9 no habéis entrado al reposo y a la
Sal. 66:13 Entraré en tu templo con holocaustos
Sal. 95:11; Heb. 3:11; 4:3 Jamás entrarán en mi
Sal. 100:4 Entrad por sus puertas con.. gracias
Sal. 118:19 Entraré.. y daré gracias a Jehovah
Isa. 26:2, 20 Abrid.. y entrará la nación justa
Isa. 57:2 El que anda en rectitud entrará en paz
Eze. 2:2 entró en mí el Espíritu y me puso
Mat. 5:20; 18:3 jamás entraréis en el reino
Mat. 7:13 Entrad por la puerta estrecha; porque
Mat. 18:8, 9 Mejor te es entrar en.. vida cojo
Mat. 19:17 si quieres entrar en la vida, guarda
Mat. 19:23, 24 difícilmente entrará el rico en
Mat. 23:13 fariseos.. no entráis, ni dejáis e.
Mar. 3:27 nadie puede entrar en la casa de un
Juan 3:4, 5 a menos que.. no puede entrar en
Juan 10:1 no entra al redil.. por la puerta
Heb. 4:3, 6, 11 hemos creído sí entraremos en
Heb. 9:12, 24 entró una vez para siempre en el
Apoc. 3:20 abre la puerta, entraré a él y
Apoc. 21:27 Jamás entrará en ella cosa impura
Apoc. 22:14 que entren en la ciudad por las

ENTRAÑAS
Job 3:11 ¿Por qué no morí en las e., o expiré
Sal. 31:9 mis e. se han debilitado por el pesar
Sal. 139:13; Isa. 49:1 tú formaste mis e.; me
Jer. 4:19 ¡Ay, mis e., mis e.! Me duelen las
Hech. 1:18 y todas sus e. se derramaron

ENTREGAR: ver Dar
Jos. 21:44 Jehovah entregó en.. a sus enemigos
1 Sam. 28:19 Jehovah entregará a Israel.. en
Sal. 27:12 No me entregues a.. mis adversarios
Mat. 5:25 no sea que el adversario te entregue
Mat. 10:17 os entregarán a los tribunales y en
Mat. 17:22; 20:18; 26:2, 45 Hijo.. ser entregado
Mat. 26:15, 46; Luc. 22:21; Juan 6:64 Y yo os lo entregaré
Mat. 27:2 le entregaron a Poncio Pilato
Mat. 27:4 he pecado entregando sangre
Mat. 27:50 Jesús clamó.. y entregó el espíritu
Luc. 22:48 Judas, ¿con un beso entregas al Hijo
Rom. 4:25 quien fue entregado por.. nuestras
Rom. 8:32 a su propio Hijo.. entregó por todos
1 Cor. 11:23 Jesús, la noche.. que fue entregado
1 Cor. 15:24 fin, cuando él entregue el reino
Gál. 2:20; Ef. 5:2 Cristo.. me amó y se entregó
1 Tim. 5:6 se entrega a los placeres, viviendo
Jud. 3 fe que fue entregado una vez a.. santos

ENTRELAZADO
Ef. 4:16 todo el cuerpo.. e. por

ENTREMETER
Prov. 14:16 el necio es entremetido y confiado
2 Tes. 3:11; 1 Tim. 5:13 entrometiéndose
1 Ped. 4:15 ninguno.. entrometerse en.. ajenos

ENTRETEJER
Sal. 139:13, 15 me entretejiste en

ENTRISTECER: ver Amargar
2 Cor. 6:10 entristecidos, pero siempre gozosos
Ef. 4:30 no entristezcáis al Espíritu.. de Dios
1 Tes. 4:13 no os entristezcáis como los demás

ENVANECER
1 Cor. 8:1 El conocimiento envanece

ENVEJECIDO
Sal. 37:25 he sido joven y he e.

ENVIAR: ver Mandar
Gén. 8:7-10 envió un cuervo que iba y venía
Gén. 45:5 preservación.. me ha enviado Dios
Exo. 3:10-15; 23:20 te envío al faraón para
Exo. 4:13 Señor.. envía a otra persona
Jue. 6:14 Vé.. y libra.. ¿No te envío yo?
Sal. 57:3 El enviará desde los cielos y me
Isa. 6:8 ¿A quién enviaré?.. envíame a mí
Isa. 48:16 me ha enviado el Señor Jehovah y

Isa. 61:1: Luc. 4:18 Me ha enviado.. anunciar
Jer. 1:7 a todos a quienes yo te envíe, tú
Jer. 14:14; 23:21; 26:12 Jehovah me ha enviado
Mal. 3:1; Mat. 11:10 yo envío mi mensajero
Mat. 9:38 mies, que envíe obreros a su mies
Mat. 10:16 yo os envío como a ovejas en medio
Mat. 21:1-3 Jesús envió a dos discípulos
Mar. 6:7 comenzó a enviarlos de dos en dos
Luc. 24:49 enviaré el cumplimiento de
Juan 5:30; 6:38 busco.. voluntad del.. me envió
Juan 14:26; 15:26; 16:7 Consolador.. enviará
Juan 17:8, 18-25 creyeron que tú me enviaste
Juan 20:21 me ha enviado.. Padre.. os envío
Hech. 13:4 siendo enviados por el Espíritu
Rom. 8:3 Habiendo enviado a su propio Hijo en
Rom. 10:15 cómo predicarán sin.. enviados?
Gál. 4:4; 1 Jn. 4:9, 14 Dios envió a su Hijo

ENVIDIA: ver Celos
Sal. 73:3 tuve e. de los arrogantes, al ver
Prov. 14:30 la e. es carcoma en los huesos
Rom. 1:29; 1 Ped. 2:1 Están repletos de e.

ENVOLVER
Luc. 2:7 su hijo.. envolvió en pañales

EPAFRAS, amigo de Pablo
Col. 1:7; 4:12; Film. 23

EPAFRODITO, amigo de Pablo
Fil. 2:25; 4:10

EQUIPAJE
1 Sam. 30:24 Igual.. los.. con el e.

ERA: ver Trilla
Jue. 6:37 pondré un vellón de lana en la e.
2 Sam. 24:18-24 un altar.. en la e. de Arauna
Mat. 3:12 aventador.. su mano, y limpiará su e.

ERASTO, discípulo
Hech. 19:22; Rom. 16:23; 2 Tim. 4:20

ERRANTE: ver Vagabundo
Gén. 4:12-14 serás e. y fugitivo en la tierra
Núm. 14:33; 32:13 andarán e... desierto.. 40
Deut. 26:5 Un arameo e. fue mi padre
Ose. 9:17 no le escucharon. Andarán e. entre
Heb. 11:38 no era digno de.. Andaban e.

ERROR
Stg. 5:20 haga volver al pecador del e. de su
1 Jn. 4:6 Espíritu de verdad y.. espíritu de e.

ESAU, o Edom, hijo de Isaac
Gén. 25:25—28:8; 32:3—33:16; 35:29—36:43; Jos. 24:4; Mal. 1:2, 3; Rom.9:13, Heb. 11:20; 12:16

ESCALERA
Gén. 28:12 una e... alcanzaba el cielo

ESCAPAR: ver Huir
Sal. 11:1; Prov. 6:5 Escapa.. pájaro al monte
Mat. 23:33; Rom. 2:3 ¿Cómo os escaparéis de
Heb. 2:3 ¿cómo escaparemos.. si descuidamos
Heb. 12:25 si no escaparon.. menos escaparemos

ESCARLATA
Mat. 27:28 le echaron.. manto de e.

ESCARNECEDOR
Prov. 21:24 E. es el.. arrogante

ESCARNIO: ver Burla
1 Rey. 9:7 Israel servirá de refrán y e. entre
2 Crón. 36:16 de los mensajeros.. hacían e.

ESCASAMENTE
2 Cor. 9:6 siembra e. cosechará e.

ESCASEZ
Fil. 4:11 No lo digo porque tenga e.

ESCLAVITUD
Exo. 13:3; 20:2 salido.. de la casa de e.
Gál. 5:1 no.. otra vez bajo el yugo de la e.

ESCLAVIZAR
2 Cor. 11:20; Tito 3:3 toleráis.. e.

ESCLAVO: ver Siervo
Gén. 44:33 permite.. tu siervo quede como e.
Exo. 21:2 Cuando compres un e. hebreo, seis
Deut. 5:15 fuiste e. en la tierra de Egipto
Prov. 22:7 que toma prestado es e. del.. presta
Juan 8:33-35 practica.. pecado es e. del pecado
Rom. 6:6, 16-20 ya no seamos e. del pecado
1 Cor. 7:21-23 ¿Fuiste llamado siendo e.? No te
1 Cor. 12:13 un solo cuerpo.. e. como libres
Gál. 3:28; 4:1-7; Col. 3:11 no hay e. ni libre
Film. 16 ya no como a un e., sino más que e.
2 Ped. 2:19 libertad.. son e. de la corrupción

ESCOGER: ver Elegir
Deut. 30:19 Escoge.. la vida para que vivas
Jos. 24:15 escogeos hoy a quién sirváis: si
Isa. 58:5, 6 ¿Es éste el ayuno que yo escogí
Isa. 66:3, 4 escogieron sus propios caminos
Luc. 6:13 a sus discípulos.. escogió a doce
Ef. 1:4 nos escogió en él desde antes de la

ESCOGIDO: ver Elegido
Deut. 7:6, 7 pueblo santo.. Dios te ha e. para
Jos. 24:22 habéis e. a Jehovah para servirle
Sal. 119:30, 173 He e. el camino de la verdad
Isa. 5:2 había plantado en ella vides e.
Isa. 42:1; Mat. 12:18 mi siervo.. mi e. en
Mat. 22:14 muchos.. llamados, pero pocos.. e.
Mat. 24:24 falsos.. engañarán.. aun a los e.
Luc. 9:35 Este es mi Hijo, el E.. A él oíd
Luc. 10:42 María ha e. la buena parte, la
Rom. 8:33 ¿Quién acusará a los e. de Dios?
1 Ped. 2:9 sois linaje e., real sacerdocio

ESCONDER: ver Cubrir
Gén. 3:8, 10 se escondieron de.. Dios entre
Exo. 2:2 niño.. lo tuvo escondido.. tres meses
Deut. 31:17, 18; 32:20 esconderé.. mi rostro
Jos. 2:4; 6:25 mujer.. los había escondido
Sal. 13:1; 27:9; 69:17 Hasta cuándo esconderás
Ecl. 12:14 Dios traer a juicio.. lo escondido
Isa. 1:15 esconderé de vosotros mis ojos
Isa. 29:15 Ay de los que se esconden de
Isa. 50:6; 53:3 No escondí mi cara de.. esputos
Jer. 36:19 a Baruc.. escondeos tú y Jeremías
Eze. 39:23, 24, 29 escondí de ellos mi rostro
Mat. 5:14 ciudad asentada.. no.. ser escondida
Mat. 11:25 has escondido estas.. de los sabios
Ef. 3:9 misterio.. estado escondido en Dios
Col. 3:3 vuestra vida.. escondida con Cristo

ESCORPION
1 Rey. 12:11, 14 pero yo os castigaré con e.
Luc. 10:19 os doy autoridad de pisar.. e.
Luc. 11:12 si le pide un huevo, ¿le dará un e.

ESCRIBA: ver Maestro
Esd. 7:6, 11 Esdras.. e. versado en la ley de
Mat. 8:19; 15:1 se le acercó un e. y le dijo
Mat. 23:2-29 e. y los fariseos están sentados
Mar. 12:38 enseñanza.. Guardaos de los e.. a

ESCRIBIR: ver Grabar
Exo. 17:14; 24:4 a Moisés: —Escribe esto en
Exo. 34:28; Deut. 4:13 tablas escribió.. diez
Deut. 31:19, 22 escribid.. cántico y enseñadlo
Jer. 31:33 mi ley.. escribiré en su corazón
Jer. 36:4 Baruc escribió en un.. pergamino
Dan. 5:5 dedos.. escribían.. pared del palacio
Hab. 2:2 Escribe la visión y grábala.. tablas
Luc. 1:3; Hech. 1:1 escribírtelas en orden
Juan 8:6, 8 Jesús.. escribía en la tierra con
Juan 19:19-22 Pilato escribió.. cruz.. letrero
Juan 21:24, 25 hizo Jesús.. si se escribieran
Apoc. 1:11 Escribe.. y envíalo a las.. iglesias
Apoc. 10:4 siete truenos.. no las escribas
Apoc. 14:13; 19:9; 21:5 voz.. decía: "Escribe

ESCRITURA
Exo. 32:16 la e. era e. de Dios, grabada
Dan. 5:15-17, 24 Daniel.. leeré la e. al rey
Mat. 21:42; Juan 7:38, 42 leído en las E.?
Mat. 22:29 Erráis porque no conocéis las E.
Mat. 26:54, 56; Juan 13:18 cumplirían las E.
Luc. 4:21 Hoy se ha cumplido esta E.
Luc. 24:32, 45 Nos abrió.. E.
Juan 2:22 creyeron la E. y las palabras que
Juan 5:39 Escudriñad las E., porque os parece
Juan 10:35 la E. no puede ser anulada
Juan 20:9 aún no entendían la E., que le era
Hech. 17:11 escudriñando cada día las E. para
Rom. 4:3; Gál. 4:30 ¿qué dice la E.? Y creyó
1 Cor. 15:3 Cristo murió por nuestros pecados ..conforme a las E.
2 Tim. 3:15 niñez has conocido las Sagradas E.
2 Tim. 3:16 Toda la E. es inspirada por Dios
2 Ped. 1:20 ninguna profecía de la E. es de

ESCUCHAR: ver Oír
Exo. 7:4 El faraón no os escuchará. Pero yo
Deut. 6:3, 4 Escucha, Israel: Jehovah.. uno es
Deut. 15:5 Sólo que escuchen de veras la voz
Deut. 18:15 profeta como yo.. a él escucharéis
1 Rey. 8:30 Escucha la plegaria de tu siervo
Neh. 9:17 no quisieron escuchar, ni se
Sal. 5:1 Escucha, oh Jehovah, mis palabras
Sal. 49:1 Oíd esto.. pueblos; escuchad, todos
Sal. 85:8 Escucharé lo que hable el Dios
Prov. 23:22 Escucha a tu padre.. tu madre
Isa. 1:2 Oíd, cielos; y escucha, tierra, porque
Isa. 55:3 Inclinad.. escuchad y vivirá.. alma
Jer. 7:23-28; 11:8 Escuchad mi voz; y yo seré
Miq. 7:7 esperaré.. ¡Mi Dios me escuchará!
Zac. 7:13 llamé y.. no escucharon.. llamaron y
Mal. 3:16 temían.. Jehovah prestó.. y escuchó
Mat. 18:15 Si él te escucha, has ganado a tu
Mar. 6:20 Herodes.. al escucharle.. de buenas
Hech. 16:25 cantando.. presos les escuchaban

ESCUDO
Gén. 15:1 No temas, Abram. Yo soy tu e., y tu
2 Sam. 22:3; Sal. 18:2 Dios.. es mi e.
Sal. 91:4; 115:9-11 e. y defensa es su verdad
Ef. 6:16 armaos con el e. de la fe con que

ESCUDRIÑAR: ver Buscar
1 Crón. 28:8 escudriñad.. mandamientos.. Dios
1 Crón. 28:9; Jer. 11:20 Jehovah escudriña
Juan 5:39; Hech. 17:11 Escudriñad.. Escrituras
1 Cor. 2:10 Espíritu todo lo escudriña, aun

ESCULTURA: ver Imagen
Hab. 2:18 ¿De qué sirve la e. que

ESCUPIR
Mat. 26:67 le escupieron en la cara

ESDRAS, sacerdote
Esd. 7:1—10:16; Neh. 8:1-18; 12:1, 26, 36

ESFORZAR: ver Animar
Deut. 31:6; Jos. 1:9 Esforzaos y sed valientes
Luc. 13:24 Esforzaos a entrar por la puerta
1 Cor. 16:13 firmes.. sed valientes y esforzaos

ESFUERZO
Heb. 4:11 Hagamos.. todo e... entrar

ESMERALDA, joya
Apoc. 4:3; 21:19

ESMIRNA, ciudad de Asia
Apoc. 1:11; 2:8

ESPACIOSO: ver Ancho
Mat. 7:13 e. el camino que lleva a

ESPADA: ver Cuchillo
Gén. 3:24 querubines.. y una e. incandescente
Deut. 32:25; Eze. 7:15 afuera desolar la e.
Jos. 5:13 hombre.. con su e. desenvainada
Jos. 24:12 echó.. no fue con vuestra e., ni
Jue. 7:20 ¡La e. por Jehovah y por Gedeón!
1 Sam. 22:10 le entregó la e. de Goliat
1 Sam. 31:4 Saúl tomó la e. y se dejó caer
Sal. 55:21; 57:4; Prov. 12:18 son como e.
Isa. 2:4; Miq. 4:3 Convertirán sus e. en rejas
Isa. 49:2 Hizo de mi boca una e. puntiaguda
Eze. 21:9 dicho el Señor: `¡La e., la e. está
Joel 3:10 Haced e. de vuestras rejas de arado
Mat. 10:34 No he venido para traer paz, sino e.
Mat. 26:51-55; Apoc. 13:10 que toman e., a e.
Luc. 22:38 Señor, he aquí dos e.. Y él dijo
Ef. 6:17 Tomad.. la e. del Espíritu, que es
Heb. 4:12 Palabra de Dios es.. toda e. de
Apoc. 1:16; 2:16; 19:15, 21 boca salía una e.

ESPALDA
2 Crón. 29:6; Neh. 9:26 vuelto las e.

ESPANTO
Sal. 91:5; Prov. 3:25 No tendrás.. e.

ESPAÑA
Rom. 15:24, 28

ESPARCIR: ver Derramar
Deut. 4:27; 28:64; Neh. 1:8 os esparcirá entre
Sal. 112:9; 2 Cor. 9:9 Esparce, da a los
Ecl. 3:5 tiempo de esparcir piedras y.. juntar
Luc. 1:51 esparció a los soberbios en el
Juan 16:32 hora.. en que seréis esparcidos cada
Hech. 8:1, 4; 11:19 iglesia.. fueron esparcidos

ESPECIAL
Exo. 19:5 si.. escucháis.. pueblo e.

ESPECTACULO
1 Cor. 4:9; Heb. 10:33 apóstoles.. e.

ESPEJO
1 Cor. 13:12; 2 Cor. 3:18 vemos.. un e.

ESPERANZA
Sal. 9:18 ni la e. de los pobres perecerá
Sal. 62:5 en Dios, porque de él es mi e.
Sal. 71:5; Rom. 15:13 tú.. eres mi e., mi
Sal. 119:81, 114; 130:5 en tu palabra.. mi e.
Sal. 130:7 pon tu e. en Jehovah, porque en
Prov. 10:28 pero la e. de los impíos perecerá
Mat. 12:21 su nombre.. naciones pondrán su e.
Hech. 24:15; 26:6 Tengo e. en Dios, la cual
Rom. 5:2; 12:12 nos gloriamos en la e. de la
Rom. 5:4, 5 carácter.. produce e... la e. no
Rom. 8:24 e; pero una e. que se ve no es e.
1 Cor. 13:13 ahora permanecen la fe, la e. y
1 Cor. 15:19; 1 Tes. 4:13 Si sólo.. tenido e.
Ef. 1:18 que conozcáis cuál es la e. a que os
Ef. 2:12 estando sin e. y sin Dios en el mundo
Col. 1:27 Cristo en vosotros, la e. de gloria
1 Tes. 1:3 perseverancia de.. e. en.. Señor
1 Tes. 5:8 el casco de la e. de la salvación
Tito 2:13 aguardando la e. bienaventurada, la
Heb. 6:18, 19 Tenemos la e. como ancla
Heb. 7:19 se introduce una e. mejor, por la
1 Ped. 1:3, 13, 21 nacer.. para una e. viva

ESPERAR: ver Aguardar
Gén. 49:18; Sal. 119:166 ¡Espero tu salvación
Job 6:11 ¿Qué fuerza tengo para esperar aún
Job 13:15 aunque.. me mate, en él he de esperar
Sal. 22:4 Nuestros padres esperaron en ti
Sal. 31:24 Esforzaos.. que esperáis en Jehovah
Sal. 32:10 misericordia cercará al que espera
Sal. 38:15 en ti, oh Jehovah, he esperado
Sal. 39:7 Jehovah, ¿qué esperaré? Mi esperanza
Sal. 40:1 Pacientemente esperé a Jehovah, y él
Sal. 42:5, 11; 43:5; Prov. 20:22 Espera a Dios
Sal. 130:5, 6 espero en Jehovah; mi alma espera
Sal. 131:3 Espera, oh Israel, en Jehovah desde
Isa. 40:31 que esperan a Jehovah renovarán sus
Isa. 42:4 las costas esperarán su ley
Lam. 3:25, 26 Bueno es.. para.. en él esperan
Miq. 7:7 esperaré en el Dios de mi salvación
Hab. 2:3 Aunque tarde, espéralo; pues.. vendrá

Mat. 11:3 ¿Eres tú.. o esperaremos a otro?
Mat. 24:50 señor.. vendrá.. día que no espera
Mar. 15:43 Arimatea.. esperaba el reino de
Luc. 2:25 Simeón.. esperaba la consolación de
Luc. 6:35 dad prestado sin esperar.. provecho
Hech. 1:4 que esperasen el cumplimiento de la
1 Cor. 1:7 esperáis la manifestación de.. Señor
1 Cor. 13:7 todo lo cree, todo lo espera, todo
Ef. 1:12 hemos esperado en Cristo, seamos
Fil. 3:20; 1 Tes. 1:10 de donde.. esperamos.. al
1 Tim. 4:10 luchamos, pues esperamos en
Heb. 11:1 fe.. constancia de.. que se esperan
2 Ped. 3:13 esperamos cielos nuevos y tierra

ESPIA
Gén. 42:9 José.. les dijo: —¡Sois e.! Para ver
Jos. 2:1 Josué.. envió.. dos e... Id y reconoced

ESPIGA
Gén. 41:5-26 soñó.. que siete e. subieron
Lev. 2:14 ofrenda vegetal.. de e. tostadas al
Lev. 19:9 ni recogerás las e. en tu campo
Rut 2:2-23 Rut.. Permíteme ir.. recoger e. tras
Mat. 12:1 discípulos.. arrancar e. y a comer

ESPINA: ver Aguijón
Mat.27:29; Juan 19:5 una corona de e.

ESPINO: ver Cardo
Isa. 55:13 En lugar del e. crecerá el ciprés
Mat. 7:16 ¿Acaso se recogen uvas de los e.
Mat. 13:7, 22 otra parte cayó entre los e.

ESPIRITU: ver otros términos siguientes
Núm. 11:17, 26 Sobre ellos.. se posó el E.
Neh. 9:20, 30 les amonestaste con tu E. por
Sal. 51:12 y un e. generoso me sustente
Sal. 139:7 ¿A dónde me iré de tu E.? ¿A dónde
Ecl. 1:14, 17; 2:11 vanidad y aflicción de e.
Isa. 42:1; Mat. 12:18 siervo.. Sobre él.. mi E.
Eze. 2:2 entró en mí el E. y me puso sobre mis
Eze. 11:19; 36:26, 27 pondré un e. nuevo
Eze. 37:8 carne.. Pero no había e. en ellos
Joel 2:28, 29; Hech. 2:17, 18 derramaré mi E.
Mat. 4:1 Jesús.. llevado por el E. al desierto
Mat. 5:3 Bienaventurados los pobres en e.
Mat. 12:31 blasfemia contra el E. no..
Mat. 26:41 El e.. está dispuesto; pero la carne
Mat. 27:50; Luc. 23:46 Jesús.. entregó el e.
Mar. 1:10 el E. descendía sobre él
Mar. 9:25, 26 Jesús.. reprendió el e. inmundo
Luc. 11:24 Cuando el e. inmundo ha salido de
Luc. 24:37, 39 pensaban que veían un e.
Juan 3:6, 8 lo que ha nacido del E., e. es
Juan 4:23 adorarán al Padre en e. y en verdad
Juan 6:63 El E. es el que da vida; la carne no
Juan 14:17; 15:26; 16:13 es el E. de verdad
Hech. 7:59 Esteban.. ¡Señor Jesús, recibe mi e.
Hech. 16:7 el E. de Jesús no se lo permitió
Hech. 19:15 e. malo respondió.. A Jesús
Rom. 7:6 sirvamos en lo nuevo del E. y no en
Rom. 8:2-26 no andamos.. sino conforme al E.
1 Cor. 12:4, 7-13 diversidad.. E. es el mismo
1 Cor. 14:14-16 Oraré con el e., pero oraré
1 Cor. 15:45 el postrer Adán, e. vivificante
2 Cor. 3:6, 8 letra mata, pero el E. vivifica
2 Cor. 3:17, 18 Señor es el E.; y donde está
Gál. 3:2-5 ¿Recibisteis el E. por.. la ley o
Gál. 5:16-25 Andad en el Espíritu, y así jamás
Gál. 6:8 siembra para el E., del E. cosechará
Ef. 4:3. 4 guardar.. unidad del E. en.. vínculo
Ef. 5:18 no.. vino.. Más bien, sed llenos del E.
Ef. 6:18 orando.. en el E. con toda oración y
Fil. 1:27 estáis firmes en un mismo e... juntos
1 Tes. 5:19 No apaguéis el E.
1 Tim. 4:1 E. dice.. que en los últimos tiempos
1 Ped. 1:11 indicaba el E. de Cristo que estaba
1 Jn. 5:6 E... da testimonio, porque el E. es
1 Jn. 5:8 el E., el agua y la sangre; y estos
Apoc. 1:10; 4:2 Yo estaba en el E. en el día
Apoc. 2:11, 17, 29 oiga lo que el E. dice a
Apoc. 22:17 El E. y la esposa dicen: "¡Ven!"

ESPIRITU DE DIOS
Gén. 1:2 el E. de D. se movía sobre.. las aguas
Exo. 31:3; 35:31 lo he llenado del E. de D.
2 Crón. 24:20 el E. de D. invistió a Zacarías
Job 33:4 El E. de D. me hizo..
Mat. 3:16 agua.. vio al E. de D. que descendía
Rom. 8:14 los que son guiados por el E. de D.
1 Cor. 3:16 que el E. de D. mora en vosotros?
1 Jn. 4:2 En esto conoced el E. de D.: Todo e.

ESPIRITU DE JEHOVAH: ver E. del Señor
Jue. 3:10; 6:34; 1 Sam. 16:13 El E. de J. vino
Isa. 11:2 Sobre él reposará el E. de J.: e. de
Isa. 40:13 ¿Quién ha escudriñado al E. de J,
Eze. 11:5; 37:1 descendió sobre mí el E. de J.

ESPIRITU DEL SEÑOR
Isa. 61:1; Luc. 4:18 El E. del S. Jehovah está
Hech. 5:9 ¿Por qué.. para tentar al E. del S.
Hech. 8:39 agua, el E. del S. arrebató a Felipe

ESPIRITU SANTO
Isa. 63:10, 11 entristecieron a su E. S. Por
Mat. 1:18; Luc. 1:35 María.. concebido del E. S.
Mat. 3:11 El os bautizará en el E. S. y fuego
Mat. 12:32 hable contra el E. S. no.. perdonado
Mat. 28:19 bautizándoles en.. nombre.. del E. S.

Mar. 12:36; Hech. 1:16; 4:25; 28:25; Heb. 3:7; 9:8; 1 Ped. 1:12 David.. dijo mediante el E. S.
Luc. 1:15 lleno del E. S. aun desde el vientre
Luc. 3:22; 4:1; Juan 1:33 el E. S... paloma
Luc. 11:13 Padre.. dará el E. S. a los que le
Luc. 12:12; Juan 14:26 el E. S. os enseñará en
Juan 20:22 sopló y les dijo: "Recibid el E. S.
Hech. 1:8 recibiréis poder cuando el E. S.
Hech. 2:4; 4:31 Todos fueron llenos del E. S.
Hech. 2:38 y recibiréis el don del E. S.
Hech. 5:3, 9 corazón para mentir al E. S. y
Hech. 6:5; 7:55 Esteban.. lleno.. del E. S.
Hech. 7:51 resistís siempre al E. S.
Hech. 8:15-19; 15:8 oraron.. recibieran el E. S.
Hech. 9:31 iglesia.. con el consuelo del E. S.
Hech. 10:44-47; 11:15 el E. S. cayó sobre todos
Hech. 13:2-4, 9 el E. S. dijo: "Apartadme a
Hech. 19:2, 6 ¿Recibisteis el E. S. cuando
Hech. 20:28 rebaño sobre el cual el E. S. os
Rom. 5:5 amor.. derramado.. por el E. S. que
1 Cor. 6:19 vuestro cuerpo es templo del E. S.
Ef. 1:13 fuisteis sellados con el E. S. que
Ef. 4:30 no entristezcáis al E. S. de Dios en
Heb. 2:4 dones repartidos por el E. S. según
2 Ped. 1:21 hablaron.. inspirados por el E. S.

ESPIRITUAL
Rom. 7:14 la ley es e.; pero yo soy carnal
1 Cor. 2:13-15 palabras.. interpretando lo e.
1 Cor. 12:1; 14:1, 12 acerca de los dones e.
1 Cor. 15:44, 46 se resucita cuerpo e. Hay
Gál. 6:1 que sois e., restaurad al tal con
Ef. 1:3 Cristo con toda bendición e. en los
Ef. 5:19; Col. 3:16 hablando entre .. con.. canciones e.
1 Ped. 2:2, 5 desead como niños.. la leche e.

ESPLENDOR: ver Majestad
1 Crón. 16:27; Sal. 96:6 Gloria y e. hay
1 Crón. 29:11 Tuyos son, oh Jehovah.. el e.
1 Crón. 29:25 Jehovah.. a Salomón.. dio un e.
Sal. 104:1 Te has vestido de gloria y de e
Isa. 2:10, 19, 21 Métete.. ante el e. de su

ESPONJA
Juan 19:29 una e. empapada en vinagre

ESPOSA: ver Mujer
Deut. 24:5 hombre.. e., no irá al ejército, ni
Prov. 18:22 El que halla e. halla el bien y
1 Cor. 7:2-16, 27-39 cada hombre tenga su e.
1 Cor. 9:5 ¿No tenemos derecho a llevar una e.
Ef. 5:23-33; Col. 3:18, 19 cabeza de la e.
Apoc. 21:9 mostraré la novia, la e. del Cordero
Apoc. 22:17 El Espíritu y la e. dicen: "¡Ven!"

ESPOSO: ver Marido
Rom. 7:2, 3 si su e. muere, ella.. libre

ESTABLECER: ver Poner
Gén. 9:9; 17:7 establezco mi pacto con vosotros
Deut. 32:6 Jehovah.. te hizo y te estableció?
Sal. 8:2 que.. maman has establecido.. alabanza
Hech. 17:31 ha establecido un día.. juzgar al

ESTACA
Jue. 4:21, 22 Jael.. tomó una e. de la tienda
Isa. 54:2 tu tienda.. cuerdas y afirma tus e.

ESTADIO
1 Cor. 9:24 que los que corren en el e.

ESTADO
Mat. 12:45 e. final.. peor que.. primero

ESTAFADOR
1 Cor. 5:10; 6:10 ninguno.. sea.. e.

ESTANQUE: ver Cisterna, Pozo
Juan 5:2, 7 un e. con cinco pórticos.. Betesda
Juan 9:7 Vé, lávate en el e. de Siloé —que

ESTATUA: ver Imagen
Dan. 3:1-18 Nabucodonosor hizo una e.

ESTATURA
1 Sam. 2:26; Luc. 2:52 niño.. crecía en e. y
Mat. 6:27 ¿Quién.. podrá.. añadir a su e. un

ESTATUTO
Lev. 20:8 Guardad y practicad mis e.

ESTEBAN, mártir cristiano
Hech. 6:5—8:2; 11:19; 22:20

ESTEFANAS, creyente corintio
1 Cor. 1:16; 16:15, 17

ESTERIL
Gén. 11:30; Luc. 1:7 era e. y no tenía hijos
Isa. 54:1; Gál. 4:27 ¡Alégrate, oh e. que nunca

ESTIMA
1 Tes. 5:13 Tenedlos en alta e. con

ESTIMAR: ver Apreciar
Sal. 144:3 ¿Qué es.. hombre.. que lo estimes?
Isa. 49:5 soy estimado en los ojos de Jehovah
Isa. 53:3 despreciado.. y no lo estimamos

ESTIMULAR: ver Animar
Heb. 10:24 estimularnos al amor y a

ESTOMAGO
Eze. 3:3; Apoc. 10:9, 10 llena.. e. con.. rollo
Mat. 15:17 lo que entra en la boca va al e. y
Rom. 16:18; Fil. 3:19 sirven.. a sus propios e.
1 Cor. 6:13 La comida es para el e., y el e.

ESTRADO
Sal. 110:1; 132:7; Isa. 66:1; Heb. 1:13 que ponga a tus enemigos como e. de tus

ESTRANGULAR
Hech. 15:20; 21:25 aparten.. lo e.

ESTRATAGEMA
Ef. 4:14 por e. de hombres.. para

ESTRECHA
Mat. 7:13 Entrad por la puerta e.

ESTRELLA
Gén. 1:16 Dios.. Hizo también las e.
Gén. 15:5 las e... Así será tu descendencia
Núm. 24:17 Una e. saldrá de Jacob, se
Job 38:7 aclamaban juntas las e. del alba
Sal. 8:3 Cuando contemplo.. las e. que tú
Mat. 2:2, 7-10 hemos visto su e. en el oriente
Jud. 13 Son e. errantes para las cuales
Apoc. 1:16, 20 Tenía.. siete e., y de su boca
Apoc. 8:10-12 cayó del cielo una gran e.
Apoc. 22:16 soy.. la e. resplandeciente de la

ESTREMECER: ver Temblar
2 Sam. 22:8; Sal. 18:7 La tierra se estremeció
Hag. 2:6, 21; Heb. 12:26 estremeceré los cielos

ESTRUENDO: ver Sonido
Exo. 32:17, 18 Moisés.. escucho e. de cantares
Hech. 2:2, 6 de repente vino un e. del cielo
2 Ped. 3:10 los cielos pasarán con grande e.

ESTUDIO
Ecl. 12:12 mucho e. fatiga el cuerpo

ETERNIDAD: ver Siempre
1 Crón. 16:36; Neh. 9:5 la e. hasta la e.
Sal. 90:2; 93:2 desde la e. hasta la e... Dios
Ecl. 3:11 ha puesto e. en el corazón de ellos
Isa. 26:4 Confiad.. Jehovah es la Roca de la e.
Dan. 12:3 entendidos.. por toda la e.
2 Ped. 3:18 gloria ahora y hasta.. la e. Amén

ETERNO
Deut. 33:27 El e. Dios.. abajo.. los brazos e.
Sal. 24:7, 9 Levantaos, oh puertas e., y
Sal. 45:6 Tu trono, oh Dios, es e. y para
Sal. 119:142, 144 Tu justicia es justicia e.
Sal. 133:3 enviará Jehovah bendición y vida e.
Isa. 9:6 niño.. nacido.. Dios Fuerte, Padre E.
Isa. 55:3 haré con vosotros un pacto e., las
Isa. 60:19, 20 Jehovah será para ti luz e.
Jer. 31:3 Con amor e. te he amado; por tanto
Dan. 12:2 unos para vida e. y otros.. e. horror
Mat. 18:8; 25:41 pies ser echado en el fuego e.
Mat. 25:46 tormento e., y.. justos a la vida e.
Juan 3:15, 16 que cree en él tenga vida e.
Juan 17:2, 3 ésta es la vida e.: que te conozcan
2 Cor. 4:17, 18 cosas.. que no se ven son e.
2 Tes. 1:9 serán castigados con e. perdición
1 Tim. 6:12 echa mano de la vida e., a la cual
Heb. 5:9; 9:12 ser Autor de e. salvación para
Jud. 6, 7, 21 bajo tinieblas en prisiones e.
Apoc. 14:6 ángel.. tenía el evangelio e. para

ETIOPE
Amós 9:7 ¿acaso no me sois como.. los e.?
Hech. 8:27 eunuco e... venido.. para adorar

EUFRATES: ver Río
Gén. 2:14; 15:18; Jer. 13:4; 51:63

EUNICE, madre de Timoteo
2 Tim. 1:5 fe.. en tu madre E.

EUNUCO
Mat. 19:12 hay e. que fueron hechos e. por los
Hech. 8:27-39 un e. etíope, un alto funcionario

EVA, primera mujer
Gén. 2:22—4:26; 2 Cor. 11:3; 1 Tim. 2:13

EVANGELIO: ver Nuevas
Mat. 4:23; 9:35 Jesús.. predicando el e. del
Mat. 24:14 este e. del reino será predicado
Mar. 1:1 El principio del e. de Jesucristo
Mar. 1:14, 15 ¡Arrepentíos y creed en el e.!
Mar. 16:15 Id.. predicad el e. a toda criatura
Hech. 20:24 carrera.. dar testimonio del e. de
Rom. 1:15, 16 no me avergüenzo del e.; pues es
Rom. 10:15 pies de los que anuncian el e. de
1 Cor. 9:14 anuncian el e., que vivan del e.
Gál. 1:6-11 para ir tras un e. diferente
Ef. 6:15 pies.. proclamar el e. de paz
Fil. 1:27 conducta.. sea digna del e. de Cristo
2 Tim. 1:8 sufrimientos por el e., según el
Apoc. 14:6 ángel.. tenía el e. eterno para

EVANGELISTA
Ef. 4:11; 2 Tim. 4:5 constituyó.. e.

EVITAR
1 Tim. 6:20; 2 Tim. 2:16, 23 evitando.. vanas
Tito 3:9 evita las contiendas necias, las

EXACTO
Deut. 25:15; Prov. 11:1 Pesa e. y

EXALTAR: ver Engrandecer
Sal. 37:34 El te exaltará para heredar.. tierra
Sal. 46:10; Isa. 33:10 Exaltado he de ser entre
Sal. 57:5, 11 ¡Seas exaltado sobre los cielos
Sal. 99:5, 9 ¡Exaltad a Jehovah, nuestro Dios!
Sal. 145:1; Isa. 25:1 Te exaltaré, mi Dios, el
Isa. 52:13 mi siervo.. Será.. exaltado, y será
Fil. 1:20 Cristo será exaltado en mi cuerpo
Fil. 2:9 Dios lo exaltó hasta lo sumo y le
Stg. 4:10; 1 Ped. 5:6 Humillaos.. os exaltará

EXAMINAR: ver Probar
1 Sam. 2:3; Sal. 11:4 examinadas las acciones
Sal. 139:1 Oh Jehovah, tú me has examinado y
Jer. 17:10 Yo, Jehovah.. examino la conciencia
2 Cor. 13:5 Examinaos a vosotros mismos para
1 Tes. 5:21 examinadlo todo, retened lo bueno

EXCELENTE: ver Grande
1 Cor. 12:31 os mostraré un camino.. más e.
Heb. 8:6 Jesús.. ministerio.. más e. por

EXCUSA
Juan 15:22; Rom. 1:20; 2:1 no tienen e.

EXCUSAR: ver Disculparse
Rom. 2:15 se acusan o se excusan unos

EXHORTACION: ver Amonestación
Rom. 12:8 el que exhorta, en la e.; el que
1 Tim. 4:13 ocúpate.. en la e. y.. enseñanza

EXHORTAR: ver Animar, Reprender
2 Cor. 5:20 Dios os exhorta por medio nuestro
2 Tim. 4:2 exhorta con.. paciencia y enseñanza

EXISTENCIA
Sal. 39:5 mi e. es como nada

EXISTIR: ver Ser
Sal. 33:9 dijo y fue hecho; él mandó, y existió
1 Cor. 8:6; Heb. 2:10 mediante el cual existen
Gál. 3:19 ¿para qué existe la ley? Fue dada por
Heb. 11:6 se acerca a Dios crea que él existe
2 Ped. 3:5, 7 palabra de Dios existían.. cielos

EXITO
Jos. 1:7, 8; 1 Rey. 2:3 Así tendrás é.

EXORCISTA: ver Mago
Deut. 18:10 No sea hallado.. e., ni

EXPENSAS
1 Cor. 9:7 soldado a sus propias e.?

EXPIACION
Exo. 29:36 cada día ofrecerás.. toro.. hacer e.
Exo. 30:10, 15 Una vez al año Aarón hará e.
Lev. 1:4 mano sobre la cabeza.. para hacer e.
Lev. 17:11 vida.. sangre.. altar para hacer e.
Lev. 23:27; 25:9 mes séptimo.. día de la E.
1 Jn. 2:2; 4:10 es la e. por nuestros pecados

EXPIAR
Heb. 2:17 sacerdote.. para expiar los

EXPIRAR: ver Fallecer, Morir
Mar. 15:37 Jesús.. fuerte grito, expiró

EXPLICAR
Neh. 8:7, 8 explicaban.. Ley al pueblo

EXPLOTAR
Prov. 22:16 explota al pobre.. pobreza

EXPONER: ver Poner
Isa. 41:21 Jehovah; exponed.. argumentos
Jer. 20:12 porque ante ti he expuesto mi causa
2 Cor. 4:11 estamos expuestos a muerte por
Heb. 4:13 todas están.. expuestas ante los ojos

EXPRESION
Heb. 1:3 El es.. la e. exacta de su

EXPULSAR: ver Echar
Gén. 3:24 Expulsó.. al hombre y puso
Exo. 34:24 expulsaré.. naciones de tu presencia
Juan 9:22; 12:42; 16:2 expulsado de.. sinagoga
Hech. 18:2 judíos fueran expulsados de Roma
3 Jn. 10 impide.. y los expulsa de la iglesia

EXTENDER: ver Aumentar
Exo. 6:6 Os redimiré con brazo extendido y
1 Rey. 8:54 con sus manos extendidas al cielo
Job 9:8 Por sí solo extiende los cielos y
Sal. 88:9 Jehovah; a ti he extendido mis manos
Prov. 1:24 extendí mis manos, y no hubo quien
Isa. 48:13 mi mano derecha extendió los cielos
Isa. 54:2, 3 sean extendidos los tapices de
Isa. 65:2; Rom. 10:21 Todo el día extendí mis
Isa. 66:12 extiendo sobre.. la paz como un río
Jer. 15:6; 21:5 extenderé mi mano contra ti y
Lam. 1:17 Extiende Sion las manos, y no hay
Mat. 12:13 Extiende tu mano. El la extendió
1 Tes. 1:8 vuestra fe en Dios se ha extendido

EXTERIOR
Luc. 11:39 fariseos limpiáis el e. de la copa

2 Cor. 4:16 va desgastando nuestro hombre e.
1 Ped. 3:3 Vuestro adorno no sea el e., con

EXTORSIONAR: ver Arrebatar
Zac. 7:10; Luc. 3:14 No e... viuda

EXTRANJERO: ver Forastero
Exo. 22:21 No.. oprimirás al e., porque
Lev. 19:10 viña. Las dejarás.. para el e.
Lev. 24:22; Núm. 9:14 misma ley.. para el e.
Deut. 10:18, 19 amaréis al e., porque e.
1 Rey. 8:41-43 cuando el e... venga de una
Neh. 13:26, 27 hicieron pecar las mujeres e.
1 Cor. 14:11 desconozco.. idioma, seré como e.
Ef. 2:19 ya no sois e... sino conciudadanos de

EXTRAÑO
Jos. 24:23 Quitad.. los dioses e. que están
Sal. 137:4 ¿Cómo cantaremos.. en tierra de e.?
Prov. 5:3-20 labios de la mujer e. gotean miel

EXTRAVIAR
Exo. 23:4 Si encuentras extraviado el buey o
1 Tim. 5:15; 2 Ped. 2:15 se han extraviado en

EXTREMO
Sal. 139:9 Si.. habito en el e. del mar
Jer. 12:12 espada de Jehovah.. desde un e. de

EZEQUIAS, rey
2 Rey. 16:20—20:21; 2 Crón. 28:27—32:33; Isa. 1:1; 36:1—39:8; Jer. 26:18; Ose. 1:1; Miq. 1:1; Mat. 1:9

EZEQUIEL, profeta
Eze. 1:3; 24:24

FABULA
1 Tim. 1:4; 4:7; Tito 1:14 atención a f.

FACIL
Mat. 11:30 mi yugo es f., y ligera mi

FALLAR: ver Faltar
Jos. 21:45; 23:14 No falló ninguna.. promesas
Luc. 22:32 rogado por ti, que tu fe no falle

FALLECER: ver Morir
Gén. 25:8 falleció Abraham en buena

FALSEDAD
Prov. 4:24 aleja de ti la f. de los

FALSO: ver Fingido
Exo. 20:16; Mat. 19:18 No darás f. testimonio
Prov. 11:1; 20:10 balanza f. es.. abominación
Jer. 37:14 Pero Jeremías dijo: —¡F.! No voy a
Mat. 7:15; 24:11 Guardaos de los f. profetas
Mat. 24:24 levantarán f. cristos y f. profetas
Hech. 13:6 mago, f. profeta judío.. Barjesús
2 Ped. 2:1; 1 Jn. 4:1 hubo f. profetas entre
Apoc. 16:13; 19:20; 20:10 boca del f. profeta

FALTA: ver Culpa, Defecto
Prov. 5:23 morirá por f. de disciplina, y a
Prov. 10:12 pero el amor cubre todas las f.
Isa. 5:13 cautivo, por f. de entendimiento
Eze. 34:5; Zac. 10:2 dispersado.. f. de pastor

FALTAR: ver Fallar
Gén. 18:28 quizás falten cinco para ser
Sal. 23:1; 34:9 mi pastor; nada me faltará
Prov. 11:14 Cuando falta dirección, el pueblo
Mar. 10:21 ¡Una cosa te falta: Anda, vende
Col. 1:24 lo que falta de la tribulación de
Stg. 1:5 si.. le falta sabiduría, pídala a

FALTO
Prov. 6:32 adulterio.. f. de entendimiento
Dan. 5:27 TEQUEL.. Pesado.. sido hallado f.

FAMA
1 Rey. 10:1, 7 Saba oyó de la f. de Salomón
Hab. 3:2 Oh Jehovah, he oído tu f... tu obra
Mar. 1:28 se extendió su f. por todas partes

FAMILIA: ver Casa
Gén. 12:3; 28:14; Hech. 3:25 benditas.. f. de
Deut. 29:18 No.. haya.. f... se aparte.. Dios
1 Sam. 1:21 Elcana, subió con.. su f... ofrecer
Sal. 22:27 Delante de ti se postrarán.. las f.
Prov. 31:15, 21 da de comer a su f. y su diaria
Jer. 2:4 ¡Oíd la palabra de Jehovah.. las f. de
Jer. 31:1 seré el Dios de todas las f. de Israel
Gál. 6:10 hagamos el bien.. a los de la f. de
Ef. 2:19 sois.. miembros de la f. de Dios

FANTASMA
Mat. 14:26 vieron caminando.. ¡Un f.!

FARAON, rey de Egipto
Gén. 12:15-20; 40:20—41:46; 45:16, 17; 47:1-26; 50:4-6; Exo. 1:8—14:28; Rom. 9:17

FARISEO, secta religiosa judía
Mat. 3:7; 5:20; 12:14; 16:6; 23:2-29; 27:62; Luc. 5:21; 7:30-39; 11:37-53; 16:14; 18:10; Juan 3:1; 9:13-16; Hech. 5:34; 23:6-9; Fil. 3:5

FATIGA: ver Cansancio, Trabajo
2 Cor. 11:27; 1 Tes. 2:9; 2 Tes. 3:8 en trabajo arduo y f.

FATIGAR: ver Cansar
Ecl. 12:12 el mucho estudio fatiga el cuerpo
Isa. 40:28-31 Dios.. No se cansa ni se fatiga
Mat. 11:28 Venid a mí.. que estáis fatigados

FATUO
Mat. 5:22 cualquiera que le llama 'f.'

FAVOR: ver Gracia
Sal. 30:5 ira.. pero su f. dura toda la vida
Sal. 103:4 te corona de f. y de misericordia
Sal. 141:5 el justo.. me reprenda será un f.
Prov. 11:27 esmera por el bien conseguirá f.
Prov. 12:2 bueno alcanzará el f. de Jehovah
Hech. 2:47 teniendo el f. de todo el pueblo
Heb. 5:1 sacerdote.. servicio a f. de los

FAVORABLE
Isa. 49:8; 2 Cor. 6:2 En tiempo f.

FAVORECIDA
Luc. 1:28 ¡Te saludo, muy f.! El

FE: ver Confianza
Hab. 2:4; Rom. 1:17; Gál. 3:11; Heb. 10:38 el justo por su f. vivirá
Mat. 6:30; 14:31 hombres de poca f.?
Mat. 8:10 no he hallado tanta f. en ninguno
Mat. 9:2 viendo Jesús la f. de ellos, dijo
Mat. 9:22; 15:28 Ten ánimo.. tu f. te ha
Mat. 17:20 si tenéis f. como un grano de
Mar. 10:52 Vete. Tu f. te ha salvado
Mar. 11:22 Tened f. en Dios
Luc. 17:5 apóstoles.. Auméntanos la f.
Luc. 18:8 cuando venga.. ¿hallará f. en la
Luc. 22:32 rogado por ti, que tu f. no falle
Hech. 14:27 había abierto.. la puerta de la f.
Hech. 16:5 iglesias eran fortalecidas en la f.
Rom. 1:5 gracia.. para obediencia de la f. a
Rom. 1:17 justicia.. se revela por f. y para f.
Rom. 3:22-31 justicia.. por medio de la f. en
Rom. 5:1, 2; Gál. 2:16 Justificados.. por la f.
Rom. 9:30; 10:6 justicia que procede de la f.
Rom. 10:8 es la palabra de f. que predicamos
Rom. 10:17 la f. es por el oír, y el oír por
Rom. 12:3 piense.. a la medida de la f. que
Rom. 14:22, 23 que no proviene de f. es pecado
1 Cor. 2:5 que vuestra f. no esté fundada en
1 Cor. 12:9 a otro, f. por el mismo Espíritu
1 Cor. 13:2 si tengo toda la f., de tal manera
1 Cor. 13:13 permanecen la f., la esperanza y
1 Cor. 15:14 Si Cristo no.. vana.. vuestra f.
1 Cor. 16:13; 2 Cor. 13:5 estad firmes en la f.
2 Cor. 5:7 andamos por f., no por vista
Gál. 3:2 obras.. ley o por haber oído con f.?
Ef. 2:8; 3:12 gracia sois salvos por.. la f.
Ef. 3:17 Cristo habita.. por medio de la f.
Ef. 4:5 Hay un solo Señor, una sola f., un
Ef. 4:13 todos alcancemos la unidad de la f.
Ef. 6:16; 1 Tes. 5:8 con el escudo de la f.
Fil. 1:25, 27 combatiendo.. por la f. del
Fil. 3:9 justicia.. que es por la f. en Cristo
Col. 2:5 mirando.. la firmeza de vuestra f.
1 Tes. 1:3; 2 Tes. 1:11 la obra de vuestra f.
1 Tim. 1:19; 3:9 manteniendo la f. y la buena
1 Tim. 4:1; 6:10 algunos.. apartarán de la f.
1 Tim. 4:12 sé ejemplo.. en amor, en f. y en
1 Tim. 6:12 Pelea la buena batalla de la f.
1 Tim. 6:21 se descarriaron en cuanto a la f.
2 Tim. 1:5 Traigo.. memoria la f. no fingida
2 Tim. 4:7 acabado.. carrera, he guardado la f.
Tito 1:13; 2:2 para que sean sanos en la f.
Tito 2:10 demuestren todos buena f. para que
Heb. 10:22 acerquémonos.. certidumbre de f.
Heb. 10:39 somos.. de los que tienen f. para
Heb. 11:1-39 La f. es la constancia de las
Heb. 12:2 Jesús, el autor y.. de la f.
Stg. 2:14-26 dice que tiene f. y no tiene
1 Ped. 1:5-9 guardados.. poder.. mediante la f.
1 Ped. 5:9 Resistid.. estando firmes en la f.
2 Ped. 1:5 añadid a vuestra f., virtud
1 Jn. 5:4 victoria que ha vencido.. nuestra f.
Jud. 3 que contendáis eficazmente por la f.
Apoc. 13:10; 14:12 ¡Aquí.. la f. de los santos!

FEBE, cristiana útil
Rom. 16:1

FELIPE
apóstol: Mat. 10:3; Juan 1:43-48; 6:5, 7; 12;21, 22; 14:8; Hech. 1:13
evangelista: Hech. 6:5; 8:5-40; 21:8
Herodes Felipe, tetrarca: Luc. 3:1
marido de Herodía: Mat. 14:3

FELIX, procurador
Hech. 23:24—24:27; 25:14

FELIZ: ver Contento
Sal. 41:2 Jehovah.. vida.. que sea f.

FESTO, procurador
Hech. 24:27—26:32

FIADOR
Heb. 7:22 Jesús ha sido hecho f. de un

FIDELIDAD: ver Obediencia
Jos. 24:14; 1 Sam. 12:24 Servidle.. y con f.
Sal. 36:5; 89:1-8; 100:5 hasta.. cielos.. tu f.
Jer. 7:28 f. se ha perdido; ha sido eliminada
Jer. 23:28 que hable mi palabra con f.. ¿Qué

Lam. 3:23; Rom. 3:3 mañana; grande es tu f.
Apoc. 2:19 conozco tus obras, tu amor, tu f.

FIEBRE: ver Enfermedad
Mat. 8:14 Pedro.. su suegra.. con f.

FIEL: ver Creyente, Verdadero
Núm. 12:7; Heb. 3:2, 5 Moisés.. f. en.. mi casa
Deut. 7:9; 1 Cor. 1:9; 10:13 Dios f. que guarda
Deut. 10:20; 11:22; 13:4 A.. tu Dios.. serás f.
Sal. 19:7; 119:86 testimonio de Jehovah es f.
Sal. 116:15 Estimada es.. la muerte de sus f.
Sal. 149:1, 5, 9 en la congregación de los f.
Prov. 18:24 amigo que es más f. que.. hermano
Dan. 6:4 Daniel.. era f. Ninguna negligencia
Mat. 25:21, 23 Bien, siervo bueno y f. Sobre
Luc. 16:10-12 que es f. en lo muy poco.. es f.
1 Cor. 4:2 mayordomos es que cada uno sea.. f.
2 Tim. 2:13; Heb. 10:23 somos infieles, él.. f.
1 Jn. 1:9 Si confesamos.. él es f. y justo
Apoc. 1:5; 3:14; 19:11 Jesucristo.. testigo f.
Apoc. 2:10 Sé f. hasta la muerte, y yo te daré
Apoc. 21:5; 22:6 palabras son f. y verdaderas

FIESTA: ver Banquete, Cena
Exo. 23:14-16 Tres veces al año.. celebrarás f.
Exo. 34:18, 22; Lev. 23:6 f. de los panes sin
Lev. 23:34-44 será la f. de los Tabernáculos
Deut. 16:10-16 celebrarás la f. de Pentecostés
Prov. 15:15 corazón contento tiene f. continua
Amós 8:10 Convertiré vuestras f. en duelo y

FIGURA: ver Imagen
Juan 16:25, 29 Os he hablado de.. cosas en f.
Rom. 5:14 Adán, quien es figura del que había
Heb. 8:5; 9:9, 23, 24 sirven a lo que es f.
1 Ped. 3:21 bautismo.. esta f... resurrección

FILADELFIA, ciudad de Asia
Apoc. 1:11; 3:7

FILEMON, creyente de Colosas
Film. 1

FILISTEOS, pueblo enemigo de Israel
Gén. 10:14; Jos. 13:2; Jue. 13:1—16:30;
1 Sam. 4:1—31:11; 2 Sam. 5:17-25

FILOSOFIA
Col. 2:8 nadie.. cautivos por.. f.

FILOSOFO
Hech. 17:18 f. epicúreos y estoicos

FIN: ver Ultimo
Ecl. 7:8 Mejor es el f. del asunto que el
Isa. 9:7 dominio y la paz no tendrán f. sobre
Lam. 4:18 Nuestro f. se acercó.. habrá llegado
Eze. 7:2 ¡El f.! ¡El f. viene sobre los cuatro
Dan. 5:26 MENE: Dios ha.. y le ha puesto f.
Dan. 8:17; 12:4 visión.. con el tiempo del f.
Dan. 12:13 continúa hasta el f., y descansarás
Mat. 24:3, 6 qué señal.. del f. del mundo?
Mat. 24:14 evangelio.. predicado.. vendrá el f.
Mat. 28:20 con vosotros.. hasta el f. del mundo
Mar. 13:13 persevere hasta el f., éste.. salvo
Luc. 1:33 siempre, y de su reino no habrá f.
Juan 13:1 Jesús.. suyos.. los amó hasta el f.
Rom. 6:21, 22 libres del pecado.. al f. la vida
Rom. 10:4 el f. de la ley es Cristo, para
1 Cor. 15:24 Después el f., cuando él entregue
1 Ped. 1:9 obteniendo así el f. de vuestra fe
1 Ped. 4:7 El f. de todas las cosas se ha
1 Ped. 4:17 ¿cómo será el f. de aquellos que
Apoc. 21:6 soy el Alfa.. el principio y el f.

FINAL
Gén. 6:13 Dios dijo a Noé: "He decidido el f.
Deut. 32:29 Si.. sabios.. comprenderían.. su f.
Sal. 39:4 Hazme saber, oh Jehovah, mi f., y
Prov. 14:12, 13; 16:25 al f... camino de muerte
Juan 6:39, 40, 44 lo resucite en el día f.

FINEAS, nieto de Aarón
Exo. 6:25; Núm. 25:7-11; Jos. 22:13-32; Jue. 20:28; Sal. 106:30

FINGIDO: ver Falso
2 Cor. 6:6; 1 Ped. 1:22 pureza.. en amor no f.
1 Tim. 1:5; 2 Tim. 1:5 conciencia y.. fe no f.

FINGIMIENTO
Rom. 12:9 El amor sea sin f.

FIRMAMENTO: ver Cielo
Sal. 19:1; 150:1 el f. anuncia la

FIRMA
2 Tes. 3:17 Pablo. Así es mi f. en todas

FIRME: ver Constante
Exo. 14:13 ¡No temáis! Estad f. y veréis la
Sal. 20:8; 57:7 nos levantamos y estamos f.
Sal. 93:5 Tus testimonios son muy f. La
1 Cor. 10:12 el que piensa estar f., mire que
1 Cor. 15:58; 16:13; Gál. 5:1 estad f. y
2 Tim. 2:19 fundamento de Dios queda f.

FLAGELADO: ver Golpear
2 Cor. 11:25 tres veces he sido f.

FLAQUEZA: ver Debilidad
Rom. 15:1 debemos sobrellevar las f.

FLAUTA
Gén. 4:21 Jubal.. padre.. tocan.. arpa y la f.
Mat. 11:17 Os tocamos la f., y no bailasteis
1 Cor. 14:7 ¿cómo se sabrá.. toca con la f.

FLECHA: ver Dardo, Lanza
Sal. 91:5 No tendrás temor.. de f. que vuele
Jer. 9:8 F. asesina es la lengua de ellos

FLOR
Isa. 40:6-8; Stg. 1:10, 11; 1 Ped. 1:24
La hierba se seca, y la f. se marchita

FLORECER
Sal. 92:12 El justo florecerá como la palmera
Ecl. 12:5 cuando florezca el almendro
Hab. 3:17 Aunque la higuera no florezca ni en

FLOTAR
2 Rey. 6:6 palo.. hizo flotar el hierro

FLUIR: ver Correr
Exo. 3:8; 13:5 tierra que fluye leche y miel
Apoc. 22:1 un río.. fluye del trono de Dios

FORASTERO: ver Extranjero
Exo. 2:22; 18:3 por nombre Gersón.. Fui f. en
Lev. 25:23 sois para mí como f. y advenedizos
Deut. 24:14, 17; 27:19 No explotes.. los f.
Deut. 31:12 Harás congregar.. f... que oigan
1 Crón. 29:15; Sal. 39:12 Somos f... delante
Mat. 25:35-44 fui f., y me recibisteis
Ef. 2:19 ya no sois extranjeros ni f., sino

FORMA
Fil. 2:6, 7 en f. de Dios.. f. de siervo

FORMAR: ver Crear, Hacer
Gén. 2:7, 8, 19 Dios formó al hombre del polvo
Sal. 119:73; 139:13 Tus manos.. me formaron
Zac. 12:1 Jehovah.. forma.. espíritu del hombre

FORNICACION: ver Adulterio
Ose. 4:11 La f... arrebatan el entendimiento
Mat. 19:9 se divorcia.. a no ser por.. f. y
Hech. 15:20, 29; Col. 3:5 se aparten.. de f.

FORNICARIO: ver Adúltero
1 Cor. 5:9-11 no os asociéis con f.
1 Cor. 6:9, 18; 1 Tim. 1:10; Heb. 13:4 no heredarán el reino de Dios.. los f.
Apoc. 21:8; 22:15 los f... lago.. con fuego

FORTALECER: ver Animar
Isa. 35:3, 4; Ef. 6:10; Heb. 12:12 Fortaleced
Isa. 41:10; Eze. 34:16 Te fortaleceré, y
Luc. 1:80; 2:40 niño crecía y se fortalecía en
Hech. 16:5 iglesias eran fortalecidas en la fe
Fil. 4:13; 1 Ped. 5:10 en Cristo que.. fortalece

FORTALEZA: ver Castillo, Fuerza
Exo. 15:2; 2 Sam. 22:2; Sal. 18:2 mi f... Dios
2 Sam. 5:7 David tomó la f. de Sion, que es
Sal. 27:1; 37:39 Jehovah es la f. de mi vida
Sal. 46:1; 62:11 Dios es nuestro amparo y f.
Sal. 118:14; Isa. 12:2 Jehovah es mi f. y mi
Isa. 11:2 Sobre él.. espíritu de consejo y.. f.
Isa. 25:4 has sido f. para el pobre, una f.
Nah. 1:7; Hab. 3:19 ¡Bueno es Jehovah! Es.. f.

FORTIFICADA
Prov. 18:10 Torre f. es el nombre

FORZAR: ver Obligar
Exo. 22:2; Mat. 24:43 ladrón.. forzando una
2 Sam. 13:14 la forzó y se acostó con ella

FOSA
Isa. 24:17, 18; Jer. 48:43, 44 Terror, f.

FOSO
Dan. 6:7-24 echado al f. de los leones

FRAGANTE
2 Cor. 2:15; Ef. 5:2; Fil. 4:18 olor f.

FRAGIL
1 Ped. 3:7 mujer como a vaso más f.

FRASCO
2 Rey. 4:2 ninguna.. excepto un f. de aceite
Mat. 26:7 mujer trayendo un f. de alabastro

FRATERNAL
Rom. 12:10; Heb. 13:1 con amor f.

FRAUDE: ver Engaño
Sal. 55:11; 101:7 hay.. f. y el engaño

FRAUDULENTO: ver Engañoso
Miq. 6:11 la bolsa de pesas f.

FRENO: ver Refrenar
Isa. 37:29 pondré.. mi f. en tus labios
Stg. 3:2, 3 f. en la boca de los caballos

FRENTE
1 Sam. 17:49 David.. al filisteo en la f.
Apoc. 7:3; 9:4; 14:1 sello la f. de.. siervos
Apoc. 14:9 bestia.. recibe su marca en.. f.
Apoc. 22:4 su rostro, y su nombre.. en sus f.

FRIGIA, región de Asia
Hech. 2:10; 16:6; 18:23

FRIO
Prov. 25:25 Como el agua f. al alma sedienta
Mat. 10:42 estos pequeñitos un vaso de agua f.
Apoc. 3:15 conozco tus obras, que ni eres f.

FRUTA
Amós 8:1, 2 una cesta con f. de verano

FRUTO: ver Cosecha
Gén. 1:11 árboles frutales que den f., según
Gén. 3:6 mujer.. Tomó.. de su f. y comió
Gén. 4:3 Caín trajo, del f. de la tierra, una
Deut. 1:25 Tomaron.. muestras del f. de la
Deut. 26:2 tomarás de las primicias.. los f.
Sal. 1:3 árbol.. que da su f. a su tiempo y
Prov. 1:31 comerán del f. de su camino y se
Prov. 8:19 Mejor es mi f. que el oro, que el
Isa. 3:10 justos.. comerán del f. de sus hechos
Isa. 57:19 soy el que crea f. de labios: ¡Paz
Jer. 21:14 os castigaré conforme al f. de
Mat. 3:8 Producid.. f. dignos.. arrepentimiento
Mat. 7:16-20; 12:33 Por sus f. los conoceréis
Mat. 13:8 parte cayó en buena tierra y dio f.
Luc. 1:42 bendito el f. de tu vientre!
Juan 4:36 siega.. recoge f. para vida eterna
Juan 12:24; 15:5, 8, 16 muere, lleva mucho f.
Rom. 7:4; Tito 3:14 que llevemos f. para Dios
Gál. 5:22; Ef. 5:9 el f. del Espíritu: amor
Fil. 1:11; Stg. 3:17, 18 del f. de justicia
Fil. 4:17; Col. 1:6, 10 f... en vuestra cuenta
Stg. 5:7 el labrador espera el precioso f. de
Apoc. 22:2 árbol.. vida, que produce doce f.

FUEGO: ver Humo, Llama
Gén. 19:24 hizo llover.. azufre y f... Sodoma
Exo. 3:2 ángel.. en una llama de f. en.. zarza
Exo. 13:21; 40:38 en una columna de f.
Lev. 9:24; 10:2 salió f.. Jehovah y consumió
Lev. 18:21; 2 Rey. 17:17 hacerlos pasar por f.
Deut. 4:24; Heb. 12:29 Dios es f. consumidor
1 Rey. 18:24, 38 Dios que responda con f., ése
1 Rey. 19:12 f., pero Jehovah no estaba en.. f.
2 Rey. 2:11 un carro de f. con caballos de f.
2 Rey. 6:17 carros de f., alrededor de Eliseo
2 Crón. 7:1 Salomón.. orar y descendió f. del
Sal. 66:12 Pasamos por el f. y por el agua
Sal. 104:4; Heb. 1:7 llamas de f... servidores
Prov. 6:27 ¿Tomará el hombre f. en su seno sin
Isa. 9:18 La maldad arde como f. y devora
Isa. 10:17 La Luz de Israel será por f.; y
Isa. 33:14 podrá habitar con el f. consumidor?
Isa. 43:2 Cuando andes por el f., no te
Isa. 66:15, 24; Mar. 9:48 ni su f. se apagará
Jer. 5:14 pongo mis palabras en tu boca como f.
Jer. 20:9; 23:29 mi corazón como f. ardiente
Dan. 3:6-25 se pasean en medio del f.
Joel 2:3 Delante consume el f., y detrás abrasa
Joel 2:30 Realizaré prodigios: sangre, f. y
Amós 4:11 fuisteis cual leño salvado del f.
Zac. 2:5 seré para ella un muro de f.
Mal. 3:2 él es como f. purificador y como
Mat. 3:10 que no da buen fruto.. echado al f.
Mat. 3:11 os bautizará en el Espíritu.. y f.
Mat. 5:22; Luc. 3:17 'fatuo'.. expuesto al.. f.
Mat. 18:8; 25:41 dos pies ser echado en el f.
Mar. 14:54 Pedro.. se calentaba ante el f.
Luc. 9:54 ¿quieres.. que descienda f. del cielo
Hech. 2:3 aparecieron.. lenguas como de f. y
1 Cor. 3:13 obra.. por el f. será revelada
Heb. 10:27 horrenda expectativa.. y de f.
Stg. 3:6 la lengua es un f... Prende f. al
2 Ped. 3:7 cielos.. reservados para el f.
Jud. 23 haced salvos, arrebatándolos del f.
Apoc. 20:14; 21:8 fueron lanzados al lago de f.

FUENTE: ver Manantial
Gén. 7:11; 8:2 Noé.. fueron rotas.. f. del
Exo. 30:18; 40:7 harás una f. de bronce para
Jos. 15:19 le dio las f. de arriba y las f.
1 Rey. 7:39, 44 puso la f. al lado sur del
Prov. 10:11; 13:14; 16:22 F. de vida es la
Prov. 14:27 El temor de Jehovah es f. de vida
Isa. 41:18 Convertiré.. tierra reseca en f.
Jer. 2:13; 17:13 soy f. de aguas vivas
Juan 4:14 será en él una f. de agua que salte
Stg. 3:12 Tampoco de una f. de agua salada
Apoc. 7:17; 21:6 Cordero.. los guiará a f. de

FUERA
Mar. 3:21; Juan 10:20 que estaba f. de sí

FUERTE: ver Poderoso
Núm. 13:31 pueblo.. es más f. que nosotros
Sal. 24:8 Rey de gloria.. el f. y poderoso!
Sal. 71:7; 89:13 tú eres mi f. refugio
Sal. 136:12 con mano f. y brazo extendido
Prov. 16:32 mejor.. tarda en airarse que el f.
Prov. 23:11; Jer. 50:34 su Redentor es f.; él
Prov. 24:5 Más vale el sabio que el f.
Cant. 8:6 f. como la muerte es el amor
Isa. 1:24 dice el Señor.. el F. de Israel
Jer. 20:7 Jehovah.. Fuiste más f. que yo
Luc. 11:21 Cuando el.. f. y armado guarda su
Rom. 15:1 que somos más f. debemos.. débiles
1 Cor. 1:25 lo débil de Dios es más f. que
2 Cor. 12:10 cuando soy débil, entonces soy f.

FUERZA: ver Poder, Potestad
Lev. 26:20 vuestra f. se agotará en vano

Deut. 6:5; Mar. 12:30, 33 amarás.. con.. tus f.
Deut. 8:17 No.. digas.. 'Mi f... me ha traído
Deut. 33:25 tu f. sea como tus días
Jue. 6:14 Vé con esta tu f. y libra a Israel
1 Sam. 2:9 nadie triunfará por sus propias f.
Sal. 84:5 Bienaventurado.. tiene en ti sus f.
Prov. 20:29 La gloria de los jóvenes es su f.
Ecl. 9:16 Mejor es la sabiduría que la f.
Isa. 40:26 Por.. el poder de su f., ninguna
Isa. 40:29, 31 Da f. al cansado y le aumenta
2 Cor. 8:3 han dado de acuerdo con sus f., y
Ef. 6:10 fortaleceos.. en el poder de su f.
2 Tim. 4:17 el Señor.. me dio f. para que
Heb. 11:34 sacaron f. de la debilidad, se
1 Ped. 5:2 rebaño.. cuidándolo no por la f.

FUGITIVO
Gén. 4:12-14 serás errante y f. en

FUNDACION
Isa. 40:21 no.. comprendido la f. del mundo?
Mat. 25:34 reino.. preparado.. desde la f. del

FUNDAMENTO: ver Base, Cimiento
Sal. 11:3 Si son destruidos los f., ¿qué podrá
Sal. 89:14; 97:2 justicia y.. derecho son el f.
Prov. 10:25 pero el justo tiene f. eternos
Ef. 2:20 edificados sobre el f. de.. apóstoles
1 Tim. 3:15 iglesia.. columna y f. de la verdad
2 Tim. 2:19 f. de Dios queda firme, teniendo
Apoc. 21:14 muro de la ciudad tenía doce f.

FUNDAR: ver Crear
Job 38:4 ¿Dónde estabas.. cuando yo fundaba
Sal. 89:11 mundo y su plenitud.. los fundaste
Sal. 102:25; Heb. 1:10 fundaste la tierra en
Mat. 7:25 casa.. se había fundado sobre.. peña

FUNDIR
2 Ped. 3:12 deshechos.. elementos.. f.

FURIOSO
Prov. 29:22 f. comete.. transgresiones

FUROR: ver Enojo, Ira
Deut. 31:17 Aquel día se encenderá.. mi f.
Sal. 2:5 su ira y los turbará en su f.
Sal. 6:1 Oh Jehovah, no me reprendas en tu f.
Sal. 90:7 con tu f. somos consumidos
Prov. 15:1 la palabra áspera aumenta el f.
Prov. 19:11 El discernimiento.. detiene su f.
Isa. 5:25 se enciende el f. de Jehovah contra
Apoc. 19:15 El pisa el lagar del vino del f.

GABAA, ciudad
Jos. 18:28; Jue. 19:12—20:43; 1 Sam. 10:26; 11:4

GABAON, ciudad
Jos. 9:3—10:41; 11:19; 2 Sam. 2:12—3:30; 1 Crón. 16:39; 21:29; 2 Crón. 1:3, 13

GABRIEL, ángel
Dan. 8:16; 9:21; Luc. 1:19, 26

GAD
hijo de Jacob: Gén. 30:11; 35:26; 49:19
profeta: 2 Sam. 24:11-19; 2 Crón. 29:25
tribu: Núm. 32:1-34; Jos. 4:12; 22:9-34

GADARENO
Mat. 8:28; Mar. 5:1; Luc. 8:26, 27

GALAAD, región este de Galilea
Núm. 32:29; Jue. 11:1; Jer. 8:22

GALACIA, región de Asia Menor
Hech. 16:6; 18:23; 1 Cor. 16:1; Gál. 1:2; 2 Tim. 4:10; 1 Ped. 1:1

GALARDON: ver Premio
Heb. 11:26 fijaba.. mirada en el g.

GALILEA
mar: Mat. 4:18; 15:29; Mar. 1:16; Juan 6:1
región: Jos. 21:32; Isa. 9:1; Mat. 2:22; 3:13; 4:12-25; 21:11; 28:7-16; Juan 2:1; 4:43-54

GALILEO
Mat. 26:69 estabas con Jesús el g.!

GALION, procónsul:
Hech. 18:12-17

GALLINA
Mat. 23:37 tus hijos, así como la g.

GALLO
Mat. 26:34, 74, 75 antes que el g. cante

GAMALIEL, dirigente fariseo
Hech. 5:34, 40; 22:3

GANADERO
Amós 7:14 Amós.. soy g. y cultivador

GANADO: ver Rebaño
Gén. 1:24-26; 2:20 Produzca la tierra.. g.
Sal. 50:10 míos son.. millares del g. en mis

GANANCIA: ver Provecho
Exo. 18:21; Sal. 119:36 las g. deshonestas
Isa. 23:18 su g... consagradas a Jehovah. No
Fil. 1:21; 3:7 para mí.. , y el morir es g.

1 Tim. 3:8; Tito 1:7 vino ni amantes de g.

GANAR: ver Adquirir, Comprar
Prov. 11:30; 1 Cor. 9:19-22 gana almas es
Mat. 18:15 escucha, has ganado a tu hermano
Mat. 25:16-22 negoció.. ganó.. cinco talentos
Luc. 9:25; 21:19 ¿de qué le sirve.. si gana el
Fil. 3:8 perdido todo.. a fin de ganar a Cristo
1 Ped. 3:1 maridos.. sean ganados sin.. palabra

GANCHO
2 Rey. 19:28 pondré mi g. en tu nariz y mi
Amós 4:2 vienen días.. se os llevará con g.

GARANTIA
2 Cor. 1:22; 5:5; Ef. 1:14 como g. al

GARGANTA
Sal. 5:9; Rom. 3:13 Su g. es un sepulcro abierto
Sal. 149:6 Exalten a Dios con sus g., y con
Prov. 23:2 Pon cuchillo a tu g., si tienes gran

GASTAR
2 Rey. 12:11, 12 dinero.. lo gastaban en pagar
Mar. 5:26 sufrido.. médicos.. gastado todo lo
Stg. 4:3 pedís mal, para gastarlo en.. placeres

GAVILLA
Deut. 24:19; Rut 2:7 olvides.. g., no.. tomarla
Sal. 126:6 va llorando.. volverá con.. sus g.

GAYO, creyente
Hech. 19:29; 20:4; Rom. 16:23; 1 Cor. 1:14;
3 Jn. 1

GAZA, ciudad filistea
Deut. 2:23; Jos. 13:3, Jue. 16:1-21; Hech. 8:26

GEDALIAS, dirigente judío
2 Rey. 25:22-25; Jer. 39:14; 40:5—41:18

GEDEON, juez
Jue. 6:11—8:35; Heb. 11:32

GEMIDO: ver Grito
Exo. 2:23, 24; 6:5; Jue. 2:18; Hech. 7:34
Dios oyó el g. de ellos y se acordó de
Sal. 12:5 por el g. de los necesitados me
Isa. 35:10; 51:11 huirán la tristeza y el g.

GEMIR: ver Quejar
Prov. 29:2 gobierna el impío, el pueblo gime
Eze. 21:6, 7, 12 te digan: '¿Por qué gimes?'
Joel 1:5, 11-18 ¡Gemid.. los que bebéis vino
Rom. 8:22-26 toda la creación gime a una, y
2 Cor. 5:2, 4 en esta tienda gemimos deseando

GENEALOGIA
Mat. 1:1 Libro de la g. de Jesucristo, hijo
1 Tim. 1:4; Tito 3:9 ni.. atención a.. g.
Heb. 7:3, 6 Sin padre ni madre ni g., no

GENERACION: ver Linaje
Exo. 20:5 castigo.. maldad.. sobre.. cuarta g.
Sal. 24:6 Tal es la g. de los que le buscan
Sal. 78:8 g. porfiada.. una g. que no dispuso
Sal. 100:5 su fidelidad por todas las g.
Sal. 145:4 g. celebrará tus obras ante otra g.
Ecl. 1:4 G. va, y g. viene; pero la tierra
Isa. 51:8 siempre, y mi salvación de g. en g.
Mat. 24:34 no pasará esta g. hasta que todas
Ef. 3:5 En otras g., no se dio a conocer este

GENEROSIDAD: ver Liberalidad
2 Cor. 8:2; 9:5 riquezas de su g.

GENEROSO: ver Generosidad
Exo. 35:5-29 de corazón g. traiga una ofrenda
2 Rey. 13:23 Jehovah fue g. con ellos y les
Sal. 51:12 gozo.. y un espíritu g. me sustente
Prov. 11:25 El alma g. será prosperada, y el
1 Tim. 6:18 sean g. y dispuestos a compartir

GENESARET, región y mar
Mat. 14:34; Mar. 6:53; Luc. 5:1

GENIO
Tito 1:7 obispo.. ni de mal g., ni dado

GENTIL: ver Nación
Neh. 28:30 A no dar nuestras hijas a los g.
Isa. 9:1; Mat. 4:15 gloria a Galilea de los g.
Mat. 6:32 g. buscan todas estas cosas, pero
Hech. 9:15; 14:27 llevar mi nombre ante los g.
Hech. 10:45 don del Espíritu.. sobre los g.
Hech. 13:46-48; 18:6 nos volvemos a los g.
Hech. 26:23 anunciar luz al pueblo y a los g.
Rom. 3:9 acusado tanto a judíos como a g.
Rom. 11:11-13 ha venido la salvación a los g.
1 Cor. 1:23 crucificado.. para los g. locura
Gál. 2:8-15 hacerme apóstol a favor de los g.
Ef. 3:6, 8 en.. Jesús los g. son coherederos
1 Ped. 2:12 conducta ejemplar entre los g.

GETSEMANI, huerto
Mat. 26:36; Mar. 14:32

GIGANTE
Gén. 6:4; Núm. 13:33 había g. en la

GILGAL, aldea
Jos. 4:19; 5:9, 10; 9:6; 10:6; 1 Sam. 10:8;
11:14, 15; 13:4-15; 2 Rey. 2:1; 4:38

GLORIA: ver Esplendor
Exo. 16:7, 10; 24:16 veréis la g. de Jehovah
Exo. 33:18, 22; Sal. 8:1 muéstrame tu g.
Exo. 40:34; Lev. 9:23; 1 Rey. 8:11 g... llenó
1 Sam. 4:21 Icabod.. La g. se ha apartado de
1 Sam. 15:29 la G. de Israel no mentirá ni se
1 Crón. 16:24, 27-29 Contad.. naciones su g.
1 Crón. 29:11; Sal. 104:1 Tuyos son.. la g.
Sal. 8:5; Heb. 2:7 le has coronado de g. y de
Sal. 19:1 Los cielos cuentan la g. de Dios
Sal. 24:7-10 eternas, y entrará el Rey de g.
Sal. 29:1-4; 96:3, 6-8; Jer. 13:16 Dad.. la g.
Sal. 66:2 Cantad a la g. de su nombre
Sal. 72:19; Isa. 6:3; Hab. 2:14 llena de su g.
Sal. 85:9 para que habite la g. en.. tierra
Sal. 97:6 y todos los pueblos ven su g.
Sal. 106:20; Jer. 2:11 cambiaron su g. por la
Sal. 115:1 no a nosotros, sino a tu nombre da g.
Sal. 145:11, 12 Hablarán de la g. de tu reino
Prov. 25:27 ni es g. buscar la propia g.
Isa. 40:5, 6 se manifestará la g. de Jehovah
Isa. 58:8; 60:1 la g. de Jehovah irá a tu
Eze. 10:4; 11:22, 23; 43:2, 4 la g... se elevó
Eze. 39:21 pondré mi g. entre las naciones, y
Hag. 2:7, 9 llenaré este templo de g., ha
Mat. 16:27; 24:30 Hijo.. ha de venir en la g.
Luc. 2:9 ángel.. la g. del Señor los rodeó
Luc. 2:14 ¡G. a Dios en las alturas, y en la
Juan 1:14 su g., como la g. del unigénito del
Juan 17:5, 22, 24 glorifícame.. con la g. que
Rom. 3:23 pecaron y no alcanzan la g. de Dios
Rom. 11:36; 16:27; Gál. 1:5; Ef. 3:21; Fil. 4:20; Heb. 13:21; 2 Ped. 3:18; Jud. 25; Apoc. 1:6 A él sea la g.
1 Cor. 10:31; 2 Cor. 4:15 hacedlo.. g. de Dios
1 Cor. 15:40-43 la g. de los celestiales.. g.
Ef. 1:6, 12, 14 para la alabanza de la g. de
Col. 1:27 las riquezas de la g. de.. misterio
Col. 1:27 Cristo en vosotros.. esperanza de g.
Col. 3:4 seréis manifestados con él en g.
1 Tim. 3:16 mundo, recibido arriba en g.
Heb. 1:3 El es el resplandor de su g. y la
Heb. 3:3 digno de una g. superior a la de
1 Ped. 5:4 recibiréis la.. corona de g.
Apoc. 4:11 Digno eres.. de recibir la g.
Apoc. 14:7 ¡Temed a Dios y dadle g., porque
Apoc. 21:23 la g. de Dios la ilumina, y el

GLORIAR: ver Alabar, Honrar
1 Crón. 16:10. 35; Sal. 105:3 Gloriaos.. nombre
Sal. 10:3 impío se gloría del apetito de su
Isa. 49:3 Mi siervo.. Israel; en ti me gloriaré
Rom. 5:3 nos gloriamos en las tribulaciones
Rom. 5:11 nos gloriamos en Dios por.. nuestro
1 Cor. 1:31 que se gloría, gloríese en.. Señor
1 Cor. 3:21 nadie se glorie en los hombres
Gál. 6:14 lejos esté de mí el gloriarme sino
Ef. 2:9 No es por obras.. que nadie se gloríe

GLORIFICAR: ver Exaltar
Lev. 10:3; Sal. 50:15 Jehovah.. ser glorificado
Sal. 22:23 alabadle; glorificadle, todos los
Sal. 30:1 Te glorificaré, oh Jehovah, porque
Sal. 50:23 acción de gracias me glorificará
Sal. 86:9; Isa. 25:3; Rom. 15:9 vendrán.. naciones.. Glorificarán tu nombre
Mat. 5:16 vean.. obras y glorifiquen a.. Padre
Mat. 9:8; 15:31 temieron y glorificaron a Dios
Luc. 2:20 pastores se volvieron, glorificando
Luc. 17:15; 18:43 volvió glorificando a Dios
Juan 7:39; 11:4; 12:23 Jesús.. no.. glorificado
Juan 12:28 Padre, glorifica tu nombre.. voz del
Juan 15:8 es glorificado mi Padre.. fruto
Juan 17:1, 10 Glorifica a tu Hijo para que el
Hech. 10:46 hablar.. lenguas y glorificar a Dios
Rom. 1:21 no le glorificaron como a Dios ni le
Rom. 8:17 padecemos.. con él.. glorificados
1 Cor. 6:20 comprados.. glorificad a Dios en
Heb. 5:5 Cristo no se glorificó a sí mismo
1 Ped. 4:11 cosas Dios sea glorificado por
1 Ped. 4:16 cristiano.. glorifique a Dios en

GLOTONERIA
Luc. 21:34; Rom. 13:13 no.. g.

GOBERNADOR: ver Jefe, Príncipe
Gén. 42:6; 45:8, 26 José era el g. de la tierra
Neh. 8:9; 10:1 Nehemías.. era el g.
Mat. 10:18 Seréis llevados aun ante g. y reyes

GOBERNANTE: ver Gobernador
Prov. 29:12 Si el g. atiende a.. mentirosas
Mat. 20:25 g. de los gentiles se enseñorean
Tito 3:1 que se sujeten a los g. y a las

GOBERNAR: ver Reinar
Jue. 8:23 Gedeón.. Jehovah os gobernará
Rut 1:1 los días en que gobernaban los jueces
1 Sam. 8:5, 6, 20 Danos un rey.. gobierne
1 Rey. 3:9; 4:21 ¿quién podrá gobernar a este
2 Crón. 20:6 Dios.. gobiernas en.. los reinos
Prov. 29:2 cuando gobierna.. impío, el pueblo
Col. 3:15 paz de Cristo gobierne en.. corazones
1 Tim. 3:4, 12; 5:14 Que gobierne bien su casa

GOG: dirigente de una nación
Eze. 38:2—39:11; Apoc. 20:8

GOLGOTA <calavera>
Mat. 27:33; Mar. 15:22; Juan 19:17

GOLIAT, gigante
1 Sam. 17:4-23; 21:9

GOLPEAR: ver Azotar
Exo. 2:11 Moisés.. vio a.. egipcio que golpeaba
Exo. 7:17, 20; 8:16, 17 vara.. golpearé.. aguas
Exo. 17:5, 6; Núm. 20:11 golpearás la peña, y
2 Rey. 2:8, 14 Elías.. manto.. golpeó las aguas
Mat. 26:68; 27:30 ¿Quién es el que te golpeó?
Luc. 20:10 labradores le golpearon y.. enviaron
Juan 18:23 Si.. bien.. ¿por qué me golpeas?
Hech. 23:2, 3 Pablo.. ¡Dios te ha de golpear

GOMORRA: ver Sodoma
Gén. 10:19; 13:10; 14:2-11; 18:20;19:24-28;
Mat. 10:15; 2 Ped. 2:6

GOSEN, región de Egipto
Gén. 45:10; 46:28—47:27; Exo. 8:22

GOTA
Isa. 40:15 naciones son como una g. de agua
Luc. 22:44 sudor.. como grandes g. de sangre

GOZAR: ver Alegrar, Deleitar
Sal. 28:7; 35:9 ayudado, y se gozó mi corazón
Sal. 32:11; Isa. 61:10 alegraos en.. y gozaos
Sal. 118:24 día.. Jehovah; nos gozaremos y
Ecl. 5:19 Dios le dé.. gozarse de.. trabajo
Ecl. 9:9 Goza de la vida, con la mujer que amas
Hab. 3:18 con todo.. me gozaré en el Dios de
Mat. 5:12 Gozaos y alegraos, porque
Luc. 15:5-9 Gozaos.. porque he hallado
Rom. 12:15 Gozaos con los que se gozan.
1 Cor. 13:6 No se goza de la injusticia, sino

GOZO: ver Alegría, Regocijo
Deut. 28:47 Por no haber servido.. con.. g. de
Neh. 8:10 el g. de Jehovah.. vuestra fortaleza
Sal. 119:111 Tus testimonios.. son el g. de mi
Isa. 35:10 rescatados.. Alcanzarán g. y alegría
Jer. 25:10 Haré perecer.. voz de g. y la voz
Mat. 25:21 Bien.. Entra en el g. de tu señor
Mat. 28:8; Luc. 24:41 sepulcro con.. gran g.
Luc. 2:10 os doy buenas nuevas de gran g.
Luc. 10:17 setenta volvieron con g., diciendo
Luc. 15:7 habrá más g. en el cielo por un
Juan 15:11; 16:24; 17:13 mi g... vuestro g. sea
Juan 16:20-22 angustia se convertirá en g.
Hech. 13:52; 15:3 discípulos.. llenos de g. y
Rom. 14:17 reino de Dios.. justicia, paz y g.
Rom. 15:13 Dios de esperanza os llene de.. g.
2 Cor. 1:24; 2:3 colaboradores para vuestro g.
Gál. 5:22 fruto del Espíritu es: amor, paz, g.
Fil. 2:2 completad mi g. a fin de que
1 Tes. 1:6 recibiendo la palabra.. con g. del
Heb. 12:2 Jesús.. por el g. que tenía.. delante
Heb. 12:11 ninguna disciplina.. causa de g.
Stg. 1:2 tenedlo por sumo g. cuando os
1 Ped. 1:8 creyendo.. os alegráis con g.
1 Jn. 1:4; 2 Jn. 12 escribimos.. que nuestro g.
3 Jn. 4 No tengo mayor g. que el de oír que

GOZOSO: ver Feliz
Rom. 12:12 g. en la esperanza, pacientes en
2 Cor. 6:10 entristecidos, pero siempre g.
1 Tes. 5:16 Estad siempre g.

GRABAR: ver Escribir
Dan. 5:24, 25 mano que grabó.. MENE

GRACIA: ver Amor, Favor
Gén. 39:21; Exo. 3:21 Jehovah.. le dio g. ante
Sal. 45:2 La g. se ha derramado en tus labios
Sal. 84:11 g. y gloria dará Jehovah. No privará
Prov. 1:9 diadema de g. serán a tu cabeza
Prov. 3:4, 22 hallarás g. y buena opinión ante
Prov. 3:34; Stg. 4:6; 1 Ped. 5:5 humildes.. g.
Prov. 31:30 Engañosa es la g. y vana es la
Zac. 11:7, 10 dos cayados, al uno.. nombre G.
Zac. 12:10 derramaré.. un espíritu de g. y de
Mat. 10:8 De g. habéis recibido; dad de g.
Luc. 1:30 María! Porque has hallado g. ante
Luc. 2:40, 52 Jesús crecía.. en g. para con
Luc. 4:22 palabras de g... salían de su boca
Juan 1:14-17 Verbo.. lleno de g. y de verdad
Hech. 13:43 perseverar fieles en la g. de Dios
Hech. 15:11 salvos por la g. del Señor Jesús
Rom. 3:24; 4:16 siendo justificados.. por su g.
Rom. 5:20, 21 pecado, sobreabundó.. g.
Rom. 6:14; 11:6; Gál. 2:21 ley, sino bajo la g.
Rom. 12:6; Ef. 4:7; 1 Ped. 4:10 dones.. g.
1 Cor. 15:10 por la g. de Dios soy lo que soy
2 Cor. 6:1 no recibáis en vano la g. de Dios
2 Cor. 13:14 La g. del Señor Jesucristo, el
Gál. 5:4 en la ley.. de la g. habéis caído!
Ef. 1:7 perdón.. según las riquezas de su g.
Ef. 2:5-8; Tito 3:7 ¡Por g. sois salvos!
Ef. 3:8 sido conferida esta g. de anunciar
2 Tim. 2:1 fortalécete en la g. que es en
Heb. 4:16 hallemos g. para el oportuno
Heb. 12:15; 13:9 ninguno deje.. g. de Dios
1 Ped. 1:13 poned.. esperanza.. en la g. que
1 Ped. 5:10, 12 ésta es la verdadera g. de
2 Ped. 3:18 creced en la g. y.. conocimiento
Jud. 4 impíos.. convierten la g... en

GRACIAS
Lev. 22:29; 2 Crón. 29:31 sacrificio.. de g.
1 Crón. 16:4, 7; 2 Crón. 5:13; Esd. 3:11 levitas
para que invocasen, dieran g. y alabasen a
2 Crón. 7:3-6 adoraron y dieron g. a Jehovah

Neh. 12:46 cantores.. salmos de acción de g. a
Sal. 33:2; 105:1 Dad g. a Jehovah con lira
Sal. 75:1 ¡G. te damos, oh Dios; damos g.
Sal. 107:8, 15, 21, 31 ¡Den g. a Jehovah por su
Sal. 138:1, 2 Te doy g. con todo mi corazón
Isa. 12:1, 4 ¡Te doy g., oh Jehovah! Aunque
Dan. 6:10 Daniel.. oraba y daba g. a su Dios
Mat. 15:36; 26:27; 1 Cor. 11:24 panes.. dado g.
Luc. 17:16 a los pies de Jesús, dándole g.
2 Cor. 9:15 ¡G. a Dios por su don inefable!
Ef. 5:20 dando g. siempre por todo al Dios y
Col. 1:12; 1 Tes. 1:2 gozo damos g. al Padre
1 Tes. 5:18; 2 Tes. 1:3 Dad g. en todo, porque
Apoc. 11:17 Te damos g., Señor Dios.. que eres

GRADA
2 Rey. 20:9-11 ¿Puede.. retroceder diez g.

GRANA
Isa. 1:18 Aunque.. pecados sean como la g.

GRANDE, GRAN: ver Excelente
Exo. 18:11; Deut. 10:17 Jehovah es más g. que
Exo. 34:6 Dios.. g. en misericordia y verdad
1 Crón. 16:25; Sal. 48:1; 96:4 g. es Jehovah y
Sal. 8:1, 9 ¡cuán g. es tu nombre en.. tierra
Sal. 57:10 g. es tu misericordia
Sal. 111:2; 126:3; Joel 2:21 G. son las obras
Isa. 12:6 el Santo de Israel es g. en medio de
Jer. 10:6 Tú eres g.; g. es tu nombre
Lam. 3:23 Nuevas son cada.. g. es tu fidelidad
Mat. 20:26 anhele ser g... será.. servidor
1 Tim. 3:16 g. es el misterio de la piedad
Heb. 2:3 si descuidamos una salvación tan g.
Apoc. 20:11 Vi un g. trono blanco y al que

GRANDEZA: ver Gloria
1 Crón. 29:11 Tuyos son, oh Jehovah, la g.
Sal. 145:3, 6 Jehovah.. Su g. es inescrutable
Sal. 150:2 ¡Alabadle por su inmensa g.!
Ose. 9:7 a causa de la g. de tu pecado y de
Ef. 1:19 cuál la inmensurable g. de su poder

GRANERO
Luc. 12:18 Derribaré mis g. y edificaré

GRANIZO
Exo. 9:18-34 mañana.. haré caer g.

GRANO: ver Cebada
Núm. 28:26 presentéis una ofrenda de g. nuevo
Rut 2:14; 3:7 Boaz.. le dio g. tostado. Ella
Prov. 11:26 Al que acapara el g., el pueblo
Mar. 4:28, 31 después el g. lleno en la espiga

GRATO
Sal. 19:14; 104:34 Sean g. los dichos de

GRAVOSO
1 Tes. 2:9; 2 Tes. 3:8 para no ser g.

GRECIA
Isa. 66:19; Eze. 27:13, 19; Dan. 8:21; 10:20; 11:2; Zac. 9:13; Hech. 20:2

GRIEGO: ver Gentil
Juan 12:20 Había.. g. entre los.. adorar en
Juan 19:20 letrero.. escrito en hebreo.. en g.
Hech. 11:20 hablaron a los g. anunciándoles
Hech. 18:4 sábados y persuadía a judíos y a g.
Rom. 1:14, 16 Tanto a g. como a bárbaros.. soy
Rom. 10:12; Gál. 3:28; Col. 3:11 no.. judío ni g.

GRITAR: ver Clamar
Jos. 6:5, 10, 16, 20 pueblo gritar a gran voz
Isa. 42:2 No gritará ni alzará su voz, ni la
Luc. 23:46 Jesús, gritando a gran voz, dijo
Hech. 19:32 Unos gritaban una cosa, y otros

GRITO: ver Clamor
Mar. 15:37 Jesús, dando un fuerte g., expiró
Ef. 4:31 Quítense.. enojo, ira, g. y calumnia

GROSERAS
Ef. 5:4; Col. 3:8 ni bromas g.

GUARDA: ver Vigilante
Gén. 4:9 Caín.. ¿Soy.. acaso g. de mi hermano?
Eze. 38:7 Alístate y prepárate.. y sé tú su g.

GUARDAR: ver Cuidar, Preservar
Gén. 3:24 espada.. guardar el camino al árbol
Gén. 18:19 guarden el camino de Jehovah
Gén. 28:15 estoy contigo, yo te guardaré.. y te
Exo. 16:28 ¿Hasta cuándo rehusaréis guardar
Exo. 20:6 misericordia.. a los que guardan mis
Exo. 23:20, 21 ángel.. para que te guarde en el
Núm. 6:24 Jehovah te bendiga y te guarde
Deut. 4:6; 6:2, 17; 11:22; 17:19; 29:9; Prov. 29:18 Guardadlos.. y ponedlos por obra
Deut. 32:10; Sal. 17:8 lo guardó como a la niña
Jos. 1:8 guardes y cumplas todo lo.. escrito
Jos. 24:17 Dios.. nos ha guardado en.. camino
1 Sam. 2:9; Sal. 145:20 El guarda los pies de
2 Sam. 22:22; Sal. 18:21 he guardado.. caminos
1 Rey. 2:3 Guarda lo que.. Dios.. ha
Sal. 12:7 guardarás. Guárdalos para siempre
Sal. 16:1; 25:20 Guárdame, oh Dios, porque en
Sal. 25:21 integridad y la rectitud me guarden
Sal. 37:34 Espera en y guarda su camino

HABITAR: ver Morar, Vivir
1 Crón. 17:1 David.. habito en.. casa de cedro
Sal. 15:1 ¿quién habitará en tu tabernáculo?
Sal. 37:3 haz el bien. Habita en la tierra y
Sal. 68:6 Dios.. hace habitar en familia
Sal. 84:4 Bienaventurados los que habitan en
Sal. 91:1 El que habita al abrigo del Altísimo
Prov. 10:30 los impíos no habitarán la tierra
Isa. 32:18 Mi pueblo habitará.. morada de paz
Isa. 57:15 Alto y Sublime.. habita la eternidad
Juan 1:14 el Verbo.. habitó entre nosotros, y
2 Cor. 6:16 Habitaré y andaré entre ellos
Ef. 3:17 que Cristo habite en.. corazones
Col. 1:19; 2:9 agradó al.. en él habitase toda
1 Tim. 6:16 el único.. que habita en luz
Heb. 11:9 Por la fe habitó como extranjero en

HABLAR: ver Decir, Declarar
Exo. 4:14-16 tu hermano Aarón.. habla bien
Exo. 6:13 Jehovah habló a Moisés.. y le dio
Exo. 20:1 Dios habló todas estas palabras
Exo. 20:19 Habla tú.. Pero no hable Dios con
Exo. 25:22 hablaré contigo de todo lo que te
Exo. 33:11; Núm. 12:8 hablaba a Moisés cara a
Núm. 21:5 habló.. pueblo contra Dios y contra
Deut. 5:24 visto que Dios habla al hombre, y
Deut. 6:7 hablarás de ellas, sentado en casa
Deut. 18:18, 20 profeta.. les hablará todo lo
1 Sam. 3:9, 10 Habla.. que tu siervo escucha
1 Rey. 22:14 que Jehovah me diga, eso hablaré
1 Crón. 16:9; Sal. 105:2 hablad de.. maravillas
Sal. 71:24 mi lengua hablará de tu justicia
Sal. 101:7 el que habla mentira no se afirmará
Sal. 115:5; 135:16 Tienen boca, pero no hablan
Sal. 116:10; 2 Cor. 4:13 Creí; por tanto, hablé
Sal. 145:11 Hablarán de la gloria de tu reino
Prov. 12:17 que habla verdad declara justicia
Ecl. 3:7 tiempo de callar y tiempo de hablar
Isa. 40:2 Hablad al corazón de Jerusalén
Isa. 45:19 no he hablado en secreto.. hablo
Isa. 46:11; Eze. 12:25 Yo hablé, y.. haré que
Jer. 1:6 no sé hablar, porque soy un muchacho
Jer. 7:13; 35:14 os hablé.. y no escuchasteis
Jer. 20:9 ni hablaré más en su nombre. Pero
Jer. 23:35, 37 Jehovah? ¿Qué ha hablado?
Amós 3:8 habla Jehovah. ¿quién no profetizará
Mat. 5:37 sea.. hablar 'sí', 'sí' y 'no', 'no'
Mat. 9:33; 12:22 demonio, el mudo habló
Mat. 10:19 no os.. de cómo.. hablaréis
Mat. 12:34 abundancia del corazón habla.. boca
Mar. 13:11 hablad.. no sois.. los que habláis
Juan 3:11, 31, 34 hablamos de lo que sabemos
Juan 12:50; 14:10 lo que yo hablo, lo hablo
Hech. 2:4, 11 comenzaron a hablar en.. lenguas
Hech. 18:9 No temas, sino habla y no calles
1 Cor. 13:1, 11 Si.. hablo en lenguas de
Heb. 1:1, 2 Dios, habiendo hablado en.. tiempo
Stg. 1:19 pronto para oír, lento para hablar
1 Ped. 4:11 Si alguien habla, hable conforme
2 Ped. 1:21 hombres hablaron.. inspirados por

HACEDOR: ver Creador
Job 4:17 ¿Será el varón más puro que su H.?
Sal. 95:6 Arrodillémonos.. de.. nuestro H.
Prov. 14:31; 17:5 que oprime.. afrenta a su H.
Isa. 45:9; Ose. 8:14 ¡Ay.. contiende con su H.
Isa. 54:5 Porque tu marido es tu H.; Jehovah
Stg. 1:22-25 sed h. de la palabra, y no

HACER: ver Actuar
Gén. 1:7, 16, 25, 26; 2:2, 3 hizo Dios la
Gén. 31:16 haz todo lo que Dios te ha dicho
Exo. 20:4, 10 No te harás imagen
Exo. 20:11; 31:17; Sal. 146:6 seis días.. hizo
Exo. 25:40; Heb. 8:5 mira y hazlo.. modelo
Exo. 32:1, 4, 8 haz para nosotros dioses que
Jos. 11:15 Jehovah.. mandado.. lo hizo Josué
Job 31:15; Prov. 22:2 que me hizo.. ¿no lo hizo
Sal. 22:31 anunciarán.. "¡El hizo esto!"
Sal. 100:3 Dios.. nos hizo, y no nosotros a
Ecl. 7:14 Dios hizo tanto lo uno como lo otro
Ecl. 9:10 venga a la mano para hacer, hazlo
Isa. 66:2 Mi mano hizo todas estas cosas
Ose. 6:4 ¿Qué haré contigo, oh Efraín? ¿Qué
Sof. 1:12 dicen: Jehovah no hará ni bien ni mal
Mat. 4:19 y os haré pescadores de hombres
Mat. 6:10 sea hecha tu voluntad, como en el
Mat. 7:12 que los hombres hagan.. haced por
Mat. 7:21; 12:50 que hace.. voluntad de mi
Mat. 7:24, 26 me oye estas palabras y las hace
Mat. 23:3 os digan hacedlo.. dicen y no hacen
Mat. 23:23 Era necesario hacer estas cosas sin
Mat. 25:40 lo hicisteis a uno.. me lo hicisteis
Luc. 6:46 me llamáis: 'Señor.. y no hacéis lo
Luc. 8:21 oyen la palabra de Dios y la hacen
Luc. 10:25, 28 Has respondido bien. Haz esto
Luc. 10:37 Jesús le dijo: Vé y haz tú lo mismo
Luc. 22:19; 1 Cor. 11:25 Haced.. en memoria
Luc. 23:34 perdónalos, porque no saben.. hacen
Juan 1:3 sin él no fue hecho.. lo que.. hecho
Juan 13:27 Lo que estás haciendo, hazlo pronto
Juan 15:5, 7 separado de mí, nada podéis hacer
Hech. 1:1 Jesús comenzó a hacer y a enseñar
Hech. 16:30 ¿qué debo hacer para ser salvo
Rom. 7:15-21 lo que hago, no lo entiendo
1 Cor. 10:31; Col. 3:17, 23 hacedlo todo para
Stg. 4:17 que sabe hacer lo bueno y no.. hace

HACHA
2 Rey. 6:5 le cayó el hierro del h. al agua
Mat. 3:10 El h. ya está puesta a la raíz de

HADES: ver Seol
Mat. 11:23 Capernaúm.. ¡Hasta el H... hundida!
Mat. 16:18 puertas del H. no prevalecerán
Luc. 16:23 en el H., estando en tormentos
Hech. 2:27, 31 no dejarás mi alma en el H.
Apoc. 1:18; 20:13 tengo las llaves.. del H.

HAGEO, profeta
Esd. 5:1; 6:14; Hag. 1:1—2:20

HAI, ciudad
Jos. 7:2—8:29; 9:3; 10:1-3

HALLAR: ver Encontrar
2 Crón. 34:15 He hallado el libro de la Ley
Job 23:3 si yo pudiera saber.. hallar a Dios!
Job 28:12 ¿dónde se hallará la sabiduría?
Sal. 32:6 orará.. tiempo.. puedas ser hallado
Prov. 8:17 me hallan los que.. me buscan
Prov. 8:35 el que me halla, halla la vida
Prov. 18:22 El que halla esposa halla el bien
Isa. 55:6 Buscad.. mientras puede ser hallado
Isa. 65:1; Jer. 29:13; Rom. 10:20 me dejé hallar
Mat. 7:7, 8 Buscad y hallaréis
Mat. 7:14 puerta.. son pocos los que la hallan
Mat. 10:39; 16:25 pierde.. mi causa la hallará
Luc. 2:12 Hallaréis.. niño envuelto en pañales
Luc. 15:24 mi hijo.. perdido y ha sido hallado
2 Ped. 3:14 procurad.. ser hallado en paz

HAMBRE: ver Apetito
Gén. 12:10; 26:1; 42:5; 47:4; Rut 1:1;
2 Sam. 21:1 el h. era grande en la tierra
Gén. 41:27-57 siete vacas flacas.. años de h.
Deut. 32:24 Serán abatidos por el h.
1 Rey. 18:2 Elías.. Había gran h. en Samaria
2 Rey. 6:25 sitiada, había.. h. en Samaria
2 Rey. 25:3 prevaleció el h. en la ciudad
Prov. 10:3 Jehovah no deja padecer h. al justo
Prov. 25:21; Rom. 12:20 Si tu enemigo tiene h.
Isa. 49:10 No tendrán h. ni sed; ni el calor
Amós 8:11 enviaré h... no h. de pan.. sino de
Mat. 5:6 Bienaventurados los que tienen h.
Mat. 25:35, 42 tuve h., y me diste de comer
Juan 6:35 El que a mí viene nunca tendrá h.
Hech. 10:10 Sintió mucha h. y deseaba comer
1 Cor. 4:11; 2 Cor. 11:27 sufrimos h. y sed
Apoc. 7:16 No tendrán más h., ni tendrán sed

HAMBRIENTO
Prov. 27:7 para la h. todo lo amargo es dulce
Isa. 58:7, 10; Eze. 18:7 compartir.. con el h.
Mat. 25:37, 44 Señor, ¿cuándo te vimos h. y te
Luc. 1:53 A los h. sació de bienes y a.. ricos

HAMOR, heveo
Gén. 33:19; 34:2-32; Hech. 7:16

HARAN, región
Gén. 11:31, 32; 12:4, 5; 27:43; 28:10; 29:4;
Hech. 7:2-4

HARINA
Lev. 2:1-7 una ofrenda vegetal.. de h. fina
1 Rey. 17:12-16 Solamente.. un puñado de h.
2 Rey. 4:41 Eliseo.. Traed h. La esparció en

HARTURA
Fil. 4:12 aprendido.. h. como.. hambre

HASTIADO
Isa. 1:11 H. estoy de holocaustos de

HATO
Mat. 8:30-32 paciendo un.. h. de cerdos

HAZAEL, rey sirio
1 Rey. 19:15; 2 Rey. 8:8—13:3

HEBREO
Gén. 14:13; 39:14-17; 43:32; Exo. 2:6-13;
21:2; Deut. 15:12; 1 Sam. 4:6; 2 Rey. 18:26;
Jon. 1:9; Juan 19:20; 2 Cor. 11:22; Fil. 3:5

HEBRON, ciudad de Judá
Gén. 13:18; 23:2, 19; 35:27; Núm. 13:22;
Jos. 10:3—11:21; 14:13-15; 21:13;
2 Sam. 5:1-5

HECHICERIA: ver Adivinación
2 Crón. 33:6; Isa. 47:9 Hizo.. la h... lo malo
Miq. 5:12; Gál. 5:20 destruiré.. las h... magia

HECHICERO: ver Adivino, Mago
Exo. 7:11; Dan. 2:2 faraón.. llamó.. a los h.
Deut. 18:10; Jer. 27:9; Mal. 3:5; Apoc. 21:8;
22:15 No sea hallado en ti.. mago.. ni h,

HECHIZAR
Gál. 3:1 gálatas.. ¿Quién os hechizó?

HECHO: ver Actos
Prov. 31:31 de la ciudad alábenla sus h.!
Jer. 25:14 les retribuiré conforme a sus h.
Luc. 23:41 recibiendo lo que.. nuestros h.
Col. 3:17 todo.. de palabra o de h., hacedlo

HECHURA
Ef. 2:10 somos h. de Dios, creados en

HEDER
Ecl. 10:1; Isa. 3:24 moscas muertas.. heder
Juan 11:39 Marta.. dijo: —Señor, hiede ya

HELENISTA, de cultura griega
Hech. 6:1; 9:29 murmuración.. los h.

HEMBRA: ver Macho
Lev. 3:1 sacrificio de paz.. macho o h. sin
Lev. 4:32 sacrificio por el pecado.. una h. del

HEMORRAGIA
Mat. 9:20 mujer que sufría de h.

HENDIDURA: ver Caverna
Exo. 33:22 gloria.. te pondré en una h. de la
Isa. 2:21 de meterse.. en las h. de las peñas

HENO
1 Cor. 3:12 Si alguien edifica.. con.. h.

HERALDO: ver Mensajero
2 Ped. 2:5 Noé, h. de justicia, junto

HEREDAD: ver Campo, Porción, Posesión
Exo. 34:9 Perdona.. y acéptanos como tu h.
Núm. 18:20 a Aarón.. Yo soy.. tu h. en medio
Núm. 18:24 he dado a.. levitas por h... diezmos
Núm. 26:53 éstos.. repartida la tierra como h.
Núm. 36:9 la h. no pasará de una tribu a otra
Sal. 16:6 es hermosa la h. que me ha tocado
Sal. 37:18 íntegros.. la h. .. será para siempre
Sal. 61:5 dado h. a los que temen tu nombre
Isa. 57:13 refugia en mí tendrá.. tierra por h.
Mat. 5:5 ellos recibirán la tierra por h.

HEREDAR: ver Poseer
Núm. 34:13; Deut. 12:10 tierra que heredaréis
Sal. 37:9, 11, 22, 29, 34 heredarán la tierra
Prov. 28:10 los íntegros heredarán el bien
Mat. 19:29 recibirá cien veces más y heredará
1 Cor. 6:9, 10; Gál. 5:21 injustos no heredarán
1 Cor. 15:50 carne y.. sangre no pueden heredar
Apoc. 21:7 El que venza heredará estas cosas

HEREDERO: ver Coheredero
Rom. 8:17 si somos hijos.. somos h.; h. de Dios
Gál. 3:29 sois de Cristo.. sois.. h. conforme a
Gál. 4:1, 7, 30 tanto que el h. es niño, en
Tito 3:7 su gracia, seamos hechos h. conforme
Heb. 1:2, 4, 14 Hijo, a quien constituyó h.
Heb. 11:7 Noé.. llegó a ser h. de la justicia
Stg. 2:5 pobres.. ricos en fe y h. del reino

HEREJIA
2 Ped. 2:1 entre vosotros habrá.. h.

HERENCIA: ver Heredad
Luc. 12:13 hermano que reparta conmigo la h.
Luc. 15:12 Padre, dame la parte de la h. que
Hech. 26:18 para que reciban.. una h. entre
Ef. 1:11 En él.. recibimos h., habiendo sido
Ef. 1:14 quien es la garantía de nuestra h.
Ef. 1:18 riquezas de la gloria de su h. en
Ef. 5:5 ningún inmoral.. tiene h. en el reino
Col. 1:12 hizo aptos para participar de la h.
1 Ped. 1:4 para una h. incorruptible.. cielos
Apoc. 21:8 mentirosos, su h. será el lago que

HERIDA
Exo. 21:25 h. por h., golpe por golpe
Prov. 23:29 ¿Para quién las h. gratuitas?
Prov. 27:6 Fieles.. las h. que causa el que ama
Isa. 53:5 por sus h. fuimos nosotros sanados
Luc. 10:34 Acercándose a él, vendó sus h.

HERIR: ver Derrotar, Golpear
Gén. 3:15 te herirá en la cabeza, y.. herirás
Exo. 21:12-26 el que hiere a alguien
Exo. 32:35 Jehovah hirió al pueblo con.. plaga
1 Sam. 31:3 Saúl.. fue herido gravemente por
Sal. 64:7 Dios los herirá con sus.. flechas
Isa. 53:4, 5, 8 herido por.. transgresiones
Zac. 13:7; Mar. 14:27 Heriré al pastor, y se
Luc. 10:30 ladrones.. le hirieron y se fueron
Hech. 12:23 le hirió un ángel del Señor, por

HERMANA
Gén. 12:13; 20:2; 26:7 Di.. que eres mi h.
Prov. 7:4 Di a la sabiduría: "Tú eres mi h.

HERMANO
Gén. 4:9 a Caín: —¿Dónde está tu h. Abel?
Gén. 37:2; 45:3 José.. apacentaba.. con sus h.
Sal. 22:22; Heb. 2:12 Anunciaré tu.. a mis h.
Sal. 133:1 cuán bueno.. que los h... armonía
Prov. 17:17 h. nace para.. tiempo de angustia
Prov. 18:24 amigo que es más fiel que un h.
Mat. 5:22-24; 18:15-21 reconcíliate con tu h.
Mat. 5:47 si saludáis solamente a vuestros h.
Mat. 10:21 El h. entregará a muerte a su h.
Mat. 12:46-50; 13:55, 56 su madre y sus h.
Mat. 23:8 Maestro, y todos vosotros sois h.
Mat. 25:40 hicisteis a uno de.. mis h. más
Mat. 28:10 Id, dad las nuevas a mis h. para
Luc. 15:32 tu h. estaba muerto y ha vuelto a
Luc. 22:32 cuando.. vuelto, confirma a tus h.
Juan 7:5, 10 ni aun sus h. creían en él
Juan 11:21, 32 estado.. mi h. no habría muerto
Juan 11: 23 Jesús le dijo: —Tu h. resucitará
Hech. 11:29 ofrenda para.. los h. en Judea
Hech. 21:17; 28:14, 15 los h. nos recibieron
Rom. 8:29 sea el primogénito entre muchos h.

Rom. 14:21 hacer nada en que tropiece tu h.
1 Cor. 6:6 h. va a juicio contra h., ¡y esto
Film. 16 más que esclavo, como a un h. amado
Heb. 2:11, 17 no se avergüenza de llamarlos h.
1 Ped. 2:17 amad a los h.; temed a Dios
1 Jn. 2:10; 3:10-17 el que ama a su h... luz

HERMOSEAR: ver Adornar
Prov. 15:13 corazón alegre hermosea la cara
Isa. 60:7 hermosearé.. templo de mi esplendor

HERMOSO: ver Bello
Sal. 33:1 a los rectos es h. la alabanza
Prov. 11:22 mujer h... carece de discreción
Ecl. 3:11 Todo lo hizo h. en su tiempo
Cant. 1:8; 2:10 oh la más h. de las mujeres
Isa. 4:2 retoño de Jehovah será h. y glorioso
Isa. 52:7; Rom. 10:15 ¡Cuán h. son.. los pies
Luc. 21:5 templo.. adornado con h. piedras y
Hech. 3:2, 10 puerta.. templo que se llama H.

HERMOSURA
1 Crón. 16:29; 20:21; Sal. 29:2; 96:9; 110:3 adorad a Jehovah en la h. de la santidad
Sal. 27:4 para contemplar la h. de Jehovah
Sal. 96:6 poder y h. hay en su santuario
Prov. 31:30 es la gracia y vana es la h.
Isa. 28:4, 5 día Jehovah.. será corona de h.
Isa. 33:17 Tus ojos verán al Rey en su h.
Isa. 53:2 No hay parecer en él, ni h.; lo
Eze. 28:17 corazón se enalteció debido a tu h.

HERODES
el Grande: Mat. 2:1-22; Luc. 1:5
Antipas: Mat. 14:1-6; Mar. 6:14-22; Luc. 3:1
Agripa I: Hech. 12:1-21

HERODIA, mujer de Antipas
Mat. 14:3, 6; Mar. 6:19, 22; Luc. 3:19

HERODIANOS, partidarios de Herodes
Mat. 22:16; Mar. 3:6; 12:13

HERRERO: ver Obrero
1 Sam. 13:19 no había un solo h., porque
Isa. 44:12 h... trabaja sobre las brasas. Le
Zac. 1:20 En seguida me mostró cuatro h.
2 Tim. 4:14 Alejandro el h. me ha causado

HETEO (hitita)
Gén. 15:20; 23:10; 25:9; Jos. 1:4; Jue. 1:26; 2 Sam. 11:3

HIERBA: ver Pasto
Gén. 1:11, 12 dijo Dios: "Produzca la tierra h.
Núm. 9:11 con panes.. y con h. amargas
Sal. 103:15; Stg. 1:10, 11 hombre, como la h.
Isa. 40:6, 7; 1 Ped. 1:24 h. se seca, y la flor
Mat. 6:30 Si Dios viste así la h. del campo

HIERRO
Deut. 19:5 le suelta el h. del palo y alcanza
Deut. 27:5; Jos. 8:31 altar.. herramientas de h.
2 Rey. 6:5, 6 lo echó allí e hizo flotar el h.
Sal. 2:9 Tú los quebrantarás con vara de h.
Dan. 2:33-45 sus piernas eran de h.; y sus
Apoc. 2:27; 12:5; 19:15 guiará con cetro de h.

HIGADO
Eze. 21:21 adivinación.. observado el h.

HIGO: ver Higuera
Jer. 24:1-8; 29:17 visión.. dos canastas de h.
Amós 7:14 Amós.. cultivador de h. silvestres
Mat. 7:16 ¿Acaso se recogen.. h. de los abrojos

HIGUERA: ver Higo
Gén. 3:7 desnudos.. cosieron hojas de h.
1 Rey. 4:25; Miq. 4:4; Zac. 3:10 cada uno debajo de su vid y debajo de su h.
Hab. 3:17 Aunque la h. no florezca ni en las
Mat. 21:19-21; Mar. 11:20 Al ver una h. en el
Mat. 24:32 De la h. aprended la analogía
Luc. 13:6, 7 hombre tenía una h... en su viña
Stg. 3:12 ¿puede la h. producir olivas, o la

HIJA: ver Hijo
Gén. 19:30 Lot.. habitaba.. cueva con sus dos h.
Gén. 20:12 h. de mi padre, .. no de mi madre
Exo. 2:5 la h. del faraón.. vio la arquilla
Jue. 11:34 Jefté.. su h. salió a su encuentro
Rut 1:12 Volveos, h. mías, idos. ¿Para qué
Jer. 8:19, 21 grito de la h. de mi pueblo
Sof. 3:14 ¡Canta, oh h. de Sion; da voces
Mat. 9:18 Mi h. acaba de morir. Pero ven y
Luc. 23:28 H. de Jerusalén, no lloréis por mí
Hech. 21:9 tenía cuatro h... que profetizaban

HIJO: ver Hija
Gén. 5:4 vivió Adán.. y engendró h. e hijas
Gén. 6:2 viendo los h. de Dios que las hijas
Gén. 9:18 Los h. de Noé que salieron del arca
Gén. 18:10 dijo.. Sara tu mujer tendrá un h.
Gén. 22:2 Toma a tu h... a Isaac.. y ofrécelo
Exo. 4:22; Deut. 14:1 Israel es mi h., mi
Deut. 4:9; 6:7 Las enseñarás a tus h. y a los
2 Sam. 18:33; 19:4 ¡H. mío Absalón! ¡H. mío
Sal. 2:7; Hech. 13:33; Heb. 1:5; 5:5 eres mi H.
Sal. 2:12 Besad al h., no sea que se enoje
Sal. 106:37, 38; Eze. 23:39 Sacrificaron sus h.
Sal. 127:3, 4; 128:3; 144:12 heredad.. son.. h.
Prov. 10:1; 13:1; 15:20; 17:25 h. sabio alegra

Prov. 19:18; 29:17 corrige a tu h. mientras
Isa. 7:14; Mat. 1:23; Luc. 1:31 dará a luz.. h.
Isa. 9:6 un niño.. un h. nos es dado, y el
Isa. 43:6; 60:4 Trae de lejos a mis h., y a
Isa. 54:13 tus h. serán enseñados por Jehovah
Isa. 63:8 son mi pueblo, h. que no mienten
Jer. 3:14, 22 ¡Volveos, oh h. rebeldes, porque
Jer. 31:29; Eze. 18:2-4, 19, 20 padres comieron.. dientes de los h. sufren
Eze. 2:1 h. de hombre, ponte en pie, y hablaré
Ose. 11:1; Mat. 2:15 de Egipto llamé a mi h.
Joel 2:28; Hech. 2:17 h. y.. h. profetizarán
Miq. 7:6; Luc. 12:53 h. trata con desdén a su
Mal. 4:6 volver.. los padres a los h., y.. h.
Mat. 3:17; 17:5; 2 Ped. 1:17 es mi H. amado
Mat. 4:3, 6; 27:40, 43 Si eres H. de Dios. di
Mat. 5:9 la paz.. serán llamados h. de Dios
Mat. 7:9, 11 al h. que pide pan, le dar
Mat. 8:20; 9:6; 10:23; 11:19 H. del Hombre no
Mat. 10:37 que ama a h. o a hija más que a mí
Mat. 11:27 Nadie conoce.. al H. sino el Padre
Mat. 16:13-16 ¿Quién.. es el H. del Hombre
Mat. 16:27; 19:28; 24:30; 25:31 H. del Hombre
Mat. 21:15 ¡Hosanna al H. de David
Mat. 26:2, 24 H. del Hombre va a ser entregado
Mat. 27:54 ¡Verdaderamente éste.. H. de Dios
Mat. 28:19 el nombre del Padre, del H. y del
Mar. 3:11; 5:7 espíritus.. eres el H. de Dios
Luc. 1:13, 57 Tu esposa.. te dará a luz un h.
Luc. 1:31, 32 a luz un h... H. del Altísimo
Luc. 6:35 seréis h. del Altísimo; porque él
Luc. 9:38, 41 Maestro.. que veas a mi h.
Luc. 12:8 H. del Hombre lo confesará delante
Luc. 12:53 El padre.. contra el h., y el h.
Juan 1:12; Ef. 1:5; 1 Jn. 3:1 hechos h. de Dios
Juan 3:16-18 Dios.. ha dado a su H. unigénito
Juan 3:35; 5:20 El Padre ama al H. y ha puesto
Juan 3:36; 1 Jn. 5:12 que cree en el H. tiene
Juan 8:36 si el H. os hace libres, seréis
Juan 12:36 creed.. luz, para que seáis h. de luz
Juan 19:26 dijo.. Mujer, he ahí tu h.
Rom. 5:10 fuimos reconciliados.. por.. su H.
Rom. 8:3, 29, 32 Habiendo enviado a su propio H.
Rom. 8:14-17, 21 guiados por.. son h. de Dios
1 Cor. 15:28 H. mismo.. será sujeto al que le
Gál. 3:7 que se basan.. fe son h. de Abraham
Gál. 3:26; 4:5-7 sois h. de Dios por.. la fe
Ef. 6:1, 4; Col. 3:20, 21 H., obedeced.. padres
Heb. 1:2 nos ha hablado por el H., a quien
Heb. 12:7, 8 Dios os está tratando como a h.
1 Jn. 1:3 comunión es con el Padre y con su H.
1 Jn. 3:10 revelan los h. de Dios y los h. del
1 Jn. 5:11 eterna, y esta vida está en su H.
1 Jn. 5:20 el H. de Dios está presente y nos
Apoc. 1:13; 14:14 semejante al H. del Hombre
Apoc. 21:7 Seré su Dios, y él será mi h.

HILAR
Mat. 6:28 lirios.. no trabajan ni hilan

HIMNO: ver Canción, Cántico, Himno
Sal. 81:2; 98:5 Entonad h. y tocad.. tamboril
Mat. 26:30; Hech. 16:25; Apoc. 14:3 cantar.. h.
Ef. 5:19; Col. 3:16 entre vosotros con.. h.

HIPOCRESIA: ver Engaño, Hipócrita
Luc. 12:1; 1 Tim. 4:2 Guardaos de.. la h.
Gál. 2:13 fue arrastrado por la h. de ellos
1 Ped. 2:1 Habiendo.. dejado toda maldad.. h.

HIPOCRITA: ver Hipocresía
Prov. 11:9 h. con su boca daña a su prójimo
Mat. 6:2-16 Cuando oréis, no seáis como los h.
Mat. 7:5; 15:7; 22:18 ¡H.! Saca primero la
Mat. 23:13-29 ¡Ay de vosotros.. fariseos, h.

HIRAM
artesano: 1 Rey. 7:13-45
rey: 2 Sam. 5:11; 1 Rey. 5:1-18; 9:11—10:22

HISOPO
Exo. 12:22 Tomad.. un manojo de h. y
Sal. 51:7; Heb. 9:19 Quita mi pecado con h., y

HOBAB: ver Jetro
Núm. 10:29; Jue. 4:11

HOJA
Sal. 1:3; Jer. 17:8 un árbol.. cuya h. no cae
Eze. 47:12; Apoc. 22:2 Sus h. nunca se secarán

HOJARASCA
1 Cor. 3:12 Si alguien edifica.. h.

HOLOCAUSTO: ver Ofrenda, Sacrificio
Gén. 8:20; Exo. 18:12 ofreció h. sobre.. altar
Gén. 22:2-13 a tu hijo.. ofrécelo allí en h.
Exo. 29:18, 42 h. continuo delante de Jehovah
Lev. 1:3-17; 6:9-12; Núm. 28:3—29:38 Si su ofrenda es h.
1 Sam. 15:22 ¿Se complace Jehovah en los h.
1 Rey. 3:15; 1 Crón. 29:21 Salomón.. ofreció h.
2 Crón. 29:21-35; Esd. 3:2-6 ofreciera el h.
Sal. 40:6; 51:16; Isa. 1:11; Jer. 6:20; Amós 5:22; Heb. 10:6 H. y sacrificios.. no has
Isa. 56:7 Sus h... serán aceptos.. los pueblos
Miq. 6:6 ¿Me presentaré ante él con h.
Mar. 12:33 amar al prójimo.. vale más que.. h.

HOLLAR: ver Pisar, Pisotear
Sal. 91:13 hollarás al leoncillo y.. serpiente

Isa. 63:3 furor, y los he hollado con mi ira

HOMBRE: ver Varón
Gén. 1:26, 27; 2:5-7 Hagamos al h. a.. imagen
Gén. 2:18-25 No es bueno que el h. esté solo
Deut. 8:3; Mat. 4:4 No sólo.. pan vivirá el h.
Jos. 10:14 Jehovah escuchó la voz de un h.
2 Sam. 12:7 a David: —Tú eres el h.
Job 7:17; Sal. 8:4; 144:3; Heb. 2:6 ¿Qué.. el h.
Job 14:1, 10 El h., nacido de mujer, es corto
Job 14:14 Si el h. muere, ¿volverá a vivir?
Sal. 1:1 Bienaventurado el h. que no anda
Sal. 9:20 las naciones.. no son más que h.
Sal. 56:11 No temeré lo.. me pueda hacer el h.
Sal. 60:11; 108:12 vana.. liberación.. da el h.
Sal. 90:3 Haces que el h. vuelva al polvo
Sal. 118:6; Heb. 13:6 no temeré.. hacer el h.
Prov. 30:19 el rastro del h. en la joven
Isa. 2:22; Jer. 17:5 Dejad de confiar en el h.
Isa. 31:3; Eze. 28:2 egipcios son h., no dioses
Isa. 45:12 hice la tierra y creé al h. sobre
Jer. 10:23 el h. no es señor de su camino
Mal. 3:8 ¿Robará el h. a Dios? ¡Pero vosotros
Mat. 4:19 Venid.. y os haré pescadores de h.
Mat. 5:16 alumbre vuestra luz delante de los h.
Mat. 6:1 Guardaos.. justicia delante de los h.
Mat. 7:12 lo que queráis que los h. hagan por
Mat. 12:12 ¡Cuánto más vale un h. que una
Mat. 16:13 ¿Quién dicen los h. que es el Hijo
Mar. 2:27 El sábado fue hecho para el h., y
Luc. 9:25 ¿de qué le sirve al h. si gana el
Luc. 12:8 que me confiese delante de los h.
Juan 1:6 Hubo un h. enviado por Dios, que
Juan 2:25 él conocía lo que había en el h.
Juan 3:4 ¿Cómo puede nacer un h. si ya es
Juan 3:19 h. amaron más las tinieblas que la
Juan 19:5 Pilato les dijo: —¡He aquí el h.!
Hech. 5:38 si.. esta obra es de los h., será
Hech. 10:26 Pedro.. Yo mismo también soy h.
Hech. 14:11 dioses.. descendido.. forma de h.
Rom. 1:27 actos vergonzosos h. con h.
Rom. 5:12; 1 Cor. 15:21 pecado entró.. solo h.
1 Cor. 2:11 ¿quién.. h. conoce.. cosas.. del h.
1 Cor. 3:21 nadie se gloríe en los h.; pues
Fil. 2:7 haciéndose semejante a los h.
1 Tes. 2:4, 6 no como quienes.. agradar a.. h.
1 Tim. 2:5 mediador entre Dios y los h.,.. h.
2 Tim. 3:17 que el h. de Dios sea perfecto
Heb. 9:27 que los h. mueran una sola vez

HOMBRO
Isa. 9:6; 22:22 dominio.. sobre su h.

HOMENAJE: ver Respeto
Dan. 3:5-28 rindáis h. a la estatua

HOMICIDA
Núm. 35:6, 11, 12, 24-28; Deut. 4:42; 19:3-6; Jos. 20:3-6; 21:13-38 ciudades.. h. se refugie
Juan 8:44 diablo.. era h. desde el principio y
1 Tim. 1:9 ley.. puesta.. para los impíos y.. h.
1 Ped. 4:15 ninguno.. padezca como homicida
1 Jn. 3:15 aquel que odia a su hermano es h.
Apoc. 21:8; 22:15 para los.. h... arde con fuego

HOMICIDIO: ver Asesinar
Exo. 20:13; Deut. 5:17; Mat. 5:21; 19:18; Rom. 13:9 No cometerás homicidio
Mat. 15:19; Rom. 1:29 corazón salen.. los h.
Apoc. 9:21 Tampoco se arrepintieron de sus h.

HOMOSEXUAL
1 Cor. 6:9; 1 Tim. 1:10 ni los h.

HONDA
1 Sam. 17:40, 49, 50 David.. piedra.. h.

HONESTIDAD: ver Integridad
2 Rey. 12:15; Isa. 59:14 actuaban con h.

HONESTO
2 Cor. 8:21; 1 Tes. 4:12 cosas sean h.

HONOR: ver Gloria, Honra
Lev. 19:32 Darás h. al anciano y.. temor de tu
1 Cor. 12:23, 24 del cuerpo.. menos h.
1 Tes. 4:4 sepa controlar su.. cuerpo en.. h.
1 Ped. 3:7 maridos.. dando h. a la mujer como

HONORABLE
Fil. 4:8 todo lo h... en esto pensad

HONRA: ver Alabanza, Honor
1 Crón. 29:12 riquezas y la h. provienen de ti
Sal. 4:2 ¿hasta cuándo convertiréis mi h. en
Sal. 8:5; Heb. 2:7, 9 le has coronado.. de h.
Prov. 15:33; 18:12 antes de la h... la humildad
Prov. 16:31 Corona de h. son las canas; en el
Mal. 1:6 si yo soy Padre, ¿dónde está mi h.?
Mat. 13:57 No hay profeta sin h. sino en su
Rom. 2:7, 10 h. y paz a.. uno que hace el bien
Rom. 12:10 cuanto a h., prefiriéndoos los unos
Rom. 13:7 Pagad.. respeto; al que h., h.
1 Tim. 1:17; 6:16 al Rey de.. sean la h. y la
Apoc. 4:11; 5:12, 13; 7:12 Digno.. recibir.. h.
Apoc. 21:26 llevarán.. la h. de las naciones

HONRAR: ver Alabar, Exaltar
Exo. 20:12; Deut. 5:16; Mat. 15:4-8; 19:19; Ef. 6:2 Honra a tu padre y a tu madre, para
1 Sam. 2:29, 30 Dios.. Yo honraré a los que me
Prov. 3:9 Honra a Jehovah con tus riquezas

Isa. 29:13; Mar. 7:6 me honra sólo con.. labios
Isa. 43:20 Los animales del campo me honrarán
Dan. 5:23 no has honrado al Dios en cuya
Hag. 1:8 reedificad el templo.. seré honrado
Mat. 6:2 no hagas.. para ser honrados por los
Juan 5:23 honren al Hijo como honran al Padre
Juan 12:26 Si.. me sirve, el Padre le honrará
Rom. 11:13 soy apóstol.. honro mi ministerio
1 Ped. 2:17 Honrad a todos.. honrad al rey

HONROSO
Heb. 13:4 H... para todos el matrimonio

HOR, cerro
Núm. 20:22-27; 33:37-39

HORA: ver Tiempo
Ecl. 3:1 Todo.. debajo del cielo tiene su h.
Mat. 20:3-12 últimos trabajaron una sola h.
Mat. 24:36-50; 25:13 acerca de aquel día y h.
Juan 2:4; 4:21, 23; 7:30 no ha llegado mi h.
Juan 12:23, 27; 13:1 llegado la h... glorificado
Juan 17:1 Jesús.. Padre, la h. ha llegado
Apoc. 14:7, 15 ha llegado la h. de su juicio!

HORADAR
Sal. 22:16 horadaron mis manos y.. pies

HORCA
Est. 7:9, 10 colgaron a Amán en la h.

HOREB: ver Sinaí
Exo. 3:1; 17:6; Deut. 4:10, 15; 1 Rey. 19:8; Mal. 4:4

HORMIGA
Prov. 6:6; 30:25 Vé a la h. oh

HORNO
Dan. 3:6-26 será echado dentro de un h.

HORRENDA
Heb. 10:31 ¡H. cosa es caer en las

HORROR: ver Espanto, Terror
Isa. 66:24 Y serán un h. para todo mortal
Dan. 12:2 despertados.. otros para.. eterno h.

HOSANNA <salva por favor>
Mat. 21:9, 15 ¡H. al Hijo de David!

HOSPEDAR
1 Ped. 4:9 Hospedaos los unos a los

HOSPITALARIO
1 Tim. 3:2; Tito 1:8 debe ser h.

HOSPITALIDAD
Rom. 12:13; 1 Tim. 5:10; Heb. 13:2 compartiendo.. practicando la h.

HOSTILIDAD
Ef. 2:14; Heb. 12:3 derribó.. la h.

HOY
Sal. 95:7; Heb. 3:7; 4:7; 5:5 Si oís h. su voz
Luc. 23:43 h. estarás conmigo en el paraíso

HOYO
Ecl. 10:8 El que cava un h. caerá en él

HOZ
Apoc. 14:14-19 en su mano una h. afilada

HUERFANO
Exo. 22:22; Deut. 10:18 No afligirás a.. h.
Deut. 24:17-21; 27:19; Sal. 82:3 gavilla.. Será para.. el h. y para la viuda
Sal. 10:14, 18; Isa. 1:17 eres el amparo del h.
Juan 14:18 No os dejaré h.; volveré a vosotros
Stg. 1:27 La religión pura.. visitar a los h.

HUERTO: ver Jardín
Isa. 51:3 su desierto.. en h. de Jehovah
1 Cor. 3:9 sois h. de Dios, edificio de Dios

HUESO
Gén. 2:23 ésta es h. de mis h... Mujer
Núm 9:12; Juan 19:36 ni quebrarán.. sus h.
Eze. 37:1-11 me llevó.. valle.. lleno de h.
Luc. 24:39 espíritu no tiene carne ni h. como

HUEVO
Luc. 11:12 si le pide un h., ¿le dará

HUIR: ver Escapar
Gén. 16:6 Como Sarai la afligía, ella huyó de
Gén. 27:43 Levántate y huye a mi.. Labán
Exo. 2:15; Hech. 7:29 Moisés huyó de.. faraón
Lev. 26:17, 36; Prov. 28:1 huiréis sin.. nadie
Deut. 19:3-11 para que huya allí todo homicida
2 Sam. 15:14 David.. huyamos.. ante Absalón
2 Rey. 25:4 huyeron de noche el rey y todos
Neh. 6:11 ¿Un hombre como yo ha de huir?
Sal. 68:1 huirán de su.. los que le aborrecen
Sal. 139:7; Jon. 1:3; 4:2 ¿A dónde huiré de tu
Prov. 28:17 carga con.. delito.. huirá.. fosa
Isa. 35:10; 51:11 cánticos.. huirán.. tristeza
Amós 5:19 Ser como el que huye de un león y
Mat. 2:13 toma al niño y su.. y huye a Egipto
Mat. 3:7 ¿Quién os enseñó a huir de la ira
Mat. 24:16 los que estén en Judea huyan a los
Mat. 26:56 lo abandonaron y huyeron

Mar. 16:8 Ellas salieron y huyeron del sepulcro
Juan 10:5, 12, 13 extraño.. huirán de él
1 Cor. 6:18 Huid de la inmoralidad sexual
1 Cor. 10:14 huid de la idolatría
1 Tim. 6:11 huye de estas cosas y sigue la
2 Tim. 2:22 Huye.. de las pasiones juveniles
Stg. 4:7 Resistid al diablo, y él huirá de
2 Ped. 1:4 haber huido de la corrupción que
Apoc. 9:6 Anhelerán morir, y la muerte huirá
Apoc. 12:6 la mujer huyó al desierto, donde
Apoc. 20:11 trono blanco.. huyeron la tierra y

HUMANO
Ose. 11:4 Con cuerdas h. los atraje, con.. amor
1 Cor. 2:13; 2 Cor. 1:12 no.. sabiduría h.
1 Cor. 10:13 ninguna tentación que no sea h.
2 Cor. 3:3 carta.. tablas de corazones h.

HUMILDAD: ver Mansedumbre
Prov. 15:33; 18:12 antes de la honra está la h.
Prov. 22:4 remuneración de la h. y del temor
Hech. 20:19; Ef. 4:2 sirviendo al Señor con.. h.
1 Ped. 5:5 revestíos todos de h. unos para con

HUMILDE: ver Manso
Sal. 10:17; 18:27 deseo de los h. escuchas, oh
Sal. 147:6; 149:4 Jehovah ayuda a los h., pero
Prov. 3:34; 1 Ped. 5:5 los h. concederá gracia
Isa. 57:15: 66:2 estoy.. vivificar.. los h.
Mat. 11:29 aprended de mí.. soy manso y h. de
2 Cor. 7:6; Stg. 4:6 Dios.. consuela a los h.

HUMILLACION
Sal. 136:23 En nuestra h. se acordó de nosotros
Fil. 3:21 transformar nuestro cuerpo de h. para

HUMILLAR
Lev. 16:29, 31; 23:27-32 mes.. os humillaréis
2 Crón. 7:14 si se humilla mi pueblo sobre el
Sal. 51:17 Al corazón.. humillado no desprecias
Mat. 18:4 que se humille como este niño, ése
Mat. 23:12 el que se enaltece será humillado
Fil. 2:8 se humilló a sí mismo.. la muerte
Stg. 4:10; 1 Ped. 5:6 Humillaos delante.. Señor

HUMO: ver Fuego
Isa. 6:4 voz.. y el templo se llenó de h.
Apoc. 14:11; 19:3 El h. del tormento.. sube

HUNDIR: ver Ahogar, Anegar
Prov. 19:24; Ecl. 10:18 perezoso hunde su
Jer. 38:6 y Jeremías se hundió en el lodo
Mat. 11:23 Hasta el Hades.. hundida

ICONIO, ciudad
Hech. 13:51—14:21; 16:2; 2 Tim. 3:11

IDENTIFICAR
Rom. 6:5; Heb. 4:2 sido i. con él

IDIOMA: ver Lenguaje
Gén. 10:5, 20, 31 fueron pobladas.. según su i.
Hech. 2:6-11 les oía hablar en su propio i.
1 Cor. 14:10 Hay.. tanta diversidad de i. en

IDOLATRA
1 Cor. 6:9; 10:7; Apoc. 22:15 no heredarán.. i.
Ef. 5:5; Apoc. 21:8 ni avaro, el cual es i.

IDOLATRIA
1 Sam. 15:23; Gál. 5:20 iniquidad de la i.
1 Cor. 10:14; Col. 3:5; 1 Ped. 4:3 huid de la i.

IDOLO: ver Imagen
Gén. 31:19, 34, 35 Raquel hurtó los í. de su
Lev. 19:4 No recurráis a los í., ni os hagáis
1 Rey. 21:26; 2 Rey. 17:12 yendo tras los í.
2 Rey. 23:24 Josías eliminó.. í. domésticos
1 Crón. 16:26; Sal. 96:5 dioses.. pueblos.. í.
Sal. 106:36 Sirvieron a sus í... una trampa
Sal. 115:4; 135:15 í. de ellos son de plata y
Isa. 31:7 hombre repudiará sus í. de plata y
Isa. 44:15; 45:20 hace un í. y se postra ante
Jer. 51:17 sus í. de fundición son un engaño
Eze. 14:3-7; 20:16 hombres.. í. en.. corazones
Eze. 36:25; 37:23 purificaré de.. vuestros í.
Miq. 5:13; Nah. 1:14; Zac. 13:2 destruir tus í.
1 Cor. 8:1-10 a lo sacrificado a los í.
1 Juan 5:21 Hijitos, guardaos de los í.
Apoc. 2:14, 20 comer de lo sacrificado a los í.

IDONEO
Gén. 2:18, 20 Dios.. le haré una ayuda i.
2 Tim. 2:2 encarga a hombres.. que sean i.

IGLESIA: ver Congregación
Mat. 16:18 sobre esta roca edificaré mi i.
Mat. 18:17 no les hace caso.. dilo a la i.
Hech. 8:3; 9:31 Saulo asolaba a la i.
Hech. 12:5 i... hacía oración a Dios por él
Hech. 15:41; 16:5 fortaleciendo a las i.
Hech. 20:28 obispos, para pastorear la i.
1 Cor. 11:22 ¿O menospreciáis la i. de Dios
1 Cor. 14:12, 19, 23, 28 edificación de la i.
2 Cor. 11:28 preocupación por todas las i.
Ef. 3:21 a él sea la gloria en la i. y en
Ef. 5:23-32; Col. 1:18 Cristo.. cabeza de la i.
Apoc. 1:4, 11, 20 Juan, a las siete i. que
Apoc. 2:7, 11, 17, 29 Espíritu dice a las i.

IGNORANCIA
Hech. 17:30 Dios.. tiempos de la i.

IGNORANTE
Rom. 1:14 sabios como a i. soy deudor

IGNORAR
Rom. 2:4; 6:3; 7:1; 10:3; 11:25; 1 Cor. 12:1 ignorando que la bondad de Dios te

IGUAL
Fil. 2:6 no consideró el ser i. a Dios

IGUALDAD
2 Cor. 8:14 supla.. de que haya i.

ILIRICO, provincia
Rom. 15:19 desde Jerusalén hasta.. I.

ILUMINAR: ver Alumbrar
Sal. 18:28 mi Dios, ilumina mis tinieblas
2 Cor. 4:4 el dios.. cegado.. que no.. ilumine
Ef. 1:18 sido iluminados.. ojos.. entendimiento
Apoc. 21:23 ciudad.. gloria de Dios la ilumina

IMAGEN: ver Idolo, Semejanza
Gén. 1:26, 27 Hagamos al hombre a nuestra i.
Exo. 20:4; Lev. 26:1; Deut. 5:8 No te harás i.
Núm. 33:52; Deut. 7:25 destruiréis.. sus i.
Deut. 4:12-25 Jehovah.. no visteis ninguna i.
2 Rey. 11:18 Rompieron.. sus i. y.. mataron a
2 Crón. 34:3, 4 Redujo a polvo las i. talladas
Hab. 2:18 ¿De qué sirve la i. de fundición
Mat. 22:20 ¿De quién es esta i. y.. inscripción
Hech. 19:35 Diana y de su i. caída del cielo?
Rom. 1:23 cambiaron la gloria.. por una i.
Rom. 8:29 fuesen hechos.. a la i. de su Hijo
2 Cor. 4:4; Col. 1:15 Cristo.. la i. de Dios

IMITADOR
1 Cor. 4:16; 11:1; Fil. 3:17 seáis i. de mí
Ef. 5:1 sed i. de Dios como hijos amados

IMITAR
2 Rey. 17:15 Imitaban a las naciones
2 Tes. 3:7; Heb. 13:7 debéis imitarnos, porque

IMPEDIR
Mat. 19:14 niños.. no les impidáis venir a mí
Hech. 8:36 ¿Qué impide que yo sea bautizado?
1 Cor. 14:39 y no impidáis hablar en lenguas

IMPIEDAD: ver Iniquidad, Maldad
Deut. 9:4, 5, 27 por la i. de estas naciones
1 Sam. 24:13; Prov. 11:5 De los impíos.. la i.
Prov. 10:2 tesoros de i. no son de provecho
Prov. 13:6 pero la i. arruina al pecador
Jer. 14:20 Reconocemos.. nuestra i. y la
Eze. 33:12-19 si el impío se aparta de su i.
Rom. 1:18 ira de Dios.. contra toda i. e
Tito 2:12; Jud. 15 renunciando a la i. y a

IMPIO: ver Indigno, Malo
Deut. 13:13 i... han descarriado.. ciudad
1 Sam. 1:16 No pienses que.. es una mujer i.
1 Sam. 2:9 los i. perecen en las tinieblas
1 Sam. 2:12 los hijos de Elí eran hombres i.
2 Crón. 19:2 ¿Das ayuda al i. y amas a los
Job 8:13, 22; Prov. 10:28 esperanza del i.
Job 21:7 ¿Por qué viven los i. y se envejecen
Job 27:8 ¿qué esperanza tiene el i., por
Sal. 1:1, 4-6; 26:5 no anda.. consejo de los i.
Sal. 7:9, 12 Si el i. no se arrepiente, afilará
Sal. 9:5, 16, 17 naciones; destruiste a los i.
Sal. 32:10 Muchos dolores tendrá el i.
Sal. 37:10-40 Dentro de poco no quedará el i.
Sal. 73:3 tuve envidia.. al ver.. de los i.
Sal. 94:3 ¿Hasta cuándo los i... se regocijarán
Sal. 112:10 El deseo de los i. perecerá
Sal. 140:4 Guárdame.. de manos del i.
Sal. 146:9 Jehovah.. trastorna.. camino de.. i.
Prov. 4:14 No entres en el sendero de los i.
Prov. 10:30 los i. no habitarán la tierra
Prov. 11:5 el i. caerá por su impiedad
Prov. 15:29 Lejos está Jehovah de los i.
Prov. 28:28; 29:2 Cuando se levantan los i.
Prov. 29:16 Cuando abundan los i., abunda la
Isa. 3:11 ¡Ay de los i.! Les irá mal, porque
Isa. 53:9 Se dispuso con los i. su sepultura
Isa. 55:7 Deje el i. su camino, y el.. inicuo
Jer. 12:1; Hab. 1:13 ¿Por qué prospera el.. i.
Eze. 3:18, 19; 18:21-23; 33:8, 9, 19 Si yo digo al i.: '¡Morirás irremisiblemente!'
Rom. 5:6 a su tiempo Cristo murió por los i.
1 Ped. 4:18 ¿en qué irá a parar el i. y pecador

IMPLORAR: ver Pedir, Rogar
Exo. 32:11; Jue. 13:8 imploró.. favor de
2 Crón. 33:12 en angustia, imploró el favor de
Zac. 8:21, 22 fuertes naciones.. para implorar

IMPONER
Luc. 11:46 imponéis.. cargas que no pueden
1 Cor. 9:16 anuncio el evangelio.. es impuesta
1 Tim. 5:22 No impongas las manos.. con

IMPORTANTE
Mat. 18:1, 4 ¿Quién es el más i. en el reino
Mat. 23:23 habéis omitido lo más i. de la ley

IMPORTAR
Lam. 1:12 ¿No os importa.. Mirad y ved

IMPOSIBLE
Mat. 17:20; 19:26 se pasará. Nada os será i.

Heb. 11:6 sin fe es i. agradar a Dios, porque

IMPOSICION
1 Tim. 4:14; 2 Tim. 1:6 i. de.. manos

IMPRUDENTE
Ef. 5:15 Mirad.. no como i. sino

IMPUESTO: ver Tributo
Prov. 29:4 rey.. lo abruma con i. lo destruye
Mat. 17:24, 25 ¿Vuestro maestro no paga el i.
Rom. 13:6, 7 por esto pagáis.. los i., pues

IMPULSAR
2 Cor. 5:14 amor de Cristo nos impulsa

IMPUREZA: ver Inmundicia
Zac. 13:1, 2 manantial.. limpiar.. la i.
Rom. 1:24; 6:19 Dios los entregó a la i.
Ef. 5:3; Col. 3:5 toda i... no se nombren más
1 Tes. 4:7 Dios no nos ha llamado a la i.

IMPURO: ver Inmundo
Isa. 6:5 siendo.. de labios i... mis ojos han
Isa. 52:11; 2 Cor. 6:17 ¡No toquéis lo i.!
Eze. 44:23 Enseñarán.. entre lo i. y lo puro
Ef. 5:5 ningún.. i... tiene herencia en el
Tito 1:15 para los i... nada es puro, pues
Apoc. 21:27; 22:11 Jamás entrará en ella.. i.

INCENDIAR: ver Quemar
Stg. 3:5 fuego.. pequeño incendia

INCENDIO
Exo. 22:6 prendió.. pagará.. daño del i.

INCENSARIO
Apoc. 8:3, 5 ángel.. i. de oro, y

INCENTIVO
Fil. 2:1 si hay algún i. en el amor

INCERTIDUMBRE
1 Tim. 6:17 la i. de.. riquezas

INCIENSO: ver Perfume
Exo. 30:9 No ofreceréis.. el altar i. extraño
Exo. 30:34-37 Haz con ello el i. aromático
Lev. 2:1 derramará aceite y pondrá i.
Lev. 16:13 el i. sobre el fuego.. la nube de i.
2 Crón. 26:18 ¡No te corresponde.. quemar el i.
Sal. 141:2 Sea constante mi oración.. como el i.
Isa. 1:13; Jer. 6:20 i. me es una abominación
Luc. 1:9-11 entrar en el templo.. quemar el i.
Apoc. 5:8; 8:3, 4 copas.. de i... las oraciones

INCIRCUNCISION
Rom. 3:30; Col. 2:13 Dios.. justificará.. i.
Rom. 4:9-11; 1 Cor. 7:19 Abraham.. en la i.
Gál. 5:6; 6:15 en Cristo.. ni la i. valen nada
Col. 3:11 Aquí no hay.. circuncisión ni i.

INCIRCUNCISO
Gén. 17:14 El.. i... será borrada de su pueblo
Eze. 44:7, 9 Basta.. traído.. i. de corazón e i.
Rom. 2:26, 27 si el i. cumple los.. preceptos

INCITAR: ver Persuadir
1 Rey. 21:25 su mujer Jezabel lo incitaba
Jer. 28:16; 29:32 incitaste a la rebelión

INCLINAR: ver Arrodillar, Postrar
Exo. 20:5; 23:24 No te inclinarás ante ellas
Jos. 24:23 inclinad vuestro corazón a Jehovah
Sal. 17:6; 31:2 oh Dios. Inclina a mí tu oído
Isa. 55:3 Inclinad vuestros oídos y venid a
Jer. 7:24, 26 no escucharon ni inclinaron su

INCOMPRENSIBLE
Rom. 11:33 ¡Cuán i... sus juicios

INCONTINENCIA
1 Cor. 7:5 no os tiente.. de.. i.

INCORRUPCION
1 Cor. 15:42, 50-54 resucita en i.

INCREDULIDAD
Mar. 9:24 ¡Creo! ¡Ayuda mi i.!

INCREDULO
Juan 20:27 no seas i. sino creyente

INCREIBLE
Hech. 26:8 ¿Por qué.. i... resucite

INDECOROSO
1 Cor. 13:5 No es i., ni busca lo

INDIGNACION: ver Enojo
Sal. 90:11 ¿Quién conoce el poder.. de tu i
Isa. 13:9, 13 viene.. día de Jehovah.. de i.
Eze. 21:31; 22:31 Derramaré sobre ti mi i.

INDIGNAR: ver Enojar
Mar. 10:14 Jesús se indignó.. Dejad

INDIGNO
1 Cor. 6:2 ¿sois i. de juzgar pleitos.. pequeños
1 Cor. 11:27 que coma este pan.. de manera i.

INEFABLE
2 Cor. 9:15 ¡Gracias.. por su don i.!

INESCRUTABLE
Sal. 145:3; Rom. 11:33 grandeza.. i.

INFIDELIDAD
Ose. 14:4 Yo los sanaré de su i.

INFIEL
2 Tim. 2:13 Si somos i., él permanece

INFIERNO: ver Hades
Mat. 5:22, 29, 30 llama 'fatuo'.. i. de fuego
Mat. 10:28; 18:9 temed.. destruir.. en el i.
Mat. 23:33 ¿Cómo os escaparéis.. del i.?
2 Ped. 2:4 ángeles que pecaron.. arrojado al i.

INFRACCION
Rom. 2:23; 1 Jn. 3:4 i. de la ley

INFRINGIR
1 Jn. 3:4 pecado.. infringe la ley

INICIATIVA
Prov. 2:11: 3:21 guardará.. sana i.

INICUO: ver Malvado
Isa. 55:7 Deje.. el hombre i. sus pensamientos
2 Tes. 2:8, 9 será manifestado aquel i., a

INIQUIDAD: ver Maldad
Exo. 34:7 que perdona la i., la rebelión y el
Lev. 16:22 macho cabrío llevar.. todas las i.
Deut. 32:4 Dios fiel, en quien no hay i.
Esd. 9:13 castigado menos de.. merecía.. i.
Job 15:16 ¿cuánto menos el.. que bebe.. la i.
Sal. 6:8 Apartaos de mí.. los que obráis i.
Sal. 7:3 Dios mío, si hay en mis manos i.
Sal. 25:11; Isa. 64:9 perdona.. mi i., porque
Sal. 32:2, 5; Rom. 4:7 y no encubrí mi i.
Sal. 38:4, 18 mis i. han sobrepasado mi cabeza
Sal. 103:3, 10 El es quien perdona todas tus i.
Sal. 119:3 no hacen i. los que andan en sus
Sal. 119:133 Afirma mis pasos.. que ninguna i.
Prov. 22:8 El que siembra i. segará maldad
Isa. 1:4 ¡Ay.. pecadora, pueblo cargado de i.
Isa. 5:18 ¡Ay de los que arrastran la i. con
Isa 59:2-12 Vuestras i. hacen separación
Eze. 18:30 la i. no os sea causa de tropiezo
Eze. 36:33 día.. que yo os purifique de.. i.
Ose. 7:1 se pondrá al descubierto la i. de
Ose. 14:2 Quita toda la i. y acéptanos con
Miq. 2:1 ¡Ay de los que en.. camas planean i.
Miq. 7:19 Pisoteará nuestras i. y echará
Hab. 1:3 ¿Por qué me muestras la i. y me
Mal. 2:6 y en sus labios no se halló i.
Hech. 1:18 un campo con el pago de su i., y
Rom. 6:19 miembros como esclavos.. a la i.
2 Tes. 2:3, 7 se manifieste el hombre de i.
2 Tes. 2:19 Apártate de i. todo aquel que
Tito 2:4 se dio.. para redimirnos de toda i.

INJERTAR
Rom. 11:17, 19, 23 olivo.. injertado

INJURIAR: ver Ofender
Mat. 27:44 ladrones.. crucificados.. injuriaban
1 Ped. 4:14 Cuando sois injuriados en el

INJUSTICIA: ver Iniquidad
Lev. 19:15, 35 No harás i. en el juicio. No
Deut. 25:16; Eze. 18:20, 26 que hace i., es
Job 34:12; 45:7; Sal. 92:15 Dios no hará i.
Rom. 1:18, 29 ira de Dios.. contra toda.. i.
1 Cor. 13:6 No se goza de la i., sino que se
Col. 3:25; 2 Ped. 2:13 que comete i. recibirá
Apoc. 22:11 El que es injusto, haga i. todavía

INJUSTO: ver Iniquo
2 Crón. 6:23 Juzga.. dando la paga al i.
Mat. 5:45 Padre.. hace llover sobre.. i.
Luc. 16:8-11 elogió al mayordomo i. porque
1 Cor. 6:9 i. no heredarán el reino de Dios
Heb. 6:10 Dios no es i. para olvidar.. obra
1 Ped. 3:18 Cristo.. padeció.. justo por.. i.

INMOLADO
Apoc. 5:6, 9, 12; 13:8 Cordero.. i.

INMORAL
Ef. 5:5; Heb. 12:16 ningún i... tiene

INMORALIDAD
Mat. 15:19; 1 Cor. 5:1 del corazón salen.. i.
1 Cor. 6:13, 18 cuerpo no es para la i. sexual
Ef. 5:3; 1 Tes. 4:3 i. sexual.. no se nombren
Apoc. 9:21 se arrepintieron.. ni de su i. sexual

INMORTAL
1 Tim. 1:17 Rey de los siglos, al i.

INMORTALIDAD
1 Cor. 15:53 mortal.. vestido de i.

INMUNDICIA: ver Impureza
Isa. 64:6 nuestras obras justas.. trapo de i.
Eze. 24:13; Nah. 3:6 En tu i. hay infamia, por

INMUNDO
Lev. 11:4-8, 26-38, 47 será para vosotros i.
Lev. 20:25 diferencia entre el.. limpio y el i.

Mat. 10:1 autoridad sobre los espíritus i.
Mar. 1:23-27; 5:2, 8, 13 hombre con espíritu i.

INMUTABLE
Heb. 6:17, 18 por dos cosas i., en

INOCENTE
Exo. 20:7; 34:7; Núm. 14:18 no dará por i. al
Exo. 23:7 no condenarás.. al i. y al justo
Sal. 15:5 ni contra el i. acepta soborno
Jer. 22:3 no derraméis sangre i. en este lugar
Mat. 27:4 Yo he pecado entregando sangre i.
Mat. 27:24 Pilato.. soy i. de la sangre de éste

INSCRITO
Luc. 10:20; Apoc. 21:27 nombres.. i... cielos
Apoc. 13:8; 17:8; 20:15 nombres no.. i. en el

INSENSATEZ: ver Necedad
1 Sam. 25:25 Nabal.. la i. está con él
Prov. 12:23; 13:16; 14:8 necios proclama la i.
Prov. 16:22 castigo de.. insensatos es la.. i.

INSENSATO: ver Fatuo, Necio
Prov. 1:7; 10:8, 14 i. desprecian la sabiduría
Prov. 12:15 En la opinión del i. su camino es
Mat. 7:26 i... edificó su casa sobre la arena
Mat. 25:2-8 Cinco de ellas eran i., y cinco
Gál. 3:1, 3; Ef. 5:17 ¡Oh gálatas i., ante

INSOLENTES
Rom. 1:30; 1 Tim. 1:13 Son.. i.

INSPIRADA
2 Tim. 3:16; 2 Ped. 1:21 Escritura.. i.

INSTINTO
Gén. 8:21; Jud. 10 i... hombre.. malo

INSTITUCION
1 Ped. 2:13 Estad sujetos a toda i.

INSTRUCCION: ver Doctrina, Enseñanza
Exo. 18:20; Lev. 26:46 Enséñales.. leyes y.. i.
1 Crón. 15:22 daba i. en el canto, porque era
Prov. 1:8; 3:1 no abandones la i. de tu madre
Prov. 6:23; 13:14 la i. es luz
Gál. 6:6 El que recibe i. en.. palabra comparta
Ef. 6:4 padres.. criadlos en.. la i. del Señor
2 Tim. 3:16 Escritura.. es útil.. para la i.

INSTRUIR: ver Enseñar
Sal. 94:12 Bienaventurado.. quien.. instruyes
Prov. 22:6 Instruye al niño en su camino; y
Isa. 28:26 Su Dios le enseña y le instruye en
Luc. 1:4 que conozcas.. que has sido instruido

INSTRUMENTO
Hech. 9:15 este hombre me es un i.

INSUBORDINADO
1 Tim. 1:9 ley.. para los.. i.

INTEGRIDAD: ver Honestidad
Jos. 24:14 a Jehovah. Servidle con i. y con
Job 2:3, 9 Job.. se aferra a su i. a pesar de
Sal. 25:21 La i. y la rectitud me guarden
Sal. 101:6 anda en camino de i., ése me servirá
Prov. 10:9 El que camina en i. anda confiado

INTEGRO: ver Justo, Recto
Deut. 18:13; 1 Rey. 8:61 Serás í. para.. Dios
Job 1:1, 8 Job.. era í. y recto, temeroso de
Sal. 119:1 Bienaventurados los í. de camino

INTELIGENCIA: ver Entendimiento
1 Crón. 22:12 Que Jehovah te dé i... para que
Prov. 3:5 no te apoyes en tu propia i.
Prov. 16:16; 23:23 adquirir i. vale más que
Isa. 11:2 Sobre él reposará.. espíritu.. de i.

INTELIGENTE
Prov. 28:7 guarda la ley es hijo i.

INTEMPERANTE
2 Tim. 3:3 sin afecto natural.. i.

INTENCION: ver Propósito
Rom. 8:6, 7 la i. de la carne es muerte, pero
Heb. 4:12 la Palabra.. discierne.. las i.

INTENTO
Rom. 8:27 sabe.. el i. del Espíritu

INTERCEDER: ver Suplicar
Isa. 53:12 intercedido por los transgresores
Rom. 8:26, 27 Espíritu.. intercede con gemidos
Rom. 8:34; Heb. 7:25 Cristo.. intercede por

INTERES
Exo. 22:25 das prestado.. ni le impondrás i.
Fil. 2:4, 21 no considerando.. los i. propios

INTERIOR
Jer. 31:33 Pondré mi ley en su i. y la
Mat. 23:26 Fariseo.. Limpia primero el i. del
2 Cor. 4:16; Ef. 3:16 hombre.. i... se va

INTERPRETACION
Dan. 5:26 ésta es la i. del asunto: MENE
1 Cor. 12:10; 14:26 a otro, i. de lenguas
2 Ped. 1:20 ninguna profecía.. de i. privada

INTERPRETAR
Luc. 24:27; 1 Cor. 2:13 les interpretaba en
1 Cor. 14:5, 13, 27 lenguas.. las interprete

INTERPRETE
1 Cor. 14:28 si.. no hay i... guarde

INTIMIDAR
Fil. 1:28 no siendo intimidados

INTRIGA
Ef. 6:11 frente a las i. del diablo

INUTIL
Luc. 17:10 decid: "Siervos i. somos; porque
Film. 11 él te fue i.; pero ahora es útil

INVALIDAR
Jer. 31:32 mi pacto que ellos invalidaron, a
Mar. 7:13 Así invalidáis la palabra de Dios

INVESTIDO
Jue. 6:34; 2 Crón. 24:20 Gedeón.. i. por el
Luc. 24:49 que seáis i. del poder de lo alto

INVESTIDURA
Lev. 8:22-33 sacrificios de la i.

INVESTIGAR
Ecl. 12:9 Predicador.. investigó.. proverbios
Luc. 1:3 después de haberlo investigado todo
1 Ped. 1:10 esta salvación han.. investigado

INVIERNO
Mat. 24:20 vuestra huida no sea en i.

INVISIBLE
Rom. 1:20 lo i. de él.. se deja ver desde la
Col. 1:15; 1 Tim. 1:17; Heb. 11:27 del Dios i.

INVITADO
Luc. 14:7-24 Cuando seas i... a una

INVOCAR
Gén. 4:26; 12:8 se comenzó a invocar el
2 Sam. 22:4; Sal. 18:3 Invocaré a Jehovah
1 Rey. 18:24-26 invocad vosotros.. yo invocaré
1 Crón. 16:8; Sal. 105:1; Isa. 12:4 Invocad su
Isa. 58:9 invocarás, y Jehovah te escuchará
Rom. 10:12-14 ¿Cómo.. invocarán a aquel en

IR: ver Andar, Caminar
Gén. 12:1 Vete de tu tierra.. a la tierra que
Exo. 5:1; 7:16; 8:1, 20; 9:1 Deja ir a mi pueblo
Exo. 23:23; Deut. 1:30 ángel irá delante de ti
Rut 1:8, 16 dondequiera que tú vayas, yo iré
Sal. 122:1 Vayamos a la casa de Jehovah
Sal. 139:7 ¿A dónde me iré de tu Espíritu?
Isa. 6:8, 9 quién irá por nosotros?
Isa. 52:12 Jehovah irá delante.. irá a vuestra
Jer. 42:3 camino por donde debemos ir
Mat. 28:19; Mar. 16:15 id y haced discípulos a
Luc. 15:18, 20 me levantaré, iré a mi padre
Juan 6:67, 68 Señor, ¿a quién iremos?
Juan 13:36; 14:2-4 Señor, ¿a dónde vas?
Juan 14:12 mayores.. hará, porque yo voy al
Stg. 4:13 mañana iremos a tal ciudad.. un año

IRA: ver Enojo, Furor
Gén. 27:45 que se aplaque la i. de tu hermano
Núm. 14:18; Sal. 103:8 es lento para la i. y
Deut. 13:17 Jehovah desista del furor de su i.
Jue. 2:12 tras otros dioses.. provocaron a i.
2 Crón. 24:18; 28:13 la i. de Dios vino contra
2 Crón. 34:21 grande es la i. de Jehovah que
Est. 3:5 que Mardoqueo.. Amán se llenó de i.
Sal. 27:9; Dan. 9:16 no apartes con i. a tu
Sal. 37:8 Deja la i. y abandona el enojo
Sal. 76:7 ¿quién podrá.. cuando se desate tu i.
Sal. 85:3-5 haz cesar tu i. contra nosotros
Sal. 90:7-11; Nah. 1:6 ¿Quién conoce.. tu i.?
Prov. 12:16 El insensato.. da a conocer su i.
Prov. 15:1 La suave respuesta quita la i.
Prov. 29:8, 11 los sabios aplacan la i.
Jer. 4:8 ardor de la i. de Jehovah no.. apartado
Jer. 7:20; Ose. 5:10; Miq. 5:15 mi i. se derrama
Jer. 25:6; Eze. 20:8 No me provoquéis a i. con
Miq. 7:9 Porque pequé.. soportaré su i.
Hab. 3:2 En medio de la i. acuérdate de tener
Sof. 1:15, 18 Aquél será día de i., día de
Sof. 2:2 venga.. el día de la i. de Jehovah
Mat. 3:7 ¿Quién os enseñó a huir de la i.
Luc. 4:28 todos en.. sinagoga se llenaron de i.
Juan 3:36; Hech. 19:28 la i. de Dios.. sobre
Rom. 1:18; 1 Tes. 2:16 la i. de Dios.. contra
Rom. 2:5, 8 acumulas.. i. para el día de la i.
Rom. 5:9 medio de él seremos salvos de la i.
Rom. 9:22 mostrar su i... soportó.. vasos de i.
Rom. 12:19 dejad lugar a la i. de Dios
Ef. 2:3 por naturaleza éramos hijos de i.
Ef. 5:6; Col. 3:6, 8 viene la i. de Dios sobre
Ef. 6:4 padres, no provoquéis a i. a.. hijos
1 Tes. 1:10 Jesús.. nos libra de la i. venidera
1 Tim. 2:8 hombres oren.. sin i. ni discusión
Stg. 1:19, 20 hombre sea.. lento para la i.
Apoc. 16:1, 19 copa del vino del furor de su i.

IRACUNDO
Prov. 15:18; 22:24; 29:22 El hombre i.

IRREPRENSIBLE
1 Cor. 1:8; Col. 1:22 que seáis i. en el día

Fil. 1:10; 2:15 seáis sinceros e i. en el día

IRREVERENTE
1 Tim. 1:9 ley.. puesta.. para.. i.

IRRITAR
1 Cor. 13:5 No se irrita, ni.. cuentas del mal
Col. 3:21 Padres, no irritéis a vuestros hijos

ISAAC, hijo de Abraham
Gén. 17:19—35:29; Exo. 3:15, 16; Mat. 1:2; Rom. 9:7, 10; Heb. 11:9-20

ISACAR
hijo de Jacob: Gén. 30:18; 35:23; 49:14
tribu de Israel: Gén. 46:13; Núm. 1:28—2:5; Deut. 27:12; 33:18; Jos. 19:17-23; Jue. 5:15

ISAI, padre de David
Rut 4:17, 22; 1 Sam.16:1—17:50

ISAIAS, profeta
2 Rey. 19:2—20:19; 2 Crón. 26:22; 32:20-32; Isa. 1:1; 20:2, 3; 37:2—39:8

ISBOSET, hijo de Saúl
2 Sam. 2:8—4:12

ISCARIOTE, ver Judas Iscariote

ISLA
Apoc. 1:9 Juan.. en la isla.. Patmos por

ISMAEL
hijo de Abraham: Gén. 16:11—17:26; 25:9-17
descendientes: Gén. 28:9
dirigente judío: 2 Rey. 25:23; Jer. 40:8—41:18

ISRAEL, ver Jacob
hijo de Isaac; Gén. 32:28-32; 35:10
nación: Exo. 1:1-12; 4:29-31; 15:1; 19:2—20:22; Jos. 3:1; Jue. 1:1; Rom. 9:6; Fil. 3:5
reino del norte: 1 Rey. 12:1-20; 2 Rey. 17:7-18

ISRAELITA
Juan 1:47 Natanael.. verdadero i., en quien
Rom. 9:4; 11:1 son i., de los cuales son la

IZQUIERDA
Mat. 6:3 no sepa tu i. lo que hace

JABON
Jer. 2:22 Aunque.. laves con.. j... mancha

JACOB, hijo de Isaac: ver Israel
Gén. 25:26—50:12; Juan 4:5, 12; Rom. 9:13; Heb. 11:20, 21

JACOBO
hermano de Jesús: Mat. 13:55; Hech. 12:17; 15:13; 21:18; 1 Cor. 15:7; Gál. 1:19; 2:9, 12
hijo de Alfeo: Mat. 10:3; 27:56; Hech. 1:13
hijo de Zebedeo: Mat. 4:21; 10:2; 17:1; Mar. 1:29; 5:37; 10:35, 41; 13:3; 14:33; Luc. 9:54 Hech. 1:13; 12:2

JACTANCIA: ver Altivez, Arrogancia
Rom. 3:27 ¿Dónde.. está la j.? Está excluida
1 Cor. 5:6; Stg. 4:16 Vuestra j. no es buena

JACTAR
Sal. 75:4 Dije a.. jactanciosos: 'No os jactéis
Prov. 27:1 No te jactes del día de mañana
1 Cor. 1:29 que nadie se jacte delante de Dios

JAEL, heroina israelita
Jue. 4:17-22; 5:6, 24

JAIRO, principal de sinagoga
Mar. 5:22; Luc. 8:41

JARDIN: ver Huerto
Gén. 2:8—3:24 plantó.. Dios un j. en

JASON, creyente
Hech. 17:5-9; Rom. 16:21

JEBUSEO
Jos. 15:63; Jue. 1:21; 2 Sam. 5:6-8 no pudieron echar.. j... habitaban en Jerusalén

JEFE: ver Cabeza, Capitán
Exo. 18:25 Moisés.. puso al frente.. j. de mil
Jue. 11:6, 11 a Jefté.. Ven, y serás nuestro j.
2 Sam. 23:18 Abisai.. era j. de los treinta
Isa. 55:4 lo he puesto como j. y.. comandante

JEFTE, juez
Jue. 11:1—12:8; Heb. 11:32

JEHOVAH: ver Dios, Señor
Gén. 4:26 comenzó a invocar el nombre de J.
Gén. 12:7 se apareció J. a Abram.. altar a J.
Gén. 28:16 J. está presente.. y yo no lo sabía
Exo. 3:15-18 J. me ha enviado a vosotros
Exo. 5:1-3 faraón.. ¿Quién es J. para que yo
Exo. 6:1-8 mi nombre J. no me di a conocer
Exo. 14:4 sabrán que yo soy J.
Exo. 14:14, 25 J. combatirá por vosotros, y
Exo. 15:26 enfermedad.. yo soy J. tu sanador
Exo. 18:11 reconozco que J. es más grande que
Exo. 20:2; Sal. 81:10; Eze. 20:19 soy J. tu

Exo. 23:25 serviréis a J. tu Dios, y él
Exo. 34:6 ¡J., J., Dios compasivo y clemente
Deut. 4:35, 39 J. es Dios y.. no hay otro
Deut. 6:4, 5 J. nuestro Dios, J. uno es
Deut. 10:17 J. vuestro Dios es Dios de dioses
Jos. 24:24 A J. nuestro Dios serviremos
1 Sam. 1:3, 11 ofrecer sacrificios a J. de los
1 Sam. 3:4, 6, 11, 18-21 J. llamó a Samuel
1 Rey. 8:12 J... habita en la densa oscuridad
1 Rey. 18:21, 24, 39 Si J. es Dios, ¡seguidle!
1 Rey. 19:11 ponte.. en el monte, delante de J.
2 Rey. 5:17 Naamán.. no ofrecerá.. sino.. a J.
2 Crón. 30:6-9 Someteos a J... Servid a J.
Sal. 8:1, 9; 148:13 Oh J., Señor nuestro, ¡cuán
Sal. 18:1-3; Hab. 3:19 Te amo, oh J., fuerza
Sal. 18:31 ¿quién es Dios fuera de J.?
Sal. 20:7 confiamos en el nombre de J. nuestro
Sal. 23:1 J. es mi pastor; nada me faltará
Sal. 24:1, 8, 10 J., el fuerte.. J... poderoso
Sal. 29:10, 11 J. se sentó como rey.. siempre
Sal. 46:7, 11 J. de los Ejércitos está con
Sal. 59:5 J., Dios de los Ejércitos.. despierta
Sal. 93:4, 5 J. en las alturas es más poderoso
Sal. 106:1; 107:1; 118:1, 29; 136:1 Alabad a J.
Sal. 118:8; Joel 3:16 Mejor es refugiarse en J.
Sal. 118:27 J. es Dios y nos ha resplandecido
Sal. 121:2-8; Jer. 3:23 Mi socorro viene de J.
Sal. 124:1 Si J. no hubiera estado por nosotros
Sal. 126:3 Grandes cosas ha hecho J. con
Isa. 6:3, 5 santo es J. de los Ejércitos
Isa. 40:3 Preparad el camino de J.
Isa. 43:3, 11; 47:4 soy J. tu Dios, el Santo
Jer. 3:23 en J. nuestro Dios está la salvación
Jer. 10:10 J. es el verdadero Dios.. Dios vivo
Jer. 23:6 será llamado: 'J., justicia nuestra
Eze. 11:23 gloria de J. ascendió de en medio
Eze. 48:35 nombre.. ciudad será: J. ESTA
Sof. 3:17 J. tu Dios está en medio de ti

JEHU
profeta: 1 Rey. 16:1, 7, 12; 2 Crón. 19:2; 20:34
rey de Israel (norte): 1 Rey. 19:16, 17;
2 Rey. 9:2—10:36; 15:12

JEREMIAS, profeta
2 Crón. 35:25; 36:12-22; Esd. 1:1; Jer. 1:1-11; 19:14—20:3; 26:1-24; 36:1—40:6; 42:2—43:8; 51:64; Mat. 2:17; 16:14; 27:9

JERICO, ciudad
Deut. 34:1-3; Jos. 2:1—6:26; 1 Rey. 16:34; Luc. 18:35; 19:1; Heb. 11:30

JEROBAAL: ver Gedeón
Jue. 6:32—9:57; 1 Sam. 12:11

JEROBOAM
I, rey de Israel (norte): 1 Rey. 11:26—15:30; 2 Crón. 10:2—13:20
II, rey de Israel (norte): 2 Rey. 14:16-29; Ose. 1:1; Amós 1:1; 7:9-11

JERUSALEN
ciudad terrenal: Jos. 15:63; Jue. 1:8, 21; 2 Sam. 5:6-9; 24:16; 2 Rey. 24:10—25:10; Esd. 1:2; Luc. 2:22-46; 9:51; 19:28; 24:47; Hech. 1:8; 2:5; 15:2; Gál. 1:18; 2:1
ciudad celestial: Gál. 4:26; Heb. 12:22; Apoc. 21:2-27

JESUCRISTO: ver Cristo, Jesús
Mat. 1:1; Mar. 1:1 Libro de.. de J., hijo de
Juan 1:17 gracia y.. nos han llegado por.. J.
Juan 17:3 te conozcan.. y a J. a quien tú has
Hech. 3:6 En el nombre de J. de Nazaret.. anda
Rom. 1:4; Fil. 2:11 declarado Hijo.. J. nuestro
Rom. 5:15 por la gracia de un solo hombre, J.
Rom. 16:25 mi evangelio y la predicación de J.
1 Cor. 2:2; 2 Cor. 4:5 no saber nada.. sino a J.
1 Cor. 3:11; Ef. 2:20 fundamento.. el cual es J.
1 Cor. 15:57 victoria por medio de.. Señor J.
2 Cor. 13:5; Gál. 6:14 J. está en vosotros
2 Cor. 13:14 La gracia del Señor J., el amor
2 Tes. 2:1 la venida de nuestro Señor J. y
1 Tim. 2:5 un solo mediador entre.. J. hombre
2 Tim. 2:8 Acuérdate de J., resucitado de
Heb. 13:8 ¡J. es el mismo ayer, hoy y por los
1 Ped. 1:7 fe.. digna.. en la revelación de J.
2 Ped. 3:18 creced en la gracia.. de.. Señor J.
1 Jn. 1:3 nuestra comunión es.. con su Hijo J.
1 Jn. 2:1 abogado tenemos.. a J. el justo
1 Jn. 4:2 confiesa que J. ha venido en carne
Apoc. 1:1 La revelación de J., que Dios le dio

JESUS: ver Cristo, Cristo Jesús, Jesucristo
Mat. 1:21, 25; Luc. 1:31 llamarás su nombre J.
Mat. 2:1 J. nació en Belén de Judea, en días
Mat. 3:13-16 J. vino.. para ser bautizado por
Mat. 4:1-12 J. fue llevado.. para ser tentado
Mat. 4:17-23 J. comenzó a predicar
Mat. 8:3—9:35 J. extendió la mano y le tocó
Mat. 10:5—11:1 A estos doce los envió J.
Mat. 12:15; 14:13 Como J. lo supo, se apartó
Mat. 13:1-34 Todo esto habló J. en parábolas
Mat. 14:1-13 Herodes.. oyó la fama de J.
Mat. 17:1-9 J. tomó a Pedro.. y les hizo subir
Mat. 19:14 J. les dijo: —Dejad a los niños
Mat. 21:1-16 Olivos.. J. envió a dos discípulos
Mat. 24:1-4 J. salió y se iba del templo
Mat. 26:6-10 Estando J. en Betania, en casa
Mat. 26:26-34 comían, J. tomó pan y.. bendijo
Mat. 27:37-46 ESTE ES J., EL REY DE LOS

Mat. 28:5-10 sé que buscáis a J., quien fue
Mat. 28:16-18 J. les habló.. Toda autoridad
Mar. 1:14-17 J. vino a Galilea predicando el
Mar. 10:18-29 J. le dijo: —¿Por qué me llamas
Mar. 12:17-34 J. les dijo: —Dad al César lo
Luc. 2:21-27 ocho días.. llamaron su nombre J.
Luc. 2:43-52 J. crecía en sabiduría, en
Luc. 10:29-37 J... dijo: —Vé y haz tú lo mismo
Luc. 22:47-52 Judas.. se acercó a J... besarle
Luc. 23:20-28 Pilato.. queriendo soltar a J.
Luc. 23:34-52 J. decía: —Padre, perdónalos
Luc. 24:15-36 J. se puso en medio.. dijo: —Paz
Juan 1:37-50 dos.. le oyeron.. y siguieron a J.
Juan 2:1-7 J. les dijo: —Llenad.. las tinajas
Juan 3:2-10 Este vino a J. de noche y le dijo
Juan 4:7-26 J. le dijo: —Dame de beber
Juan 6:35-53 J. les dijo: —Yo soy el pan de
Juan 11:25 J... dijo: —Yo soy la resurrección
Juan 12:21-36 Señor, quisiéramos ver a J.
Juan 13:1-38 sabiendo J. que.. llegado su hora
Juan 14:6-23 J. le dijo: —Yo soy el camino
Juan 18:12—19:33 guardias.. prendieron a J.
Juan 19:40-42 Tomaron.. el cuerpo de J. y lo
Juan 20:31; Hech. 17:3; 18:5, 28 creáis que J.
Juan 21:1-25 muchas otras cosas que hizo J.
Hech. 1:1-11 Este J... vendrá de la.. manera
Hech. 5:30-42 Dios.. levantó a J., a quien
Hech. 7:55-59 ¡Señor J., recibe mi espíritu!
Hech. 9:5-27 Yo soy J., a quien tú persigues
Hech. 20:21-35 la fe en nuestro Señor J.
Rom.10:9; 1 Jn. 4:15 que J. es el Señor
1 Cor. 11:23 el Señor J., la noche.. tomó pan
Ef. 4:21 la verdad está en J.
1 Tes. 4:14 Dios traerá por.. J... a.. dormido
Heb. 2:9 vemos a J... coronado de gloria y
Heb. 4:14 sumo sacerdote.. J. el Hijo de Dios
Heb. 12:2 puestos los ojos en J., el autor y
1 Jn. 1:7 la sangre de su Hijo J. nos limpia
1 Jn. 5:1-5 vence.. el que cree que J. es el
Apoc. 14:12 guardan.. de Dios y la fe de J.
Apoc. 22:16-20 ¡Amén! ¡Ven, Señor J.!

JETRO, suegro de Moisés: ver Hobab
Exo. 3:1; 4:18; 18:1-12

JEZABEL, mujer de Acab
1 Rey. 16:31—21:25; 2 Rey. 9:7-37

JEZREEL, ciudad y valle
Jos. 17:16; 1 Rey. 21:1-23; 2 Rey. 8:29—10:11; Ose. 1:4-11; 2:22

JOAB, sobrino y general de David
2 Sam. 2:13—3:31; 10:7—14:33; 17:25—24:9; 1 Rey. 1:7— 2:34; 11:15-21; 1 Crón. 2:16—21:6

JOACIM, rey de Judá
2 Rey. 23:34—24:6, 19; 2 Crón. 36:4-8; Jer. 22:18-24; 26:1—28:4; 35:1; 36:1-32; Dan. 1:1, 2

JOAS
padre de Gedeón: Jue. 6:11-31
rey de Israel (norte): 2 Rey. 13:9—14:17
rey de Judá: 1 Rey. 22:26; 2 Rey. 11:2—12:20; 2 Crón. 22:11—24:27

JOB
Job 1:1—42:17; Eze.14:14-20; Stg. 5:11

JOEL, profeta
Joel 1:1

JONAS, profeta
2 Rey. 14:25; Jon. 1:1—4:11; Luc. 11:29-32

JONATAN, hijo de Saúl
1 Sam. 13:2—14:49; 18:1—31:2; 2 Sam. 1:4-27

JORAM
rey de Israel: 2 Rey. 1:17—3:8; 8:25—9:29
rey de Judá: 1 Rey. 22:50; 2 Rey. 1:17; 8:16-29; 2 Crón. 21:1—22:1

JORDAN, río
Gén. 13:10; Jos. 1:2—4:23; 2 Rey. 2:6-13; 5:10-14; Mat. 3:6-13

JORNAL: ver Pago
Deut. 24:15; Stg. 5:4 día le darás su j.

JORNALERO: ver Obrero
Lev. 19:13; 25:6 salario del j. no.. retenido
Deut. 24:14 No explotes al j. pobre y
Luc. 15:17, 19 ¡Cuántos j. en la casa de.. padre

JOSAFAT, rey de Judá
1 Rey. 15:24; 22:2-51; 2 Rey. 3:1-14; 2 Crón. 17:1—21:2

JOSE
hijo de Jacob: Gén. 30:22-24; 33:7; 37:2—50:26; Exo. 13:19; Jos. 24:32; Heb. 11:21, 22
marido de María, la madre de Jesús: Mat. 1:16—2:19; Luc. 1:27—2:16; Juan 6:42
creyente de Arimatea: Mat. 27:57-59; Juan 19:38

JOSIAS, rey de Judá
1 Rey. 13:2; 2 Rey. 21:24—23:30; 2 Crón. 33:25—36:1; Jer. 1:2

JOSUE, sucesor de Moisés
Exo. 17:9-14; 24:13; 32:17; 33:11; Núm. 11:28; 13:16—14:38; 26:65—27:22; 32:12—34:17; Deut. 1:38; 3:21-28; 31:3; 34:9;
Jos. 1:1—24:31; Jue. 2:6-23; Heb. 4:8

JOTAM
hijo de Gedeón: Jue. 9:5-57
rey de Judá: 2 Rey. 15:5-38; 2 Crón. 26:21—27:9; Isa. 1:1; Ose. 1:1; Miq. 1:1; Mat. 1:9

JOVEN: ver Muchacho
1 Rey. 12:8, 10 dejó.. consultó a los j. que se
1 Crón. 29:1 Salomón.. es j. e inmaduro, y la
Sal. 37:25 he sido j. y he envejecido; pero no
Sal. 119:9 ¿Con qué limpiará el j. su camino?
Prov. 20:29 La gloria de los j. es su fuerza
Isa. 40:30 se cansan; los j. tropiezan y caen
Joel 2:28; Hech. 2:17 y vuestros j., visiones
Mar. 14:51 cierto j... le seguía; y le
Juan 21:18 cuando eras más j., tú te ceñías
1 Ped. 5:5 j., estad sujetos a los ancianos
1 Jn. 2:13, 14 Os escribo.. j., porque habéis

JOYADA, sacerdote
2 Rey. 11:4—12:16; 2 Crón. 22:11—24:25

JUAN
el Bautista: Mat. 3:1-16; Luc. 1:13; 3:1-20; 5:33; 7:18-33; 9:7-9; Hech. 1:5, 22; 13:24; 19:3, 4
Apóstol: Mat. 4:21; 10:2; 17:1; Mar. 1:29; 10:35, 41; 13:3; 14:33; Luc. 8:51; 22:8; Hech. 1:13; 3:1-11; 4:13-19; 8:14; Apoc. 1:4, 9; 22:8
Marcos: Hech. 12:12, 25; 13:5, 13; 15:37, 39

JUANA, discípula de Jesús
Luc. 8:3; 24:10

JUBILEO
Lev. 25:10-54; 27:17-24 año cincuenta.. de j.

JUBILO: ver Gozo
1 Sam. 4:5, 6 arca del pacto.. gritó con un j.
1 Crón. 16:33; Sal. 96:12 cantarán con j. los
2 Crón. 15:14; Esd. 3:11 juraron a.. con j.
Sal. 5:11 que confían en ti.. gritarán de j.
Sal. 47:1; 81:1 ¡Aclamad a Dios con voz de j.!
Sal. 95:1 Aclamemos con j. a la roca de nuestra
Sal. 150:5 ¡Alabadle con címbalos de j.!
Isa. 49:13 ¡Gritad de j., oh cielos!.. tierra!
Isa. 54:1; Gál. 4:27 oh estéril.. grita de j.
Sof. 3:14; Zac. 9:9 ¡Canta.. da voces de j.

JUDA
provincia: ver Judea
hijo de Jacob: Gén. 29:35; 37:26; 38:1-26; 43:3—44:18; 46:28; 49:8-10; Exo. 1:2
tribu: Exo. 31:2; Núm. 1:26, 27; 2:3-9; Jos. 15:1-63; Jue. 1:2-19; 1 Sam. 11:8; 2 Sam. 2:10, 11; 5:5; 24:9; Heb. 7:14; Apoc. 7:5
reino del sur: 1 Rey. 12:20-32; 14:22; 2 Rey. 17:13-19; 25:21-27; 2 Crón. 36:23; Esd. 10:7-9; Isa. 1:1; Jer. 1:2

JUDAS
Iscariote: Mat. 10:4; 26:14-25, 47; 27:3-10; Juan 6:71; 12:4; 13:2, 26; Hech. 1:16, 25
de Jacobo (Tadeo): Luc. 6:16; Juan 14:22; Hech. 1:13
hermano de Jesús: Mat. 13:55; Mar. 6:3; Jud. 1
guerrillero: Hech. 5:37
de Damasco: Hech. 9:11
Barsabás: Hech. 15:22, 27, 32

JUDEA: ver Judá
Mat. 2:1, 5, 22; 3:1-5; 4:25; Luc. 2:4; Juan 7:1-3; 11:7; Hech. 1:8; 9:31

JUDIO
Est. 3:6, 13 Amán procuró destruir a.. los j.
Est. 9:18-28 los j. hicieron día de banquete
Mat. 2:2 ¿Dónde está el rey de los j., que ha
Mat. 27:11, 29 ¿Eres tú el rey de los j.?
Juan 5:16 los j. perseguían a Jesús, porque
Hech. 2:5 En Jerusalén habitaban j... naciones
Hech. 18:2 Claudio.. mandado que.. j. fueran
Hech. 21:20, 21 cuántos miles de j... creído
Rom. 1:16; 2:9 salvación.. al j. primero y
Rom. 2:28—3:1 no es j... que.. es en lo visible
Rom. 10:12; Gál. 3:28 no.. distinción entre j.
1 Cor. 1:22-24 j. piden señales, y.. griegos

JUEZ: ver Magistrado
Gén. 18:25 El J. de toda la tierra, ¿no ha de
Exo. 22:28 No maldecirás a los j., ni hablarás
Jue. 2:16-19; Rut 1:1 Jehovah levantó j. que
Sal. 50:6; 68:5; 75:7; 94:2 Dios es el J.
Isa. 33:22 Jehovah es nuestro J... Legislador
Mat. 5:25 no sea.. adversario te entregue al j.
Luc. 18:2, 6 un j. que ni temía a Dios ni
Hech. 10:42 es el que Dios ha puesto como J.
2 Tim. 4:8; Heb. 12:23 corona.. me dará.. el J.
Stg. 4:11, 12 Hay un solo Dador de la ley y J.
Stg. 5:9 ¡He aquí, el J. ya está a las puertas

JUGAR
Isa. 11:8 niño de pecho jugará.. cobra

JUICIO: ver Condenación, Derecho, Justicia
Lev. 19:15 No harás injusticia en el j.
Deut. 1:17 No hagáis distinción.. en el j.

Sal. 1:5 no se levantarán los impíos en el j.
Sal. 9:16 Jehovah se dio a conocer por el j.
Sal. 19:9; 36:6; 105:7; 119:39 j. de.. verdad
Sal. 76:8; Ose. 6:5 cielos hiciste oír el j.
Sal. 119:7 Te alabaré.. aprenda tus justos j.
Sal. 119:75 Conozco.. que tus j. son justos
Sal. 119:102, 106, 108, 120, 137, 160 No me aparté de tus j., porque tú me has enseñado
Sal. 119:120 tengo reverencia por tus j.
Sal. 119:175 te alabe, y que tus j. me ayuden
Sal. 143:2 No entres en j. con tu siervo
Ecl. 11:9; 12:14 todas.. Dios te traerá a j.
Isa. 28:6 justicia para el que preside el j.
Isa. 53:8 de la opresión y del j. fue quitado
Jer. 8:7 mi pueblo no conoce el j. de Jehovah
Jer. 10:24 Corrígeme, pero con tu j., no con
Jer. 25:31 Jehovah.. entra en j. contra todo
Eze. 39:21 todas las naciones verán mi j.
Joel 3:2 entraré en j. contra ellos a causa
Zac. 8:16 Juzgad en.. tribunales con j. de paz
Mat. 5:21, 22 se enoja.. será culpable en el j.
Mat. 10:15; 11:22, 24 en.. j. será.. tolerable
Mat. 12:18, 20 mi siervo.. anunciará j. a las
Mat. 12:36, 41 en el día del j... darán cuenta
Juan 5:22 Padre.. todo el j. lo dio al Hijo
Juan 5:30; 8:16 mi j. es justo, porque no
Juan 9:39 para j. yo he venido a este mundo
Juan 12:31 ¡Ahora es el j. de este mundo
Juan 16:8, 11 convencerá al mundo.. de j.
Hech. 24:25 Pablo disertaba.. del j. venidero
Rom. 2:2; 3:19 el j. de Dios es según verdad
Rom. 11:33 ¡Cuán incomprensibles son sus j. e
1 Cor. 6:1 ¿Cómo se atreve.. ir a j. delante
Heb. 9:27; 10:27 mueran.. vez, y después el j.
Stg. 2:13 misericordia se gloría.. sobre el j!
1 Ped. 4:17 tiempo de que el j. comience por
2 Ped. 3:7 cielos.. guardados.. el día del j.
1 Jn. 4:17 amor.. confianza en el día del j.
Apoc. 15:4; 16:7; 19:2 porque tus j. han sido

JUNTAR: ver Acumular, Reunir
Núm. 16:3, 11, 42 se juntaron contra Moisés y
Isa. 5:8 ¡Ay de los que juntan casa con casa
Mat. 24:28 cadáver.. se juntarán los buitres
Luc. 12:17, 18 graneros.. juntaré.. mi grano
Hech. 9:26 Jerusalén, intentaba juntarse con

JURAMENTO: ver Conjuración
Gén. 26:3; Núm. 14:23 cumpliré el j. que hice
1 Sam. 14:24-28 miel.. el pueblo temía el j.
2 Crón. 15:15 Judá se alegraron por dicho j.
Zac. 8:17 No améis el falso j... yo aborrezco
Mat. 5:33 antiguos.. cumplirás al Señor tus j.
Mat. 14:7, 9 rey.. causa del j... mandó que se
Mat. 26:72 negó con j... no conozco al hombre
Heb. 7:20, 21, 28 Y esto no fue hecho sin j.
Stg. 5:12 no juréis.. ni por ningún otro j.

JURAR: ver Conjurar, Prometer
Gén. 21:23-31 Beerseba.. porque allí juraron
Gén. 22:16 He jurado por.. mismo, dice
Lev. 19:12 No juraréis falsamente por.. nombre
Deut. 6:13 A Jehovah.. y por su nombre jurarás
2 Crón. 15:14, 15 juraron a Jehovah en voz alta
Sal. 15:4 a pesar de haber jurado en perjuicio
Sal. 95:11; Heb. 3:11 juré en mi ira: "Jamás
Sal. 110:4; Heb. 7:21 Jehovah juró.. Tú eres
Sal. 119:106 He jurado guardar.. he de cumplir
Isa. 19:18 ciudades.. jurarán lealtad a Jehovah
Isa. 48:1 juráis.. pero no en verdad ni con
Dan. 12:7; Apoc. 10:6 juró por el que vive
Ose. 10:4 Hablan sólo palabras; juran en vano
Amós 4:2 El Señor.. juró por su santidad
Zac. 5:3, 4 el que jura en vano.. será excluido
Mat. 5:33-36 No juraréis en ninguna manera
Mat. 23:16-22 decís.. Si.. jura por.. santuario
Mat. 26:74 comenzó a.. jurar: —No conozco

JUSTICIA: ver Derecho, Rectitud
Gén. 15:6; Sal. 106:31; Rom. 4:3, 22; Gál. 3:6 Stg. 2:23 creyó a Jehovah, y.. contado por j.
Gén. 18:19 que guarden.. practicando la j. y
Lev. 19:15 Juzgarás a tu prójimo con j.
Deut. 6:25 será.. j., si tenemos cuidado de
Deut. 9:5 No es por tu j... que entras a.. su
Job 37:23 El Todopoderoso.. es sublime.. en j.
Sal. 9:4, 8; 96:13; 98:9 juzgará al mundo con j.
Sal. 11:7; 33:5 Jehovah es justo y ama la j.
Sal. 15:2; Isa. 33:15 en integridad y hace j.
Sal. 22:31 anunciarán su j. a un pueblo que
Sal. 23:3 me guiará por sendas de j.
Sal. 24:5 recibirá.. j. del Dios de.. salvación
Sal. 35:28; 51:14; 71:15-24 hablará de tu j.
Sal. 40:9, 10 He anunciado j. en.. congregación
Sal. 45:7; Heb. 1:9 amado la j. y aborrecido
Sal. 50:6; 97:6 Los cielos proclamarán su j.
Sal. 58:1 magistrados, ¿en verdad pronunciáis j.
Sal. 72:1, 2 Oh Dios, da.. tu j. al hijo del
Sal. 82:3; 146:7 haced j. al pobre y al
Sal. 85:10-13 la j. y la paz se besaron
Sal. 89:14, 16; 97:2; 103:6, 17; Jer. 22:3 La j. y el derecho son el fundamento de tu trono
Sal. 98:2; Isa. 62:2 ha manifestado su j.
Sal. 111:3; 112:9; 2 Cor. 9:9 su j. permanece
Sal. 119:142, 144 Tu j. es j. eterna, y tu ley
Prov. 2:9 entenderás la j., el derecho y la
Prov. 8:15; 29:4 Por mí.. administran j.
Prov. 10:2; 11:4 la j. libra de la muerte
Prov. 11:18, 19 siembra j. tendrá.. recompensa
Prov. 12:28 En el camino de la j. está la vida
Prov. 14:34 La j. engrandece a la nación
Prov. 15:9 Jehovah.. ama al que sigue la j.

Prov. 16:8 Es mejor lo poco con j. que gran
Prov. 21:3 Practicar la j... es más aceptable
Prov. 21:21 que sigue la j... hallará vida, j.
Isa. 1:26, 27 serás llamada Ciudad de J., Urbe
Isa. 5:7, 23 esperaba la j., y he aquí.. clamor
Isa. 9:7 reino.. afirmarlo.. con derecho y j.
Isa. 11; 4, 5; Jer. 11:20 juzgará con j. a
Isa. 26:9, 10 cuando tus juicios.. aprenden j.
Isa. 28:17; 54:14 derecho.. y la j. por nivel
Isa. 32:17 El efecto de la j. será paz
Isa. 42:1-6 él traerá j. a las naciones
Isa. 45:24; 46:13 en Jehovah está la j. y el
Isa. 51:1, 5-8 Oídme, los que seguís la j.
Isa. 56:1; Eze. 45:9 Guardad.. practicad la j.
Isa. 58:8 Tu j. irá delante de ti, y.. gloria
Isa. 59:4, 8-11 No hay quien clame por j.
Isa. 61:10, 11 el Señor.. hará germinar la j.
Jer. 23:5, 6; 33:15, 16 Rey.. practicará.. j.
Eze. 3:20; 18:19-27; 33:12-19 aparta de su j.
Eze. 34:16 enferma.. Las apacentaré con j.
Dan. 4:27 rey.. mediante la práctica de la j.
Dan. 7:22 el Anciano de Días.. hizo j. a los
Dan. 12:3 los que enseñan j. a la multitud
Ose. 2:19 te desposaré conmigo en j. y derecho
Ose. 10:12 Sembrad.. j. y segad lealtad
Miq. 6:5, 8 ¿Qué requiere.. Solamente hacer j.
Sof. 2:3 Buscad j., buscad mansedumbre
Mal. 2:6 En paz y en j. anduvo conmigo
Mat. 3:15 así nos conviene cumplir toda j.
Mat. 5:6 tienen hambre y sed de j., porque
Mat. 5:20 a menos que vuestra j. sea mayor que
Mat. 6:1 Guardaos de hacer.. j... ser vistos
Mat. 6:33 buscad.. el reino de Dios y su j.
Luc. 18:3-7 ¿Y Dios no hará j. a sus escogidos
Juan 16:8, 10 convencerá al mundo.. de j. y de
Hech. 10:35 es acepto el que le teme y obra j.
Hech. 17:31 ha de juzgar al mundo con j. por
Rom. 1:17 j. de Dios se revela por fe y para
Rom. 3:21-26 se ha manifestado la j. de Dios
Rom. 5:17-21 dádiva de la j. mediante aquel
Rom. 6:13-20 miembros.. instrumentos de j.
Rom. 8:10 el espíritu vive a causa de la j.
Rom. 9:30, 31; 10:3-6 j. que procede de la fe
Rom. 10:10 con el corazón se cree para j.
Rom. 14:17 reino.. es.. j., paz y gozo en el
2 Cor. 5:21 que.. fuéramos hechos j. de Dios
Gál. 2:21 si la j. fuese por.. la ley.. demás
Ef. 6:14 vestidos con la coraza de j.
Fil. 1:11 llenos del fruto de j., fruto que
Fil. 3:6, 9 sin pretender una j. mía.. sino
1 Tim. 6:11; 2 Tim. 2:22 sigue la j... piedad
Tito 3:5 nos salvó, no por las obras de j.
Heb. 12:11 disciplina.. da fruto apacible de j.
Stg. 1:20 ira del hombre no lleva.. j. de Dios
Stg. 3:18 fruto de j. se siembra en paz para
1 Ped. 2:24 pecados.. que.. vivamos para la j.
1 Jn. 3:10 que no practica j. no es de Dios
Apoc. 22:11 El que es justo, haga j. todavía

JUSTIFICACION
Rom. 4:25 fue.. resucitado para nuestra j.
Rom. 5:16, 18 gracia surgió.. ofensas para j.
2 Cor. 3:9 en gloria el ministerio de j.!

JUSTIFICADOR
Rom. 3:26 que él sea justo y.. j.

JUSTIFICAR
Exo. 23:7 porque.. no justificaré al culpable
Job 9:2 ¿Y cómo se ha de justificar un hombre
Sal. 143:2 no se justificará.. ningún viviente
Isa. 53:11 mi siervo justo justificará a muchos
Miq. 6:11 ¿He de justificar.. pesas fraudulentas
Mat. 11:19 sabiduría es justificada por.. hechos
Mat. 12:37; Rom. 2:13 tus palabras.. justificado
Hech. 13:39 en él.. justificado.. aquel que cree
Rom. 3:20; Gál. 2:16, 17 ley nadie.. justificado
Rom. 3:24; Tito 3:7 justificados.. por su gracia
Rom. 3:28, 30; Gál. 3:24 justificado por la fe
Rom. 4:5 cree en aquel que justifica al impío
Rom. 5:1, 9; Gál. 3:11 Justificados.. por la fe
Rom. 8:30, 33 los que llamó.. también justificó
Stg. 2:21, 24 ¿No fue justificado por las obras

JUSTO: ver Integro, Recto
Gén. 6:9; 7:1 Noé era un hombre j. y cabal
Gén. 18:23-28 Abraham.. ¿Destruirás.. al j.
Lev. 19:36; Deut. 25:15; Eze. 45:10 balanzas j.
Neh. 9:33 tú eres j. en todo lo que nos ha
Sal. 1:5, 6 Jehovah conoce el camino de los j.
Sal. 5:12 Jehovah, bendecirás al j.
Sal. 11:5 Jehovah prueba al j., pero.. aborrece
Sal. 11:7; Sof. 3:5 Jehovah es j. y ama la
Sal. 32:11; 33:1 Oh j., alegraos en Jehovah
Sal. 34:15-21; 1 Ped. 3:12 ojos.. sobre.. j.
Sal. 37:16-39 Mejor es lo poco del j. que las
Sal. 58:11; Prov. 11:30, 31 el j. tiene frutos
Sal. 64:10 El j. se alegrará en Jehovah
Sal. 92:12; Prov. 28:1 El j. florecerá como la
Sal. 118:20 puerta de Jehovah.. entrarán los j.
Sal. 119:137; 145:17; Apoc. 16:5 J. eres tú, oh
Sal. 141:5 Que el j. me castigue.. será.. favor
Sal. 146:8 Jehovah ama a los j.
Prov. 4:18 senda de los j. es como la luz de
Prov. 9:9 enseña al j., y aumentará su saber
Prov. 10:3-32 Jehovah no deja.. hambre al j.
Prov. 11:8-28 El j. es librado de la desgracia
Prov. 14:32; 20:7 j. en.. integridad.. refugio
Prov. 29:2 Cuando los j. aumentan, el pueblo

Ecl. 3:17 Tanto al j. como al impío.. juzgará
Isa. 3:10 Decid a los j. que les irá bien
Isa. 24:16; 45:21 oimos salmos: ¡Gloria al J.
Isa. 26:7 La rectitud es el camino para el j.
Isa. 53:11 mi siervo j. justificará a muchos
Lam. 1:18; Dan. 9:14 J. es Jehovah, aunque yo
Eze. 3:20, 21; 18:5-24 si algún j. se aparta
Hab. 2:4; Rom. 1:17; Gál. 3:11; Heb. 10:38 el j. por su fe vivirá
Zac. 9:9 tu rey viene a ti, j. y victorioso
Mal. 3:18 apreciar la diferencia entre el j.
Mat. 1:19 José.. como era j... propuso dejarla
Mat. 5:45 Padre.. llover sobre j. e injustos
Mat. 9:13 no he venido para llamar a j., sino
Mat. 13:43 los j. resplandecerán como el sol
Mat. 13:49 apartarán a.. malos de entre los j.
Mat. 23:28 fuera os mostráis j. a los hombres
Mat. 25:46 éstos al tormento.. y los j. a la
Luc. 15:7 gozo.. que por noventa y nueve j.
Luc. 23:47 centurión.. este hombre era j.!
Juan 5:30 mi juicio es j., porque no busco la
Hech. 3:14 negasteis al Santo y J.
Hech. 4:19 si es j... obedecer a vosotros antes
Rom. 2:13 no.. los oidores de la ley.. son j.
Rom. 3:10 No hay j. ni aun uno
Rom. 3:26 que él sea j. y.. justificador del
Rom. 5:7 Difícilmente muere alguno por un j.
Ef. 6:1 obedeced.. padres, porque esto es j.
Col. 4:1 Amos, haced lo que es j... con
1 Tim. 1:9 ley no ha sido.. para el j., sino
Heb. 12:23 espíritus de.. j. ya.. perfectos
Stg. 5:16 oración del j... puede mucho
1 Ped. 3:18 Cristo.. padeció.. el j. por los
2 Ped. 2:7, 8 rescató al j. Lot
1 Jn. 1:9 él es fiel y j. para perdonar
1 Jn. 2:1, 29 abogado.. a Jesucristo el j.
1 Jn. 3:7 que practica justicia es j., como
Apoc. 15:3 J. y verdaderos son tus caminos

JUVENIL
2 Tim. 2:22 Huye.. de las pasiones j.

JUVENTUD: ver Joven
Sal. 25:7; 71:5 No.. acuerdes.. pecados de mi j.
Sal. 127:4 son.. hijos que se tienen en la j.
Ecl. 11:9, 10 tenga placer.. en.. tu j.
Ecl. 12:1 Acuérdate de tu Creador en.. tu j.
Mar. 10:20 todo esto he guardado desde mi j.
1 Tim. 4:12 Nadie tenga en poco tu j.; pero sé

JUZGAR: ver Acusar, Discernir
Núm. 35:24 congregación juzgará.. el homicida
Deut. 1:16; Zac. 7:9 juzgad con justicia entre
Deut. 32:36; Isa. 2:4; Heb. 10:30 juzgará a su
Jue. 11:27 Jehovah, el Juez, juzgue hoy entre
1 Sam. 2:10; Sal. 7:8 Jehovah juzgará.. tierra
1 Sam. 7:15-17 Samuel juzgó a Israel todo el
1 Rey. 8:32; Sal. 134:14 Juzga a tus siervos
1 Crón. 16:33; Sal. 96:13; 98:9 viene.. juzgar
2 Crón. 19:6 jueces.. juzgáis.. lugar de Dios
Sal. 9:8; 72:2; 110:6 juzgará al mundo con
Sal. 43:1 Júzgame, oh Dios, y defiende.. causa
Sal. 67:4 Juzgarás a los pueblos con equidad
Ecl. 3:17 al justo como al impío los juzgará
Isa. 11:3, 4 No juzgará por lo que ven.. ojos
Jer. 11:20 Jehovah, juzgas con justicia y
Eze. 18:30; 33:20; 36:19 os juzgaré.. según
Joel 3:12; Miq. 4:3 para juzgar a.. naciones
Miq. 7:3 el juez juzga por soborno
Zac. 8:16 Juzgad en vuestros tribunales.. paz
Mat. 7:1, 2 No juzguéis.. no seáis juzgados
Luc. 22:30 os sentéis sobre tronos para juzgar
Juan 7:24 No juzguéis según las apariencias
Juan 12:47, 48 palabra que he hablado.. juzgará
Juan 16:11 príncipe.. ha sido juzgado
Hech. 17:31 juzgará al mundo con justicia por
Rom. 2:1 tú que juzgas haces lo mismo
Rom. 14:10, 13; Col. 2:16 no nos juzguemos
1 Cor. 4:3-5 el que me juzga es el Señor
1 Cor. 6:2, 3 santos han de juzgar al mundo
1 Cor. 11:31, 32 siendo juzgados, somos
2 Tim. 4:1; 1 Ped. 4:5, 6 Cristo.. juzgar a los
Heb. 13:4 Dios juzgará a los fornicarios y a
Stg. 2:12 ser juzgados por.. ley de.. libertad
Stg. 4:11, 12 ¿quién eres tú que juzgas a tu
Apoc. 11:18; 20:12 venido.. tiempo de juzgar a

LABAN, tío de Jacob
Gén. 24:29-50; 27:43—32:4

LABIOS: ver Boca
Deut. 23:23 Cumplirás lo que tus l. pronuncien
Sal. 12:2-4; 120:2 destruirá.. l. lisonjeros
Sal. 34:13; 1 Ped. 3:10 Guarda.. l. de.. engaño
Sal. 63:3; 119:171 mejor.. mis l. te alabarán
Prov. 10:21 l. del justo apacientan a muchos
Prov. 12:22 l. mentirosos son abominación a
Ecl. 10:12 l. del necio causan su propia ruina
Isa. 6:5-7 siendo un hombre de l. impuros y
Isa. 29:13; Mat. 15:8 me honra.. con sus l.
Ose. 14:2; Heb. 13:15 ofrecemos.. fruto de.. l.

LABOR: ver Obra, Trabajo
Exo. 5:4, 5 ¿Por qué distraéis.. de sus l.?
Exo. 23:12 Seis días te dedicarás a tus l.
Lev. 23:21; Núm. 28:26 no haréis.. trabajo l.
Prov. 14:23 En toda l. hay ganancia, pero la
Juan 4:38 segar lo que vosotros no habéis l.
1 Cor. 3:8 recompensa conforme a su propia l.

LABRADOR: ver Obrero
Gén. 4:2 Abel.. pastor.. Caín l. de la tierra

Juan 15:1 Yo soy la vid.. y mi Padre es el l.

LABRAR: ver Trabajar
Gén. 3:23 arrojó.. de Edén, para que labrase
Exo. 34:4 Moisés labró dos tablas de piedra
Deut. 27:6; Jos. 8:31 altar.. piedras sin l.
1 Rey. 6:7 templo.. piedras enteras labradas
Juan 4:38 Otros han labrado, y.. habéis entrado

LADRON
Exo. 22:2 Si un l. es hallado forzando.. casa
Jer. 7:11; Mat. 21:13 templo.. cueva de l.?
Mat. 6:19, 20 tesoros.. donde los l. se meten
Mat. 27:38, 44 crucificaron con él a dos l.
Luc. 10:30, 36 hombre.. cayó en manos de l.
Luc. 22:52 ¿Como a l. habéis salido
Juan 10:1-10 no entra.. por la puerta.. es l.
Juan 12:6 no.. importaban los pobres.. era l.
1 Cor. 6:10; 1 Ped. 4:15 ni los l... heredarán
1 Tes. 5:2; 2 Ped. 3:10 día del Señor.. como l.
Apoc. 3:3; 16:15 no.. vigilante, vendré como l.

LAGAR
Núm. 18:27 ofrenda.. producto del l.

LAGO: ver Mar
Luc. 5:1, 2; 8:22, 33 Jesús.. lago de Genesaret
Apoc. 19:20; 20:10-15; 21:8 lanzados.. al l. de

LAGRIMA: ver Llanto
Sal. 84:6 Cuando pasan por el valle de l., lo
Sal. 126:5 que siembran con l., con regocijo
Ecl. 4:1 l. de los oprimidos, que no tienen
Isa. 25:8; Apoc. 7:17; 21:4 Señor.. enjugará.. l.
Luc. 7:38, 44 Jesús.. mojar.. pies.. con sus l.

LAMENTAR
Gén. 6:6 Jehovah lamentó haber hecho
Isa. 13:6 Lamentad.. cercano.. día de Jehovah
Mat. 11:17 entonamos.. duelo y no lamentasteis
Luc. 6:25 ahora os reís! Porque lamentaréis y
Juan 16:20 lamentaréis.. el mundo se alegrará

LAMENTO
2 Sam. 1:17 David entonó este l. por Saúl y
2 Crón. 35:25 Jeremías compuso un l. por

LAMER
Jue. 7:5-7 Gedeón.. el que lama el agua con su
Sal. 72:9; Isa. 49:23 enemigos lamerán el polvo
Luc. 16:21 perros venían y le lamían las llagas

LAMPARA: ver Antorcha, Luz
Exo. 27:20 aceite.. fin de hacer arder.. las l.
2 Sam. 22:29 tú eres mi lámpara, oh Jehovah
1 Rey. 11:36; 15:4; 2 Rey. 8:19; Sal. 132:17
una tribu.. mi siervo David tenga.. una l.
Sal. 119:105 L. es a mis pies tu palabra, y
Prov. 13:9; 24:20 l. de los impíos se apagará
Prov. 20:27 L. de Jehovah.. espíritu del hombre
Jer. 25:10 Haré perecer.. la luz de la l.
Mat. 5:15 Tampoco.. una l. para ponerla debajo
Mat. 6:22 La l. del cuerpo es el ojo
Mat. 25:1-8 diez vírgenes que tomaron sus l.
Apoc. 21:23; 22:5 ciudad.. el Cordero es su l.

LANA: ver Vellón
Jue. 6:37 pondré un vellón de l. en la era
Isa. 1:18 Aunque sean rojos.. será como.. l.
Dan. 7:9; Apoc. 1:14 cabello.. como la l.

LANGOSTA
Exo. 10:4-19 Si rehúsas.. mañana.. traeré la l.
Núm. 13:33 vimos gigantes.. parecíamos l.
Joel 1:4 Lo que dejó la oruga lo comió la l.
Mat. 3:4 Juan.. comida era l. y miel silvestre

LANZA: ver Dardo, Flecha
Isa. 2:4; Joel 3:10; Miq. 4:3 l. en podaderas
Juan 19:34 soldados.. el costado con una l.

LAODICEA, ciudad
Col. 2:1; 4:13, 15; Apoc. 1:11; 3:14

LAODICENSES
Col. 4:16 carta.. leída.. l.

LAVAR: ver Limpiar
Exo. 19:10, 14; 40:30 santifícalos.. que laven
Exo. 30:18-21 fuente de bronce para lavarse
Isa. 1:16 Lavaos, limpiaos, quitad la maldad
Jer. 2:22; 4:14 Aunque te laves con.. jabón
Mat. 27:24 Pilato.. tomó agua y se lavó.. manos
Juan 9:7-15 Vé, lávate en el estanque de Siloé
Juan 13:5-14 lavar los pies de los discípulos
Apoc. 7:14; 22:14 han lavado sus vestidos y

LAZARO
mendigo: Luc. 16:20-25
hermano de Marta: Juan 11:1-44; 12:1, 9, 17

LEA, esposa de Jacob
Gén. 29:16—35:26; 49:31

LEALTAD: ver Fidelidad
Isa. 19:18 de Egipto.. jurarán l. a Jehovah
Ose. 6:4 Vuestra l. como la nube de la mañana
Ose. 12:6 practica la l. y.. derecho, y espera

LECHE
Exo. 3:8; Jos. 5:6 tierra que fluye l. y miel
Isa. 55:1 comprad sin dinero.. vino y l.

1 Ped. 2:2 desead.. l. espiritual no adulterada

LECTURA
Neh. 8:8 leían.. Ley de Dios.. entendiesen la l.
1 Tim. 4:13 ocúpate en la l., en la exhortación

LEER
Exo. 24:7 tomó el libro.. y lo leyó a oídos
Deut. 17:19; 31:11 la leerá.. que aprenda a
Jos. 8:34, 35 leyó todas.. palabras de la ley
2 Rey. 23:2 leyó a oídos de ellos.. libro del
Neh. 8:8 leían en el libro de la Ley de Dios
Isa. 34:16 Buscad en.. libro de Jehovah y leed
Jer. 36:6-8 entra tú.. y lee.. las palabras de
Hab. 2:2 visión.. que corra el que las lea
Luc. 4:16 la sinagoga.. se levantó para leer
Hech. 8:28-32 carro leyendo el profeta Isaías
2 Cor. 3:2 sois nuestra carta.. y leída por
Col. 4:16 carta.. leída entre vosotros, haced
Apoc. 1:3 Bienaventurado el que lee y los que

LEGION
Mat. 26:53 mi Padre.. me daría.. l. de ángeles
Mar. 5:9, 15 Me llamo L., porque somos

LEGISLADOR
Isa. 33:22 Jehovah es nuestro L.

LEGUMBRES
Dan. 1:12, 16 nos den de comer.. l.

LEJOS: ver Apartar
Sal. 103:12 Tan l. como está el oriente del
Sal. 119:155; Prov. 15:29 L. está de.. impíos
Isa. 29:13; Mar. 7:6 su corazón está l. de mí
Isa. 43:6 Trae de l. a mis hijos, y a mis
Isa. 46:12 Oídme.. que estáis l. de.. justicia
Mat. 21:33 viña.. la arrendó.. y se fue l.
Mar. 12:34 No estás l. del reino de Dios
Luc. 15:20 Cuando todavía estaba l., su padre
Hech. 17:27 Dios.. no está l. de ninguno de
Gál. 6:14 l. esté de mí el gloriarme sino en
Ef. 2:13, 17 estabais l. habéis sido acercado
Heb. 11:13 promesas.. las miraron de l. y las

LEMUEL
Prov. 31:1, 4

LENGUA: ver Boca, Labios
Exo. 4:10 Moisés.. soy tardo de boca y de l.
Sal. 10:7 debajo de su l. hay vejación e
Sal. 34:13; 1 Ped. 3:10 Guarda tu l. del mal
Sal. 35:28 Mi l. hablará de tu justicia y de
Sal. 39:1 Cuidaré.. para no pecar con mi l.
Sal. 55:9 Señor.. confunde sus l.; porque
Sal. 73:9; 120:2, 3 sus l. recorren la tierra
Sal. 140:3; Rom. 3:13 sus l. como.. serpiente
Prov. 10:20, 31; 12:18, 19; 15:4 l. del justo
Prov. 18:21 muerte y la vida están en.. la l.
Prov. 25:15 la l. blanda quebranta los huesos
Prov. 31:26 ley de.. misericordia está en su l.
Isa. 30:27 Jehovah.. su l... fuego consumidor
Isa. 35:6; Mar. 7:33, 35 cantará la l. del mudo
Isa. 45:23; Fil. 2:11 rodilla, y jurará toda l.
Isa. 50:4 El Señor.. ha dado una l. adiestrada
Isa. 54:17 condenarás toda l. que se levante
Jer. 9:8 Flecha asesina es la l. de ellos
Mar. 16:17 En mi nombre.. hablarán nuevas l.
Hech. 2:4 comenzaron a hablar en distintas l.
1 Cor. 12:10, 28, 30 a otro, género de l.; y a
1 Cor. 13:1, 8; 14:2-39 Si yo hablo en l. de
Stg. 1:26; 3:5-8 Si alguien.. no refrena su l.
Apoc. 5:9; 7:9 redimido.. gente de toda.. l
Apoc. 16:10 Se mordían las l. de dolor

LENGUAJE: ver Idioma
Gén. 11:7, 9 confundamos allí su l. para que
Sof. 3:9 daré a los pueblos un l. puro para

LENTEJA
Gén. 25:34 Jacob dio a Esaú.. de l.

LENTO: ver Tardo
Exo. 34:6; Núm. 14:18 Dios.. l. para la ira
Stg. 1:19 hombre sea.. l. para hablar y l.

LEÑA
Prov. 26:20 Sin l. se apaga el fuego

LEON
Gén. 49:9 Eres un cachorro de l., oh Judá
Jue. 14:5-18 Sansón.. mano, despedazó al l.
Sal. 91:13 Sobre el l. y la cobra pisarás
Ecl. 9:4 mejor es perro vivo que l. muerto
Isa. 11:6, 7; 65:25 l. comerá paja como.. buey
Eze. 1:10; 10:14; Apoc. 4:7 cara de l. en el
Dan. 6:16-27; Heb. 11:33 al foso de los l.
Amós 5:19 huye de un l. y choca con un oso
1 Ped. 5:8 el diablo, como l. rugiente, anda
Apoc. 5:5 el L. de la tribu de Judá, la Raíz

LEOPARDO
Isa. 11:6 el l. se recostará con el cabrito
Jer. 13:23 ¿Podrá.. cambiar.. l. sus manchas?

LEPRA: ver Leproso
Lev. 13:2—14:57 Cuando.. tenga.. llaga de l.
2 Crón. 26:19-23 Uzías.. brotó l. en su frente

LEPROSO: ver Lepra
Exo. 4:6 que su mano estaba l., blanca como
Núm. 12:10 María quedó l., blanca como nieve

2 Rey. 5:1-27 Naamán, jefe.. valiente, pero l.
2 Rey. 7:3-8 cuatro hombres l. a la entrada
Mat. 8:2 vino un l. y se postró ante él
Mat. 10:8 Sanad enfermos.. limpiad l., echad
Mat. 11:5 l. son hechos limpios, los sordos
Mat. 26:6 Jesús.. en casa de Simón el l.
Luc. 17:12 salieron a su encuentro diez.. l.

LETRA
2 Cor. 3:6, 7 l. mata.. Espíritu vivifica

LETRERO
Juan 19:19 Pilato.. puso.. cruz un l.

LEUDAR: ver Levadura
Exo. 13:7 comerán.. nada leudado ni levadura
1 Cor. 5:6; Gál. 5:9 poco de levadura leuda

LEVADURA
Exo. 12:15-20, 39 días comeréis panes sin l.
Deut. 16:3-16 pan sin l... pan de aflicción
2 Crón. 35:17; Luc. 22:1 Pascua.. Panes sin L.
Mat. 13:33 reino de Dios.. semejante a la l.
Mat. 16:6-12 guardaos de la l. de los fariseos

LEVANTAR: ver Alzar, Resucitar
Núm. 10:35 Moisés.. Levántate, oh Jehovah, y
Deut. 18:15; Hech. 3:22; 7:37 Dios te levantará
Jos. 1:2 levántate, pasa el Jordán.. con todo
Jue. 2:16 Jehovah levantó jueces que.. librasen
1 Sam. 2:8; Sal. 107:41; 113:7 levanta del
Job 19:25 al final se levantará sobre el polvo
Job 31:14 ¿qué haré cuando Dios se levante?
Sal. 1:5 no se levantarán.. impíos en.. juicio
Sal. 25:1 A ti, oh Jehovah, levantaré mi alma
Sal. 35:2; 41:8-10; 44:26; 68:1 levántate
Sal. 94:16 ¿Quién se levantará por mí contra
Prov. 24:16 cae.. justo y se vuelve a levantar
Prov. 31:28 Se levantan sus hijos y le llaman
Ecl. 4:10 Caen.. uno levantará a su compañero
Isa. 40:9 Levanta.. voz.. Jerusalén.. Levántala
Isa. 60:1 ¡Levántate y resplandece! Porque
Dan. 12:13 te levantarás para recibir.. heredad
Amós 7:2 ¿Cómo podrá levantarse Jacob, que
Luc. 1:52, 69 y levantó a los humildes
Luc. 5:23-25; 6:8; 7:14; 8:54, 55; Juan 5:8; Hech. 3:6; 9:40 Levántate y anda
Luc. 11:32 hombres de Nínive se levantarán en
Juan 2:19 Destruid.. en tres días lo levantaré
Juan 3:14 como Moisés levantó la serpiente en
Juan 8:28; 12:32 Cuando.. levantado al Hijo del
Hech. 3:26; 5:30; 10:40; 13:30 levantar.. Siervo
Hech. 9:6, 8, 11; 22:10; 26:16 levántate, entra
1 Cor. 6:14 como Dios levantó al Señor.. nos l.
Ef. 5:14 levántate de entre los muertes, y te
Heb. 11:19 Dios.. poderoso.. levantar.. muertos
Stg. 5:15 al enfermo, y el Señor lo levantará

LEVI
hijo de Jacob: Gén. 29:34; 34:25-30; 35:23
tribu: Exo. 2:1; 6:16; 32:26-28; Núm. 1:49; 3:6—4:2; 17:3-8; 18:21; Deut. 10:8, 9; Heb. 7:5, 9; Apoc. 7:7
discípulo de Jesús: ver Mateo: Mar. 2:14, 15

LEVIATAN
Job 3:8; 41:1; Sal. 74:14; 104:26; Isa. 27:1

LEVITA: ver Leví, Sacerdote
Exo. 4:14; 6:25 casas paternas de los l.
Núm. 3:9 Darás los l. a Aarón y a sus hijos
Núm. 8:6-26 Toma a los l. de entre.. Israel
Deut. 12:19 Ten cuidado de no desamparar al l.
Deut. 18:1 sacerdotes l... no tendrán parte
2 Crón. 29:34 l. habían sido más concienzudos
Luc. 10:32 l. también llegó.. pasó de largo
Hech. 4:36 José.. llamado Bernabé.. era l.

LEY: ver Mandamiento, Ordenanza
Exo. 13:9 que la l. de Jehovah esté en tu boca
Exo. 24:12 te daré las tablas.. con la l. y
Núm. 15:16 Una misma l. y.. norma tendréis
Deut. 1:5 Moisés empezó a explicar esta l. en
Deut. 4:8 ¿Qué nación.. tenga l... tan justos
Deut. 31:9-26; 32:46; 33:4, 10 escribió esta l.
Jos. 1:8 Nunca se aparte.. este libro de la L.
2 Rey. 10:31; 2 Crón. 12:1 no andar.. en la l.
2 Rey. 22:8, 11 He hallado el libro de la L.
Esd. 7:10 Esdras.. preparado.. escudriñar.. l.
Neh. 8:2-18 leían en el libro de la L. de Dios
Sal. 1:2 en la l. de Jehovah está su delicia
Sal. 19:7 La l. de Jehovah es perfecta
Sal. 37:31; 40:8 l. de su Dios está en.. corazón
Sal. 119:18-174 miraré la maravilla de tu l.
Sal. 148:6 les puso l. que no será quebrantada
Prov. 28:7 que guarda la l. es hijo inteligente
Isa. 2:3; Miq. 4:2 de Sion saldrá la l., y de
Isa. 5:24 han desechado la l. de Jehovah
Isa. 8:16, 20 ¡A la l. y al testimonio!
Isa. 10:1 Ay de.. que establecen l. injustas
Isa. 42:4 las costas esperarán su l.
Isa. 42:21 Jehovah.. hacer grande y.. la l.
Isa. 51:7 Oídme.. pueblo en.. corazón está mi l.
Jer. 31:33; Heb. 8:10; 10:16 Pondré mi l. en su
Dan. 6:8, 12 l. de medos y persas.. no puede
Mal. 2:6 La l. de verdad estuvo en su boca
Mal. 3:7 os habéis apartado de mis l. y no
Mat. 5:17, 18 No.. he venido.. abrogar la L.
Mat. 7:12 esto es la Ley y los Profetas
Mat. 11:13; Luc. 16:16, 17 Profetas y la L.
Mat. 22:40 De estos dos dependen toda la L. y
Luc. 10:26 ¿Qué está escrito en la l.?

Luc. 24:44 escritas de mí en la L. de Moisés
Juan 7:19 ¿No os dio Moisés la L.?
Juan 7: 49, 51 ¿Juzga nuestra l... si primero
Juan 19:7 tenemos una l., y según nuestra l.
Hech. 13:39 por la l. de Moisés no pudisteis
Rom. 2:12 pecaron sin.. l., sin.. l. perecerán
Rom. 3:19-21, 27-31; Gál. 2:16, 19; 3:10-13 por las obras de la l. nadie será
Rom. 4:13-16; 5:13 donde no hay l., tampoco
Rom. 6:14, 15 ya no estáis bajo la l., sino
Rom. 7:1-25 la l. es espiritual; pero yo soy
Rom. 8:2-7 l. del Espíritu.. me ha librado de
Rom. 10:4, 5 el fin de la l. es Cristo, para
Rom. 13:8-10; Gál. 5:14 amor.. cumplimiento.. l.
1 Cor. 15:56 el poder del pecado es la l.
Gál. 3:19-23 ¿para qué existe la l.?.. por
Gál. 4:4, 5 que redimiese a los.. bajo la l.
Gál. 5:23 dominio.. Contra tales.. no hay l.
Gál. 6:2 Sobrellevad.. cumpliréis la l. de
1 Tim. 1:8, 9 la l. es buena, si uno la usa
Heb. 7:19; 10:1 la l. no perfeccionó nada
Stg. 1:25 presta atención a la perfecta l. de
Stg. 2:8-12 Si.. cumplís la l. real conforme
Stg. 4:11, 12 Hay un solo Dador de la l.
1 Jn. 3:4 que comete pecado.. infringe la l.

LIBACION
Gén. 35:14 Jacob.. Sobre ella derramó una l.
Lev. 23:13 Su l. será.. parte de.. hin de vino
2 Sam. 23:16 agua.. David.. derramó como.. l.
Fil. 2:17 ser derramado como l... me gozo y me

LIBERACION: ver Salvación
Exo. 14:13 veréis la l. que Jehovah hará a
Sal. 108:12; 146:3 vana.. la l. que da.. hombre

LIBERALIDAD: ver Generosidad
Deut. 15:8; Rom. 12:8 abrirás tu mano con l.
Stg. 1:5 Dios.. da a todos con l. y sin

LIBERAR
Rom. 7:6 hemos sido liberados de la ley

LIBERTAD
Lev. 25:10 año cincuenta y pregonaréis. l... será de jubileo
Sal. 119:45 Andaré en l., porque he buscado tus
Isa. 61:1; Luc. 4:18 proclamar l. a los cautivos
Jer. 34:8-17 Cada siete años dejaréis en l.
Rom. 8:21 entrar a la l. gloriosa de los hijos
1 Cor. 8:9; Gál. 5:13 que.. vuestra l. no sea
2 Cor. 3:17; Ef. 3:12 donde.. Espíritu.. hay l.
Gál. 5:1 Estad.. firmes en la l. con que Cristo
Stg. 2:12 ser juzgados por la ley de la l.

LIBERTADOR: ver Salvador
Jue. 3:9, 15 Jehovah levantó un l. a.. Israel
2 Sam. 22:2; Rom. 11:26 Jehovah es.. mi l.
Sal. 40:17; 70:5 eres mi ayuda y mi l.; ¡Oh

LIBERTAR: ver Librar
Exo. 6:6 y os libertaré de su esclavitud
Rom. 6:18 una vez libertados del pecado

LIBERTINAJE
2 Cor. 12:21; Jud. 4 l... cometido

LIBRAR: ver Libertad, Salvar
Exo. 3:8; 6:6 he.. librarlos de.. egipcios
Deut. 32:39 no hay quien pueda librar de mi
1 Sam. 17:37 librado.. del león.. me librará
2 Sam. 22:20, 49 me libró, porque se agradó
2 Rey. 20:6 libraré a ti y a esta ciudad
Sal. 6:4; 17:13, 14; 22:20 libra mi alma
Sal. 19:12 errores.. ¡Líbrame de los.. ocultos
Sal. 22:4 padres esperaron.. y tú los libraste
Sal. 31:2, 15; 59:1, 2; 69:18; 140:1 Líbrame
Sal. 33:19 para librar sus almas de la muerte
Sal. 34:4-7, 17-19 todos mis temores me libró
Sal. 35:10, 17; 72:12 Libras al pobre del más
Sal. 37:40 Jehovah les ayudará y les librará
Sal. 39:8 Líbrame de todas mis rebeliones
Sal. 41:1 En el día malo lo librará Jehovah
Sal. 54:7; 56:13 me has librado de.. angustia
Sal. 68:20 de Jehovah.. el librar de.. muerte
Sal. 82:4 Librad al necesitado.. libradlo
Sal. 91:3 te librará de la trampa del cazador
Sal. 91:15 Lo libraré y lo glorificaré
Sal. 119:170 líbrame conforme a tu dicho
Prov. 2:12 Te libraré del mal camino
Prov. 23:14 castigarás.. y librarás su alma
Isa. 38:17 tú libraste mi vida del hoyo
Isa. 43:13 no hay quien pueda librar de mi
Isa. 50:2 ¿Acaso no hay en mí.. para librar
Isa. 57:13 que te libre tu colección de ídolos
Jer. 1:8 estaré contigo para librarte
Jer. 30:7 angustia.. pero será librado de él
Eze. 3:19; 33:12 pero tú habrás librado tu vida
Dan. 3:17, 28, 29 Dios.. puede librarnos del
Dan. 6:20, 27 Tu Dios.. ¿te ha podido librar
Mat. 6:13 no nos metas.. mas líbranos del mal
Hech. 12:11 Señor.. me ha librado.. de Herodes
Rom. 7:24 ¿Quién me librará de este cuerpo de
Rom. 8:2 la ley del Espíritu.. me ha librado de
Gál. 1:4; 2 Tim. 4:18 nos libró de la.. época
Col. 1:13 nos ha librado de la autoridad de
Heb. 2:15 para librar a los que por el temor

LIBRE: ver Salvo
Exo. 21:2; Deut. 15:12, 13 esclavo.. saldrá l.
Isa. 58:6 ¿No consiste.. el ayuno.. en dejar l.

Juan 8:32-36 la verdad, y la verdad os hará l.
Rom. 6:20-22 l. del pecado y hechos siervos de
Rom. 7:2, 3; 1 Cor. 7:39 esposo muere.. está l.
1 Cor. 9:1, 19 ¿No soy l.? ¿No soy apóstol?
1 Cor. 12:13; Gál. 3:28; Col. 3:11 esclavo ni l.
Gál. 5:1 libertad con que Cristo nos hizo l.

LIBRITO
Apoc. 10:2, 8-10 su mano un l. abierto

LIBRO: ver Rollo
Exo. 17:14; Deut. 28:58, 61 Escribe.. en un l.
Exo. 24:7 tomó el l. del pacto y.. leyó a oídos
Exo. 32:32, 33; Deut. 29:20-27 borraré de mi l.
Deut. 31:24, 26; Jos. 8:31, 34; 23:6; 2 Rey. 14:6 Moisés acabó de escribir.. ley en un l.
Jos. 1:8 Nunca se aparte.. este l. de la Ley
Jos. 24:26 Josué escribió.. en el l. de la Ley
1 Rey. 14:29; 15:7, 23; 22:45; 2 Rey. 8:23; 12:19; 14:18, 28; 15:6, 36; 16:19; 20:20; 21:17, 25; 23:28; 24:5 hechos.. ¿no están escritos en el l. de las
2 Rey. 22:8-16 He hallado el l. de la Ley en
2 Rey. 23:2, 3, 21-24 leyó.. del l. del pacto
2 Crón. 17:9 enseñaron.. llevando.. l. de la Ley
Esd. 6:18 servicio.. conforme a.. l. de Moisés
Neh. 8:1-8, 18; 9:3 trajese el l. de la Ley de
Ecl. 12:12 hacer muchos l. es algo sin fin
Jer. 25:13; 30:2; 36:8-32; 45:1; Dan. 9:2 este l. que ha profetizado Jeremías contra
Dan. 7:10; 12:4: Apoc. 5:1-9 l. fueron abiertos
Dan. 12:1 tu pueblo.. inscritos en el l.
Mat. 1:1 L. de la genealogía de Jesucristo
Mar. 12:26 ¿no habéis leído en el l. de Moisés
Luc. 3:4 escrito en el l... del profeta Isaías
Luc. 20:42; Hech. 1:20 David.. en el l. de los
Hech. 19:19 magia trajeron sus l. y.. quemaron
Fil. 4:3; Apoc. 3:5; 13:8; 17:8; 20:12, 15; 21:27 cuyos nombres están en el l. de la vida
Apoc. 1:11 Escribe en un l. lo que ves, y
Apoc. 22:7-10, 18, 19 la profecía de este l.

LICITO
Mat. 12:10-12 acusar.. ¿Es l. sanar en sábado?
1 Cor. 6:12; 10:23 las cosas me son l., pero

LICOR: ver Bebida, Vino
Lev. 10:9; Núm. 6:3; Jue. 13:4; Luc. 1:15 Ni tú ni tus hijos.. beberéis vino ni l.
Núm. 28:7 cuarta parte.. una libación de l.
1 Sam. 1:15 Ana.. No he bebido vino ni l.
Prov. 20:1; 31:4; Isa. 5:22 el l. alborota

LIDA, localidad
Hech. 9:32-38

LIDIA, creyente
Hech. 16:14, 40

LIENZO
Hech. 10:11; 11:5 objeto.. como un.. l.

LIGEREZA
1 Tim. 5:22 No impongas.. manos.. con l.

LIGERA
Mat. 11:30 yugo es fácil, y l. mi carga

LIMITAR
Isa. 54:2 No te limites; alarga tus cuerdas
Miq. 2:7 ¿Acaso se ha limitado el Espíritu de

LIMOSNA
Hech. 3:2-10 cojo.. para pedir l.

LIMPIAR: ver Lavar
2 Crón. 29:15-18 limpiar la casa de Jehovah
Sal. 119:9 ¿Con qué limpiará el joven su
Isa. 1:16 Lavaos, limpiaos, quitad la maldad
Jer. 33:8 Los limpiaré de toda la maldad con
Zac. 13:1 manantial.. a fin de limpiar.. pecado
Mat. 3:12 Su aventador.. limpiará su era
Mat. 23:25 fariseos.. limpiáis lo de afuera
Juan 12:3 María.. los limpió con sus cabellos
2 Cor. 7:1 limpiémonos de toda impureza de
Heb. 9:14 sangre de Cristo.. limpiará nuestras
1 Jn. 1:9 Si confesamos.. limpiarnos de

LIMPIO: ver Puro, Santo
Lev. 11:47 diferenciar entre.. inmundo y lo l.
Sal. 18:26 Con el l. te muestras l., y eres
Sal. 19:9 El temor de Jehovah es l.; permanece
Sal. 24:4 El l. de manos y puro de corazón
Mat. 5:8 Bienaventurados los de l. corazón
Mar. 7:19 Así declaró l. todas las comidas

LINAJE: ver Descendencia
Sal. 89:29 Estableceré su l. para siempre
Hech. 17:28, 29 Siendo.. l. de Dios, no
1 Ped. 2:9 sois l. escogido, real sacerdocio
Apoc. 22:16 Jesús.. la raíz y el l. de David

LINDERO
Deut. 19:14; 27:17 No cambiarás de lugar los l.
Sal. 16:6 l. me han tocado en lugar placentero

LINO
Gén. 41:42 faraón.. José.. vistió con.. l. fino
Eze. 9:2-11; 10:2-7; Dan. 10:5; 12:6, 7 Dios llamó al hombre vestido de l.

LIRA
Sal. 137:2 sauces.. colgábamos nuestras l.

LIRIO
Cant. 2:1, 2 Yo soy.. el l. de los valles
Mat. 6:28 Mirad los l. del campo, cómo crecen

LISONJERA
Prov. 26:28; 28:23 la boca l. causa la ruina
1 Tes. 2:5 nunca usamos palabras l. ni tampoco

LISTO
Hech. 21:13 estoy l... a morir.. por.. Jesús
1 Ped. 3:15 estad siempre l. para responder

LISTRA, ciudad
Hech. 14:6-21; 16:1, 2; 2 Tim. 3:11

LITIGIO
Jer. 25:31 Jehovah tiene l. contra las

LOAR: ver Alabar, Exaltar
Apoc. 19:5 ¡Load a nuestro Dios, todos

LOBO
Isa. 11:6; 65:25 l. habitará con el cordero
Eze. 22:27; Sof. 3:3 magistrados.. son como l.
Mat. 7:15; 10:16; Juan 10:12 profetas.. son l.

LOCO
Hech. 26:24, 25 Festo.. ¡Estás l., Pablo!
1 Cor. 14:23 lenguas.. ¿no dirán que estáis l.

LOCURA
1 Cor. 1:18-23; 2:14; 3:19 mensaje.. l.

LODO: ver Barro
Sal. 40:2; 69:2 me hizo subir.. del l. cenagoso
Jer. 38:6 l.; y Jeremías se hundió en el l.
Juan 9:6, 11-15 hizo l. con la saliva y con el

LOGRAR: ver Alcanzar
Ecl. 2:22 ¿qué logra el hombre de todo su duro
Fil. 3:16 sigamos fieles a.. que hemos logrado

LOGRO
Prov. 10:16 l. del impío es para pecado

LOIDA, abuela de Timoteo
2 Tim. 1:5 fe no fingida.. en tu abuela L.

LOOR: ver Alabanza
Isa. 44:23 Cantad l., oh cielos, porque

LOT, sobrino de Abraham
Gén. 11:27-31; 12:4, 5; 13:1-14; 14:12-16; 19:1-36; Deut. 2:9, 19; Luc. 17:28-32; 2 Ped. 2:7

LUCAS, compañero de Pablo
Col. 4:14; 2 Tim. 4:11; Film. 24

LUCERO: ver Estrella
Isa. 14:12 ¡Cómo has caído del cielo, oh l.
2 Ped. 1:19 el l. de la mañana se levante en

LUCHA: ver Combatir
Ef. 6:12 nuestra l. no es contra sangre

LUCHAR: ver Combatir
Gén. 32:24, 25 Jacob.. un hombre luchó con él
1 Sam. 17:32, 33 David.. luchará contra ese
2 Crón. 13:12 no luchéis contra.. Dios.. porque
Jer. 1:19 Lucharán contra ti, pero no te
Hech. 5:39 ¡No sea que.. luchando contra Dios!
1 Cor. 9:25 aquel que lucha se disciplina en

LUGAR: ver otros siguientes
1 Crón. 17:9 dispondré un l. para mi pueblo
Ecl. 3:20 Todo va al mismo l.; todo es hecho
Luc. 2:7 no había l. para ellos en el mesón
Luc. 14:22 se ha hecho.. y aún queda l.
Juan 14:2, 3 Voy.. a preparar l. para vosotros
Ef. 4:27 ni des l. al diablo

LUGAR SANTISIMO: ver Lugar Santo
1 Rey. 6:16; 8:6 santuario interior.. el l-smo.
2 Crón. 3:8, 10; 4:22 sala del l-smo. era de
2 Crón. 5:7 el arca del pacto.. en el l-smo.
Eze. 45:3 estará el santuario, el l-smo.
Heb. 8:2; 9:3, 8 ministro del l-smo. y del
Heb. 9:12, 24, 25 entró una vez.. en el l-smo.
Heb. 10:19 plena confianza.. entrar al l-smo.

LUGAR SANTO
Exo. 26:33 velo.. entre el l-s. y el l-smo.
Sal. 24:3 ¿Quién permanecer en su l-s.?
Eze. 41:23, 25 l-s. y el l-smo... dos puertas
Mat. 24:15 establecida en el l-s... abominación
Heb. 9:2 En la primera parte.. el l-s., estaban

LUMBRERA: ver Lámpara
Gén. 1:14-16 dijo Dios: "Haya l. en.. cielo
Sal. 119:105 tu palabra, y l. a mi camino

LUMINAR
Fil. 2:15 resplandecéis como l. en

LUNA: ver Lumbrera
Deut. 17:3; 2 Rey. 23:5 inclinándose.. a la l.
Sal. 8:3 Cuando contemplo tus cielos.. la l.
Sal. 81:3 Tocad la corneta en l. nueva; en l.

1 Cor. 15:41 otra es la gloria de la l., y
Apoc. 21:23 ciudad no tiene necesidad.. de l.

LUTO: ver Duelo, Llanto
Isa. 61:3 aceite de regocijo en lugar de l.
Mat. 9:15 ¿Pueden tener l. los que.. de bodas

LUZ: ver Antorcha, Lámpara
Gén. 1:3-5 dijo Dios: "Sea la l.", y fue la l.
Exo. 10:23 todos.. de Israel tenían l. en sus
Sal. 4:6 Haz brillar.. la l. de tu rostro
Sal. 27:1 Jehovah es mi l. y mi salvación
Sal. 36:9 la vida; en tu l. veremos la l.
Sal. 37:6 tu justicia como la l., y tu
Sal. 43:3 Envía tu l. y tu verdad; éstas me
Sal. 89:15; 1 Tim. 6:16 Andarán a la l. de tu
Sal. 97:11 La l. está sembrada para el justo
Sal. 104:2 se cubre de l. como de vestidura
Sal. 112:4 En.. tinieblas resplandece la l.
Prov. 4:18; Luc. 1:78 justos es como la l. de
Ecl. 2:13 ventaja que la l. tiene sobre las
Ecl. 11:7 Agradable es la l., y bueno es a
Isa. 2:5 venid y caminemos a la l. de Jehovah
Isa. 5:20 Consideran las tinieblas como l., y
Isa. 9:2; Mat. 4:16 pueblo.. vio una gran l.
Isa. 42:6, 9; 49:6; Luc. 2:32; Hech. 13:47 te pondré.. como l. para las naciones
Isa. 45:7 Yo soy quien forma la l. y crea las
Isa. 50:10 El que.. carece de l., confíe en
Isa. 58:8, 10 despuntará tu l. como el alba
Isa. 60:1, 3 Levántate.. ha llegado tu l., y
Isa. 60:19, 20 Jehovah ser para ti l. eterna
Amós 5:18 día de Jehovah.. tinieblas, y no de l.
Miq. 7:8, 9 Jehovah.. me sacará a la l.
Mat. 5:14-16; 1 Tes. 5:5 sois la l. del mundo
Mat. 6:22, 23 todo.. cuerpo estará lleno de l.
Luc. 11:33-36 no sea que la l... en ti sea
Juan 1:4-9 La l. resplandece en las tinieblas
Juan 3:19-21 la l. ha venido al mundo, y los
Juan 8:12; 9:5; 12:46 Yo soy la l. del mundo
Juan 12:35, 36 Mientras tenéis la l., creed
Hech. 9:3; 22:6; 26:13 le rodeó.. de l.
Rom. 13:12 vistámonos con las armas de la l.
2 Cor. 6:14 ¿Qué comunión tiene la l. con las
Ef. 5:8-13; 1 Jn. 2:8-10 tinieblas.. sois l.
Stg. 1:17 don.. desciende del Padre de las l.
1 Ped. 2:9 os ha llamado.. a su l. admirable
1 Jn. 1:5, 7 Dios es l., y en él no.. tinieblas

LLAGA: ver Herida
Job 2:7 Satanás.. hirió a Job con unas ll.
Isa. 1:6 del pie hasta la cabeza.. ll.
Luc. 16:20, 21 Lázaro.. echado.. lleno de ll.

LLAMA: ver Fuego
Exo. 3:2; Jue. 13:20 ángel.. en.. ll. de fuego
Sal. 104:4; Heb. 1:7 ll. de fuego.. servidores
Isa. 30:30 Jehovah.. ll. de fuego consumidor
Isa. 66:15 Jehovah.. descargar su ira.. con ll.
Luc. 16:24 estoy atormentado en esta ll.
2 Tes. 1:8 en ll. de fuego.. dar retribución
Apoc. 1:14; 2:18; 19:12 sus ojos eran como ll.

LLAMAMIENTO: ver Elección
1 Cor. 1:26; 2 Ped. 1:10 considerad.. vuestro ll.
Ef. 4:1; 2 Tes. 1:11 andéis como.. digno del ll.
Fil. 3:14 prosigo a la meta.. del supremo ll.

LLAMAR: ver Clamar, Gritar
Gén. 2:19 que el hombre llamó a los animales
Exo. 3:4; 19:3, 20 Jehovah.. lo llamó desde
1 Sam. 3:4-10 Jehovah llamó a Samuel
Prov. 1:24, 28 cuanto llamé, y os resististeis
Isa. 5:20 ¡Ay de los que a lo malo llaman
Isa. 42:6 te he llamado en justicia
Isa. 45:4 yo te llamo por tu nombre
Isa. 49:1 Jehovah me llamó desde el vientre
Isa. 55:5, 6 ¡Llamadle en tanto que.. cercano
Isa. 65:12; 66:4 llamé, y no respondisteis
Ose. 11:1, 2; Mat. 2:15 de Egipto llamé a mi
Mat. 4:21; 10:1 vio a otros. Los llamó
Mat. 5:9 serán llamados hijos de Dios
Mat. 7:7, 8 Llamad, y se os abrirá
Mat. 9:13 he venido para llamar.. a pecadores
Mat. 22:14 muchos son los llamados, pero
Mar. 10:18 ¿Por qué me llamas "bueno"?
Luc. 13:25 comenzaréis a llamar a la puerta
Juan 10:3 A sus ovejas las llama por nombre
Juan 15:15 os he llamado amigos, porque os he
Hech. 16:10 que Dios nos había llamado para
Rom. 1:1; 1 Cor. 1:1 Pablo.. llamado a ser
Rom. 1:6 vosotros, los llamados de Jesucristo
Rom. 8:28, 30 los que son llamados conforme a
Rom. 9:26 llamados hijos del Dios viviente
1 Cor. 7:17-24 como era cuando Dios le llamó
Gál. 1:15 Dios.. me llamó por su gracia
Gál. 5:13 fuisteis llamados a la libertad
Ef. 4:1, 4 digno del.. que fuisteis llamados
1 Tes. 2:12; 1 Ped. 5:10 Dios.. os llama a su
1 Tes. 4:7 Dios no nos ha llamado a la
Heb. 9:15 los.. llamados reciban la promesa
1 Jn. 3:1 amor.. seamos llamados hijos de Dios
Apoc. 3:20 yo estoy a la puerta y llamo; si

LLANTO: ver Duelo, Lágrima
Esd. 3:13 no.. distinguir.. alegría del.. ll.
Sal. 30:5 Por la noche dura el ll., pero al
Jer. 31:9 Vendrán con ll., pero con consuelo
Jer. 31:15; Mat. 2:18 ll.. Raquel lloraba por
Joel 2:12 volveos a mí.. con ayuno, ll. y
Mat. 8:12; 13:42, 50; 22:13; 24:51; 25:30 Allí habrá ll. y crujir de dientes

Apoc. 18:8 en un.. día le sobrevendrán.. ll.
Apoc. 21:4 Dios enjugará.. ni habrá más ll.

LLANURA: ver Valle
Gén. 13:10-12 Lot.. vio toda la ll. del Jordán
Deut. 34:8 duelo por Moisés en las ll. de Moab

LLAVE
Isa. 22:22; Apoc. 3:7 ll. de la casa de David
Mat. 16:19 te daré las ll. del reino de los
Luc. 11:52 habéis quitado.. ll... conocimiento
Apoc. 1:18 tengo las ll. de la muerte y.. Hades
Apoc. 9:1; 20:1 ángel.. dada la ll. del pozo

LLEGAR: ver Venir
Gén. 12:5 Después llegaron a.. Canaán
Gén. 15:16 no ha llegado a su colmo la maldad
Est. 4:14 tiempo.. éste has llegado al reino
Juan 12:23, 27 para esto he llegado a.. hora!
Juan 13:1; 16:32 había llegado su hora.. pasar
Juan 17:1 Padre, la hora ha llegado

LLENAR: ver Colmar
Gén. 1:28 Llenad la tierra; sojuzgadla y tened
Núm. 14:21; 1 Rey. 8:10, 11 gloria.. llena toda
Sal. 81:10 Abre bien tu boca, y la llenaré
Isa. 6:4 el templo se llenó de humo
Jer. 23:24 ¿Acaso no lleno yo el cielo y la
Juan 2:7 Llenad de agua las tinajas
Rom. 15:13 Dios de esperanza os llene de todo
Rom. 15:19 desde.. hasta.. lo he llenado todo
Ef. 1:23; 4:10 aquel que todo lo llena en todo

LLENO
2 Rey. 4:4, 6 cuando las vasijas estuvieron ll.
Sal. 72:19; Isa. 6:3 tierra sea ll. de.. gloria
Sal. 119:64 De tu misericordia está ll. la
Hab. 2:14 tierra estará ll. del conocimiento
Luc. 4:1 Jesús, ll. del Espíritu Santo.. fue
Luc. 11:34, 36 todo tu cuerpo está ll. de luz
Juan 1:14 Verbo.. lleno de gracia y de verdad
Ef. 3:19; Col. 1:9 así seáis ll. de toda la

LLEVAR: ver Cargar, Soportar
Exo. 28:12 Aarón llevará sus nombres delante
Sal. 49:15 Dios.. me llevará consigo
Sal. 49:17; Ecl. 5:15 al morir no llevará nada
Sal. 61:2 Llévame a la roca que es más alta
Isa. 40:11 A los corderitos llevará en su seno
Isa. 53:4, 7, 12 llevó nuestras enfermedades
Lam. 3:27 Bueno.. llevar.. yugo en su juventud
Juan 21:18 seas viejo.. te llevará a donde no
2 Cor. 4:10 llevamos en el cuerpo la muerte
Gál. 3:24 ley.. tutor para llevarnos a Cristo
Heb. 13:9 No seáis llevados de acá para allá
1 Ped. 2:24 El mismo llevó nuestros pecados

LLORAR: ver Gemir
Deut. 1:45 llorasteis.. pero Jehovah no escuchó
1 Sam. 1:7-10 Ana lloraba y no comía.. ella oró
1 Sam. 15:35; 16:1 Samuel lloraba por Saúl
Sal. 126:6 va llorando.. volverá con regocijo
Sal. 137:1, 3 ríos de Babilonia.. llorábamos
Ecl. 3:4 tiempo de llorar y tiempo de reír
Jer. 31:15; Mat. 2:18 Raquel lloraba por sus
Jer. 50:4 Irán andando y llorando, y buscarán
Mat. 5:4 Bienaventurados los que lloran
Mat. 26:75 Pedro.. cante el gallo.. lloró
Luc. 23:27, 28 mujeres.. lloraban.. por él
Juan 11:35 Jesús lloró
Juan 16:20 lloraréis.. el mundo se alegrará
Juan 20:13, 15 Mujer, ¿por qué lloras?
Rom. 12:15 gozan. Llorad con los que lloran
Apoc. 5:4, 5 yo lloraba mucho, porque ninguno

LLOVER
Gén. 2:5 Dios no había hecho llover sobre la
Gén. 7:4, 12 haré llover.. cuarenta días y
Gén. 19:24 Jehovah hizo llover.. azufre y fuego
Mat. 5:45 Padre.. hace llover sobre justos e

LLUVIA
Lev. 26:4; Deut. 11:14 mandaré.. ll. a.. tiempo
Deut. 11:17 No sea que.. furor.. no haya ll.
Deut. 32:2 Goteará como ll. mi enseñanza
1 Rey. 17:1; 18:1-45 Elías.. no habrá.. ll.
2 Crón. 6:26, 27; 7:13 Cuando.. no haya ll.
Isa. 55:10 como la ll... descienden del cielo
Eze. 34:26 su tiempo; serán ll. de bendición
Zac. 10:1 ¡Pedid a Jehovah la ll... tardía!
Mat. 7:25, 27 cayó la ll., vinieron torrentes

MACEDONIA, provincia
Hech. 16:9-12; 18:5; 19:21; 20:1, 3; Rom. 15:26; 1 Cor. 16:5; 2 Cor. 1:16; 2:13; 7:5; 8:1; 9:2; 11:9; Fil. 4:15; 1 Tes. 1:7; 4:10; 1 Tim. 1:3

MACHO: ver Cabrío, Hembra
Gén. 6:19 sobrevivan contigo.. m. y hembra
Exo. 13:12 los m. serán para Jehovah
Lev. 1:3 holocausto.. ofrecerá un m. sin

MACPELA, cueva en Hebrón
Gén. 23:9, 17, 19; 25:9; 49:30; 50:13

MADERA: ver Arbol
Gén. 6:14; Exo. 27:1 Hazte un arca de m. de
1 Rey. 5:10 Hiram daba a Salomón.. m. de
Isa. 37:19; Jer. 10:8 fuego sus dioses.. de m.
Hag. 1:8 traed m. y reedificad el templo
1 Cor. 3:12 edifica sobre.. fundamento con.. m.

MADERO: ver Cruz
Hech. 5:30; 10:39 Jesús.. matasteis.. en un m.
Gál. 3:13; 1 Ped. 2:24 Maldito.. colgado.. m.

MADIAN, región
Exo. 2:15—4:19; Núm. 31:3-9; Jue. 6:1—9:17

MADRE
Gén. 2:24; Mat. 19:5; Ef. 5:31 dejará.. a su m.
Gén. 3:20; 17:16 sería la m. de.. los vivientes
Exo. 20:12; Mat. 15:4; Ef. 6:2 Honra.. a tu m.
Jue. 5:7 yo, Débora, me levanté.. como m. en
1 Sam. 2:19 Su m. le hacía.. una túnica
Prov. 1:8 no abandones.. instrucción de.. m.
Prov. 23:22 cuando tu m. envejezca, no la
Isa. 66:13 Como aquel a quien su m. consuela
Eze. 16:44 ¡De tal m., tal hija!
Miq. 7:6; Mat. 10:35 hija.. levanta contra.. m.
Mat. 1:18 Su m. María estaba desposada con
Mat. 2:11-21 toma al niño y a su m., y huye
Mat. 12:46-50 ¿Quién es mi m. y quiénes son
Juan 19:25-27 He ahí tu m.
1 Tim. 5:2 a las ancianas como a m.; y a las
2 Tim. 1:5 la fe.. habitó.. en tu m. Eunice

MADRUGADA
Sal. 127:2 En vano os levantáis de m.

MADUREZ
Ef. 4:13; Heb. 6:1 hasta.. plena m.

MADURO
2 Cor. 13:11 Sed m.; sed confortados

MAESTRO: ver Escriba
Prov. 8:22 Jehovah me creó como su obra m.
Isa. 30:20 tu M. nunca más se ocultará, sino
Mat. 8:19; 19:16 M., te seguiré a dondequiera
Mat. 10:24, 25 discípulo no es más que su m.
Mat. 23:8 porque uno solo es vuestro M., y
Luc. 8:24 ¡M., M.! ¡Perecemos!
Juan 3:2, 10 has venido de Dios como m.
Juan 11:28 El M. está aquí y te llama
Juan 13:13, 14 me llamáis M. y Señor; y decís
1 Cor. 12:28, 29; Ef. 4:11 puso Dios.. m.
Stg. 3:1 no os hagáis muchos m., sabiendo que

MAGIA: ver Mago
2 Rey. 21:6 practicó la m... hacer lo malo
Hech. 19:19 habían practicado la m. trajeron

MAGISTRADO: ver Juez
Sal. 58:1 Oh m... verdad pronunciáis justicia?
Isa. 32:1 los m. gobernarán según el derecho

MAGNIFICENCIA: ver Gloria, Grandeza
Sal. 68:34; 93:1 ha vestido de m.

MAGO: ver Adivino, Hechicero, Magia
Gén. 41:8; Exo. 7:22; Dan. 3:2 llamar a.. m.
Deut. 18:10 No sea hallado en ti.. quien sea m.
Mat. 2:1, 7, 16 unos m. vinieron del oriente
Hech. 13:6 Pafos, hallaron a un m., falso

MAGOG, nación
Eze. 38:2; 39:6; Apoc. 20:8

MAJESTAD: ver Gloria
Deut. 33:26 Dios.. cabalga sobre.. nubes en.. m.
1 Crón. 29:11 Tuyos son.. el esplendor y la m.
Sal. 145:5 Hablarán del esplendor de tu.. m.
Sal. 148:13 Jehovah.. su m. es sobre tierra y
Isa. 2:10-21 se meterán en.. peñas.. de su m.
Isa. 26:10; 30:30 no considera.. m. de Jehovah
Heb. 1:3; 8:1 se sentó a la diestra de la M.

MAJESTUOSO
Sal. 76:4 eres tú, m. más que las

MAL: ver Daño, Maldad
Gén. 2:17; 3:5 árbol.. del bien y del m. no
Gén. 6:5 tendencia.. de su corazón.. sólo al m.
Exo. 23:2 No seguirás a la mayoría para.. m.
Deut. 31:17, 18 Muchos m. y.. les vendrán
1 Sam. 23:9; 26:21 Saúl planeaba el m. contra
Sal. 15:3 ni hace m. a su prójimo
Sal. 23:4 no temeré m. alguno, porque.. estarás
Sal. 34:13-19; 37:8, 27; Prov. 3:7; 1 Ped.
3:10-12 Guarda tu lengua del m.
Sal. 91:10; Prov. 1:33 no te sobrevendrá m.
Prov. 4:16; 21:10 no duermen si no.. m.
Prov. 8:13 temor de Jehovah es aborrecer el m.
Prov. 11:27; 13:21; 17:13; 24:8 que busca el m.
Prov. 14:16 El sabio teme y se aparta del m.
Ecl. 8:9 enseñorea del hombre, para.. propio m.
Ecl. 8:11, 12 más predispuesto para hacer el m.
Isa. 56:2 Bienaventurado.. que guarda de.. m.
Jer. 11:17 Jehovah.. ha decretado el m. contra
Jer. 18:20 ¿Acaso se paga m. por bien?
Amós 5:14, 15 ¡Buscad el bien y no el m.
Jon. 3:8, 10 se volvieron de su m. camino
Mat. 6:13 tentación, mas líbranos del m.
Mat. 6:34 Basta a cada día su propio m.
Mat. 27:23 procurador.. ¿qué m. ha hecho?
Mar. 3:4 lícito en sábado hacer bien o.. m.?
Rom. 7:19, 21 m. que no quiero, eso practico
Rom. 12:17; 1 Tes. 5:15 No paguéis.. m. por m.
Rom. 12:21 No seas vencido por el m., sino
1 Tes. 5:22 Apartaos de toda apariencia de m.
1 Tim. 6:10 amor al dinero es raíz de.. los m.
Heb. 5:14 discernir entre el bien y el m.

MALDAD: ver Impiedad, Iniquidad
Gén. 6:5 Jehovah vio que la m. del hombre
Exo. 20:5; Núm. 14:18 castigo.. m. de.. padres
Deut. 28:20 perezcas.. a causa de la m. de tus
Sal. 7:9, 14 Acábese ya la m. de los impíos
Sal. 34:21; Prov. 14:32; Jer. 2:19 matará la m.
Sal. 51:2 Lávame más y más de mi m.
Sal. 51:5 en m. he nacido, y en pecado me
Sal. 90:8 Has puesto nuestras m. delante de
Prov. 26:26 Aunque.. su m. será descubierta
Isa. 9:18 La m. arde como fuego y devora
Isa. 47:10 Confiaste en tu m. y dijiste
Isa. 59:3 vuestra lengua murmura m.
Jer. 3:13 Sólo reconoce tu m., porque contra
Jer. 18:8 si esa nación.. se vuelve de su m.
Jer. 33:5 he escondido.. a causa de.. su m.
Jer. 33:8 Los limpiaré de toda la m. con que
Ose. 7:2 mantengo el recuerdo de toda su m.
Miq. 7:18 ¿Qué Dios.. que perdona la m.
Mat. 7:23 ¡Apartaos de mí, obradores de m.!
Mat. 24:12 por haberse multiplicado la m., se
Luc. 11:39 vuestro interior está lleno.. de m.
Hech. 8:22 Arrepiéntete.. de.. tu m. y ruega
Ef. 6:12 nuestra lucha.. contra espíritus de m.
Stg. 3:6 la lengua es.. un mundo de m.
1 Jn. 1:9 es fiel.. limpiarnos de toda m.

MALDECIR: ver Blasfemar
Gén. 12:3 a los que te maldigan maldeciré
Exo. 21:17; Lev. 20:9; Mat. 15:4 maldiga.. padre
Exo. 22:28; Hech. 23:5 No maldecirás.. jueces
Núm. 23:8 ¿Cómo he de maldecir a quien Dios
Mal. 2:2 Si no.. maldeciré vuestras bendiciones
Mar. 11:21 higuera que maldijiste se ha secado
Rom. 12:14 persiguen; bendecid y no maldigáis

MALDICION: ver Anatema
Núm. 5:18-27 juramento de m... a la mujer
Deut. 11:26-29 pongo hoy.. bendición y la m.
Jos. 8:34 leyó.. las bendiciones y las m.
Jer. 44:8, 12, 22 ¿Por qué.. seáis objeto de m.
Zac. 8:13 como fuisteis m... seréis bendición
Mal. 3:9 Malditos sois con m... habéis robado
Gál. 3:10 se basan en.. la ley están bajo m.
Gál. 3:13 Cristo nos redimió de la m. de la ley
Stg. 3:10 De la misma boca sale bendición y m.
1 Ped. 3:9 No devolváis.. m. por m., sino por
Apoc. 22:3 Ya no habrá más m. Y el trono de

MALDITO: ver Abominable
Gén. 3:14, 17 a la serpiente.. serás m. entre
Deut. 27:15-26; 28:16-19; Gál. 3:10 M... imagen
Jer. 11:3 M. el hombre que no obedece.. pacto
Jer. 17:5 M. el hombre que confía en el hombre
Mat. 25:41 Apartaos de mí, m., al fuego eterno

MALHECHOR
Sal. 37:1, 9 No te impacientes a causa de los m.
Sal. 119:115 Apartaos de mí, m., pues yo
Luc. 22:37; 23:32-39 fue contado con los m.

MALICIA
1 Cor. 14:20; Col. 3:8; Tito 3:3 bebés en la m.

MALIGNO: ver Diablo, Satanás
Job 2:7 Satanás.. hirió a Job con.. llagas m.
Mat. 13:19, 38 viene el m. y arrebata lo que
Juan 17:15; Ef. 6:16 que los guardes del m.

MALO: ver Malvado
Gén. 13:13 hombres de Sodoma eran m. y muy
Deut. 23:9 Cuando salgas.. cuídate de.. cosa m.
1 Sam. 16:14 Saúl.. espíritu m... atormentaba
Sal. 51:4 he hecho lo m. ante tus ojos
Sal. 112:7 De las m. noticias no tendrás temor
Prov. 11:21 manera quedará impune el m.
Prov. 14:19 Los m. se postrarán ante.. buenos
Prov. 15:3; Ecl. 12:14 ojos.. mirando a los m.
Ecl. 7:25 para conocer lo m. de la necedad
Ecl. 12:1 Acuérdate.. antes.. vengan.. días m.
Isa. 5:20 ¡Ay de los que a lo m. llaman bueno
Isa. 48:22; 57:21 ¡No hay paz para los m.
Jer. 2:19 ve cuán m... abandonado a Jehovah
Jer. 18:10, 11 si hace lo m... desistiré del
Jer. 24:2-9 canasta tenía higos muy m., tan m.
Zac. 1:4 Volveos de vuestros m. caminos y de
Mat. 5:39 No resistáis al m... la mejilla
Mat. 5:45 Padre.. hace salir su sol sobre m. y
Mat. 7:11 siendo m., sabéis dar cosas buenas
Mat. 12:35 hombre m. del m. tesoro saca m.
Mat. 13:49 ángeles.. apartarán a los m. de
Mat. 25:26 ¡Siervo m. y perezoso! ¿Sabías que
Rom. 2:9 angustia sobre toda.. que hace lo m.
Ef. 5:16; 6:13 tiempo, porque los días son m.
2 Tim. 3:13 los m. hombres.. irán de m. en peor
1 Ped. 2:16 libertad un pretexto.. hacer lo m.
3 Jn. 11 el que hace lo m. no ha visto a Dios
Apoc. 2:2 no puedes soportar a los m.

MALTA, isla
Hech. 28:1 que la isla se llamaba M.

MALTRATAR
Exo. 22:21; Jer. 22:3 No maltratarás.. extranjero
Luc. 6:28 orad por los que os maltratan

MALTRATO
Heb. 11:25 Prefirió.. recibir m... con

MALVADO: ver Malo
Job 20:5 el júbilo de los m. es breve, y la
Luc. 11:29 Esta.. es una generación m.
1 Cor. 5:13 quitad al m. de entre vosotros

MAMAR
Sal. 8:2; Mat. 21:16 los que.. maman has

MAMRE, lugar cerca de Hebrón
Gén. 13:18; 18:1; 23:17, 19; 25:9; 50:13

MANA: ver Pan
Exo. 16:31-35; Núm. 11:6-9 Israel lo llamó M.
Jos. 5:12 el m. cesó al día siguiente, cuando
Juan 6:31, 49 Nuestros padres comieron el m.
Apoc. 2:17 Al que venza.. daré de comer del m.

MANADA
Luc. 12:32 No temáis, m. pequeña

MANANTIAL: ver Fuente
Sal. 36:9 contigo está el m. de la vida; en
Ecl. 12:6 el cántaro se quiebre junto al m.
Isa. 49:10 y los conducirá a m. de aguas
Zac. 13:1 m. abierto para la casa de David
Stg. 3:11 ¿Será posible que de un m. brote

MANASES
hijo de José: Gén. 41:51; 46:20; 48:1-20
tribu: Núm. 1:34; 32:33; Jos. 13:7; 17:1-7; 22:1-31; 1 Crón. 5:26; Apoc. 7:6
rey: 2 Rey. 20:21—24:3; 2 Crón. 32:33—33:20

MANCILLAR
Eze. 18:6 no mancilla a la mujer de

MANCHA: ver Defecto, Falta
Jer. 2:22 la m. de tu pecado permanecerá
Jer. 13:23 ¿Podrá.. cambiar.. leopardo sus m.?
Ef. 1:4; 5:27; Fil. 2:15; Col. 1:22; 2 Ped. 3:14 que fuésemos santos y sin m. delante de
1 Tes. 5:23; 1 Tim. 6:14; Stg. 1:27; Apoc. 14:5 vuestro ser.. sea guardado sin m. en la
Heb. 9:14; 1 Ped. 1:19 Cristo.. ofreció.. sin m.

MANDAMIENTO: ver Estatuto, Ley
Gén. 26:5 Abraham.. guardó.. mis m., mis
Exo. 20:6 muestro.. me aman y guardan mis m.
Exo. 34:28; Deut. 4:13 escribió.. los Diez M.
Lev. 26:14, 15; Sal. 89:31 por obra.. estos m.
Deut. 6:17; 10:13; Jos. 22:5 Guardad.. m. de
Deut. 11:22-28 si guardáis.. estos m. que yo
Deut. 30:8-11; 1 Jn. 5:3 m... no es.. difícil
1 Rey. 18:18; 2 Rey. 17:16 abandonado los m.
Neh. 9:13-16 Les diste decretos.. y m. buenos
Sal. 19:8; 119:86, 151, 172 m. de Jehovah..
Sal. 119:35 Guíame por la senda de tus m.
Sal. 119:45-48, 56, 60, 69, 127-134, 143, 166, 176 he buscado tus m.
Sal. 119:73 hazme.. para que yo aprenda tus m.
Prov. 6:20 Guarda, hijo mío, el m. de tu padre
Prov. 7:1, 2 guarda.. mis m. dentro de ti
Prov. 10:8 sabio de corazón aceptará los m.
Prov. 19:16 que guarda el m. guarda su alma
Isa. 29:13; Mat. 15:9; Col. 2:22 m. de hombres
Mat. 5:19 quebranta.. más pequeño de estos m.
Mat. 19:17; Mar. 10:19 la vida, guarda los m.
Mat. 22:36-40 De estos dos m. dependen.. la L.
Juan 12:49, 50 el Padre.. me ha dado m.
Juan 13:34; 15:12; 1 Jn. 2:3-8 Un m. nuevo os
Juan 14:15; 1 Jn. 3:22-24 Si.. guardaréis mis m.
Juan 15:10 Si guardáis mis m., permaneceréis
Rom. 7:8-13 el m. es santo, justo y bueno
Rom. 13:9 los m... se resumen en esta sentencia
Ef. 6:2 Honra a.. es el primer m. con promesa
1 Tim. 1:5; 1 Jn. 4:21 propósito del m... amor
1 Tim. 6:14 que guardes el m. sin mancha ni
Heb. 7:5 tienen.. m. de recibir los diezmos
2 Jn. 4-6 andan.. conforme al m. que.. recibido
Apoc. 14:12 santos.. guardan los m. de Dios

MANDAR: ver Encargar, Ordenar
Gén. 3:11 árbol.. te mandé que no comiese?
Gén. 6:22 Noé hizo.. lo que Dios le mandó
Gén. 18:19 sé que mandará a sus hijos y a su
Exo. 7:2; Jer. 1:7 dirás.. cosas que.. te mande
Deut. 5:32; 12:14 cuidado.. hacer.. ha mandado
Jos. 1:16, 18 haremos.. que nos has mandado
Jos. 11:9, 15 Jehovah había mandado a
Sal. 33:9; 148:5 él mandó, y existió
Isa. 34:16 la boca de Jehovah lo ha mandado
Mar. 1:27 él manda, y le obedecen
Juan 14:31 como el Padre me mandó, así hago
Juan 15:14, 17 si hacéis lo que yo os mando
Hech. 17:30 Dios.. manda a todos los hombres
1 Tim. 4:11; 5:7 Estas cosas mando y enseño
1 Tim. 6:13 Te mando delante de Dios

MANDATO: ver Ley, Orden
Exo. 12:35 hicieron.. conforme al m. de Moisés
Exo. 17:1; Núm. 9:18 partió.. el m. de Jehovah
Núm. 14:41 ¿Por qué traspasáis.. m. de Jehovah
1 Sam. 12:14, 15 si obedecéis.. m. de Jehovah
Isa. 28:10, 13 Porque m. tras m., m. tras m.
Isa. 51:4 mi m. será para luz de los pueblos
1 Tim. 1:1; Tito 1:3 apóstol.. por m. de Dios

MANERA
Heb. 1:1 Dios.. hablado.. de muchas m.

MANIFESTACION
Tito 2:13 aguardando.. m. de la

MANIFESTAR: ver Aparecer
Juan 2:11 Jesús.. manifestó su gloria; y sus
2 Cor. 4:10, 11 cuerpo se manifieste la vida

MANIFIESTO
Juan 3:21 que sus obras sean m... hechas en
1 Cor. 3:13 la obra de cada uno será.. m.

MANO: ver Dedo
Exo. 4:2 ¿Qué es eso que tienes en la m.?
Exo. 17:11 cuando Moisés alzaba su m., Israel
Exo. 29:10 Aarón y.. pondrán sus m. sobre la
Exo. 33:22 te cubriré con mi m. hasta que yo
1 Crón. 29:12 en tu m. está la fuerza y el
Sal. 22:16 horadaron mis m. y mis pies
Sal. 28:2 Escucha.. cuando alzo mis m. hacia
Sal. 31:5; Luc. 23:46 En tus m. encomiendo mi
Sal. 31:15 en tus m. están mis tiempos
Sal. 91:12; Mat. 4:6 En sus m. te llevarán
Sal. 115:7 tienen m., pero no palpan; tienen
Sal. 139:10; Isa. 66:14 allí me guiará tu m.
Prov. 6:10; 26:15 cruzar las m. para reposar
Isa. 1:15 ¡Vuestras m. están llenas de sangre
Isa. 5:25; 9:12, 21; 10:4 su m... extendida
Isa. 40:12 midió.. aguas en el hueco de su m.
Isa. 64:8 somos la obra de tus m.
Jer. 1:9; Eze. 3:14 Jehovah extendió su m. y
Mat. 5:30; 18:8 si tu m. derecha te es ocasión
Luc. 24:39; Juan 20:20, 25 Mirad mis m. y mis
Luc. 24:50 alzando sus m. les bendijo
Hech. 6:6; 8:18; 1 Tim. 4:14 impusieron las m.
Hech. 20:34 m. proveyeron para mis
1 Cor. 16:21; Col. 4:18 salutación de mi m.
Stg. 4:8 Limpiad vuestras m., pecadores; y
1 Ped. 5:6 Humillaos.. bajo la poderosa m. de

MANOA, padre de Sansón
Jue. 13:2-22; 16:31

MANSEDUMBRE: ver Humildad
Gál. 6:1 restaurad al tal con espíritu de m.
Col. 3:12; 1 Tim. 6:11 vestíos.. de m. y de
2 Tim. 2:25 corrigiendo con m. a los que se
1 Ped. 3:15 responder.. pero hacedlo con m.

MANSO: ver Humilde
Núm. 12:3 Moisés era un hombre muy m., más m.
Sal. 37:11; Mat. 5:5 m. heredarán la tierra
Mat. 11:29 aprended de mí, que soy m. y

MANTO: ver Ropa, Túnica
Gén. 39:12-18 le agarró por su m... Acuéstate
1 Sam. 24:4-11 David.. cortó el borde del m. de
1 Rey. 19:19; 2 Rey. 2:8-14 echó su m. sobre él
Mat. 21:7, 8 multitud tendió.. m. en el camino
Mat. 27:28, 31 echaron encima.. m. de escarlata
Luc. 6:29 el que te quite el m., no le niegues

MAÑANA: ver Amanecer
Gén. 1:5, 8, 13, 19, 23, 31 fue la m. del.. día
Deut. 28:67 dirás.. ¡Oh, si fuera de m.!
Job 38:12 ¿Alguna vez.. diste órdenes a la m.?
Sal. 5:3 de m. oirás mi voz; de m... presentaré
Sal. 90:5, 6 en la m... como la hierba.. crece
Prov. 27:1; Stg. 4:14 No te jactes del día.. m.
Mat. 6:34 no os afanéis por el día de m.
Mar. 16:2 Muy de m... fueron al sepulcro

MAQUINAR
Sal. 37:12; 140:2 impío maquina contra

MAR: ver Lago
Gén. 1:10 Dios a.. las aguas llamó M.
Exo. 13:18; 14:9—15:19 hacia el m. Rojo
Sal. 24:2 él la fundó sobre los m.
Sal. 72:8; Zac. 9:10 Dominará de m. a m.
Sal. 96:11; 98:7 ¡Ruja el m. y su plenitud
Ecl. 1:7 Todos los ríos van al m., pero el m.
Isa. 11:9; Hab. 2:14 como.. aguas cubren el m.
Isa. 57:20 los impíos son como el m. agitado
Miq. 7:19 echará nuestros pecados en.. del m.
Mat. 4:18; Juan 21:1 andaba.. al m. de Galilea
Mat. 8:24-27 vientos y el m. le obedecen?
Mar. 6:47-49 fue a ellos caminando sobre el m.
Apoc. 4:6; 16:3 trono hay como un m. de vidrio
Apoc. 21:1 pasaron, y el m. ya no existe más

MARAVILLA: ver Milagro, Prodigio
1 Crón. 16:9, 12, 24; Sal. 105:2 hablad de.. m.
Sal. 77:14; 78:4 Tú eres un Dios que hace m.
Sal. 107:8, 15, 21 ¡Den gracias.. por sus m.
Sal. 119:18, 27 miraré las m. de tu ley
Isa. 29:14 hacer m. con este pueblo, m. sobre m.

MARAVILLAR: ver Admirar, Asombrar
Mat. 7:28; 15:31 estaban maravilladas de su
Mar. 15:5 no respondió.. Pilato se maravillaba

MARAVILLOSO: ver Asombroso
Sal. 119:129; 139:14 M. son tus testimonios
Apoc. 15:3 Grandes y m. son tus obras, Señor

MARCA: ver Señal
Juan 20:25 Si.. no veo en sus manos la m. de
Gál. 6:17 llevo en mi cuerpo las m. de Jesús
Apoc. 13:16, 17; 14:9, 11; 16:2; 19:20; 20:4 hace que.. les ponga.. m. en.. mano derecha

MARCOS: ver Juan
Hech. 12:12, 25; 15:37-39; Col. 4:10; 2 Tim.

4:11; Film. 24; 1 Ped. 5:13

MARCHA
Núm. 9:17-21 nube.. se ponían en m.
Sal. 68:24 Ved las m. triunfales de Dios.. m.

MARCHAR
Exo. 14:15 Di a.. Israel que se marchen

MARCHITAR: ver Secar
Isa. 40:7, 8 hierba se seca.. flor se marchita
Stg. 1:11 se marchitará el rico en todos sus

MARDOQUEO, pariente de Ester
Est. 2:5–10:3

MARIA, entre otras
hermana de Moisés: Exo. 15:20. 21; Núm. 12:1-15; 20:1; 26:59; Deut. 24:9; 1 Crón. 6:3
madre de Jesús: Mat. 1:16-20; 2:11; 13:55; Luc. 1:27-56; 2:5-34; Juan 19:25; Hech. 1:14
Magdalena: Mar. 15:40, 47; 16:1, 9; Juan 19:25; 20:1-18
de Betania: Luc. 10:39-42; Juan 11:1-45; 12:3

MARIDO: ver Esposo
Gén. 3:16 Tu deseo te llevará a tu m., y él
Gén. 29:32, 34; 30:15-20 Lea.. me amará mi m.
Núm. 30:16 relación entre un m. y su mujer
Prov. 12:4 mujer virtuosa es corona de su m.
Prov. 31:11, 23, 28 Confía en ella.. su m.
Isa. 54:5 tu m. es tu Hacedor; Jehovah de los
Ose. 2:16 me llamarás: 'M. mío'; y nunca más
Mat. 1:16, 19 José, m. de María.. nació Jesús
Mar. 10:2, 12 lícito al m. divorciarse de su
2 Cor. 11:2 os he desposado con un solo m.
1 Tim. 3:2, 12; Tito 1:6 obispo.. m. de una
Tito 2:4, 5 mujeres jóvenes.. amen a sus m.
1 Ped. 3:1-7 mujeres, estad sujetas a.. m.

MARTA, hermana de María de Betania
Luc. 10:38-41; Juan 11:1—12:2

MARTIR
Apoc. 17:6 sangre de los m. de Jesús

MASA
Neh. 10:37; Eze. 44:30 primicias.. nuestras m.
1 Cor. 5:6, 7; Gál. 5:9 levadura leuda.. la m.

MATADERO
Sal. 44:22; Isa. 53:7; Hech. 8:32; Rom. 8:3 tratados como ovejas para el m.

MATAR: ver Asesinar, Homicidio, Muerte
Gén. 4:8, 14; 1 Jn. 3:12 Caín.. Abel y lo mató
Gén. 27:41, 42 Esaú.. mataré a mi hermano
Exo. 2:12-15; Hech. 7:28 mató al egipcio y lo
Exo. 4:23; 12:29 Si rehúsas.. mataré a tu hijo
Exo. 21:14 Núm. 35:30 lo mata con alevosía
Jue. 16:30 Sansón.. los que mató al morir que
1 Sam. 17:36, 50, 51 oso, tu siervo lo mataba
1 Sam. 19:2 Jonatán.. padre.. procura matarte
Neh. 9:26 Mataron a.. profetas que testificaban
Job 5:2; Sal. 34:21 la angustia mata al necio
Job 13:15 aunque.. me mate, en él he de esperar
Sal. 44:22; Rom. 8:36 tu causa nos matan cada
Prov. 21:25 El deseo del perezoso lo mata
Ecl. 3:3 tiempo de matar y tiempo de sanar
Jer. 7:9 Después de robar.. matar.. cometer
Mat. 2:13, 16 buscar al niño para matarlo
Mat. 10:28 No temáis a los que matan el cuerpo
Mat. 14:5 aunque Herodes quería matarlo
Mat. 23:31-37 Jerusalén.. matas a los profetas
Mar. 11:18; 14:1; Juan 5:18; 7:19, 20; 8:22, 37 buscaban cómo matarle
Juan 16:2 cualquiera que os mate pensará que
Hech. 3:15; 5:30 matasteis al Autor de la vida
Hech. 5:33 se enfurecían y deseaban matarles
Hech. 16:27 carcelero.. a punto a matarse
2 Cor. 3:6 la letra mata, pero el Espíritu
2 Tes. 2:8 inicuo, a quien.. Jesús matará con
Stg. 4:2 matáis y ardéis de envidia, pero no
Apoc. 13:10 si alguien mata a espada, tiene

MATEO: ver Leví
Mat. 9:9; 10:3; Hech. 1:13

MATRIMONIO: ver Casamiento
Deut. 25:5-7 cuñado.. consumará.. m. levirático
Jer. 29:6 Contraed m. y engendrad hijos e hijas
Heb. 13:4 Honroso es para todos el m., y pura

MATRIZ
Exo. 13:2, 12; 34:19; Núm. 3:12; Luc. 2:23 Conságrame.. el que abre la m.
Sal. 22:10; Jer. 1:5 desde la m.. eres mi Dios

MATUSALEN
Gén. 5:21-27; 1 Crón. 1:3; Luc. 3:37

MAYOR: ver Grande
Gén. 25:23; Rom. 9:12 el m. servirá al menor
Mat. 23:11 el que es m... será vuestro siervo

MAYORDOMIA
Luc. 16:1-4 Da cuenta de tu m.

MAYORDOMO: ver Administrador
Luc. 12:42 ¿Quién es.. el m. fiel y prudente
1 Cor. 4:1, 2 requiere de los m... sea.. fiel
Tito 1:7 obispo.. irreprensible.. m. de Dios

MAYORIA
Exo. 23:2 No seguirás a.. m. para.. mal

MECER
Exo. 29:24-27 mecerás.. ofrenda mecida

MECHA
Isa. 42:3; Mat. 12:20 ni apagará la m.

MEDIA, nación
Est. 1:3; Jer. 51:11, 28; Dan. 11:1

MEDIADOR
1 Tim. 2:5 solo Dios y un solo m. entre Dios
Heb. 8:6; 9:15; 12:24 Jesús.. m. de un pacto

MEDIANOCHE
Mar. 13:35 vendrá el Señor.. a la m.

MEDICINA
Jer. 33:6 les traeré m. y sanidad.. los sanaré
Eze. 47:12 árboles.. comida y sus hojas para m.
Nah. 3:19 No hay m. para tu quebranto; tu

MEDICO
Mar. 2:17; 5:26 sanos no tienen necesidad de m.
Luc. 4:23 este refrán: "M., sánate a ti mismo
Col. 4:14 Os saludan Lucas, el m. amado

MEDIDA: ver Caña
Lev. 19:35; Prov. 20:10 injusticia.. en la m.
Deut. 25:14, 15 No tendrás.. m. grande y m.
Isa. 40:12 ¿Quién contuvo en una m. el polvo
Mat. 7:2 con la m. con que medís se os medirá
Ef. 4:13 alcancemos.. la m. de.. la plenitud

MEDIO
Sal. 46:5; Sof. 3:15 Dios está en m. de ella
Luc. 24:36 Jesús se puso en m. de ellos

MEDIR: ver Medida
Jer. 31:37; 33:32 Si se puede medir los cielos
Eze. 40:3—42:20 hombre.. y una caña de medir
Zac. 2:1, 2: Apoc. 21:15, 16 medir a Jerusalén

MEDITACION
Sal. 19:14; 104:34 Sean gratos.. la m. de mi
Sal. 119:97, 99 ¡Cuánto amo tu ley.. es mi m.

MEDITAR: ver Considerar
Jos. 1:8 libro de la Ley.. medita en él de
Sal. 1:2; 119:15, 23 en la ley de Jehovah.. m.
Prov. 24:32 Yo observé esto y lo medité en mi
Luc. 2:19 María guardaba.. cosas, meditándolas

MEDO, pueblo antiguo de Media
2 Rey. 17:6; Dan. 5:28, 31; Hech. 2:9

MEFIBOSET, hijo de Jonatán
2 Sam. 4:4; 9:6-13; 16:1-4; 19:24-30; 21:7, 8

MEJILLA
Luc. 6:29 te hiera en la m., preséntale

MEJOR: ver Superior
Sal. 84:10 m. es un día en tus atrios que mil
Sal. 118:8, 9 M. es refugiarse en Jehovah que
Sal. 119:72 M. me es la ley que procede de tu
Ecl. 7:1-11 M. es el buen nombre que.. perfume
Mat. 5:29, 30 es m... que se pierda uno de
Fil. 1:23 estar con Cristo, lo cual es.. m.
Heb. 7:19; 9:23; 10:34; 11:16, 35 esperanza m.
2 Ped. 2:21 m... habría sido no haber conocido

MEJORAR
Jer. 18:11 mejorad vuestros caminos

MELQUISEDEC, rey y sacerdote
Gén. 14:18; Sal. 110:4: Heb. 5:6-10; 6:20; 7:1-17

MEMORIA
Luc. 22:19; 1 Cor. 11:24, 25 en m. de mí

MEMORIAL
Exo. 28:12, 29 efod, como piedras m.

MENCION
1 Tes. 1:2; Film. 4 m... oraciones

MENDIGAR: ver Pedir
Mar. 10:46 ciego Bartimeo.. camino mendigando
Juan 9:8 ¿No es éste el que.. para mendigar?

MENE
Dan. 5:25, 26 escritura.. M., M. TEQUEL

MENGUAR
Juan 3:30 crecer, pero a mí menguar

MENOR: ver Joven
Gén. 25:23; Rom. 9:12 el mayor servirá al m.
Sal. 8:5; Heb. 2:7, 9 hecho un poco m. que los
Luc. 15:12, 13 El m... dijo.. Padre, dame la

MENOSPRECIAR: ver Desechar
Job 5:17 No menosprecies la corrección del
Sal. 15:4 es menospreciado el vil, pero que
Prov. 8:33 corrección.. no la menospreciéis
Prov. 13:13 El que menosprecia la palabra se

Isa. 53:3 varón de dolores.. lo menospreciamos
Mat. 6:24 dedicará al uno y menospreciará al
Rom. 2:4 ¿O menosprecias.. su bondad
1 Tes. 5:20 No menospreciéis las profecías
Tito 2:15 autoridad. ¡Que nadie te menosprecie!

MENSAJE: ver Nuevas
Sal. 19:2 Un día comunica su m. al otro día
Jon. 3:2 vé a Nínive.. y proclámale el m. que
Juan 12:38; Rom. 10:16 ¿quién ha creído.. m.?
1 Jn. 1:5; 3:11 éste es el m... Dios es luz

MENSAJERO: ver Angel, Embajador
2 Crón. 36:15, 16 Dios.. envió sus m... Pero
Isa. 42:19 ¿Quién es sordo, sino mi m. que he
Hag. 1:13 Hageo, m. de Jehovah, habló
Mal. 3:1; Mat. 11:10 yo envío mi m., el cual

MENTE: ver Corazón, Pensamiento
Mat. 22:37 Amarás al Señor.. con toda tu m.
Rom. 1:28 los entregó Dios a una m. reprobada
Rom. 11:34 ¿Quién entendió la m. del Señor?
1 Cor. 2:16 ¿quién conoció la m. del Señor?
Col. 3:2 Ocupad la m. en las cosas de arriba

MENTIR: ver Engañar
Lev. 19:11 No robaréis, ni mentiréis ni os
Núm. 23:19; 1 Sam. 15:29 Dios no.. que mienta
Hech. 5:3, 4 Ananías, ¿por qué.. mentir al
Heb. 6:18 es imposible que Dios mienta

MENTIRA: ver Engaño, Fraude
Exo. 23:7 Te alejarás de las palabras de m.
Sal. 5:6 Destruirás a los que hablan m.; al
Sal. 119:163; Prov. 13:5 La m. aborrezco y
Jer. 7:4, 8 No confiéis en palabras de m.
Jer. 23:25-32; 27:10-16 que profetizan m.
Juan 8:44 el diablo.. Cuando habla m., de lo
Ef. 4:25 dejado la m., hablad la verdad cada
1 Jn. 2:21 ninguna m. procede de la verdad
Apoc. 22:15 afuera quedarán.. practica la m.

MENTIROSO: ve Engañador
Sal. 116:11 dije en mi.. Todo hombre es m.
Prov. 12:22 Los labios m. son abominación a
Jer. 23:32 estoy contra.. sueños m... errar
1 Jn. 1:10; 2:4 si decimos.. le hacemos.. m.
1 Jn. 2:22; 4:20 ¿Quién es m., sino.. niega
Apoc. 21:8 los m., su herencia será el lago

MERCADO
Juan 2:16 casa de mi Padre casa de m.!

MERECER
Deut. 21:22; 25:2 Si.. merece la muerte
Jer. 26:11, 16 Este.. no merece la.. muerte
Heb. 10:29 castigo.. merecerá.. ha pisoteado

MERITO
Luc. 6:32-34 si amáis.. ¿qué m. tenéis?

MESA
Núm. 4:7 m. de la Presencia y pondrán sobre
Sal. 23:5 Preparas m. delante de mí en
Mat. 21:12 Jesús.. Volcó las m... y las sillas
Luc. 22:14, 21-30 la hora, se sentó a la m.
Juan 13:12, 23, 28 lavado los pies.. a la m.
Hech. 6:2 No conviene.. para servir a las m.
1 Cor. 10:21 No podéis participar de la m. del

MESAC, amigo de Daniel
Dan. 1:7; 2:49; 3:12-30

MESIAS: ver Cristo
Dan. 9:25, 26 hasta el M. Príncipe.. siete
Juan 1:41; 4:25 Hemos encontrado al M.

MESON
Luc. 2:7; 10:34 no había lugar.. en el m.

META
Fil. 3:14 prosigo a la m. hacia el premio

METER: ver Entrar
Isa. 2:19, 21 hombres se meterán en.. cavernas
Joel 3:13; Apoc. 14:15, 18 Meted la hoz,
Mat. 6:13 no nos metas en tentación, mas
Mat. 6:19, 20 ladrones no se meten ni roban

MEZCLAR
Jos. 23:7, 12; Esd. 9:2; Sal. 106:35
No os mezcléis con estas naciones que han

MICAL, hija de Saúl
1 Sam. 14:49; 18:20—19:17; 25:44; 2 Sam. 3:13, 14; 6:16-23

MIEDO: ver Espanto, Temor
Gén. 3:10 Oí tu voz.. y tuve m., porque estaba
Núm. 21:34; 2 Rey. 6:16 No le tengas m.,
2 Sam. 6:9 David tuvo m. de Jehovah y dijo
Isa. 41:10; 44:8 No tengas m., porque yo soy
Mat. 14:30 al ver el viento fuerte, tuvo m.
Juan 14:27 No se turbe.. corazón, ni tenga m.

MIEDOSO
Mat. 8:26 ¿Por qué estáis m., hombres

MIEL: ver Dulzura
Exo. 3:8, 17; 13:5 tierra que fluye leche y m.
Exo. 16:31 Maná.. era como de galletas con m.
Jue. 14:8-18 en el cadáver del león había.. m.

Sal. 119:103 dulces.. palabras, más que la m.
Eze. 3:3; Apoc. 10:9, 10 rollo.. como la m.
Mat. 3:4 Juan.. comida era langostas y m.

MIEMBRO
Mat. 5:29, 30 mejor.. se pierda uno de tus m.
Rom. 6:13 19 Ni.. presentéis.. m. al pecado
Rom. 12:4, 5; 1 Cor. 12:12-27 cuerpo.. m.
1 Cor. 6:15 vuestros cuerpos son m. de Cristo?
Ef. 2:19 sois.. m. de la familia de Dios
Ef. 4:25; 5:30 somos m. los unos de los otros

MIES: ver Cosecha, Siega
Lev. 19:9 Cuando seguéis la m. de.. tierra, no
Mat. 9:37, 38 la m. es mucha, pero los obreros

MIGAJAS
Mat. 15:27 perritos comen de las m.

MIGUEL, ángel
Dan. 10:13, 21; 12:1; Jud. 9; Apoc. 12:7

MIL: ver Milla
Jos. 23:10 Uno.. persigue a m., porque Jehovah
1 Sam. 18:7, 8 ¡Saúl.. David a sus diez m.!
Sal. 90:4; 2 Ped. 3:8 m. años.. son como el día
Sal. 91:7 Caerán a tu lado m. y diez m. a tu
Sal. 119:72 Mejor.. la ley.. que m. de.. oro y
Hech. 2:41; 4:4 añadidas.. tres m. personas
Apoc. 20:2-7 diablo.. le ató por m. años

MILAGRO: ver Maravilla
Mat. 13:58 no hizo allí muchos m. a causa de
Hech. 5:12; 19:11 apóstoles.. hacían muchos m.
1 Cor. 12:10, 28, 29 a otro, el hacer m.; a

MILICIA
Job 14:14 los días de mi m. esperaré hasta
2 Cor. 10:4 armas de nuestra m. no.. carnales

MILITAR
2 Tim. 2:4 Ninguno en campaña m. se

MILLA
Mat. 5:41 carga por una m., vé con él dos

MILLAR: ver Mil
Miq. 6:7 ¿Aceptará Jehovah m. de carneros o
Apoc. 5:11 ángeles.. ancianos.. m. de m.

MINA, dinero
Luc. 19:13-25 diez siervos.. dio diez m.

MINISTERIO: ver Administración
Hech. 6:4 continuaremos.. en el m. de.. palabra
Hech. 20:24; 2 Cor. 6:3 que acabe mi.. m. que
1 Cor. 12:5 Hay.. diversidad de m., pero el
2 Cor. 5:18 ha dado el m. de la reconciliación
Ef. 4:12 a los santos para la obra del m.
1 Tim. 1:12 Señor.. fiel al ponerme en el m.
2 Tim. 4:5, 11 de evangelista; cumple tu m.

MINISTRAR
Hech. 13:2 ministraban al Señor y

MINISTRO: ver Siervo
Rom. 13:6 los gobernantes son m. de Dios que
2 Cor. 3:6; 6:4 nos capacitó como m. del nuevo
1 Tim. 4:6 Si.. serás buen m. de Jesucristo

MIQUEAS, profeta
Jer. 26:18; Miq. 1:1

MIRAR: ver Contemplar, Ver
Gén. 19:17, 26 No mires atrás ni te detengas
Exo. 3:6 Moisés.. tuvo miedo de mirar a Dios
Núm. 21:8, 9 mordía.. si.. miraba a.. serpiente
Deut. 3:27 Sube.. y mírala.. no cruzarás este
1 Sam. 6:19 Dios hirió.. habían mirado.. arca
1 Sam. 16:7 hombre mira.. Jehovah mira..
Sal. 14:2; 33:13; 53:2; 102:19 Jehovah miró
Sal. 34:5 Los que a él miran son iluminados
Sal. 84:9 Mira, oh Dios, escudo nuestro
Sal. 119:18; Miq. 7:7 Abre mis ojos, y miraré
Prov. 4:25 Miren tus ojos lo que es recto, y
Prov. 23:31 No mires el vino cuando rojea
Isa. 17:7, 8 mirará el hombre a su Hacedor
Isa. 42:18 ¡Sordos, oíd; y ciegos, mirad para
Isa. 45:22 ¡Mirad a mí y sed salvos, todos
Isa. 51:1 Mirad la roca de donde fuisteis
Zac. 12:10; Juan 19:37 Mirarán al.. traspasaron
Mat. 5:28 que mira a una mujer para codiciarla
Mat. 6:26 Mirad las aves del cielo, que no
Luc. 9:62 arado y sigue mirando atrás, es apto
Luc. 22:61 el Señor se volvió y miró a Pedro
Hech. 1:11 ¿por qué os.. mirando al cielo
Hech. 3:4 Pedro.. se fijó.. le dijo: —Míranos
2 Cor. 3:18 mirando a cara descubierta.. somos
2 Cor. 10:7 ¡Miráis.. cosas según.. apariencias
Col. 2:8 Mirad que nadie os lleve cautivos

MIRRA, resina aromática
Mat. 2:11 le ofrecieron presentes de.. m.

MISERABLE
Rom. 7:24; 1 Cor. 15:19 ¡M... de mí!

MISERIA
Sal. 107:41 levanta de la m. al

MISERICORDIA: ver Compasión, Piedad
Gén. 32:10 no soy digno de todas las m. y de

Exo. 15:13 En tu m. guías a este pueblo que
Exo. 20:6; Deut. 5:10; 7:9 muestro m. por mil
Exo. 33:19; Rom. 9:15-18 Tendré m. del que
Exo. 34:6, 7; Núm. 14:18; Neh. 9:17; Sal. 103:8; 145:8; Joel 2:13; Jon. 4:2 lento para la ira y grande en m.
Núm. 6:25 haga resplandecer.. y tenga de ti m.
Deut. 30:3 Jehovah.. tendrá m. de ti y volverá
Rut 1:8 Que Jehovah haga m. con vosotras
2 Sam. 7:15; Sal. 89:33 no quitaré de él mi m.
1 Crón. 16:34, 41; 2 Crón. 5:13; 7:3, 6; 20:21; Esd. 3:11; Sal. 107:1; 136:1 siempre es su m.
Neh. 9:31 por tu gran m. no los consumiste
Neh. 13:22; Sal. 86:5 perdóname según.. tu m.
Job 10:12 Vida y m. me concediste
Sal. 4:1; 6:2; 25:16; 26:11; 27:7; 30:10; 31:9; 41:4, 10; Isa. 33:2; Mat. 9:27 ten m. de mí
Sal. 13:5 yo confío en tu m.
Sal. 17:7; 85:7 Muestra tus.. actos de m.
Sal. 18:50 muestra m. a tu ungido
Sal. 23:6 bien y la m. me seguirán todos los
Sal. 26:3 tu m. está delante de mis ojos
Sal. 31:21 ha hecho maravillosa su m. para
Sal. 32:10 m. cercará al que espera en Jehovah
Sal. 33:5; 119:64 de la m. de Jehovah está
Sal. 36:5; 57:10; 108:4 cielos alcanza tu m.
Sal. 40:10, 11 No he ocultado tu m.
Sal. 42:8 De día, mandará Jehovah su m.
Sal. 63:3 mejor es tu m. que la vida
Sal. 67:1 Dios tenga m. de nosotros y nos
Sal. 85:10; 89:14; 92:2 La m. y la verdad se
Sal. 89:1; 101:1 cantaré las m. de Jehovah
Sal. 90:14 Por la mañana sácianos de tu m.
Sal. 94:18 tu m... me sustentaba
Sal. 103:4, 11, 17 te corona.. de m.
Sal. 106:7 padres.. no se acordaron de tus.. m.
Sal. 107:8, 15, 21, 31 ¡Den gracias.. por su m.
Sal. 117:2 ha engrandecido.. su m. y la verdad
Sal. 119:41 Venga a mí tu m... y tu salvación
Sal. 119:88 Verifícame conforme a tu m.
Sal. 143:8 Hazme oír por la mañana tu m.
Sal. 144:2 M. mía y castillo mío; mi refugio
Sal. 145:9 su m. está en todas sus obras
Prov. 3:3; 14:21, 22 No se aparten.. la m. y
Prov. 16:6 Con m. y verdad se expía la falta
Isa. 54:8, 10 con m. eterna me compadeceré de
Isa. 63:7 Las m. de Jehovah recordaré
Jer. 9:24 hago m., juicio y justicia en la
Jer. 31:3 te he prolongado mi m.
Jer. 32:18 haces m. a millares, pero retribuyes
Lam. 3:22 nunca decaen sus m.
Dan. 9:4, 9, 18 confiados.. en tu gran m.
Ose. 6:6; Mat. 9:13; 12:7 m. quiero yo, y no
Ose. 14:3 en ti el huérfano alcanzará m.
Miq. 6:8 hacer justicia, amar m. y caminar
Miq. 7:18 se complace en la m.
Hab. 3:2 acuérdate de tener m.
Zac. 7:9 practicad la bondad y la m.
Mat. 5:7 los misericordiosos.. recibirán m.
Mat. 23:23 habéis omitido.. la m. y la fe
Luc. 1:50, 54, 72, 78 su m. es de generación
Luc. 10:33, 37 samaritano.. fue movido a m.
Luc. 16:24 Abraham, ten m. de mí y envía a
Rom. 12:8 el que hace m., con alegría
2 Cor. 1:3 Padre de m. y Dios de.. consolación
Ef. 2:4 Dios, quien es rico en m.
1 Tim. 1:13 recibí m. porque.. lo hice en
Tito 3:5 nos salvó.. según su m.
Heb. 4:16 Acerquémonos.. que alcancemos m.
Stg. 2:13 juicio sin m. contra.. que no hace m.
Stg. 3:17 sabiduría.. llena de m. y de buenos
1 Ped. 1:3 Dios.. según su grande m. nos ha
1 Ped. 2:10 no habíais alcanzado m., pero ahora

MISERICORDIOSO: ver Clemente
Deut. 4:31; 2 Crón. 30:9 tu Dios es Dios m.
2 Sam. 22:26; Sal. 18:25 Con el m. te.. m.
Prov. 11:17 El hombre m. hace bien a su.. alma
Mat. 5:7; Luc. 6:46 Bienaventurados los m.
Ef. 4:32 sed bondadosos y m. los unos con los

MISTERIO: ver Oculto
Mat. 13:11 los m. del reino de los cielos
1 Cor. 4:1; Ef. 6:19 mayordomos de los m. de
Ef. 1:9; 3:3-9 conocer el m. de su voluntad
Col. 1:26, 27; 4:3 m. de Dios.. oculto desde
2 Tes. 2:7 obrando el m. de la iniquidad
1 Tim. 3:9, 16 mantengan el m. de la fe con

MITAD
Dan. 7:25: Apoc. 12:14 tiempos y la m. de

MIZPA <puesto de vigilancia>
Gén. 31:49 M... Vigile Jehovah entre tú

MOAB
hijo de Lot: Gén. 19:37; Deut. 2:9
nación: Núm. 22:1—25:1; Rut 1:1, 22; 2 Rey. 1:1; Isa. 15:1—16:14; Jer. 48:1-47; Amós 2:1-3

MOABITA
Deut. 23:3; Neh. 13:1 No entrará.. el m.
Rut 1:4, 22 mujeres m... Orfa.. Rut

MOFAR: ver Reír
Prov. 14:9; 17:5 insensatos se mofan de

MOISES, adalid de Israel
Exo. 2:10—Deut. 34:12; 1 Rey. 2:3; 2 Rey. 23:25; Dan. 9:11, 13; Mat. 17:3; Luc. 16:29, 31; Juan 1:17; 3:14; Rom. 5:14;

2 Cor. 3:7, 15; Heb. 3:2-5; 9:19

MOLER
Isa. 53:5 fue.. molido por nuestros pecados
Luc. 17:35 Dos mujeres estarán moliendo juntas

MOLESTAR : ver Abrumar
Mat. 26:10 ¿Por qué molestáis a la

MOLINO
Jue. 9:53; 2 Sam. 11:21 caer una piedra de m.
Ecl. 12:4 cuando.. se debilite el ruido del m.
Mat. 18:6 atase al cuello una gran piedra de m.

MOLOC, dios amonita
Lev. 18:21; 20:2-5; 1 Rey. 11:5-7, 33; 2 Rey. 23:10, 13; Jer. 32:35

MOMENTANEO
2 Cor. 4:17 nuestra m... tribulación

MOMENTO
Sal. 30:5 su ira dura sólo un m., pero

MONEDA
Mat. 22:19 Mostradme la m. del tributo

MONTAR
Zac. 1:8; Apoc. 6:2-8 montado.. caballo rojo
Zac. 9:9; Juan 12:14 y montado sobre un asno
Apoc. 19:11, 19 caballo blanco.. lo montaba se

MONTAÑA: ver Cerro, Monte
Isa. 45:2; Luc. 3:5 iré.. y allanaré las m.
Luc. 23:30; Apoc. 6:16 decir a las m.: "¡Caed

MONTE: ver Cerro, Colina, Montaña
Exo. 3:12 serviréis a Dios en este m.
Exo. 18:5 campamento, junto al m. de Dios
Exo. 19:2, 3, 14-23 Israel.. frente al m.
Exo. 24:12-18 Sube a mí, al m., y espera allí
Exo. 32:1, 15 Moisés tardaba.. descender del m.
Deut. 11:11 posesión.. tierra de m. y de valles
1 Rey. 19:8, 11 ponte de pie en el m.
2 Rey. 6:17 el m. estaba lleno de.. carros de
2 Crón. 18:16 Israel dispersado por los m.
Sal. 24:3 ¿Quién subirá al m. de Jehovah?
Sal. 43:3 luz y tu verdad.. conducirán a tu m.
Sal. 68:15, 16 ¡M. de Dios es el m. de Basán!
Sal. 90:2 Antes que naciesen los m... eres Dios
Sal. 121:1 Alzaré mis ojos a los m.
Isa. 2:2, 3; Miq. 4:1, 2 m. de.. casa de Jehovah
Isa. 11:9; 65:25 ni destruirán en.. santo m.
Isa. 27:13 adorarán a Jehovah en el m. santo
Isa. 40:4 será.. todo m. y colina rebajados!
Isa. 40:9 Sube sobre un m. alto.. anuncias
Isa. 52:7 hermosos son, sobre los m., los pies
Isa. 55:12 Los m... irrumpirán en cánticos
Eze. 6:3; 36:1 ¡Oh m. de Israel, escuchad la
Ose. 10:8 Dirán a los m.: "¡Cubridnos!"
Zac. 8:3 el m. de Jehovah.. M. de Santidad
Mat. 4:8 el diablo le llevó a un m. muy alto
Mat. 5:1 Cuando vio la multitud, subió al m.
Mat. 5:14 ciudad asentada sobre un m. no
Mat. 14:23; Juan 6:15 subió al m. para orar
Mat. 17:1; 2 Ped. 1:18 les hizo subir.. m. alto
Mat. 28:16 al m. donde Jesús les había
Juan 4:20, 21 Nuestros padres adoraron en.. m.
Apoc. 21:10 llevó en el Espíritu sobre un m.

MONUMENTO: ver Estatua
Hech. 17:23 m. sagrados.. AL DIOS NO

MORADA: ver Casa, Habitación
Exo. 39:32, 40 m., el tabernáculo de reunión
Deut. 26:15; 1 Rey. 8:13, 30-66 tu santa m.
Sal. 84:1 ¡Cuán amables son tus m., oh Jehovah
Sal. 132:13 Jehovah ha elegido.. como m.
Ecl. 12:5 hombre se va a su m. eterna, y los
Juan 14:2 En la casa de mi Padre muchas m.
Ef. 2:22 sois.. edificados para m. de Dios en

MORADOR
Miq. 7:13 tierra.. desolación por.. m.

MORAR: ver Habitar, Vivir
Sal. 23:6; 27:4 en la casa de Jehovah moraré
Sal. 91:1; 140:13 habita al abrigo.. morará
Isa. 33:5 Jehovah.. mora en las alturas! El
Mat. 4:16 pueblo que moraba en tinieblas vio
Juan 1:38, 39 dijeron: —Rabí.. ¿dónde moras?
Rom. 8:9, 11; 1 Cor. 3:16; 6:19; Stg. 4:5 el Espíritu de Dios mora en vosotros

MORDER
Núm. 21:6 serpientes.. mordían al pueblo

MORIAH, cerro
Gén. 22:2; 2 Crón. 3:1

MORIR: ver Perecer
Gén. 2:17; 3:3, 4 día que comas de él.. morirás
Exo. 11:5 todo primogénito en.. Egipto morirá
Exo. 14:11; Núm. 21:5 sacado para morir en el
Exo. 21:12-20; Deut. 19:11 causándole.. morirá
Núm. 35:12 homicida no muera antes
Deut. 17:6; Heb. 10:28 tres testigos morirá el
Deut. 32:39 Yo hago morir y hago vivir
Deut. 34:5 Allí murió Moisés, siervo de
Rut 1:17 Donde tú mueras, yo moriré
2 Sam. 12:14, 18 hijo que te ha nacido morirá
2 Crón. 25:4 padres no morirán por culpa de

Job 2:9 Maldice a Dios, y muérete
Job 14:14 Si el hombre muere, ¿volverá
Sal. 49:17 al morir no llevará nada
Sal. 118:17 No moriré, sino que viviré
Ecl. 3:2 Tiempo de nacer y tiempo de morir
Ecl. 7:17 ¿Por qué morirás antes de tu tiempo?
Isa. 22:13; 1 Cor. 15:32 que mañana moriremos
Isa. 66:24; Mar. 9:48 su gusano nunca morirá
Jer. 31:30 cada cual morirá por.. propio pecado
Eze. 3:18-20 impío morirá por su pecado
Eze. 18:4-32 El alma que peca, ésa morirá
Mat. 26:35 Aunque.. sea necesario morir
Juan 11:16 vayamos.. para que muramos con él
Juan 11:26 cree en mí no morirá para siempre
Juan 12:24, 33 grano.. si muere, lleva.. fruto
Rom. 5:6-8; 1 Cor. 15:3 Cristo murió por los
Rom. 8:13 hacéis morir.. prácticas de.. carne
Rom. 14:7-9 ninguno muere para sí
Rom. 14:15; 1 Cor. 8:11 No arruines.. murió
2 Cor. 5:14, 15 él murió por todos para que
Fil. 1:21 vivir es Cristo.. morir es ganancia
Col. 3:5 haced morir lo terrenal en vuestros
1 Tes. 4:14; 5:10 si creemos que Jesús murió
Heb. 9:27 que los hombres mueran una sola vez
Heb. 11:13 Conforme a su fe murieron.. éstos
Apoc. 9:6 Anhelarán morir, y la muerte huirá
Apoc. 14:13 muertos que.. mueren en el Señor

MORTAL
Isa. 40:5, 6; 51:12 todo m. es hierba, y toda
Joel 2:28 derramaré mi Espíritu sobre todo m.
1 Cor. 15:53, 54 m. sea vestido de inmortalidad

MOSCA
Exo. 8:21-31 enviaré una nube de m. sobre ti
Ecl. 10:1 m. muertas hacen heder el frasco

MOSQUITO
Mat. 23:24 ciegos, que coláis el m.

MOSTAZA, planta
Mat. 13:31 reino.. es semejante al grano de m.
Mat. 17:20 si tenéis fe como un grano de m.

MOSTO: ver Licor
Ose. 4:11 m. arrebatan el entendimiento

MOSTRAR: ver Demostrar
Gén. 12:1 Vete.. a la tierra que te mostraré
Exo. 14:4, 17, 18 mostraré.. gloria en.. faraón
Exo. 20:6 muestro misericordia por mil.. a los
Deut. 34:1 Moisés.. Jehovah le mostró.. tierra
2 Sam. 22:26; Sal. 18:25 te muestras.. íntegro
Sal. 16:11 Me mostrarás la senda de la vida
Sal. 91:16 vida y le mostraré mi salvación
Eze. 36:23; 38:23 mostraré la santidad de mi
Mat. 4:8 diablo.. le mostró todos los reinos
Mat. 22:19 Mostradme la moneda del tributo
Luc. 24:40 les mostró las manos y los pies
1 Cor. 12:31 os mostraré un camino.. excelente
Apoc. 1:1; 4:1 revelación.. mostrar.. cosas

MOTIVO
2 Cor. 1:12 nuestro m. de gloria es

MOVER: ver Conmover
Gén. 1:2 Espíritu de Dios se movía sobre la
1 Crón. 16:30; Sal. 93:1 mundo, y no.. movido
Sal. 10:6; 16:8; 30:6 Dice.. No seré movido

MUCHACHO: ver Joven, Niño
1 Sam. 20:35-41 Jonatán.. y un m. pequeño
2 Rey. 5:2, 4 una m... servía a la esposa de
Prov. 20:11 el m. es conocido por sus hechos
Prov. 23:13; 29:15 No rehúses corregir al m.
Isa. 40:30 Aun los m. se fatigan y se cansan
Jer. 1:6, 7 no sé hablar, porque soy un m.
Ose. 11:1 Cuando Israel era m., yo lo amé
Juan 6:9 un m... tiene cinco panes de cebada

MUCHO: ver Abundante
Exo. 16:18; 2 Cor. 8:15 que recogió m. no le
Prov. 13:3 que m. abre sus labios le vendrá
Mat. 25:21, 23 Sobre poco.. sobre m. te pondré
Luc. 12:48 confiaron m., se le pedirá más

MUDO
Luc. 1:20, 22 quedarás m. e incapaz de

MUERTE: ver Hades, Seol
Deut. 30:15 pongo.. el bien, la m. y el mal
Rut 1:17 sólo la m. hará separación entre tú
2 Sam. 22:5 me rodearon las olas de la m.
Sal. 18:4 Me rodearon los dolores de la m.
Sal. 23:4 valle de sombra de m., no temeré
Sal. 33:19 para librar sus almas de la m.
Sal. 116:15 Estimada es.. la m. de sus fieles
Prov. 18:21 La m. y la vida están en.. lengua
Ecl. 7:1 Mejor es.. día de la m. que el día
Ecl. 8:8 ni hay poder sobre el día de la m.
Cant. 8:6 fuerte como la m. es el amor
Isa. 9:2 sombra de m., la luz les resplandeció
Isa. 25:8 Destruirá a la m. para siempre
Isa. 53:12 derramó su vida hasta la m.
Eze. 18:23, 32; 33:11 no quiero la m. del que
Ose. 13:14; 1 Cor. 15:55 ¿Dónde está, oh M. tu
Mat. 16:28 no probarán la m. hasta que hayan
Mat. 20:18; 26:59 escribas.. le condenarán a m.
Mat. 26:66 dijeron: —¡Es reo de m.!
Mar. 13:12 hermano entregará a m. a su
Luc. 2:26 revelado.. no vería la m. antes
Juan 5:24 cree.. ha pasado de m. a vida

Juan 8:51 si alguno guarda.. nunca verá la m.
Juan 11:4 Esta enfermedad no es para m., sino
Juan 12:33; 21:19 de qué m. había de morir
Rom. 5:10-21 reconciliados con Dios por la m.
Rom. 6:3-9 fuimos bautizados en su m.
Rom. 6:23 paga del pecado es m., pero el don
Rom. 7:24 ¿Quién.. librará cuerpo de m.?
Rom. 8:2 me ha librado de la ley.. de la m.
1 Cor. 11:26 anunciáis la m. del Señor, hasta
1 Cor. 15:26 último enemigo.. destruido es.. m.
2 Cor. 1:9 teníamos.. la sentencia de m., para
2 Cor. 2:16 A los unos, olor de m. para m.
2 Cor. 4:10-12 llevamos en el cuerpo la m. de
2 Cor. 7:10 tristeza del mundo degenera en m.
Fil. 2:8 obediente hasta la m., ¡y m. de cruz!
Fil. 3:10 Anhelo.. semejante a él en su m.
2 Tim. 1:10 anuló la m. y sacó a luz la vida
Heb. 2:9, 14, 15 gracia.. gustase la m. por
Heb. 9:15 intervino m. para redimirlos de
Stg. 1:15 el pecado.. engendra la m.
1 Jn. 3:14 hemos pasado de m. a vida, porque
Apoc. 1:18 Tengo las llaves de la m. y del
Apoc. 2:10, 11 Sé fiel hasta la m., y yo te
Apoc. 6:8 estaba montado.. se llamaba M.
Apoc. 20:6, 14; 21:8 segunda m. no tiene
Apoc. 21:4 No habrá más m., ni.. llanto, ni

MUERTO: ver Cadáver, Morir
Exo. 12:30; 14:30 no.. casa donde no.. un m.
Núm. 16:48 se puso entre los m. y los vivos
Deut. 24:16; 2 Rey. 14:6 padres no.. m. por
1 Sam. 28:3 Samuel ya había m.
Sal. 88:10 ¿Se levantarán.. m. para alabarte?
Prov. 21:16 se desvía.. ir a parar.. de los m.
Ecl. 9:4 mejor es perro vivo que león m.
Isa. 6:5 ¡Ay de mí, pues soy m.! Porque
Isa. 26:19 Tus m. volverán a vivir; los
Jer. 9:1 que llorara.. por los m. de.. pueblo!
Mat. 2:19 Cuando había m. Herodes.. un ángel
Mat. 8:22 deja que los m. entierren a sus m.
Mat. 9:24 la muchacha no ha m., sino que
Mat. 10:8 Sanad enfermos, resucitad m.
Mat. 16:21 le era preciso.. ser m., y resucitar
Mat. 17:9 que el Hijo.. resucite de.. los m.
Mat. 22:32 Dios no es Dios de m., sino de
Luc. 10:30 ladrones.. dejándole medio m.
Luc. 16:30, 31 si.. va a ellos de entre los m.
Luc. 24:5 ¿Por qué buscáis entre los m. al que
Juan 5:25 los m. oirán la voz del Hijo de Dios
Juan 11:14, 21, 32 Lázaro ha m.
Hech. 5:10 ella cayó.. m., la sacaron y la
Hech. 17:3 que el Cristo.. resucitase de.. m.
Hech. 23:6 Es por.. la resurrección de los m.
Rom. 6:8-11 Si hemos m. con Cristo, creemos
Rom. 8:10, 11 está m. a causa del pecado
Rom. 8:36 Por tu causa somos m. todo el
Rom. 14:9 para ser el Señor.. de los m. como
1 Cor. 15:29 harán.. se bautizan por los m.?
1 Cor. 15:52 m... resucitados sin corrupción
Gál. 2:19-21 mediante la ley he m. a la ley
Ef. 2:1; Col. 2:13 estabais m. en.. delitos
Ef. 5:14 levántate de entre los m., y te
Col. 3:3 habéis m., y vuestra vida.. escondida
1 Tes. 4:16 m. en Cristo resucitarán primero
1 Tim. 5:6 a los placeres, viviendo está m.
2 Tim. 2:8 Jesucristo, resucitado de.. los m.
2 Tim. 4:1; 1 Ped. 4:5, 6 de juzgar.. a los m.
Heb. 11:37 Fueron apedreados.. m. a espada
Heb. 13:20 Dios.. levantó de.. los m. a nuestro
Stg. 2:17, 20, 26 fe, si no tiene obras.. m.
Apoc. 1:18 Estuve m., y.. vivo por los siglos
Apoc. 3:1 nombre de que vives, pero estás m.
Apoc. 20:5 demás m. no volvieron a vivir, sino

MUJER: ver Esposa
Gén. 2:22 De la costilla.. Dios.. hizo una m.
Gén. 2:24; Mar. 10:7; Ef. 5:31 unirá a su m.
Gén. 3:12 m. que me diste.. me dio del árbol
Gén. 24:4 irás.. y tomarás m. para mi hijo
Gén. 39:7 m. de su señor puso sus ojos en José
Exo. 15:20; 1 Sam. 18:7 m. salieron.. danzas
Núm. 5:12 si la m. de alguno se descarría
Rut 3:8, 11, 14 m. estaba acostada a sus pies
2 Sam. 12:10 has tomado la m. de Urías.. tu m.
1 Rey. 11:1 Salomón amó.. a muchas otras m.
Job 14:1 hombre, nacido de m., es corto de
Sal. 128:3 Tu m. será como una vid que lleva
Prov. 2:16; 5:20; 6:24-32; 9:13 la m. ajena
Prov. 5:18; Ecl. 9:9 alégrate con la m. de tu
Prov. 11:16 La m. agraciada obtendrá honra
Prov. 19:13, 14 herencia.. m. prudente lo es
Prov. 31:10-31 M. virtuosa, ¿quién la hallará?
Isa. 4:1 siete m. echarán mano de un hombre
Zac. 5:7 una m. sentada dentro de la caja
Mal. 2:15 no traicionéis a la m. de.. juventud
Mat. 5:28 que mira a una m. para codiciarla
Mat. 9:20 m. que sufría de hemorragia.. tocó
Mat. 24:41 Dos m... moliendo en un molino
Mat. 27:55 muchas m. mirando desde lejos
Luc. 1:42 ¡Bendita tú entre las m., y bendito
Luc. 16:18 Cualquiera que se divorcia de su m.
Juan 19:26 Jesús.. dijo.. M., he ahí tu hijo
Rom. 1:26, 27 sus m. cambiaron las relaciones
1 Cor. 11:3-15; 14:34; 1 Tim. 2:11 el hombre es cabeza de la m.
Gál. 3:28 no hay judío ni griego.. varón ni m.
Gál. 4:4 Dios envió a su Hijo, nacido de m.
1 Tim. 2:14 Adán no fue engañado, sino la m.
1 Tim. 3:11 m... deben ser dignas de respeto
1 Ped. 3:1 m., estad sujetas a.. maridos
1 Ped. 3:7 maridos.. dando honor a la m.
Apoc. 12:1 una m. vestida del sol y con una

MULO: ver Asno
Sal. 32:9 No seáis.. como el m., cuya boca

MULTIPLICAR: ver Crecer
Gén. 1:22, 28; 9:1, 7 Sed fecundos y m. Llenad
Gén. 22:17; 26:4 multiplicaré.. como.. arena
Deut. 30:16 que ames.. te multiplicarás, y
Mat. 24:12 por haberse multiplicado la maldad
Hech. 12:24 palabra de Dios.. se multiplicaba

MULTITUD
Gén. 17:5 Abraham.. padre de.. m. de naciones
Mat. 5:1; 14:14 Cuando vio la m., subió al
Mat. 15:32-36 panes.. para saciar a una m.
Mar. 3:7, 8; Juan 6:2, 5 le siguió una.. m.
Luc. 2:13 con el ángel una m. de las huestes
Luc. 8:19; 19:3 no podían llegar.. de la m.
Stg. 5:20 salvará.. y cubrirá.. m. de pecados
Apoc. 7:9 una gran m. de todas las naciones

MUNDANA
Tito 2:12 renunciando.. pasiones m.

MUNDO: ver Tierra
Sal. 9:8; 96:13 juzgará al m. con justicia
Sal. 24:1 De Jehovah es.. el m. y los que lo
Sal. 93:1; 96:10 Jehovah.. afirmó el m., y no
Isa. 13:11 Castigaré al m. por su maldad, y
Mat. 4:8 el diablo.. le mostró.. reinos del m.
Mat. 5:14 Vosotros sois la luz del m. Una
Mat. 13:38-40, 49 El campo es el m. La
Mat. 16:26 ¿de qué le sirve.. si gana el m.
Mat. 24:3, 14, 34 qué señal.. del fin del m.?
Mat. 28:20; Mar. 16:15 vosotros.. fin del m.
Juan 1:9, 10 En el m. estaba, y el m. fue hecho
Juan 1:29 Cordero.. quita el pecado del m.!
Juan 3:16-19 de tal manera amó Dios al m., que
Juan 8:12; 9:5 Yo soy la luz del m. El que me
Juan 15:18, 19; 1 Jn. 3:13 Si el m. os aborrece
Juan 16:33 ¡tened valor; yo he vencido al m.!
Juan 17:13-25 no son del m., como tampoco yo
Juan 18:36, 37 Mi reino no es de este m. Si
1 Cor. 6:2 los santos han de juzgar al m.?
2 Cor. 5:19 en Cristo reconciliando al m.
1 Tim. 6:7 nada trajimos a este m., y.. nada
Stg. 1:27 religión pura.. guardarse.. del m.
1 Jn. 2:15-17 No améis al m. ni las cosas que
Apoc. 11:15 reino del m. ha venido a ser de

MURALLA: ver Muro
Sal. 122:7 Haya paz dentro de tus m.

MURMURACION
Fil. 2:14; 1 Ped. 4:9 todo sin m.

MURMURAR: ver Quejar
1 Cor. 10:10; Stg. 5:9 Ni murmuréis

MURO: ver Muralla
Jos. 6:20 pueblo gritó.. Y el m. se derrumbó
Hech. 9:25; 2 Cor. 11:33 a Saulo.. por el m.
Heb. 11:30 Por la fe cayeron los m. de Jericó
Apoc. 21:14-19 El muro de la ciudad tenía doce

MUSICA
1 Crón. 25:6, 7; 2 Crón. 5:13; 7:6; 34:12 dedicados a la m. en la casa de Jehovah

MUSICO
2 Crón. 5:12; 9:11 todos los m. levitas

MUTILAR: ver Cortar, Romper
Lev. 21:18; 22:22; Deut. 23:1 ningún.. mutilado
Fil. 3:2 Guardaos de los que mutilan el cuerpo

NAAMAN, militar sirio
2 Rey. 5:1-27; Luc. 4:27

NABAL, hacendado israelita
1 Sam. 25:3-39

NABOT
1 Rey. 21:1-19; 2 Rey. 9:21-26

NABUCODONOSOR, rey babilónico
2 Rey. 24:1—25:22; 2 Crón. 36:6-13; Jer. 21:2; 52:4-30; Dan. 2:1—4:37

NACER: ver Brotar
Deut. 32:18 olvidado del.. que te hizo nacer
Job 5:7 el hombre nace para el sufrimiento
Sal. 51:5 en maldad he nacido, y en pecado
Sal. 90:2; Prov. 8:24, 25 Antes que naciesen
Ecl. 3:2 Tiempo de nacer y tiempo de morir
Isa. 9:6 niño nos es nacido, un hijo nos es
Mal. 4:2 nacerá el Sol de justicia, y en sus
Mat. 2:1-4; Luc. 1:35 Jesús nació en Belén de
Mat. 11:11 entre los nacidos de mujer ningún
Mat. 26:24 Bueno le fuera.. no haber nacido
Luc. 2:11 hoy.. os ha nacido un Salvador, que
Juan 1:13 nacieron no de sangre.. sino de Dios
Juan 3:3-8; 1 Ped. 1:3 necesario nacer de nuevo
Juan 9:2, 19, 32-34 ¿quién pecó.. naciera ciego
Gál. 4:4 su Hijo, nacido de mujer y nacido bajo
1 Jn. 5:1, 4 aquel que cree.. es nacido de Dios

NACIMIENTO
Mat. 1:18 n. de Jesucristo fue así

NACION: ver Gente, Gentil, Pueblo
Gén. 12:2; 35:11; 46:3 haré de ti una gran n.

Gén. 18:18; 22:18; Gál. 3:8 benditas.. n. de
Exo. 19:6 me seréis un reino.. una n. santa
Lev. 26:33; Eze. 36:19-23 esparciré entre.. n.
Deut. 4:6-8 ¿qué n. hay tan grande, que tenga
1 Sam. 8:5 un rey.. como tienen todas las n.
Sal. 2:1 ¿Por qué se amotinan las n. y los
Sal. 33:12 Bienaventurada la n. de la cual
Sal. 47:8; 72:11, 17 ¡Dios reina sobre las n.
Sal. 96:10; Isa. 66:19 Decid entre las n.
Sal. 102:15; Mal. 3:12 las n. temerán.. nombre
Sal. 110:6; Isa. 2:4 Juzgará entre las n.
Isa. 2:2; 60:3; Jer. 16:19 correrán.. las n.
Isa. 40:15 las n. son como una gota de agua
Jer. 7:28 Esta es la n. que no escuchó la voz
Jer. 10:2 No aprendáis el camino de las n.
Eze. 39:21-23; Mal. 1:11 mi gloria entre las n.
Dan. 7:14; Apoc. 5:9 n. y lenguas le servían
Zac. 2:11 unirán.. muchas n., y serán mi pueblo
Mat. 24:7 se levantará n. contra n. y reino
Mat. 25:32 todas las n. serán reunidas delante
Mat. 28:19 haced discípulos a todas las n.
Mar. 11:17 casa de oración para todas las n.
Mar. 13:10; Luc. 24:47 sea predicado a.. las n.
Rom. 1:5 obediencia de la fe.. en todas las n.
Apoc. 5:9; 15:4 redimido.. gente de toda.. n.
Apoc. 7:9; 21:24 multitud de todas las n.
Apoc. 22:2 hojas.. para la sanidad de las n.

NADA
Job 8:9; Isa. 41:24; 1 Tim. 6:7 n. sabemos
Isa. 40:17, 23 naciones son como n. delante
Fil. 4:6 Por n. estéis afanosos
3 Jn. 7 partieron por amor.. sin tomar n. de

NADAB
hijo de Aarón: Exo. 6:23; 24:1, 9; Lev. 10:1; Núm. 3:4
rey de Israel (norte): 1 Rey. 14:20; 15:25-31

NADIE
Isa. 22:22 abrirá, y n. cerrará.. n. abrirá
Juan 10:28, 29 n. las arrebatará de mi mano
Juan 14:6 n. viene al Padre, sino por mí

NARIZ
Gén. 2:7 Dios.. Sopló en su n. aliento de vida
Sal. 115:6 oyen; tienen n., pero no huelen
Isa. 37:29 pondré mi gancho en tu n. y mi

NATAN, entre varios notamos
profeta: 2 Sam. 7:2-17; 12:1-25; 1 Rey. 1:8-44; 1 Crón. 17:1-15; Sal. 51:1
hijo de David: 2 Sam. 5:14; 1 Crón 3:5; 14:4; Luc. 3:31

NATANAEL: ver Bartolomé
Juan 1:45-49; 21:2

NATURAL: ver Carnal
Exo. 12:48; Lev. 19:34 misma ley.. para el n.
1 Cor. 2:14 hombre n. no acepta las cosas que
1 Cor. 15:44, 46 siembra cuerpo n... resucita

NATURALEZA
Rom. 1:26 cambiaron.. por relaciones contra n.
Ef. 2:3 por n. éramos hijos de ira, como los
Heb. 1:3 gloria y la expresión exacta de su n.

NAUFRAGAR
1 Tim. 1:19 algunos.. naufragaron

NAVAJA: ver Cuchillo, Espada
Núm. 6:5; Jue. 13:5 Tampoco pasará n.

NAVEGAR
Isa. 42:10 los que navegáis en el mar

NAZARENO, habitante de Nazaret
Mat. 2:23; Hech. 24:5 ser llamado n.

NAZAREO <separado>
Núm. 6:2-21; Jue. 13:5-7; 16:17 hace el voto especial de ser n. para.. Jehovah

NAZARET, ciudad
Mat. 2:23; 4:13; 21:11; 26:71; Mar. 1:9; Luc. 1:26; 2:4, 39, 51; 4:16; Juan 1:45, 46

NEBO, cerro
Deut. 32:49; 34:1

NECEDAD: ver Insensatez
Ecl. 1:17; 2:3, 12; 7:25 Dediqué.. conocer.. n.
Ecl. 10:1, 13 afecta un poco de n. a.. la honra

NECESARIO: ver Convenir
Mat. 23:23 Era n. hacer estas cosas sin omitir
Mat. 24:6 guerras.. es n. que esto acontezca
Juan 3:7, 14 Os es n. nacer de nuevo
Hech. 5:29 Es n. obedecer a Dios antes que a

NECESIDAD: ver Obligación
Mat. 6:8, 32 Padre sabe de qué cosas tenéis n.
Hech. 2:45; 4:35 repartían a.. según tenía n.
Fil. 4:19 Mi Dios.. suplirá toda n. vuestra

NECESITAR
Exo. 23:6 No pervertirás.. derecho.. necesitado
Deut. 15:4-11 no debe haber necesitado en
Sal. 9:18; 40:17 necesitado no será olvidado
Sal. 82:3 Rescatad al necesitado y al huérfano

Prov. 14:31 que oprime al necesitado afrenta
Amós 8:6 comprar.. a los necesitados por un
Mar. 11:3 El Señor lo necesita, y.. lo enviará
Luc. 12:30 vuestro Padre sabe que necesitáis
Hech. 4:34 No había.. ningún necesitado entre

NECIO
Sal. 14:1; 53:1 Dijo el n... No hay Dios
Prov. 10:1; 15:20 hijo n. es tristeza de su
Prov. 14:16, 24 n. es entremetido y confiado
Prov. 26:3-12 vara para la espalda de los n.
Mat. 5:22 llama a su hermano 'n.' será culpable
Luc. 12:20 Dios le dijo: "¡N.! Esta noche
1 Cor. 1:25, 27 lo n. de Dios es más sabio que

NEFTALI
hijo de Jacob: Gén. 30:8; 35:25
tribu: Núm. 2:29; Deut. 33:23; Jos. 19:32-39; Jue. 1:33; 2 Rey. 15:29; Apoc. 7:6

NEGAR: ver Rechazar
Prov. 3:27 No niegues un bien a quien es
Jer. 5:12 Negaron a Jehovah y dijeron: "El no
Mat. 10:33 a cualquiera que me niegue delante
Mat. 26:34, 35, 75 gallo cante, tú me negarás
2 Tim. 2:12, 13 Si le negamos, él.. nos negará
1 Jn. 2:22, 23; Jud. 4 aquel que niega al Hijo

NEGLIGENTE
Jos. 18:3; 2 Crón. 29:11 ¿Hasta cuándo.. n.
Prov. 10:4; 12:24, 27; 18:9; 19:15 La mano n.

NEGOCIAR
Luc. 19:13, 15 Negociad hasta que yo

NEGOCIO
2 Tim. 2:4 Ninguno.. se enreda en los n. de la
Stg. 4:13 un año y haremos n. y ganaremos

NEGRO
Jer. 13:23 ¿Podrá el n. cambiar de piel y el
Mat. 5:36 no puedes hacer.. un cabello.. n.
Apoc. 6:5 tercer sello.. he aquí un caballo n.

NICODEMO, fariseo
Juan 3:1-9; 7:50; 19:39

NIDO
Sal. 84:3 halla.. la golondrina un n. para sí
Jer. 49:16; Abd. 4 Aunque eleves tu n. como el
Mat. 8:20 las aves del cielo tienen n., pero

NIEVE
Sal. 51:7 lávame, y seré más blanco que la n.
Isa. 1:18 como la n. serán emblanquecidos
Dan. 7:9; Apoc. 1:14 vestidura.. como la n.

NINIVE, ciudad asiria
Gén. 10:11; 2 Rey. 19:36; Jon. 1:2; 3:2—4:11; Nah. 1:1; Mat. 12:41

NIÑEZ
2 Tim. 3:15 desde tu n. has conocido las

NIÑO, NIÑA: ver Pequeño
Exo. 1:16-22 veáis.. que es n., matadlo; pero
Exo. 2:2-10 un n... una arquilla.. del Nilo
Deut. 31:12; Jos. 8:35 congregar.. n... para
1 Sam. 1:27; 2:26 Por este n. oraba, y Jehovah
1 Rey. 3:25, 26 ¡Partid al n. vivo en dos, y
Prov. 22:6 Instruye al n. en su camino; y aun
Isa. 9:6 un n. nos es nacido, un hijo nos es
Isa. 11:6, 8 y un n. pequeño los conducirá
Mat. 2:8-21 estrella.. se detuvo.. estaba el n.
Mat. 11:25 cosas.. las has revelado a los n.
Mat. 18:2-5 se humille como este n., ése es el
Mat. 19:13, 14 Dejad a los n. y no les impidáis
Mat. 21:16 De la boca de los n... la alabanza
Mar. 5:39-42 La n. no ha muerto, sino
Luc. 2:12, 16 Hallaréis al n. envuelto.. pesebre
Luc. 2:40 El n. crecía y se fortalecía, y se
1 Cor. 13:11 yo era n., hablaba como n.
1 Ped. 2:2 desead como n... leche espiritual

NOCHE: ver Nocturno, Tinieblas
Gén. 1:5 a las tinieblas llamó N.
Exo. 13:21 iba delante.. de n. en.. de fuego
Jos. 1:8; Sal. 1:2 Ley.. medita.. día y de n.
Sal. 30:5 Por la n. dura el llanto, pero al
Sal. 42:8 día.. y de n., su canción.. conmigo
Sal. 74:16 Tuyo es el día, tuyo es.. la n.
Isa. 21:11, 12 Guardia, ¿qué hay de la n.?
Isa. 26:9 Mi alma te espera en la n.
Luc. 5:5 Maestro, toda la n. hemos trabajado
Luc. 6:12 Jesús.. pasó toda la n. en oración
Luc. 12:20 ¡Necio! Esta n. vienen a pedir tu
Juan 3:2 vino a Jesús de n. y le dijo
Juan 9:4 n. viene cuando nadie puede trabajar
Juan 13:30 tomó el bocado.. salió.. ya era de n.
Rom. 13:12 La n. está muy avanzada, y el día
1 Tes. 5:2, 5 Señor vendrá como ladrón de n.
Apoc. 20:10 serán atormentados día y n.
Apoc. 21:25; 22:5 allí no habrá n.

NOE
Gén. 5:29—10:32; Mat. 24:37; Heb. 11:7

NOEMI, suegra de Rut
Rut 1:2—4:17

NOMBRE
Gén. 2:19 hombre llamó a los.. ése es su n.
Gén. 32:29 ¿Por qué preguntas por mi n.?

Exo. 3:13 me preguntan: ¿Cuál es su n.?
Exo. 9:16; Rom. 9:17 dar a conocer mi n. en
Exo. 20:7 no.. inocente.. tome su n. en vano
Exo. 33:19 proclamaré.. el n. de Jehovah
Deut. 28:58 Si no cuidas.. temiendo este n.
Deut. 29:20 Jehovah borrará su n... del cielo
2 Sam. 7 :13; 1 Rey. 8:19 edificaré.. a mi n.
1 Rey. 8:43 que.. pueblos.. conozcan tu n.
1 Crón. 16:29; Sal. 96:8 Dad.. gloria.. a su n.
2 Crón. 7:14 mi pueblo.. es invocado mi n.
Sal. 8;1, 9; Mal. 1:11 ¡cuán grande es tu n.
Sal. 9:10 En ti confiarán.. que conocen tu n.
Sal. 22:22; Heb. 2:12 Anunciaré tu n. a mis
Sal. 23:3 me guiará por.. por amor de su n.
Sal. 33:21 en su santo n. hemos confiado
Sal. 34:3 ensalcemos juntos su n.
Sal. 61:8; 103:1 cantaré salmos a tu n. para
Sal. 72:17, 19; Ose. 12:5 siempre será su n.
Sal. 83:18 Conozcan que tu n. es Jehovah
Sal. 111:9; Jer. 10:6 Santo y temible es su n.
Sal. 115:1 no a nosotros, sino a tu n. da
Sal. 118:26; Mat. 21:9; 23:39 viene en el n.
Prov. 22:1 Más vale el buen n. que.. riquezas
Isa. 42:8 Yo, Jehovah, éste es mi n.
Isa. 43:1, 7 Te he llamado por tu n.; tú eres
Isa. 56:5, 6 Les daré un n. eterno que nunca
Isa. 62:2 te será dado un n. nuevo, que la
Jer. 15:16 soy llamado por tu n., oh Jehovah
Jer. 23:27 que mi pueblo se olvide de mi n.
Eze. 36:20-23 dolor.. ver mi santo n. profanado
Joel 2:32; Rom. 10:13 invoque el n... será salvo
Zac. 14:9 Jehovah.. único, y Unico será su n.
Mal. 4:2 los que teméis mi n., nacerá el Sol
Mat. 1:21, 23, 25; Luc. 2:21 llamarás su n.
Mat. 6:9 Santificado sea tu n.
Mat. 7:22 ¿No profetizamos en tu n.?
Mat. 10:22; 24:9; 1 Ped. 4:14 aborrecidos.. n.
Mat. 18:5 que en mi n. recibe a un niño
Mat. 19:29 aquel que deja.. por causa de mi n.
Mat. 28:19; Hech. 2:38; 8:16 bautizándoles.. n.
Luc. 1:13, 63 llamarás su n. Juan
Luc. 10:20 regocijaos.. n. están inscritos en
Luc. 21:8 vendrán muchos en mi n., diciendo
Juan 1:12; 1 Jn. 5:13 a los que creen en su n.
Juan 12:28; 17:11 Padre, glorifica tu n.
Juan 14:13, 14; 15:16; 16:23-26 pidáis en mi n.
Hech. 3:16; 4:10 el n. de Jesús hizo fuerte
Hech. 4:12 no hay otro n... dado a los hombres
Hech. 9:15, 16, 21 escogido para llevar mi n.
2 Cor. 5:20 rogamos en n. de Cristo
Ef. 1:21; Fil. 2:9, 10 encima de.. todo n. que
Fil. 4:3; Apoc. 3:5 cuyos n... en el libro de
Col. 3:17 hacedlo todo en el n. del Señor
Apoc. 2:13, 17 retienes mi n.
Apoc. 3:12; 14:1; 22:4 escribiré.. n. de mi
Apoc. 19:13, 16 su n. es.. EL VERBO DE

NORMA
Núm. 15:16 Una misma ley y una misma n.

NORTE
Job 26:7; Isa. 43:6 despliega.. n. sobre

NOVEDAD: ver Nuevo
Rom. 6:4 bautismo.. andemos en n. de

NOVILLO: ver Buey, Toro
Exo. 29:10-14; Lev. 4:3-21; 16:3-27 sangre del n.
Jer. 31:18 fui castigado como n. indómito

NOVIO: ver Marido
Mat. 25:1-10 vírgenes.. salieron a recibir al n.
Apoc. 19:7; 21:2, 9 bodas del Cordero, y su n.

NUBE: ver Cielo
Gén. 9:13 pongo mi arco en las n. como señal
Exo. 13:21, 22; 14:19, 20 iba.. columna de n.
Exo. 16:10; Sal. 99:7 gloria.. apareció en.. n.
Exo. 24:15-18 Moisés entró en la n.
Exo. 40:34-38; Núm. 9:15-22 la n. cubrió el
Núm. 12:5-10; Deut. 31:15 descendió en.. n.
1 Rey. 18:44, 45 veo una pequeña n., como la
Job 26:8, 9; 37:11, 15, 16 aguas en sus n.
Prov. 25:14; 2 Ped. 2;17; Jud. 12 Como n. y
Ecl. 11:3, 4 que se queda mirando las n. no
Isa. 45:8 derramen justicia las n.
Dan. 7:13; Mat. 24:30; Apoc. 1:7 n... venía
Ose. 6:4 lealtad es como la n. de la mañana
Mat. 17:5 una n. brillante les hizo sombra
Hech. 1:9 fue elevado; y una n. le recibió
Apoc. 11:12 subieron al cielo en una n.
Apoc. 14:14-16 sobre la n... Hijo de Hombre

NUERA
Gén. 38:11-24 habló Judá a Tamar su n.
Rut 1:6—2:22; 4:15 Noemí se levantó con sus n.
Miq. 7:6; Mat. 10:35 la n. contra su suegra

NUEVAS: ver Evangelio, Mensaje, Noticia
2 Rey. 7:9 Hoy es día de buenas n., y.. callados
Prov. 25:25 Como el agua.. son las buenas n.
Isa. 52:7; Nah. 1:15 pies.. que trae buenas n.
Isa. 61:1; Luc. 4:18 para anunciar buenas n.
Luc. 2:10 os doy buenas n. de gran gozo
Ef. 2:17 y anunció las buenas n.: paz para
Heb. 4:2 nos han sido anunciadas las buenas n.

NUEVE
Luc. 17:17 Y los n., ¿dónde están?

NUEVO: ver Novedad
Sal. 40:3; 96:1; 149:1; Isa. 42:10 cántico n.
Ecl. 1:9, 10 Nada hay n. debajo del sol
Isa. 42:9; 48:6 os anuncio las cosas n.
Jer. 31:31; Heb. 8:8, 13 haré un n. pacto
Lam. 3:23 N. son cada mañana; grande es tu
Eze. 11:19; 36:26 pondré.. espíritu n. dentro
Juan 3:3, 7 Os es necesario nacer de n.
Juan 13:34; 1 Jn. 2:7, 8 mandamiento n. os doy
2 Cor. 5:17 n. criatura es.. son hechas n.
Ef. 2:15 crear.. un solo hombre n., haciendo
Ef. 4:24; Col. 3:10 vestíos del n. hombre
Heb. 10:20 por el camino n. y vivo que.. abrió
2 Ped. 3:13; Apoc. 21:1 esperamos cielos n. y
Apoc. 2:17 piedrecita un nombre n. escrito
Apoc. 5:9 entonaban un cántico n.
Apoc. 21:2 santa ciudad, la n. Jerusalén que
Apoc. 21:5 hago n. todas las cosas

NUMERO
Apoc. 13:17, 18 bestia.. su n. es 666

NUTRIR
1 Tim. 4:6 nutrido de las palabras de

OBED, abuelo de David
Rut 4:17-22; Mat. 1:5

OBEDECER
Gén. 22:18; Deut. 11:13, 27 obedeciste mi voz
Exo. 24:7 Jehovah ha dicho, y obedeceremos
Lev. 26:18-27 no me obedecéis.. castigaros
Deut. 12:28; 28:2, 13 Guarda y obedece.. para
Jos. 24:24 A.. Dios serviremos.. obedeceremos
1 Sam. 12:14, 15; 1 Rey. 11:38 si obedecéis su
1 Sam. 15:22 obedecer.. mejor que.. sacrificios
2 Rey. 22:13 libro.. hallado.. no han obedecido
Prov. 12:15 el que obedece el consejo es sabio
Isa. 1:19 Si.. obedecéis, comeréis de lo mejor
Jer. 11:3 Maldito el hombre que no obedece las
Jer. 18:10 si hace lo malo.. no obedeciendo mi
Jer. 37:2 ni.. obedecieron las palabras que
Dan. 7:27 todos los dominios.. le obedecerán
Mar. 1:27; 4:41 espíritus inmundos.. obedecen
Hech. 4:19; 5:29 obedecer a vosotros antes que
Rom. 6:16, 17 sois esclavos del que obedecéis
1 Cor. 9:27 mi cuerpo.. lo hago obedecer; no
Ef. 6:1; Col. 3:20 obedeced.. a vuestros padres
Ef. 6:5; Col. 3:22 obedeced a.. vuestros amos
Heb. 11:8 Por la fe Abraham.. obedeció para
Heb. 13:17 Obedeced a vuestros dirigentes y
1 Ped. 1:2 elegidos.. para obedecer a Jesucristo

OBEDIENCIA: ver Fidelidad
Rom. 1:5; 16:26 gracia.. para la o. de la fe
Heb. 5:8 Aunque.. Hijo, aprendió la o. por lo

OBEDIENTE: ver Fiel
Fil. 2:8 o. hasta.. muerte de cruz

OBISPADO
1 Tim. 3:1 Si alguien anhela el o.

OBISPO: ver Anciano, Pastor
Hech. 20:28 Espíritu.. os ha puesto como o.
1 Tim. 3:2; Tito 1:7 necesario que el o. sea
1 Ped. 2:25 habéis vuelto al.. O. de vuestras

OBLIGACION: ver Necesidad
2 Cor. 9:7 Cada uno dé.. ni por o.

OBLIGAR: ver Forzar
Prov. 16:26 apetito.. le obliga a trabajar
Mat. 27:32 Simón.. le obligaron a cargar la

OBRA: ver Acción, Hazaña, Hecho
Gén. 2:2; Heb. 4:4 reposó.. de toda la o. que
Sal. 19:1 firmamento anuncia la o. de.. manos
Sal. 102:25; Heb. 1:10 cielos son o. de.. manos
Sal. 145:10 Todas tus o... te alabarán
Prov. 10:16 La o. del justo es para vida
Prov. 16:3 Encomienda a Jehovah tus o.
Prov. 24:12; Rom. 2:6, 7; 1 Ped. 1:17; Apoc. 22:12 recompensará al hombre según sus o.
Isa. 64:8 todos somos la o. de tus manos
Isa. 66:18 conozco sus o. y sus pensamientos
Eze. 33:31, 32 Oyen.. pero no las ponen por o.
Mat. 5:16 que vean.. buenas o. y glorifiquen
Mat. 23:3, 5 hacen.. sus o. para ser vistos
Juan 3:19-21 amaron.. porque sus o. eran malas
Juan 5:20, 36; 10:25 o. que.. dan testimonio
Juan 6:28-30; 9:3, 4 realizar las o. de Dios?
Juan 10:38 aunque.. no me creáis, creed a.. o.
Juan 14:12 cree.. hará las o. que yo hago
Juan 17:4 he.. acabado la o... que me has dado
Hech. 13:41 hago una gran o. en vuestros días
Rom. 3:20, 27, 28; 4:2-5; 9:12; 11:6; Gál. 2:16 por.. o. de la ley nadie será justificado
Rom. 14:20 No destruyas la o. de Dios por
1 Cor. 3:13-15 o. de cada uno.. fuego.. probará
2 Cor. 9:8 que.. abundéis para toda buena o.
Gál. 5:19 las o. de la carne son.. fornicación
Gál. 6:4 examine cada uno su o., y.. tendrá
Ef. 2:9 No es por o., para que nadie se gloríe
Ef. 2:10 creados.. para hacer las buenas o.
Fil. 1:6 comenzó la buena o., la perfeccionará
1 Tim. 6:18 que sean ricos en buenas o.
2 Tim. 1:9 llamó.. no conforme a nuestras o.
Tito 3:8, 14; 1 Ped. 2:12 dedicarse.. buenas o.
Stg. 2:14-26 tiene fe y no tiene o., ¿de qué
Apoc. 2:2, 19; 3:1, 8, 15 conozco tus o.
Apoc. 2:23 os daré.. conforme a vuestras o.
Apoc. 2:26 Al que.. guarde mis o. hasta.. fin

Apoc. 14:13 muertos.. sus o. les seguirán

OBRERO: ver Artesano, Artífice
Luc. 10:2 mies es mucha, pero los o. son pocos
Luc. 10:7; 1 Tim. 5:18 o. es digno de.. salario
2 Tim. 2:15 Procura.. presentarte.. como o.

OBSCENA
Ef. 4:29 Ninguna palabra o. salga de

OBSERVAR: ver Ver
Hab. 1:5 Observad entre las naciones.. yo haré
Mar. 12:41 Jesús.. observaba.. echaba dinero

OBSTACULO: ver Impedir
Rom. 14:13 determinad no poner.. o.

OBSTINADO
Ose. 4:16; 11:7 o. como una vaca o.

OBTENER : ver Conseguir
1 Cor. 9:24 premio? Corred.. obtengáis

OCCIDENTE
Sal. 103:12 Tan lejos como.. el oriente del o.
Luc. 13:29 Vendrán del oriente y del o.

OCIOSO: ver Perezoso
Exodo 5:8, 17 ¡Estáis o.! ¡Sí, o.! Por eso
Mat. 12:36 darán cuenta de toda palabra o.
2 Ped. 1:8 no os dejarán estar o... en el

OCULTAR: ver Cubrir
Sal. 40:10 No he ocultado tu misericordia ni
Jer. 23:24 podrá alguien ocultarse.. para que

OCULTO: ver Misterio
Prov. 9:17 el pan comido en o. es delicioso
Isa. 40:27 ¿Por qué.. dices.. Mi camino le es o.
Jer. 16:17 caminos; no están o. delante de mí
Mat. 10:26 no.. nada.. o. que no será conocido
1 Cor. 4:5 el Señor.. sacará.. las cosas o.
Col. 1:26 misterio de Dios que había estado o.

OCUPAR
Fil. 2:12 ocupaos en.. salvación con temor
Col. 3:2 Ocupad la mente en.. cosas de arriba
1 Tes. 4:11; Tito 3:8 ocuparos en vuestros

OCHENTA
Sal. 90:10 nuestra vida son.. o. años

OCHO
Gén. 17:12; Luc. 2:21 o. días.. circuncidar

ODIAR: ver Abominar, Aborrecer
Juan 12:25 el que odia su vida en este mundo
1 Jn. 2:9, 11; 3:15; 4:20 El que.. odia a su

ODIO
Prov. 10:12, 18 o. despierta contiendas

OFENDER: ver Injuriar
Stg. 2:10; 3:2 guarda.. ley pero ofende

OFENSA: ver Falta, Pecado
Ecl. 10:4 la serenidad apacigua grandes o.
Mat. 6:14, 15 si perdonáis.. sus o., vuestro
Rom. 5:14-20 el don no es como la o. Porque

OFRECER: ver Ofrenda, Presentar
Gén. 22:2; Stg. 2:21 a Isaac.. ofrécelo allí
Exo. 29:36; Núm. 29:39 ofrecerás un toro como
Lev. 19:5 Cuando ofrezcáis sacrificio.. que
Jue. 5:2 haberse ofrecido.. voluntariamente
2 Crón. 8:12; Esd. 3:5 ofreció holocaustos a
Sal. 4:5 Ofreced sacrificios de justicia y
Sal. 66:15 Te ofreceré holocaustos de animales
Sal. 116:17 Te ofreceré sacrificio de.. gracias
Ose. 14:2 te ofrecemos el fruto de.. labios
Amós 5:25; Hech. 7:42 ¿Acaso me ofrecisteis
Heb. 7:27; 9:14; 10:12 ofreciéndose a sí mismo
Heb. 9:25 Tampoco entró para ofrecerse
Heb. 13:15 ofrezcamos.. a Dios.. de alabanza

OFRENDA: ver Presente, Sacrificio
Gén. 4:3-5 Caín trajo.. una o. a Jehovah
Exo. 25:2, 3 corazón le mueva.. tomaréis mi o.
Exo. 30:13-15 Al entregar la o. alzada para
Exo. 35:29; 36:3, 6 trajeron una o. voluntaria
Lev. 1:2—2:16 cuando.. presente una o. a
Lev. 6:14-23 instrucciones para la o. vegetal
Lev. 7:38; Núm. 7:3 que presentaran sus o. a
1 Crón. 16:29; Sal. 96:8 traed o. y venid ante
1 Crón. 29:5 ¿quién.. haciendo.. o. voluntaria
Isa. 1:13 No traigáis más o. vanas
Isa. 66:20 traerán a.. hermanos.. como o. a
Mal. 1:10 ni aceptaré la o., ha dicho Jehovah
Mal. 3:3, 4 ofrecerán a Jehovah o. en justicia
Mat. 5:23, 24 si has traído tu o. al altar y
Mat. 8:4 vé.. ofrece la o. que mandó Moisés
Luc. 21:4 de su abundancia echaron a las o.
Rom. 15:26 hacer una o. para los pobres
1 Cor. 16:1 En cuanto a la o. para los santos
Ef. 5:2 Cristo.. se entregó.. como o. y
Heb. 5:1; 8:3 sacerdote.. que ofrezca o. y
Heb. 10:10, 14 con.. sola o. ha perfeccionado
Heb. 10:18 donde hay perdón.. no hay más o

OIDO: ver Oír
1 Sam. 3:11 lo escuche le retiñirán ambos o.

Sal. 34:15 sus o. están atentos a su clamor
Sal. 40:6 tú has abierto mis o.
Sal. 94:9; Prov. 20:12 puso el o., ¿no oirá?
Sal. 116:2 ha inclinado a mí su o.
Prov. 15:31 El o. que atiende a la reprensión
Prov. 18:15 o. de.. sabios busca.. conocimiento
Prov. 21:13 cierra su o. al clamor del pobre
Prov. 22:17 Inclina tu o. y escucha.. palabras
Isa. 6:10; Mar. 4:12; Hech. 28:26 oiga con.. o.
Isa. 42:20 Los o. están abierto, pero nadie
Isa. 55:3 Inclinad vuestros o. y venid a mí
Isa. 59:1 ni su o. se ha ensordecido para oír
Isa. 64:4; 1 Cor. 2:9 ni el o. ha percibido
Jer. 5:21; Eze. 12:2 Oíd esto.. tienen o. y no
Mat. 10:27 lo que oís al o., proclamadlo desde
Mat. 11:15; 13:9, 43; Apoc. 2:7, 11, 17, 29; 3:6, 13, 22 El que tiene o., oiga
Mar. 7:35 fueron abiertos sus o. y desatada
Mar. 8:18 Teniendo o., ¿no oís?
1 Cor. 12:17 fuese ojo, ¿dónde estaría el o.?
Stg. 5:4 clamores.. llegado a los o. del Señor

OIDOR

Rom. 2:13; Stg. 1:22, 25 no son los o.

OIR: ver Escuchar, Obedecer, Oído

Gén. 3:10 Oí tu voz en el jardín y tuve miedo
Exo. 2:24; 3:7; Sal. 102:20 Dios oyó.. gemido
Núm. 14:27 Yo he oído las quejas.. contra mí
Deut. 4:12, 33 oisteis el sonido.. oír su voz
Jos. 6:5 cuando oigáis.. sonido de la corneta
1 Rey. 8:42 oirán de tu gran nombre
2 Rey. 20:5 He oído tu oración y he visto tus
Job 42:5 De oídas había oído de ti, pero
Sal. 4:3 Jehovah oirá cuando yo clame a él
Sal. 34:4, 17 busqué a Jehovah, y él me oyó
Sal. 51:8; 143:8 Hazme oír gozo y alegría, y
Sal. 65:2 Tú oyes la oración; a ti acudirá
Sal. 115:6; 135:17 tienen orejas, pero no oyen
Prov. 18:13 Al que responde antes de oír, le
Ecl. 7:5 Mejor es oír la reprensión del sabio
Isa. 1:2 Oíd, cielos; y escucha, tierra, porque
Isa. 29:18 los sordos oirán las palabras del
Isa. 33:13; 34:1 que estáis lejos, oíd lo que
Isa. 37:26; 40:21 ¿Acaso no lo has oído
Isa. 51:1; Miq. 1:2 Oídme, los que seguís la
Jer. 6:10 oídos están sordos, y no pueden oír
Eze. 3:17; 33:7 oirás.. las palabras.. y les
Eze. 33:31; Juan 12:47 oyen tus palabras, pero
Eze. 37:4 Huesos secos, oíd la palabra de
Amós 8:11 hambre.. de oír.. palabras de
Mat. 11:4, 5 los sordos oyen, los muertos son
Mat. 13:17 justos desearon.. oír lo que oís y
Mat. 13:18-23 oíd la parábola del sembrador
Mat. 17:5, 6 Este es mi Hijo amado.. A él oíd
Juan 5:24 el que oye mi palabra y cree al que
Juan 10:27 Mis ovejas oyen mi voz.. y me
Juan 11:41, 42 te doy gracias porque me oiste
Hech. 2:8 ¿Cómo.. oimos.. cada uno en nuestro
Hech. 4:4 muchos.. que habían oído la palabra
Hech. 10:44 Espíritu.. cayó sobre.. que oían
Rom. 10:17 fe es por el oír, y el oír por la
Ef. 1:13 habiendo oído la palabra de verdad
2 Tim. 2:2 Lo que oiste de parte mía.. encarga
Heb. 2:1 atendamos a las cosas que hemos oído
Stg. 1:19 hombre sea pronto para oír, lento
2 Ped. 1:18 oímos esta voz dirigida desde el
1 Jn. 1:1, 3, 5 lo que hemos oído, lo que
1 Jn. 4:5, 6 el que conoce a Dios nos oye
1 Jn. 5:14 si pedimos algo.. él nos oye
Apoc. 3:20 si alguno oye mi voz y abre.. puerta
Apoc. 22:8 Yo, Juan, soy el que ha oído y

OJO: ver Oído, Ver

Gén. 3:5 Dios sabe.. vuestros o. serán abiertos
Exo. 21:24; Lev. 24:20; Deut. 19:21; Mat. 5:38 o. por o., diente por diente
Núm. 10:31 conoces.. y nos servirás de o.
Deut. 11:12; 2 Crón. 16:9 o. de.. tu Dios están
Deut. 32:10; Sal. 17:8; Zac. 2:8 niña de sus o.
1 Rey. 8:29 Estén abiertos tus o... hacia este
2 Rey. 25:7 a Sedequías le sacó los o.
Job 19:27 Lo verán mis o., y no los de otro
Sal. 33:18; Prov. 15:3; 1 Ped. 3:12 o. de.. está
Sal. 94:9; Prov. 20:12 El que formó el o., ¿no
Sal. 119:18 Abre mis o., y miraré las.. tu ley
Sal. 121:1 Alzaré mis o. a los montes: ¿De
Sal. 123:1, 2 A ti.. levanto mis o.
Sal. 141:8 oh Señor.. hacia ti miran mis o.
Sal. 145:15 o. de todos tienen su esperanza
Prov. 22:9 El de o. bondadosos será bendito
Prov. 22:12 Los o. de Jehovah custodian el
Prov. 27:20; Ecl. 1:8 nunca se sacian los o.
Ecl. 2:14 El sabio tiene sus o. en su cabeza
Ecl. 6:9 Mejor.. lo que.. o. ven que.. divagar
Isa. 6:10; Mat. 13:15 ciega sus o., no sea que
Isa. 42:7 que abras los o. que están ciegos
Jer. 5:21; Eze. 12:2; Mar. 8:18 Tienen o. y no
Jer. 16:17 ni su maldad se esconde de mis o.
Jer. 24:6; Amós 9:4, 8 Pondré mis o. sobre
Mat. 5:29; 18:9 si tu o. derecho te es ocasión
Mat. 6:22, 23 lámpara.. es el o... si tu o.
Mat. 7:3 paja que está en el o. de tu hermano
Mat. 19:24 camello pasar por el o. de.. aguja
Mat. 20:33, 34; Juan 9:6 que sean abiertos.. o.
Luc. 18:13 publicano.. no quería.. alzar los o.
Rom. 11:8, 10 de estupor, o. para no ver
1 Cor. 2:9 Cosas que o. no vio ni oído oyó
1 Cor. 12:16, 17 Porque no soy o., no soy
1 Cor. 15:52 en un abrir y cerrar de o., a la
Ef. 1:18 iluminados los o. de.. entendimiento
2 Ped. 2:14 Tienen los o. llenos de adulterio

1 Jn. 2:16 los deseos de los o. y la soberbia
Apoc. 1:14; 2:18 sus o. eran como llama de
Apoc. 4:6, 8 cuatro seres.. llenos de o.

OLA
Sal. 42:7; Jon. 2:3 ondas y tus o. han pasado
Stg. 1:6; Jud. 13 que duda.. semejante a una o.

OLER
Deut. 4:28; Sal. 115:6 dioses.. ni huelen

OLFATO
1 Cor. 12:17 oreja, ¿dónde.. el o.?

OLIVO
Jue. 9:8, 9 Reina sobre nosotros.. Pero el o.
2 Sam. 15:30; Zac. 14:4 subió.. monte de los O.
Zac. 4:3, 11, 12; Apoc. 11:4 estos dos o.
Mat. 26:30 himno, salieron al monte de los O.
Rom. 11:17, 24 fuiste injertado en el buen o.

OLOR: ver Perfume
Exo. 29:25, 41 el holocausto, como grato o.
Núm. 28:2 Cumpliréis.. ofrendas.. de grato o.
2 Cor. 2:14-16 para Dios somos o. fragante de

OLVIDADIZO
Stg. 1:25 sin ser oidor o. sino

OLVIDAR
Deut. 4:9, 23; 6:12; 8:11, 14 no.. te olvides
Deut. 4:31 tu Dios.. ni se olvidará del pacto
Deut. 32:18; Sal. 50:22 olvidado del Dios que
Jue. 3:7; 1 Sam. 12:9 Olvidaron a.. su Dios y
Sal. 9:17, 18 naciones que se olvidan de Dios
Sal. 10:11 Dice en su.. Dios se ha olvidado
Sal. 103:2 no olvides ninguno de.. beneficios
Sal. 119:16, 61, 93 no.. olvidaré de.. palabras
Prov. 3:1 mío, no te olvides de mi instrucción
Isa. 44:21 Oh Israel, no me olvides
Isa. 49:14, 15 Aunque ellas se olviden, yo no
Jer. 2:32 ¿Se olvida.. la virgen de sus joyas
Ose. 4:6 porque te has olvidado de la ley de
Luc. 12:6 pajaritos.. ni uno.. está olvidado
Heb. 13:2, 16 No os olvidéis de hacer el bien

OLLA
2 Rey. 4:38-41 Eliseo.. no hubo nada malo en.. o.
Jer. 1:13 Veo una o. hirviente que se vuelca

OMEGA
Apoc. 1:8; 21:6; 22:13 soy el Alfa y.. O.

OMITIR
Mat. 23:23 omitido lo más importante

ONESIMO, esclavo cristiano
Col. 4:9; Film. 10

OPINION
1 Rey. 18:21 ¿Hasta cuándo.. entre dos o.?
Prov. 3:7; 16:2; Rom. 12:16 sabio en tu.. o.

OPONER
Rom. 13:2 que se opone a la autoridad

OPORTUNIDAD
Gál. 6:10 mientras.. o., hagamos

OPORTUNO
Heb. 4:16 gracia para el o. socorro

OPRESION: ver Aflicción, Oprimir
Exo. 3:9 he visto la o. con que los oprimen
Sal. 62:10 No confiéis en la o., ni os
Ecl. 4:1 vi.. los actos de o. que se cometen
Isa. 53:8 Por medio de la o... fue quitado

OPRESOR: ver Perseguidor
Exo. 3:7; Isa. 19:20 he oído su clamor.. sus o.
Sal. 71:4 líbrame de.. impíos.. perversos y o.
Isa. 1:17 buscad el derecho, reprended al o.
Jer. 30:20 castigaré a todos sus o.
Sof. 3:1, 19 ¡Ay de la ciudad rebelde.. y o.!

OPRIMIR: ver Afligir, Agobiar, Opresión
Exo. 22:21; 23:9 No.. oprimirás al extranjero
Lev. 19:13; 25:17 No oprimirás a tu prójimo
Sal. 9:9 Jehovah.. alto refugio para el o.
Prov. 22:22 ni oprimas al afligido en las
Isa. 53:7 El fue oprimido y afligido, pero no
Eze. 18:7, 16 no oprime a nadie, devuelve su
Luc. 4:18 poner en libertad a los oprimidos
Stg. 2:6 ¿No os oprimen los ricos, y no son

OPROBIO
Heb. 11:26; 12:2 o. por Cristo como

ORACION: ver Orar, Petición, Ruego
1 Rey. 8:38-54 escucha en los cielos su o.
1 Rey. 9:3; 2 Crón. 7:12-15 He escuchado tu o.
2 Crón. 30:27 su o. llegó a su santa morada
Neh. 1:6, 11 esté atento tu oído a la o. de
Sal. 6:9; 66:19 ¡Jehovah ha aceptado mi o.!
Sal. 54:2; 55:1; 61:1 Oh Dios, escucha mi o.
Prov. 15:8, 29 Jehovah.. escucha la o. de los
Isa. 56:7; Mat. 21:13 será llamada casa de o.
Dan. 6:13 Daniel.. tres veces al día hace su o.
Mat. 21:22 lo que pidáis en o., creyendo, lo
Mar. 9:29 nada puede.. sino con o.
Mar. 12:40 como pretexto hacen largas o.
Hech. 1:14; 2:42 perseveraban unánimes en o.

Hech. 6:4 continuaremos en la o. y en el
Hech. 12:5 iglesia sin cesar hacía o. a Dios
Rom. 12:12 tribulación, constantes en la o.
Ef. 1:16; 6:18 no ceso.. recordándoos en mis o.
Fil. 1:9 mi o.: que vuestro amor abunde aun
Col. 4:2 Perseverad.. en la o., vigilando en
1 Tim. 4:5 es santificado por.. palabra.. la o.
Stg. 5:15, 16 o. de fe dará salud al enfermo
Apoc. 5:8; 8:3, 4 incienso, que son las o. de

ORAR, ver Oración, Pedir, Suplicar
2 Crón. 6:19-40 Escucha.. cuando oren hacia
2 Crón. 7:1, 14 si se humilla.. si oran y
Esd. 10:1 Esdras oraba.. postrándose ante la
Job 42:8-10 Job.. oraba por sus amigos, y
Sal. 55:17 al amanecer y al mediodía oraré y
Jer. 29:12 y oraréis a mí, y yo os escucharé
Dan. 6:10 Daniel.. oraba.. como lo solía hacer
Mat. 5:44 y orad por los que os persiguen
Mat. 6:5-9 Pero tú, cuando ores, entra en tu
Mat. 26:36-41 Sentaos.. que yo vaya allá y ore
Mar. 6:46; Luc. 5:16 se fue al monte a orar
Mar. 14:38; Luc. 21:36 Velad y orad, para que
Luc. 3:21 mientras oraba, el cielo fue abierto
Luc. 11:1 Señor, enséñanos a orar, como.. Juan
Luc. 18:1 parábola.. de la necesidad de orar
Luc. 18:10, 11 Dos hombres subieron.. a orar
Hech. 10:30 Cornelio.. estaba orando en.. casa
1 Cor. 14:14, 15 si yo oro en una lengua, mi
Col. 1:9 no cesamos de orar por vosotros y de
1 Tes. 5:17, 25; 2 Tes. 3:1 Orad sin cesar
Stg. 5:13-15 ¿Está afligido.. ¡Que ore!

ORDEN
Gén. 1:2; Jer. 4:23 la tierra estaba sin o.
2 Rey. 20:1 Pon en o. tu casa, porque vas a
Sal. 91:11: Luc. 4:10 a sus ángeles dará ó.
Sal. 110:4; Heb. 5:6, 10; 6:20; 7:11, 17 Tú eres sacerdote.. según el o. de Melquisedec
Luc. 1:1, 3 escribírtelas en o... Teófilo
Hech. 17:26 ha determinado.. o. de los tiempos
1 Cor. 14:40 todo decentemente y con o.

ORDENANZA: ver Mandamiento
Sal. 119:168, 173 He guardado tus o. y tus
Ef. 2:15; Col. 2:20 abolió la ley de.. o.

ORDENAR: ver Mandar
1 Crón. 16:7 David ordenó cantar este salmo
1 Cor. 12:24 Dios ordenó el cuerpo, dando más

OREJA
Sal. 115:6; 135:17 tienen o., pero no oyen
Mat. 26:51 a un siervo.. le cortó la o.
1 Cor. 12:16, 17 Si todo fuese o., ¿dónde

ORGIA: ver Borrachera
1 Ped. 4:3 habiendo andado en.. en o.

ORGULLO
Prov. 16:18; 21;4 Antes.. quiebra.. o.

ORIENTE
Sal. 103:12 Tan lejos como está el o. del
Mat. 2:1, 2, 9 unos magos vinieron del o.
Luc. 13:29 Vendrán del o. y del occidente

ORO: ver Plata
Gén. 2:12; 1 Rey. 9:28 el o. de.. era bueno
Exo. 25:3, 17-39; 1 Rey. 7:48-51 ofrenda.. o.
Job 31:24 Si puse al o. como.. mi confianza
Sal. 19:10 Son más deseables que el o.
Prov. 16:16 mejor adquirir sabiduría que o.
Isa. 13:12 ser humano más preciado que el o.
Sof. 1:18 ni su o. podrá librarlos en.. ira
Hag. 2:8 Mía es la plata y mío es el o., dice
Mal. 3:3 Los afinará como a o. y como a plata
Mat. 2:11 presentes de o., incienso y mirra
Mat. 10:9 No os proveáis.. de o., ni de plata
Hech. 17:29 Divinidad sea semejante a o., o
1 Cor. 3:12 Si.. edifica.. con o., plata
2 Tim. 2:20 casa.. vasos de o. y de plata, sino
Stg. 5:3 Vuestro o. y plata están enmohecidos
1 Ped. 1:7, 18 fe —más preciosa que el o.
1 Ped. 3:3 adorno no sea.. de o., ni en vestir
Apoc. 3:18 que de mí compres o. refinado
Apoc. 21:18, 21 ciudad era de o. puro

ORUGA
Joel 1:4; 2:25 Lo que dejó.. o. lo comió

OSCURECER
Isa. 13:10; Mat. 24:29 El sol se oscurecerá
Luc. 23:45 sol se oscureció, y el velo del

OSCURIDAD: ver Sombra, Tinieblas
Jos. 24:7 Jehovah.. puso o. entre vosotros y
1 Rey. 8:12 Jehovah.. habita en la densa o.
Sal. 91:6 ni de peste que ande en la o., ni
Joel 2:2; Amós 5:20 ¡Día de tinieblas y de o.
Sof. 1:15 Aquél será día de ira.. y de o.
Mat. 6:23 si.. luz que hay en ti es o., ¡cuán
Mat. 27:45 Desde la sexta hora descendió o.

OSEAS
ver Josué: Núm. 13:8, 16
rey de Israel (norte): 2 Rey. 15:30; 17:1-6
profeta: Ose. 1:1, 2; Rom. 9:25

OSO
Job 9:9; 38:32 El hizo la O. Mayor, el Orión
Isa. 11:7 vaca y la o. pacerán, y sus crías

Amós 5:19 el que huye de.. y choca con un o.

OSTENTOSO
1 Cor. 13:4 El amor no es o., ni.. arrogante
1 Tim. 2:9; 1 Ped. 3:3 con modestia.. no.. o.

OTONIEL, juez
Jos. 15:17; Jue. 3:9-11

OTORGAR
Fil. 2:9 Dios.. le otorgó.. nombre

OVEJA: ver Cordero, Manada
Gén. 4:4 Abel.. trajo una ofrenda.. de sus o.
Exo. 3:1 Apacentando Moisés.. o. de su suegro
Núm. 27:17; 1 Rey. 22:17; Mar. 6:34 como o. que no tienen pastor
1 Sam. 15:14, 15 ¿qué es ese balido de o. en
Sal. 44:11, 22; Rom. 8:36 como o... matadero
Sal. 79:13; 95:7; 100:3 pueblo.. o. de tu prado
Sal. 119:176 andado errante como o. extraviada
Isa. 53:6, 7; Hech. 8:32 descarriamos como o.
Jer. 23:2, 3; Eze. 34:2-12 dispersasteis.. o.
Jer. 50:6 O. perdidas fueron mi pueblo
Eze. 34:22, 31 Vosotras, o. mías, o. de.. prado
Zac. 10:2 el pueblo vaga como o.
Zac. 13:7; Mat. 26:31 se dispersarán las o.
Mat. 7:15 falsos profetas.. vestidos de o.
Mat. 10:6; 15:24 id.. a las o. perdidas de
Mat. 10:16 os envío como a o. en medio de
Mat. 12:11, 12 más vale un hombre que una o.
Mat. 18:12 tiene cien o. y se extravía una
Mat. 25:32, 33 pastor separa las o. de los
Juan 10:1-15 buen pastor pone su vida por.. o.
Juan 10:16 tengo otras o. que no son de este
Juan 10:26 no creéis.. no sois de mis o.
Juan 21:16, 17 Jesús.. Pastorea mis o.
Heb. 13:20 Jesús, el gran Pastor de las o.
1 Ped. 2:25 erais como o. descarriados, pero

PABLO: ver Saulo
Hech. 13:9—28:30; Rom. 1:1; 1 Cor. 1:1, 12, 13; 3:4, 5, 22; 2 Cor. 1:1; 2 Ped. 3:15

PACER
Isa. 11:7; 65:25 vaca y la osa pacerán

PACIENCIA
Mat. 18:26, 29 Ten p. conmigo, y.. te lo pagaré
Rom. 9:22 Dios.. soportó con mucha p. a los
1 Cor. 13:4 El amor tiene p. y es bondadoso
Gál. 5:22; Ef. 4:2 fruto del Espíritu es.. p.
Col. 1:11; 3:12 seáis fortalecidos con.. p.
1 Tes. 5:14; 2 Tim. 4:2 que tengais p. hacia
Stg. 1:3, 4 prueba de vuestra fe produce p.
Stg. 5:7 tened p. hasta la venida del Señor
2 Ped. 3:15 la p. de nuestro Señor es para

PACIENTE
Ecl. 7:8 Mejor es el de espíritu p. que el de
Rom. 12:12 p. en la tribulación, constantes
2 Ped. 3:9 es p. para con vosotros, porque no

PACIFICO
Stg. 3:17 sabiduría.. de lo alto.. p.

PACTO: ver Alianza, Convenio
Gén. 6:18; 9:9-17 estableceré mi p. contigo
Gén. 15:18; 17:2-13; Exo. 2:24; Deut. 5:3 Jehovah hizo un p. con Abram
Exo. 19:5 si.. guardáis mi p., seréis para
Exo. 24:8; Heb. 9:20 sangre del p. que Jehovah
Núm. 10:33; Deut. 10:8 arca del p. iba delante
Deut. 4:23 no.. olvidéis el p. de.. Dios, que
Deut. 9:15 dos tablas del p. en mis.. manos
Deut. 29:1, 9 palabras del p. que Jehovah
Jos. 24:25 Josué hizo un p. con el pueblo
1 Sam. 18:3; 20:16; 23:18 Jonatán hizo un p.
2 Sam. 23:5 Dios.. hecho conmigo un p. eterno
1 Rey. 8:23 Tú guardas el p. y la misericordia
2 Rey. 23:2, 3 leyó.. palabras del libro del p.
1 Crón. 16:15, 17; Sal. 105:8; 106:45; 111:5 Acordaos para siempre de su p.
Isa. 42:6; 49:8 te pondré como p. para.. pueblo
Isa. 54:10 Mi p. de paz será inconmovible
Isa. 55:3; 61:8; Jer. 32:40 haré.. un p. eterno
Isa. 59:21 mi p. con ellos: 'Mi Espíritu que
Jer. 11:10; Ose. 6:7 han invalidado mi p. que
Jer. 31:31; Heb. 8:8; 10:16 haré un nuevo p.
Jer. 50:5 se unirán a Jehovah en p. eterno
Eze. 34:25; 37:26 Estableceré con.. p. de paz
Mal. 2:5 Mi p. con él fue de vida y de paz
Mat. 26:28; 1 Cor. 11:25 es mi sangre del p.
2 Cor. 3:6 capacitó.. ministros del nuevo p.
Gál. 3:15, 17 El p. confirmado antes por Dios
Gál. 4:24 estas mujeres son dos. p.: Agar es
Ef. 2:12 estabais.. ajenos a los p. de la
Heb. 7:22; 8:6; 9:15; 12:24 Jesús.. fiador de un p. superior
Heb. 13:20 Dios.. por la sangre del p. eterno

PADECER: ver Sufrir
Sal. 103:6 Jehovah.. hace justicia.. que padecen
Mat. 4:24 le trajeron.. los que padecían
Mat. 16:21; 17:12 Jesús.. explicar.. padecer
Luc. 22:15; Hech. 3:18 Pascua antes de padecer
Hech. 5:41 regocijándose.. dignos de padecer
Hech. 26:23 Cristo.. padecer, y.. anunciar
Heb. 2:18; 5:8; 13:12 él.. padeció.. tentado
1 Ped. 3:14—4:1 si llegáis a padecer por causa
1 Ped. 4:15 ninguno.. padezca como homicida
Apoc. 2:10 No tengas.. temor de.. padecer

PADECIMIENTO: ver Sufrimiento
Fil. 3:10 Anhelo.. participar en sus p., para
Heb. 2:9, 10 perfeccionar al Autor.. por.. p.

PADRE: ver Abba
Gén. 2:24; Mat. 19:5; Ef. 5:31 dejará a su p.
Gén. 17:4, 5; Rom. 4:17 Serás p. de.. naciones
Exo. 20:12; Mat. 15:4-6; 19:19; Ef. 6:2 Honra a tu p. y a tu madre
Exo. 21:15; Lev. 20:9 El que hiera a su p. o
Deut. 24:16; 2 Rey. 14:6; Eze. 18:20 p. no serán muertos por culpa de
Deut. 32:6 ¿Acaso no es él tu P., tu Creador
2 Sam. 7:14; Heb. 1:5 seré para él, P.; y él
Sal. 27:10 Aunque mi p. y mi madre me dejen
Sal. 95:9; Heb. 3:9 vuestros p. me pusieron
Sal. 103:13 Como el p. se compadece de los
Prov. 1:8; 4:1; 6:20; 13:1 disciplina de tu p.
Prov. 10:1; 15:20; 23:24 sabio alegra a su p.
Prov. 17:21, 25 p. del insensato no se alegrará
Isa. 9:6 Se llamará.. P. Eterno, Príncipe de
Isa. 63:16; 64:8 tú eres nuestro P.; aunque
Jer. 31:9; 2 Cor. 6:18 soy un P. para Israel
Jer. 31:29; Eze. 18:2-20 p. comieron las uvas
Mal. 1:6 si yo soy P., ¿dónde está mi honra
Mal. 2:10 ¿Acaso no tenemos.. un mismo P.?
Mal. 4:6; Luc. 1:17 corazón de los p. a.. hijos
Mat. 5:48 Sed.. perfectos, como vuestro P. que
Mat. 6:1-8 ora a tu P. que está en secreto
Mat. 6:9-15 P. nuestro que estás en los cielos
Mat. 7:11 ¿cuánto más vuestro P. que está en
Mat. 7:21; 12:50 hace la voluntad de mi P.
Mat. 10:32, 33; Apoc. 3:5 confesaré.. mi P.
Mat. 10:37 El que ama a p. o a madre más que
Mat. 11:25-27 Nadie conoce.. Hijo, sino el P.
Mat. 16:27 Hijo.. venir en la gloria de su P.
Mat. 18:14 no es la voluntad de vuestro P.
Mat. 18:35 hará.. mi P. celestial, si no
Mat. 23:9 no llaméis a nadie vuestro P. en la
Mat. 24:36 hora, nadie sabe.. sino sólo el P.
Mat. 26:29 lo beba nuevo.. en el reino de mi P.
Mat. 28:19 el nombre del P., del Hijo y del
Mar. 14:36 ¡Abba, P., todo es posible para ti
Luc. 2:49 ¿No sabíais que en.. de mi P. me es
Luc. 11:11-13 ¿Qué p... si su hijo le pide
Luc. 12:32 a vuestro P. le ha placido daros
Luc. 15:12-31 dijo a su p.: "P., dame la parte
Luc. 22:42 P., si quieres, aparta de mí.. copa
Luc. 23:34 P., perdónalos, porque no saben lo
Luc. 23:46 P., en tus manos encomiendo mi
Luc. 24:49 la promesa de mi P. sobre vosotros
Juan 1:14, 18 gloria del unigénito del P.
Juan 2:16 no hagáis.. casa de mi P... mercado
Juan 4:23 adorarán al P. en espíritu y.. verdad
Juan 5:17, 45 Mi P. hasta ahora trabaja.. yo
Juan 6:37-46, 65; 12:49, 50 el P. me da vendrá
Juan 8:44, 49 sois de vuestro p. el diablo
Juan 8:54; 12:27, 28 que me glorifica es mi P.
Juan 10:25-30 Yo y el P. una cosa somos
Juan 14:2 En la casa de mi P. muchas moradas
Juan 14:8-13 muéstranos el P., y nos basta
Juan 14:28, 31 el P. es mayor que yo
Juan 15:1 Yo soy la vid.. y mi P. es.. labrador
Juan 15:16; 16:23 lo que pidáis al P. en mi
Juan 20:17 subo a mi P. y a vuestro P.
Juan 20:21 Como me ha enviado el P... os
Rom. 8:15; Gál. 4:6 clamamos: "¡Abba, P.!"
1 Cor. 8:6 hay un solo Dios, el P., de quien
2 Cor. 1:3; Ef. 1:3 Bendito.. P. de nuestro
Ef. 4:6 un solo Dios y P. de todos, quien es
Ef. 6:1; Col. 3:20 obedeced.. a vuestros p.
Ef. 6:4; Col. 3:21 p., no provoquéis a ira a
Stg. 1:17 dádiva.. desciende del P. de.. luces
1 Jn. 1:3 nuestra comunión es con el P. y con
1 Jn. 2:1 abogado tenemos delante del P., a

PAGA: ver Pago
Núm. 14:33 Vuestros hijos.. llevarán la p. de
2 Crón. 6:23 Juzga.. dando la p. al injusto
Rom. 6:23 la p. del pecado es muerte; pero

PAGAR: ver Dar, Recompensar
Exo. 22:1-17; Lev. 6:5; Eze. 33:15 lo robado.. pagar el doble
Deut. 32:6 ¿Así pagáis a Jehovah, pueblo necio
Deut. 32:35; Rom. 12:19 venganza.. pagaré
2 Rey. 4:7 vende el aceite y paga tu deuda, y
Sal. 22:25; 65:1; 66:13 Mis votos pagaré
Sal. 37:21 impío toma prestado y no paga, pero
Sal. 50:14; 56:12; 61:8 ¡Paga tus votos al
Sal. 62:12 Señor.. tú pagas a cada uno según
Sal. 103:10; Ose. 4:9 ni nos ha pagado
Mat. 17:24 ¿Vuestro maestro no paga el
Mat. 18:25-34 conmigo, y yo te lo pagaré todo
Luc. 10:35 Cuídamelo.. lo pagaré cuando
Rom. 12:17 No paguéis a nadie mal por mal
Rom. 13:6, 7 pagáis también los impuestos,
Film. 19 Yo, Pablo.. lo pagaré; por no decirte
Apoc. 22:12 vengo.. para pagar a cada uno

PAGO: ver Jornal
2 Ped. 2:13, 15 injusticia como p. de la

PAJA
Exo. 5:7-18 Ya no daréis p... hacer los adobes
Isa. 11:7; 65:25 león comerá p. como el buey
Jer. 23:28 ¿Qué tiene.. la p. con el trigo?
Nah. 1:10; Mat. 3:12 serán consumidos como p.
Mat. 7:3 ¿Por qué miras la brizna de p. que

PAJARO: ver Ave
Lev. 14:4-7, 49-53 sacerdote.. traer.. dos p.

Mat. 10:29, 31 ¿Acaso no se venden dos p. por

PALABRA: ver Dicho, Mensaje

Gén. 15:1, 4; 2 Sam. 24:11; 1 Rey. 6:11; 12:22; 17:2; 1 Crón. 17:3; 2 Crón. 11:2; Isa. 38:4; Jer. 1:2; Eze. 1:3; Ose. 1:1; Joel 1:1; Jon. 1:1; Miq. 1:1; Sof. 1:1; Hag. 1:1; Zac. 1:1; Mal. 1:1; Luc. 3:2; Hech. 13:5 vino la p... a
Exo. 24:3, 4: 1 Sam. 8:10 refirió.. las p. de
Deut. 8:3; Mat. 4:4 vivirá de.. p. que sale
Deut. 11:18 pondréis estas p. mías en.. corazón
Deut. 18:18-22 pondré mis p. en su boca, y él
Deut. 30:14; Rom. 10:8 cerca de ti está la p.
Jos. 3:9; 1 Sam. 15:1 Acercaos.. escuchad las p.
Jos. 21:45; 23:14 No falló.. p. de.. promesas
1 Sam. 3:1, 7 La p. de Jehovah escaseaba en
1 Sam. 8:10 Samuel refirió todas las p. de
1 Sam. 15:22-26 has desechado la p. de
2 Sam. 22:31; Sal. 18:30 probada es la p. de
2 Rey. 20:16, 19; Isa. 66:5 Escucha la p. de
2 Crón. 36:21, 22 que se cumpliese la p. de
Sal. 12:6 Las p. de Jehovah son p. puras
Sal. 33:4 recta es la p. de Jehovah, y toda
Sal. 33:6 Por la p. de Jehovah fueron hechos
Sal. 119:9 ¿con qué limpiará.. guardar tu p.
Sal. 119:57, 67 me he propuesto guardar tus p.
Sal. 119:89 Para siempre.. permanece tu p. en
Sal. 119:105 Lámpara es a mis pies tu p.
Sal. 119:130 La exposición de tu p. alumbra
Prov. 15:1 la p. áspera aumenta el furor
Isa. 40:8; 1 Ped. 1:25 p. de.. Dios permanece
Isa. 55:11 mi p. que sale de mi boca: No
Jer. 7:1; 17:20; 19:3 Oíd la p. de Jehovah
Jer. 22:29; 31:10 ¡Oh tierra.. escucha la p.
Jer. 23:28-30 que tenga mi p., que hable mi p.
Jer. 36:8, 11 Baruc.. leyó del libro las p. de
Amós 8:11 hambre.. de oír las p. de Jehovah
Miq. 4:2 saldrá.. de Jerusalén la p. de Jehovah
Mat. 7:24, 26 que me oye estas p. y las hace
Mat. 24:35 pasarán, pero mis p. no pasarán
Mar. 4:14-20 El sembrador siembra la p.
Luc. 5:1 multitudes.. escuchaban la p. de Dios
Luc. 8:21; 11:28 que oyen la p. de Dios y la
Luc. 22:61; Juan 18:32 se acordó de la p. del
Juan 5:24 el que oye mi p. y cree al que me
Juan 6:68 Tú tienes p. de vida eterna
Juan 8:31, 51 Si.. permanecéis en mi p., seréis
Juan 8:47 El.. de Dios escucha las p. de Dios
Juan 15:3; 17:6 estáis limpios por la p. que
Hech. 4:31 hablaban la p. de Dios con valentía
Hech. 5:20 hablad.. todas las p. de esta vida
Hech. 6:7; 12:24; 13:49; 19:10, 20; 1 Tes. 1:8 la p. de Dios crecía
Hech. 13:48 gentiles.. glorificaban la p. del
Rom. 10:17 el oír por la p. de Cristo
1 Cor. 2:1, 4 no fui con excelencia de p.
1 Cor. 4:20; 1 Tes. 1:5 reino.. no.. en p.
1 Cor. 14:19 prefiero hablar cinco p. con mi
Ef. 4:29 Ninguna p. obscena salga de.. boca
Ef. 6:17 espada del Espíritu, que es la p. de
Col. 3:16, 17 p. de Cristo habite.. en vosotros
Col. 4:6 Vuestra p. sea siempre agradable
2 Tes. 3:1 que la p. del Señor se difunda
1 Tim. 4:5 es santificado por.. la p. de Dios
2 Tim. 2:15; Tito 1:9 que traza bien la p. de
Heb. 2:2 si la p. dicha por los ángeles fue
Heb. 4:12 la P. de Dios es viva y eficaz
Heb. 11:3 universo fue constituido por la p.
Stg. 1:21-23 sed hacedores de la p., y no
1 Ped. 4:11 hable conforme a las p. de Dios
2 Ped. 1:19 tenemos la p. profética que es
1 Jn. 3:18 no amemos de p. ni de lengua, sino
Apoc. 1:2, 3; 22:18, 19 oyen las p... y guardan
Apoc. 3:8, 10 has guardado mi p. y no has
Apoc. 6:9; 20:4 muertos a causa de la p. de

PALIDO

Apoc. 6:8 miré, y he aquí un caballo p.

PALMERA

Exo. 15:27 Elim, donde había.. setenta p.
Sal. 92:12 El justo florecerá como la p.
Juan 12:13 tomó ramas de p... y le aclamaban

PALOMA: ver Ave, Pájaro

Gén. 8:8-12 envió una p. para ver si las aguas
Lev. 1:14; 5:7, 11 ofrenda.. de pichones de p.
Lev. 12:6; Luc. 2:24 purificación.. de p.
Cant. 1:15 amada mía.. ojos son como de p.
Mat. 3:16 agua.. Espíritu.. descendía como p.
Mat. 10:16 Sed.. astutos.. y sencillos como p.
Mat. 21:12 Volcó.. sillas de los que vendían p.

PALPAR: ver Tocar

Luc. 24:39 Palpad y ved, pues un espíritu no
1 Jn. 1:1 Lo que.. palparon nuestras manos

PAN: ver Alimento, Torta

Gén. 3:19 Con el sudor.. frente comerás el p.
Exo. 12:20 comeréis p. sin levadura
Exo. 16:4, 8; Sal. 105:40 haré llover.. p. del
Exo. 23:25 Dios.. bendecirá tu p. y tu agua
Exo. 25:30; Núm. 4:7 mesa.. p. de la Presencia
Lev. 24:5, 7; Mat. 12:4 harina.. haz.. doce p.
Deut. 8:3; Mat. 4:4 no sólo de p. vivirá el
1 Sam. 21:3-6 No tengo.. p. común.. tengo p.
1 Rey. 17:6 Los cuervos le traían p. y carne
1 Rey. 17:11, 12 tráeme.. un poco de p. en tu
Sal. 41:9; Juan 13:18 amigo.. comía de mi p.
Sal. 146:7; Prov. 22:9 da p. a los hambrientos
Prov. 4:17 comen p. de impiedad, y beben
Prov. 20:17 Sabroso es.. el p. mal adquirido

Prov. 31:27 no come p. de ociosidad
Ecl. 11:1 Echa tu p. sobre las aguas, porque
Isa. 55:2 ¿Por qué gastáis.. en lo que no es p.
Isa. 55:10 lluvia.. dar.. p. al que come
Isa. 58:7 ¿No consiste en compartir tu p. con
Mat. 4:3 di que.. piedras se conviertan en p.
Mat. 6:11 El p. nuestro de cada día, dánoslo
Mat. 7:9 al hijo que.. pide p... dará.. piedra?
Mat. 14:17; Juan 6:5 No tenemos.. sino cinco p.
Mat. 15:34, 36 ¿Cuántos p. tenéis?
Mat. 16:5, 7 discípulos.. olvidaron de tomar p.
Mat. 26:26; 1 Cor. 11:23 Jesús tomó p. y lo
Luc. 11:5 Amigo, préstame tres p.
Luc. 24:30 sentado.. tomó el p., lo bendijo y
Juan 6:9, 11, 13 muchacho.. tiene cinco p. de
Juan 6:26 me buscáis.. porque comisteis de.. p.
Juan 6:32-58 Yo soy el p. de vida. El que
Juan 21:13 Jesús.. tomó el p. y les dijo
Hech. 2:42; 20:7 en el partimiento de p.
1 Cor. 10:16, 17 El p. que partimos, ¿no es
1 Cor. 11:26-28 las veces que comáis este p.
2 Tes. 3:8 ni hemos comido de balde el p. de

PANDERO
Exo. 15:20; Jue. 11:34 María.. tomó un p.
Sal. 149:3; 150:4 ¡Alabadle con p. y danza!

PAÑAL
Luc. 2:7, 12 a su hijo.. Le envolvió en p.

PARABOLA
Mat. 13:3, 10, 33-36 habló.. en p.

PARAISO: ver Cielo
Luc. 23:43 hoy estarás conmigo en el p.
2 Cor. 12:4 fue arrebatado al p., donde escuchó
Apoc. 2:7 árbol de la vida.. en medio del p.

PARALITICO
Mat. 4:24; 9:2, 6 le trajeron.. p.

PARALIZAR
Heb. 12:12 fortaleced.. paralizadas

PARCIALIDAD
1 Tim. 5:21 no haciendo nada con p.

PARECER
Jos. 24:15 si os parece mal servir a Jehovah
Jue. 17:6; 21:25 hacía lo que le parecía recto
Prov. 14:12; 15:10 camino que.. parece derecho
Isa. 53:2 No hay parecer en él, ni hermosura

PARED
Dan. 5:5 dedos.. sobre el yeso de la p.

PARENTELA
Gén. 12:1; Hech. 7:3 Vete.. de tu p.

PARIENTE
Rut 3:9, 12 Rut.. tú eres p. redentor

PARTE: ver Heredad
Núm. 18:20 a Aarón.. Yo soy tu p. y tu heredad
1 Sam. 30:24 Igual p. han de tener los que
Isa. 53:12 le daré p. con los grandes, y con
Luc. 10:42 María ha escogido la buena p.
Juan 13:8 Si no te lavo, no tienes p. conmigo
Hech. 8:21 no tienes p. ni suerte en.. asunto
1 Cor. 13:9, 10 conocemos sólo en p. y en p.
Apoc. 20:6 santo el que tiene p. en la primera

PARTICIPANTE: ver Coparticipante
Fil. 1:7; Heb. 3:1, 14; 1 Ped. 5:1 sois.. p. con
2 Ped. 1:4 seáis hechos p. de la naturaleza

PARTICIPAR
1 Cor. 10:17-21 participamos de un solo pan
2 Cor. 8:4 gracia de participar en la ayuda
Fil. 3:10; 4:14; 1 Ped. 4:13 participar en sus
Col. 1:12 aptos para participar de la herencia
Apoc. 18:4 que no participéis de sus pecados y

PARTIDA
2 Tim. 4:6 tiempo de mi p. ha llegado

PARTIR: ver Compartir, Dividir, Ir
1 Rey. 3:25 ¡Partid al niño vivo en dos, y
Mat. 14:19 Después de partirlos, dio los panes
Juan 19:24 Partieron entre sí mis vestidos y
Hech. 2:46 partiendo el pan casa por casa
1 Cor. 11:24 dado gracias, lo partió y dijo
Fil. 1:23 Tengo.. deseo de partir y estar con

PASAR: ver Cruzar
Exo. 12:13, 23, 27 veré la sangre y.. pasaré
Exo. 33:22 cuando pase mi gloria.. te pondré
Jos. 3:4 no habéis pasado antes por.. camino
Ecl. 7:10 tiempos pasados fueron mejores que
Cant. 2:11 Ya ha pasado el invierno, la
Isa. 26:20 Escóndete.. hasta que pase la ira
Mat. 5:18; 24:34 hasta que pasen el cielo y
Mat. 17:20 a este monte: "Pásate de.. pasar
Mat. 20:30 ciegos.. oyeron que Jesús pasaba
Mat. 26:39, 42 de ser posible, pase de mí esta
Luc. 10:31, 32 sacerdote.. pasó de largo
Luc. 16:17 más fácil que se pase el cielo y
Luc. 16:26 abismo.. quieran pasar.. no pueden
Juan 5:24 cree.. ha pasado de muerte a vida
1 Cor. 7:31 orden.. de este mundo está pasando
2 Cor. 5:17 cosas viejas pasaron.. todas son
Heb. 10:32 a la memoria.. días del pasado

Stg. 1:10 pasará como la flor de la hierba
Apoc. 21:1 cielo y la primera tierra pasaron

PASCUA
Exo. 12:11, 27, 43, 48 comer.. la P. de Jehovah
Lev. 23:5; Núm. 28:16; Deut. 16:1-6 es la P. de
2 Crón. 30:1-18; 35:1-19 de celebrar la P. de
Mat. 26:2 celebra la P... para ser crucificado
Mat. 26:17-19 ¿Dónde quieres.. comer la P.?
Luc. 2:41 Iban.. todos los años.. para.. la P.
Juan 13:1 Antes de.. la Pascua, sabiendo Jesús

PASCUAL
Exo. 12:21; Luc. 22:7 el cordero p.

PASEAR
Gén. 3:8; Deut. 23:14 Dios.. se paseaba

PASION
Rom. 1:24-27 Dios los entregó a.. las p. de
Rom. 7:5; Ef. 2:3; Tito 3:3 p. pecaminosas
Gál. 5:24; Tito 2:12 han crucificado.. sus p.
Col. 3:5; 1 Tes. 4:5; 1 Ped.2:11 morir.. p.
1 Tim. 6:9 desean enriquecerse caen en.. p.
2 Tim. 2:22 Huye.. de.. p. juveniles y sigue
Stg. 1:14, 15 la baja p... da a luz el pecado

PASO: ver Pisadas
Sal. 17:5 Mis p. se han mantenido en.. caminos
Sal. 37:23, 31; Prov. 16:9 afirmados los p.
Sal. 40:2 me hizo subir del.. y afirmó mis p.
Sal. 119:133 Afirma mis p. con tu palabra

PASTO: ver Hierba
Sal. 23:2; Eze. 34:14 En.. tiernos p. me hace
Sal. 37:2; Isa. 9:19 se marchitan como el p.

PASTOR: ver Oveja
Núm. 27:17; 1 Rey. 22:17; Mat. 9:36 no sea como ovejas que no tienen p.
Sal. 23:1; 80:1 Jehovah es mi p.; nada me
Isa. 40:11 Como un p., apacentará su rebaño
Isa. 44:28 quien dice de Ciro: 'El es mi p.
Jer. 2:8; 10:21; 23:1-4; 50:6 p. se rebelaron
Jer. 3:15; Eze. 34:12 Os daré p. según mi
Eze. 34:2 ¡Ay de los p... que se apacientan a
Eze. 34:5-12 se han dispersado por falta de p.
Eze. 34:23; 37:24 un solo p., mi siervo David
Amós 1:1, 2 Amós, uno de los p. de Tecoa
Zac. 13:7; Mat. 26:31 Heriré al p., y se
Mat. 25:32 p. separa las ovejas de.. cabritos
Luc. 2:8-20 p. en aquella región, que velaban
Juan 10:11-16; Heb. 13:20 Yo soy el buen p.
Ef. 4:11 constituyó.. y a otros p. y maestros
1 Ped. 2:25; 5:4 habéis vuelto al P. y Obispo

PASTOREAR
Gén. 48:15 José.. Dios.. me pastorea desde que
Zac. 9:16 Dios.. como a rebaño pastoreará a su
Mat. 2:6 ti saldrá.. gobernante que pastoreará
Juan 21:16 le dijo: —Pastorea mis ovejas
Hech. 20:28 cuidado.. para pastorear la iglesia
Apoc. 7:17 el Cordero.. los pastoreará y los

PATMOS, isla
Apoc. 1:9 Juan.. en la isla llamada P.

PATRIA
Heb. 11:14, 16 que buscan otra p.

PAZ: ver Bienestar, Reposo, Tranquilidad
Lev. 3:1-9 ofrenda.. un sacrificio de p.
Lev. 26:6; Hag. 2:9 Daré p. en la tierra
Núm. 6:26 Jehovah.. ponga en ti p.
Jue. 6:23 Jehovah le dijo: —La p. sea contigo
1 Crón. 22:9, 18 Salomón.. sus días.. daré p.
Sal. 4:8 En p. me acostaré y dormiré
Sal. 28:3 hablan de p... pero la maldad está
Sal. 29:11 Jehovah bendecirá.. pueblo con p.
Sal. 34:14; 1 Ped. 3:11 busca la p. y síguela
Sal. 85:8 Dios.. hablará p. a su pueblo y a
Sal. 119:165 Mucha p. tienen los que aman tu
Sal. 122:6-8 Pedid por la p. de Jerusalén
Ecl. 3:8 tiempo de guerra, y tiempo de p.
Isa. 9:6, 7 su nombre.. Príncipe de P.
Isa. 26:3, 12 guardarás en.. p. a aquel cuyo
Isa. 27:5 ¡Que conmigo haga la p.!
Isa. 32:17, 18 efecto de la justicia será p.
Isa. 48:18; 66:12 Tu p. habría sido como.. río
Isa. 48:22; 57:21 ¡No hay p. para los malos!
Isa. 52:7; Nah. 1:15 del que anuncia la p.
Isa. 53:5 castigo que nos trajo p. fue sobre
Isa. 54:13 grande será la p. de tus hijos
Isa. 55:12 alegría saldréis y en p. os iréis
Isa. 57:2 que anda en rectitud entrará en p.
Isa. 57:19 ¡P., p. para el que está lejos y
Isa. 59:8; Rom. 3:17 No conocen.. la p., ni
Isa. 60:17 Pondré.. p. como tus administradores
Jer. 6:14; 8:11, 15 diciendo: 'P., p.' ¡Pero
Jer. 8:15; 14:19 Esperamos p., y no hay tal bien
Jer. 16:5 he quitado de este pueblo mi p.
Jer. 33:6, 9 les revelaré tiempos de p. y de
Eze. 7:25; 13:10 Buscarán la p., pero no la
Eze. 34:25; 37:26 Estableceré.. un pacto de p.
Zac. 8:16 Juzgad.. tribunales con juicio de p.
Zac. 9:10 hablará de p. a las naciones
Mat. 10:13 digna, venga vuestra p. sobre ella
Mat. 10:34 No he venido para traer p., sino
Mar. 9:50; 1 Tes. 5:13 vivid en p... unos con
Luc. 1:79 encaminar nuestros pies por.. p.
Luc. 2:14 ¡Gloria a Dios.. y en la tierra p.
Luc. 19:38, 42 ¡P. en el cielo, y gloria en

Luc. 24:36 Jesús.. les dijo: —P. a vosotros
Juan 14:27 La p. os dejo, mi p. os doy
Juan 16:33 hablado.. para que en mí tengáis p.
Rom. 1:7; 1 Cor. 1:3; 2 Cor. 1:2 Gracia.. y p.
Rom. 5:1 por la fe, tenemos p. para con Dios
Rom. 8:6 intención del Espíritu es vida y p.
Rom. 12:18 tened p. con todos los hombres
Rom. 14:17, 19 reino.. es.. justicia, p. y gozo
Rom. 15:13 Dios.. os llene de todo gozo y p.
1 Cor. 7:15; 2 Cor. 13:11 llamado a vivir en p.
1 Cor. 14:33 no es Dios de desorden, sino de p.
Gál. 5:22 fruto del Espíritu es: amor, gozo, p.
Ef. 2:14-17 él es nuestra p., quien de ambos
Ef. 4:3 unidad.. Espíritu en.. vínculo de la p.
Ef. 6:23; 1 Ped. 5:14 P. sea a los hermanos, y
Fil. 4:7, 9 p. de Dios.. guardará.. corazones
Col. 1:20 habiendo hecho.. p. mediante.. sangre
Col. 3:15 p. de Cristo gobierne en.. corazones
1 Tes. 5:3 Cuando digan: "P. y seguridad"
2 Tes. 3:16 mismo Señor de p. os dé siempre p.
2 Tim. 2:22; Heb. 12:14 sigue.. la p. con los
Stg. 3:18 se siembra en p... que hacen la p.
2 Ped. 3:14 procurad.. ser hallado en p. por

PECADO: ver Culpa, Delito, Infidelidad, Maldad
Gén. 4:7 p. está a la puerta y te seducirá
Exo. 29:14; Lev. 4:3 Es.. sacrificio por el p.
Exo. 32:30-34 habéis cometido un gran p.
Núm. 5:6, 7 cuando.. cometa.. los p. con que
Núm. 32:23 sabed que vuestro p. os alcanzará
Deut. 24:16; 2 Rey. 14:6; Jer. 31:30; Eze. 18:20 será muerto por su propio p.
1 Sam. 15:23, 24 la rebeldía es como el p. de
2 Crón. 7:14 perdonaré sus p. y sanaré su
Neh. 9:3 parte del día confesaron sus p. y
Job. 14:16 no das tregua a mi p.
Sal. 25:7, 18 No te acuerdes de los p. de mi
Sal. 32:1; Rom. 4:7, 8 aquel.. cubierto su p.
Sal. 51:2-9 límpiame de mi p.
Prov. 5:22 atrapado en.. cuerdas de su.. p.
Prov. 14:34 el p. es afrenta para los pueblos
Prov. 24:9 La intención del insensato es p.
Isa. 1:18 Aunque vuestros p. sean como.. grana
Isa. 6:7 quitada, y tu p. ha sido perdonado
Isa. 30:1 rebeldes.. añadiendo p. sobre p.
Isa. 38:17 libraste.. echado.. todos mis p.
Isa. 40:2 ya ha recibido el doble por.. sus p.
Isa. 53:5, 6, 11, 12 molido por nuestros p.
Isa. 59:2 Vuestros p. han hecho que.. se oculte
Jer. 5:25 vuestros p. os han privado del bien
Jer. 31:34; Heb. 8:12; 10:17, 18 no me acordaré más de su p.
Eze. 33:14, 16 Si.. aparta de su p. y practica
Eze. 39:23 fue llevada cautiva por.. su p.
Amós 1:3, 6, 9, 11, 13; 2:1, 4, 6 Por tres p.
Miq. 7:18, 19 echará nuestros p. en.. del mar
Zac. 13:1 manantial.. a fin de limpiar el p.
Mat. 26:28 derramada para el perdón de p.
Mar. 1:4; Hech. 2:38 predicando.. perdón de p.
Mar. 3:28 les serán perdonados todos los p.
Luc. 5:20, 23; 7:48 tus p. te son perdonados
Luc. 11:4 perdónanos nuestros p. porque
Juan 1:29 el Cordero.. quita el p. del mundo!
Juan 8:7 El.. que esté sin p. sea el primero
Juan 8:24 moriréis en vuestros p.; porque a
Juan 8:34 practica el p. es esclavo del p.
Juan 8:46 ¿Quién.. me halla culpable de p.?
Juan 9:41; 15:22 Si.. ciegos, no tendríais p.
Juan 16:8, 9 Cuando.. venga, convencerá.. de p.
Juan 20:23 A los que remitáis los p., les han
Hech. 3:19 para que sean borrados vuestros p.
Hech. 22:16 bautízate, y lava tus p.
Rom. 3:9 todos están bajo p.
Rom. 3:20 de la ley.. reconocimiento del p.
Rom. 5:12-21 p. entró.. por.. un solo hombre
Rom. 6:1-22 ¿Permaneceremos en el p. para
Rom. 6:23 paga del p. es muerte; pero el don
Rom. 7:7-25 no habría conocido el p. sino por
Rom. 8:2, 3, 10 del Espíritu.. librado.. del p.
Rom. 14:23 todo lo que no proviene de fe es p.
1 Cor. 15:3 Cristo murió por nuestros p.
1 Cor. 15:17 si Cristo no.. estáis en.. p.
1 Cor. 15:56 el aguijón de la muerte es el p.
2 Cor. 5:21 que no conoció p... Dios le hizo p.
Gál. 1:4; 1 Ped. 2:22, 24 dio.. por nuestros p.
Gál. 3:22 Escritura lo encerró todo bajo p.
Ef. 2:1 estabais muertos en vuestros.. p.
Heb. 1:3 hecho la purificación de nuestros p.
Heb. 4:15 tentado en todo.. pero sin p.
Heb. 5:1; 7:27; 9:7 sacrificios por los p.
Heb. 9:26; 1 Ped. 3:18; 1 Jn. 3:5 quitar.. p.
Heb. 11:25 que gozar.. los placeres del p.
Heb. 12:1, 4 despojémonos de.. peso y del p.
Stg. 1:15 baja pasión.. da a luz el p.; y el p.
Stg. 4:17 no lo hace, eso le es p.
Stg. 5:20; 1 Ped. 4:8 cubrir.. multitud de p.
1 Jn. 1:8-10 Si decimos que no tenemos p.
1 Jn. 2:2; Apoc. 1:5 expiación por nuestros p.
1 Jn. 2:12 vuestros p. han sido perdonados
1 Jn. 3:4 el p. es infracción de la ley
1 Jn. 3:6-9; 5:16-18 practica.. p. es del diablo
Apoc. 18:4, 5 no participéis de sus p.

PECADOR: ver Inicuo, Transgresor
Sal. 51:13 enseñaré.. p. se convertirán a ti
Prov. 13:21, 22 mal perseguirá a los p., pero
Prov. 23:17 No tenga tu.. envidia de los p.
Mal. 3:18 diferencia entre el justo y el p.
Mar. 2:15-17 he venido para llamar.. a p.
Luc. 5:8 ¡Apártate.. porque soy hombre p.!
Luc. 6:32-34 los p. aman a los que los aman

Luc. 7:37, 39 mujer.. p... llevó un frasco de
Luc. 15:7, 10 gozo.. por un p. que.. arrepiente
Luc. 18:13 publicano.. sé propicio a mí.. p.
Rom. 5:8 siendo aún p., Cristo murió por
1 Tim. 1:15 Jesús vino.. para salvar a los p.
Stg. 5:20 el que haga volver al p. del error
1 Ped. 4:18 ¿en qué irá a parar el impío y p.?

PECAIAS, rey de Israel (norte)
2 Rey. 15:22-26

PECAJ, rey de Israel (norte)
2 Rey. 15:25—16:5; 2 Crón. 28:6

PECAMINOSO
Rom. 7:5, 13 pasiones p. despertadas

PECAR: ver Ofender
Exo. 9:27; 10:16; Jos. 7:20; 1 Sam. 15:24, 30; 2 Sam. 12:13; 24:10, 17 faraón.. He pecado
Exo. 20:20 su temor esté.. para que no pequéis
Exo. 32:33 ¡Al que ha pecado contra.. borraré
Lev. 4:2—5:17 persona peque.. inadvertencia
Núm. 12:11; 21;7; 22:34; Jue. 10:10, 15; 1 Sam. 7:6; 12:10; Jer. 14:7; Dan. 9:15 hemos pecado
1 Sam. 12:23 ¡lejos esté.. pecar contra Jehovah
1 Rey. 8:33 derrotado.. por haber pecado
1 Rey. 8:46; Ecl. 7:20 no hay.. que no peque
1 Rey. 8:50 Perdona a tu pueblo que ha pecado
1 Rey. 21:22; 22:52 has hecho pecar a Israel
2 Rey. 21:11 ha hecho también pecar a Judá
Job 1:5 Job: "Quizás mis hijos habrán pecado
Job 1:22; 2:10 En.. esto Job no pecó ni atribuyó
Sal. 4:4 Temblad y no pequéis. Reflexionad en
Sal. 41:4; 51:4 sana.. contra ti he pecado
Sal. 119:11 he guardado.. dichos para no pecar
Jer. 40:3 pecasteis.. y no escuchasteis su voz
Eze. 18:4 El alma que peca, ésa morirá
Mat. 18:15 si tu hermano peca contra ti, vé
Mat. 18:21 ¿cuántas veces pecará mi hermano
Mat. 27:4 he pecado entregando sangre
Luc. 15:18, 21 Padre, he pecado contra el
Juan 5:14; 8:11 no peques más, para que no te
Juan 9:2, 3 Rabí, ¿quién pecó, éste o sus
Rom. 3:23 todos pecaron y no alcanzan.. gloria
Ef. 4:26 Enojaos, pero no pequéis; no se ponga
1 Jn. 1:10 si decimos que no hemos pecado, le
1 Jn. 2:1 cosas os escribo para que no pequéis

PECTORAL
Exo. 28:4-30; 29:5; 39:8-21 el p.

PEDAZO
Mar. 6:43; 8:8, 19 recogieron.. p. de pan

PEDIR: ver Orar, Rogar, Suplicar
Gén. 9:5; Deut. 18:19 pediré cuentas a cada
Deut. 10:12 ¿qué pide Jehovah tu Dios de ti?
1 Sam. 1:20, 27 nombre Samuel.. se lo pedí a
1 Rey. 3:5-13 a Salomón.. Pide lo que quieras
Esd. 8:21-23 tuve vergüenza de pedir al rey
Sal. 27:4 Una cosa he pedido a Jehovah.. more
Dan. 1:8 Daniel.. Pidió.. que no fuera obligado
Mat. 5:42 Al que te pida, dale; y al que quiera
Mat. 6:8 Padre sabe.. antes que.. le pidáis
Mat. 7:7-11 Pedid, y se os dará. Buscad y
Mar. 15:43 José.. le pidió el cuerpo de Jesús
Luc. 12:20 Esta noche vienen a pedir tu alma
Juan 14:13; 15:7, 16; 16:23-26; 1 Jn. 3:22; 5:14-16 lo que pidáis en mi nombre, eso haré
Stg. 1:6 Pero pida con fe, no dudando nada

PEDREGAL: ver Piedra
Mat. 13:5, 20 otra parte cayó en p.

PEDRO: ver Simón
Mat. 4:18; 8:14; 10:2; 14:28, 29; 16:16-23; 17:1-26; 18:21; 19:27; 26:33-75; Mar. 5:37; 13:3; 16:7; Luc. 5:8, 9; 22:8; 24:12; Juan 6:68; 13:6-9, 36, 37; 18:10-27; 20:2-6; 21:2-21; Hech. 1:13-15; 2:14-38; 3:1-12; 4:8-19; 5:3-29; 8:14-20; 9:32—12:18; 15:7; Gál. 2:7-14; 1 Ped. 1:1; 2 Ped. 1:1

PEINADO
1 Tim. 2:9 mujeres.. no con p... costosos

PELEA: ver Contienda
Prov. 26:21 hombre rencilloso.. provocar p.
Rom. 13:13 Andemos.. no.. en p. y envidia

PELEAR: ver Contender
1 Tim. 6:12 Pelea la buena batalla de la fe
2 Tim. 4:7 He peleado la buena batalla; he

PELIGROS
2 Cor. 11:23, 26 en p. de muerte

PELO: ver Cabello
Mat. 3:4 Juan.. vestido de p. de camello

PENIEL <cara de Dios>
Gén. 32:30, 31; Jue. 8:8, 9, 17

PENSAMIENTO: ver Mente
Gén. 6:5 tendencia de los p... sólo al mal
Deut. 15:9 no haya en tu corazón p. perverso
Sal. 10:4 impío.. no está Dios en.. sus p.
Sal. 94:11; 139:2 Jehovah conoce los p. de los
Prov. 15:26 p. del malo son una abominación
Prov. 23:7 cual es su p. en su mente, tal es

Isa. 55:7-9 Deje.. el hombre inicuo sus p.
Isa. 66:18 conozco sus obras y sus p. Ya
Mat. 9:4; 12:25 conociendo Jesús sus p.
Heb. 4:12 la Palabra.. discierne los p. y las

PENSAR: ver Considerar, Meditar
Gén. 50:20 pensasteis hacerme mal, pero Dios
Sal. 40:17 Aunque yo.. Jehovah pensará en mí
Sal. 144:3 ¿qué es el hombre para que pienses
Mat. 22:42 ¿Qué pensáis acerca del Cristo? ¿De
Mat. 24:44 a la hora que no pensáis, vendrá el
Luc. 8:18 lo que piense tener le será quitado
Luc. 12:51 ¿Pensáis que he venido a dar paz en
1 Cor. 10:12 que piensa estar firme, mire que
1 Cor. 13:11 Cuando yo era niño.. pensaba
Fil. 4:8 todo lo.. verdadero.. en esto pensad

PENTECOSTES, fiesta religiosa
Exo. 34:22; Núm. 28:26; Deut. 16:10, 16;
Hech. 2:1; 20:16 fiesta de P.

PEÑA: ver Piedra, Roca
2 Sam. 22:3; Sal. 18:2 Dios es mi p.; en él
Isa. 2:19; Apoc. 6:15, 16 se meterán en.. p.
Mat. 7:24, 25 edificó su casa sobre la p.

PEOR: ver Malo
Juan 5:14; 2 Ped. 2:20 no te ocurra algo p.
2 Tim. 3:13 los engañadores irán de mal en p.

PEQUEÑO: ver Niño
Mat. 5:19 quebranta el más p. de
Mat. 18:14 no.. se pierda ni uno de estos p.
Stg. 3:4, 5 la lengua es un miembro p., pero

PERDER: ver Extraviar
Ecl. 3:6 tiempo de buscar y tiempo de perder
Eze. 34:4, 16 ni habéis buscado a la perdida
Hab. 1:4 La ley pierde su poder, y el derecho
Mat. 10:6; 15:24 id.. a las ovejas perdidas
Mat. 10:39; 16:25, 26 halla su vida la perderá
Mat. 18:11, 14 Hijo.. salvar.. se había perdido
Luc. 15:4-32 ovejas.. va tras la.. perdido
Juan 3:16 aquel que en él cree no se pierda
1 Cor. 1:18 para los que se pierden, el mensaje
2 Ped. 3:9 Señor.. no quiere que.. se pierda

PERDICION: ver Destrucción
Mat. 7:13 espacioso el camino.. a la p.
Fil. 3:19; 2 Tes. 1:9 fin de ellos será la p.

PERDIDA: ver Errante
1 Cor. 3:15 la obra.. es quemada, él sufrirá p.
Fil. 3:7, 8 cosas.. las he considerado p. a

PERDON: ver Remisión
Sal. 130:4 en ti hay p... que seas reverenciado
Mat. 26:28 sangre.. derramada para el p. de
Mar. 1:4; Hech. 2:38; 5:31 predicando.. para p.
Mar. 3:29 blasfeme contra el Espíritu.. no.. p.
Hech. 10:43; 13:38; 26:18 cree.. recibirá p. de
Ef. 1:7; Col. 1:14 sangre, el p. de nuestras
Heb. 9:22; 10:18 sin.. sangre no hay p.

PERDONADOR
Sal. 86:5; 99:8 eres bueno y p.

PERDONAR: ver Remitir
Exo. 34:7, 9; Núm. 14:18-20 perdona.. el
Lev. 4:20-35; 5:10-18 novillo.. serán perdonados
Deut. 15:2 remisión.. perdonará a su deudor
2 Sam. 12:13 a David.. Jehovah.. ha perdonado
1 Rey. 8:30-50 este lugar.. escucha.. y perdona
2 Crón. 7:14 si se humilla.. perdonaré sus
Sal. 25:11, 18 amor de tu nombre.. perdona.. mi
Sal. 32:1, 5; Rom. 4:7 transgresión.. perdonada
Sal. 103:3 es quien perdona.. tus iniquidades
Isa. 6:7; 40:2 tocó.. boca.. pecado.. perdonado
Isa. 22:14 este pecado no os será perdonado
Isa. 55:7 Dios, quien será amplio en perdonar
Jer. 5:7 ¿Por qué te he de perdonar por esto?
Mat. 6:12-15 Perdónanos nuestras deudas
Mat. 9:2-6 ánimo.. pecados.. son perdonados
Mat. 12:31, 32 todo pecado.. será perdonado a
Mat. 18:21 le perdonaré? ¿Hasta siete veces?
Mat. 18:27-35 le soltó y le perdonó la deuda
Mar. 11:25, 26 algo contra alguien, perdonadle
Luc. 6:37 Perdonad, y seréis perdonados
Luc. 23:34 Padre, perdónalos
Ef. 4:32; Col. 3:13 perdonándoos unos a otros
Stg. 5:15 si ha cometido pecados.. perdonados
1 Jn. 1:9 fiel y justo para perdonar nuestros

PERECER: ver Destruir, Morir
Lev. 26:38 Pereceréis entre las naciones, y
Deut. 8:19, 20; 11:17; 28:20-51; 30:18 llegas a olvidarte de Jehovah.. pereceréis
Est. 4:14-16 ley; y si perezco, que perezca
Sal. 1:6 el camino de los impíos perecerá
Sal. 102:26; Heb. 1:11 perecerán, pero tú
Prov. 10:28 esperanza de los impíos perecerá
Jer. 31:15; Mat. 2:18 Raquel.. perecieron
Mat. 8:25 ¡Señor, sálvanos, que perecemos!
Mat. 26:52 toman espada, a espada perecerán
Luc. 13:3, 5 si no os arrepentís.. pereceréis
Luc. 15:17 pan, y yo aquí perezco de hambre!
Juan 6:27 Trabajad, no por.. comida que perece
Juan 10:28 les doy vida eterna, y no perecerán
Hech. 8:20 Pedro.. ¡Tu dinero perezca contigo
Rom. 2:12 que pecaron sin la ley.. perecerán

PEREGRINAR: ver Extraviar
2 Cor. 5:6 en.. cuerpo peregrinamos

PEREGRINO: ver Extranjero
Sal. 119:19 P. soy.. en la tierra; no encubras
Heb. 11:13; 1 Ped. 2:11 confesaron.. p. en la

PEREZA
Prov. 19:15; Ecl. 10:18 p. hace caer

PEREZOSO: ver Ocioso
Prov. 6:6, 9 Vé a la hormiga, oh p.; observa
Prov. 13:4; 21:25 p. desea y nada alcanza
Heb. 6:12 no seáis p., sino imitadores de los

PERFECCIONAR: ver Completar
2 Cor. 7:1 perfeccionando la santidad en el
2 Cor. 12:9 mi poder se perfecciona en tu
Fil. 1:6 buena obra, la perfeccionará hasta el
Heb. 2:10 convenía.. perfeccionar al Autor de

PERFECTO: ver Completo, Integro
Gén. 17:1 Dios.. camina delante de mí y sé p.
2 Sam. 22:31; Sal. 18:30, 32 P... camino de
Sal. 19:7 La ley de Jehovah es p.; restaura el
Mat. 5:48 Sed.. p., como vuestro Padre.. es p.
Mat. 19:21 Si quieres ser p., anda, vende tus
Col. 1:28; 2 Tim. 3:17 presentemos a todo hombre, p. en Cristo Jesús
Col. 3:14 vestíos de amor.. el vínculo p.
Stg. 1:17, 25 dádiva y todo don p. proviene de
1 Jn. 4:18 que el p. amor echa fuera el temor

PERFUME: ver Incienso
Mat. 26:7, 12; Luc. 7:37, 38, 46 una mujer trayendo un frasco de alabastro con p.

PERGAMINO, cuero en que escribir
Jer. 36:2, 4 escribió en un.. p.

PERGAMO, ciudad
Apoc. 1:11; 2:12

PERJURAR
Ose. 4:2 El p., el engañar, el.. robar

PERJURO
1 Tim. 1:10 para los p., y para cuanto

PERLA, una joya
Prov. 8:11 La sabiduría es mejor que las p.
Prov. 31:10 Mujer virtuosa.. sobrepasa a las p.
Mat. 7:6 ni echéis vuestras p. delante de los
Mat. 13:45, 46 reino.. que buscaba p. finas
Apoc. 21:21 Las doce puertas eran doce p.

PERMANECER: ver Quedar
Sal. 9:7; 19:9 Jehovah permanecerá para
Sal. 33:11 consejo de Jehovah permanecerá
Sal. 102:26; Heb. 1:11 perecerán.. permanecerás
Sal. 111:3, 10; 112:3, 9; 2 Cor. 9:9 Gloria y hermosura.. y su justicia permanece para
Sal. 119:89 permanece tu palabra en los cielos
Ecl. 1:4 pero la tierra siempre permanece
Isa. 40:8; 1 Ped. 1:25 palabra.. Dios permanece
Isa. 51:6, 8 Pero mi salvación permanecerá para
Isa. 59:12 permanecen nuestras transgresiones
Juan 6:27 por la comida que permanece
Juan 8:31 Si.. permanecéis en mi palabra, seréis
Juan 15:4-16 'Permaneced en mí, y yo en vosotros
Rom. 6:1 ¿Permaneceremos en el pecado
1 Cor. 13:13 permanecen la fe, la esperanza y
Ef. 6:14 Permaneced.. firmes, ceñidos con el
2 Tim. 2:13 Si somos infieles, él permanece
Heb. 12:7 Permaneced bajo la disciplina; Dios
Heb. 13:1 Permanezca el amor fraternal
1 Ped. 1:23, 25 palabra de Dios.. permanece
1 Jn. 2:6, 10 ama a.. hermano permanece en
1 Jn. 2:17 hace la voluntad de Dios permanece
1 Jn. 3:14, 15 que no ama permanece en muerte
1 Jn. 4:15, 16 que permanece en.. amor permanece

PERMANENTE
Heb. 13:14 no tenemos una ciudad p.

PERMITIR: ver Dejar, Lícito
2 Crón. 28:19 Acaz.. permitido la corrupción
Sal. 16:10; Hech. 2:27; 13:35 ni permitirás
Sal. 66:9 no permitió que resbalasen.. pies
Sal. 121:3 No permitirá que resbale tu pie
Mat. 19:8 Moisés os permitió divorciaros de

PERPETUO
Heb. 7:24 tiene un sacerdocio p.

PERRO
Prov. 26:11; 2 Ped. 2:22 p... vuelve a.. vómito
Ecl. 9:4 mejor es p. vivo que león muerto
Mat. 7:6 No deis lo santo a los p., ni echéis
Mat. 15:26, 27 No es bueno.. echarlo a los p.

PERSECUCION: ver Opresión
Mar. 4:17; 10:30 p. por causa de la palabra
Hech. 8:1; 13:50 se desató una gran p. contra
Rom. 8:35 ¿Quién nos separará.. ¿p.? ¿hambre?

PERSEGUIDOR
Fil. 3:6; 1 Tim. 1:13 p. de la

PERSEGUIR: ver Afligir, Oprimir
Lev. 26:6, 7; Jos. 23:10 Cinco.. perseguirán a
Prov. 28:1 Huye.. impío sin que nadie.. persiga
Mat. 5:10-12 perseguidos por causa de.. justicia
Mat. 5:44 y orad por los que os persiguen
Luc. 21:12 os echarán mano y os perseguirán
Juan 15:20 Si a mí me han perseguido, también
Hech. 9:4, 5 Saulo, ¿por qué me persigues?
Hech. 22:4 perseguí este Camino hasta.. muerte
Rom. 12:14 Bendecid a los que os persiguen
2 Cor. 4:9 perseguidos, pero no desamparados
2 Tim. 3:12 quieran vivir.. serán perseguidos

PERSEVERANCIA: ver Paciencia
Luc. 21:19 Por vuestra p. ganaréis.. almas
Rom. 5:3, 4 que la tribulación produce p.
1 Tes. 1:3 de la p. de vuestra esperanza en
1 Tim. 6:11; Heb. 10:36 sigue.. el amor, la p.
Heb. 12:1 y corramos con p. la carrera que
Stg. 5:11 Habéis oído de la p. de Job y habéis
2 Ped. 1:6 al dominio propio, p.; a la p.
Apoc. 1:9 hermano.. en el reino y en la p. en
Apoc. 2:2, 19 conozco tus obras.. y tu p.
Apoc. 13:10; 14:12 ¡Aquí está la p. y la fe

PERSEVERAR: ver Persistir
Mat. 10:22; 24:13 que persevere hasta el fin
Hech. 1:14; 2:42, 46 perseveraban unánimes
Hech. 13:43; 14:22 persuadían a perseverar
Col. 4:2 Perseverad siempre en la oración
2 Tim. 2:12; Stg. 1:12 Si perseveramos

PERSIA, nación
2 Crón. 36:20-23; Esd. 1:1-8

PERSISTIR: ver Perseverar
2 Rey. 17:34 persisten en.. prácticas antiguas
1 Tim. 4:16; 2 Tim. 3:14 Ten cuidado.. persiste

PERSONA
Deut. 1:17; 16:19; Sal. 82:2; Prov. 24:23; 28:21; Mal. 2:9; 1 Ped. 1:17 distinción de p.
Deut. 10:17; 2 Crón. 19:7; Hech. 10:34; Rom. 2:11; Gál. 2:6; Ef. 6:9 Dios.. distinción de p.
Luc. 20:21 y que no haces distinción entre p.
Col. 3:25; Stg. 2:1, 9 no hay distinción de p.
2 Ped. 3:11 ¡qué clase de p. debéis ser

PERSUADIR: ver Convencer, Incitar
Prov. 1:10 si.. pecadores.. quisieran persuadir
Hech. 26:28 ¡Por poco me persuades.. cristiano!
2 Cor. 5:11 Conociendo.. persuadimos a

PERTENECER: ver Corresponder
Lev. 27:30 los diezmos.. pertenecen a Jehovah
Deut. 29:29 cosas secretas pertenecen a
Eze. 21:27 aquel a quien.. pertenece el derecho
Jon. 2:9; Apoc. 7:10; 19:1 salvación pertenece
Col. 2:17 pero la realidad pertenece a Cristo
1 Ped. 4:11 Jesucristo, a quien pertenecen la

PERVERSIDAD: ver Iniquidad
Sal. 139:24 Ve si hay en mí camino de p. y
Prov. 10:32 la boca de los impíos habla p.

PERVERSO: ver Depravado, Inicuo
Núm. 22:32 tu camino es p. delante de mí
Prov. 3:32; 11:20 Jehovah abomina al p., pero
Prov. 10:31 pero la lengua p. será cortada
Prov. 16:28 hombre p. provoca la contienda
Prov. 17:20 El p. de corazón nunca hallará el
Sof. 3:5 Pero el p. no conoce la vergüenza
Mat. 17:17 ¡Oh generación incrédula y p.!
Hech. 2:40; Fil. 2:15 ¡Sed salvos de esta p.

PERVERTIR: ver Contaminar
Exo. 23:6 No pervertirás el derecho del
Jer. 23:36 pervertís las palabras del Dios
Hech. 13:10 ¿No cesarás de pervertir.. caminos

PESA: ver Balanza
Lev. 19:36; Deut. 25:13, 15 Tendréis.. p. justas
Prov. 11:1; 16:11; 20:10, 23 la p. exacta le

PESAR: ver Doler, Lamentar
Isa. 40:12, 15 ¿Quién.. pesó los montes con
Eze. 24:14 no tendré lástima ni me pesará
Dan. 5:27 TEQUEL: Pesado has sido en
Mat. 23:4 Atan cargas pesadas y difíciles de

PESCADO: ver Pez
Mat. 7:10 ¿O al que le pide p., le dará una
Mat. 14:17, 19; 15:34, 36 cinco panes y dos p.
Luc. 24:42 le dieron un pedazo de p. asado
Juan 21:9-13 Jesús les dijo: —Traed de los p.

PESCADOR
Mat. 4:18, 19 os haré p. de hombres

PESCAR
Luc. 5:4-10 echad vuestras redes para pescar
Juan 21:3 Pedro les dijo: —Voy a pescar

PESEBRE
Isa. 1:3 conoce.. asno el p. de su amo; pero
Luc. 2:7-16 en pañales, y le acostó en un p.

PESO
Lev. 19:35 No haréis injusticia.. ni en la de p.
2 Cor. 4:17 tribulación produce.. un eterno p.
Heb. 12:1 despojémonos de todo p. y del

PESTE
Sal. 91:3, 6 librará.. de.. p. destructora

PETICION
Fil. 4:6 presentad vuestras p. delante

PEZ: ver Pescado
Jon. 1:17; 2:1, 10; Mat. 12:40 gran p. que se
Mat. 17:27 p... Cuando abras su boca, hallarás
Luc. 5:6; Juan 21:6, 8 una gran cantidad de p.

PEZUÑA
Lev. 11:3-26; Deut. 14:6-8 comer.. animal que tiene p. partidas.. y que rumia

PIADOSO: ver Religioso
Sal. 4:3; Prov.2:8 Jehovah ha apartado al p.
Miq. 7:2 El p. ha desaparecido de la tierra
Hech. 10:2, 7 Era p. y temeroso de Dios, junto

PIE: ver Camino, Pierna
Deut. 11:24; Jos. 1:3 que pise.. vuestro p.
Jos. 3:15 cuando.. los p. de los sacerdotes
1 Sam. 2:9 El guarda los p. de sus fieles
2 Sam. 22:34; Sal. 18:33; Hab. 3:19 mis p. sean
2 Crón. 16:12 Asa se enfermó de los p.
Sal. 8:6; 1 Cor. 15:27 debajo de sus p.
Sal. 22:16 horadaron mis manos y mis p.
Sal. 66:9; 121:3 no.. resbalasen nuestros p.
Sal. 91:12; Mat. 4:6 que tu p. no tropiece en
119:105 Lámpara es a mis p. tu palabra
Prov. 1:15, 16; 6:18; Isa. 59:7; Rom. 3:15 sus p. corren al mal
Ecl. 5:1 Cuando vayas a la casa.. guarda tu p.
Isa. 52:7; Nah. 1:15; Rom. 10:15 hermosos.. p.
Eze. 2:1 ponte en p., y hablaré contigo
Dan. 2:33 sus p. en parte eran de hierro y en
Mat. 10:14 sacudid el polvo de vuestros p.
Mat. 18:8 si tu mano o tu p. te hace tropezar
Mat. 28:9 abrazaron sus p. y le adoraron
Luc. 7:38, 44 mojar los p. de él con.. lágrimas
Juan 12:3 María.. ungió los p. de Jesús y
Juan 13:5-14 lavar los p. de los discípulos
1 Cor. 12:15, 21 Si el p. dijera: "Porque no
Ef. 6:15 calzados vuestros p. con.. proclamar
Stg. 2:3 al pobre.. Quédate allí de p.
Apoc. 1:15 Sus p. eran semejantes al bronce
Apoc. 20:12 muertos.. estaban de p. delante del

PIEDAD: ver Compasión, Misericordia
Sal. 51:1 Ten p. de mí, oh Dios, conforme a
Sal. 72:13 Tendrá p. del pobre y.. necesitado
Isa. 9:19 El hombre no tiene p. de su hermano
1 Tim. 3:16; 4:7, 8; 6:5, 6 misterio de la p.
1 Tim. 6:11 sigue la justicia, la p., la fe

PIEDRA: ver Peña, Roca
Gén. 28:11, 18, 22; 31:13 Jacob.. tomó la p.
Exo. 20:25; Deut. 27:2-8 un altar de p., no
Exo. 24:12; 34:1; Deut. 9:9-11; 10:1 te daré las tablas de p.
Jos. 4:6 ¿Qué significan.. estas p.?
Jos. 24:27 esta p. será un testigo
1 Sam. 17:40, 49, 50 escogió cinco p... honda
1 Rey. 7:10 cimiento era de p. costosas y p.
Sal. 91:12; Mat. 4:6 tu pie no tropiece en p.
Sal. 118:22; Mat. 21:42, 44; Hech. 4:11; 1 Ped. 2:6-8 La p. que desecharon los edificadores
Isa. 28:16; Rom. 9:33 cimiento.. una p., una p.
Isa. 62:10 allanad la calzada; quitad las p.
Eze. 11:19; 36:26 quitaré el corazón de p. y
Mat. 3:9 aun de estas p. Dios puede levantar
Mat. 4:3 di que estas p. se conviertan en pan
Mat. 7:9 hijo que le pide pan, le dará una p.?
Mat. 18:6 atase al cuello una.. p. de molino
Mat. 27:60, 66; 28:2 rodar.. p... sepulcro
Mar. 13:1, 2; Luc. 19:44 no quedará p. sobre p.
Luc. 19:40 si éstas callan, las p. gritarán
Juan 8:7 sin pecado.. arrojar la p. contra
Juan 8:59; 10:31 tomaron p. para arrojárselas
Juan 11:39, 41 Jesús dijo: —Quitad la p.
2 Cor. 3:3 escrita.. no en tablas de p., sino
Ef. 2:20 Jesucristo mismo la p. angular
1 Ped. 2:4-8 la P. Viva.. como p. vivas

PIEL
Exo. 25:5; 26:14; 35:23 p. de carnero.. p.
Lev. 7:8 holocausto.. la p... para el sacerdote
Lev. 13:2-43 tenga en la p. de su.. hinchazón
Job 2:4 Satanás respondió.. ¡P. por p.! Todo
Jer. 13:23 ¿Podrá el negro cambiar de p. y el
Eze. 37:6-8 la p. se extendió encima de ellos
Heb. 11:37 Anduvieron.. cubiertos de p. de

PIERNA
Juan 19:31-33 no le quebraron las p.

PIEZA
Zac. 11:12, 13; Mat. 26:15; 27:3-9 treinta p. de plata

PILATO, Poncio, gobernador militar
Luc. 3:1; 13:1; 23:-52; Juan 18:29—19:38; Hech. 3:13; 1 Tim. 6:13

PINACULO
Mat. 4:5 diablo.. le puso.. sobre.. p.

PISADAS: ver Paso
Rom. 4:12 siguen las p. de la fe que tuvo
1 Ped. 2:21 Cristo sufrió.. que sigáis sus p.

PISAR: ver Hollar, Pisotear
Sal. 91:13 Sobre el león y la cobra pisarás
Apoc. 14:20; 19:15 el lagar fue pisado fuera

PISO
Hech. 20:8, 9 cayó del tercer p. abajo

PISGA, cerro
Núm. 21:20; Deut. 3:27; 34:1

PISOTEAR: ver Pisar
Isa. 63:6, 18 Con.. furor pisoteé a los pueblos
Heb. 10:29 castigo.. merecerá.. ha pisoteado al

PLACENTERO: ver Agradar
Sal. 16:6 linderos.. en lugar p.

PLACER: ver Alegría, Contentamiento
Prov. 18:2; 21:17; Ecl. 7:4 necio no toma p.
Ecl. 2:1-10 te probaré con el p., y verás lo
Ecl. 11:9 Alégrate.. y tenga p... pero ten
Luc. 8:14 ahogados por.. los p. de la vida
Luc. 12:32 a vuestro Padre.. ha placido daros
2 Tim. 3:4 amantes de los p. más que de Dios

PLAGA: ver Enfermedad
Exo. 8:2—12:13 rehúsas.. castigaré.. con.. p.
Núm. 11:33 Jehovah golpeó.. con una gran p.
Deut. 28:59, 61 aumentará Jehovah.. tus p. y
Sal. 91:6, 10 no te sobrevendrá mal, ni la p.
Luc. 7:21 Jesús sanó a muchos.. de p. y de
Hech. 24:5 este hombre es una p. y es promotor
Apoc. 9:18, 20 fueron muertos por estas tres p.
Apoc. 15:1-9; 21:9 ángeles.. siete últimas p.
Apoc. 22:18 Si.. añade.. Dios le añadirá las p.

PLAN: ver Intento
Isa. 30:1 Ay.. por llevar a cabo p. pero no
Miq. 4:12 no conocen los p. de Jehovah ni
Ef. 1:10 p. para el cumplimiento de.. tiempos

PLANEAR
Miq. 2:1 Ay de los que.. planean.. mal

PLANTA: ver Arbol
Gén. 1:11, 12, 29, 30; 2:5, 8 Produzca.. p.
Sal. 144:12 Nuestros hijos sean como p.

PLANTAR: ver Sembrar
Sal. 1:3; Jer. 17:8 Será como.. árbol plantado
Ecl. 3:2 tiempo de plantar y.. de arrancar
Isa. 5:2 había plantado.. vides escogidas
Jer. 1:10; 29:5, 28 constituido.. para.. plantar
Amós 9:14, 15 restauraré.. Plantarán viñas y
Mat. 21:33 plantó una viña. La rodeó con una
1 Cor. 3:6-8 Yo planté, Apolos regó; pero Dios
1 Cor. 9:7 ¿Quién planta una viña y no come de

PLATA: ver Dinero, Oro
Sal. 12:6; 119:72 palabras.. como p... horno
Sal. 66:10 nos ha purificado como.. la p.
Prov. 8:10; 16:16 corrección antes que la p.
Isa. 1:22 Tu p. se ha convertido en escoria
Jer. 6:30 Los llaman P. Desechada, porque
Hag. 2:8 Mía es la p. y mío es el oro
Zac. 11:12, 13; Mat. 26:15; 27:5-9 salario mío treinta piezas de p.
Hech. 3:6 No tengo ni p. ni oro, pero lo que

PLATERO: ver Artífice
Isa. 40:19; 41:7 imagen.. y el p. la recubre
Hech. 19:24 cierto p., llamado Demetrio, que

PLATO
Mat. 23:25 Ay.. limpiáis lo de afuera.. del p.
Mat. 26:23 que mete la mano conmigo en el p.

PLAZA: ver Calle
Luc. 11:43; 20:46 amáis.. salutaciones en.. p.
Luc. 14:21 Vé.. a las p... y trae.. los pobres

PLEITEAR: ver Contender
Prov. 3:30 No pleitees.. sin razón

PLEITO: ver Contienda
Exodo 23:2-6 No pervertirás.. derecho.. en su p.
Prov. 25:8 no entres apresuradamente en p.
Ose. 4:1 Jehovah tiene p... no hay.. verdad
1 Cor. 6:2-7 ¿sois indignos de juzgar p. tan
Stg. 4:1 ¿De dónde vienen.. los p. entre

PLENITUD: ver Abundancia
Sal. 24:1; 89:11; 1 Cor. 10:26 Jehovah.. su p.
Juan 1:16 de su p. todos.. recibimos, y gracia
Rom. 11:25 que haya entrado la p. de.. gentiles
Gál. 4:4 cuando vino la p. del tiempo, Dios
Ef. 1:23; 3:19; 4:13; Col. 1:19; 2:9 llenos.. p.

PLEYADES, astros
Job 9:9; 38:31; Amós 5:8

PLOMADA
Amós 7:7, 8 el Señor.. tenía una p.

PLUMA
Sal. 91:4 Con sus p. te cubrirá, y.. alas

POBRE
Lev. 14:21; Deut. 24:14, 15 si él es p. y no
Lev. 19:10; 23:22 uvas caídas.. para el p. y
Lev. 19:15 No favorecerás al p., ni tratarás
Deut. 15:11 Abrirás tu mano.. al que es p.

1 Sam. 2:8 El levanta del polvo al p., y al
Sal. 14:6; 40:17; 70:5 del p... Jehovah es su
Sal. 82:3 haced justicia al p. y al indigente
Prov. 19:17 El que da al p. presta a Jehovah
Isa. 11:4 juzgará con justicia a los p., y con
Isa. 61:1; Luc. 4:18 anunciar.. nuevas a los p.
Mat. 5:3; Luc. 6:20 Bienaventurados los p. en
Mat. 11:5 a los p. se les anuncia el evangelio
Mar. 12:42 una viuda p... echó dos blancas
Luc. 16:20, 22 p., llamado Lázaro.. echado a
2 Cor. 6:10 como p., pero enriqueciendo a
2 Cor. 8:9 Señor.. amor de vosotros se hizo p.
Stg. 2:2-6 al p. le decís: "Quédate.. de pie"

POBREZA: ver Necesidad
Prov. 30:8 no me des p. ni riqueza. Sólo dame
Mar. 12:44 pero ésta, de su p., echó todo lo
2 Cor. 8:9 que.. con su p. fueseis enriquecidos

POCO, POQUITO
Sal. 37:16; Prov. 15:16; 16:8 Mejor es lo p.
del justo que las riquezas de muchos impíos
Prov. 6:10; 24:33 Un p. de dormir, un p. de
Hag. 1:6, 9 sembrado mucho.. recogido p.
Mat. 9:37 mies es mucha, pero.. obreros son p.
Mat. 22:14 muchos.. llamados.. p... escogidos
Mat. 25:21, 23 Sobre p. has sido fiel, sobre
Juan 16:16-19 Un p., y no me veréis; de nuevo
Hech. 26:28, 29 ¡Por p. me persuades a ser

PODER: ver Fortaleza, Potestad
Exo. 9:16; Rom. 9:17 para mostrarte mi p. y
Núm. 14:17 sea engrandecido el p. del Señor
Deut. 9:29 pueblo.. sacaste con tu gran p.
1 Crón. 16:27, 28 p. y alegría hay en su
1 Crón. 29:11, 12; Mat. 6:13 Tuyos.. el p., la
Job 12:13 Con Dios están la sabiduría y el p.
Sal. 29:1; 96:6, 7 dad a Jehovah la.. y el p.
Sal. 84:7 Irán de p. en p., y verán a Dios en
Sal. 93:1 Jehovah se ha vestido de p.
Isa. 40:10, 26 el Señor.. vendrá con p., y su
Isa. 40:29 aumenta el p. al que no tiene vigor
Isa. 51:9 vístete de p., oh brazo de Jehovah!
Jer. 10:6, 12; 27:5; 51:15 hizo.. tierra con.. p.
Jer. 48:25; 49:35 Cortado es el p. de Moab
Miq. 3:8 estoy lleno del p. del Espíritu de
Hab. 1:4 La ley pierde su p., y el derecho no
Mat. 22:29 no conocéis.. el p. de Dios
Mat. 26:64 Hijo.. sentado a la diestra del P.
Luc. 1:35 el p. del Altísimo te cubrirá con
Luc. 4:14 Jesús volvió en el p. del Espíritu
Luc. 5:17; 6:19 El p. del Señor estaba con él
Luc. 24:49 que seáis investidos del p. de lo
Hech. 1:8 recibiréis p. cuando el Espíritu
Rom. 1:16 evangelio.. es p. de Dios para
Rom. 1:20 su eterno p. y deidad— se deja ver
1 Cor. 1:18, 24 mensaje de la cruz.. es el p.
1 Cor. 2:4, 5 fe.. fundada.. en el p. de Dios
2 Cor. 12:9 mi p. se perfecciona en.. debilidad
Fil. 3:10, 21 conocerle.. p. de su resurrección
Fil. 4:13 ¡Todo lo puedo en Cristo que me
2 Tim. 1:7, 8 espíritu.. de p., de amor y de
1 Ped. 1:5 sois guardados por el p. de Dios
Apoc. 4:11; 5:12, 13; 7:12 Digno.. honra y.. p.
Apoc. 20:6 segunda muerte no tiene ningún p.

PODEROSO: ver Fuerte
Exo. 13:3, 9, 14-16 Jehovah.. sacado.. mano p.
2 Crón. 32:7 más p. es el que está con nosotros
Sal. 24:8 ¡Jehovah, el p. en la batalla!
Isa. 40:23 El convierte en nada a los p., y a
Luc. 1:49, 52 P... hecho grandes cosas conmigo
Stg. 4:12 Dador.. y Juez.. es p. para salvar y
Jud. 24 a aquel que es p. para guardaros sin

PODRIR
Eze. 24:23 os pudriréis en vuestros pecados
Mat. 7:17, 18 árbol podrido da malos frutos
Stg. 5:2 Vuestras riquezas se han podrido

POLILLA
Isa. 50:9; 51:8 vestido, y se los comerá la p.
Mat. 6:19, 20; Luc. 12:33 p. y.. óxido

POLVO: ver Ceniza
Gén. 2:7; Sal. 103:14 formó al hombre del p.
Gén. 3:19; Sal. 90:3; Ecl. 12:7 p. eres y al p.
Job 42:6 y me arrepiento en p. y ceniza
Isa. 40:15 naciones son.. como una capa de p.
Luc. 9:5; 10:1 sacudid el p. de vuestros pies

POLLITO
Mat. 23:37 como la gallina junta sus p.

PONER: ver Constituir
Gén. 3:15 pondré enemistad entre ti y la mujer
Sal. 8:6 todo lo has puesto debajo de sus pies
Sal. 40:2-4 Puso mis pies sobre una roca
Mar. 16:6 He aquí el lugar donde le pusieron
Juan 10:11-18 buen pastor pone su vida por sus
Juan 11:34 ¿Dónde le habéis puesto?.. ven y ve
Juan 15:16 os he puesto.. que.. llevéis fruto
1 Cor. 3:10, 11 nadie puede poner.. fundamento
Ef. 4:26 no se ponga el sol sobre.. enojo
1 Jn. 3:16 puso su vida.. debemos poner.. vidas

PORCION: ver Heredad, Parte
Deut. 32:9 la p. de Jehovah es su pueblo
Sal. 119:57; 142:5; Lam. 3:24 Tú eres mi p.

PORVENIR
Prov. 24:20 no habrá un buen p. para el malo

Isa. 46:10 anuncio lo p. desde el principio

POS
Mat. 4:19; 10:38; 16:24 Venid en p. de mí

POSAR: ver Alojar
Mar. 6:10 que entréis en una casa, posad en
Juan 1:32, 33 Espíritu.. y posó sobre él

POSEER: ver Tener
Ecl. 7:12 sabiduría.. da vida a.. que la poseen
2 Cor. 6:10 no teniendo nada, pero poseyéndolo

POSESION: ver Propiedad
Gén. 17:8 te diré en p. perpetua.. tierra de
Núm. 13:30; 14:24 Caleb.. tomémosla en p.
Eze. 44:28 No les daréis p. en.. Yo soy su p.
Mat. 19:22 se fue triste, porque tenía.. p.

POSIBLE
Mat. 19:26 pero para Dios todo es p.
Mat. 26:39 Padre mío, de ser p., pase de mí
Mar. 9:23 ¡Al que cree todo le es p.!

POSTRAR: ver Arrodillar, Inclinar
Gén. 17:3; 18:2 Abram se postró sobre.. rostro
Exo. 33:10 Al ver.. nube.. pueblo.. se postraba
Exo. 34:14 no te postrarás ante otro dios
2 Crón. 7:3 se postraron.. y dieron gracias a
Sal. 22:27, 29 se postrarán todas.. naciones
Sal. 95:6; 99:5 adoremos y postrémonos
Isa. 2:11, 17 altivez del hombre será postrada
Isa. 44:15-19 prende fuego.. ídolo y se postra
Miq. 6:6 ¿Con qué.. me postraré ante el Dios
Mat. 2:11 vieron al niño.. y postrándose le
Mat. 4:9 esto te daré, si postrado me adoras
Apoc. 4:10; 5:8, 14; 7:11; 11:16;19:4 se postran

POTAJE
Gén. 27:4-31 hazme un p... yo te bendiga

POTESTAD: ver Dominio
Ef. 2:2 príncipe de la p. del aire.. espíritu
2 Ped. 2:10; Jud. 8 no temen maldecir a las p.

POTIFAR, egipcio
Gén. 37:36; 39:1, 4

POZO: ver Cisterna, Estanque
Gén. 26:18 Isaac volvió a abrir los p. de agua
2 Sam. 23:15, 16 David.. gua del p. de Belén
Sal. 40:2 hizo subir del p. de.. desesperación
Sal. 55:23 descender.. al p. de la destrucción
Juan 4:6, 11, 12 Jesús.. sentado junto al p.
Apoc. 9:1, 2 ángel.. llave del p. del abismo

PRACTICA
Lev. 20:23 No hagáis.. p. de la gente

PRACTICAR: ver Hacer
1 Rey. 10:9 que practiques el derecho y la
2 Crón. 33:6 practicó la magia, la adivinación
Prov. 21:3, 15 Practicar la justicia.. más
Isa. 56:1; Jer. 22:3, 15 practicad la justicia
Jer. 5:1 si.. alguno.. practica el derecho
Jer. 23:5: 33:15 Retoño.. practicará el derecho
Ose. 12:6 practica la lealtad y el derecho
Juan 3:20 que practica lo malo aborrece la luz
Juan 8:34 que practica el pecado es esclavo
Rom. 7:15, 19 no practico lo que quiero; al
1 Jn. 3:7-10 El que practica justicia es justo

PRADO: ver Campo
Sal. 23:2 En p. de tiernos pastos me hace
Sal. 79:13; 100:3 pueblo.. y ovejas de tu p.

PRECEPTO: ver Decreto
Sal. 19:8 Los p. de Jehovah son rectos
Gál. 5:14 ley.. resumido en un solo p.: Amarás

PRECIO: ver Rescate, Valor
Isa. 55:1 Venid, comprad sin dinero y sin p.
Mat. 26:7, 9 frasco.. perfume de gran p.
Mat. 27:6, 9 plata.. porque es p. de sangre
1 Cor. 6:20; 7:23 habéis sido comprados por p.

PRECIOSO
Isa. 28:16; 1 Ped. 2:6 p. piedra angular es
1 Cor. 3:12 edifica.. fundamento.. piedras p.
1 Ped. 1:7; 2 Ped. 1:1 vuestra fe —más p. que
1 Ped. 1:19 con la sangre p. de Cristo, como
1 Ped. 2:4 la Piedra Viva.. es elegida y p.
Apoc. 21:19 cimientos.. adornados.. piedra p.

PRECIPICIO
Luc. 4:29 le llevaron hasta un p.

PRECISO
Juan 3:30 le es p. crecer, pero a mí menguar
Juan 9:4 Me es p. hacer las obras del que me

PREDECIR
1 Tes. 3:4 predecíamos.. tribulaciones

PREDESTINAR: ver Escoger, Llamar
Rom. 8:29, 30 los predestinó para.. la imagen
Ef. 1:5, 11 nos predestinó.. para adopción

PREDICACION
Rom. 16:25 haceros firmes —según.. la p.
1 Cor. 1:21 salvar.. por la locura de la p.

PREDICADOR
Ecl. 1:1, 12; 7:27; 12:8-10 Las palabras del P.
1 Tim. 2:7; 2 Tim. 1:11 fui constituido p.

PREDICAR: ver Proclamar, Pregonar
Jon. 1:2 vé a Nínive.. y predica contra ella
Mat. 3:1 apareció Juan el Bautista predicando
Mat. 4:17, 23; 9:35 Jesús comenzó a predicar
Mat. 10:7 cuando vayáis, predicad.. El reino
Mar. 6:12 predicaron que.. gente.. arrepintiese
Mar. 16:15 Id.. y predicad el evangelio a toda
Luc. 24:47 en su nombre se predicase
Hech. 8:5 Felipe.. y les predicaba a Cristo
Hech. 28:31 predicando el reino de Dios y
Rom. 10:14, 15 sin haber quien.. predique?
1 Cor. 1:23 predicamos a Cristo crucificado
2 Cor. 1:19 Jesucristo.. ha sido predicado
2 Cor. 4:5 no nos predicamos.. sino a Cristo
2 Tim. 4:2 Predica la palabra.. a tiempo y
Apoc. 14:6 evangelio eterno para predicarlo

PREEMINENTE
Col. 1:18 que en todo él sea p.

PREFERIR
Gén. 25:28 Isaac prefería a Esaú.. pero Rebeca
Sal. 84:10 Prefiero estar en.. casa de.. Dios
Dan. 3:28; Heb. 11:25 prefirieron entregar
1 Cor. 14:19 prefiero hablar cinco palabras

PREGONAR: ver Anunciar, Proclamar
Lev. 25:10 pregonaréis.. libertad para todos
Joel 1:14; 2:15 Pregonad ayuno, convocad a

PREGUNTA
1 Rey. 10:1 reina de Saba.. con p. difíciles
Mar. 12:34 nadie se atrevía a hacerle más p.

PREGUNTAR: ver Consultar, Indagar, Pedir
Gén. 3:9, 11 Dios.. le preguntó.. ¿Dónde estás
Gén. 24:57, 58 a Rebeca y le preguntaron
Gén. 32:29 ¿Por qué preguntas por mi nombre?
Exo. 13:14 cuando mañana te pregunte tu hijo
Deut. 32:7 Pregunta a tu padre, y él te
Job 38:3 te preguntaré, y tú me lo harás saber
Isa. 21:12 Si queréis preguntar, preguntad
Jer. 6:16 Preguntad por las sendas antiguas
Mat. 2:4 les preguntó dónde.. nacer el Cristo
Mar. 8:27-29 camino preguntó a sus discípulos
Luc. 17:20 fariseos preguntaron.. cuándo
Luc. 23:3 Pilato le preguntó.. ¿Eres tú.. rey
1 Cor. 14:35 Si quieren aprender.. pregunten
Apoc. 7:13 Uno de los ancianos me preguntó

PREMIO: ver Galardón, Paga
1 Cor. 9:24 todos.. corren.. uno lleva el p.
Fil. 3:14 prosigo.. hacia el p. del supremo

PRENDER
Jer. 37:14 prendió a Jeremías y lo llevó a
Mat. 14:3 Herodes había prendido a Juan, le
Mat. 26:4, 48-57 a Jesús y le prendieron
Hech. 12:3 procedió a prender.. a Pedro
Hech. 16:19 prendieron a Pablo y a Silas y

PREOCUPACION
Mat. 13:22 las p. de este mundo.. ahogan la
2 Cor. 11:28 la p. por todas las iglesias

PREOCUPAR: ver Afanar
Job 7:17 ¿Qué es el hombre.. que.. te preocupes
Eze. 34:6, 8 Mis ovejas.. no.. quien se preocupe
Mat. 10:19 no os preocupéis de.. qué hablaréis
Luc. 10:40 Marta estaba preocupada con

PREPARACION
Juan 19:14, 31, 42 día de la P. de la Pascua
Ef. 6:15 calzados vuestros pies con la p. para

PREPARAR: ver Adiestrar, Ordenar
Exo. 23:20 ángel.. te lleve.. he preparado
1 Sam. 7:3 preparad.. corazón para Jehovah
1 Crón. 29:2, 3, 16 he preparado para la casa
Esd. 7:10 Esdras había preparado su corazón
Sal. 23:5 Preparas mesa delante de mí en
Prov. 6:8; 30:25 prepara su comida en.. verano
Isa. 40:3; 57:14; Mat. 3:3 desierto preparad
Mal. 3:1; Mat. 11:10 mi mensajero.. preparará
Mat. 24:44 estad preparados.. porque a la hora
Mat. 25:34, 41 reino.. preparado para vosotros
Juan 14:2, 3 Voy.. preparar lugar para vosotros
1 Cor. 2:9 Cosas.. Dios ha preparado para los
Ef. 2:10 buenas obras que Dios preparó de
2 Tim. 2:21 vaso.. preparado para.. buena obra
Apoc. 19:7; 21:2 su novia se ha preparado

PRESA
2 Tim. 2:9 palabra de Dios no está p.!

PRESENCIA: ver Rostro
Gén. 3:8 se escondieron de la p. de Jehovah
Exo. 25:30; 1 Sam. 21:6; Mat. 12:4 pan de la P.
Exo. 33:14, 15 Mi p. irá contigo, y te daré
Sal. 16:11 En tu p. hay plenitud de gozo
Sal. 23:5 Preparas mesa.. en p. de mis
Sal. 51:11 No me eches de tu p., ni quites de
Sal. 139:7 ¿A dónde huiré de tu p.?
Jer. 23:39 os arrojaré de mi p. a vosotros y
Jon. 1:2, 3 Jonás.. huir de la p. de Jehovah
Sof. 1:7 ¡Callad ante la p. del Señor.. porque
Hech. 10:4, 31, 33 obras.. subido.. ante la p.

PRESENTAR: ver Comparecer
Sal. 5:3 de mañana me presentaré ante ti
Sal. 42:2 ¿Cuándo iré para presentarme.. Dios
Miq. 6:6 ¿Con qué me presentaré a Jehovah y
Luc. 2:22 llevaron al niño.. para presentarle
Rom. 6:13 Ni.. presentéis.. miembros al pecado
Rom. 12:1 presentéis vuestros cuerpos como
Ef. 5:27 para presentársela.. una iglesia
Col. 1:28 que presentemos a todo.. perfecto
2 Tim. 2:5 Procura.. presentarte.. aprobado
Heb. 9:24 Cristo.. para presentarse.. delante
Jud. 24 poderoso.. para presentaros.. delante

PRESENTE: ver Regalo
Mat. 2:11 al niño.. le ofrecieron p. de oro
2 Cor. 5:8, 9 mejor.. p. delante del Señor

PRESERVACION
Heb. 10:39 fe para la p. del alma

PRESERVAR: ver Guardar
Gén. 7:3 toma.. parejas.. preservar la especie
Sal. 66:9 preservó la vida a nuestra alma y
2 Tim. 4:18 Señor.. me preservará para.. reino

PRESIDIR
Rom.12:8 el que preside, con diligencia; y el
1 Tes. 5:12 reconozcáis a los que.. os presiden

PRESO: ver Cautivo, Prisionero
Isa. 42:7 que.. saques de la cárcel a los p.
Jer. 32:2; 37:13; 39:15 Jeremías estaba p. en
Mar. 15:6, 7 Barrabás, p. con los rebeldes
Heb. 13:3 Acordaos de los p., como.. cadenas

PRESTAR
Lev. 25:37; Sal. 15:5 No.. prestarás.. con usura
Deut. 15:6 Darás prestado a.. naciones, pero
1 Sam. 15:22 prestar atención es mejor que el
2 Rey. 6:5 cayó.. hacha al.. ¡Era prestada!
Sal. 37:21 impío toma prestado y no paga, pero
Prov. 19:17 que da al pobre presta a Jehovah
Luc. 6:34, 35 dad prestado sin esperar ningún
1 Ped. 4:11 Si alguien presta servicio, sirva

PRETENDER
Fil. 3:13 no pretendo haberlo ya

PRETEXTO
Gál. 5:13 no uséis.. libertad como p.

PRETORIO
Mat. 27:27 llevaron a Jesús al P.

PREVALECER
Hab. 1:4 derecho no prevalece; porque el impío
Mat. 16:18 puertas del Hades no prevalecerán

PRIMERIZO
Gén. 4:4 ofrenda de los p. de sus

PRIMERO
Isa. 41:4; 44:6 Yo.. soy el p., y yo mismo
Mat. 12:45 estado final.. peor que el p.
Mat. 19:30 muchos p... últimos, y últimos.. p.
Mat. 22:38 Este es.. el p. mandamiento
Mar. 9:35; 10:44 Si.. quiere ser el p., deber
Mar. 16:2 de mañana, el p. día de.. semana
Juan 1:15 antes de mí, porque era p. que yo
1 Cor. 15:45-47 p. hombre Adán llegó a ser
1 Cor. 16:2 El p. día de la semana.. guarde
1 Tim. 1:15 pecadores, de los.. yo soy el p.
Heb. 8:7, 13 si el pacto p. hubiera sido sin
1 Jn. 4:19 amamos, porque él nos amó p.
Apoc. 1:17; 22:13 Yo soy el p. y el último
Apoc. 2:4 has dejado tu p. amor
Apoc. 20:5, 6 Esta es la p. resurrección
Apoc. 21:1, 4 p. cielo y la p. tierra pasarán

PRIMICIA: ver Diezmo, Fruto
Exo. 22:29; 23:19 presentar.. p. de tu cosecha
Exo. 34:22 fiesta de Pentecostés.. la de las p.
Neh. 12:44 ofrendas.. las p. y.. los diezmos
Rom. 8:23 tenemos las p. del Espíritu, gemimos
1 Cor. 15:20, 23 Cristo.. p. de los.. durmieron

PRIMOGENITO: ver Hijo
Exo. 11:5; 12:29 todo p.. de Egipto morirá
Exo. 13:2, 12-15 Conságrame todo p.; todo el
Núm. 3:12, 13, 40-50; 8:16-18; 18:15 levitas.. en lugar de todo p.
Luc. 2:7 dio a luz a su hijo p. Le envolvió
Rom. 8:29 sea el p. entre muchos hermanos
Col. 1:15, 18; Apoc. 1:5 p. de.. la creación

PRIMOGENITURA
Gén. 25:31-34 Véndeme.. tu p.

PRINCIPADO
Ef. 6:12; Col. 1:16 lucha.. contra p.

PRINCIPAL
Sal. 118:22 piedra.. p. del ángulo
Luc. 8:41 Jairo.. p. de la sinagoga
Luc. 19:47 los p... procuraban matarle

PRINCIPE: ver Cabeza, Jefe
Sal. 146:3 No confiéis en p. ni en.. hombre
Isa. 9:6 un niño.. nacido.. nombre.. P. de Paz
Eze. 34:24 mi siervo David será p. en medio
Dan. 8:25; 9:25 Contra el P. de los príncipes
Dan. 10:20, 21; 12:1 sólo Miguel, vuestro p.

Mat. 9:34; 12:24 Por el p. de los demonios echa
Juan 12:31; 14:30; 16:11 echado.. p. de.. mundo
Hech. 5:31 enaltecido.. como P. y Salvador
Ef. 2:2 al p. de la potestad del aire
1 Ped. 5:4 al aparecer el P. de los pastores

PRINCIPIO: ver Comienzo, Creación
Gén. 1:1 En el p. creó Dios los cielos y la
Sal. 111:10; Prov. 1:7 p. de la sabiduría es
Isa. 41:26; 46:10 lo anunció desde el p., para
Mat. 24:8 todas estas cosas son p. de dolores
Mar. 1:1 El p. del evangelio de Jesucristo
Juan 1:1, 2 En el p. era el Verbo, y el Verbo
Gál. 4:3, 9; Col.2:8, 20 p. elementales.. mundo
1 Jn. 1:1 Lo que era desde el p., lo que hemos
Apoc. 21:6; 22:13 Yo soy.. el p. y el fin

PRISCILA, creyente
Hech. 18:2-26; Rom. 16:3; 1 Cor. 16:19; 2 Tim. 4:19

PRISION: ver Cadena, Cárcel
Isa. 42:7 que.. saques.. de la p. a los que
Jer. 37:15 Jeremías.. en la p. en casa del
Fil. 1:7, 13, 14, 17 en mis p. como en la
Film. 10, 13, 23 Onésimo.. engendrado.. p.

PRISIONERO: ver Cautivo, Preso
Isa. 61:1 anunciar.. a los p. apertura de la
Ef. 3:1; 4:1; Col. 4:10; Film. 1, 9 Pablo, p.

PRIVADO
Mat. 10:27 Lo que os digo en p., decidlo en
2 Ped. 1:20 profecía.. de interpretación p.

PROBAR: ver Examinar
2 Sam. 22:31; Sal. 18:30; Prov. 30:5 probada es la palabra de Jehovah
1 Rey. 10:1 reina de Saba.. vino para probarle
1 Crón. 29:17 Dios.. tú pruebas el corazón
Sal. 11:5; Prov. 17:3 Jehovah prueba al justo
Sal. 34:8 Probad y ved que Jehovah es bueno
Prov. 17:3 que pruebe los corazones
Isa. 28:16 cimiento.. una piedra probada
Mal. 3:10 Traed.. diezmo.. Probadme en esto
Mat. 27:34 pero cuando lo probó, no lo quizo
Juan 6:6 Pero decía esto para probarle
Heb. 3:9 me pusieron a gran prueba.. durante
1 Ped. 2:3 habéis probado.. Señor es bondadoso
1 Jn. 4:1 no creáis.. sino probad los espíritus

PROCEDER: ver Salir
Juan 3:31 que procede de la tierra es terrenal
1 Tim. 1:5 amor que procede de un corazón
2 Ped. 3:9 todos procedan al arrepentimiento

PROCLAMAR: ver Anunciar, Predicar
Sal. 29:9 todos los suyos proclaman su gloria
Sal. 40:10; 51;15; 71:15 proclamado.. fidelidad
Isa. 40:2-6; Mat. 3:3 voz proclama.. preparad
Isa. 61:1, 2; Luc. 4:18, 19 proclamar libertad
Mat. 10:27 que oís al oído, proclamadlo desde
Ef. 6:15 pies.. para proclamar el evangelio de

PROCURADOR: ver Gobernador
Mat. 27:2-27; Luc. 3:1 entregaron al p. Pilato
Hech. 23:24—24:10 le llevasen.. al p. Félix

PROCURAR: ver Proponer
Juan 5:18; 7:30; 10:39 procuraban matarle
Rom. 12:17; 1 Tes. 5:15 Procurad lo bueno
1 Cor. 4:13 procuramos ser amistosos
Ef. 4:3 procurando.. guardar la unidad del
2 Tim. 2:15 Procura.. presentarte a Dios
Heb. 12:14; 2 Ped. 3:14 Procurad la paz con

PRODIGIO: ver Milagro, Maravilla
Exo. 7:3; 11:10 multiplicaré.. mis p. en la
Joel 2:30; Hech. 2:19 Realizaré p. en.. cielos

PRODUCIR: ver Dar
Gén. 1:11, 12, 20-24 Produzca la tierra hierba
Prov. 10:31 boca del justo producirá sabiduría
Mat. 3:8 Producid.. frutos.. de arrepentimiento
Rom. 5:3, 4; Stg. 1:3 la tribulación produce
Apoc. 22:2 árbol de la vida.. produce.. frutos

PRODUCTO: ver Cosecha
Jos. 5:11 comieron del p. de.. tierra

PROEZA: ver Maravilla
Sal. 60:12; 108:13 Con Dios haremos p., y él
Sal. 150:2 ¡Alabadle por sus p.! ¡Alabadle por

PROFANAR: ver Contaminar
Lev. 18:21; 19:12; 21:6; 22:32; Prov. 30:9 No profanarás el nombre de tu Dios. Yo
Eze. 36:20-23 profanaron mi santo nombre
Mat. 12:5 sacerdotes.. profanan el sábado y

PROFANO
Lev. 10:10 diferencia entre lo santo y lo p.
Eze. 22:26; 44:7, 23 entre lo santo y lo p.

PROFECIA: ver Mensaje, Visión
2 Crón. 15:8 Asa oyó.. la p. del profeta Oded
Esd. 6:14 con la p. del profeta Hageo y la de
Isa. 13:1 P... que Isaías hijo de Amoz recibió
Nah. 1:1 La p... Libro de la visión de Nahúm
Hab. 1:1 La p. que vio el profeta Habacuc
Mal. 1:1 P... palabra de Jehovah.. de Malaquías
Rom. 12:6; 1 Cor. 12:10 dones.. Si es de p.

1 Cor. 13:2 Si tengo p... pero no tengo amor
1 Cor. 13:8 las p. se acabarán, cesarán las
1 Cor. 14:6, 22 qué provecho.. si no.. con p.
1 Tes. 5:20 No menospreciéis las p.
2 Ped. 1:20, 21 ninguna p... es.. privada
Apoc. 1:3; 22:7 oyen las palabras de esta p.
Apoc. 19:10 testimonio de Jesús es.. la p.
Apoc. 22:10, 18, 19 No selles.. p. de.. libro

PROFETA: ver Predicador, Vidente
Exo. 7:1 tu hermano Aarón será tu p.
Núm. 11:29 ¡Ojalá que todos fuesen p. en el
Deut. 18:15-22; Hech. 3:22-25; 7:37 Dios te levantar un p. como yo.. de entre
Deut. 34:10 Nunca.. se levantó otro p. como
1 Sam. 3:20 Samuel estaba acreditado como p.
1 Sam. 9:9 al p. de hoy.. se le llamaba vidente
1 Sam. 10:10-12; 19:24 está Saúl entre los p.?
1 Rey. 18:4 Jezabel destruía a.. p. de Jehovah
1 Rey. 18:19-40 se reúnan.. los 450 p. de Baal
1 Rey. 19:10; Rom. 11:3 han matado.. a tus p.
1 Rey. 22:7 ¿No hay aquí.. algún p. de Jehovah
Neh. 9:26; Mat. 23:37 Mataron a tus p. que
Sal. 74:9 ya no hay p., ni con nosotros hay
Jer. 1:5 te di por p. a las naciones
Jer. 5:31; 6:13; 23:11-37; 27:9, 14-18; Lam. 2:14; Sof. 3:4 p. profetizan con mentira
Jer. 7:25 os envié todos mis siervos los p.
Eze. 2:5; 33:33 sabrán que ha habido un p.
Amós 2:11, 12 Levanté p. de vuestros hijos
Amós 7:14 Yo no soy p. ni hijo de p.; soy
Miq. 3:5, 11 sus p. predican por dinero
Hab. 1:1 La profecía que vio el p. Habacuc
Mat. 5:12 persiguieron a los p... antes de
Mat. 7:15 Guardaos de los falsos p.
Mat. 10:41 El que recibe a un p. porque es p.
Mat. 11:9 ¿Un p.? ¡Sí, os digo, y más que p.!
Mat. 11:13; 22:40; Luc. 24:27, 44; Hech. 24:14 todos los P. y la Ley profetizaron
Mat. 13:17 muchos p... desearon ver lo que veis
Mat. 13:57 No hay p. sin honra sino en su
Mat. 14:5; 21:26 todos tienen a Juan por p.
Mat. 21:11; Juan 6:14; 7:40 Este es Jesús el p.
Mat. 24:11; 1 Jn. 4:1 Muchos falsos p. se
Luc. 1:76 serás llamado p. del Altísimo
Luc. 7:16 ¡Un gran p. se ha levantado entre
Luc. 13:33, 34 Jerusalén, que matas a los p.
Luc. 24:19 Jesús.. era un hombre p.
Juan 1:21-25 ¿Eres tú el p.? Y respondió
Juan 4:19 Señor, veo que tú eres p.
Hech. 7:52 ¿A cuál de los p. no persiguieron
Hech. 10:43 Todos los p. dan testimonio de él
Hech. 13:1 Había.. en la iglesia.. unos p. y
Hech. 26:27 ¿Crees, oh rey Agripa, a los p.?
1 Cor. 12:28, 29; Ef. 4:11 puso Dios.. unos p.
1 Cor. 14:32 de los p... sujetos a los p.
2 Ped. 3:2 palabras.. dichas por los santos p.
Apoc. 19:20 bestia.. prisionera.. falso p.

PROFETICO
2 Ped. 1:19 palabra p... más firme

PROFETISA
Exo. 15:20 María la p., hermana de Aarón,
Jue. 4:4 gobernaba a Israel Débora, p., esposa
2 Crón. 34:22 fueron a la p. Hulda, esposa de
Luc. 2:36 estaba allí la p. Ana, hija de Fanuel

PROFETIZAR: ver Predicar
1 Crón. 25:1-3 profetizaban con arpas, liras
Esd. 5:1 Hageo y Zacarías.. profetizaron a
Isa. 30:10 No nos profeticéis cosas rectas
Jer. 14:14-16; 23:25, 26 Mentira profetizan
Jer. 25:30; 26;11, 12 profetizarás contra ellos
Jer. 26:18, 20 Miqueas.. profetizaba en tiempos
Eze. 11:4 profetiza contra ellos. ¡Profetiza
Eze. 37:4-12 Profetiza a estos huesos y diles
Joel 2:28; Hech. 2;17, 18 hijas profetizarán
Amós 3:8 habla.. Señor.. ¿quién no profetizará?
Amós 7:12, 13 huye a.. Judá.. Profetiza allá
Amós 7:15, 16 Jehovah.. me dijo.. profetiza a
Mat. 7:22 ¿No profetizamos en tu nombre
Hech. 21:9 cuatro hijas.. que profetizaban
1 Cor. 13:9 en parte y en parte profetizamos
1 Cor. 14:3-5 profetiza habla a los hombres
1 Cor. 14:31 podéis profetizar uno por uno
1 Cor. 14:39 anhelad profetizar.. no impidáis

PROFUNDIDAD
Rom. 11:33 ¡Oh la p. de.. riquezas

PROFUNDIZAR
Neh. 8:13 profundizar.. de la Ley

PROFUNDO: ver Bajo
Mat. 18:6 que se le hundiese en lo p. del mar
1 Cor. 2:10, 11 reveló.. las cosas p. de Dios

PROGRESAR
1 Tes. 4:1, 10 sigáis progresando

PROGRESO
2 Cor. 10:15 con el p. de vuestra fe, se
1 Tim. 4:15 que tu p. sea manifiesto a todos

PROHIBIR: ver Negar
Deut. 4:23 imágenes.. te ha prohibido.. Dios
Hech. 5:40 les prohibieron hablar en el nombre
1 Tim. 4:3 Prohibirán casarse y mandarán

PROJIMO: ver Compañero, Hermano
Exo. 20:16, 17 No darás falso.. contra tu p.

Lev. 19:13-18; Mat. 5:43; 19:19; 22:39; Rom. 13:8-10; Gál. 5:14; Stg. 2:8 amarás a tu p.
Lev. 25:17 Ninguno de vosotros oprima a su p.
Prov. 3:28, 29 No trames mal contra tu p.
Prov. 12:26 El justo sirve de guía a su p.
Jer. 31:34; Heb. 8:11 nadie enseñará a su p.
Zac. 8:16, 17; Ef. 4:25 verdad.. con su p.
Luc. 10:29, 36 ¿Y quién es mi p.?
Rom. 15:2 Cada uno.. agrade a su p. para.. bien

PROLONGAR: ver Alargar
Exo. 20:12; Deut. 4:40 tus días se prolonguen
1 Rey. 3:14 si andas.. yo prolongaré tus días

PROMESA: ver Pacto
Jos. 21:45; 23:14; 1 Rey. 8:56 No falló.. p.
Neh. 5:12, 13 pueblo hizo conforme a esta p.
Jer. 33:14 cumpliré la buena p. que he hecho
Luc. 24:49; Hech. 1:21 enviaré.. la p. de mi
Hech. 2:39 p. es para vosotros, para vuestros
Rom. 9:8, 9 los hijos de la p. son contados
Gál. 3:16-19 p. a Abraham fueron.. también a
Ef. 3:6 gentiles.. copartícipes de la p. por
Ef. 6:2 Honra.. el primer mandamiento con p.
Heb. 8:6 pacto superior.. sobre p. superiores
Heb. 11:13, 39 su fe murieron.. sin.. las p.
2 Ped. 3:4, 9, 13 ¿Dónde.. la p. de su venida?
1 Jn. 2:25 ésta es la p... la vida eterna

PROMETER: ver Jurar
Núm. 10:29 Jehovah ha prometido el bien para
1 Rey. 8:15 ha cumplido lo que.. prometió a
2 Crón. 15:12 hicieron un pacto prometiendo
Ecl. 5:4, 5 Mejor es que no prometas, a que
Tito 1:2 el Dios que no miente prometió desde

PRONUNCIAR
Jue. 12:6 "Sibólet".. no.. pronunciar

PROPICIATORIO: ver Arca
Exo. 25:17-22; 37:6-9 Harás un p. de oro puro
Lev. 16:13-15 sangre.. La rociará sobre el p.

PROPICIO: ver Benigno
Luc. 18:13 publicano.. Dios, sé p.

PROPONER: ver Procurar
Sal. 119:57 me he propuesto guardar.. palabras
Dan. 1:8 Daniel se propuso.. no contaminarse
Mat. 1:19 José.. propuso dejarla secretamente
1 Cor. 2:2 me propuse no saber nada.. sino a
2 Cor. 9:7 Cada uno dé como propuso en

PROPOSITO: ver Intención
Sal. 138:8; Prov. 19:21 Jehovah cumplirá su p.
Rom. 8:28 ayuden.. llamados conforme a su p.

1 Tim. 1:5 p. del mandamiento es el amor que

PRORRUMPIR: ver Salir
Isa. 54:1; Gál. 4:27 Prorrumpe en

PROSEGUIR: ver Seguir
Fil. 3:12, 14 prosigo a la meta

PROSPERAR
Deut. 29:9; 1 Crón. 22:13 para que prosperéis
Sal. 1:3 como un árbol.. lo que hace prosperará
Prov. 11:25; 13:4 alma generosa.. prosperada
Prov. 28:13 encubre sus pecados no prosperará
Isa. 55:11 mi palabra.. y será prosperada en
Jer. 12:1 ¿Por qué prospera el.. de los impíos?
1 Cor. 16:2 guarde.. cómo esté prosperando

PROSPERIDAD
Sal. 73:3 tuve envidia.. ver la p.

PROSTITUCION: ver Adulterio
1 Rey. 14:24 varones consagrados a la p. ritual
Eze. 16:16-36; 23:7-35 tus p., no te acordaste
Ose. 1:2; 2:4 toma.. una mujer dada a la p.

PROSTITUIR: ver Adulterar
Lev. 19:29 No.. hija, haciendo que.. prostituya
Deut. 31:16 este pueblo.. se prostituirá tras
Eze. 16:15 te prostituiste a causa de tu fama
Ose. 3:3 No te prostituirás ni serás de otro

PROSTITUTA: ver Ramera
Deut. 23:17, 18 No habrá p. sagrada entre las
Jos. 2:1; 6:17-25; Heb. 11:31; Stg. 2:25 p. que se llamaba Rajab
Prov. 6:26 por una p. el hombre es reducido
Prov. 29:3 junta con p. malgasta sus bienes
Ose. 4:14 los hombres se apartan con las p.
Mat. 21:31, 32 publicanos y las p. entran
1 Cor. 6:15, 16 el que se une con una p. es

PROTECCION
Isa. 25:4 has sido.. p. en la

PROVECHO: ver Ganancia
Ecl. 1:3 ¿Qué p. tiene el hombre de todo su
1 Cor. 12:7; 14:6 manifestación.. para p. mutuo

PROVEER: ver Suplir
Gén. 22:8 Dios mismo proveerá el cordero
Sal. 68:10 Dios, has provisto para el pobre
Luc. 12:20 lo que has provisto, ¿para quién

PROVERBIO: ver Alegoría
1 Rey. 4:32 Salomón compuso 3.000 p. y 1.005
Prov. 1:1; 25:1 p. de Salomón hijo de David

PROVISION: ver Sustento
Jos. 9:14 tomaron de sus p... no consultaron
Prov. 15:6 En la casa del justo hay muchas p.
Rom. 13:14 no hagáis p. para.. la carne

PROVOCAR: ver Enojar, Irritar
Deut. 9:7, 8, 22; Esd. 5:12 provocaste a ira
1 Rey. 14:22 Jehovah.. le provocaron a celos
Sal. 106:29 Provocaron a Dios con sus obras
Prov. 6:14, 19, 28 pensando el mal, provocando
Cant. 2:7; 3:5; 8:4 ni provocaréis el amor

PRUDENCIA: ver Sabiduría
Prov. 3:21; 19:8 guarda la iniciativa y la p.
Luc. 1:17 volver.. los desobedientes a la p.
1 Tim. 2:9, 15 mujeres se atavíen con.. p.

PRUDENTE: ver Sabio
Prov. 10:19 el que refrena sus labios es p.
Prov. 16:23 corazón del sabio hace p. su boca
Mat. 7:24 será semejante a un hombre p. que
Mat. 25:2-9 Cinco.. eran insensatas, y cinco p.
1 Tim. 3:2; Tito 1:8 obispo sea.. sobrio, p.
Tito 2:2, 5, 12; 1 Ped. 4:7 hombres.. sean.. p.

PRUEBA: ver Tentación
Exo. 17:7; Heb. 3:8 porque pusieron a p.
Deut. 6:16; Mat. 4:7 No pondréis a p. a.. Dios
Hech. 1:3 vivo.. con muchas p. convincentes
Stg. 1:2, 3, 12; 1 Ped. 1:6, 7 gozo.. en.. p.

PUBLICANO: ver Impuesto
Mat. 9:10, 11 ¿Por qué come.. maestro con.. p.
Mat. 21:31, 32 los p... entran delante de
Luc. 5:27-34 vio a un p. llamado Leví, sentado
Luc. 18:10-13 al templo a orar.. el otro, p.
Luc. 19:2 Zaqueo.. principal de los p. y.. rico

PUEBLO: ver Aldea, Nación
Gén. 11:6 este p. está unido, y todos hablan
Exo. 5:1; 7:16; 8:1, 20, 21 Deja ir a mi p.
Exo. 6:7; Lev. 26:12 Os tomaré como p. mío
Exo. 15:13; Deut. 21:8; Sal. 77:15 guías a este p. que has redimido
Exo. 19:5; Tito 2:14; 1 Ped. 2:9 p. especial
Exo. 32:9 este p... es un p. de dura cerviz
Exo. 33:13, 16; Deut. 4:20; 9:26 gente es tu p.
Deut. 14:2, 21 escogido.. seas un p. especial
Deut. 27:9; 29:13 has venido a ser p. de.. Dios
Deut. 32:9; Sal. 33:12 porción de.. es su p.
Deut. 32:36; Sal.50:4; 135:14; Heb. 10:30 Jehovah juzgará a su p.
Rut. 1:16 Tu p. será mi p., y tu Dios será
2 Crón. 7:14 si se humilla mi p. sobre el
2 Crón. 23:16 pacto.. de que serían el p. de
Sal. 2:1; Hech. 4:25 ¿Por qué.. los p. traman
Sal. 3:8 ¡Sobre tu p. sea tu bendición!
Sal. 67:3, 5 ¡Todos los p. te alaben!
Sal. 79:13; 100:3 p. tuyo y ovejas de tu
Sal. 106:40 ira.. se encendió contra su p.
Sal. 144:15 ¡Bienaventurado el p. cuyo Dios
Prov. 29:18 Donde no hay visión, el p. se
Isa. 1:3 El buey conoce.. mi p. no entiende
Isa. 9:2 El p. que andaba en tinieblas vio
Isa. 30:9 este p. es rebelde, hijos mentirosos
Isa. 32:18 Mi p. habitará en una morada de paz
Isa. 40:1 consolad a mi p.!
Isa. 43:21 Este es el p. que yo he formado
Isa. 51:16 Tú eres mi p.
Isa. 62:12 les llamarán P. Santo, Redimidos
Jer. 5:23; Ose. 11:7 p. tiene corazón obstinado
Jer. 7:23; 11:4; 24:7; 30:22; 31:33; 32:38; Eze. 14:11; 36:28; Zac. 13:9; Apoc. 21:3 seréis mi p.
Jer. 18:15 mi p. se ha olvidado de mí
Jer. 31:7 ¡Oh Jehovah, salva a tu p.
Dan. 7:14 Todos los p., naciones.. le servían
Dan. 12:1 en aquel tiempo tu p. será librado
Ose. 1:9, 10; 2:23; Rom. 9:25, 26; 1 Ped. 2:10 no sois mi p., ni yo soy vuestro Dios
Ose. 4:6 Mi p. es destruido porque carece de
Miq. 3:5 los profetas.. hacen errar a mi p.
Zac. 2:11; 8:22 muchas naciones.. serán mi p.
Luc. 1:17 irá.. preparar.. un p. apercibido
Luc. 1:68; 2:32; 7:16 Dios.. redimido a su p.
Luc. 2:10 nuevas de gran gozo.. para todo el p.
Apoc. 18:4 ¡Salid de ella, p. mío, para que

PUERCA
2 Ped. 2:22 la p. lavada, a revolcarse

PUERTA: ver Entrada, Umbral
Gén. 4:7 el pecado está a la p. y te
Gén. 28:17 lugar.. casa de Dios y p. del cielo
Deut. 6:9; 11:20 Las escribirás.. en las p.
Sal. 24:7, 9 ¡Levantad, oh p., vuestras cabezas!
Sal. 118:19, 20 ¡Abridme las p. de la justicia!
Isa. 45:1, 2 Ciro.. para abrir p. delante de
Isa. 60:18 llamarás.. a tus p. Alabanza
Mat. 6:6 cuando ores.. cierra la p.
Mat. 7:13, 14; Luc. 13:24 Entrad por la p.
Mat. 16:18 las p. del Hades no prevalecerán
Mat. 25:10 preparadas entraron.. y se cerró.. p.
Juan 10:1, 2 el que no entra.. por la p.
Juan 10:9 Yo soy la p.. Si alguien entra
Hech. 16:26, 27 terremoto.. las p. se abrieron
1 Cor. 16:9 se me ha abierto una p. grande y
Col. 4:3 orad.. que el Señor nos abra una p.
Stg. 5:9 el Juez ya está a las p.!
Apoc. 3:8 he puesto delante de ti.. p. abierta
Apoc. 3:20 estoy a la p. y llamo
Apoc. 4:1 he aquí una p. abierta en el cielo
Apoc. 21:12-25 Tenía doce p.

Apoc. 22:14 que entren en la ciudad por las p.

PURIM, fiesta religiosa
Est. 9:24-32 llamaron a estos días P.

PUREZA: ver Limpio
2 Cor. 11:3; 1 Tim. 4:12 p. que debéis

PURIFICACION
Lev. 12:4-6; Luc. 2:22 los días de su p.
Heb. 1:3 cuando había hecho la p. de.. pecados

PURIFICADOR
Mal. 3:2, 3 él es como fuego p.

PURIFICAR: ver Limpiar, Santificar
Lev. 14:2-52 expiación.. y quedará purificado
Sal. 26:2 Purifica mi conciencia y mi corazón
Eze. 37:23 los purificaré.. serán mi pueblo, y
Hech. 10:15; 11:9; 15:9 que Dios ha purificado
Heb. 9:22 ley.. todo es purificado con sangre
Stg. 4:8; 1 Ped. 1:22 purificad.. corazones

PURO: ver Limpio
Lev. 10:10 diferencia.. entre lo impuro y lo p.
Job 4:17 ¿Será el varón más p. que su Hacedor?
Sal. 19:8 El mandamiento de Jehovah es p.
Sal. 24:4 limpio de manos y p. de corazón, que
Sal. 51:10 Crea en mí.. un corazón p. y renueva
Eze. 44:23 discernir.. entre lo impuro y lo p.
Fil. 4:8 justo, todo lo p... en esto pensad
Tito 1:15 Para los.. p., todas las cosas son p.

PURPURA: ver Escarlata, Grana
Mar. 15:17, 20 Le vistieron de p.; y habiendo
Hech. 16:14 Lidia.. vendedora de p... temerosa

QUEBRANTAMIENTO
Prov. 18:12 Antes del q. se enaltece el corazón

QUEBRANTAR: ver Pecar, Quebrar
Jos. 7:11, 15; Jue. 2:20; Isa. 24:5; Ose. 8:1 Han quebrantado mi pacto
Sal. 2:9 los quebrantarás con vara de hierro
Sal. 51:17 sacrificios.. espíritu quebrantado
Isa. 53:10 Jehovah quiso quebrantarlo, y le
Isa. 61:1 vendar a los quebrantados de corazón
Mat. 5:19 que quebranta el más pequeño de
Mat. 15:2, 3 ¿Por qué quebrantan.. tradición

QUEBRANTO
Jer. 4:20 Q. sigue a q... tierra.. devastada
Jer. 6:14; 8:11 curan con superficialidad el q.
Nah. 3:19 No hay medicina para tu q.; tu llaga

QUEBRAR: ver Quebrantar, Romper
Exo. 12:46; Núm. 9:12; Juan 19:31-36 Tampoco quebraréis ninguno de sus huesos
Jue. 7:19, 20 Gedeón y.. quebraron los cántaros
Sal. 37:17 brazos de.. impíos serán quebrados
Isa. 42:3; Mat. 12:20 No quebrará.. caña
Mar. 14:3 quebrando el frasco.. lo derramó

QUEDAR: ver Permanecer
Gén. 7:23 Sólo quedaron Noé y los que estaban
Gén. 44:33 permite.. que tu siervo quede.. en
Deut. 5:31 Pero tú, quédate aquí conmigo
Jos. 13:1, 2 queda todavía muchísima tierra
Rut 1:14 Orfa besó.. pero Rut se quedó con
1 Rey. 18:22; 19:10, 14 Sólo yo he quedado
2 Rey. 2:2, 4 quédate aquí, porque Jehovah
Mat. 26:38 Quedaos aquí y velad conmigo
Luc. 1:56 María se quedó con ella.. tres meses
Luc. 2:43 niño Jesús se quedó en Jerusalén
Luc. 24:29 Quédate con nosotros, porque es
Luc. 24:49 quedaos.. hasta.. seáis investidos
Juan 1:39 se quedaron con él aquel día
Juan 21:22 Si yo quiero que él se quede hasta
1 Cor. 7:11, 24 separa, que quede sin casarse
Fil. 1:24, 25 quedarme en la carne.. necesario
1 Tes. 4:15 habremos quedado hasta la venida
1 Tim. 1:3 quédate en Efeso, para que

QUEJAR: ver Murmurar
Núm. 14:2 Israel se quejaron contra Moisés y
Jud. 16 Estos se quejan de todo y.. lo critican

QUEMAR: ver Arder, Consumir, Incendiar
Exo. 32:20 el becerro.. lo quemó en el fuego
Lev. 1:9—8:32; 23:8, 13 una ofrenda quemada
2 Rey. 23:4 objetos.. Baal.. Los quemó fuera
Prov. 6:27, 28 ¿Andará.. brasas sin.. le quemen
Mat. 3:12 quemará la paja en el fuego que
Mat. 13:6 cuando salió el sol, se quemó
Hech. 19:19 trajeron sus libros y.. quemaron
1 Cor. 3:15 Si la obra de alguien es quemada
1 Cor. 7:9 mejor es casarse que quemarse
1 Cor. 13:3 si entrego mi cuerpo.. ser quemado
Heb. 13:11 animales.. son quemados fuera del
Apoc. 16:8, 9 fue dado quemar a los hombres
Apoc. 18:8 será quemada con fuego.. porque

QUERER: ver Amar, Desear
Exo. 10:27 faraón.. no quiso dejarlos ir
Deut. 7:7 No porque.. Jehovah os ha querido
2 Sam. 23:16 David.. no la quiso beber, sino
Sal. 115:3; 135:6 Dios.. hecho.. ha querido!
Isa. 1:19 Si queréis y obedecéis, comeréis
Eze. 18:32; 33:11 no quiero la muerte del
Dan. 4:17 Señor.. que lo da a quien quiere y
Zac. 7:11 no quisieron escuchar. Más bien

Mat. 5:40, 42 al que quiera llevarte a juicio
Mat. 7:12 todo lo que queráis que los hombres
Mat. 16:24, 25 el que quiera salvar su vida la
Mat. 26:39 no sea como yo quiero, sino como
Mar. 1:40, 41 Si quieres, puedes limpiarme
Juan 15:7 pedid lo que queráis, y os será
Juan 21:22, 23 Si yo quiero que él quede
Rom. 1:13 no quiero.. que ignoréis que muchas
Rom. 7:18-21 querer el bien está en mí, pero
Rom. 9:16, 18 no depende del que quiere ni
2 Cor. 5:4 no quisiéramos ser desvestidos
2 Cor. 8:11 como fuisteis prontos a querer
Gál. 1:7 quieren pervertir el evangelio
Gál. 4:21 los que queréis estar bajo la ley
Fil. 2:13 Dios.. produce.. querer como.. hacer
1 Tim. 2:4; 2 Ped. 3:9 quiere que.. sean salvos
Stg. 4:15 Si el Señor quiere, viviremos y

QUERUBINES: ver Angel, Arca
Gén. 3:24 y puso q. al oriente del.. Edén
Exo. 25:18-22; 37:7-9; 1 Rey. 6:23-35; 8:6, 7; Heb. 9:5 Harás.. dos q.; de oro.. los harás
Exo. 26:1; 36:8; 1 Rey. 7:29 tapices.. con q.
1 Sam. 4:4; 6:2; 2 Rey. 19:15; Sal. 80:1 tiene su trono entre los q... Dios
Eze. 10:1-20; 11:22 gloria.. encima de los q.

QUIETO: ver Apacible
2 Crón. 20:17; Sal. 46:10 estaos q. y ved

QUIETUD: ver Tranquilidad
Isa. 30:15 en la q... estará.. fortaleza

QUIJADA: ver Hueso
Jue. 15:15-17 Sansón.. Con.. q. de asno

QUITAR: ver Apartar, Arrebatar
Exo. 3:5; Hech. 7:33 Quita las sandalias de
Deut. 12:32; Apoc. 22:19 ni quitaréis de ello
Deut. 17:7; 1 Cor. 5:13 Así quitaréis el mal
Job 1:21 Jehovah dio, y Jehovah quitó. ¡Sea
Sal. 51:7, 11 ni quites de mí tu.. Espíritu
Sal. 119:43 ningún momento quites.. palabra
Eze. 11:18, 19 de ellos quitaré el corazón de
Zac. 3:4 he quitado de ti tu iniquidad y te
Mat. 5:40 al que quiera.. quitarte la túnica
Mat. 13:12; 25:29 que tiene le será quitado
Mat. 16:23 ¡Quítate de delante de mí, Satanás
Mat. 25:28 quitadle el talento y dadlo al que
Juan 1:29 Cordero de Dios que quita el pecado
Juan 16:22 nadie os quitará vuestro gozo
Juan 17:15 No ruego que los quites del mundo
2 Cor. 3:14 velo.. sólo en Cristo es quitado
2 Cor. 12:8 he rogado al Señor que lo quite
Ef. 4:31 Quítense.. toda amargura, enojo, ira
Col. 2:14 acta.. la ha quitado.. al clavarla
Heb. 9:26 para quitar el pecado mediante el
Heb. 10:4, 9 sangre de toros.. no puede quitar
1 Jn. 3:5 manifestado para quitar los pecados
Apoc. 2:5 quitaré tu candelero de su lugar

RABI <mi maestro>
Mat. 23:7, 8 no seáis llamados R.; porque

RACION: ver Alimentar
Dan. 1:5-15 Daniel.. propuso.. no.. la r.

RACIONAL
Rom. 12:1 que es vuestro culto r.

RAIZ: ver Arbol, Rama
Prov. 12:3, 12 r. de.. justos es inconmovible
Isa. 11:10; Rom. 15:12 que es la r. de Isaí y
Isa. 53:2 Subió como.. una r. de tierra seca
Mal. 4:1 quemará y no les dejará ni r. ni rama
Mat. 3:10 El hacha ya está puesta a la r. de
Mat. 13:6, 21 porque no tenía r., se secó
1 Tim. 6:10 amor al dinero es r. de.. males
Apoc. 5:5; 22:16 la R. de David, ha vencido

RAMA: ver Raíz
Mal. 4:1 quemará y no les dejará ni raíz ni r.
Juan 12:13 tomó r. de palmera y salió a
Juan 15:2-6 Toda rama que.. no.. llevando fruto
Rom. 11:16-24 raíz es santa.. lo son las r.

RAMA, aldea de Judá
Jer. 31:15; Mat. 2:18 Voz fue oída en R.

RAMERA: ver Prostituta
Apoc. 17:1-16; 19:2 la gran r.

RANA
Exo. 8:2-13 castigaré.. con.. plaga de r.

RAPAR
Hech. 18:18; 21:24 Pablo.. rapó.. cabeza

RAPAZ
Mat. 7:15; Hech. 20:29 profetas.. lobos r.

RAPIÑA
Sal. 62:10; Prov. 21:7 ni.. envanezcáis con.. r.
Isa. 61:8 amo la justicia, y aborrezco la r.
Luc. 11:39 vuestro interior está lleno de r.

RAQUEL, esposa de Jacob
Gén. 29:6—35:20; 48:7: Jer. 31:15

RASGAR: ver Romper
1 Sam. 15:27, 28 Jehovah ha rasgado hoy de ti
Mat. 27:51 el velo del templo se rasgó en dos

ATIFICADO
Gál. 3:15 un pacto.. una vez r.

ATON
Sam. 6:4-18 ofrenda.. cinco r. de oro

AYO: ver Trueno
.uc. 10:18 veía a Satanás caer.. como un r.

AZA: ver Nación, Pueblo
/Iat. 24:14 evangelio.. predicado.. a.. las r.
Iech. 17:26 De uno solo ha hecho toda r. de

AZON
Ped. 3:15 responder a.. que os pida r.

AZONAR: ver Pensar
sa. 1:18 Venid.. y razonemos juntos: Aunque
Cor. 13:11 Cuando yo era niño.. razonaba

EALIDAD
Col. 2:17 la r. pertenece a Cristo

EALIZAR: ver Acabar
Exo. 31:5, 6; Núm. 8:11, 19 que realicen todo
sa. 14:24 se realizará como lo he decidido
sa. 46:10 Digo: 'Mi plan se realizará, y haré
Ef. 3:11 propósito eterno que realizó en Cristo

EBAJAR
sa. 40:4; Luc. 3:5 monte.. rebajados

EBAÑO: ver Cordero, Oveja
Sal. 77:20; 80:1; Eze. 34:12; Zac. 9:16 Como r.
Isa. 40:11; Jer. 31:10 pastor, apacentará su r.
Amós 7:15 Jehovah me tomó de detrás del r.
Luc. 2:8 Había pastores.. guardaban.. su r.
Juan 10:16 habrá un solo r. y un solo pastor
Hech. 20:28, 29 Tened cuidado por.. todo el r.
1 Ped. 5:2 Apacentad el r. de Dios que está a

REBECA, esposa de Isaac
Gén. 22:23; 24:15—35:8; 49:31

REBELAR: ver Desobedecer
Núm. 14:9; Jos. 22:19, 29; 1 Sam. 12:14; Sal. 78:17, 57 no os rebeléis contra Jehovah, ni
Neh. 9:26 fueron desobedientes y se rebelaron
Isa. 1:2, 5, 20; Eze. 20:13, 21 Crié hijos y.. se rebelaron contra mí
Isa. 63:10 se rebelaron y entristecieron a su
Isa. 66:24 cadáveres de los.. que se rebelaron
Jer. 2:8, 29 pastores se rebelaron contra mí
Jer. 3:13 contra.. tu Dios te has rebelado
Eze. 39:23 Porque se rebelaron.. escondí de

REBELDE: ver Transgresor
Núm. 20:24; 27:14; Deut. 1:26, 43; 9:23, 24 fuisteis r. a mi mandato en
Deut. 21:18, 20 Si.. tiene un hijo.. r. que
1 Sam. 12:15 si sois r. al mandato de Jehovah
Sal. 107:11, 17 fueron r. a.. Jehovah y
Isa. 1:28 los r... serán quebrantados a una
Isa. 65:2; Rom. 10:21 extendí.. manos a.. r.
Jer. 3:14, 22 ¡Volveos, oh hijos r., porque
Eze. 2:3-8; 3:26, 27; 12:2-9, 25 te envío a r.
Eze. 20:38 Eliminaré.. a los r. y a los que
1 Tim. 1:9 la ley.. para los r... impíos y

REBELDIA
1 Sam. 15:23 la r. es como el pecado

REBELION: ver Pecado, Transgresión
Exo. 34:7; Núm. 14:18 que perdona.. la r. y el
Núm. 27:14 en la r... en las aguas de Meriba
Deut. 31:27 conozco tu r. y tu dura cerviz
Jos. 24:19 Dios.. no soportará vuestras r.
Sal. 25:7; 32:5 No te acuerdes de.. mis r.
Sal. 39:8; 51:1, 3 Líbrame de todas mis r.
Sal. 103:12 así hizo alejar.. nuestras r.
Isa. 43:25; 44:22 borro tus r. por amor de mí
Jer. 3:22 ¡Volveos.. y os sanaré de.. r.!
Jer. 28:16 Morirás.. porque incitaste a la r.
Ose. 11:7 mi pueblo está obstinado en su r.

REBOSAR
Sal. 23:5; 45:1 mi copa está rebosando

REBUSCAR
Lev. 19:10; Deut. 24:21 Tampoco rebuscarás tu viña ni recogerás las uvas

RECABITAS, familia de judíos
Jer. 35:2-19 r. tazones.. de vino

RECIBIR: ver Aceptar, Conseguir
Job 2:10 Recibimos el bien.. de Dios, ¿y no
Sal. 73:24 Me has guiado.. me recibirás en
Mat. 7:8; 21:22 el que pide recibe, el que
Mat. 10:8 De gracia habéis recibido; dad de
Mat. 10:40, 41 El que os recibe.. me recibe
Mat. 18:5 reciba a un niño como éste, a mí
Mat. 19:29 deja casas.. recibirá cien veces
Mar. 6:11 lugar que no os reciba.. sacudid
Mar. 16:19 Señor Jesús fue recibido arriba en
Luc. 8:40 toda la gente le recibió gozosa
Luc. 10:38 Marta le recibió en su casa
Luc. 15:2 Este recibe a los pecadores y come
Juan 1:11, 12; 3:11 los suyos no le recibieron
Juan 1:16 de su plenitud todos.. recibimos y
Juan 4:45 los galileos le recibieron, ya que
Juan 5:43 Yo he venido.. y no me recibís

Juan 14:17 Espíritu.. mundo no puede recibir
Juan 16:24 Pedid y recibiréis, para que.. gozo
Juan 20:22 Recibid el Espíritu Santo
Hech. 1:8 recibiréis poder cuando el Espíritu
Hech. 17:11 recibieron la palabra ávidamente
Hech. 20:35 Más.. es dar que recibir
Hech. 22:18 no recibirán tu testimonio acerca
Rom. 14:1 Recibid al débil en la fe, pero
Rom. 15:7 recibíos unos a otros como Cristo
1 Cor. 4:7 ¿Qué tienes que no hayas recibido?
1 Cor. 11:23; 15:3 recibí del Señor.. enseñanza
2 Cor. 5:10 tribunal.. cada uno reciba según
2 Cor. 6:1 que no recibáis en vano la gracia
Gál. 1:12 no lo recibí.. sino por revelación
Gál. 3:2 ¿Recibisteis el Espíritu por.. la ley
Gál. 4:5 que recibiésemos la adopción de hijos
Col. 2:6 la manera que habéis recibido Cristo
Col. 3:25 injusticia recibirá la injusticia que
Heb. 11:39 aunque recibieron.. no recibieron
Stg. 1:12 recibirá la corona de vida
Stg. 4:3 Pedís, y no recibís; porque pedís mal
1 Jn. 3:22 cosa que pidamos, la recibiremos
2 Jn. 10 esta doctrina, no le recibáis en casa

RECOBRAR
Mat. 20:34 recobraron la vista y le

RECOGER: ver Juntar
Exo. 16:16-18; 2 Cor. 8:15 al que recogió
Lev. 19:9, 10; 23:22 ni recogerás.. uvas caídas
Rut 2:2, 16 Rut.. Permíteme.. recoger espigas
2 Rey. 2:13 Eliseo recogió el manto de Elías
Sal. 27:10 Aunque.. Jehovah me recogerá
Isa. 54:7 pero con gran compasión te recogeré
Miq. 2:12; Sof. 3:19 recogeré al remanente de
Hag. 1:6 sembrado mucho.. habéis recogido
Mat. 3:12 Recogerá su trigo.. y quemará la paja
Mat. 6:26 aves.. cielo.. ni recogen en graneros
Luc. 6:44 no se recogen higos de los espinos

RECOMPENSA: ver Galardón, Pago
Sal. 91:8 mirarás y verás la r. de los impíos
Prov. 11:18; 12:14 justicia tendrá verdadera r.
Isa. 49:4 mi causa está con Jehovah, y mi r.
Mat. 5:12, 46 vuestra r. es grande en.. cielos
Mat. 6:1-16 hipócritas.. ya tienen su r.
Mat. 10:41, 42 agua fría.. jamás perderá su r.
1 Cor. 3:8 cada uno recibirá su r. conforme a
Apoc. 22:12 vengo.. y mi r. conmigo, para

RECOMPENSAR: ver Pago, Retribuir
Prov. 11:31; 13:21 el justo será recompensado
Prov. 24:12; Rom. 2:6 recompensará.. según
Mat. 6:6, 18 Padre.. en secreto te recompensará

RECONCILIACION: ver Expiación
Rom. 5:10, 11 hemos recibido ahora la r.
2 Cor. 5:18, 19 dado el ministerio de la r.

RECONCILIAR: ver Perdonar
2 Cor. 5:20 de Cristo: ¡Reconciliaos con Dios!
Ef. 2:16; Col. 1:20, 21 reconcilió con Dios a

RECONOCER: ver Confesar, Examinar
Núm. 32:8, 9; Deut. 1:22, 24; Jos. 2:1 que reconociesen la tierra
Deut. 4:39; 7:9 Reconoce.. que Jehovah es Dio
Sal. 46:10; 100:3 quietos y reconoced que yo
Sal. 51:3 reconozco mis rebeliones, y.. pecado
Sal. 67:2 sea reconocido en.. tierra tu camino
Isa. 59:12 reconocemos nuestras iniquidades
Dan. 4:25-32; 5:21 reconozcas que el Altísimo
Ose. 13:4 no reconocerás otro dios aparte de
1 Tes. 5:12 reconozcáis a los que.. trabajan

RECORDAR: ver Acordar
Isa. 63:7 misericordias de Jehovah recordaré
Juan 14:26 Espíritu.. os hará recordar.. lo que
Ef. 1:16 gracias.. recordándoos en mis
Apoc. 2:5 Recuerda.. de dónde has caído

RECORRER: ver Andar
2 Crón. 16:9; Zac. 4:10 de Jehovah recorren
Job 1:7; 2:2 Satanás.. De recorrer la tierra

RECOSTAR: ver Acostar
Isa. 11:6, 7 leopardo.. recostará con.. cabrito
Mat. 8:20 Hijo.. no tiene dónde recostar

RECTITUD: ver Integridad
Job 37:23 El Todopoderoso.. Es grande en r.
Sal. 25:21 La integridad y la r. me guarden
Sal. 27:11 guíame por sendas de r. a causa
Sal. 37:28 Jehovah ama la r. y no desampara
Sal. 96:10; 98:9 Juzgará a los pueblos con r.
Prov. 14:2 El que camina en r. teme a Jehovah
Isa. 57:2 El que anda en r. entrará en paz
2 Cor. 6:14 ¿qué compañerismo tiene la r. con

RECTO: ver Derecho, Justo
Deut. 6:18; 12:25, 28 Harás lo r. y bueno ante
Jue. 17:6; 21:25 hacía lo que le parecía r.
1 Rey. 15:11; 22:43; 2 Rey. 12:2; 18:3 hizo lo r.
2 Rey. 16:2 Acaz.. no hizo lo r. ante los ojos
Job 1:1, 8; 2:3 Job.. era íntegro y r.
Sal. 19:8; 33:4 preceptos de Jehovah son r.
Sal. 25:8; 119:137 Bueno y r. es Jehovah; por
Sal. 58:1 Oh magistrados.. ¿Juzgáis rectamente
Prov. 2:21 los r. habitarán la tierra, y los
Prov. 11:6; 12:6 Su justicia librará a los r.

Ose. 14:9 los caminos de Jehovah son r., y los
2 Ped. 2:15 Abandonando el camino r... seguir

RECHAZAR: ver Negar
Lev. 26:15 si rechazáis mis estatutos.. no
Job 8:20 Dios no rechaza al íntegro ni sostiene
Jer. 8:9; Eze. 20:13-24 rechazado la palabra de
Ose. 8:3, 5 Israel ha rechazado el bien; el
Luc. 10:16 el que os rechaza me rechaza a mí
Hech. 4:11; 1 Ped. 2:4 es la piedra rechazada
Rom. 11:1, 2 Dios no rechazó a su pueblo, al

RED: ver Trampa
Mat. 4:18-21 dos hermanos.. echando una r. en
Mat. 13:47 reino.. es semejante a una r. que
Luc. 5:4-6; Juan 21:6-11 echad vuestras r. para

REDENTOR: ver Salvador
Rut 3:9, 12; 4:1-8, 14 tú eres pariente r.
Job 19:25 yo sé que mi R. vive, y que al final
Sal. 19:14; 78:35 oh Jehovah, Roca mía y R.
Isa. 41:14; 43:14; 44:6, 24 Yo soy.. tu R.
Isa. 59:20 el R. vendrá a Sion. Y a los de

REDIL: ver Oveja, Rebaño
Juan 10:1 el que no entra al r... por la puerta
Juan 10:16 otras ovejas que no son de este r.

REDIMIR: ver Rescatar
Exo. 6:6; 15:13 Os redimiré con brazo
Rut 2:20; 3:13; 4:4-6 que nos pueden redimir
Sal. 31:5 tú me has redimido, oh Jehovah, Dios
Sal. 49:15 Dios redimirá mi vida.. del Seol
Sal. 77:15 Con.. brazo has redimido a tu pueblo
Sal. 107:2 Díganlo los redimidos de Jehovah
Isa. 62:12 les llamarán.. Redimidos de Jehovah
Luc. 1:68 Dios.. ha.. redimido a su pueblo
Luc. 24:21 el que habría de redimir a Israel
Gál. 3:13; 4:5 Cristo nos redimió de.. la ley
Ef. 5:16; Col. 4:5 redimiendo el tiempo, porque
Tito 2:14 se dio.. redimirnos de.. iniquidad
Apoc. 5:9; 14:3, 4 con tu sangre has redimido

REFRAN: ver Proverbio
Luc. 4:23 me diréis este r.: "Médico

REFRENAR: ver Freno
Prov. 10:19; 17:27 refrena sus labios.. prudente
Stg. 1:26; 1 Ped. 3:10 religioso y no refrena

REFUGIAR: ver Amparar
Núm. 35:12; Jos. 20:4 ciudades.. refugiarse del
Rut 2:12; Sal. 36:7 a refugiarte bajo sus alas
2 Sam. 22:31; Sal. 2:12; 18:30 en él se refugian
Sal. 7:1; 11:1; 16:1 en ti me he refugiado
Sal. 91:4 debajo de sus alas te refugiarás
Sal. 143:9 Líbrame.. porque en ti me refugio

REFUGIO: ver Amparar
Núm. 35:6-32: Jos. 20:2, 3 ciudades serán de r.
Deut. 33:27 El eterno Dios es tu r., y abajo
Sal. 9:9; 14:6; Jer. 16:19 Jehovah.. un r. en
Sal. 46:7, 11; 59:9 nuestro r. es el Dios de
Sal. 59:9, 16, 17; 62:6-8 Dios es mi alto r.
Sal. 90:1 Señor, tú has sido nuestro r. de
Prov. 14:32 impío, pero el justo.. halla r.
Joel 3:16 Jehovah es r. para su pueblo y

REFUTAR
Tito 1:9 palabra fiel.. refutar a los

REGALO: ver Dádiva, Presente
Prov. 19:6 todos son amigos del.. que da r.
Luc. 11:13 si.. sabéis dar buenos r. a.. hijos

REGAR: ver Derramar
Gén. 2:6, 10 subía.. vapor que regaba.. tierra
1 Cor. 3:6-8 Yo planté, Apolos regó; pero Dios

REGENERACION: ver Nacer
Mat. 19:28 en el tiempo de la r.

REGLA
2 Tim. 2:5 atleta.. compita según las r.

REGOCIJAR: ver Alegrar, Gozar
Lev. 23:40; Deut. 12:7-18 fruto.. regocijaréis
1 Sam. 2:1 Ana.. Mi corazón se regocija en
1 Crón. 13:8 David y todo Israel se regocijaban
1 Crón. 29:9 pueblo se regocijó por.. ofrendas
Sal. 9:2 regocijaré en ti; cantaré a.. nombre
Isa. 62:5 como.. novio se regocija por su novia
Isa. 65:19 y me regocijaré por mi pueblo
Jer. 31:7 Regocijaos con alegría a causa de
Sof. 3:17 Dios.. se regocijará por causa de ti
Mat. 2:10 Al ver la estrella, se regocijaron
Luc. 10:20, 21 regocijaos de que.. inscritos
Hech. 5:41 regocijándose.. dignos de padecer
1 Cor. 13:6 sino que se regocija con la verdad
Fil. 3:1; 4:4, 10 míos, regocijaos en el Señor

REGOCIJO: ver Gozo
Esd. 6:16, 22 celebraron con r. la dedicación
Sal. 100:2 venid ante su presencia con r.
Sal. 126:5, 6 con lágrimas, con r. segarán
Ose. 2:11 Haré cesar todo su r.: sus fiestas
1 Ped. 4:13 en la revelación.. os gocéis con r.

REHUSAR: ver Negar, Rechazar
2 Rey. 5:16 Naamán le insistió.. pero él rehusó
Sal. 78:10; Jer. 5:3 rehusaron andar en.. ley
Isa. 1:20 si rehusáis y os rebeláis, seréis

Heb. 11:24 Moisés.. rehusó ser llamado hijo de

REINA
1 Rey. 10:1-13 La r. de Saba oyó de la fama de
Est. 1:9-18 la r. Vasti hizo un banquete para
Est. 2:17, 22 Ester.. r. en lugar de Vasti
Jer. 7:18; 44:17-25 tortas a la R. del Cielo
Mat. 12:42 r. del Sur se levantará en.. juicio

REINAR: ver Gobernar
Gén. 37:8 ¿Has de reinar tú sobre nosotros
Exo. 15:18; Sal. 146:10 Jehovah reinará por
Jue. 9:8-14 árboles.. Reina sobre nosotros!
1 Sam. 8:7 desechado, para que no reine sobre
1 Crón. 16:31; Sal. 96:10; 99:1 ¡Jehovah reina
Sal. 47:8; 93:1; 97:1 ¡Dios reina sobre las
Prov. 8:15 Por mí reinan los reyes
Isa. 32:1 un rey reinará según la justicia
Isa. 52:7 del que dice a Sion: "¡Tu Dios reina
Miq. 4:7 Jehovah reinará sobre ellos en.. Sion
Luc. 1:33 Reinará sobre la casa de Jacob para
Luc. 19:14 No queremos que éste reine sobre
Rom. 5:14-21 la muerte reinó desde Adán hasta
Rom. 6:12 No reine.. pecado en vuestro cuerpo
1 Cor. 15:25 necesario que él reine hasta
Apoc. 5:10 sacerdotes.. reinarán sobre.. tierra
Apoc. 11:15, 17 El reinará por los siglos de
Apoc. 19:6 reina el Señor.. Dios Todopoderoso
Apoc. 20:6 reinaremos con él por los mil años
Apoc. 22:5 reinarán por.. siglos de los siglos

REINO: ver Autoridad, Dominio
Exo. 19:6 me seréis un r. de sacerdotes y una
1 Sam. 18:8 David.. ¡No le falta más que el r.
1 Sam. 28:17 Jehovah ha quitado el r. de tu
1 Rey. 11:11 a Salomón.. arrancaré de ti el r.
2 Rey. 19:19 que.. los r... conozcan que sólo
1 Crón. 17:11, 14; 28:7 hijos, y afirmaré su r.
1 Crón. 29:11; Abd. 21; Mat. 6:13 Tuyo es el r.
Sal. 22:28 de Jehovah es el r., y él se
Sal. 45:6; Heb. 1:8 justicia.. cetro de tu r.
Sal. 68:32 R. de la tierra, cantad a Dios
Sal. 103:19 Jehovah.. su r. domina sobre todo
Sal. 145:13; Dan. 4:3 Tu r. es r. de.. siglos
Dan. 4:17 Altísimo es Señor del r. de.. hombres
Dan. 7:18 santos del Altísimo tomarán el r.
Mat. 3:2; 4:17; 10:7 r. de.. cielos.. acercado
Mat. 4:8 le mostró todos los r. del mundo y
Mat. 5:3; Stg. 2:5 pobres.. de ellos es el r.
Mat. 5:19 más pequeño en el r. de los cielos
Mat. 6:10 venga tu r., sea hecha tu voluntad
Mat. 6:33 buscad primeramente el r. de Dios
Mat. 7:21; 8:12 No todo.. entrará en el r. de
Mat. 11:11, 12 r. de los cielos sufre violencia
Mat. 12:25 Todo r. dividido contra sí mismo
Mat. 12:28 ha llegado a vosotros el r. de Dios
Mat. 13:11 concedido conocer.. misterios del r.
Mat. 13:19 alguien oye la palabra del r. y no
Mat. 13:24, 31, 33, 44, 45, 47, 52; 18:23; 20:1; 22:2; 25:1, 14; Mar. 4:30 r... es semejante
Mat. 13:38 buena semilla son los hijos del r.
Mat. 16:19 te daré las llaves del r. de los
Mat. 18:1-4 si no.. como.. niños, jamás.. en.. r.
Mat. 19:14 niños.. de los tales es el r. de
Mat. 19:23, 24 difícilmente.. un rico en el r.
Mat. 21:43 r. de Dios será quitado de vosotros
Mat. 24:7 se levantará.. r. contra r.
Mat. 25:34 Heredad el r. que ha sido preparado
Mat. 26:29 lo beba nuevo.. en el r. de mi Padre
Mar. 12:34 No estás lejos del r. de Dios
Luc. 1:33 Reinará.. y de su r. no habrá fin
Luc. 9:62 Ninguno.. mirando.. apto para el r.
Luc. 12:31, 32 a.. Padre le ha placido daros el r.
Luc. 13:29 y se sentarán.. en el r. de Dios
Luc. 16:16 anunciadas las.. nuevas del r. de
Luc. 17:20, 21 el r. de Dios está en medio de
Luc. 21:31 cuando veáis.. sabed que el r. de
Luc. 22:29, 30 dispongo para vosotros un r.
Luc. 23:42 acuérdate.. cuando vengas en tu r.
Juan 3:3 a menos que.. no puede ver el r. de
Juan 18:36 Mi r. no es de este mundo. Si mi r.
Hech. 1:3 les hablaba acerca del r. de Dios
Hech. 1:6 ¿restituirás el r. a Israel en este
Hech. 14:22 tribulaciones entremos en el r.
Hech. 19:8; 28:23 persuadiendo.. del r. de
Rom. 14:17 r. de Dios no es comida.. sino
1 Cor. 4:20 r. de Dios no consiste en palabras
1 Cor. 6:9, 10; Gál. 5:21; Ef. 5:5 injustos no heredarán el r. de Dios?
1 Cor. 15:24 él entregue el r. al Dios y Padre
Col. 1:13 nos ha trasladado al r. de su Hijo
1 Tes. 2:12 Dios.. os llama a su propio r.
2 Tes. 1:5 seáis tenidos por dignos del r. de
2 Tim. 4:18 me preservará para su r. celestial
Heb. 12:28 recibido un r. que no puede ser
2 Ped. 1:11 entrada en el r. eterno de nuestro
Apoc. 1:6 nos constituyó en un r., sacerdotes
Apoc. 11:15; 12:10 El r. del mundo ha venido

REIR: ver Burlar
Gén. 17:17; 18:12; 21:6 Abraham.. se rió
Sal. 2:4; 37:13; 59:8 en los cielos se reirá
Ecl. 3:4 tiempo de llorar y tiempo de reír
Luc. 6:21, 25 ahora lloráis, porque reiréis

RELACION
Lev. 18:20; 19:20 No tendrás r. sexuales con
Núm. 30:16 la r. entre un marido y su mujer
Heb. 13:4 Honroso es.. y pura la r. conyugal

RELAMPAGO: ver Tempestad, Trueno
Sal. 135:7; 144:6; Jer. 10:13; 51:16; Zac.

10:1 Hace los r. para la lluvia y saca el
Nah. 2:4 Sus carros.. como r. corren de un
Mat. 24:27 como el r. sale del oriente y se
Apoc. 4:5; 8:5; 11:19; 16:18 Del trono salen r.

RELIGION
Stg. 1:26, 27 r. pura e incontaminada

RELIGIOSO: ver Piadoso
Hech. 17:22 Observo que sois de lo más r. en
Stg. 1:26 Si.. parece ser r. y no refrena su

RELLENAR
Isa. 40:4; Zac. 14:5; Luc. 3:5 Todo valle será rellenado, y todo monte y colina

REMANENTE
Isa. 10:20-22; Rom. 9:27 sólo un r. volverá
Jer. 50:20; Eze. 6:8; Miq. 2:12 perdonaré al r.
Amós 5:15 quizás.. Dios.. tenga piedad del r.
Sof. 3:13 r. no hará iniquidad ni dirá mentira
Rom. 11:5 se ha levantado un r... de gracia

REMENDAR
Luc. 5:36 parche.. remendar un vestido

REMISION: ver Perdón
Deut. 15:1-9; 31:10 Cada siete años harás r.
Luc. 24:47 se predicase.. la r. de pecados en

REMITIR: ver Perdonar
Juan 20:23 A los que remitáis.. pecados

REMORDIMIENTO: ver Arrepentimiento
Mat. 27:3 Judas.. sintió r. y

REMOVER: ver Quitar
Sal. 104:5 la tierra.. no será jamás removida
Prov. 10:30 El justo no será removido jamás
Mat. 28:2 ángel.. removió la piedra y se sentó

RENCOR
Lev. 19:18; Amós. 1:11 ni guardarás r.

RENDIR: ver Dar
Exo. 20:5; 23:24, 33 ni les rendirás culto
2 Rey. 17:12, 41 rindieron culto a los ídolos
Dan. 3:5-28 al oír.. rindáis homenaje a.. oro
Mat. 15:9 en vano me rinden culto, enseñando
Rom. 1:25 rindieron culto a la creación antes
Rom. 14:12 cada uno.. rendirá cuenta a Dios
Apoc. 7:15; 22:3 le rinden culto de día y de

RENOVACION
Rom. 12:2 transformaos por la r. de vuestro
Heb. 9:10 impuestas hasta el tiempo de la r.

RENOVAR: ver Repetir
Sal. 51:10 renueva un espíritu firme dentro
Isa. 40:31 que esperan.. renovarán sus fuerzas
Lam. 5:21 Renueva nuestros días como en los
Sof. 3:17 Dios.. Te renovará en su amor; por
2 Cor. 4:16; Col. 3:10 interior.. va renovando

RENUNCIAR: ver Dejar
Luc. 14:33 cualquiera.. que no renuncia a todas
Tito 2:12 renunciando a la impiedad y a las

REÑIR: ver Pelear
Gén. 45:24 José.. No riñáis en el camino

REO
Mat. 26:66 dijeron: —¡Es r. de muerte!

REPARAR: ver Corregir
2 Rey. 12:5-14 ¿Por qué no reparáis

REPARTIR: ver Dar
Núm. 26:55, 56 tierra será repartida por sorteo
1 Sam. 30:24 ¡Que se lo repartan por igual!
Sal. 22:18; Mat. 27:35 Reparten.. mis vestidos
Prov. 11:24 Hay quienes reparten.. añadido más
Prov. 16:19 Mejor es humillar.. que repartir
Isa. 53:12 con los fuertes repartirá despojos
Mar. 6:41 repartió.. dos pescados entre todos
Luc. 12:13 a mi hermano que reparta conmigo
Hech. 4:35 repartido.. según tenía necesidad
1 Cor. 13:3 Si reparto todos mis bienes.. pero
Heb. 2:4 dones repartidos por.. Espíritu Santo

REPETICION
Mat. 6:7 al orar, no uséis vanas r.

REPETIR
Deut. 6:7 Las repetirás a tus hijos

REPOSAR: ver Descansar
Gén. 2:2, 3; Exo. 20:11; Heb. 4:4 Dios.. reposó
Sal. 62:1, 5 Sólo en Dios reposa mi alma; de él
Prov. 6:10 poco de cruzar.. manos para reposar
Isa. 11:2 Sobre él reposará el Espíritu de
Eze. 44:30 para hacer reposar la bendición en
Amós 6:1 Ay de los que viven reposados
Luc. 10:6 hijo de paz, vuestra paz reposará
1 Ped. 4:14 Espíritu de Dios reposa sobre

REPOSO: ver Descanso
Exo. 31:15; 35:2 séptimo día será sábado de r.
Lev. 25:2, 6 la tierra tendrá r. para Jehovah
Jos. 1:13-15; 22:4 Dios os ha dado r. y os
Sal. 95:11; Heb. 3:11, 18; 4:1-11 ira: '¡Jamás entrarán en mi r.!
Sal. 116:7 Vuelve, oh alma mía, a tu r., porque

Isa. 30:15 En arrepentimiento y en r. seréis

REPRENDER: ver Amonestar, Exhortar
Sal. 6:1; 38:1 no me reprendas en tu furor
Sal. 141:5 justo.. me reprenda será.. favor
Isa. 1:17 reprended al opresor, defended al
Zac. 3:2; Jud. 9 Jehovah te reprenda.. Satanás
Mat. 8:26 reprendió a los vientos y al mar
Mat. 11:20 comenzó a reprender a las ciudades
Mar. 16:14 los once.. les reprendió por su
1 Tim. 5:1 No reprendas con dureza al anciano
2 Tim. 4:2; Tito 2:15 reprende y exhorta con
Heb. 12:5 ni desmayes cuando seas reprendido
Apoc. 3:19 Yo reprendo y disciplino a todos

REPRENSION: ver Amonestación
Deut. 28:20 Jehovah enviará contra ti.. r.
Prov. 1:23, 25, 30 ¡Volveos ante mi r.!
Prov. 6:23; 15:5 las r... son camino de vida
Prov. 10:17; 12:1 descuida la r. hace errar
2 Cor. 2:6 Basta ya.. la r. de la mayoría
2 Tim. 3:16 la Escritura.. es útil.. para la r.

REPROBAR: ver Condenar
Rom. 1:28 los entregó Dios a.. mente reprobada
Stg. 2:9 sois reprobados por la ley como

REPROCHE: ver Acusación
1 Tim. 6:14 guardes.. sin mancha ni r.

REPTIL
Gén. 1:24, 25 Produzca la tierra.. ganado, r.
Hech. 10:12; 11:6 En el lienzo había.. y r.
Rom. 1:23 cambiaron la gloria de.. por.. r.

REPUTACION
Fil. 2:22 conocéis la r. de Timoteo

RESBALAR
Sal. 66:9; 112:6 no permitió que resbalasen
Sal. 73:2 pies; casi resbalaron mis pasos

RESCATAR: ver Redimir
Exo. 13:13-15; Lev. 27:13-33 rescato a todo
Lev. 25:24-54 el derecho de rescatar la tierra
Deut. 15:15 Te acordarás.. Dios te rescató
Sal. 22:8 En Jehovah confió; que él lo rescate
Sal. 82:3 Rescatad al necesitado y al huérfano
Sal. 103:4 el que rescata del hoyo tu vida
Isa. 35:10; 51:11 rescatados de Jehovah
1 Ped. 1:18 habéis sido rescatados de vuestra

RESCATE: ver Redención
Mat. 16:26; 20:28 qué dará.. en r. por su alma?
1 Tim. 2:6 se dio a sí mismo en r. por todos

RESERVAR: ver Guardar
Col. 1:5; 1 Ped. 1:4 esperanza reservada para
2 Tim. 4:8 está reservada.. corona de justicia
Jud. 6, 13 los ha reservado bajo tinieblas en

RESISTIR: ver Oponer
Jos. 21:44; 23:9 Ninguno.. pudo resistirles
2 Crón. 20:6; Joel 2:11 nadie te pueda resistir
Jer. 10:10 naciones no pueden resistir su furor
Nah. 1:6; Mal. 3:2; Rom. 9:19 ¿Quién resistirá
Mat. 5:39 digo: No resistáis al malo. Más bien
1 Cor. 10:13; Ef. 6:13 que la podáis resistir
Heb. 12:4 no habéis resistido hasta la sangre
Stg. 4:6; 1 Ped. 5:5 Dios resiste a los
Stg. 4:7; 1 Ped. 5:9 Resistid al diablo, y él

RESONAR
2 Crón. 29:28 resonaba el canto y sonaban las
1 Cor. 13:1 ser como bronce que resuena o un
1 Tes. 1:8 palabra del Señor ha resonado desde

RESPETAR: ver Venerar
Lev. 19:3; Heb. 12:9 Cada uno.. respete a su
Ef. 5:33 y la esposa respete a su esposo

RESPETO: ver Homenaje, Reverencia
Rom. 13:7 Pagad.. al que r., r.; al que honra
1 Tim. 3:8, 11 diáconos deben ser dignos de r.

RESPIRAR
Sal. 150:6 lo que respira alabe a

RESPLANDECER: ver Brillar, Iluminar
Exo. 34:29, 35 Moisés.. su cara resplandecía
Núm. 6:25; Sal. 31:16; 67:1 haga resplandecer
Sal. 80:3, 7, 19; 119:135 Haz resplandecer tu
Isa. 9:2 sombra.. la luz les resplandeció
Isa. 60:1-5 ¡Levántate! ¡Resplandece! Porque
Dan. 12:3; Mat. 13:43 entendidos resplandecerán
Mat. 17:2 transfigurado.. Su cara resplandeció
Juan 1:5 La luz resplandece en las tinieblas
Fil. 2:15 resplandecéis como luminares en el

RESPLANDOR: ver Blanco, Luz
Mat. 24:29 tribulación.. la luna no dará su r.
Hech. 22:6, 11 me rodeó de r. una gran luz del
2 Cor. 4:4 no les ilumine el r. del evangelio
Heb. 1:3 El es el r. de su gloria y la expresión

RESPONDER: ver Contestar
Gén. 35:3 Dios.. me respondió en.. mi angustia
1 Rey. 18:24, 37 Dios que responda con fuego
Job 5:1; Jer. 23:35 ¿Habrá quien te responda?
Job 38:1 Jehovah respondió desde.. torbellino
Sal. 4:1; 13:3; 102:2; 143:7 Respóndeme

cuando clamo, oh Dios de mi justicia
Sal. 65:5 nos responderás en justicia, oh Dios
Sal. 86:7 te llamaré, porque tú me respondes
Sal. 138:3 El día que clamé, me respondiste
Prov. 1:28 me llamarán, y no responderé
Prov. 18:13 Al que responde antes de oír, le
Isa. 65:12 llamé, y no respondisteis; hablé
Isa. 65:24 antes que llamen, yo responderé
Jer. 33:3 Clama a mí, y te responderé; y te
Col. 4:6 que sepáis cómo conviene responder

RESPUESTA
Prov. 15:1 La suave r. quita la ira, pero la
Miq. 3:7 confundidos.. no habrá r. de Dios

RESTAURACION
Hech. 3:21; Rom. 11:12 tiempos de la r.

RESTAURAR: ver Devolver, Restituir
Job 42:10 Jehovah restauró a Job, cuando él
Sal. 14:7; 53:6; 126:1 Cuando Jehovah restaure
Sal. 19:7 La ley de Jehovah.. restaura el alma
Jer. 15:19 Si tú vuelves, yo te restauraré, y
Jer. 30:3, 18; 31:23; 32:44; 33:7, 11, 26; Eze. 39:25; Ose. 6:11 restauraré de la cautividad
Gál. 6:1 sois espirituales, restaurad al tal
1 Ped. 5:10 Jesús.. os restaurará, os afirmará

RESTITUCION
Exo. 22:3-14; Núm. 5:7, 8 hacer r.

RESTITUIR: ver Devolver, Restaurar
Lev. 6:4, 5; 24:18, 21 deberá restituir aquello
Eze. 33:15 si el impío restituye la prenda y
Hech. 1:6 ¿restituirás el reino a Israel en

RESTOS
Gén. 50:25; Exo. 13:19; Jos. 24:32; Heb. 11:22 José.. llevar de aquí mis r.

RESUCITAR: ver Levantar
Mat. 10:8 Sanad enfermos, resucitad muertos
Mat. 16:21; 17:9, 23; 20:19; 26:32; 27:63, 64 le era preciso.. resucitar al tercer día
Mat. 28:6, 7 No está aquí.. ha resucitado
Luc. 24:34 Señor ha resucitado y ha aparecido
Luc. 24:46; Hech. 17:3 necesario.. resucitase
Juan 6:39-49, 54 yo.. lo resucite en el día
Juan 11:23, 24; 12:1, 9 Tu hermano resucitará
Juan 20:9 Escritura.. era necesario resucitar
Hech. 2:24, 32; 3:15; 4:10 Dios le resucitó
Rom. 4:24, 25 resucitado para.. justificación
Rom. 6:4, 9; 8:34 Cristo fue resucitado de
1 Cor. 15:4-52 fue sepultado y.. resucitó al
2 Cor. 4:14 resucitó al Señor.. nos resucitará
Ef. 2:6; Col. 2:12 con.. Jesús, nos resucitó
Col. 3:1 habéis resucitado con Cristo, buscad
1 Tes. 4:16 los muertos en Cristo resucitarán

RESUMEN
Rom. 13:9; Gál. 5:14 se r. en.. Amarás a tu
Heb. 8:1 En r., lo que venimos diciendo es

RESURRECCION: ver Inmortalidad
Mat. 22:23-31; Hech. 23:8 saduceos.. no hay r.
Juan 5:29 r. de vida.. pero.. r. de condenación
Juan 11:24, 25 Yo soy la r. y la vida. El que
Hech. 2:31; 4:33 habló de la r. de Cristo: que
Hech. 17:18, 32 les anunciaba.. Jesús y la r.
Hech. 23:6; 24:21 Es por.. r...que soy juzgado
Hech. 24:15 r. de los justos y de los injustos
Rom. 6:5; 1 Ped. 3:21 sido.. con él en.. su r.
1 Cor. 15:12-42 si no hay r. de muertos.. Cristo
Apoc. 20:5, 6 mil años. Esta es la primera r.

RETENER: Guardar
Juan 20:23 pecados.. les han sido retenidos
1 Tes. 5:21 examinadlo todo, retened lo bueno
2 Tes. 2:15; Tito 1:9 estad firmes y retened

RETOÑO: ver Brotar
Isa. 11:1; 53:2 Un r. brotará.. tronco de Isaí
Isa. 61:9 serán conocidos.. sus r., en medio
Jer. 23:5; 33:15; Zac. 3:8; 6:12 a David un R.

RETRIBUCION: ver Paga, Recompensa
Isa. 59:18; 66:6 sus hechos, así dará la r.
Jer. 51:56 porque Jehovah es un Dios de r.
Ose. 9:7; Heb. 2:2 llegado los días de la r.
Rom. 1:27 actos vergonzosos.. recibiendo.. la r.

RETRIBUIR: ver Pagar
Jer. 25:14; Ose. 12:2 les retribuiré conforme
2 Tes. 1:6, 7 retribuir con aflicción.. y

RETROCEDER
Isa. 38:8 haré retroceder.. sombra

REUNION: ver Asamblea
Exo. 27:21; 30:36 en el tabernáculo de r.
Exo. 33:7, 8 A esta tienda la llamó.. de r.
Exo. 40:34 nube cubrió el tabernáculo de r.
Jos. 18:1 en Silo.. el tabernáculo de r.
2 Tes. 2:1 Jesucristo y nuestra r. con él

REUNIR: ver Congregar
Jos. 24:1 Josué reunió a todas las tribus
Neh. 9:1 se reunieron los.. de Israel en ayuno
Isa. 45:20 ¡Reuníos y venid! ¡Acercaos, todos
Isa. 56:8 reuniré otros.. con sus ya reunidos
Jer. 29:14; 31:8, 10; 32:37 Os reuniré de todas
Luc. 9:1 Reuniendo a los doce, les dio poder

Juan 20:19 discípulos se reunían por miedo de
Ef. 1:10 en Cristo sean reunidas.. las cosas

REVELACION: ver Manifestación
Mat. 2:12, 22 advertidos por r. en sueños que
Luc. 2:32 luz para r. de las naciones y gloria
Gál. 1:12; 2:2; 1 Ped. 1:7, 13 r. de Jesucristo
Apoc. 1:1 La r. de Jesucristo, que Dios le dio

REVELAR: ver Manifestar, Mostrar
Jer. 33:3, 6 te revelaré cosas grandes.. que
Dan. 2:28-30, 47 Dios.. revela los misterios
Mat. 10:26 no.. encubierto que no.. revelado
Mat. 11:25, 27 las has revelado a los niños
Mat. 16:17 no te lo reveló carne ni sangre
Rom. 1:17 justicia de Dios se revela por fe y
1 Cor. 2:10 Dios nos las reveló por.. Espíritu
Col. 1:26 misterio.. ahora ha sido revelado a
1 Jn. 3:10 se revelan los hijos de Dios y los

REVERENCIA: ver Respeto
Lev. 22:2 que traten con r. las cosas sagradas
1 Ped. 3:15 pero hacedlo con mansedumbre y r.

REVERENCIAR: ver Respetar
2 Rey. 17:25, 28 les enseñó.. r.

REVESTIR: ver Vestir
2 Crón. 6:41; Sal. 132:9 sean revestidos de
Gál. 3:27 bautizados.. os habéis revestido de
1 Ped. 5:5 revestíos todos de humildad unos

REVIVIR: ver Renovar
Rom. 7:9 el pecado revivió; y yo morí

REVOCAR
Amós 1:3, 6, 9, 11, 13; 2:1, 4, 6 no revocaré su castigo. Porque

REVOLCAR: ver Anular
2 Ped. 2:22 puerca lavada.. revolcarse

REVOLUCION: ver Rebelión
Luc. 21:9 cuando oigáis.. y de r.

REY: ver Reino
Gén. 17:6 haré naciones, y r. saldrán de ti
Exo. 1:8; Hech. 7:18, 19 se levantó un nuevo r.
Deut. 17:14, 15 constituirás sobre ti como r.
Jue. 9:8, 15 Los árboles iban a elegir un r.
Jue. 17:6; 21:25 En aquellos días no había r.
1 Sam. 2:10 Jehovah.. dará fortaleza a su r.
1 Sam. 8:5-22 constitúyenos ahora un r. que
1 Sam. 10:24, 25 gritaba.. ¡Viva el r.!
2 Sam. 5:3 ungieron a David como r. sobre
Sal. 2:2; Hech. 4:26 Se presentan los r. de
Sal. 2:6 ¡Yo he instalado a mi r. en Sion
Sal. 5:2 Atiende.. mi clamor, R. mío y Dios
Sal. 10:16; 74:12 ¡Jehovah es R. para siempre
Sal. 20:9 ¡Que el R. nos oiga el día en que
Sal. 24:7-10 entrará el R. de gloria
Sal. 29:10 Jehovah se sentó como r... siempre
Sal. 44:4; 89:18 Tú, oh Dios, eres mi R.
Sal. 47:6, 7 ¡Cantad a nuestro R., cantad!
Sal. 72:1 Oh Dios, da tus juicios al r.
Sal. 102:15; 138:4; Isa. 62:2 todos los r. de la tierra temerán tu gloria
Prov. 8:15 Por mí reinan los r.
Prov. 24:21 Hijo mío, teme a Jehovah y al r.
Prov. 29:14 El r. que juzga.. pobres.. verdad
Prov. 31:4 no es cosa de r. beber vino
Isa. 6:5 mis ojos han visto al R., a Jehovah
Isa. 32:1 un r. reinará según la justicia
Isa. 33:17, 22 Tus ojos verán al R. en su
Isa. 43:15 soy Jehovah.. Creador.. vuestro R.
Jer. 10:7, 10 ¡Quién no te temerá, oh R. de
Jer. 23:5; 30:9 Reinará un R. que obrará con
Dan. 7:17, 24; 11:2-40; Apoc. 17:10, 12 Estas cuatro bestias son cuatro r.
Ose. 3:4 muchas años estarán.. Israel sin r.
Ose. 13:10, 11 ¿Dónde está tu r. para que te
Zac. 9:9; Mat. 21:5; Juan 12:15 tu r. viene a
Mal. 1:14; Mat. 5:35 yo soy el Gran R., y mi
Mat. 2:2, 3 ¿Dónde está el r. de los judíos
Mat. 10:18 Seréis llevados.. ante.. r. por mi
Mat. 18:23 reino de los cielos.. semejante.. r.
Mat. 25:34 el R. dirá a los de su derecha
Mat. 27:11, 29 ¿Eres tú el r. de los judíos
Mat. 27:37 ESTE ES JESUS, EL R. DE LOS
Luc. 14:31 ¿O qué r., que sale a hacer guerra
Luc. 19:38; Juan 12:13 Bendito el r. que viene
Juan 1:49 Rabí.. ¡Tú eres el r. de Israel!
Juan 6:15 por la fuerza y hacerle r., se retiró
Juan 19:14-21 He aquí vuestro r.
Hech. 17:7 actúan.. diciendo que hay otro r.
1 Tim. 1:17 al R. de los siglos.. sean la honra
1 Tim. 6:15; Apoc. 17:14; 19:16 R. de r. y
1 Ped. 2:17 temed a Dios; honrad al r.
Apoc. 15:3 Señor Dios.. R. de las naciones

RICO: ver Riqueza
2 Sam. 12:1-4 dos hombres.. uno r. y el otro
Sal. 22:29 ante él se postrarán todos los r.
Prov. 22:2 El r. y el pobre tienen.. en común
Isa. 53:9 y con los r. estuvo en su muerte
Mat. 19:23, 24 difícilmente entrará el r. en el
Luc. 6:24; Stg. 5:1 ¡ay de vosotros los r.!
Luc. 12:21 para sí y no es r. para con Dios
Luc. 16:19-22 Cierto hombre era r., se vestía
2 Cor. 8:9 siendo r... se hizo pobre, para que
1 Tim. 6:17, 18 A los r... manda que no sean

RIO
Gén. 2:10, 13 Un r. salía de Edén para regar
Sal. 24:2 mares y la afirmó sobre los r.
Sal. 46:4 r. cuyas corrientes alegran.. ciudad
Isa. 43:2 cuando pases por.. r., no.. inundarán
Isa. 48:18; 66:12 sobre ella la paz como un r.
Mat. 3:6 eran bautizados por él en el r. Jordán
Juan 7:38 r. de agua viva correrán.. interior
Apoc. 22:1, 2 me mostró un r. de agua de vida

RIQUEZA: ver Bien, Bienestar
Deut. 8:18; 1 Crón. 29:12 Dios.. te.. hacer r.
Sal. 37:16 Mejor.. lo poco del justo que las r.
Prov. 3:9 Honra a Jehovah con tus r. y con
Prov. 11:28 El que confía en sus r. caerá
Prov. 22:1 Más vale el buen nombre que.. r.
Prov. 27:24 las r. no duran para siempre, ni
Ecl. 5:10 el que ama.. r. no tendrá beneficio
Mat. 6:24 No podéis servir a Dios y a las r.
Mat. 13:22 engaño de las r. ahogan la palabra
Mar. 10:23 ¡Cuán difícilmente entrarán.. r.!
Rom. 9:23 conocer las r. de su gloria sobre
Rom. 11:33 ¡Oh la profundidad de las r., y de
Ef. 1:7, 18; 2:7; 3:8, 16 las r. de su gracia
Fil. 4:19; Col. 1:27 suplirá.. conforme a.. r.
1 Tim. 6:17 en la incertidumbre de las r.
Stg. 5:2 Vuestras r. se han podrido, y.. ropas

RISA
Stg. 4:9 Vuestra r. se convierta en llanto

RIVALIDAD
Fil. 2:3 No hagáis nada por r. ni

ROBAR
Exo. 20:15; Lev. 19:11, 13; Mat. 19:18; Rom. 13:9 No robarás
Exo. 22:3, 4 Si lo robado es hallado.. pagará
Lev. 6:4 deberá restituir aquello que robó o
Prov. 30:9 No sea que me empobrezca y robe
Eze. 33:15 si el impío.. paga lo que ha robado
Miq. 2:2 Codician los campos y los roban
Mal. 3:8, 9 ¿Robará el hombre a Dios? ¡Pues
Mat. 6:19, 20 en el cielo.. ladrones no.. roban
Mat. 27:64; 28:13 no sea que.. roben el cadáver
Juan 10:10 El ladrón no viene sino para robar
Ef. 4:28 El que robaba no robe más, sino que

ROBLE, árbol
Isa. 61:3 serán llamados r. de justicia

ROBO
Eze. 18:7-16 no oprime a nadie.. no comete r.
Mat. 15:19 del corazón salen.. los r., los

ROBOAM, rey, hijo de Salomón
1 Rey. 11:43—14:31; 2 Crón. 9:31—12:16; 13:7

ROCA: ver Piedra
Gén. 49:24; Deut. 32:4, 15, 18, 30 R. de Israel
Núm. 20:8-11 Sacarás agua de la r. para ellos
2 Sam. 22:2, 47; 23:3; Sal. 18:2 Jehovah es mi r.
2 Sam. 22:32; Sal. 18:31 ¿Quién es R. fuera de
Sal. 28:1;.31:2, 3 R. mía, no te hagas sordo
Sal. 40:2 Puso mis pies sobre una r. y afirmó
Sal. 61:2 Llévame a la r. que es.. alta que yo
Sal. 71:3 Sé tú mi r. fuerte a donde recurra
Sal. 89:26 eres mi Dios y.. r. de mi salvación
Isa. 17:10 no te acordaste.. R. de.. fortaleza
Isa. 26:4 Jehovah es la R. de la eternidad
Isa. 51:1 Mirad.. r. de donde fuisteis cortados
Mat. 16:18 sobre esta r. edificaré mi iglesia
Rom. 9:33 pongo en Sion.. una r. de escándalo
1 Cor. 10:4 bebían de la r. espiritual que los

ROCIAR
Exo. 24:8; 29:16, 21; Lev. 3:2-13 sangre.. roció
1 Ped. 1:2 obedecer.. ser rociados con su sangre

ROCIO
Núm. 11:9 el r. descendía.. el maná descendía
Jue. 6:37-40 el r... en el vellón.. Gedeón
1 Rey. 17:1 Elías.. no habrá r. ni lluvia en
Sal. 133:3 como el r. del Hermón que

RODAR
Mat. 27:60 hizo rodar una.. piedra a.. sepulcro

RODEAR: ver Cercar
Sal. 18:4, 5 Me rodearon.. dolores de.. muerte
Sal. 116:3 Me rodearon.. ataduras de.. muerte
Luc. 2:9 gloria del Señor.. rodeó de resplandor

RODILLA: ver Arrodillar, Doblar
1 Rey. 19:18; Rom. 11:4 r... no se han doblado
Isa. 35:3 débiles; afirmad las r. vacilantes
Isa. 45:23; Rom. 14:11; Fil. 2:10 se doblará.. r.
Dan. 6:10 Daniel.. se hincaba de r. tres veces

ROGAR: ver Interceder, Pedir
Rut 1:16 Rut.. No me ruegues que te deje y que
1 Sam. 12:23 lejos esté de.. dejando de rogar
Mat. 9:38 Rogad.. al Señor de la mies, que
Luc. 14:18, 19 te ruego que me disculpes
Luc. 22:32 he rogado.. que tu fe no falle
Juan 14:16 rogaré al Padre y os dará otro
Juan 17:9-20 ruego por ellos. No ruego por el
Rom. 12:1 os ruego.. que presentéis.. cuerpos
2 Cor. 5:20 rogamos en nombre de Cristo

ROJO: ver Escarlata, Grana
Núm. 19:2 te traigan una vaca r., sin defecto
Jos. 2:18, 21 ates este cordón r. a la ventana
Isa.1:18 pecados.. Aunque sean r. como el
Zac. 1:8; 6:2; Apoc. 6:4 sobre un caballo r.

ROLLO: ver Libro
Sal. 40:7; Heb. 10:7 en el r... está escrito
Jer. 36:2-32 Toma un r... y escribe en él todas

ROMA, ciudad
Hech. 18:2; 19:21; 23:11; 28:14, 16; Rom. 1:7, 15; 2 Tim. 1:17

ROMANO
Juan 11:48; 18:3 vendrán los r. y destruirán
Hech. 16:37, 38; 22:25-29 siendo.. ciudadanos r.

ROMPER: ver Cortar, Quebrar
Sal. 2:3 ¡Rompamos sus ataduras! ¡Echemos de
Sal. 116:16; 124:7 Tú rompiste mis cadenas
Ecl. 3:7 tiempo de romper y tiempo de coser
Jer. 2:13 han cavado.. cisternas rotas que no

ROPA: ver Manto, Túnica, Vestido
Sal. 22:18 y sobre mi r. echan suertes
Prov. 31:21 familia está vestida de r. doble
Eze. 18:7, 16 y cubre con r. al desnudo
Mat. 11:8 ¿Un hombre vestido de r. delicada?
Mat. 22:11, 12 hombre.. no llevaba r. de bodas

ROSTRO: ver Cara
Exo. 33:20, 23 No podrás ver mi r., porque
Núm. 6:25 Jehovah haga resplandecer su r.
2 Crón. 7:14 si oran y buscan mi r... yo oiré
Sal. 4:6; 27:8, 9; 31:16 Haz brillar.. tu r.
Sal. 67:1; 80:3, 7, 19 Haga resplandecer su r.
Dan. 9:3 volví mi r. al Señor Dios, buscándole
Apoc. 1:16 Su r. era como el sol.. en su fuerza

RUBEN
hijo de Jacob: Gén. 29:32; 30:14; 35:22, 23; 37:21, 29; 42:22, 37; 46:8; 49:3
tribu de Israel: Exo. 6:14; Núm. 1:20, 21; 2:10, 16; 32:1-37; Deut. 27:13; Jos. 4:12; 22:9-34

RUEDA
Eze. 1:15-21; 3:13; 10:2-19 r. dentro.. r.

RUEGO: ver Oración, Súplica
Sal. 28:2, 6; 140:6 Escucha.. mis r. cuando
Ef. 6:18 orando.. en el Espíritu con.. y r.

RUGIR
1 Crón. 16:32; Sal. 96:11 ¡Ruja el mar

RUINA: ver Desolación, Destrucción
Isa. 58:12; 61:4 Los tuyos reconstruirán las r.
Jer. 26:18; Miq. 3:12 Sion.. será.. en.. r.
Eze. 21:27 ¡En r., en r., en r. la convertiré
Amós 9:11; Hech. 15:16 Reconstruiré sus r. y
Mat. 7:27 casa.. derrumbó, y fue grande su r.

RUMOR
Exo. 23:1 No suscitarás r. falsos, ni te
Mat. 24:6 Oiréis de guerras y de r. de guerras

RUT, bisabuela de David
Rut 1:4—4:13; Mat. 1:5

SABA, reina de
1 Rey. 10:1-13; 2 Crón. 9:1-12

SABADO: ver Reposo
Exo. 16:23-29 s. de reposo, el s. consagrado
Exo. 20:8-11; Deut. 5:12-15; Jer. 17:24, 27 Acuérdate del día del s. para santificarlo
Exo. 31:13-16; 35:2, 3 guardaréis mis s.
Lev. 23:3 el séptimo día será s. de reposo
Lev. 23:15, 16 cincuenta días.. al séptimo s.
Neh. 10:31 vender.. nada tomaríamos.. en s.
Neh. 13:15-22 vendían.. profanando así el s.
Isa. 56:2 Bienaventurado.. que guarda el s.
Eze. 20:12-24 mis s... señal entre yo y ellos
Mat. 12:1-12 Jesús pasó por.. sembrados en s.
Mar. 1:21 él en la sinagoga los s., enseñaba
Mar. 2:27, 28; 3:4 s. fue hecho para el hombre
Luc. 13:10-16 ¿no debía ser librada.. en.. s.?
Juan 5:9, 16-18 Es s., y no te es lícito llevar
Juan 7:22, 23 ¿os enojáis conmigo porque en s.
Juan 9:14, 16 no es de Dios.. no guarda el s.

SABANA
Mar. 14:51, 52 dejando la s., huyó

SABER: ver Conocer, Reconocer
Exo. 6:7 sabréis que.. soy Jehovah vuestro Dios
Exo. 9:29 que sepas que.. tierra es de Jehovah
Exo. 16:15 ¿Qué es esto? Pues no sabían lo que
Núm. 32:23 sabed que vuestro pecado
1 Sam. 2:3 Jehovah es un Dios de todo saber
1 Sam. 17:46, 47 la tierra sabrá que hay Dios
Est. 4:14 ¡Y quién sabe si para.. éste has
Job 19:25 yo sé que mi Redentor vive, y que
Job 22:13; Sal. 73:11 dices: "¿Qué sabe Dios?
Prov. 1:5; 9:9 El sabio.. aumentará su saber
Prov. 27:1; Stg. 4:14 no sabes qué.. el día
Isa. 40:28 ¿No lo has sabido? ¿No has oído
Eze. 6:10; 39:7 sabrán que yo soy Jehovah
Jon. 4:2 sabía que tú eres un Dios clemente
Mat. 6:3 no sepa tu izquierda lo que hace tu
Mat. 6:8 vuestro Padre sabe de qué cosas

Mat. 24:36, 42 de aquel día y hora, nadie sabe
Mat. 24:43; Luc. 10:11 Pero sabed esto
Mar. 1:24 Sé quién eres; ¡el Santo de Dios!
Mar. 5:43 les mandó.. que nadie lo supiese
Mar. 12:14 Maestro, sabemos que eres hombre
Luc. 4:41 ellos sabían que él era el Cristo
Juan 3:8-11 viento.. no sabes ni de donde
Juan 4:22, 42 adoráis lo que no sabéis
Juan 6:64 Jesús sabía quiénes eran los que no
Juan 7:27, 28 éste, sabemos de dónde es; pero
Juan 9:25-31 pecador, no lo sé. Una cosa sé
Juan 13:1 sabiendo Jesús que había llegado su
Juan 14:4, 5 Señor, no sabemos a dónde vas
Juan 16:13-15 el Espíritu.. os hará saber las
Juan 16:30 entendemos que sabes todas.. cosas
Juan 21:15-17 Señor, tú sabes que te amo
Hech. 1:7 no os toca saber ni los tiempos ni
Hech. 17:19, 20 ¿Podemos saber qué es esta
Rom. 2:2 sabemos que el juicio de Dios es
Rom. 8:22 sabemos que toda la creación gime
Rom. 8:26, 27 debiéramos orar, no.. sabemos
Rom. 8:28, 29 sabemos que.. las cosas ayuden
1 Cor. 2:2 me propuse no saber nada.. sino a
1 Cor. 3:16 ¿No sabéis que sois templo de Dios
1 Cor. 8:2 no sabe nada como debiera saber
2 Tim. 1:12 yo sé a quien he creído, y estoy
Heb. 13:2 hospedaron ángeles sin saberlo
1 Jn. 3:2-5, 14-19, 24; 5:15-20 sabemos que
1 Jn. 5:13 que sepáis que tenéis vida eterna

SABIDURIA: ver Entendimiento
Gén. 3:6 árbol codiciable para alcanzar s.
1 Rey. 4:29, 30, 34; 5:12; 10:4; 11:41; 2 Crón. 1:10-12; Mat. 12:42 Dios dio a Salomón s.
Job 12:2 Ciertamente.. con vosotros morirá.. s.
Sal. 19:2 y una noche a la otra declara s.
Sal. 111:10; Prov. 1:7; 9:10; 15:33 principio de la s. es el temor de Jehovah
Sal. 119:66; Prov. 5:1 Enséñame.. sentido y s.
Prov. 2:6, 7; Dan. 2:20, 21 Jehovah da la s.
Prov. 3:19; Jer. 51:15 fundó.. tierra con s.
Prov. 4:5 Adquiere s.! ¡Adquiere entendimiento
Prov. 8:11 la s. es mejor que las perlas
Prov. 24:3 Con s. se edifica la casa y con
Isa. 11:2 Sobre él reposará.. espíritu de s.
Mat. 11:19 s. es justificada por sus hechos
Mat. 13:54 ¿De dónde tiene éste esta s. y
Luc. 2:40, 52 El niño.. se llenaba de s.
Hech. 7:22 Moisés.. instruido.. s... egipcios
Rom. 11:33 ¡Oh la profundidad.. de la s. y del
1 Cor. 1:17—2:13 Cristo es.. la s. de Dios
1 Cor. 3:19 la s. de este mundo es locura
Ef. 1:17; Col. 1:9 Dios.. os dé espíritu de s.
Ef. 3:10 la multiforme s. de Dios a los
Stg. 1:5 si a alguno.. le falta s., pídala a
Apoc. 13:18 Aquí hay s... y su número es 666

SABIO: ver Astuto, Prudente
Sal. 2:10 ahora.. sed s.; aceptad la corrección
Sal. 19:7 ley de Jehovah.. hace s. al ingenuo
Prov. 1:5 El s. oirá y aumentará su saber, y
Prov. 10:1; 13:1; 15:20 El hijo s. alegra a su
Prov. 24:5 Más vale el s. que el fuerte; y el
Ecl. 2:14-19 s. tiene sus ojos en su cabeza
Mat. 11:25 escondido estas cosas de los s. y
Rom. 1:22 Profesando ser s. se hicieron fatuos
Rom. 16:27 al único s. Dios, sea la gloria
1 Cor. 1:19, 20 Destruiré.. sabiduría de.. s.
1 Cor. 1:25-27 lo necio de Dios es más s. que
1 Cor. 3:18-20 Si alguno.. cree ser s. en esta
2 Tim. 3:15 Escrituras.. te pueden hacer s.

SABOR
Mat. 5:13 si la sal pierde su s., ¿con

SACAR
Gén. 15:7 soy Jehovah, que te saqué de Ur de
Exo. 2:10 Moisés.. de las aguas lo saqué
Exo. 3:10, 12 que saques de Egipto a mi pueblo
Exo. 20:2; Jue. 6:8; Eze. 20:10 Dios.. te saqué
Deut. 26:8 Jehovah nos sacó de Egipto con
Job 41:1 ¿Sacarás al Leviatán con anzuelo?
Sal. 18:16, 19 me sacó de las aguas caudalosas
Sal. 25:15; 31:4 él sacará mis pies de la red
Sal. 105:43 Así sacó a su pueblo con gozo
Isa. 12:3 regocijo sacaréis agua de.. salvación
Jer. 10:13 saca el viento de sus depósitos
Jer. 38:13 sacaron a Jeremías con sogas.. de
Mat. 5:29; 18:9 ojo.. ocasión de caer, sácalo
Mat. 7:4, 5 Deja que yo saque la brizna de tu
Mat. 12:35 hombre bueno.. saca cosas buenas
Luc. 14:5 si.. su buey cae.. no lo sacará.. ?
Juan 2:8, 9 Sacad.. y llevadlo al encargado
Juan 4:7, 11 Vino una mujer.. para sacar agua
Juan 21:6, 11 Pedro.. sacó a tierra.. red llena
Hech. 16:37, 39 ¡Que vengan ellos.. a sacarnos!
1 Tim. 6:7 nada trajimos.. nada podremos sacar
2 Tim. 1:10 anuló.. sacó a la luz la vida y la

SACERDOCIO: ver Ministerio
Núm. 18:7; 25:13 cumpliréis con vuestro s.
Jos. 18:7 levitas.. s. de Jehovah es su heredad
Ose. 4:6 Porque tú has.. yo te echaré del s.
Heb. 7:11-24 éste.. tiene un s. perpetuo
1 Ped. 2:5, 9 sois linaje escogido, real s.

SACERDOTE: ver Sumo Sacerdote
Gén. 14:18; Heb. 7:1 Melquisedec.. s. del Dios
Gén. 47:22 los s... tenían ración.. del faraón
Exo. 19:6 me seréis un reino de s.
Exo. 28:1 Aarón y sus hijos.. me sirvan como s.
Lev. 5:6 s. le hará expiación por el pecado
Deut. 17:12 no obedezca al s... esa.. morirá

Jos. 3:3-17 arca del pacto.. llevada por los s.
Jue. 18:19 ¿Es mejor que seas s. de.. un solo
1 Sam. 2:35 levantaré para mí un s. fiel que
Sal. 110:4; Heb. 5:6; 7:17, 21 eres s... siempre
Sal. 132:9, 16 Tus s... revestidos de justicia
Isa. 61:6 seréis llamados s. de Jehovah
Ose. 4:9 Como es el pueblo, así es el s.
Mat. 8:4 vé, muéstrate al s. y ofrece.. ofrenda
Luc. 10:31 descendía.. s. por aquel camino
Heb. 10:21 teniendo un gran s. sobre la casa
Apoc. 1:6; 5:10 nos constituyó en.. s. para
Apoc. 20:6 serán s. de Dios y de Cristo, y

SACIAR: ver Llenar, Satisfacer
Sal. 91:16; 107:9 lo saciaré de larga vida y
Prov. 11:25 el que sacia a otros.. será saciado
Prov. 30:9 no sea que me sacie y te niegue, o
Isa. 58:10, 11 Jehovah.. saciará tu alma en
Jer. 31:14, 25 mi pueblo se saciará de.. bondad
Joel 2:26 Comeréis hasta saciaros y alabaréis
Miq. 6:14; Hag. 1:6 comerás.. no te saciarás
Mat. 5:6 tienen hambre y sed.. serán saciados
Mat. 14:20; 15:37 comieron y se saciaron

SACO: ver Ceniza
Mat. 11:21 arrepentido en s. y ceniza

SACRIFICAR: ver Ofrecer, Presentar
Exo. 12:21; Deut. 16:2-6 sacrificad el cordero
Exo. 20:24 altar de tierra.. sacrificarás tus
Deut. 15:21 falta, no lo sacrificarás a.. Dios
Sal. 50:14 Sacrifica a Dios acciones de gracias
Ose. 8:13 Sacrifican y comen.. pero Jehovah no
Mal. 1:14 Maldito.. sacrifica.. lo dañado
Hech. 15:29 os abstengáis de.. sacrificadas a..
1 Cor. 8:1-28 a lo sacrificado a los ídolos

SACRIFICIO: ver Holocausto, Ofrenda
Gén. 46:1 Israel.. ofreció s. al Dios de su
Exo. 3:18; 5:17 vayamos.. ofrecer s. a.. Dios
Exo. 12:27 es el s. de la Pascua de Jehovah
Exo. 22:20; 34:15 ofrece s. a un dios que no
Exo. 29:28 sus s. de paz como ofrenda alzada
1 Sam. 2:29 ¿Por qué habéis desdeñado mis s.
1 Sam. 15:22 obedecer es mejor que los s., y
1 Rey. 3:15 Salomón.. ofreció.. hizo s. de paz
1 Rey. 12:32 Jeroboam.. ofrecer s. a.. becerros
2 Rey. 10:19 voy a ofrecer un gran s. a Baal
2 Crón. 7:5 Salomón ofreció en s... toros
2 Crón. 29:31 presentad s. y ofrendas.. gracias
Sal. 4:5 Ofreced s. de justicia y confiad
Sal. 27:6 su tabernáculo ofreceré s. de júbilo
Sal. 40:6; 51:16; Heb. 10:6, 8 s. y la ofrenda no te agradan
Sal. 50:23 ofrece s. de acción de gracias me
Sal. 51:17 s. de Dios.. el espíritu quebrantado
Sal. 107:22 Ofrezcan s. de acción de gracias
Prov. 15:8; 21:27 s. de.. impíos.. abominación
Ecl. 5:1 más para oír que para ofrecer el s.
Isa. 43:23; Jer. 6:20 ni me honraste con tus s.
Isa. 53:10 puesta su vida como s. por.. culpa
Jer. 17:26 casa de Jehovah s. de acción de
Dan. 8:11-13; 11:31 fue quitado el s. continuo
Ose. 6:6; Mat. 9:13; 12:7 misericordia.. y no s.
Ose. 8:13 gusta ofrecer s... pero Jehovah no
Jon. 1:16 temieron.. Jehovah.. ofrecieron un s.
Jon. 2:9 te ofreceré s. con voz de alabanza
Sof. 1:7, 8 Jehovah ha preparado un s. y ha
Mar. 12:33 amor.. vale más que todos los.. s.
Luc. 13:1 sangre Pilato había mezclado con.. s.
Hech. 14:13, 18 de Zeus.. quería ofrecerles s.
Rom. 12:1 presentéis.. cuerpos como s. vivo
Fil. 2:17 libación sobre el s. y servicio de
Fil. 4:18 enviasteis.. s. aceptable.. a Dios
Heb. 5:1, 3; 8:3 sacerdote.. ofrezca.. s. por
Heb. 7:27 no tiene.. necesidad.. de ofrecer s.
Heb. 9:26 quitar.. pecado mediante.. s. de sí
Heb. 10:11, 12 habiendo ofrecido un solo s.
Heb. 10:26 ya no queda más s. por el pecado
Heb. 11:4 Abel ofreció.. un s. superior al de
Heb. 13:16 hacer el bien.. tales s. agradan a
1 Ped. 2:5 edificados.. ofrecer s. espirituales

SACUDIR
Mat. 10:14 sacudid el polvo de.. pies

SADRAC, amigo de Daniel
Dan. 1:7; 2:49; 3:12-30

SADUCEO, partido religioso judío
Mat. 3:7; 16:1-12; 22:23-34; Hech. 4:1; 5:17; 23:6-8

SAFIRA, esposa de Ananías
Hech. 5:1 Ananías.. con Safira.. vendió

SAGACIDAD: ver Astucia
Prov. 8:5, 12 Entended, ingenuos.. s.

SAGAZ: ver Astuto
Prov. 13:16; 14:8, 18 Todo hombre s. actúa

SAGRADO: ver Dedicar
Exo. 12:16; Lev. 23:2-37; Núm. 28:25 asamblea s. Exo. 31:14; 35:2 sábado.. es s. para vosotros
Lev. 22:2-16 traten con reverencia las cosas s.
Lev. 27:30 los diezmos.. Es cosa s. a Jehovah
Deut. 23:17 No habrá prostituta s. entre las
1 Sam. 21:4-6 a David.. Solamente tengo pan s.
Isa. 30:29 una canción, como.. una fiesta s.
Eze. 22:8, 26; 44:8 Menosprecias mis cosas s.

Rom. 15:16; 2 Cor. 9:12 ministro.. servicio s.

SAJAR: ver Cortar
Deut. 14:1; 1 Rey. 18:28 No sajaréis

SAL
Gén. 19:26 mujer de Lot.. una columna de s.
Lev. 2:13 ofrenda vegetal.. sazonarás con s.
Jos. 15:62; 2 Sam. 8:13 la Ciudad de la S.
Mat. 5:13 sois la s. de la tierra. Pero si la
Col. 4:6 Vuestra palabra sea siempre.. con s.

SALARIO: ver Jornal, Pago
Lev. 19:13 s. del jornalero no será retenido
Prov. 11:18 El impío logra s. falso, pero el
Luc. 3:14 nadie, y contentaos con vuestros s.
Luc. 10:7; 1 Tim. 5:18 obrero es digno de su s.
Juan 4:36 que siega recibe s. y recoge fruto

SALIDA
Sal. 121:8 Jehovah guardará tu s. y tu entrada
1 Cor. 10:13 Dios.. con la tentación dará la s.

SALIR: ver Ir, Partir
Gén. 8:18; 9:10 salieron del arca Noé, sus hijos
Exo. 12:41 salieron.. de Egipto los escuadrones
Núm. 24:17 Una estrella saldrá de Jacob, se
2 Crón. 26:18 Uzías.. Sal del santuario, porque
Job 1:12; 2:7 Satanás salió de la presencia
Ecl. 5:15 Como salió del vientre.. volverá
Mat. 10:14 salid de aquella casa.. y sacudid
Mar. 1:25, 26; 5:8 Jesús.. ¡Cállate y sal de él
Luc. 7:24 ¿Qué salisteis a ver en el desierto?
Juan 13:3; 16:28 había salido de Dios y a Dios
Hech. 16:36 carcelero.. salid e id en paz
Heb. 11:8 Abraham.. obedeció para salir al
1 Jn. 2:19 Salieron de entre nosotros.. para
Apoc. 18:4 ¡Salid de ella, pueblo mío, para

SALMO: ver Cántico, Himno
2 Sam. 22:50; Sal. 18:49; 27:6; 57:7; 61:8 cantaré s. a tu nombre
Sal. 57:9; 59:17; 108:3 a ti cantaré s. entre
Sal. 68:4; 105:2 Dios! ¡Cantad s. a su nombre!
Sal. 71:23 se alegrarán, cuando yo te cante s.
Sal. 75:9 anunciaré y cantaré s. al Dios de
Sal. 95:2 de gracias; aclamémosle con s.
Sal. 98:4, 5; 135:3 Cantad s. a Jehovah con
Sal. 104:33 a mi Dios cantaré s. mientras viva
Sal. 147:1 es bueno cantar s. a nuestro Dios
Isa. 12:5 ¡Cantad s. a Jehovah, porque ha hecho
Luc. 24:44 escritas.. en la Ley.. y en los S.
1 Cor. 14:26 os reunís, cada uno.. tiene un s.
Ef. 5:19; Col. 3:16 hablando.. con s., himnos
Stg. 5:13 ¿Está alguno alegre? ¡Que cante s.!

SALOME, discípula de Jesús
Mar. 15:40; 16:1

SALOMON, rey
2 Sam. 12:24; 1 Rey. 1:10—11:43; 1 Crón. 22:5—23:1; 28:5—2 Crón. 9:31; Sal. 127:t; Prov. 1:1; 10:1: 25:1; Cant. 1:1—8:12; Mat. 1:6, 7; 6:29; Hech. 7:47

SALTAR
Isa. 35:6: Mal. 4:2 cojo saltará como.. venado
Luc. 6:23 Gozaos.. y saltad de alegría, porque

SALUD
Stg. 5:15 oración de fe dará s... enfermo

SALUDAR
Mat. 26:49 ¡Te saludo, Rabí! Y le besó
Luc. 1:28 ¡Te saludo, muy favorecida! El Señor

SALUTACION
Luc. 1:41, 44 Elisabet oyó la s. de

SALVACION: ver Liberación
Exo. 15:2 Jehovah.. ha sido mi s... es mi Dios
Deut. 32:15 desdeñó a la Roca de su s.
2 Sam. 22:47; Sal. 18:46 Dios, la roca de mi s.
1 Crón. 16:23; Sal. 96:2 Anunciad de día.. su s.
Sal. 27:1 Jehovah es mi luz y mi s.; ¿de quién
Sal. 35:9 mi alma.. se alegrará en su s.
Sal. 42:5, 11; 43:5 ¡El es la s. de mi ser
Sal. 51:12, 14 Devuélveme el gozo de tu s.
Sal. 68:19, 20 Nuestro Dios es Dios de s.
Sal. 91:16 larga vida y le mostraré mi s.
Sal. 119:174 Anhelo tu s., oh Jehovah, y tu
Isa. 33:6 será.. depósito de s., de sabiduría
Isa. 49:6 que seas mi s. hasta el extremo de
Isa. 49:8; 2 Cor. 6:2 día de s. te he ayudado
Isa. 52:7 hermosos.. pies.. que anuncia la s.
Isa. 52:10 todas las naciones.. verán la s.
Isa. 59:17; Ef. 6:17; 1 Tes. 5:8 el casco de s.
Isa. 60:18 a tus muros llamarás S., y a tus
Lam. 3:26 Bueno es esperar en silencio la s.
Jon. 2:9 ¡La s. pertenece a Jehovah!
Hab. 3:18 me gozaré en el Dios de mi s.
Hech. 4:12 en ningún otro hay s., porque no
Rom. 1:16 evangelio.. poder de Dios para s.
Rom. 10:10 con la boca se.. confesión para s.
Rom. 11:11 ha venido la s. a los gentiles
Rom. 13:11 ahora la s. está más cercana.. que
Fil. 2:12 ocupaos en vuestra s. con temor y
2 Tim. 3:15 Escrituras.. sabio para la s.
Heb. 2:3 ¿cómo.. si descuidamos una s.
Heb. 2:10; 5:9 perfeccionar al Autor de la s.
1 Ped. 1:9, 10 el fin de vuestra fe, la s. de
2 Ped. 3:15 paciencia de.. Señor es para s.

Apoc. 12:10 Oí una gran voz.. ha llegado la s.

SALVADOR: ver Liberador
2 Sam. 22:3; Isa. 45:15, 21 Dios es.. mi s.
Isa. 19:20 Jehovah.. les enviará un s. quien
Isa. 49:26; 60:16 soy Jehovah tu S... Redentor
Isa. 62:11 ¡He aquí tu S. viene!.. recompensa
Luc. 2:11; Hech. 13:23 os ha nacido un S., que
Juan 4:42 sabemos que.. éste es el S. del mundo
1 Jn. 4:14 Padre ha enviado al Hijo como S.

SALVAR: ver Librar, Redimir
2 Sam. 22:28; Sal. 18:27 Salvas al.. humilde
Sal. 34:18 salvará a los contritos de espíritu
Sal. 55:16 clamaré a Dios, y.. me salvará
Prov. 20:22 Espera a Jehovah, y él te salvará
Isa. 43:11 fuera de mí no hay quien salve
Jer. 46:27 yo soy el que te salva desde lejos
Amós 4:11 fuisteis cual leño salvado del fuego
Mat. 1:21 llamarás su nombre Jesús.. salvará a
Mat. 16:25 quiera salvar su vida la perderá
Mat. 27:42 A otros salvó.. no se puede salvar
Mar. 3:4 ¿Es lícito.. Salvar la vida o matar?
Mar. 10:52 Vete. Tu fe te ha salvado.. recobró
Luc. 13:23 Señor, ¿son pocos.. que se salvan?
Luc. 19:10 Hijo del Hombre ha venido a salvar
Juan 12:47 vine para.. salvar al mundo
1 Cor. 9:22 que de todos modos salve a algunos
1 Tim. 1:15 Jesús vino.. salvar a los pecadores
1 Tim. 2:15 se salvará teniendo hijos, si
Stg. 1:21 palabra.. puede salvar vuestras almas
Stg. 2:14 no tiene obras.. ¿Puede.. fe salvarle?

SALVO: ver Libre
Sal. 80:3, 7, 19 ¡restáuranos!.. y seremos s.
Prov. 28:18, 26 camina en integridad será s.
Isa. 30:15 arrepentimiento y.. reposo seréis s.
Isa. 45:22 ¡Mirad a mí y sed s., todos los
Jer. 8:20 Ha pasado.. siega.. no hemos sido s.!
Joel 2:32; Hech. 2:21; Rom. 10:13 cualquiera que invoque el nombre de Jehovah será s.
Mat. 10:22; 24:13 el que persevere.. será s.
Juan 3:17 envió.. que el mundo sea s. por él
Juan 10:9 Si alguien entra por mí, será s.
Hech. 2:40 Sed s. de esta perversa generación
Hech. 2:47 Señor añadía.. que habían de ser s.
Hech. 4:12 no hay otro.. en que podamos ser s.
Hech. 15:11 somos s. por la gracia del Señor
Hech. 16:30, 31 Cree en el Señor.. y serás s.
Rom. 5:9, 10 reconciliados, seremos s. por su
Rom. 10:9 si confiesas.. y si crees.. serás s.
Ef. 2:5, 8 con Cristo. ¡Por gracia sois s.!
1 Tim. 2:4 quiere que todos los hombres sean s.

SAMARIA, provincia y ciudad
1 Rey. 16:24-32; 20:1—2 Rey. 23:19; Isa. 8:4—10:11; Eze. 23:4; Ose. 13:16; Miq. 1:1-6; Juan 4:4-7; Hech. 1:8; 8:1-14; 9:31

SAMARITANO
Luc. 10:33 cierto s. ..llegó cerca de él; y al
Juan 4:9, 39, 40 mujer s. le dijo: —¿Cómo es

SAMUEL, profeta
1 Sam. 1:20—28:20; Heb. 11:32

SANADOR
Exo. 15:26 yo soy Jehovah tu s.

SANAR: ver Curar
Deut. 32:39 yo hiero y también sano
2 Rey. 5:3-11; Luc. 4:27 profeta.. lo sanaría
2 Crón. 7:14 si se humilla.. sanaré su tierra
Sal. 41:4 sana mi alma.. contra ti he pecado
Sal. 103:3 el que sana todas tus dolencias
Ecl. 3:3 tiempo de matar y tiempo de sanar
Isa. 6:10; Mat. 13:15; Hech. 28:27 no sea que vea con sus ojos.. y yo lo sane
Isa. 19:22 herirá a Egipto, pero.. lo sanará
Isa. 53:5; 1 Ped. 2:24 heridas fuimos.. sanados
Jer. 17:14 Sáname, oh Jehovah, y seré sano
Ose. 6:1 Jehovah.. arrebató, pero nos sanará
Mat. 4:23; 9:35 Jesús recorría.. sanando toda
Mat. 10:1, 8 llamó a sus doce.. para sanar
Mat. 12:10 ¿Es lícito sanar en sábado?
Luc. 6:17-19 venido para.. ser sanados de sus
Juan 5:4-15 hombre fue sanado, tomó su cama
Hech. 9:34 Eneas, ¡Jesucristo te sana!
Hech. 10:38 Jesús.. anduvo.. sanando a todos
Stg. 5:16 orad unos por otros.. seáis sanados

SANEDRIN: ver Concilio
Mat. 5:22; 26:59; Mar. 15:1; Juan 11:47; Hech. 5:21-41; 6:12-15; 22:30—23:28

SANGRE: ver Expiación
Gén. 4:10, 11 voz de la s. de tu hermano clama
Gén. 9:4; Lev. 3:17; 17:10-12; Deut. 12:16 no comeréis carne con su vida, es decir, s.
Gén. 9:6; Núm. 35:33 derrame s. de hombre
Exo. 4:9; 7:20, 21; Sal. 105:29; Apoc. 11:6; 16:3 El agua.. se convertirá en s.
Exo. 12:7, 13, 22 veré la s... pasaré de largo
Exo. 24:8 Moisés tomó la s. y roció.. pueblo
Lev. 1:5; Eze. 45:19 sacerdotes.. ofrecerán.. s.
Lev. 17:11; 1 Sam. 14:32-34 vida.. está en s.
Jos. 2:19; 2 Sam. 1:16; Eze. 18:13; 33:4-8; Hech. 18:6; 20:26 su s. caerá sobre.. cabeza
1 Rey. 21:19; 22:38 perros lamieron la s. de
2 Rey. 21:16 derramó muchísima s. inocente
Sal. 106:38; Prov. 6:17; Jer. 19:4; Lam. 4:13 derramaron la s. inocente.. s. de sus hijos

Isa. 1:11 No deseo.. s. de toros, de corderos
Isa. 1:15; 59:3, 7; Rom. 3:15 manos llenas de s.
Isa. 63:3, 6 s. de ellos salpicó mis vestiduras
Eze. 9:9 La tierra está llena de hechos de s.
Eze. 22:4 Eres culpable por la s. que has
Joel 2:30, 31; Hech. 2:20; Apoc. 6:12 se convertirá.. la luna en s.
Hab. 2:12 ¡Ay del que edifica la ciudad con s.
Mat. 16:17 no te lo reveló carne ni s., sino
Mat. 26:28; 1 Cor. 11:25 es mi s. del pacto
Mat. 27:8; Hech. 1:19 se llama Campo de S.
Mat. 27:24, 25 Pilato.. soy inocente de la s.
Luc. 11:50, 51 de esta.. sea demandada la s.
Luc. 13:1 galileos cuya s. Pilato.. mezclado
Juan 1:13 nacieron no de s., ni de.. la carne
Juan 6:53-56 bebe mi s. tiene vida eterna
Juan 19:34 abrió.. lanza.. salió.. s. y agua
Hech. 15:20, 29; 21:25 se aparten de.. y de s.
Hech. 20:28 adquirió.. mediante su propia s.
Rom. 3:25; Ef. 1:7 expiación por la fe en su s.
Rom. 5:9 justificados por su s.
1 Cor. 10:16 copa.. ¿no es la comunión de la s.
1 Cor. 11:27 será culpable.. de la s. del Señor
Ef. 2:13 habéis.. acercados por la s. de Cristo
Ef. 6:12 nuestra lucha no es contra s. ni carne
Col. 1:20 la paz mediante la s. de su cruz
Heb. 9:12-22 no mediante s... de becerros, sino
Heb. 10:4 la s. de los toros.. no puede quitar
Heb. 10:29 de poca importancia la s. del pacto
Heb. 12:4 no habéis resistido hasta la s.
Heb. 12:24 a Jesús.. y a la s. rociada que
Heb. 13:20 por la s. del pacto eterno levantó
1 Ped. 1:2 elegidos.. ser rociados con su s.
1 Jn. 1:7 la s. de su Hijo Jesús nos limpia de
1 Jn. 5:6-8 Jesucristo.. vino por agua y s.
Apoc. 1:5 libró de nuestros pecados con su s.
Apoc. 5:9 con tu s. has redimido para Dios
Apoc. 7:14 emblanquecido en la s. del Cordero
Apoc. 12:11 los ha vencido por causa de la s.
Apoc. 17:6 embriagada con la s. de los santos

SANGUINARIO: ver Cruel
Sal. 5:6 al.. s... abomina Jehovah

SANIDAD
Prov. 17:22 El corazón alegre trae s., pero un
Jer. 30:17; 33:6 traeré s. y curaré.. heridas
Mal. 4:2 Sol de justicia.. en sus alas traerá s.
1 Cor. 12:9, 28-30 y a otro, dones de s. por
Apoc. 22:2 hojas del árbol son para la s. de

SANO: ver Salvo
Isa. 1:6 cabeza no hay.. parte s., sino heridas
Mat. 6:22 si tu ojo está s., todo tu cuerpo
Mat. 7:17 todo árbol s. da buenos frutos, pero
Mat. 9:12 Los s. no tienen necesidad de médico
2 Tim. 4:3; Tito 1:9 no soportarán.. s. doctrina
Tito 1:13; 2:1, 2 habla tú.. la s. doctrina

SANSON, juez
Jue. 13:24—16:30; Heb. 11:32

SANTIAGO, ver Jacobo
Stg. 1:1; Jud. 1

SANTIDAD: ver Justicia, Santificación
Exo. 15:11 Jehovah.. majestuoso en s., temible
1 Crón. 16:29; 20:21; Sal. 29:2; 96:9; 110:3 adorad a Jehovah en la hermosura de la s.
Sal. 93:5 La s. adorna tu casa, oh Jehovah
Isa. 35:8 calzada.. se llamará Camino de S.
Isa. 57:15 Yo habito en las alturas y en s.
Eze. 28:22; 36:23; 38:16, 23 yo muestre mi s.
Zac. 8:3 monte de Jehovah.. Monte de S.
Rom. 6:19; Ef. 4:24 presentad.. para la s.
2 Cor. 7:1; 1 Tes. 3:13 perfeccionando la s.
Heb. 12:14 Procurad.. la s. sin la cual nadie

SANTIFICACION: ver Santidad
Rom. 6:22 tenéis como .. recompensa la s.
1 Tes. 4:3-7 la voluntad de Dios, vuestra s.

SANTIFICAR: ver Apartar, Consagrar
Gén. 2:3; Exo. 20:8, 11; Jer. 17:27 Dios.. santificó el séptimo día
Exo. 29:36, 37 altar.. ungirás para santificarlo
Exo. 31:13; Lev. 21:8 Jehovah.. os santifico
Lev. 11:44; 20:7 os santificaréis; y seréis
1 Rey. 9:3 He santificado esta casa que has
Isa. 29:23 Santificarán al Santo de Jacob y
Joel 2:16 santificad la congregación; agrupad
Mat. 6:9 cielos: Santificado sea tu nombre
Juan 17:19 me santifico a mí mismo, para que
Hech. 26:18 herencia entre los santificados
Rom. 15:16 ofrenda.. sea.. santificada por el
1 Cor. 1:2 a los santificados en Cristo Jesús
Heb. 10:14 perfeccionado.. a los santificados
1 Ped. 3:15 santificad.. a Cristo como Señor

SANTO: ver Apartar, Consagrar, Espíritu Santo, Fiel
Exo. 3:5; Jos. 5:15; Hech. 7:33 lugar.. s. es
Exo. 19:6; 1 Ped. 2:9 me seréis.. nación s.
Exo. 22:31; Lev. 21:6 Me seréis hombres s.
Lev. 10:10 diferencia entre lo s. y lo profano
Lev. 11:44, 45; 19:2; 20:7, 26; 1 Ped. 1:15, 16 seréis s., porque yo soy s.
Deut. 7:6; 14:2, 21; Jer. 2:3 eres un pueblo s.
Deut. 23:14 tu campamento deberá ser s.
Deut. 26:19 seas un pueblo s. para Jehovah
Deut. 33:2, 3 Jehovah.. vino con miríadas de s.
Jos. 24:19; 1 Sam. 6:20; Isa. 5:16 es un Dios s.

1 Sam. 2:2 No hay s. como Jehovah
2 Rey. 19:22; Sal. 89:18; Isa. 12:6; 41:14;
Jer. 50:29 el S. de Israel
Neh. 8:9, 10 éste es un día s. para.. Dios
Sal. 15:1; 24:3; 2 Ped. 1:18 residirá.. s. monte
Sal. 16:10; Hech. 2:27 que tu s. vea corrupción
Sal. 22:3; Apoc. 15:4; 16:5 tú eres s.
Sal. 31:23; 34:9 Amad a Jehovah.. sus s.
Sal. 77:13 Oh Dios, s. es tu camino
Isa. 6:3; Apoc. 4:8 ¡S., s., s. es Jehovah de
Dan. 7:18-25; 8:24; Apoc. 13:7 s. del Altísimo
Ose. 11:9 Yo soy el S. en medio de ti
Zac. 14:5; 1 Tes. 3:13 vendrá.. Dios y.. sus s.
Mat. 7:6 No deis lo s. a los perros
Mat. 27:52 cuerpos de.. s... se levantaron
Mar. 1:24 Sé quién eres: ¡el S. de Dios!
Luc. 1:35 el s. Ser que nacerá.. llamado Hijo
Luc. 2:23 varón que abre.. matriz.. s. al Señor
Hech. 3:14 negasteis al S. y Justo
Hech. 4:30 prodigios.. nombre de tu s. Siervo
Hech. 9:13; 26:10 males.. a tus s. en Jerusalén
Rom. 1:7; 1 Cor. 1:2; 2 Cor. 1:1; Ef. 1:1;
Fil. 1:1; Col. 1:2 llamados a ser s.
Rom. 8:27; Apoc. 16:5, 6 intercede por los s.
Rom. 12:13; 15:25, 26 compartiendo para.. s.
1 Cor. 3:17 s. es el templo.. sois vosotros
1 Cor. 6:1, 2 los s. han de juzgar al mundo
1 Cor. 16:1, 15; 2 Cor. 9:1, 12; Ef. 1:15;
1 Tim. 5:10 la ofrenda para los s.
Ef. 1:4; Col. 1:22 que fuésemos s. y sin mancha
Ef. 2:19; 3:18; Fil. 4:21 conciudadanos de.. s.
Ef. 2:21; 1 Ped. 2:5 un templo s. en.. Señor
Ef. 4:12; 6:18 capacitar a los s. para.. obra
Ef. 5:3, 27; 2 Ped. 3:11 iglesia.. sea s. y
Jud. 3 la fe.. entregada una vez a los s.
Apoc. 5:8; 8:3 incienso.. oraciones de.. s.
Apoc. 14:12 ¡Aquí.. la perseverancia de los s.
Apoc. 22:11 El que es s., santifíquese todavía

SANTUARIO: ver Tabernáculo, Templo
Exo. 15:17 el s. que establecieron tus manos
Exo. 25:8 Que me hagan un s., y yo habitaré
Exo. 36:1 hacer.. construcción del s.
Lev. 19:30; 26:2 tendréis en reverencia mi s.
1 Rey. 8:6 introdujeron el arca.. en el s.
1 Crón. 22:19; 28:10 edificad el s. de.. Dios
2 Crón. 30:8 Someteos a.. y venid a su s.
Sal. 60:6; 108:7 Dios ha hablado en su s.
Sal. 73:17 venido al s. de Dios, comprendí
Sal. 78:69 Allí edificó su s. como las
Sal. 96:6 poder y hermosura hay en su s.
Sal. 102:19 miró desde.. alto de su s., Jehovah
Sal. 114:2 Judá fue su s., e Israel su señorío
Sal. 134:2 Alzad vuestras manos hacia el s.
Sal. 150:1 ¡Alabad a Dios en su s.!
Isa. 8:14 será vuestro s.; pero será piedra
Isa. 16:12 cuando entre a su s. a orar.. nada
Isa. 60:13 embellecer el lugar de mi s.
Isa. 63:18; 64:11 adversarios.. pisoteado tu s.
Eze. 5:11; 23:38 profanado mi s. con.. ídolos
Eze. 11:16 el Señor.. he sido para ellos un s.
Eze. 37:26 pondré mi s. entre ellos.. siempre
Dan. 8:14 Luego el s. será restaurado
Dan. 9:17 resplandezca tu rostro sobre su s.
Dan. 11:31 tropas.. contaminarán el s.

SARA, SARAI, esposa de Abraham
Gén. 11:29-23:19; 1 Ped. 3:6

SARDIS, ciudad
Apoc. 1:11; 3:1, 4

SAREPTA, ciudad
1 Rey. 17:9, 10; Abd. 26; Luc. 4:26

SARON, planicie
Cant. 2:1 soy la rosa de S. y el lirio

SATANAS: ver Diablo
1 Crón. 21:1; Job 1:6—2:7; Zac. 3:1, 2; Mat. 4:10; 12:26; Luc. 13:16; 22:3, 31; Juan 13:27; Hech. 5:3; 26:18; Rom. 16:20; 2 Cor. 11:14; Apoc. 2:9, 13, 24; 3:9; 12:9; 20:2, 7

SATISFACER: ver Llenar, Saciar
Isa. 55:2; Hag. 1:6 trabajo.. no satisface?
Gál. 5:16 jamás satisfaréis los malos deseos

SATISFECHO: ver Contento
Sal. 17:15 quedaré s. cuando despierte a tu
Ecl. 5:10 ama.. dinero no quedará s. con dinero
Isa. 53:11 angustia.. verá la luz y quedará s.

SAUL, rey
1 Sam. 9:2—2 Sam. 1:24; Hech. 13:21

SAULO: ver Pablo
Hech. 7:58—8:3; 9:1-25; 11:25-30; 12:25—13:9; 22:7, 13; 26:14

SECAR: ver Marchitar
Gén. 8:7, 13 cuervo.. aguas se secaron sobre
Exo. 14:21 viento.. hizo que el mar se secara
Isa. 40:7, 8; 1 Ped. 1:24 La hierba se seca, y
Eze. 47:12 Junto.. río.. hojas nunca se secarán
Mar. 11:20 vieron que.. higuera se había secado
Luc. 7:38, 44 pies.. secaba con los cabellos

SECO
Gén. 1:9 Reúnanse.. aguas.. aparezca la parte s.
Jos. 3:17 Jordán.. todo Israel pasaba en s.
Jue. 6:39, 40 Gedeón.. sólo el vellón quede s.

2 Rey. 2:8 Elías.. lado; y ambos pasaron en s.
Isa. 53:2 Subió como.. una raíz en tierra s.
Eze. 37:4 Huesos s., oíd la palabra de Jehovah
Luc. 23:31 árbol verde.. ¿qué se hará con el s.?

SECRETO: ver Misterio, Oculto
Sal. 25:14 s. de Jehovah.. para los que le temen
Sal. 44:21 Dios.. conoce los s. del corazón
Mat. 6:4, 6, 18 ora a tu Padre que está en s.
Juan 19:38 José de Arimatea.. discípulo.. en s.

SED: ver Hambre
Sal. 42:2 Mi alma tiene s. de Dios.. Dios vivo
Sal. 69:21 para mi s. me dieron.. beber vinagre
Prov. 25:21; Rom. 12:20 Si.. s., dale.. agua
Isa. 49:10 No tendrán hambre ni s.; ni.. calor
Amós 8:11 s... de oír las palabras de Jehovah
Mat. 5:6 que tienen hambre y s. de justicia
Mat. 25:35. 42 tuve s., y me disteis de beber
Juan 4:13-15; 6:35 beba.. nunca más tendrá s.
Juan 7:37 Si alguno tiene s., venga a mí y beba
Juan 19:28 se cumpliera la Escritura.. Tengo s.
Apoc. 21:6; 22:17 Al que tenga s., yo le daré

SEDEQUIAS
falso profeta: 1 Rey. 22:11, 24
rey de Judá: 2 Rey. 24:17—25:7; Jer. 1:3; 21:1-7; 32:1-5; 34:2-21; 37:1—39:7

SEDIENTO
Prov. 25:25 Como el agua fría al alma s., así
Isa. 55:1 Oh, todos los s., ¡venid a las aguas
Mat. 25:37, 44 Señor, ¿cuándo te vimos.. s. y

SEDUCIR: ver Engañar
Gén. 4:7 pecado está a la puerta y te seducirá
Exo. 22:16 Cuando.. seduzca a una mujer
Stg. 1:14 es tentado cuando es.. seducido por

SEFORA, esposa de Moisés
Exo. 2:21; 4:25; 18:2

SEGADOR
Mat. 13:39 los s. son los ángeles

SEGAR: ver Cosechar
Lev. 19:9 no segarás hasta el último rincón
Lev. 25:11 jubileo; no sembraréis, ni segaréis
Sal. 126:5 siembran con.. con regocijo segarán
Prov. 22:8; Ose. 8:7 iniquidad segará maldad
Ose. 10:12, 13 Sembrad.. justicia.. segad lealtad
Stg. 5:4 clama.. obreros quc segaron.. campos
Apoc. 14:15, 16 ángel.. ¡Mete tu hoz y siega!

SEGUIR: ver Ir, Perseguir, Procurar
Deut. 16:20; Isa. 51:1 sólo.. justicia seguirás
Jos. 14:8 yo seguí a Jehovah.. con integridad
1 Rey. 18:21 Si Jehovah es Dios, ¡seguidle!
Mat. 4:20; Juan 1:43 sus redes y le siguieron
Mat. 9:9 Mateo.. sígueme.. y le siguió
Mat. 16:24; 19:21 tome su cruz y sígame
Mat. 19:27, 28 dejado todo y te hemos seguido
Luc. 9:57-62 Te seguiré a dondequiera
Juan 8:12 El que me sigue nunca andará en
Juan 10:4, 5, 27 las ovejas le siguen, porque
Juan 12:26 Si alguno me sirve, sígame
Juan 13:36, 37 me seguirás más tarde
Juan 18:15 Pedro y otro.. seguían a Jesús
Juan 21:22 si quiero que él quede.. Tú, sígueme
Rom. 4:12 siguen las pisadas de la fe
Rom. 14:19 sigamos lo que contribuye a la paz
1 Cor. 14:1 Seguid el amor; y anhelad los
Fil. 3:16 sigamos fieles a lo.. logrado
1 Tim. 6:11; 2 Tim. 2:22 sigue la justicia
2 Ped. 2:2; Jud. 11 muchos seguirán tras la
Apoc. 14:3 Estos.. siguen al Cordero por
Apoc. 14:13 pues sus obras les seguirán

SEGUNDA
Apoc. 20:6, 14; 21:8 la s. muerte no

SEGURIDAD: ver Confianza, Fe
Sal. 71:5 tú, oh Señor.. mi esperanza, mi s.
1 Tes. 5:3 Cuando digan: "Paz y s.",.. vendrá

SEGURO: ver Confiar
Lev. 26:5; Deut. 12:10 habitaréis s. en.. tierra
Sal. 4:8 sólo tú, oh Jehovah, me haces vivir s.
Heb. 6:19 ancla del alma, s. y firme.. penetra

SEIS
Exo. 20:9,11; 23:12; 31:15, 17; 34:21; 35:2; Lev. 23:3 S. días trabajarás y harás

SELLADO
Ef. 1:13 fuisteis s. con.. Espíritu
Ef. 4:30 fuisteis s. para el día de la redención

SELLO
Apoc. 5:5, 9; 6:1—8:1 abrir.. sus.. s.

SEM, hijo de Noé
Gén. 5:32; 6:10; 7:13; 9:18—10:1; 11:10

SEMAIAS
profeta de Dios: 2 Crón. 11:2; 12:5-15
profeta falso: Jer. 29:24-32

SEMANA
Dan. 9:24-27 Setenta s. están determinadas
Luc. 24:1 el primer día de la s... fueron al

SEMBRAR: ver Plantar
Lev. 25:11, 20 El año cincuenta.. no sembraréis
Ecl. 11:4 El que observa el viento no sembrará
Ose. 8:7 sembrado viento, cosecharán
Ose. 10:12 Sembrad.. justicia y segad lealtad
Hag. 1:6 Habéis sembrado mucho.. recogido
Mat. 13:4-39 Mientras él sembraba, parte.. cayó

SEMILLA
Gén. 1:11, 12, 29 Produzca.. plantas que den s.
Zac. 8:12 su s. será paz; la vid dará su fruto
Mar. 4:4-31 parte de.. s. cayó junto al camino
2 Cor. 9:10 El que da s. al que siembra y pan

SENAQUERIB, rey de Asiria
2 Crón. 32:1-22; Isa. 36:1; 37:17-37

SENCILLO
Mat. 10:16 Sed.. astutos.. y s. como

SENDA: ver Camino, Sendero
Sal. 16:11 Me mostrarás la s. de la vida
Sal. 23:3; 27:11; 119:35 me guiará por s. de
Prov. 2:13; Isa. 59:8 abandonan.. s. derechas
Prov. 4:18 s. de los justos es como la luz de
Jer. 6:16 Preguntad por las s. antiguas, cuál
Jer. 18:15 se ha olvidado de.. las s. antiguas
Miq. 4:2 Venid.. caminemos por sus s.

SENDERO: ver Camino, Senda
Prov. 4:14 No entres en el s. de los impíos
Luc. 3:5 Los s. torcidos serán enderezados

SENO
Isa. 40:11 A los corderitos llevará en su s.
Luc. 16:22 pobre.. llevado.. al s. de Abraham

SENSIBILIDAD
Ef. 4:19 Una vez perdida toda s.

SENSUALIDAD
Ef. 4:19 se entregaron a la s.

SENTAR
1 Rey. 8:20 me he sentado en.. trono de Israel
1 Rey 22:19 Micaías.. visto a Jehovah sentado
Sal. 1:1 ni se sienta en la silla de los
Sal. 26:4; Jer. 15:17 No me he sentado con los
Sal. 110:1; Mat. 22:44; Hech. 2:34; Heb. 1:13 Siéntate a mi diestra, hasta que
Miq. 4:4 Cada uno se sentará debajo de su vid
Mat. 19:28 os sentaréis.. sobre doce tronos
Mat. 20:21, 23 que.. hijos míos se sienten el
Mat. 28:2 ángel.. removió la piedra y se sentó
Mar. 16:19; Ef. 1:20; Heb. 1:3 Jesús.. se sentó
Luc. 10:39 María.. se sentó a.. pies del Señor
Luc. 13:29 Vendrán.. y se sentarán a la mesa en
Juan 4:6 Jesús cansado.. estaba sentado junto
Ef. 2:6 nos hizo sentar en los.. celestiales
Col. 3:1; Heb. 10:12 Cristo está sentado a la
2 Tes. 2:4 se sentará.. haciéndose pasar por
Apoc. 3:21 daré que se siente conmigo en mi

SENTENCIA
2 Cor. 1:9 teníamos.. s. de muerte

SENTIR: ver Pensar
Mat. 27:3 Judas.. sintió remordimiento y
Rom. 12:16; 15:5; 2 Cor. 13:11; 1 Ped. 3:8 Tened un mismo sentir los unos por los

SEÑAL: ver Marca, Prodigio
Gén. 9:12-17 mi arco en las nubes como s.
Exo. 12:13 sangre os servirá de s. en las casas
Exo. 31:13, 17 mis sábados.. una s. entre yo y
2 Rey. 20:8, 9 Ezequías.. ¿Cuál será la s. de
Isa. 7:11, 14 Señor os dará la s... la virgen
Mat. 12:38, 39 ninguna s., sino la.. de.. Jonás
Mat. 24:3 ¿Y qué s. habrá de tu venida y del
Luc. 2:12 os servirá de s... niño.. pesebre
Juan 2:11; 4:54 principio de s. hizo Jesús en
1 Cor. 1:22 judíos piden s., y.. griegos buscan

SEÑOR: ver Amo, Gobernador, Jehovah, Señor Jesús
Gén. 45:9 me ha puesto como s. de.. Egipto
Deut. 10:17; Sal. 136:3; 1 Tim. 6:15; Apoc. 17:14; 19:16 Dios de dioses y S. de s.
Job 28:28 el temor del S. es la sabiduría
Sal. 8:1, 9 Jehovah, S. nuestro, ¡cuán grande
Sal. 16:2 ¡Tú eres el S.! Para mí no hay bien
Sal. 110:1; Mat. 22:44; Hech. 2:34 Jehovah dijo a mi s.
Prov. 30:10 No difames al siervo ante su s.
Isa. 6:1 vi.. al S. sentado sobre un trono alto
Dan. 2:47 vuestro Dios es.. S. de reyes
Dan. 5:29 Daniel.. era el tercer s. en.. reino
Mal. 1:6 si.. soy S., ¿dónde está mi reverencia
Mat. 2:15 cumpliese.. habló el S. por.. profeta
Mat. 4:7, 10 No pondrás a prueba al S. tu Dios
Mat. 6:24 Nadie puede servir a dos s.
Mat. 7:21; Luc. 6:46 No.. me dice 'S., S.,'
Mat. 9:38 Rogad.. al S. de la mies, que envíe
Mat. 10:24; Juan 13:16; 15:15, 20 no es.. el siervo más que su s.
Mat. 11:25 Te alabo, oh Padre, S. del cielo
Mat. 12:8 el Hijo del Hombre es S. del sábado
Mat. 24:42 no sabéis en qué día viene.. S.
Mar. 5:19 cuán grandes cosas ha hecho el S.
Mar. 12:29, 30 S. nuestro Dios, el S. uno es
Luc. 1:46, 68, 76 Engrandece mi alma al S.
Luc. 2:11 un Salvador, que es Cristo el S.

uc. 24:34 S. ha resucitado y ha aparecido a
ian 13:13 me llamáis Maestro y S., y decís
ian 20:20, 25, 28 Tomás.. ¡S. mío, y Dios
ian 21:7 ¡Es el S.!.. oyó que era el S.
ech. 2:25, 34, 36 le ha hecho S. y Cristo
ech. 9:5; 22:8; 26:15 ¿Quién eres, S.?
ech. 11:20-24 mucha gente fue agregada al S.
ech. 17:24 es S. del cielo y de la tierra
om. 10:9, 12, 16 confiesas.. Jesús es el S.
om. 14:6-9 si vivimos, para el S. vivimos
Cor. 1:31 El que gloría, gloríese en el S.
Cor. 12:3, 5; 2 Cor. 4:5 nadie puede decir: "Jesús es el S.", sino
f. 2:21 un templo santo en el S.
f. 4:5 Hay un solo S., una sola fe
f. 6:7, 9 Servid.. como al S., no como a los
il. 2:11 toda lengua confiese.. que .. es S.
il. 4:5; Stg. 5:8; Jud. 14 ¡El S. está cerca!
Tes. 4:17 estaremos siempre con el S.
Tes. 3:3-5 fiel es el S. que os establecerá
Tim. 3:11 persecuciones.. de.. me libró el S.
Tim. 4:17 el S. sí estuvo conmigo
Ieb. 13:6 El S. es mi socorro, y no temeré
tg. 5:11 el S. es.. compasivo y misericordioso
Ped. 3:9, 10 El S. no tarda su promesa, como
poc. 1:10 en el Espíritu en el día del S.

EÑORA
Jn. 1, 5 El anciano a la s. elegida

EÑOREAR: ver Dominar
al. 8:6 Le has hecho señorear sobre

EOL: ver Hades, Sepulcro
Sam. 22:6; Sal. 18:5 las ligaduras del S.
al. 16:10; 86:13 no dejarás mi alma en el S.
al. 139:8 si en el S. hago mi cama, allí tú
se. 13:14 ¿Dónde está, oh S., tu aguijón?

EPARACION
Rut 1:17 sólo la muerte hará s. entre tú y yo
sa. 59:2 Vuestras iniquidades.. hacen s. entre

EPARAR: ver Alejar, Apartar
Mat. 19:6 lo que Dios ha unido, no lo separe
Mat. 25:32 separará.. unos de.. otros, como
Juan 15:5 separados de mí, nada podéis hacer
Rom. 8:35, 39 ¿Quién nos separará del amor de

EPTIMO
Gén. 2:2, 3; Heb. 4:4 Dios.. reposó en el s.
Exo. 16:26; 20:10, 11; 31:17 s. día es sábado
Lev. 25:4 s. año será.. tierra un.. descanso

EPULCRO: ver Hades, Seol
Deut. 34:6 Moab.. Nadie conoce su s., hasta
Sal. 5:9; Rom. 3:13 Su garganta.. s. abierto
Mat. 23:27-29 fariseos.. sois.. s. blanqueados
Mat. 27:52, 53 salidos de los s. después de
Mat. 27:60-66 lo puso en su s. nuevo, que
Mat. 28:1, 8 vinieron María.. para ver el s.

SEPULTADO
Rom. 6:4; Col. 2:12 por el bautismo fuimos s.
1 Cor. 15:4 sepultado y.. resucitó al tercer

SEPULTURA: ver Muerte
Isa. 53:9 Se dispuso con los impíos su s.
Juan 12:7 Déjala. Para.. mi s. ha guardado esto

SER: ver Criatura
Gén. 1:20, 24; 2:7 Produzcan.. s. vivientes
Gén. 6:19; 7:15; 8:21 De.. s. viviente.. arca
Sal. 42:5, 11; 43:5 es la salvación de mi s.
Eze. 1:5-22; 3:13; 10:15-20; Apoc. 4:6-9; 5:6—6:6; 7:11; 14:3; 15:7; 19:4 cuatro s. vivientes

SER: ver Existir
Gén. 1:22, 28 Sed fecundos y multiplicaos
Gén. 15:1 Yo soy tu escudo, y tu galardón
Gén. 15:7; Exo. 6:2-7; 15:26 Yo soy Jehovah
Gén. 17:1; 35:11; Apoc. 1:8 soy.. Todopoderoso
Exo. 3:14 YO SOY EL QUE SOY.. YO SOY me ha
Lev. 19:2; 20:7; 1 Ped. 1:15, 16 Sed santos
Deut. 31:6; 1 Cor. 16:13 sed valientes
Sal. 2:10; Prov. 8:33 sed sabios; aceptad
Isa. 41:4; 44:6; 48:12; Apoc. 1:17 soy.. primero
Isa. 45:22; Hech. 2:40 Mirad a mí y sed salvos
Luc. 6:36 Sed misericordioso, como también
Juan 8:58 antes que Abraham existiera, Yo Soy
1 Ped. 4:7; 5:8 Sed.. sobrios en la oración

SERAFINES: ver Angel
Isa. 6:2, 6 encima de él había s.

SERIEDAD, SERIO
Tito 2:2, 7 que.. sean sobrios, s. y

SERPIENTE: ver Cobra, Satanás
Gén. 3:1-14; 2 Cor. 11:3 s... dijo a la mujer
Exo. 4:3; 7:9-15 se convirtió en una s... Moisés
Núm. 21:6-9; Juan 3:14 Jehovah envió.. s.
2 Rey. 18:4 hizo pedazos la s... había hecho
Sal. 91:13 hollarás al leoncillo y a la s.
Amós 5:19 apoya su mano.. y le muerde una s.
Mat. 7:10 al que le pide pescado, le dará.. s.?
Mat. 10:16 Sed.. astutos como s. y sencillos
Apoc. 12:9; 20:2 s. antigua.. diablo y Satanás

SERVICIO: ver Ministerio
Núm. 8:11, 19 listos.. realizar.. s. de Jehovah
1 Crón. 9:33 cantores.. exentos de otros s.
1 Crón. 23:28, 32; 25:6 s. de la casa de Dios
Rom. 12:7; 15:16 si es de s., en servir; el
1 Ped. 4:10, 11 ponga al s. de los demás.. don

SERVIDOR: ver Siervo
Sal. 104:4: Heb. 1:7 llamas de fuego sus s.
Mat. 20:26 anhele.. grande.. será vuestro s.
Juan 12:26 donde yo estoy.. estará mi s.
Rom. 13:4 es un s. de Dios para tu bien
1 Cor. 4:1 nos considere como s. de Cristo y

SERVIR: ver Atender, Trabajar
Gén. 25:23; Rom. 9:12 mayor servirá al menor
Exo. 3:12 serviréis a Dios en este monte
Exo. 4:23 dejes ir a mi hijo para que me sirva
Exo. 23:25; Deut. 6:13; 13:4; Mat. 4:10 servirás a Jehovah tu Dios, y él bendecirá tu
Deut. 10:12; Jos. 22:5; 1 Sam. 12:20 que ames y sirvas a.. Dios con todo tu corazón
Deut. 11:16 no sea que.. sirváis a otros dioses
Deut. 28:47, 48 Por no haber servido a.. tu
Jos. 24:15, 18 yo y.. casa serviremos a Jehovah
Jue. 3:6 dieron.. hijas.. y sirvieron a.. dioses
Jue. 10:13; Sal. 106:36 habéis servido.. dioses
1 Sam. 7:3 Jehovah. Servidle sólo a él, y él
1 Rey. 9:6 si.. os vais y servís a otros dioses
1 Rey. 12:4, 7 Si.. este pueblo.. les sirves
1 Crón. 28:9 reconoce al Dios.. sírvele con
Job 21:15 Todopoderoso, para que le sirvamos?
Sal. 2:11 Servid a Jehovah con temor
Sal. 22:30 La posteridad le servirá
Sal. 72:11 le servirán todas las naciones
Sal. 100:2 Servid a Jehovah con alegría
Jer. 25:11 servirán al rey.. durante setenta
Dan. 7:14, 27 Todos los pueblos.. le servían
Sof. 3:9 lenguaje.. que le sirvan de.. acuerdo
Mal. 3:14, 18 Habéis dicho: 'Está demás servir
Mat. 4:11 le dejó y.. los ángeles.. le servían
Mat. 6:24; Luc. 16:13 Nadie puede servir a dos
Mat. 8:15 fiebre la dejó.. comenzó a servirle
Mat. 20:28 Hijo.. no vino para ser servido, sino
Luc. 22:26, 27 estoy en.. como el que sirve
Juan 12:26 Si alguno me sirve, sígame
Hech. 6:2 No conviene que.. servir a las mesas
Hech. 20:19; Rom. 12:11 sirviendo al Señor
Rom. 7:6 que sirvamos en lo nuevo del Espíritu
Rom. 12:7 si es de servicio, en servir
1 Cor. 9:13 los que sirven al altar participan
Gál. 5:13 servíos.. unos a.. otros por.. amor
Ef. 6:6, 7 Servid de buena voluntad, como al
Fil. 3:3; Heb. 12:28 servimos a Dios en espíritu
Col. 3:24 ¡A Cristo el Señor servís!
1 Tim. 6:2 amos cristianos.. sírvanles mejor
Heb. 9:14 limpiará.. para servir al Dios vivo!

SESENTA
Dan. 9:26 s. y dos semanas.. Mesías

SET, hijo de Adán
Gén. 4:25—5:8; Luc. 3:38

SETENTA
Núm. 11:16, 24, 25 Reúneme a s. hombres
2 Crón. 36:21; Jer. 25:11, 12; 29:10; Dan. 9:2 24; Zac. 1:12 que se cumplieron los s. años
Sal. 90:10 días de nuestra vida son s. años
Mat. 18:22 siete, sino hasta s. veces siete
Luc. 10:1, 17 el Señor designó a otros s., a

SEVERIDAD
Rom. 11:22 Considera.. la s. de Dios

SEXUAL
Lev. 18:20 No tendrás relaciones s. con la
Mat. 15:19 del corazón salen.. inmoralidades s
Rom. 13:13; 1 Cor. 5:1 ni en pecados s. y
1 Cor. 6:13, 18; 10:8 Huid de la inmoralidad s
Ef. 5:3; 1 Tes. 4:3 inmoralidad s... no se

SHIBOLET
Jue. 12:6 di 'S.'." Si él decía

SICOMORO, árbol
Luc. 19:4 subió a un árbol s. para

SIEGA: ver Cosecha, Mies
Gén. 8:22 no cesarán la siembra y la s., el
Exo. 34:21, 22 Pentecostés.. primicias de la s.
Jer. 8:20 Ha pasado la s...no hemos sido salvos
Mat. 13:30, 39 La s. es el fin del mundo, y
Juan 4:35-37 campos.. están blancos para la s.

SIEMPRE: ver Eternidad
Sal. 72:17, 19; 113:2 Para s. será su nombre
Sal. 106:1; 107:1; 136:1 para s... misericordia
Fil. 4:4 ¡Regocijaos en el Señor s.
1 Tes. 4:17 estaremos s. con el Señor
Heb. 7:3, 17 permanece sacerdote para s.

SIERVO: ver Criado, Esclavo, Servidor
Gén. 9:25-27 Canaán.. Sea el s. de.. hermanos
Gén. 16:1; 21:10 Sarai.. tenía una s... Agar
Gén. 24:2, 34 soy s. de Abraham
Lev. 25:55 los hijos de Israel son mis s.
1 Sam. 3:9, 10 Habla.. Jehovah.. su s. escucha
1 Rey. 12:7 Si.. les sirves.. serán tus s.
Job 1:8; 2:3 ¿No te has fijado en mi s. Job
Sal. 113:1 ¡Alabad, oh s. de Jehovah, alabad
Sal. 116:16; 119:125 Escúchame.. yo soy tu s.

al. 119:17, 65, 124 Haz bien a tu s.
ov. 17:2 s. prudente se enseñoreará sobre el
ov. 30:10 No difames al s. ante su señor
a. 41:8, 9; 44:21; 49:3 tú.. eres mi s.
a. 42:1; Mat. 12:18 He aquí mi s., a quien
a. 42:19 ¿Quién es ciego, sino mi s.?
a. 43:10; 44:1, 21 Vosotros.. mis s. que yo
a. 48:20 Jehovah ha redimido a su s. Jacob
a. 52:13 mi s. triunfará
a. 54:17; 66:14 heredad de los s. de Jehovah
r. 25:9; 27:6 rey de Babilonia, mi s.
r. 30:10; 46:27 no temas, oh s. mío Jacob
an. 3:26; 6:20 ¡Sadrac.. s. del Dios Altísimo
el 2:29; Hech. 2:18 mi Espíritu sobre los s.
ac. 3:8 traigo a mi s., el Retoño
lat. 10:24, 25; Juan 13:16; 15:20 ni el s. más
lat. 23:11 mayor entre vosotros será vuestro s.
lat. 24:45-50 ¿Quién.. es el s. fiel y prudente
lat. 25:14-30 Bien, s. bueno y fiel. Sobre
lat. 26:51 a un s. del sumo sacerdote le cortó
uc. 1:38, 48, 54 He aquí la s. del Señor
uc. 2:29 Señor, despide a tu s. en paz
uc. 17:10 S. inútiles somos; porque sólo
uan 15:15 Ya no os llamo más s., porque el s.
om. 1:1; Fil. 1:1; Tito 1:1; Stg. 1:1; 2 Ped. 1:1; Jud. 1 Pablo, s. de Cristo Jesús
om. 6:18, 22 habéis sido.. s. de la justicia
Cor. 9:19 me hice s. de todos para ganar a
f. 6:5-8; Col. 3:22—4:1; Tito 2:9 S., obedeced a.. vuestros amos
il. 2:7 se despojó.. tomando forma de s.
Tim. 2:24 s. del Señor no.. ser contencioso
leb. 3:5 Moisés fue fiel como s.
Ped. 2:16 Actuad.. como s. de Dios
Apoc. 2:20 Jezabel.. seduce a mis s. a cometer
Apoc. 7:3 marquemos con un sello.. los s. de
Apoc. 10:7 lo anunció a sus s. los profetas
Apoc. 22:3 sus s. le rendirán culto

IETE
Gén. 41:2-36 del Nilo subían s. vacas.. gordas
Exo. 12:15; 13:6, 7 S. días comeréis panes sin
Jos. 6:4 S. sacerdotes llevarán s. cornetas
Dan. 9:25 el Mesías Príncipe.. s. semanas
Mat. 18:21, 22 le perdonaré? ¿Hasta s. veces?
Apoc. 1:4 Juan.. s. iglesias.. s. Espíritus
Apoc. 5:1; 8:6; 15:1 libro.. sellado con s.
Apoc. 5:6 Cordero.. Tenía s. cuernos y s. ojos

IGLO: ver Eternidad, Siempre
Isa. 45:17; Heb. 1:8 será salvado.. por los s.
Mat. 6:13 tuyo es el reino.. por todos los s.
Col. 1:26 misterio.. oculto desde los s... pero
Heb. 9:26 presentado.. consumación de.. s.
Heb. 13:8 ¡Jesucristo es el mismo.. por los s.!
Apoc. 20:10 diablo.. atormentados.. por los s.
Apoc. 22:5 y reinarán por los s. de los s.

SILAS, compañero de Pablo
Hech. 15:22—18:5; 2 Cor. 1:19; 1 Tes. 1:1; 2 Tes. 1:1; 1 Ped. 5:2

SILENCIO: ver Quietud
Sal. 83:1; 109:1 Dios, no guardes s.

SILLA: ver Trono
Mat. 21:12 Volcó.. las s. de los que vendían
Mat. 23:6 Aman.. primeras s. en las sinagogas

SILO, aldea
Jos. 18:1; 19:51; Jer. 7:12, 14 congregación de los hijos de Israel se reunió en S.

SILOH
Gén. 49:10 cetro.. hasta que venga S.

SILOE, estanque en Jerusalén
Juan 9:7, 11 lávate en el estanque de S.

SIMEON
hijo de Jacob: Gén. 29:33; 34:25-30; 35:23; 42:24—43:23; 49:5
tribu: Exo. 6:15; Núm. 1:22, 23; Deut. 27:12; Jos. 19:1-9; Jue. 1:3, 17; Apoc. 7:7
hombre de Jerusalén: Luc. 2:25-34

SIMON
ver Pedro: Mat. 4:18; 17:25; Mar. 1:29-36; Luc. 5:10; 22:31; 24:34; Hech. 15:14
cananita (Zelote): Mat. 10:4; Mar. 3:18; Luc. 6:15; Hech. 1:13
hermano de Jesús: Mat. 13:55
leproso: Mat. 26:6
cireneo: Mat. 27:32
fariseo: Luc. 7:40-44
mago: Hech. 8:9-24
Niger: Hech. 13:1

SINAGOGA: ver Asamblea
Mat. 4:23; 9:35; 13:54 Jesús.. enseñando en.. s.
Luc. 4:15-28 Nazaret.. entró en la s... leer
Juan 16:2 Os expulsarán de las s., y aun viene
Hech. 13:5, 14 anunciaban la palabra.. en las s.
Apoc. 2:9; 3:9 más bien, son s. de Satanás

SINAI: ver Horeb
Exo. 19:1-23; 24:16; 31:18; 34:2-4, 29-32; Lev. 25:1; 26:46; Gál. 4:24, 25

SINCERIDAD
Sal. 5:9 no hay s. en su boca; sus entrañas
Ef. 6:5 obedeced.. con s. de corazón, como a

SINCERO
Fil. 1:10; Heb. 10:22 que seáis s. e

SION: ver Jerusalén
2 Sam. 5:7; 1 Rey. 8:1 S... Ciudad de David
2 Rey. 19:31 un remanente.. del monte S.
Sal. 2:6 he instalado a mi rey en S., mi monte
Sal. 53:6 de S. viniese.. salvación de Israel
Sal. 99:2; 102:13, 16 Jehovah es grande en S.
Sal. 110:2 Jehovah enviará desde S. el cetro
Sal. 137:1, 3 Cantadnos.. los cánticos de S.
Isa. 2:3; Miq. 4:2 de S. saldrá la ley, y de
Isa. 28:16; Rom. 9:33; 1 Ped. 2:6 S. una piedra
Isa. 46:13 Pondré salvación en S., y.. gloria
Isa. 59:20; Rom. 11:26 el Redentor vendrá a S.
Isa. 62:1 Por amor de S. no callaré, y.. no me
Jer. 26:18; Miq. 3:12 S. será arada como campo
Zac. 9:9; Mat. 21:5 hija de S... tu rey viene
Heb. 12:22 os habéis acercado al monte S.

SIQUEM, ciudad
Gén. 12:6; Jos. 24:1, 32; Jue. 9:1-57

SIRIA (Aram), nación
1 Rey. 20:1; 2 Rey. 5:1-5; 6:8; Isa. 7:8;
Mat. 4:24; Luc. 2:2; Gál. 1:21

SIRIO (Arameo)
1 Crón. 18:5, 6 David hirió a.. los s.
Amós 9:7 ¿acaso no me sois como.. los s.
Luc. 4:27 leprosos.. sanado.. el s. Naamán

SISARA, militar sirio
Jue. 4:2—5:30; 1 Sam. 12:9

SITIAR: ver Cercar
2 Rey. 6:24; 16:5; 17:5 Siria.. sitió a Samaria
2 Rey. 24:10, 11; Jer. 32:2; 39:1; 52:5;
Dan. 1:1 Babilonia.. Jerusalén.. fue sitiada
Luc. 21:20 Cuando veáis a Jerusalén s... sabed

SITIO: ver Lugar
Isa. 54:2 Ensancha el s. de tu tienda

SOBERANO: ver Rey
Luc. 2:29; Hech. 4:24 S. Señor, despide a tu
Apoc. 1:5; 6:10 Jesucristo.. s. de los reyes

SOBERBIA: ver Arrogancia
Lev. 26:19 Quebrantaré la s. de vuestro poderío
Neh. 9:16, 29 nuestros padres actuaron con s.
Sal. 31:23 Jehovah.. retribuye.. actúa con s.
Prov. 13:10; 29:23 la s. producirá contienda
Isa. 2:11, 17 s. del ser humano será postrada
Jer. 49:16; Abd. 3 la s... te han engañado
Ose. 5:5; 7:10 La s. de Israel le acusará en
1 Cor. 4:6, 18 que no estéis inflados de s.
1 Jn. 2:16 s. de.. vida— no proviene del Padr

SOBERBIO: ver Arrogante
Luc. 1:51; Stg. 4:6; 1 Ped. 5:5
esparció a los s. en el pensamiento de sus

SOBORNO: ver Presente
Exo. 23:8; Deut. 27:25 8 No recibirás s.
Deut. 10:17; 16:19 Dios.. no.. ni acepta s.
Sal. 15:5 ni contra el inocente acepta s.
Prov. 15:27 el que aborrece el s. vivirá
Ecl. 7:7; Isa. 5:23 s. corrompe el corazón

SOBREABUNDAR: ver Abundar
Deut. 28:11; 30:9 Jehovah.. que sobreabunde
Mal. 3:10 diezmo.. bendición.. que sobreabun

SOBREEDIFICADO
Col. 2:7 arraigados y s. en él

SOBRELLEVAR
Rom. 15:1; Gál. 6:2 sobrellevar las

SOBREPASAR
Prov. 31:10, 29 Mujer.. valor sobrepasa a las
Ef. 3:19; Fil. 4:7 amor de Cristo.. sobrepasa

SOBREVENIR
Sal. 91:10 no te sobrevendrá mal, ni la plaga
Jer. 2:17 ¿No te ha sobrevenido esto porque
1 Cor. 10:13 No os ha sobrevenido.. tentación

SOBREVIVIENTE
Isa. 37:31, 32; 49:6 Sion los s.

SOBRIEDAD
1 Cor. 15:34 Volved a la s., como es

SOBRIO
1 Tes. 5:6, 8; 2 Tim. 4:5 vigilemos y seamos s
1 Tim. 3:2, 11 obispo sea.. s., prudente
1 Ped. 4:7; 5:8 Sed.. prudentes y s. en.. oració

SOCORRER: ver Ayudar
Sal. 40:13; 70:1; 71:12 apresúrate a socorrerm
Sal. 118:13 pero Jehovah me socorrió
Heb. 2:18 poderoso.. socorrer a los.. tentados

SOCORRO: ver Auxilio, Ayuda
Sal. 63:7; 121:1, 2; Heb. 13:6 tú eres mi s.
Heb. 4:16 hallemos gracia para el oportuno s.

SODOMA, ciudad destruida
Gén. 10:19; 13:10-13; 14:2-22; 18:16—19:28;
Isa. 13:19; Eze. 16:46-56; Mat. 11:23, 24

FONIAS
cerdote: Jer. 21:1; 29:25, 29; 37:3; 52:24
ofeta: Sof. 1:1

L
s. 10:12, 13 ¡S., detente sobre Gabaón; y tú
Rey. 23:11 quitó.. caballos.. dedicado al s.
l. 19:4 puso un tabernáculo para el s.
l. 72:5, 17 nombre.. mientras dure el s.
l. 1:5 El s. sale, y el s. se pone. Vuelve a
a. 49:10; Apoc. 21:23; 22:5 ni.. s... golpeará
al. 4:2 nacerá el S. de justicia, y en.. alas
at. 5:45 hace salir su s. sobre malos y buenos
Cor. 15:41 Una es la gloria del s., otra es
. 4:26 no se ponga el s. sobre vuestro enojo
poc. 12:1 señal: una mujer vestida del s. y

LDADO: ver Ejército
an 19:2, 23, 24, 32-34 s. entretejieron una
Cor. 9:7 ¿Quién presta.. servicio de s. a sus
Tim. 2:3, 4 sé.. buen s. de Cristo Jesús

LIDO
Cor. 3:2 Os di.. leche y no alimento s.
eb. 5:12, 14 necesidad.. no de alimento s.

LO
én. 2:18 No es bueno que el hombre esté s.
an 8:16 no soy.. s., sino yo y el Padre que

LTAR: ver Desatar
rov. 4:13 Aférrate.. disciplina y no.. sueltes
at. 27:17, 21, 26 ¿A cuál queréis.. os suelte?
poc. 20:7 Satanás será soltado de su prisión

MBRA: ver Oscuridad, Tinieblas
Rey. 20:9-11 ¿Puede avanzar.. s. diez gradas
Crón. 29:15; Job 8:9 días son como una s.
al. 23:4; Isa. 9:2 Aunque ande en valle de s.
al. 36:7; 57:1; 63:7 refugian bajo la s. de
al. 91:1 morará bajo la s. del Todopoderoso
al. 144:4 hombre es.. como la s. que pasa
a. 9:2; Mat. 4:16 s. de muerte, la luz les
a. 49:2; 51:16 me cubrió con la s. de.. mano
ol. 2:17 es sólo una s. de lo porvenir, pero
eb. 10:1 ley.. la s. de los bienes venideros

METER: ver Dominar, Sujetar
Crón. 30:8 Someteos a Jehovah, y venid a su
f. 1:22; Heb. 2:8 todas.. cosas.. sometió Dios
f. 5:21 sometiéndoos unos a otros en.. temor
eb. 13:17 Obedeced a.. dirigentes y someteos
tg. 4:7 Someteos.. a Dios. Resistid al diablo

NAR
Cor. 15:52 sonará la trompeta, y los

SONIDO: ver Estruendo
1 Rey. 19:12 Después del fuego.. s. apacible
Eze. 33:4 oye el s. de la corneta y no se deja
Dan. 10:6; Apoc. 19:6 s. de sus palabras como
1 Cor. 14:7, 8 si.. trompeta.. un s. incierto

SOÑAR: ver Dormir
Gén. 28:12-16 soñó.. una escalera puesta

SOPLAR
Gén. 2:7 Dios.. Sopló en su nariz.. vida

SOPLO
Job 7:7 mi vida es un s.; mis ojos no.. ver el
Sal. 33:6 cielos.. hecho por el s. de su boca
Sal. 144:4 El hombre es semejante a un s.
2 Tes. 2:8 inicuo.. Jesús matará con el s. de

SOPORTAR: ver Llevar, Sobrellevar
Isa. 1:13, 14; Jer. 44:22 ¡No puedo soportar
Mat. 17:17 Jesús.. ¿Hasta cuándo os soportaré?
1 Cor. 10:13 no.. tentados más.. podéis soportar
1 Cor. 13:7 Todo lo sufre.. todo lo soporta
Ef. 4:2; Col. 3:13 soportándoos.. en amor
2 Tim. 4:3 no soportarán la sana doctrina

SORBIDA
1 Cor. 15:54 ¡S... muerte en victoria!

SORDO: ver Ciego, Cojo
Lev. 19:14 No maldecirás al s., ni pondrás
Sal. 38:13 yo, como si fuera s., no escuchaba
Isa. 29:18; 35:5 s. oirán.. palabras del libro
Isa. 42:18, 19 ¡S., oíd; y ciegos, mirad.. ver!
Mat. 11:5 Los ciegos ven.. los s. oyen, los

SORTEO: ver Suerte
Núm. 26:55; Jos. 19:51; 21:8 tierra.. por s.
Est. 3:7; 9:24 de Amán un pur, es decir, un s.

SOSTENER: ver Sustentar
Exo. 17:12 Aarón y Hur sostenían sus manos
Neh. 9:6; Sal. 37:17, 24 sostienes con vida a
Sal. 55:22 Echa tu carga.. y él te sostendrá
Sal. 119:28, 117 sostenme conforme.. palabra
Isa. 42:1 He aquí mi siervo, a quien sostendré

SUAVE
Prov. 15:1; 16:24 s. respuesta quita la

SUBIR: ver Ascender, Levantar
Deut. 30:12; Rom. 10:6 ¿Quién subirá.. al cielo
Sal. 24:3 ¿Quién subirá al monte de Jehovah?
Sal. 68:18; Ef. 4:8 Subiste a lo alto, tomaste
Prov. 30:4 ¿Quién ha subido al cielo y ha
Isa. 2:3; Miq. 4:2 Venid, subamos.. a la casa

Isa. 40:9 Sube sobre un monte alto, oh Sion
Amós 9:2 Si suben hasta los cielos, de allá
Luc. 19:4 corrió.. y subió a un árbol sicómoro
Juan 3:13 Nadie ha subido al cielo, sino el
Juan 20:17 Suéltame.. no he subido al Padre
Apoc. 4:1 ¡Sube acá, y te mostraré las cosas
Apoc. 8:4 humo del incienso.. subió.. presencia
Apoc. 11:12 "¡Subid acá!" Y subieron al cielo
Apoc. 19:3 humo de ella subió por los siglos

SUBLIME: ver Grande
Sal. 148:13 Jehovah.. sólo su nombre es s.
Isa. 57:15 así ha dicho el Alto y S., el que

SUBSISTIR: ver Existir
Col. 1:17 en él.. las cosas subsisten

SUCEDER
Fil. 1:12 cosas que me han sucedido

SUCIEDAD: ver Impureza
Stg. 1:21 desechando toda s. y la

SUDOR
Gén. 3:19 Con el s. de tu frente comerás el pan
Luc. 22:44 oraba.. su s. era como grandes gotas

SUEGRO
Exo. 3:1; 18:5 Moisés.. ovejas de su s. Jetro
Rut 1:14; 2:11—3:17 su s... Rut se quedó con
Miq. 7:6; Mat. 10:35 la nuera contra su s.
Mar. 1:30 La s. de Simón estaba.. con fiebre

SUEÑO: ver Dormir, Visión
Gén. 2:21 Dios hizo.. hombre.. un s. profundo
Gén. 37:5-10, 19, 20; 42:9 José tuvo un s. y
Gén. 41:1-32 faraón tuvo un s... junto al Nilo
Deut. 13:1-5; Jer. 29:8 no escuches.. tal.. s.
Sal. 127:2; Prov. 3:24 a su amado dará Dios.. s.
Prov. 19:15; Ecl. 5:7 pereza hace caer en s.
Ecl. 5:12 Dulce es el s. del trabajador, haya
Jer. 23:25-32 profeta que tenga un s... cuente
Jer. 51:39, 57 Dormirán el s. eterno y no se
Dan. 1:17; 7:1 Daniel era entendido en.. s.
Dan. 2:1-45; 4:5-19 Nabucodonosor.. tuvo un s.
Joel 2:28; Hech. 2:17 ancianos tendrán s.
Mat. 1:20, 24; 2:12-22 ángel.. apareció en s.
Hech. 20:9 vencido por el s., cayó del tercer
Rom. 13:11 ya es hora de despertaros del s.

SUERTE: ver Sorteo
Lev. 16:8-10 Aarón echará s. sobre.. cabríos
1 Crón. 25:8 Echaron s. para.. servicio
Sal. 22:18; Juan 19:24 sobre mi ropa echan s.
Hech. 1:26 la s. cayó sobre Matías, quien fue

SUFRIMIENTO: ver Padecimiento
Gén. 3:16 Aumentaré mucho tu s. en el
Job 5:6, 7 el hombre nace para el s., así como
Isa. 53:3 varón.. experimentado en el s.
2 Tim. 2:3, 9 sé partícipe de los s. como buen

SUFRIR: ver Padecer
Isa. 53:4 llevó.. y sufrió nuestros dolores
Jer. 31:29, 30; Eze. 18:2 sufren la dentera
Mat. 11:12 reino de.. cielos sufre violencia
1 Cor. 13:7 Todo lo sufre, todo lo cree, todo
Fil. 1:29 privilegio.. de sufrir por su causa
Heb. 12:2; 1 Ped. 2:21 Jesús.. sufrió la cruz

SUJETAR: ver Dominar, Someter
Rom. 8:7, 20 carne.. no se sujeta a la ley de
1 Cor. 15:27 ha sujetado todas.. cosas debajo

SUJETO
Luc. 2:51 fue a Nazaret, y estaba s. a ellos
Rom. 13:5; Tito 3:1; 1 Ped. 2:13 que estéis s.
1 Cor. 15:28 Hijo.. será s. al que le sujetó
Ef. 5:22; Col. 3:18; Tito 2:5; 1 Ped. 3:1, 5 casadas estén s. a sus propios esposos
Ef. 5:24 iglesia está s. a Cristo
Tito 2:9; 1 Ped. 2:18 siervos.. estén s. a sus
1 Ped. 3:22 ángeles.. y.. poderes están s. a él
1 Ped. 5:5 jóvenes, estad s. a los ancianos

SUMERGIR
2 Rey. 5:14 se sumergió siete veces

SUMO SACERDOTE: ver Sacerdote
Lev. 21:10 ss... aceite de.. unción.. investido
Mat. 26:3, 51, 57-65 ss... se llamaba Caifás
Heb. 2:17; 3:1 ss. misericordioso y fiel en
Heb. 4:14 teniendo un gran ss... Jesús el Hijo
Heb. 5:1, 5 todo ss... a favor de los hombres
Heb. 5:10; 6:20 ss... el orden de Melquisedec
Heb. 7:26—8:3 tal ss. nos convenía: santo
Heb. 9:7, 11, 25 entraba el ss. solo.. sangre

SUNAMITA
compañera de David: 1 Rey. 1:3, 15; 2:17-22
benefactora de Eliseo: 2 Rey. 4:12-36

SUPERABUNDANTE: ver Abundante
Ef. 2:7 mostrar.. s. riquezas

SUPERIOR: ver Mayor, Mejor
Luc. 6:40 El discípulo no es s. a su maestro
Rom. 13:1; Jud. 8 Sométase.. a.. autoridades s
Heb. 1:4; 3:3 Fue hecho tanto s. a los ángeles
Heb. 7:22; 8:6 Jesús.. fiador de un pacto s.
Heb. 11:4, 26 Abel ofreció.. un sacrificio s.

PLANTAR
én. 27:36 Jacob.. me ha suplantado

PLICA: ver Oración, Ruego
Crón. 33:13; Sal. 86:6 Dios.. escuchó su s.
Tim. 2:1 exhorto.. se hagan s... por todos

PLICAR: ver Rogar
Rey. 8:33, 47 Cuando.. te supliquen

PLIR: ver Proveer
Cor. 16:17; 2 Cor. 11:9 suplieron.. faltaba
Cor. 8:14; 9:12 vuestra abundancia supla lo
l. 4:19 Mi Dios.. suplirá.. necesidad vuestra

R
at. 12:42 reina del S. se levantará en el
ıc. 13:29 Vendrán del.. norte y del s.

SA, capital de Persia
eh. 1:1; Est. 1:2, 5; 2:3-8; 4:8, 16; 8:14, 15;
6-18; Dan. 8:2

SCITAR
xodo 23:1; Prov. 10:18 No suscitarás

SPIRO
al. 90:9 acabamos.. años como un s.

STENTAR: ver Sostener
eut. 8:16 te sustentó en el desierto con maná
al. 18:35; Isa. 41:10 mano.. me ha sustentado
al. 51:12 un espíritu generoso me sustente

JSTENTO: ver Provisión
uc. 21:4 ésta, de su pobreza, echó todo el s.
Tim. 6:8 teniendo el s... estaremos contentos

JTILEZA
ol. 2:8 nadie os lleve.. por.. s.

ABERNACULO: ver Cabaña, Enramada
xo. 26:30 levantarás.. t. conforme al modelo
xo. 29:44 Santificaré el t. de reunión y el
xo. 30:26; Heb. 9:21 ungirás.. t. de reunión
xo. 40:2-38 harás levantar la morada, el t.
ev. 1:1 Jehovah llamó.. desde el t. de reunión
ev. 23:34; Deut. 16:13 mes.. fiesta de los T.
úm. 3:7 llevar a cabo el servicio del t.
úm. 9:15 nube cubrió el t., la tienda del
eut. 31:15 Jehovah se apareció en el t... nube
al. 15:1 ¿quién habitará en tu t.?
al. 19:4 En ellos puso un t. para el sol
al. 27:5, 6 me ocultará en lo.. de su t.
al. 61:4 Que yo habite en tu t. para siempre
al. 132:7 Entremos en su t.; postrémonos ante
Eze. 37:27 Mi t. estará junto a ellos; yo seré
Amós 9:11; Hech. 15:16 levantaré el t. caído
Juan 7:2 Estaba próxima la fiesta de los T.
Heb. 8:2 ministro.. del.. t. que levantó el
Heb. 9:2-8 El t. fue dispuesto así
Heb. 9:11 Cristo.. por medio del.. perfecto t.
Apoc. 15:5 santuario del t. del testimonio
Apoc. 21:3 el t. de Dios está con los hombres

TABITA (Dorcas), creyente útil
Hech. 9:36-40

TABLA
Exo. 24:12; 31:18; 32:15-19 t. de piedra.. ley
Exo. 34:1, 4, 28, 29 Lábrate dos t... como las
Deut. 4:13; 9:9-17 Diez Mandamientos.. dos t.
1 Rey. 8:9 en el arca.. dos t... que Moisés
Prov. 3:3; 7:3 verdad.. Escríbelas en las t. de
Hab. 2:2 visión.. grábala.. en t., para.. corra
2 Cor. 3:3 no en t. de piedra, sino en las t.

TADEO: ver Judas de Jacobo
Mat. 10:3; Mar. 3:18

TALENTO: ver Dinero, Mina
Mat. 18:24 traído uno que le debía diez mil t.
Mat. 25:15-28 A uno dio cinco t., a otro dos

TALON
Gén. 3:15 la cabeza, y tú le herirás en el t.
Sal. 41:9; Juan 13:18 levantado contra mí el t.

TAMAR
nuera de Judá: Gén. 38:6-27; Rut 4:12;
Mat. 1:3
hija de David: 2 Sam. 13:1-32

TAMO
Sal. 1:4 impíos, que son como el t. que

TARDANZA
2 Ped. 3:9 algunos la tienen por t.

TARDAR
Exo. 32:1 Moisés tardaba en descender del
Deut. 23:21; Ecl. 5:4 voto.. no tardes en
Sal. 40:17; 70:5 ¡Oh Dios mío, no te tardes!
Prov. 14:29; 15:18; 16:32 que tarda en airarse
Isa. 46:13 Mi salvación no se tardará. Pondré
Mat. 25:5 como tardaba el novio.. cabecearon
Luc. 12:45 siervo dice.. Mi señor tarda en venir
Heb. 10:37; 2 Ped. 2:3 vendrá y no tardará

TARDE: ver Atardecer
Gén. 1:5-31 fue la t. y fue la mañana del.. día
Sal. 127:2 En vano.. os vais t. a reposar

Luc. 24:29 Quédate con nosotros, porque es t.

TARDO: ver Lento
Exo. 4:10 Moisés.. soy t. de boca y de lengua
Neh. 9:17 Dios.. t. para la ira y grande en

TARE, padre de Abraham
Gén. 11:24-32; Luc. 3:34

TARSIS (España ??)
Jon. 1:3; 4:2 Jonás.. para huir.. a T.

TARSO, ciudad
Hech. 9:11, 30; 11:25; 21:39; 22:3

TARTAMUDO
Mar. 7:32 le trajeron un sordo y t.

TEA: ver Antorcha
Jue. 7:16, 20 Gedeón.. con t. encendidas

TECOA, aldea
Amós 1:1 Amós, uno de los pastores de T.

TECHO
Mar. 2:4 destaparon el t. donde Jesús

TEJADO
Luc. 5:19 camilla.. bajaron por el t.

TEJEDOR
Job 7:6 veloces que.. lanzadera del t.

TELA
Job 8:14; Isa. 59:5 confianza.. como t... araña
Mat. 9:16 Nadie pone parche de t. nueva en

TEMBLAR: ver Estremecer
Deut. 2:25 oirán tu fama, y temblarán y se
2 Sam. 22:8; Sal. 18:7; 68:8 tierra.. tembló
Sal. 4:4; Ose. 3:5 Temblad y no pequéis
Jer. 5:22 dice Jehovah. ¿No temblaréis delante
Mat. 27:51 velo.. se rasgó.. La tierra tembló

TEMBLOR: ver terremoto
Sal. 2:11 Servid a Jehovah con temor y.. con t.
1 Cor. 2:3 estuve entre vosotros.. con mucho t.

TEMER: ver Adorar, Aterrorizar, Miedo,
Gén. 15:1; 22:12 No temas.. Yo soy tu escudo
Gén. 42:18 José.. Haced esto.. Yo temo a Dios
Exo. 1:17 parteras temían a Dios y no hicieron
Exo. 14:10 hijos de Israel temieron muchísimo
Exo. 14:31 pueblo temió a Jehovah, y creyó en
Núm. 14:9 ni temáis al pueblo de esa tierra
Deut. 1:21; Jos. 1:9; 8:1 ¡No temas ni desmayes
Deut. 4:10 Aprenderán para temerme todos
Deut. 5:29 que me temiesen y guardasen.. mis
Deut. 6:13; 13:11 A.. tu Dios temerás y a él
Deut. 10:12 ¿que pide.. tu Dios.. que temas a
Jos. 24:14 temed a Jehovah. Servidle con
1 Sam. 12:14 Si teméis a Jehovah y le servís
2 Rey. 17:32-41 Temían a Jehovah, pero
Job 1:9 ¿Acaso teme Job a Dios de balde?
Sal. 3:6 No temeré a.. millares del pueblo
Sal. 23:4 Aunque ande.. no temeré mal alguno
Sal. 25:12 ¿Qué hombre.. teme a Jehovah?
Sal. 27:1; 46:2 mi luz.. ¿de quién temeré?
Sal. 31:19; 33:18 bondad.. los que te temen
Sal. 33:8; 34:9 Tema a Jehovah toda la tierra
Sal. 34:7 ángel.. acampa en derredor.. le temen
Sal. 52:6 Los justos lo verán y temerán
Sal. 56:4, 11; 118:6; Heb. 13:6 No temeré lo
Sal. 66:16; 115:11 oíd.. los que teméis a Dios
Sal. 85:9; 103:11 cercana.. salvación.. temen
Sal. 111:5; 147:11 Da alimento a.. que le teme
Sal. 112:1; 128:1 hombre que teme a Jehovah
Prov. 14:16; Ecl. 7:18 sabio teme y se aparta
Prov. 24:21; Ecl. 5:7 teme a Jehovah y al rey
Prov. 31:30 mujer que teme a Jehovah.. alaba
Ecl. 12:13 conclusión.. Teme a Dios y guarda
Isa. 7:4; 8:12; 35:4; 40:9; Joel 2:21 No temas
Isa. 41:10, 13; 43:5 No temas, porque yo estoy
Isa. 50:10; Apoc. 15:4 ¿Quién.. teme a Jehova
Jer. 5:22 ¿A mí no me temeréis?, dice Jehovah
Jer. 10:7 ¡Quién no te temerá.. te debe temer
Eze. 3:9 no les temerás, ni te atemorizarás
Jon. 1:9, 10, 16 Soy hebreo y temo a Jehovah
Mal. 3:16 los que temían a Jehovah hablaron
Mal. 4:2 que teméis mi nombre, nacerá el Sol
Mat. 1:20 José.. no temas recibir a María
Mat. 10:28, 31 No temáis a los que matan el
Mat. 14:27; 28:5, 10 ¡No temáis!
Mar. 5:36; Hech. 18:9; 27:24 No temas
Luc. 1:30 ángel.. ¡No temas, María!
Luc. 2:9, 10 No temáis.. os doy buenas nuevas
Luc. 12:32 No temáis, manada pequeña
Luc. 18:2, 4 juez.. no temía a Dios ni.. al
Luc. 23:40 ¿Ni.. temes tú a Dios, estando en
Juan 12:15 No temas, hija de Sion.. tu Rey
Hech. 10:35 le es acepto el que le teme y obra
Hech. 13:16 Hombres.. y los que teméis a Dios
Rom. 11:20 No te ensoberbezcas, sino teme
Col. 3:22 Siervos, obedeced.. temiendo a Dios
Heb. 4:1 Temamos.. mientras permanezca.. la
1 Ped. 2:17 Honrad a todos.. temed a Dios
Apoc. 1:17 No temas.. Yo soy el primero y el
Apoc. 14:7 ¡Temed a Dios y dadle gloria
Apoc. 19:5 Load a.. Dios los que le teméis

TEMEROSO: ver Cobarde, Miedoso
Exo. 18:21 selecciona.. hombres.. t. de Dios

Job 1:1, 8; 2:3 Job.. recto, t. de Dios y
Hech. 10:2, 22 Cornelio.. justo y t. de Dios
Hech. 16:14; 18:7 Lidia.. t. de Dios

TEMIBLE
Deut. 10:17; 1 Crón. 16:25 Dios.. poderoso y t.
Sal. 68:35; 76:7, 11 T. eres.. en tu santuario
Sal. 111:9 Santo y t. es su nombre
Isa. 2:19, 21 peñas.. a causa de.. t. presencia
Joel 2:31; Mal. 4:5 día de Jehovah, grande y t.

TEMOR: ver Miedo, Reverencia
Gén. 31:42, 53 Si.. el T. de Isaac, no estuviera
Lev. 19:14, 32 sino que tendrás t. de tu Dios
Deut. 1:17, 29 No tengáis t. de nadie, porque
Jos. 10:8; 11:6 Josué: —No tengas t. de ellos
2 Sam. 23:3; 2 Crón. 19:9 gobierna con el t. de
Sal. 2:11 Servid a Jehovah con t. y alegraos
Sal. 19:9 t. de Jehovah es limpio; permanece
Sal. 34:4 me oyó, y de todos mis t. me libró
Sal. 91:5 No tendrás t. de espanto nocturno
Sal. 111:10; Prov. 1:7; 9:10; 15:33 principio de la sabiduría es el t. de Jehovah
Prov. 10:27; 19:23 t. de Jehovah aumentará
Isa. 11:2, 3 Sobre él reposará.. t. de Jehovah
Hech. 9:31 iglesia.. vivía en el t. del Señor
2 Cor. 5:11 Conociendo.. el t. del Señor
1 Jn. 4:18 En el amor no hay t., sino que el

TEMPESTAD: ver Torbellino
Sal. 107:25, 29 desató el viento de la t.
Isa. 32:2 hombre.. como un refugio contra la t.
Nah. 1:3 Jehovah marcha en.. huracán y en.. t.
Mat. 8:24; Hech. 27:18, 20 se levantó una t.

TEMPLO: ver Casa, Morada, Santuario
1 Sam. 1:9 Elí.. sentado.. puerta del t. de
1 Rey. 6:7-38 Cuando edificaron el t. usaron
1 Rey. 8:6 arca.. en el santuario.. del t.
1 Crón. 29:1 t. no será para el hombre sino
Esd. 4:1; 5:11 habían venido.. edificaban un t.
Sal. 5:7; 138:2 me postraré hacia tu santo t.
Sal. 11:4; Hab. 2:20 Jehovah.. en su santo t.
Sal. 48:9 pensando en tu misericordia en.. t.
Isa. 6:1, 4 borde de.. vestiduras llenaba el t.
Eze. 43:4-12 gloria de Jehovah entró en el t.
Hag. 2:18 son puestos los cimientos del t. de
Zac. 6:12, 13 Retoño.. edificar el t. de
Mal. 3:1 vendrá a su t. el Señor a quien
Mat. 4:5 el diablo.. le puso.. sobre el.. t.
Mat. 12:5, 6 uno mayor que el t. está aquí
Mat. 21:12; 26:55 Entró Jesús en el t. y echó
Mat. 24:1 discípulos.. mostrarle los.. del t.
Mat. 26:61; 27:40; Juan 2:19 derribar el t.
Luc. 2:46 le encontraron en el t., sentado
Luc. 18:10 Dos hombres subieron al t. a orar
Luc. 23:45 velo del t. se rasgó por en medio
Luc. 24:53; Hech. 2:46 se hallaban.. en el t.
Juan 2:14 Halló en el t. a los que vendían
Hech. 3:2 puerta del t... se llama Hermosa
Hech. 5:20-26 en el t., hablad al pueblo
Hech. 17:24 Dios.. no habita en t. hechos de
Hech. 19:27 peligro.. que el t. de.. Diana
1 Cor. 3:16; 6:19 ¿No sabéis que sois t. de
Ef. 2:21 va creciendo hasta ser un t. santo
Apoc. 7:15 le rinden culto de día.. en su t.
Apoc. 11:1 mide el t. de Dios y el altar, y
Apoc. 11:19 abierto el t... que está en.. cielo
Apoc. 15:8 t. se llenó de humo por la gloria
Apoc. 21:22 Dios.. y el Cordero, es el t. de

TEMPORAL: ver Momentáneo
2 Cor. 4:18; 2 Ped. 1:13 se ven son t.

TEMPRANO
Deut. 11:14; Stg. 5:7 dará.. lluvia t.

TENDENCIA
Gén. 6:5 vio que.. toda t... al mal

TENER: ver Poseer
Exo. 20:3 No tendrás otros dioses delante de
Prov. 22:27 Si no tienes con que pagar, ¿por
Mat. 13:12 que tiene, le será dado, y tendrá
Juan 3:15, 16, 36 pierda, mas tenga vida
Juan 10:10 he venido para que tengan vida, y
Juan 10:16 tengo otras ovejas que no son de
1 Cor. 13:1-4 Si tengo profecía y.. no tengo
Heb. 13:14 no tenemos una ciudad permanente
Stg. 5:7, 8 tened paciencia hasta la venida
1 Jn. 2:1 abogado tenemos delante del Padre
Apoc. 22:14 lavan.. que tengan derecho al árbol

TENTACION: ver Prueba
Mat. 6:13 no nos metas en t., mas líbranos del
Luc. 4:13 diablo acabó toda t., se apartó de
Luc. 22:40, 46 Orad que no entréis en t.
1 Cor. 10:13 No os ha sobrevenido.. t. que no

TENTADOR: ver Satanás
Mat. 4:3; 1 Tes. 3:5 El t. se acercó

TENTAR: ver Probar
Mat. 4:1 Jesús fue llevado.. para ser tentado
Gál. 6:1 no sea que tú también seas tentado
Heb. 2:18; 4:15 él .. padeció siendo tentado
Stg. 1:13, 14 Nadie diga.. Soy tentado por Dios

TEOFILO, creyente destacado
Luc. 1:3; Hech. 1:1

TERMINAR: ver Acabar, Cesar
1 Rey. 6:9, 14 Salomón.. el templo.. lo terminó
Isa. 40:2 Hablad.. que su condena ha terminado
Gál. 3:3 comenzado.. terminaréis en la carne?

TERNERO: ver Becerro
Isa. 11:6 El t. y el.. león crecerán juntos
Mal. 4:2 y saltaréis como t. de engorde
Luc. 15:23, 27, 30 Traed el t. engordado y

TERREMOTO: ver Temblor
1 Rey. 19:11. 12 Jehovah no estaba en el t.
Mat. 24:7 Habrá hambre y t. por todas partes
Mat. 27:54; 28:2 vieron el t. y las cosas que
Hech. 16:26 sobrevino un fuerte t... cárcel

TERRENAL: ver Carnal, Natural
Juan 3:12, 31 Si os hablé de cosas t. y no
1 Cor. 15:40, 47-49 cuerpos celestiales y.. t.
Col. 3:5 haced morir lo t. en vuestros miembros

TERROR: ver Espanto, Horror
Gén. 35:5; 2 Crón. 14:14 t. de Dios se apoderó
Isa. 24:17; Jer. 48:43, 44 T., fosa y trampa
Jer. 8:15; 14:19; 30:5 Esperamos paz.. aquí t.
Luc. 21:11, 26 t. y grandes señales del cielo

TESALONICENSE
Hech. 20:4; 1 Tes. 1:1; 2 Tes. 1:1

TESALONICA, ciudad
Hech. 17:1-13; Fil. 4:16; 2 Tim. 4:10

TESORO: ver Bien, Posesión
Neh. 10:38 parte del diezmo.. cámaras del t.
Sal. 135:4 Jehovah ha escogido.. su especial t.
Prov. 10:2; 15:16 t. de impiedad no.. provecho
Isa. 33:6 El temor de Jehovah será su t.
Hag. 2:7 vendrán los t. deseados de.. naciones
Zac. 11:13; Mat. 27:6 Echalo al t... treinta
Mal. 3:10 Traed todo el diezmo al t., y haya
Mal. 3:17 serán para mí un especial t. Seré
Mat. 6:19-21 donde esté tu t., allí.. estará
Mat. 12:35 El.. bueno del buen t. saca cosas
Mat. 13:44, 52 reino.. semejante a un t.
Mat. 19:21 vende.. y dalo.. y tendrás t. en e

TESTADOR
Heb. 9:16, 17 la muerte del t.

TESTAMENTO
Heb. 9:16-18 donde hay un t., es

TESTIFICAR: ver Declarar
Prov. 24:28 No testifiques sin causa contra tu
Hech. 2:40 testificaba y.. exhortaba diciendo
Hech. 10:42 nos ha mandado.. a testificar que
Hech. 18:5; 20:21 Pablo.. testificando.. que
1 Juan 1:2; 4:14 os testificamos y anunciamos

TESTIGO: ver Testimonio
Núm. 35:30; Deut. 17:6, 7; Mat. 18:16; 1 Tim. 5:19 solo t. no bastará para que se sentencie
Deut. 31:19 que este cántico me sirva de t.
Prov. 12:17; 14:5 el t. mentiroso hace engaño
Isa. 43:9-12; 44:8 sois mis t., dice Jehovah
Isa. 55:4 lo he puesto como t. a los pueblos
Luc. 24:48; Juan 3:28 sois t. de estas cosas
Hech. 1:8 me seréis t. en Jerusalén, en toda
Hech. 2:32; 3:15; 5:32; 10:39 somos t.!
Heb. 12:1 tan grande nube de t., despojémonos
Apoc. 1:5; 3:14 Jesucristo, el t. fiel, el

TESTIMONIO: ver Estatuto, Ley, Ordenanza
Gén. 21:30 corderas.. me sirvan de t. de que
Exo. 16:34 Aarón lo puso delante del T.
Exo. 20:16; Mat. 19:18 No darás falso t.
Exo. 25:16 Pondrás en.. arca.. t. que.. te daré
Exo. 31:18 dio a Moisés dos tablas del t.
Núm. 9:15 la nube cubrió.. la tienda del t.
Deut. 4:45; 6:20 Estos son los t., las leyes
Jos. 22:27, 28, 34 altar Ed.. es un t. entre
Sal. 19:7; 119:129 El t. de Jehovah es fiel
Sal. 93:5 Tus t. son muy firmes
Sal. 119:2, 22 Bienaventurados.. guardan sus t.
Sal. 119:144 Justicia eterna son tus t.
Isa. 8:16 Ata el t. y sella la ley entre mis
Mat. 8:18 Seréis llevados.. para dar t. a ellos
Mat. 24:14 evangelio.. predicado.. para t.
Mat. 26:59 ancianos.. buscaban falso t. contra
Luc. 22:71 ¿Qué más necesidad tenemos de t.?
Juan 1:7, 8, 34 vino como t., a fin de dar t.
Juan 5:31-37 Si yo doy t. de mí mismo, mi t.
Juan 5:39 Escrituras.. son las que dan t. de mí
Juan 8:13-18 das t. de ti mismo; tu t. no es
Juan 15:26 Consolador.. dará t. de mí
Juan 18:37 he venido.. para dar t. a la verdad
Juan 19:35: 21:24 dado t., y su t. es verdadero
Hech. 4:33 apóstoles daban t. de.. resurrección
Hech. 6:3; 1 Tim. 3:7 hombres.. de buen t.
Hech. 16:2 era de buen t. entre los hermanos
Hech. 20:23, 24 dar t. del evangelio de la
Hech. 22:18 no recibirán tu t. acerca de mí
Rom. 8:16 Espíritu.. da t... con nuestro
1 Cor. 1:6 el t. de Cristo ha sido confirmado
2 Cor. 1:12 gloria.. t. de nuestra conciencia
1 Tim. 6:13 Jesús.. dio t. de.. buena confesión
2 Tim. 1:8 no te avergüences de dar t. de
Heb. 11:39 aunque recibieron buen t. por.. fe
1 Jn. 5:6-11 tres son los que dan t.
Apoc. 1:2 ha dado t. de la palabra de Dios y

Apoc. 6:9 muertos a causa.. del t. que ellos
Apoc. 12:11 vencido por.. la palabra del t.
Apoc. 19:10 t. de Jesús es el espíritu de la
Apoc. 22:16, 20 enviado a mi ángel.. daros t.

TIATIRA, ciudad de Asia
Hech. 16:14; Apoc. 1:11; 2:18-24

TIBERIAS, ciudad y lago
Juan 6:1, 23; 21:1

TIBIO
Apoc. 3:16 porque eres t., y no frío ni

TIEMPO: ver Estación, Hora
Sal. 9:9 Jehovah.. refugio para.. t. de angustia
Sal. 31:15 en tus manos están mis t.
Sal. 34:1 Bendeciré a Jehovah en todo t.
Prov. 15:23 palabra dicha a t., ¡cuán buena es
Ecl. 3:1-8; 8:6 Todo tiene su t., y todo.. hora
Ecl. 9:11, 12 el hombre tampoco conoce su t.
Isa. 49:8; 2 Cor. 6:2 En t. favorable te he
Dan. 7:25; 12:7; Apoc. 12:14 un t., t. y.. mitad
Dan. 8:19 el final será en el t. señalado
Ose. 10:12 es t. de buscar a Jehovah
Mat. 16:2, 3 no podéis discernir.. de los t.
Mat. 26:18; Apoc. 1:3; 22:10 Mi t. está cerca
Mar. 13:33 no sabéis cuándo será el t.
Luc. 21:24 que se cumplan.. t. de los gentiles
Juan 7:6, 8 Mi t. no ha llegado todavía, pero
Hech. 1:6, 7; 1 Tes. 5:1 no os toca saber.. t.
Hech. 17:26 El ha determinado.. los t. y los
Rom. 13:11 haced esto conociendo el t., que
1 Cor. 4:5 no juzguéis nada antes de t.
1 Cor. 7:29; 2 Tes. 2:6 el t. se ha acortado
Gál. 4:4; Ef. 1:10 cuando vino.. plenitud del t.
Ef. 5:16 redimiendo el t., porque.. días son
1 Tim. 4:1 en.. últimos t. algunos se apartarán
2 Tim. 4:2, 3 mantente dispuesto a t. y fuera
Heb. 1:1 Dios, habiendo hablado en otro t.
Apoc. 12:12 diablo.. sabiendo.. le queda poco t.

TIENDA: ver Morada, Tabernáculo
Exo. 33:7-11 Moisés.. llamó: t. de reunión
Núm. 9:15 nube cubrió.. tabernáculo, la t. del
Isa. 54:2 Ensancha el sitio de tu t., y sean
Hech. 18:3 pues su oficio era hacer t.
2 Cor. 5:1-4 si.. esta t. temporal, se deshace

TIERRA: ver Mundo, Polvo
Gén. 1:1, 2; Sal. 90:2; 102:25 creó Dios.. t.
Gén. 1:10-12, 20; 2:1-6 llamó.. parte seca T.
Gén. 2:7 Dios formó al hombre.. polvo de la t.
Gén. 3:17, 19 sea maldita la t. por tu causa
Gén. 7:17-24 diluvio duró.. días sobre la t.
Gén. 12:1, 3; Hech. 7:3 Vete de tu t., de tu
Gén. 12:7; 28:4, 13 A tu descendencia.. esta t.
Gén. 18:25 Juez de toda la t., ¿no ha de hacer
Exo. 3:5 el lugar donde tú estás t. santa es
Exo. 3:8; 6:8 a una t. que fluye leche y miel
Exo. 9:29 que sepas que la t. es de Jehovah
Lev. 25:23, 24 La t. no se venderá.. pues la t.
Núm. 14:7, 8 t. por donde pasamos.. es buena
Núm. 16:30-34 t. abrió su boca y se los tragó
Núm. 35:33 No profanaréis la t. donde estéis
Deut. 1:8 he puesto la t. delante de vosotros
Deut. 8:10 bendecirás a.. Dios por la buena t.
Deut. 26:9, 10 nos dio esta t.: una t. que
Deut. 34:1-6 Jehovah le mostró toda la t.
1 Rey. 8:27 que Dios.. habitar sobre la t.?
2 Rey. 5:17 Naamán.. una carga de esta t.
Job 26:7 suspende la t. sobre la nada
Sal. 8:1, 9 ¡cuán grande.. tu nombre en.. la t.
Sal. 19:4; Rom. 10:18 por toda la t. salió su
Sal. 24:1; 1 Cor. 10:26 De Jehovah es la t. y
Sal. 47:2, 7 gran Rey sobre toda la t.
Sal. 72:19; Isa. 6:3 Toda la t. sea llena de
Sal. 89:11; 119:64 tuya es también la t.
Sal. 104:24 la t. está llena de tus criaturas
Sal. 115:16 ha dado la t. a los.. hombres
Ecl. 1:4 pero la t. siempre permanece
Isa. 11:9 t. estará llena del conocimiento de
Isa. 40:22 sentado sobre el círculo de la t.
Isa. 45:12 hice la t. y creé al hombre sobre
Isa. 65:17; 66:22; Apoc. 21:1 creo.. y t. nueva
Jer. 22:29 ¡Oh t., t., t., escucha la palabra
Jer. 51:15 El hizo la t. con su poder
Eze. 43:2 t. resplandecerá a causa de.. gloria
Sof. 3:8 toda la t. será consumida por.. fuego
Hag. 2:6; Heb. 12:26 estremeceré.. la t., el
Zac. 14:9 Jehovah será rey sobre toda la t.
Mat. 5:5 recibirán la t. por heredad
Mat. 5:13 Vosotros sois la sal de la t.
Mat. 6:10 voluntad.. así también en la t.
Mat. 6:19 No acumuléis.. tesoros en la t.
Mat. 13:8 otra parte cayó en buena t. y dio
Mat. 13:57 profeta sin honra sino en su.. t.
Mat. 16:19 Todo lo que ates en la t. habrá
Mat. 24:35 El cielo y la t. pasarán, pero mis
Mat. 28:18 Toda autoridad.. dada en.. la t.
Luc. 2:14 ¡Gloria a Dios en las alturas, y en la t. paz entre los hombres
Luc. 16:17 más fácil es que pasen el cielo y la t., que se caiga una tilde de la ley
Juan 8:6, 8 Jesús.. escribía en.. t. con.. dedo
1 Cor. 15:47 primer hombre.. de la t., terrenal
Col. 3:2 Ocupad.. cosas.. no en las de la t.
Heb. 11:9 habitó.. en.. t. prometida como en t.
2 Ped. 3:7, 10 cielos y la t... reservados para
2 Ped. 3:13; Apoc. 21:1 esperamos.. t. nueva
Apoc. 6:4: 7:3 poder.. quitar la paz de la t.

TIGLAT-PILESER (o Pul), rey asirio
2 Rey. 15:19, 29; 16:7, 10; 1 Crón. 5:6, 26; 2 Crón. 28:20

TILDE
Mat. 5:18 ni una t. pasará de la ley

TIMOTEO, compañero de Pablo
Hech. 16:1; 17:14, 15; 18:5; 19:22; 20:4; Rom. 16:21; 1 Cor. 4:17; 16:10; 2 Cor. 1:1, 19; Fil. 1:1; 2:19, 22; Col. 1:1; 1 Tes. 1:1; 3:2, 6; 2 Tes. 1:1; 1 Tim. 1:2, 18; 6:20; 2 Tim. 1:2; Film. 1; Heb. 13:23

TINAJA
Juan 2:6, 7 seis t. de piedra para agua

TINIEBLAS: ver Oscuridad, Mal
Gén. 1:2-5, 18 t. sobre la faz del océano, y
Exo. 10:21, 22 t. sobre la tierra de Egipto, t.
2 Sam. 22:29; Sal. 18:28 Jehovah ilumina mis t.
Isa. 5:20 ¡Ay.. Consideran las t. como luz, y
Isa. 9:2; Mat. 4:16 pueblo.. andaba en t. vio
Isa. 42:7, 16; Luc. 1:79 saques.. moran en.. t.
Joel 2:31; Hech. 2:20 sol se convertirá en t.
Amós 5:18, 20; Sof. 1:15 de Jehovah?.. de t.
Mat. 6:23 si tu ojo es malo.. tu cuerpo.. en t.
Juan 1:5; 2 Cor. 4:6 luz resplandece en las t.
Juan 3:19 hombres amaron más las t. que la luz
Hech. 26:18 que se conviertan de las t. a.. luz
2 Cor. 6:14 ¿Qué comunión tiene.. luz con. t.?
Ef. 5:8, 11; 1 Tes. 5:4, 5 erais t... sois luz
Ef. 6:12 nuestra lucha.. contra.. estas t.
1 Jn. 1:5, 6; 2:8, 11 Dios es luz.. ningunas t.

TINTA
2 Cor. 3:3 escrita no con t., sino con

TIQUICO, creyente
Hech. 20:4; Ef. 6:21; Col. 4:7; 2 Tim. 4:12; Tito 3:12

TIRANO: ver Opresor
Isa. 13:11 humillaré la altivez de los t.
Jer. 15:21 te rescataré de la mano de los t.
Hech. 19:9 discutiendo.. en la escuela de T.

TIRAR: ver Echar
2 Rey. 13:17 Eliseo dijo: —¡Tira! Y él

TIRO, ciudad y nación
Isa. 23:1-17; Eze. 26:15; 27:2—28:12; Mat. 11:21, 22; 15:21

TITO, compañero de Pablo
2 Cor. 2:13; 7:6, 13, 14; 8:6, 16, 23; 12:18; Gál. 2:1, 3; 2 Tim. 4:10; Tito 1:4

TITULO
Mar. 15:26 El t. de su acusación estaba

TOALLA
Juan 13:4 se levantó.. y tomando una t.

TOCAR: ver Palpar
Jos. 6:4-20 sacerdotes tocarán las cornetas
Jue. 6:34; 7:18-22 Gedeón.. tocó la corneta
Est. 5:2 Ester.. tocó la punta del cetro
Sal. 16:6 hermosa la heredad que me ha tocado
Sal. 81:2, 3 tocad el tamboril.. Tocad la
Isa. 6:7 esto ha tocado tus labios; tu culpa
Isa. 38:20 tocaremos.. melodías en la casa de
Jer. 1:9 extendió.. mano y tocó mi boca
Eze. 33:3, 6 si.. toca la corneta para advertir
Mat. 6:2 no hagas tocar trompeta delante de ti
Mat. 9:20-23 mujer.. tocó el borde de su manto
Col. 2:21 “No uses, ni gustes, ni toques”?
Apoc. 8:6-13 ángeles.. primero tocó.. trompeta

TODO
Mat. 28:18-20 T. autoridad me ha sido dada
Rom. 11:36 de él y por él.. son t. las cosas
1 Cor. 9:22, 23 A t. he llegado a ser t.

TODOPODEROSO
Gén. 17:1; 35:11 Yo soy el Dios T.; camina
Exo. 6:3 me aparecí a Abraham.. como Dios T.
Sal. 91:1 habita.. morará bajo.. sombra del T.
Apoc. 1:8; 4:8; 11:17 Yo soy el Alfa.. el T.

TOLERABLE
Mat. 10:15; 11:22, 24 más t. para

TOMAR: ver Llevar, Recibir
Exo. 20:7 No tomarás en vano.. nombre de
Rut 4:13 Boaz tomó a Rut, y ella fue su mujer
Sal. 73:23 Me tomaste de la mano derecha
Mat. 24:40, 41 uno será tomado, y el otro será
Mat. 26:26, 27 Tomad; comed. Esto es mi
Mar. 15:23 vino mezclado con.. no lo tomó
Juan 14:3 vendré.. y os tomaré conmigo
Apoc. 22:17 El que quiere, tome del agua de

TOMAS, apóstol
Mat. 10:3; Juan 11:16; 14:5; 20:24-28; 21:2; Hech. 1:13

TORBELLINO: ver Tempestad
2 Rey. 2:1, 11 arrebatar a Elías.. en un t.
Job 38:1; 40:6 Jehovah respondió a Job.. un t.
Ose. 8:7 han sembrado viento, cosecharán t.

TORCER: ver Doblar
Deut. 32:5; Fil. 2:15 generación torcida y
Sal. 10:5: 125:5; Isa. 59:8 torcidos.. caminos
Ecl. 1:15 Lo torcido no se puede enderezar, y
Isa. 40:4; Luc. 3:5 ¡Lo torcido será.. llanura
Hab. 1:4 Por eso sale torcida la justicia

TORMENTO: ver Sufrimiento
Mat. 25:46 irán éstos al t. eterno, y los
Luc. 16:23, 28 en el Hades.. en t., alzó sus
Apoc. 9:5 Su t. era como el t. del escorpión
Apoc. 14:11 El humo del t... sube para siempre

TORO: ver Buey, Novillo
Exo. 29:36 ofrecerás un t. como sacrificio
Deut. 17:1 No sacrificarás.. un t... defecto
Sal. 22:12 Muchos t. me han rodeado; fuertes t.
Isa. 1:11 No deseo la sangre de t., de corderos
Heb. 9:13; 10:4 sangre de los t... no puede

TORRE: ver Castillo, Fortaleza
Gén. 11:4, 5 edifiquémonos.. t. cuyo cúspide
Prov. 18:10 T. fortificada.. nombre de Jehovah
Isa. 5:2; Mat. 21:33 vides.. edificado.. una t.
Isa. 21:8; Jer. 6:27 sobre la t. del centinela
Luc. 13:4 cayó la t. de Siloé y los mató

TORRENTE
Luc. 6:48, 49 casa.. el t. golpeó con

TORTA
Ose. 7:8 Efraín.. una t... no.. vuelta

TORTOLA: ver Paloma
Lev. 1:14; 5:7; 12:6-8; Luc. 2:24 presentará su ofrenda de t. o de pichones de

TRABAJADOR: ver Obrero
Ecl. 5:12 Dulce es el sueño del t.

TRABAJAR: ver Labrar
Gén. 29:18-30 trabajaré.. siete años por Raquel
Exo. 1:13; 5:18 egipcios los hicieron trabajar
Exo. 20:9; 34:21 Seis días trabajarás y harás
Neh. 4:6, 16-21 pueblo tuvo ánimo.. trabajar
Sal. 127:1 Si.. vano trabajan los.. edifican
Prov. 16:26 El apetito.. le obliga a trabajar
Jer. 18:3 alfarero.. trabajando sobre la rueda
Mat. 6:28 lirios del.. no trabajan ni hilan
Mat. 21:28 Hijo, vé hoy a trabajar en la viña
Luc. 5:5 noche hemos trabajado duro y no
Juan 5:17 Mi Padre.. trabaja; también.. trabajo
Juan 6:27 Trabajad, no por.. comida que perece
Juan 9:4 noche.. cuando nadie puede trabajar
1 Cor. 4:12; 1 Tes. 4:11 trabajando con.. manos
Gál. 4:11; Fil. 2:16 temo.. trabajado en vano
2 Tes. 3:8-12 si.. no quiere trabajar, tampoco

TRABAJO: ver Fatiga, Obra
Exo. 1:14; 5:9 amargaron sus vidas con.. t.
Exo. 12:16; 31:14, 15 séptimo día.. Ningún t.
Lev. 23:7, 8, 21-36 no haréis ningún t. laboral
Núm. 28:25, 26; 29:1, 7 Pentecostés.. ningún t.
Prov. 18:9; 22:29 negligente en su t... hermano
Ecl. 2:22; 3:13 ¿qué logra.. de todo su duro t.
Ecl. 5:15 Nada de su duro t. llevará.. cuando
Isa. 55:2 ¿Por qué gastáis.. vuestro t. en lo
1 Cor. 15:58 vuestro arduo t. en el Señor no
1 Tes. 1:3; 2:9 Nos acordamos.. del t. de.. amor
Apoc. 2:2 Yo conozco.. obras y tu arduo t.
Apoc. 14:13 muertos.. descansen de sus .. t.

TRADICION
Mat. 15:2-6 ¿Por qué quebrantan.. la t. de los
Mar. 7:3-13 fariseos.. se aferran a la t. de

TRAER: ver Llevar
Gén. 4:3, 4 Caín trajo.. una ofrenda a Jehovah
Deut. 1:31 Dios os ha traído, como trae un
2 Sam. 7:18 ¿quién soy.. que me hayas traído
1 Crón. 13:3, 12 traigamos.. el arca de.. Dios
Isa. 60:9, 11 naves.. para traer de lejos a
Jer. 6:19, 20 traigo sobre este pueblo el mal
Mal. 3:10 Traed todos los diezmos al tesoro
Mat. 9:2, 32; 14:35; 17:17 le trajeron.. tendido
Mat. 10:34 No he venido para traer paz, sino
Juan 6:44 Nadie.. a menos que el Padre.. traiga
1 Tes. 4:14 Dios traerá.. a los que han dormido
1 Tim. 6:7 nada trajimos a este mundo

TRAGAR
Núm. 16:32 tierra.. tragó a.. que eran de Coré
Jon. 1:17 un gran pez que se tragase a Jonás
Mat. 23:24 ¡Guías ciegos.. tragáis el camello!
Apoc. 10:10 tomé el librito.. y lo tragué

TRAICIONAR: ver Engañar
Isa. 21:2; 33:1 El traidor traiciona, y el
Mal. 2:10-15 ¿por qué traicionamos cada uno
Mat. 24:10 se traicionarán unos a otros, y se

TRAICIONERO: ver Engañoso
Prov. 11:3, 6; 13:2, 15 arruinará a los t.

TRAIDOR: ver Engañador
Luc. 6:16 Judas Iscariote.. ser el t.

TRAMAR: ver Maquinar, Planear
Sal. 2:1; Hech. 4:25 ¿Por qué.. pueblos traman
Sal. 35:20; 41:7; 64:6 contra.. mansos.. traman
Prov. 3:29 No trames mal contra tu prójimo
Isa. 32:6; Ose. 7:15 vil.. trama la iniquidad

Miq. 2:1 ¡Ay de los que.. traman el mal!
Hech. 20:3; 23:12 judíos tramaron un complot

TRAMPA: ver Red
Deut. 12:30 guárdate.. que no caigas en la t.
Jos. 23:13 naciones.. para vosotros una t.
Sal. 91:3 él te librará de la t. del cazador
Sal. 106:36 sus ídolos.. llegaron a ser una t.
Prov. 3:26 Jehovah.. guardará tu pie de.. la t.
Prov. 29:6 malo cae en.. t. de su.. transgresión
Isa. 24:17, 18; Jer. 48:43, 44 Terror, fosa y t.
1 Tim. 3:7; 6:9; 2 Tim. 2:26 no caiga en.. la t.

TRANQUILIDAD: ver Quietud
Sal. 122:7 Haya paz.. y t. en tus palacios
Prov. 17:1 Mejor es un bocado seco.. con t.
Isa. 32:17 resultado de la justicia será t.
1 Tes. 4:11 Tened por aspiración vivir en t.

TRANQUILO: ver Pacífico
Sal. 23:2 Junto a aguas t. me conduce
Prov. 1:33 el que me escuche.. estará t., sin
1 Tim. 2:2 que llevemos una vida t. y reposada

TRANSFIGURADO
Mat. 17:2 fue t. delante de

TRANSFORMAR: ver Cambiar
Isa. 42:16 transformaré las tinieblas en luz
Rom. 12:2 transformaos por la renovación de
1 Cor. 15:51, 52; 2 Cor. 3:18 todos seremos transformados
Fil. 3:21 transformará nuestro cuerpo de

TRANSGRESION: ver Rebelión
Gén. 31:36 Jacob.. ¿Cuál es mi t.? ¿Cuál es
Sal. 32:1 Bienaventurado aquel cuya t. ha sido
Prov. 29:16 abundan los impíos, abunda la t.
Isa. 53:5, 8 él fue herido por nuestras t.
Eze. 18:22-31 No.. recordadas todas sus t.
Dan. 9:24 Setenta semanas.. terminar con.. t.
Rom. 4:15 donde no hay ley, tampoco hay t.
2 Cor. 5:19 no tomándoles en cuenta sus t.
Gál. 6:1 enredado en alguna t... restaurad
Ef. 1:7 En él.. el perdón de nuestras t.
Heb. 9:15 muerte para redimirlos de las t.

TRANSGRESOR: ver Rebelde
Sal. 51:13 enseñaré a los t. tus caminos, y
Isa. 53:12 derramó.. fue contado entre los t.

TRANSPORTAR
Jer. 20:4; 22:12 rey.. transportará

TRAPO
Isa. 64:6 nuestras obras justas.. como t.

TRASLADAR: ver Pasar
1 Cor. 13:2 fe.. que traslade los montes, pero
Col. 1:13 nos ha trasladado al reino de su Hijo
Heb. 11:5 fe Enoc fue trasladado para no ver

TRASPASAR: ver Infringir
Zac. 12:10; Juan 19:37; Apoc. 1:7 Mirarán al que traspasaron y harán duelo por él
Luc. 2:35 una espada traspasará tu misma alma
Heb. 4:14 sacerdote que ha traspasado.. cielos

TRASTORNAR
Hech. 17:6 trastornan al mundo

TRATAR
Deut. 32:51; Isa. 8:13; Eze. 20:41; 28:25 no me tratasteis como santo
Miq. 7:6 el hijo trata con desdén a su padre
Juan 4:9 judíos no se tratan con.. samaritanos

TRAZAR
2 Tim. 2:15 obrero.. que traza bien la

TREINTA
Zac. 11:12, 13; Mat. 26:15; 27:3, 9 por salario mío t. piezas de plata

TRES
Mat. 18:20 donde dos o t... congregados

TRIBU: ver Familia
Gén. 49:28 éstos llegaron a ser las doce t.
Núm. 36:9 heredad no pasará de una t. a otra
Jue. 21:3 ¿por qué.. falte una t. de Israel?
Stg. 1:1 Santiago.. a.. doce t. de.. dispersión
Apoc. 7:4 sellados de todas.. t. de.. Israel

TRIBULACION: ver Aflicción, Opresión
2 Crón 15:4; Neh. 9:27; Isa. 26:16 en su t. se volvieron a Jehovah Dios de Israel y
2 Crón. 20:9 A ti clamaremos en nuestra t., y
Sal. 46:1 Dios.. nuestro.. auxilio en las t.
Sof. 1:17; Mat. 24:9; Apoc. 7:14 traeré t.
Mat. 24:21, 29 entonces habrá gran t. como no
Hech. 14:22 preciso.. a través de muchas t.
Rom. 5:3; 12:12 nos gloriamos en las t.
2 Cor. 1:4 nos consuela en todas nuestras t.
2 Cor. 4:17 nuestra momentánea y leve t.
Apoc. 2:9, 10, 22 conozco tu t. y tu pobreza

TRIBUNAL: ver Concilio
Amós 5:15; Zac. 8:16 Estableced.. juicio en.. t.
Hech. 25:10 Ante el t. del César estoy, donde
Rom. 14:10; 2 Cor. 5:10 todos.. ante el t. de

TRIBUTO: ver Impuesto
Luc. 20:22; 23:2 lícito dar t. al César, o no?
Rom. 13:7 Pagad a todos.. al que t., t.

TRIGO: ver Cebada, Grano
Jer. 12:13 Sembraron t. y segaron espinas
Jer. 23:28 ¿Qué tiene que ver.. paja con el t.
Mat. 3:12 Recoger su t. en el granero y
Juan 12:24 grano de t. caiga en la tierra y

TRILLA
Lev. 26:5 Vuestra t. alcanzará hasta

TRILLAR: ver Cosechar
Deut. 25:4; 1 Cor. 9:9, 10; 1 Tim. 5:18 No pondrás bozal al buey cuando trilla
Ose. 10:11 vaquilla.. que le gustaba trillar

TRISTE
Mat. 19:22 joven.. se fue t., porque tenía
Mat. 26:38 Mi alma está muy t... velad

TRISTEZA: ver Padecimiento
Prov. 10:1 hijo necio es t. de su madre
Juan 16:6 vuestro corazón se ha llenado de t.
2 Cor. 7:8-10 la t. que es según Dios genera
2 Cor. 9:7 Cada uno dé.. no con t. ni por
Heb. 12:11 disciplina.. causa.. t.; pero

TRIUNFAR
2 Cor. 2:14 Dios.. hace.. triunfemos

TROMPETA: ver Cuerno
1 Crón. 16:42; 2 Crón. 5:12, 13; 7:6 con t.. para el canto de Dios
2 Crón. 23:13; Sal. 98:6 regocijaba.. tocaba.. t.
Mat. 6:2 no hagas tocar t. delante de ti
Mat. 24:31; Apoc. 8:2—9:14; 11:15 ángeles.. sonar de t.
1 Cor. 14:8 si la t. produce.. sonido incierto
1 Cor. 15:52; 1 Tes. 4:16 a la t. final

TRONAR
2 Sam. 22:14; Sal. 18:13; 29:3 Jehovah tronó desde los cielos

TRONO: ver Silla
1 Sam. 4:4; 2 Sam. 6:2; 2 Rey. 19:15; Sal. 99:1 tiene su t. entre los querubines.. Dios
1 Rey. 2:4; Sal. 132:12 Si.. hombre sobre el t.
1 Rey. 22:19 Micaías.. Jehovah sentado en su t.
1 Crón. 17:12, 14; 22:10 estableceré su t.
Sal. 11:4; 45:6; 103:19 Jehovah tiene su t. en
Sal. 45:6; Heb. 1:8 Tu t., oh Dios, es eterno
Prov. 16:12; 20:28; 25:5 con justicia.. el t.
Isa. 6:1 vi.. al Señor sentado sobre.. t. alto
Isa. 16:5 en misericordia.. establecido un t.
Isa. 66:1; Heb. 8:1 Jehovah.. cielo es mi t.
Jer. 3:17 a Jerusalén.. llamarán T. de Jehovah
Dan. 7:9 Anciano.. Su t... como llama de fuego
Mat. 19:28; 25:31 Hijo.. se siente en el t.
Heb. 4:16 Acerquémonos.. al trono de la gracia
Heb. 12:2 se ha sentado a la diestra del t. de
Apoc. 4:2—5:13 t. estaba puesto en el cielo
Apoc. 7:9-17 Están de pie delante del t. y en
Apoc. 20:11, 12 Vi un gran t. blanco y al que
Apoc. 22:1, 3 agua.. fluye del t. de Dios y

TROPEZAR: ver Caer
Exo. 23:33 sus dioses.. te harán tropezar
Sal. 91:12; Mat. 4:6 pie no tropiece en piedra
Isa. 40:30 los jóvenes tropiezan y caen
Jer. 50:32 El soberbio tropezará y caerá, y no
Ose. 14:9 caminos.. rebeldes tropezarán en
Sof. 1:3 Haré tropezar a.. impíos y eliminaré
Mat. 18:6-9 haga tropezar a.. estos pequeños
Rom. 14:20, 21: 1 Cor. 8:13 en que tropiece tu

TROPIEZO: ver Ofensa
Deut. 7:16; Jue. 2:3 dioses.. motivo de t.
Mat. 16:23 a Pedro.. Satanás! Me eres t.
Rom. 9:32, 33; 1 Ped. 2:8 pongo.. piedra de t.

TRUENO: ver Relámpago
Mar. 3:17 a Jacobo.. a Juan.. hijos del t.
Juan 12:29 multitud.. decía que había sido.. t.
Apoc. 10:3, 4 siete t. emitieron sus voces

TUETANO: ver Hueso
Heb. 4:12 Palabra.. partir.. los t.

TUNICA: ver Manto, Ropa
Gén. 37:3, 23, 31-33 José.. una t. de.. colores
1 Sam. 2:19 Su madre le hacía.. una t. pequeña
Luc. 3:11; 6:29 El que tiene dos t. dé al que
Juan 19:23 Jesús.. la t. no tenía costura; era

TURBAR: ver Molestar
Sal. 42:5, 11; 43:5 ¿Por qué.. te turbas dentro
Mat. 24:6; 1 Ped. 3:14 Mirad que no os turbéis
Juan 12:27 Ahora está turbada mi alma. ¿Qué
Juan 14:1, 27 No se turbe vuestro corazón

TURNO
1 Cor. 14:27 habla en una lengua.. por t.

TUTOR: ver Maestro
Gál. 3:24, 25 ley ha sido nuestro t. para

TUYO
1 Crón. 29:11-14; Mat. 6:13 T. es el reino
Juan 17:10 Todo lo mío es t., y todo lo t. es

ULCERA
Exo. 9:9, 10 lo esparció.. producía ú.

ULTIMO: ver Fin
Isa. 2:2; Miq. 4:1 en los ú. días.. monte de
Isa. 44:6; 48:12: Apoc. 1:17; 2:8; 22:13 soy el primero y yo soy el ú., y fuera de mí no
Mat. 19:30; 20:16; Mar. 9:35 primeros serán ú.
Hech. 1:8; 13:47 testigos.. hasta lo ú. de la
Hech. 2:17 en los últimos d... derramaré de mi
1 Cor. 15:26 ú. enemigo.. destruido.. la muerte
1 Tim. 4:1; 2 Tim. 3:1; 2 Ped. 3:3 ú. tiempos

UNANIME
Hech. 1:14; 2:46 éstos perseveraban u.

UNCION
1 Jn. 2:20, 27 tenéis la u... del Santo

UNGIR
1 Sam. 10:1 ¿No te ha ungido Jehovah como el
2 Sam. 2:4, 7; 5:3 ungieron allí a David como
Sal. 2:2; Hech. 4:26, 27 contra.. y su ungido
Sal. 23:5 Unges mi cabeza con aceite; mi copa
Sal. 45:7; Heb. 1:9 te ha ungido Dios, el Dios
Isa. 45:1 ha dicho Jehovah, a su ungido, a Ciro
Isa. 61:1; Luc. 4:18; Hech. 10:38 me ha ungido
Mat. 6:17 cuando ayunes, unge tu cabeza y
Luc. 7:38, 46 le besaba los pies y los ungía
Juan 11:2; 12:3 María.. ungió al Señor con
Stg. 5:14 ¿Está enfermo.. ungiéndole con aceite

UNICO
Zac. 14:9 Jehovah será ú., y U. será su nombre
Juan 17:3; Jud. 25 que te conozcan.. ú. Dios

UNIDAD
Ef. 4:3, 13 guardar la u. del Espíritu

UNIGENITO: ver Unico
Juan 1:14; 3:16, 18; 1 Jn. 4:9 la gloria del u. del Padre, lleno de gracia

UNIR: ver Adherir, Juntar, Reunir
Gén. 2:24; Mat. 19:5; Ef. 5:31 se unirá a su
Zac. 2:11 se unirán a Jehovah muchas naciones
Mat. 19:6 lo que Dios ha unido, no lo separe
1 Cor. 6:16, 17 el que se une con.. prostituta
Col. 2:2 unidos en amor, sus corazones sean

UNIVERSO
Heb. 1:2; 11:3 el Hijo.. hizo el u.

URIAS
marido de Betsabé: 2 Sam. 11:3-26; 12:9-15
sacerdote: 2 Rey. 16:10-16
profeta: Jer. 26:20-23

URIM
Exo. 28:30; Núm. 27:21; Deut. 33:8; 1 Sam. 28:6; Esd. 2:63 Urim y el Tumim en el pectoral

USAR
Mat. 6:7 al orar, no uséis vanas repeticiones
Gál. 5:13 no uséis la libertad como pretexto

USURA: ver Interés
Lev. 25:36, 37; Eze. 18:8-17 No le tomarás u.
Neh. 5:7-11 Renunciemos.. a esta u.
Sal. 15:5; Prov. 28:8 no presta su dinero con u.

USURERO
Exo. 22:25 no te portarás.. como u.

UTIL: ver Bueno
2 Tim. 2:21 será un vaso.. ú. para el Señor
2 Tim. 3:16 Toda la Escritura.. es útil para
Film. 11 él te fue inútil; pero ahora es ú.

UVA: ver Vid, Vino
Lev. 19:10; 25:5 ni recogerás las u. caídas
Núm. 6:3 No beberá.. jugo de u., ni comerá u.
Núm. 13:23 cortaron una rama.. de u... llevaron
Isa. 5:2, 4 Esperaba que diese u. buenas, pero
Jer. 31:29, 30; Eze. 18:2 padres comieron.. u.
Mat. 7:16 ¿Acaso se recogen u. de los espinos
Apoc. 14:18, 19 Echó.. u. en.. lagar de la ira

UZIAS: ver Azarías, rey de Judá
2 Crón. 26:1—27:2; Isa. 1:1; 6:1; Ose. 1:1; Amós 1:1; Zac. 14:15; Mat. 1:8, 9

VACA: ver Novillo, Toro
Gén. 41:2-27 Nilo subían siete v. de hermoso
Lev. 22:21 ofrezca un sacrificio.. de las v.
Núm. 19:2-17 traigan una v. roja, sin defecto
1 Sam. 15:14, 15 ¿qué es ese.. mugido de v.
Isa. 11:7 La v. y la osa pacerán, y sus crías

VACILACION
Heb. 10:23 Retengamos.. confesión.. sin v.

VACILANTE
Isa. 35:3 afirmad las rodillas v.

VACILAR
1 Rey. 18:21 ¿Hasta cuándo vacilaréis entre
Jud. 22 De.. que vacilan tened misericordia

VACIO
Gén. 1:2; Isa. 45:18; Jer. 4:23 tierra.. v.

Exo. 23:15; 34:20; Deut. 16:16 Y nadie se presentará delante de mí con las manos v.
Job 26:7 despliega.. norte sobre.. v. y suspende
Isa. 55:11 mi palabra.. No volverá a mí v.

VACUNO: ver Becerro, Vaca
Lev. 1:2, 3; 3:1; 27:32 ofrenda.. del ganado v.
Juan 2:14 Halló.. templo a los que vendían v.

VAGABUNDO: ver Errante
Prov. 6:11 vendrá.. pobreza como.. v.

VALENTIA: ver Animo
Jer. 9:23 ni se alabe el valiente en su v.
Hech. 4:13, 29, 31 viendo la v. de Pedro y de
Hech. 9:27, 29; 13:46; 19:8; Ef. 6:20 Pablo y Bernabé, hablando con v., dijeron
Hech. 14:3; 18:26 hablando con v., confiados

VALER
Prov. 10:20; 16:16 corazón de.. impíos no vale
Prov. 22:1; 24:5 Más vale el buen nombre que
Mat. 5:13 sal.. No vale más para nada, sino
Mat. 10:31; 12:12 más valéis.. que.. pajaritos
Mar. 12:33 amarle.. vale más que todos los
1 Cor. 7:19 vale.. guardar los mandamientos de
Gál. 5:6; 6:15 valen.. fe que actúa por.. amor

VALIENTE
Deut. 31:6; Jos. 10:25 ¡Esforzaos y sed v.!
Deut. 31:7, 23; Jos. 1:6-18 Esfuérzate y sé v.
1 Sam. 16:18; 18:17 un hijo de Isaí.. es v.
2 Sam. 1:19-27 ¡Cómo han caído los v.!
2 Sam. 23:8-22 tres v. que estaban con David
1 Crón. 28:20 Esfuérzate, sé v. y actúa. No
Ecl. 9:11 no es.. de los v. la batalla, ni de
Isa. 5:22 ¡Ay de los.. v. para beber vino
Isa. 42:13 Jehovah saldrá como v., y como
Jer. 9:23 ni se alabe el v. en su valentía
Dan. 10:19; 1 Cor. 16:13 Esfuérzate y sé v.
Hech. 23:11 Sé v., Pablo, pues así como has

VALIOSO
Prov. 3:15 Es más v. que las perlas

VALOR: ver Precio
2 Rey. 1:13, 14 que sea de v... mi vida y la
Job 28:18 el v. de la sabiduría es mayor que
Prov. 31:10 Mujer virtuosa.. su v. sobrepasa a
Mat. 6:26 aves.. ¿No sois.. de mucho más v.
Mat. 13:46 encontrado.. perla de gran v., fue
Juan 12:3 María.. perfume.. de mucho v., ungió
Juan 16:33 ¡tened v.; yo he vencido al mundo!

VALLE: ver Llanura
Sal. 23:4 Aunque ande en v. de sombra de
Sal. 84:6 Cuando pasan por el v. de lágrimas
Cant. 2:1 soy la rosa.. y el lirio de los v.
Isa. 22:1, 5 Profecía acerca del V. de.. Visión
Isa. 40:4; Luc. 3:5 ¡Todo v. será rellenado, y
Eze. 37:1, 2 me puso en.. un v... de huesos

VANAGLORIA: ver Altivez
Fil. 2:3 No hagáis nada.. por v.

VANIDAD: ver Vacío
1 Sam. 12:21 No os apartéis tras las v. que no
Sal. 24:4 que no ha elevado su alma a la v. ni
Sal. 39:5, 11 sólo v. es.. hombre en su gloria
Prov. 30:8 V. y palabra mentirosa aparta de mí
Ecl. 1:2; 12:8 "V. de v.", dijo el Predicador
Ecl. 1:14; 2:1, 11-26; 3:19; 4:4-16; 5:7, 10; 6:2, 9-11; 7:6, 15; 8:10, 14; 9:2; 11:8-10 todo ello es v. y aflicción de espíritu
Isa. 44:9; Jer. 8:9 imágenes talladas.. sólo v.
Hech. 14:15 os convirtáis de estas v. al Dios

VANIDOSO
Gál. 5:26 No seamos v., irritándonos

VANO: ver Inútil
Exo. 20:7; Deut. 5:11 No tomarás en v. el
Sal. 2:1; Hech. 4:25 ¿Por qué.. pueblos.. v.?
Sal. 33:17 V. es el caballo para la victoria
Sal. 60:11; 108:12 v. es la liberación que da
Sal. 127:1, 2 Si Jehovah no.. en vano trabajan
Prov. 31:30 Engañosa.. y v. es la hermosura
Isa. 1:13 No traigáis ms ofrendas v.
Mat. 6:7 al orar, no uséis v. repeticiones
1 Cor. 15:14 si Cristo no.. v. es.. predicación
1 Cor. 15:58 vuestro arduo trabajo.. no es en v.

VAPOR: ver Nube
Gén. 2:6 subía de la tierra un v. que regaba
Stg. 4:14 sois un v. que aparece por un poco

VAQUILLA: ver Vaca
Jue. 14:18 Si no hubierais arado con mi v.
Ose. 10:11 Efraín era una v. domada a la que

VARA: ver Bastón, Castigo, Cayado
Exo. 4:2, 4, 17, 20; 7:9-20; 8:5, 16, 17; 9:23; 10:13; 14:16; 17:5, 9; Núm. 20:8-11 mano?.. Una v.
Núm. 17:2-10; Heb. 9:4 una v. para cada jefe
Sal. 2:9; Isa. 11:4 los quebrantarás con v. de
Sal. 23:4 Tu v. y.. cayado.. infundirán aliento
Prov. 10:13; 22:15; 23:13; 26:3; 29:15 la v. es para.. espaldas del falto de entendimiento

VARIACION
Stg. 1:17 no hay.. ni sombra de v.

VARON: ver Hombre
Gén. 4:1 Eva.. a Caín.. He adquirido un v.
Gén. 17:10, 12; Exo. 12:48 v... circuncidado
Exo. 1:17, 18 parteras.. dejaban con vida a.. v.
Isa. 53:3 v. de dolores y experimentado en
Lam. 3:39 ¿Por qué se queja.. v... en.. pecado
Mat. 2:16 Herodes.. matar a.. niños v. en
Mat. 19:4 que los creó.. los hizo v. y mujer
Luc. 1:34 María.. Porque yo no conozco v.
Luc. 2:23 v. que abre la matriz será llamado
Gál. 3:28 Ya no hay.. v. ni mujer; porque
Apoc. 12:5, 13 Ella dio a luz un hijo v. que

VASO: ver Cáliz, Copa
Jer. 18:4; 19:11; Rom. 9:20-23 v... se dañó en
Mat. 10:42 da.. un v. de agua fría solamente
Mat. 23:25, 26 limpiáis lo de afuera del v.
2 Cor. 4:7 tenemos este tesoro en v. de barro
2 Tim. 2:20, 21 será un v. para honra.. útil
1 Ped. 3:7 honor a la mujer como a v... frágil

VASTAGO
Isa. 11:1 v. de sus raíces dará fruto

VASTI, reina persa
Est. 1:9—2:17

VECINO: ver Prójimo
Exo. 3:22; 11:2 Cada.. pedirá a su v... objetos
Exo. 12:4 cordero.. lo compartirán él y su v.
Sal. 15:3 prójimo, ni hace agravio a su v.
Mar. 1:38 Vamos.. a los pueblos v., para que

VEJEZ
Sal. 71:9 No me deseches en el tiempo de la v.
Isa. 46:4 Hasta vuestra v. yo seré el mismo

VELAR: ver Cuidar, Defender
Ose. 14:8 Soy yo quien.. velará por él
Mat. 24:42, 43; 25:13 Velad.. porque no sabéis
Mat. 26:38-41 triste.. Quedaos.. velad conmigo
Heb. 13:17 dirigentes.. velan por.. almas como
1 Ped. 5:8 Sed sobrios y velad.. el diablo
Apoc. 16:15 Bienaventurado el que vela y

VELO: ver Cortina
Exo. 34:33-35; 2 Cor. 3:13-16 Moisés.. puso.. v.
Lev. 16:15 llevará su sangre detrás del v.
Isa. 40:22 El despliega los cielos como un v.
Mat. 27:51 el v. del templo se rasgó en dos
1 Cor. 11:15 mujer.. cabello en lugar de v.

VELOZ
Job 7:6; 9:25 Mis días.. más v. que.. lanzadera
Ecl. 9:11 no es de los v. la carrera, ni de
Sof. 1:14; Mal. 3:5 V. es el día de Jehovah

VELLON: ver Cuero
Jue. 6:37-40 pondré.. v. de lana en.. era

VENCEDOR
Rom. 8:37 somos más que v. por medio

VENCER: ver Conquistar, Triunfar
1 Sam. 17:9-50 venció David al filisteo con
Jer. 1:19; 15:20 no te vencerán; porque yo
Juan 1:5 La luz.. tinieblas no la vencieron
Juan 16:33 tened valor.. he vencido al mundo
Rom. 12:21 No seas vencido por el mal, sino
2 Ped. 2:19, 20 esclavo de lo que.. ha vencido
1 Jn. 2:13, 14; 4:4 habéis vencido al maligno
1 Jn. 5:4, 5 victoria que ha vencido al mundo
Apoc. 2:7, 11, 17, 26; 3:5, 12, 21; 12:11 Al que venza le daré
Apoc. 5:5; 17:14 León.. ha vencido para abrir
Apoc. 6:2 caballo.. salió venciendo y.. vencer
Apoc. 11:7; 13:7 bestia.. vencerá y los matará
Apoc. 21:7 El que venza heredará estas cosas

VENDAR: ver Atar
Job 5:18; Sal. 147:3; Ose. 6:1 pero.. venda
Isa. 61:1 Me ha enviado.. para vendar a los
Eze. 34:4, 16 A la perniquebrada vendaré, y

VENDEDORA
Hech. 16:14 Lidia.. Era v. de púrpura

VENDER: ver Comprar
Gén. 25:33; Heb. 12:16 vendió.. su primogenitura
Gén. 37:28, 36; 45:4, 5 a José.. lo vendieron a
Lev. 25:23 tierra no se venderá a perpetuidad
1 Rey. 21:25 Acab.. se vendiera para.. lo malo
Prov. 23:23 Adquiere la verdad y no la vendas
Amós 2:6 castigo.. venden por dinero al justo
Mat. 10:29 ¿Acaso no se venden dos pajaritos
Mar. 14:5 podría haberse vendido este perfume
Luc. 12:33 Vended.. dad ofrendas de
Luc. 22:36 no tiene espada, venda su manta y
Hech. 4:34, 37 traían el precio de lo vendido
Hech. 5:1-8 Ananías.. vendió una posesión

VENDIMIAR: ver Cosechar
Deut. 24:21 vendimies tu viña, no la rebusques
Luc. 6:44 tampoco se vendimian uvas de.. zarza
Apoc. 14:18, 19 Mete tu hoz afilada y vendimia

VENENO
Amós 6:12 habéis convertido el derecho en v.
Rom. 3:13; Stg. 3:8 v. de serpiente debajo de

VENERAR: ver Adorar, Respetar
Jue. 6:10; 2 Rey. 17:7 no veneréis a los dioses
Rom. 1:25 veneraron.. a la creación antes que

VENGADOR
Núm. 35:19-27 v. de.. sangre matará al asesino
Jos. 20:3-9 sirvan de refugio ante el v. de la
Nah. 1:2 ¡Dios celoso y v. es Jehovah! V. es

VENGANZA: ver Retribución
Deut. 32:35, 41, 43; Rom. 12:19; Heb. 10:30 Mía es la v., yo pagaré; a su debido tiempo
Sal. 94:1 Oh.. Dios de.. v., oh Dios de.. v.
Isa. 34:8; 35:4; 61:2 es día de v. de Jehovah
Jer. 46:10; 1 Tes. 4:6 será día de v. para el
Miq. 5:15 v. en.. naciones que no escucharon
Luc. 21:22 éstos son días de v., para que se

VENGAR: ver Retribuir
Gén. 27:42 Esaú.. planea vengarse de ti
Lev. 19:18 No te vengarás ni guardarás rencor

VENGATIVO
Sal. 8:2; 44:16 hacer callar.. al v.

VENIDA: ver Revelación
Mal. 3:2 ¿Quién podrá resistir.. día de su v.?
Mat. 24:3, 27, 37, 39 qué señal habrá de tu v.?
1 Cor. 15:23 luego los.. son de Cristo, en su v.
1 Tes. 2:19; 3:13; 4:15; 5:23; 2 Tes. 2:1, 8 en la v. de nuestro Señor Jesús con todos sus
2 Tim. 4:8 corona.. los que han amado su v.
Stg. 5:7, 8 paciencia hasta la v. del Señor
2 Ped. 1:16; 3:12 conocer.. la v. de nuestro
2 Ped. 3:4 ¿Dónde está la promesa de su v.?

VENIDERO
Sal. 78:4, 6; 102:18 generación v. contaremos
Mar. 11:10 ¡Bendito el reino v. de.. David
Luc. 3:7; 18:30; 1 Tes. 1:10 huir de la ira v.?
Hech. 24:25 Pablo disertaba.. del juicio v.

VENIR: ver Acontecer, Acudir
Gén. 49:10 sus pies, hasta que venga Siloh
Núm. 10:29, 32 Ven con nosotros, y te haremos
1 Sam. 17:43-45 vienes contra mí con espada
1 Rey. 8:41, 42 el extranjero.. venga a orar
2 Crón. 30:8 venid a su santuario que él ha
Job 1:6; 2:1 ante.. entre ellos vino.. Satanás
Job 5:21 no temerás cuando venga.. destrucción
Sal. 40:7 He aquí, yo vengo. En.. rollo.. está
Sal. 100:2 venid ante.. presencia con regocijo
Sal. 118:26; Mat. 21:9; 23:39 viene en.. nombre
Sal. 119:41, 173 Venga a mí tu misericordia
Ecl. 9:10 lo que te venga a la mano para hacer
Ecl. 12:1 Acuérdate.. antes que vengan los días
Isa. 55:1, 3; Juan 7:37 sedientos, venid a las
Isa. 62:11 Salvador viene.. recompensa viene
Jer. 17:8 No temeré cuando venga el calor
Eze. 21:27 hasta que venga aquel a quien le
Eze. 33:33 cuando esto venga—y.. ya viene
Dan. 7:13; Mat. 24:30; 26:64 las nubes.. venía
Joel 2:31; Sof. 2:2; Hech. 2:20 venga el día
Hab. 2:3; Heb. 10:37 vendrá y no tardará
Zac. 9:9; Mat. 21:5 tu rey viene a ti, justo
Mal. 4:5, 6 Elías antes que venga el día de
Mat. 4:19; 19:21 Venid en pos de mí, y os haré
Mat. 6:10 venga tu reino, sea hecha.. voluntad
Mat. 8:9 si digo al otro: "Ven", él viene
Mat. 10:23 antes que venga el Hijo del Hombre
Mat. 11:3 ¿Eres tú aquel que ha de venir, o
Mat. 11:28 Venid a mí, todos los que estáis
Mat. 16:24 Si.. quiere venir en pos de mí
Mat. 19:14 Dejad a los niños.. venir a mí
Mat. 24:42-50 no sabéis.. qué día viene.. Señor
Luc. 9:26 se avergonzará.. cuando venga en su
Luc. 12:40 la hora que no penséis, vendrá el
Luc. 17:20 El reino de Dios no vendrá con
Luc. 18:8 cuando venga el Hijo.. ¿hallará fe
Luc. 23:42 acuérdate de mí cuando vengas en
Juan 1:11 A lo suyo vino, pero los suyos no
Juan 1:15, 27, 30 El que viene después de mí
Juan 1:39, 46; 11:34 Venid y ved.. Fueron y
Juan 4:25; 7:27, 31 Mesías.. Cuando él venga
Juan 5:40, 43, 44 no queréis venir a mí para
Juan 6:35 que a mí viene nunca tendrá hambre
Juan 6:37, 44 que a mí viene, jamás le echaré
Juan 8:42 he venido de Dios. Yo no he venido
Juan 10:10 Yo he venido para que tengan vida
Juan 11:43 ¡Lázaro, ven fuera!
Juan 14:3 si voy.. vendré otra vez y os tomaré
Juan 14:6 nadie viene al Padre, sino por mí
Juan 15:26; 16:8, 13 cuando venga el Consolador
Juan 16:28; 18:37 salí de.. he venido al mundo
Juan 16:32 la hora viene, y ha llegado ya
Juan 21:22, 23 quede hasta que yo venga, ¿qué
Hech. 1:11 Este Jesús.. vendrá de la misma
1 Cor. 4:5 no juzguéis.. hasta que venga el
1 Cor. 11:26 anunciáis.. hasta que él venga
1 Cor. 13:10 cuando venga lo que es perfecto
1 Tes. 5:2; 2 Ped. 3:10 día del Señor vendrá
Apoc. 2:25 aferraos a.. hasta que yo venga
Apoc. 3:11; 22:7, 12, 20 Yo vengo pronto
Apoc. 16:15 yo vengo como ladrón
Apoc. 22:17, 20 ¡Amén! ¡Ven, Señor Jesús!

VENTAJA: ver Ganancia, Provecho
Ecl. 2:13 sabiduría tiene v. sobre la

VENTANA
Jos. 2:15-21 los hizo descender.. por la v.

Dan. 6:10 Daniel.. v... abiertas.. oraba y
Mal. 3:10 diezmo.. Probadme.. os abriré.. v.
Hech. 20:9 sentado en la v... sueño, cayó

VENTURA
1 Cor. 9:26 yo corro.. no como a la v.

VER: ver Mirar
Gén. 1:4, 10-12, 18-31 Dios vio que.. era bueno
Gén. 16:13 Tú eres un Dios que me ve
Gén. 32:30; Jue. 6:22 vi a Dios cara a cara y
Exo. 3:7, 9, 16 he visto la aflicción de mi
Exo. 33:20, 23 No podrás ver mi rostro..
Núm. 14:22, 23 vieron mi gloria.. ninguno ver
Est. 8:6 ¿Cómo podría yo.. ver la destrucción
Job 19:26, 27 en mi carne he de ver a Dios
Job 42:5 De oídas.. pero ahora mis ojos te ven
Sal. 11:4 Jehovah.. en su templo.. Sus ojos ven
Sal. 17:15 en justicia veré tu rostro.. cuando
Sal. 27:13 ¡Oh, si.. no creyese que he de ver
Sal. 34:8 Probad y ved que Jehovah es bueno
Sal. 46:8; 66:5 y ved los hechos de Jehovah
Sal. 94:9 El que formó el ojo, ¿no verá?
Sal. 115:5; 135:16 tienen ojos, pero no ven
Sal. 139:16; Jer. 12:3 ojos vieron mi embrión
Ecl. 8:17 vi todas las obras de Dios
Isa. 6:5 siendo.. mis ojos, han visto al Rey
Isa. 6:10; Mat. 13:14, 15; Juan 9:39; 12:40; Hech. 28:26 no sea que vea con sus ojos
Isa. 40:5; Luc. 3:6 gloria.. todo.. la verá
Isa. 52:8, 10, 15; Rom. 15:21 lo verán.. ojos
Isa. 53:10, 11 verá.. luz y quedará satisfecho
Isa. 62:2 las naciones verán tu justicia
Isa. 64:4; 1 Cor. 2:9 ni el ojo ha visto a
Hab. 1:3, 13 ¿Por qué.. me haces ver.. aflicción
Mat. 5:8 limpio corazón, porque.. verán a Dios
Mat. 5:16 que vean vuestras buenas obras y
Mat. 6:1 Guardaos de hacer.. para ser vistos
Mat. 11:4-9 Los ciegos ven, los cojos andan
Mat. 13:17 y justos desearon ver lo que veis
Mat. 16:28 no.. muerte hasta.. visto al Hijo
Mat. 25:37-39, 44 ¿cuándo te vimos
Mat. 28:6, 7, 10 Venid, ved el lugar donde
Luc. 2:30 mis ojos han visto tu salvación
Luc. 5:26 ¡Hoy hemos visto maravillas!
Luc. 10:18 Yo veía a Satanás caer del cielo
Luc. 17:22 desearéis ver.. los días del Hijo
Luc. 21:31 cuando veáis que suceden.. cosas
Luc. 24:39 Palpad y ved, pues un espíritu no
Juan 1:18; 6:46; 1 Jn. 4:12 nadie le ha visto
Juan 1:32-38 He visto al Espíritu.. descendía
Juan 1:39, 46, 48, 50 Venid y ved.. y vieron
Juan 3:3 a menos.. no puede ver.. reino de Dios
Juan 8:56 Abraham.. de ver mi día.. lo vio y
Juan 9:25 habiendo sido ciego, ahora veo
Juan 12:21, 45 Señor, quisiéramos ver a Jesús
Juan 14:9 que me ha visto, ha visto al Padre
Juan 14:19 no me verá más, pero.. veréis
Juan 16:16-19 Un poquito, y no me veréis.. y
Juan 20:25, 29 Si.. no veo.. las marcas de los
Hech. 1:9 mientras.. le veían, él fue elevado
Hech. 9:9, 12 Por tres días estuvo sin ver
Hech. 11:23 llegó y vio.. regocijó y exhortó
Hech. 22:15 testigo.. de lo que has visto y
Rom. 8:24, 25 esperanza que se ve no es
1 Cor. 13:12 Ahora vemos oscuramente.. veremos
2 Cor. 4:18 cosas que se ven son temporales
Heb. 11:3 que se ve fue.. de lo que no se veía
Heb. 12:14 santidad sin la cual nadie verá al
1 Jn. 1:1-3 que hemos visto con nuestros ojos
1 Jn. 3:2 seremos semejantes.. lo veremos tal
1 Jn. 4:20 no ama.. a quien ha visto, no
Apoc. 1:7 todo ojo le verá: aun los que le
Apoc. 1:17, 19; 22:8 Cuando le vi, caí como

VERANO: ver Invierno
Prov. 10:5 El que recoge en el v. es.. sensato
Prov. 30:25 hormigas.. en.. v. preparan
Jer. 8:20 pasado la siega, se ha acabado el v.
Amós 8:1, 2 me mostró.. cesta con frutas de v.

VERAZ
Prov. 14:5 El testigo v. no miente, pero

VERBO: ver Cristo
Juan 1:1, 14 En el principio era el V., y el V.
1 Jn. 1:1 nuestras manos tocante al V. de vida
Apoc. 19:13 nombre.. llamado EL V. DE DIOS

VERDAD: ver Fidelidad
Sal. 15:2 el que habla v. en su corazón
Sal. 19:9 Los juicios de Dios son v.
Sal. 25:5; 86:11 Encamíname en tu v. y
Sal. 40:11 tu misericordia y tu v. me guarden
Sal. 43:3 Envía tu luz y tu v.; éstas me
Sal. 51:6 tú quieres la v. en lo íntimo, y en
Sal. 85:10, 11 La misericordia y la v. se
Sal. 91:4; 111:7 escudo y defensa es su v.
Sal. 119:30, 43 He escogido.. camino de la v.
Prov. 8:7; 12:17, 22 mi boca hablará la v.
Prov. 23:23 Adquiere la v. y no la vendas
Isa. 42:3 según la v. traerá justicia
Isa. 59:14, 15 La v. tropieza en la plaza
Jer. 33:6 les revelaré tiempos de paz y de v.
Ose. 4:1 no hay en la tierra v., ni lealtad
Zac. 7:9 Juzgad conforme a la v.; practicad
Zac. 8:3 Jerusalén se llamará Ciudad de V.
Zac. 8:16; Ef. 4:25 Hablad v. cada cual con
Luc. 1:4 que conozcas bien la v. de las cosas
Juan 1:14, 17 Verbo.. lleno de gracia y de v.
Juan 3:21 el que hace la v. viene a la luz

Juan 4:23, 24 le adoren en espíritu y en v.
Juan 8:32, 40 conoceréis la v., y la v. os
Juan 14:6 Yo soy el camino, la v. y la vida
Juan 16:13 Espíritu de v... os guiará a.. la v.
Juan 17:17 Santifícalos en la v.; tu palabra
Juan 18:37, 38 dijo Pilato: —¿Qué es la v.?
Rom. 1:25 cambiaron la v. de Dios por
Rom. 2:2, 8 ira a los que.. no obedecen a la v.
1 Cor. 13:6 sino que se regocija con la v.
2 Cor. 13:8 no podemos nada contra la v., sino
Gál. 5:7 os estorbó para no obedecer a la v.?
Ef. 1:13 oído la palabra de v... fuisteis
Ef. 4:15 siguiendo la v. con amor, crezcamos
Ef. 6:14 firmes, ceñidos con.. cinturón de.. v.
1 Tim. 2:4 lleguen al conocimiento de la v.
1 Tim. 3:15 iglesia.. y fundamento de la v.
2 Tim. 2:15 que traza bien la palabra de v.
1 Ped. 1:22 purificado vuestras almas en.. v.
1 Jn. 1:6, 8 mentimos y no practicamos la v.
1 Jn. 2:21 ninguna mentira procede de la v.
1 Jn. 3:18, 19 no.. de palabra.. sino de v.
2 Jn. 4; 3 Jn. 4 alegré.. hallar.. andan en.. v.

VERDADERO: ver Fiel, Veraz
2 Crón. 15:3; Jer. 10:10 Israel sin el Dios v.
Juan 1:9 Aquél era la luz v. que alumbra a
Fil. 4:8 todo lo que es v... en esto pensad
Apoc. 3:7, 14; 19:11 El Santo y V... dice

VERDE
Luc. 23:31 si con el árbol v. hacen

VERDURA
Prov. 15:17 Mejor.. comida de v... amor

VERGONZOSO
Rom. 1:26, 27 entregó a pasiones v.

VERGÜENZA: ver Desnudez
Prov. 18:3 con la deshonra viene la v.
Dan. 12:2 serán despertados.. otros para v. y
Sof. 3:5 Pero el perverso no conoce la v.
Rom. 5:5 la esperanza no acarrea v., porque

VERIFICAR
Hech. 17:11 Escrituras para verificar

VERTER
Apoc. 14:10 vino del furor.. vertido

VESTIDO: ver Ropa
Gén. 3:21 Dios hizo v. de piel para Adán y
Sal. 22:18 Reparten entre sí mis v., y sobre
Mat. 6:25-29 ¿No es.. cuerpo más que el v.?
Mat. 27:35 crucificarle, repartieron sus v.
Apoc. 6:11; 7:14 le fue dado un v. blanco; y

VESTIDURA: ver Vestido
Exo. 28:2-4; 29:5, 21 Harás v. sagradas para
Exo. 35:21 ofrenda.. para las v. sagradas
Núm. 20:26, 28 Quita a Aarón sus v., y viste
Sal. 133:2 aceite.. baja hasta.. sus v.
Isa. 61:10 me ha vestido con v. de salvación
Juan 19:24 y sobre mis v. echaron suertes
Juan 20:12 vio a dos ángeles con v. blancas
Apoc. 7:9, 13 multitud.. con v. blancas y
Apoc. 19:13, 16 v. teñida en sangre.. EL VERBO
Apoc. 22:14 Bienaventurados.. que lavan sus v.

VESTIR: ver Revestir
Isa. 59:17; Ef. 6:11 Se vistió con la coraza
Eze. 9:2-11; 10:2-7; Dan. 10:5; 12:6, 7 hombre v. de lino que llevaba al cinto los útiles
Hag. 1:6 os vestís, pero no os abrigáis
Mat. 25:36, 38, 43 desnudo, y me vestisteis
Luc. 12:22 No os afanéis.. qué habéis de vestir
Rom. 13:14; Ef. 4:24; Col. 3:12, 14 vestíos del

VEZ
Heb. 1:1 Dios, habiendo hablado.. muchas v.
Heb. 7:27; 9:12, 25-28; 10:10 hizo una v. para

VIBORA: ver Serpiente
Isa. 11:8 niño.. mano.. escondrijo de la v.
Mat. 3:7; 12:34; 23:33 ¡Generación de v.!

VICIO
Jud. 7 fueron tras v. contra lo natural

VICTIMA
Prov. 26:28 mentirosa atormenta a su v.

VICTORIA
Deut. 20:4; 2 Sam. 23:10 Dios.. daros la v.
2 Crón. 20:17 estaos quietos y ved la v. que
Sal. 20:6 reconozco que Jehovah da la v. a su
Prov. 21:31 pero de Jehovah proviene la v.
1 Cor. 15:54-57 ¡Sorbida es la muerte en v.!
1 Jn. 5:4 la v. que ha vencido al mundo.. fe

VICTORIOSO
Zac. 9:9 tu rey viene a ti.. v.

VID: ver Uva
Jue. 9:12, 13 dijeron los árboles a la v.
Isa. 5:2 había plantado en ella v. escogidas
Miq. 4:4; Zac. 8:12 sentará debajo de su v. y
Hab. 3:17 Aunque.. ni en las v. haya fruto
Mat. 26:29 no beberé más de.. fruto de la v.
Juan 15:1, 4, 5 Yo soy la v. verdadera, y mi

VIDA: ver Existencia, Vida Eterna
Gén. 2:7; Job 33:4 Sopló.. nariz aliento de v.
Gén. 2:9; 3:22, 24; Apoc. 2:7; 22:2 árbol de.. v.
Gén. 9:4, 5; Lev. 17:11, 14; Deut. 12:23 no comerás carne con su v... su sangre
Exo. 21:23 daño mayor.. pagará v. por v.
Deut. 30:15, 20; Jer. 21:8 delante.. v. y.. bien
Jos. 2:13, 14; 6:25 Nuestra v... por la vuestra
Job 2:4, 6 que.. hombre tiene.. dará por su v.
Job 7:7 Acuérdate de que mi v. es un soplo
Sal. 16:11 Me mostrarás la senda de la v.
Sal. 21:4 Te pidió v., y se la concediste
Sal. 34:12; 1 Ped. 3:10 ¿Quién.. desea v.?
Sal. 63:3 mejor es tu misericordia que la v.
Sal. 71:20; 85:6 volverás a darme v.
Sal. 103:4; Lam. 3:58 rescata del hoyo tu v.
Prov. 4:22, 23 corazón; porque de él emana.. v.
Prov. 11:19; 12:28 Como.. justicia es para.. v.
Prov. 14:27; 19:23 temor.. Jehovah.. fuente.. v.
Prov. 18:21 muerte y la v. están en.. lengua
Ecl. 7:12 sabiduría.. da v. a los que la poseen
Isa. 53:12; Apoc. 12:11 derramó su v. hasta la
Jon. 4:3, 8 mejor sería mi muerte que mi v.
Mat. 6:25 No os afanéis por vuestra v.
Mat. 7:14 angosto el camino que lleva a la v.
Mat. 10:39; 16:25 El que pierde su v. por mi
Mat. 20:28 dar su v. en recate por muchos
Mar. 9:43, 45 Mejor te es entrar manco a la v.
Luc. 12:15 la v... no consiste en.. los bienes
Luc. 14:26 no aborrece.. aun su propia v., no
Juan 1:4 En él estaba la v., y la v. era la
Juan 5:21-29 el Padre tiene v. en sí mismo
Juan 6:35, 51, 53 Yo soy el pan de v.
Juan 8:12 que me sigue.. tendrá.. luz de la v.
Juan 10:10, 11, 15, 17 venido.. que tengan v.
Juan 11:25 Yo soy la resurrección y la v.
Juan 12:25 El que ama su v., la pierde
Juan 13:37, 38 Pedro.. ¡Mi v. pondré por ti
Juan 14:6 soy el camino, la verdad y la v.
Juan 15:13 mayor amor.. que uno ponga su v.
Juan 20:31 creyendo tengáis v. en su nombre
Hech. 11:18 dado arrepentimiento para v.
Rom. 5:10 reconciliados.. salvos por su v.
Rom. 6:4 bautismo.. andemos en novedad de v.
1 Cor. 15:19 Si sólo en esta v... esperanza
2 Cor. 2:16 a los otros, olor de v. para v.
2 Cor. 5:4 lo mortal sea absorbido por la v.
Ef. 2:5; Col. 2:13 nos dio v... con Cristo
Ef. 4:18 alejados de la v. de Dios por la
Fil. 4:3; Apoc. 3:5; 13:8 en el libro de la v.
Col. 3:3, 4 v. está escondida con Cristo en
2 Tim. 1:10 Jesús.. sacó a la luz la v. y la
Stg. 1:12 probado, recibirá la corona de v.
Stg. 4:14 ¿qué es vuestra v.?.. sois un vapor
1 Jn. 1:1, 2 v. fue manifestada, y la hemos
1 Jn. 3:14-16 hemos pasado de muerte a v.
1 Jn. 5:11-16 tiene al Hijo tiene la v.
Apoc. 21:6; 22:17 sed.. fuente de agua de v.

VIDA ETERNA: ver Salvación, Vida
Sal. 133:3 enviará Jehovah bendición y v.e.
Dan. 12:2 despertados, unos para v.e. y otros
Mat. 19:16, 29 ¿qué cosa.. haré.. tener.. v.e.?
Mat. 25:46 irán.. los justos a la v.e.
Juan 3:15, 16, 36; 6:40, 47 cree en él tenga v.e.
Juan 4:14 fuente de agua que salte para v.e.
Juan 4:36 siega.. y recoge fruto para v.e.
Juan 5:24 oye.. cree al que me envió tiene v.e.
Juan 5:39 Escrituras.. en ellas tenéis v.e.
Juan 6:27 la comida que permanece para v.e.
Juan 6:54 come mi carne y bebe.. tiene v.e.
Juan 6:68 iremos? Tú tienes palabras de v.e.
Juan 12:25 que odia su vida.. v.e. la guardará
Juan 17:2, 3 ésta es la v.e.: que te conozcan
Rom. 5:21 gracia reine por.. justicia para v.e.
Rom. 6:22, 23 don de Dios es v.e. en Cristo
Gál. 6:8 siembra.. del Espíritu cosechará v.e.
1 Timoteo 6:12; Tito 1:2 echa mano de la v.e.
Tito 3:7; 1 Jn. 5:13; Jud. 21 esperanza de.. v.e.
1 Jn. 1:2; 2:25; 5:11, 20 anunciamos la v.e.

VIDENTE: ver Profeta
1 Sam. 9:9, 11, 18, 19 profeta.. le llamaba v.
2 Rey. 17:13 Jehovah advertía.. por.. los v.
Amós 7:12 a Amós: —¡V., vete; huye a.. Judá

VIEJO: ver Anciano, Antiguo
Prov. 22:6 cuando sea v., no se apartará de él
2 Cor. 5:17; Col. 3:9 cosas v. pasaron.. todas
Ef. 4:22 despojaos del v. hombre que está

VIENTO: ver Tempestad, Torbellino
1 Rey. 19:11 pero Jehovah no estaba en el v.
Sal. 1:4; 35:5 como el tamo que arrebata el v.
Sal. 104:3, 4; Heb. 1:7 que hace a los v. sus
Ecl. 11:4 El que observa el v. no sembrará
Ose. 8:7 sembrado v., cosecharán torbellino
Mat. 7:25, 27 soplaron v. y golpearon contra
Mat. 8:26, 27; 14:24-32 reprendió a los v. y

VIENTRE: ver Seno
Gén. 25:23, 24 Dos naciones hay en tu v.
Job 1:21; 3:11 Desnudo salí del v. de mi madre
Isa. 49:1, 5; Jer. 1:5 me llamó desde el v.
Jon. 1:17; 2:1, 2; Mat. 12:40 Jonás.. en el v.

VIGA
Mateo 7:3-5 de ver la v... en tu.. ojo?

VIGILANTE
Apoc. 3:2 Sé v. y refuerza las cosas

VIGILAR: ver Cuidad
Gén. 31:49 Mizpa.. Vigile Jehovah entre tú y
Sal. 127:1 Si Jehovah no guarda.. vano vigila
Jer. 1:12; 44:27 vigilo sobre mi palabra para
1 Cor. 16:13; Ef. 6:18; Col. 4:2 Vigilad

VIL
1 Cor. 1:28 Dios ha elegido lo v. del mundo

VILEZA
Isa. 5:7; 32:6 Esperaba.. derecho, y.. v.

VINAGRE
Sal. 69:21; Mat. 27:48 sed.. dieron.. v.

VINCULO
Ose. 11:4; Ef. 4:3 los atraje, con v. de amor
Zac. 11:7, 14 dos cayados.. nombre.. otro, V.
Col. 3:14 vestíos de amor, que es.. v. perfecto

VINO: ver Bebida, Licor
Lev. 10:9; Eze. 44:21 Ni tú.. beberán v. ni
Núm. 6:3; Jue. 13:4; Luc. 1:15 abstendrá de v.
Sal. 104:15 v. que alegra.. corazón del hombre
Prov. 20:1 El v. hace burla; el licor alborota
Prov. 21:17; Amós 6:6 el que ama el v... no
Prov. 23:30, 31 No mires el v. cuando rojea
Prov. 31:6 Dad.. v. a los de ánimo amargado
Cant. 1:2, 4 Mejor que el v. es tu amor
Isa. 5:11, 12 ¡Ay.. hasta que.. v. los enciende
Isa. 28:7 han errado a causa del v.
Isa. 29:9 Embriagaos, pero no con v.
Jer. 35:6 No beberemos v... nuestro padre
Dan. 1:8 Daniel.. no contaminarse.. con el v.
Ose. 4:11 fornicación.. v. y el mosto arrebatan
Sof. 1:12 quedan inmóviles sobre la hez del v.
Mat. 9:17 echan v. nuevo en odres nuevos
Mat. 27:34 le dieron de beber v. mezclado con
Luc. 10:34 vendó sus heridas, echándoles.. v.
Juan 2:3, 9, 10; 4:46 como faltó.. v., la madre
Ef. 5:18 no os embriaguéis con v., pues en
1 Tim. 3:3; Tito 1:7; 2:3 no dado al v.; no
1 Tim. 5:23 usa.. un poco de v. a causa de tu

VIÑA: ver Uva, Vid
Gén. 9:20 Noé.. la tierra y plantó una v.
Lev. 19:10 Tampoco rebuscarás tu v.. pobre
Lev. 25:3, 4 el séptimo año.. ni podarás tu v.
Deut. 23:24 Cuando.. en la v. de tu prójimo
1 Rey. 21:1-18 Nabot.. tenía una v... junto al
Cant. 1:6 cuidar v.. ¡Y mi propia v. no cuidé!
Isa. 5:1-10 Mi amigo tenía.. v. en una.. ladera
Isa. 65:21 plantarán v. y comerán de su fruto
Mat. 20:1-8 a contratar obreros para su v.
Mat. 21:28 Hijo, vé hoy a trabajar en la v.
Mat. 21:33 parábola.. dueño.. plantó una v.
Luc. 13:6, 7 parábola.. higuera plantada en.. v.
1 Cor. 9:7 ¿Quién planta una v. y no come de

VIOLAR: ver Quebrantar
Núm. 30:2 un voto o.. no violará su palabra
2 Sam. 13:22, 32 Amnón.. violado a su hermana
Sal. 119:126 hora de actuar.. han violado.. ley

VIOLENCIA: ver Fuerza
Gén. 6:11, 13 La tierra.. estaba llena de v.
Isa. 53:9 Aunque nunca hizo v., ni.. engaño
Jer. 51:46; Eze. 8:17 v. cunde en la tierra
Hab. 1:2, 3, 9 ¿Hasta cuándo daré voces.. ¡V.!
Mat. 11:12 el reino de los cielos sufre v., y

VIRGEN: ver Joven
Exo. 22:16 Cuando alguien seduzca a una.. v.
Isa. 7:14; Mat. 1:23 v. concebirá y dará a luz
Jer. 2:32 ¿Se olvida acaso la v. de sus joyas
Mat. 25:1, 7, 11 reino.. semejante a diez v.
Luc. 1:27 una v. desposada con.. José
1 Cor. 7:36-38 inadecuado hacia su v. y si
2 Cor. 11:2 presentaros como.. v. pura a Cristo

VIRTUD: ver Bondad
Fil. 4:8 si hay v. alguna.. en esto pensad
1 Ped. 2:9; 2 Ped. 1:5 que anunciéis las v.

VIRTUOSO
Prov. 12:4; 31:10 mujer v. es corona

VISION: ver Profecía
1 Sam. 3:1 Samuel.. no había v. con frecuencia
2 Crón. 32:32; Isa. 1:1; 2:1 en la v... Isaías
Prov. 29:18 Donde no.. v... pueblo.. desenfrena
Isa. 22:1, 5 Profecía acerca del Valle de la V.
Eze. 13:7, 16, 23 v. de paz, cuando no hay paz
Joel 2:28; Hech. 2:17 tendrán.. jóvenes, v.
Hab. 2:2, 3 Escribe la v. y grábala claramente
Hech. 10:17, 19; 11:5 Pedro.. la v. que había
Hech. 16:9, 10 v... hombre de Macedonia
Hech. 26:19 no.. desobediente a la v. celestial

VISITACION
Luc. 19:44; 1 Ped. 2:2 tiempo de.. v.

VISITAR
Sal. 8:4 ¿Qué es el hombre.. que lo visites?
Mat. 25:36, 43 enfermo, y me visitasteis
Stg. 1:27 religión pura.. visitar a.. viudas

VISTA: ver Ojo, Ver
Mar. 8:25; 10:51, 52 fue restaurada su v., y
Luc. 4:18 anunciar.. libertad.. y v. a los
Juan 9:11, 15, 18 fui y me lavé, recibí la v.

Hech. 1:10 fijando la vista en el cielo.. iba
2 Cor. 4:18 no.. la v. en las cosas que se ven
2 Cor. 5:7 Porque andamos por fe, no por v.

VITUPERAR
Mat. 5:11 sois cuando os vituperan

VITUPERIO
Heb. 6:6 Hijo.. y le exponen a v.

VIUDA
Exo. 22:22; Zac. 7:10 No afligirás a ninguna v.
Deut. 24:19; 27:19 no la rebusques.. para.. v.
Sal. 146:9 Jehovah guarda a los.. y a la v.
Isa. 1:17, 23; Jer. 22:3 bien.. amparad a la v.
Mat. 23:14 ¡Ay.. devoráis las casas de v.
Mar. 12:42 v. pobre vino y echó dos blancas
Luc. 4:25, 26 enviado Elías.. a una.. v. en
Hech. 6:1 murmuración.. de que sus v. eran
1 Tim. 5:3-16 Honra a las v... realmente.. v.
Stg. 1:27 religión pura.. visitar a.. las v.

VIVIENTE: ver Criatura, Vivir
Gén. 2:7; 3:20 el hombre llegó a ser un ser v..
Sal. 27:13 ver la bondad.. en.. tierra de.. v.
Eze. 1:5-22; 3:13; 10:15-20; Apoc. 4:6-9; 5:6—6:7; 7:11; 14:3; 15:7; 19:4 cuatro seres v.
Ose. 1:10; Rom. 9:26 dirá: `Hijos del Dios v.'
Mat. 16:16 Pedro.. Tú eres.. Hijo del Dios v.
2 Cor. 6:16 somos templo del Dios v.

VIVIFICANTE
1 Cor. 15:45 postrer Adán.. v.

VIVIFICAR: ver Vida
Sal. 119:50, 93 tu palabra me ha vivificado
Rom. 4:17 Dios.. vivifica a.. muertos y llama
1 Cor. 15:22 en Cristo todos serán vivificados
2 Cor. 3:6 letra mata, pero.. Espíritu vivifica

VIVIR: ver Vida
Gén. 3:22 que no.. coma y viva para siempre
Lev. 18:5; Eze. 20:11, 13; Rom. 10:5 decretos.. los cumpla, por ellos vivirá
Deut. 8:3; Mat. 4:4 no.. pan vivirá el hombre
Deut. 30:19 Escoge.. la vida para que viváis
1 Sam. 10:24; 2 Rey. 11:12 ¡Viva el rey!
Job 14:14 Si.. hombre muere, ¿volverá a vivir?
Job 19:25 Pero yo sé que mi Redentor vive
Sal. 4:8 oh Jehovah, me haces vivir seguro
Sal. 69:32 Buscad a Dios, y vivirá.. corazón
Sal. 104:33 Dios cantaré salmos mientras viva
Sal. 118:17 No moriré, sino que viviré, y
Sal. 119:17 Haz bien.. para que viva y guarde
Sal. 119:175 ¡Que viva mi alma y te alabe
Prov. 4:4 guarda mis mandamientos y vivirás
Prov. 9:6 Dejad la ingenuidad y vivid
Isa. 26:19 Tus muertos volverán a vivir
Isa. 38:19 ¡El que vive, el que vive es el
Isa. 53:10 Vivirá por días sin fin, y la
Eze. 3:18, 21 advertir.. a fin de que viva
Eze. 18:9-28 según mis estatutos.. Este vivirá
Eze. 18:32 ¡Arrepentíos y vivid!
Eze. 33:10-19 ¿cómo, pues, viviremos?
Eze. 37:3-14 ¿vivirán estos huesos?
Amós 5:4, 14 ¡Buscadme y viviréis!
Hab. 2:4; Rom. 1:17; Gál. 3:11; Heb. 10:38 el justo por su fe vivirá
Luc. 10:28 respondido bien. Haz esto y vivirás
Luc. 24:5 Por qué buscáis entre.. al que vive?
Juan 5:25 muertos oirán.. los que oyen vivirán
Juan 6:51 come este pan, vivirá para siempre
Juan 11:25 El que cree.. aunque muera, vivirá
Juan 14:19 Porque yo vivo.. vosotros viviréis
Hech. 17:28 en él vivimos, nos movemos y
Rom. 6:2, 8, 10 Si.. muerto.. viviremos con él
Rom. 14:7-9 ninguno.. vive para sí, y ninguno
1 Cor. 9:14 anuncian.. vivan del evangelio
2 Cor. 5:15 los que viven.. no vivan.. para sí
2 Cor. 13:4 viviremos con él por el poder de
Gál. 2:20 ya no vivo yo, sino que Cristo vive
Gál. 5:25; 1 Tes. 5:10 vivimos en el Espíritu
Fil. 1:21, 22 para mí el vivir es Cristo, y el
1 Tes. 4:17 que vivimos.. seremos arrebatados
Heb. 7:25 vive para siempre para interceder
Stg. 4:15 Si el Señor quiere, viviremos y
1 Ped. 1:15 sed santos.. en.. manera de vivir
1 Ped. 2:24 muerto para los pecados, vivamos
1 Jn. 4:9 Dios envió.. que vivamos por él
Apoc. 1:18 Estuve muerto.. vivo por los siglos
Apoc. 20:4, 5 volvieron a vivir y reinaron

VIVO: ver Viviente
Exo. 33:20 ningún .. me verá y quedará v.
1 Rey. 3:25-27 Partid al niño v. en dos, y dad
Sal. 42:2; 84:2 sed de Dios, del Dios v.
Jer. 10:10 Jehovah.. Dios v. y el Rey eterno
Mat. 22:32 no es Dios de muertos, sino de v.
Juan 4:10, 11 Jesús.. te habría dado agua v.
Juan 7:38 ríos de agua v. correrán de su
Rom. 6:11, 13 estáis v. para Dios en Cristo
Rom. 12:1 presentéis.. sacrificio v., santo y
1 Tes. 1:9; Heb. 9:14 para servir al Dios v.
Heb. 4:12 la Palabra de Dios es v. y eficaz
Heb. 10:31 Horrenda.. caer.. manos del Dios v.
1 Ped. 1:3 hecho nacer.. para una esperanza v.
1 Ped. 2:4, 5 Acercándoos a él, la Piedra V.

VOLAR
Sal. 90:10 setenta años.. pasan, y volamos
Sal. 91:5 No.. temor.. de flecha que vuele de
Isa. 6:2, 6 serafines.. alas.. con dos volaban

VOLCAR
Mat. 21:12; Juan 2:15 Volcó las mesas

VOLUNTAD: ver Animo, Deseo
1 Crón. 13:2 si es la v. de.. nuestro Dios
2 Crón. 15:15 buscaron a Jehovah con.. su v.
Sal. 40:8; Heb. 10:7-10 hacer tu v., oh Dios
Sal. 143:10 Enséñame a hacer tu v., porque tú
Isa. 53:10 v. de Jehovah será.. prosperada
Isa. 61:2 proclamar el año de la buena v. de
Mat. 6:10 venga tu reino, sea hecha tu v.
Mat. 7:21; 12:50 entrará.. el que hace la v.
Mat. 21:31 ¿Cuál de.. hizo la v. de su padre?
Mat. 26:42; Hech. 21:14 Padre.. hágase tu v.
Luc. 2:14 Gloria.. paz entre los.. de buena v.
Juan 4:34; 5:30; 6:38-40 comida.. haga la v.
Rom. 12:2 comprobéis cuál sea la v. de Dios
2 Cor. 8:12 si primero.. tiene dispuesta la v.
Ef. 1:9; 5:17; Col. 1:9 el misterio de su v.
Col. 4:12 estéis.. entregados a toda la v. de
1 Tes. 4:3 v. de Dios, vuestra santificación
1 Ped. 2:15 v. de Dios: que haciendo el bien
2 Ped. 1:21 jamás.. la profecía por v. humana
1 Jn. 2:17 el que hace la v. de Dios permanece

VOLUNTARIO
Exo. 35:29; 36:3 una ofrenda v. a Jehovah
1 Crón. 29:5-9, 17 ¿quién.. una ofrenda v.?
Esd. 1:6; 2:68 les ayudaron con.. ofrendas v.
Sal. 54:6 Te ofreceré sacrificios v.. Daré

VOLVER: ver Apartar, Devolver, Regresar
Gén. 3:19 comerás.. hasta que vuelvas a.. tierra
Lev. 26:9 Me volveré hacia vosotros
Núm. 10:36 ¡Vuelve, oh Jehovah, a las
Deut. 4:30 volverás a.. tu Dios y obedecerás
Deut. 30:2; si vuelves a.. tu Dios
1 Sam. 7:3; 2 Crón. 30:9 Si.. os volvéis a
2 Rey. 17:13; Jer. 25:5; 26:3 Volveos de..
Job 1:21 salí del vientre.. desnudo volveré
Job 22:23 Si te vuelves al Todopoderoso, serás
Sal. 22:27 se acordarán y volverán a Jehovah
Sal. 116:7 Vuelve, oh alma mía, a tu reposo
Prov. 1:23 ¡Volveos ante mi reprensión!
Ecl. 12:7 el polvo vuelve.. el espíritu vuelve
Isa. 10:21, 22 ¡Un remanente volverá.. al Dios
Isa. 35:10; 51:11 rescatados de.. volverán y
Isa. 44:22; 49:5 Vuelve a mí, porque yo te he
Isa. 55:7 Vuélvase a Jehovah, quien tendrá de
Isa. 55:11 mi palabra.. No volverá a mí vacía
Jer. 3:12, 14; 4:1 ¡Vuelve, oh apóstata Israel
Jer. 15:7 Destruiré.. pues no se volvieron de
Jer. 24:7 seré.. volverán a mí de todo corazón
Jer. 46:27 Jacob volverá y estará tranquilo
Lam. 3:40 Examinemos.. y volvamos a Jehovah
Lam. 5:21 que volvamos a ti.. y volveremos
Eze. 14:6 Arrepentíos y volved de.. ídolos
Ose. 6:1 ¡Venid y volvámonos a Jehovah!
Ose. 12:6 vuélvete a.. Dios; practica.. lealtad
Amós 4:6-11 Pero no os volvisteis a mí
Zac. 1:3, 4; Mal. 3:7 Volveos a mí.. volveré a
Mat. 5:39 te golpea en la mejilla.. vuélvele
Mat. 24:18 en el campo no vuelva atrás a tomar
Luc. 1:16, 17 hará que muchos.. vuelvan al
Luc. 4:14 Jesús volvió en.. poder del Espíritu
Luc. 8:39 Vuelve a.. casa y cuenta cuán
Luc. 10:17 setenta volvieron con gozo diciendo
1 Ped. 2:25 habéis vuelto al Pastor y Obispo

VOMITAR
Jon. 2:10 pez.. vomitó a Jonás en tierra
Apoc. 3:16 porque eres tibio.. vomitarte de

VOMITO
Prov. 26:11; 2 Ped. 2:22 perro.. vuelve a su v. así es el necio que repite su

VOTO
Gén. 28:20; 31:13 Jacob.. hizo un v. diciendo
Núm. 30:2-14; Deut. 23:21-23; Ecl. 5:4 Cuando.. haga a Jehovah un v... no violará su
Jue. 11:30, 39 Jefté hizo un v. a Jehovah
Sal. 22:25; 50:14; 61:5, 8 Mis v. pagaré
Hech. 18:18 Pablo.. había hecho un v.

VOZ: ver Sonido
Gén. 3:8, 10 Cuando oyeron la v. de Dios.. se
Gén. 22:18; 26:5 benditas.. obedeciste mi v.
Gén. 27:22 La v. es la v. de Jacob, pero las
Exo. 15:26; 19:5 Si escuchas.. v. de Jehovah
Deut. 8:20; 9:23 no habréis escuchado la v.
Deut. 13:4; 15:5 temeréis.. y escucharéis su v.
Sal. 5:3; 27:7; 55:17 de mañana oirás mi v.
Sal. 18:13; Isa. 30:30 el Altísimo dio su v.
Sal. 19:3, 4; 68:33; Rom. 10:18 salió su v.
Sal. 29:3-9; 42:7 V. de Jehovah sobre.. aguas
Sal. 95:7; Heb. 3:7, 15; 4:7 Si oís hoy su v.
Prov. 1:20 sabiduría.. da su v. en las plazas
Cant. 2:8 ¡La v. de mi amado!
Isa. 6:4, 8 escuché la v. del Señor, que decía
Isa. 40:3, 6, 9; Mat. 3:3 Una v. proclama: ¡En
Isa. 42:2; Mat. 12:19 No gritará ni alzará. v.
Jer. 7:34; 25:10 Haré cesar.. v. de gozo y.. v.
Jer. 31:15; Mat. 2:18 V... oída en Ramá..
Jer. 42:6 obedeceremos la v. de.. nuestro Dios
Miq. 6:9 v. de Jehovah proclamará a.. ciudad
Mat. 3:17; 17:5; Juan 12:28, 30; Hech. 9:4, 7; 10:15; 22:7, 9; 26:14 una v. de los cielos
Juan 5:25 muertos oirán la v. del Hijo de Dios
Juan 7:37 Jesús se puso de pie y alzó la v.
Juan 10:3-5, 16, 27 las ovejas oyen su v.
Juan 18:37 aquel que es de.. verdad oye mi v.

2 Ped. 1:17, 18 oímos esta v... en el.. monte
Apoc. 1:10, 15 oí.. gran v. como de trompeta
Apoc. 3:20 si alguno oye mi v. y abre.. puerta
Apoc. 10:4; 12:10; 18:4; 21:3 oí.. v. del cielo
Apoc. 11:15 en el cielo se oyeron grandes v.
Apoc. 19:1 gran v. de una enorme multitud

VUELTA
Ose. 7:8 Efraín.. una torta.. no.. v.

YUGO: ver Carga
1 Rey. 12:4-14 alivia tú.. el pesado y. que tu
Isa. 58:6 ¿No consiste.. el ayuno.. soltar.. y.
Lam. 3:27 Bueno.. llevar el y. en.. juventud
Mat. 11:29, 30 Llevad mi y. sobre vosotros, y
2 Cor. 6:14 No os unáis en y. desigual con los

ZABULON
hijo de Jacob: Gén. 30:20; 35:23; 49:13
tribu: Núm. 1:30, 31; 26:26; Deut. 27:13; Jos. ..19:10-16; Jue. 1:30; 4:6-10; 1 Crón. 12:33; ..Isa. 9:1; Mat. 4:13, 15; Apoc. 7:8

ZACARIAS (entre otros)
rey de Israel (norte): 2 Rey. 14:29; 15:8, 11
sacerdote de Judá: 2 Crón. 24:20, 22
profeta: Esd. 5:1; 6:14; Zac. 1:1; 7:1, 8
padre de Juan el Bautista: Luc. 1:5-79

ZAPATO: ver Calzado
Deut. 29:5 cuarenta años.. ni.. z... gastado
Amós 2:6; 8:6 venden.. al pobre por.. z.

ZAQUEO, publicano convertido
Luc. 19:2-8

ZARANDEAR
Luc. 22:31 Satanás.. zarandearos

ZARCILLO
Prov. 11:22; 25:12 Z... en el hocico

ZARZA
Exo. 3:2; Hech. 7:30, 35 ángel.. fuego en.. z.
Jue. 9:14 árboles dijeron a la z... reina sobre

ZEBEDEO, padre de Jacobo y Juan
Mat. 20:20; Mar. 1:19, 20

ZELOTE: ver Simón el cananita
Luc. 6:15

ZEUS, dios griego
Hech. 14:12

ZOFAR, amigo de Job
Job 2:11; 11:1; 20:1; 42:9

ZOROBABEL, gobernador
Esd. 2:2; 3:2—5:2; Neh. 7:7; 12:1, 47; Hag. 1:1—2:23; Zac. 4:6-10; Mat. 1:12, 13

ZORRO
Jue. 15:4, 5 Sansón.. atrapó 300 z.
Mat. 8:20 Las z. tienen cuevas, y las aves del
Luc. 13:32 Id y decid a ese z... echo fuera